本考古报告的出版得到

国家重点文物保护专项补助经费资助

本报告整理研究得到

2022年度国家社会科学基金项目资助景德镇
道塘里、铜锣山、凤凰山青白瓷窑址整理研究
（项目编号：22BKG034）

2021年江西省社会科学基金重点资助项目
景德镇青白瓷窑址考古报告整理出版
（项目编号：21LS01）

# 景德镇青白瓷窑址

## ——道塘里、铜锣山、凤凰山窑址考古发掘报告

江西省文物考古研究院 编著

科学出版社

北 京

## 内 容 简 介


本书完整、科学、客观地报道了2006年考古发掘的道塘里、铜锣山、凤凰山三处窑址的发掘资料以及同年的调查资料，分别对道塘里、铜锣山、凤凰山三处窑址的自然环境、地层堆积、揭露遗迹、出土遗物进行详细介绍，采取统一标准尺度整理考古调查发掘资料，通过地层学、类型学的比较研究，参考年代学和各地纪年材料，对其进行考古分期，借助自然科学技术手段对各窑址出土瓷器的微量、组量元素进行分析，深化人文与自然科学的交叉渗透讨论，建立了三处窑址的考古学编年，完善了景德镇青白瓷发展史，揭示了三处窑址的陶瓷文化内涵，明晰了其制瓷工艺，提炼了其陶瓷发展特征，总结了窑址不同时期的产品特征、装饰技法、胎釉特点、装烧工艺以及发展规律，探讨了景德镇青白瓷的起源和宋代景德镇的制瓷业水平，讨论了景德镇青白瓷的流布和宋代青白瓷所反映的物质文化等相关问题，丰富了景德镇陶瓷文化的历史内涵。

本书适合社会人类学、文化遗产学、历史学、考古学、文物与博物馆学等方面的文博工作者、科研工作者参考及大专院校相关专业师生教学使用。



**审图号：景德镇S（2025）003号**

**图书在版编目（CIP）数据**

景德镇青白瓷窑址：道塘里、铜锣山、凤凰山窑址考古发掘报告 / 江西省文物考古研究院编著. -- 北京：科学出版社, 2024. 12. -- ISBN 978-7-03-080530-0

Ⅰ. K878.55

中国国家版本馆CIP数据核字第2024PG1117号

责任编辑：王琳玮 / 责任校对：邹慧卿
责任印制：肖　兴 / 封面设计：金舵手世纪

科学出版社 出版
北京东黄城根北街16号
邮政编码：100717
http://www.sciencep.com

北京汇瑞嘉合文化发展有限公司印刷
科学出版社发行　各地新华书店经销

*

2024年12月第　一　版　开本：889×1194　1/16
2024年12月第一次印刷　印张：21　插页：58
字数：790 000

**定价：368.00元**

（如有印装质量问题，我社负责调换）

# 目　　录


引言……（1）

第一章　自然环境与历史沿革……（4）

第一节　自然环境……（4）

第二节　历史沿革……（5）

第二章　景德镇青白瓷窑址考古史……（7）

第三章　道塘里窑址……（17）

第一节　地理位置……（17）

第二节　考古发掘概况……（18）

第三节　地层堆积……（19）

一、DT1北壁地层堆积……（19）

二、DT3北壁地层堆积……（20）

三、DT4北壁地层堆积……（20）

第四节　遗迹……（21）

一、作坊……（21）

二、窑炉……（23）

第五节　出土遗物……（26）

一、瓷器……（26）

二、陶器……（117）

三、铜器……（125）

四、铁器……（126）

**第四章　铜锣山窑址**……（127）

第一节　地理位置……（127）
第二节　考古发掘概况……（127）
第三节　地层堆积……（128）
一、YT2南壁地层堆积……（128）
二、YT3东壁地层堆积……（129）
第四节　遗迹……（130）
一、作坊……（130）
二、练泥池……（132）
第五节　出土遗物……（132）
一、瓷器……（132）
二、陶器……（166）
三、石器……（169）

**第五章　凤凰山窑址**……（170）

第一节　地理位置……（170）
第二节　考古发掘概况……（170）
第三节　地层堆积……（172）
一、FT2西壁地层堆积……（172）
二、FT4南壁地层堆积……（173）
第四节　遗迹……（173）
一、作坊……（173）
二、窑炉……（174）
第五节　出土遗物……（176）
一、瓷器……（176）
二、陶器……（222）

**第六章　2006年窑址调查**……（233）

第一节　八角湾水库窑址……（233）
一、窑址简况……（233）

二、采集遗物……（233）
第二节　凤凰山东侧窑址……（243）
一、窑址简况……（243）
二、采集遗物……（243）
第三节　窑坞里窑址……（248）
一、窑址简况……（248）
二、采集遗物……（249）

**第七章　结语**……（257）

第一节　分组与分期……（257）
一、器物的类型学汇总……（257）
二、各组期别……（271）
三、各期特征……（293）
四、各期年代……（295）
第二节　考古发掘所反映的景德镇宋代窑业面貌……（299）
一、从出土青白瓷的年代看青白瓷的起源……（299）
二、从作坊遗迹看宋代景德镇制瓷业的制器水平……（300）
三、从窑炉遗迹看宋代景德镇瓷业的烧造技术……（301）
四、从出土遗物看宋代景德镇窑业的产品面貌……（303）
第三节　宋代青白瓷流布……（304）
一、国内遗址……（304）
二、海外遗址……（310）
第四节　宋代青白瓷所反映的物质文化……（311）
一、宋代青白瓷反映了宋代饮食文化的繁荣与多样化……（312）
二、宋代青白瓷反映了茶器的发展与饮茶文化的盛行……（312）
三、宋代青白瓷反映了宋代酒文化的发达……（313）
四、宋代青白瓷反映了宋代香文化的流行……（314）
五、宋代青白瓷反映了丰富的物质文化与社会风尚……（315）

**后记**……（317）

# 插图目录

图一　景德镇地理位置示意图……（1）
图二　景德镇环城高速公路南环段分布示意图……（2）
图三　景德镇青白瓷窑址分布示意图……（12）
图四　道塘里窑址和铜锣山窑址地理位置示意图……（17）
图五　道塘里窑址探方和遗迹分布图……（18）
图六　道塘里窑址DT1北壁剖面图……（19）
图七　道塘里窑址DT3和DT4北壁剖面图……（20）
图八　道塘里窑址DF1和DF2平面图……（22）
图九　道塘里窑址DF1平、剖面图……（22）
图一〇　道塘里窑址DF2平、剖面图……（23）
图一一　道塘里窑址DY1平、剖面图……（24）
图一二　道塘里窑址DG1平、剖面图……（25）
图一三　道塘里窑址青釉瓷缸……（27）
图一四　道塘里窑址青釉瓷罐、单把罐……（28）
图一五　道塘里窑址A型青釉瓷执壶……（29）
图一六　道塘里窑址青釉瓷执壶……（30）
图一七　道塘里窑址青釉瓷执壶、盆、钵、横柄壶、花浇……（31）
图一八　道塘里窑址青釉瓷碾槽、碾轮……（33）
图一九　道塘里窑址酱黑釉瓷执壶、盖钵、钵、碗、小碗……（35）
图二〇　道塘里窑址A型酱黑釉瓷盏……（36）
图二一　道塘里窑址A型酱黑釉瓷盏……（38）
图二二　道塘里窑址A型酱黑釉瓷盏……（39）
图二三　道塘里窑址A型酱黑釉瓷碟……（40）
图二四　道塘里窑址B型酱黑釉瓷碟……（41）
图二五　道塘里窑址酱黑釉瓷碟、杯……（42）
图二六　道塘里窑址紫金釉瓷小碗、盏、碟……（44）
图二七　道塘里窑址青白釉瓷柳斗罐……（45）
图二八　道塘里窑址青白釉瓷瓶、瓯……（46）

图二九　道塘里窑址青白釉瓷执壶、水盂……（48）
图三〇　道塘里窑址青白釉瓷温碗、大碗……（49）
图三一　道塘里窑址青白釉瓷碗……（51）
图三二　道塘里窑址青白釉瓷碗……（52）
图三三　道塘里窑址Cc型青白釉瓷碗……（53）
图三四　道塘里窑址Da型Ⅰ式青白釉瓷碗……（55）
图三五　道塘里窑址青白釉瓷碗和斗笠碗……（56）
图三六　道塘里窑址A型Ⅰ式青白釉瓷墩式碗……（58）
图三七　道塘里窑址A型青白釉瓷墩式碗……（59）
图三八　道塘里窑址青白釉瓷墩式碗……（61）
图三九　道塘里窑址Aa型青白釉瓷盏……（63）
图四〇　道塘里窑址青白釉瓷盏……（64）
图四一　道塘里窑址Ba型青白釉瓷盏……（65）
图四二　道塘里窑址Ba型青白釉瓷盏……（66）
图四三　道塘里窑址青白釉瓷盏……（68）
图四四　道塘里窑址青白釉瓷盏……（70）
图四五　道塘里窑址Da型青白釉瓷盏……（71）
图四六　道塘里窑址青白釉瓷盏……（73）
图四七　道塘里窑址青白釉瓷花口盏……（74）
图四八　道塘里窑址青白釉瓷大盘……（75）
图四九　道塘里窑址青白釉瓷盘……（77）
图五〇　道塘里窑址青白釉瓷洗……（79）
图五一　道塘里窑址Ba型青白釉瓷洗……（80）
图五二　道塘里窑址Ca型Ⅰ式青白釉瓷洗……（82）
图五三　道塘里窑址Ca型Ⅰ式青白釉瓷洗……（83）
图五四　道塘里窑址Ca型青白釉瓷洗……（84）
图五五　道塘里窑址青白釉瓷洗……（86）
图五六　道塘里窑址A型青白釉瓷碟……（87）
图五七　道塘里窑址青白釉瓷碟……（88）
图五八　道塘里窑址Cb型青白釉瓷碟……（90）
图五九　道塘里窑址青白釉瓷盏托、酒台……（92）
图六〇　道塘里窑址Ca型青白釉瓷酒台……（93）
图六一　道塘里窑址Ca型青白釉瓷酒台……（94）
图六二　道塘里窑址Cb型青白釉瓷酒台……（96）
图六三　道塘里窑址Cb型青白釉瓷酒台……（97）

图六四　道塘里窑址青白釉瓷酒台…………（98）
图六五　道塘里窑址青白釉瓷杯…………（100）
图六六　道塘里窑址Cb型青白釉瓷杯…………（102）
图六七　道塘里窑址Cb型青白釉瓷杯…………（103）
图六八　道塘里窑址Cc型青白釉瓷杯…………（104）
图六九　道塘里窑址Cc型青白釉瓷杯…………（105）
图七〇　道塘里窑址青白釉瓷杯…………（106）
图七一　道塘里窑址青白釉瓷炉、枕…………（107）
图七二　道塘里窑址青白釉瓷罐盖…………（108）
图七三　道塘里窑址青白釉瓷瓶壶盖…………（109）
图七四　道塘里窑址素胎瓷佛像…………（110）
图七五　道塘里窑址素胎瓷佛像…………（111）
图七六　道塘里窑址瓷拨手…………（112）
图七七　道塘里窑址A型瓷火照…………（113）
图七八　道塘里窑址B型瓷火照…………（115）
图七九　道塘里窑址瓷垫钵、间隔具…………（116）
图八〇　道塘里窑址陶盆、缸、青灰瓦、勾头…………（118）
图八一　道塘里窑址陶匣钵…………（120）
图八二　道塘里窑址陶匣钵盖…………（121）
图八三　道塘里窑址B型陶匣钵盖…………（122）
图八四　道塘里窑址陶间隔具…………（123）
图八五　道塘里窑址陶窑撑…………（124）
图八六　道塘里窑址陶窑砖、铜镜、铁刀…………（125）
图八七　铜锣山窑址探方和遗迹分布图…………（128）
图八八　铜锣山窑址YT2南壁剖面图…………（129）
图八九　铜锣山窑址YT3东壁剖面图…………（129）
图九〇　铜锣山窑址YF1、YC1平、剖面图…………（131）
图九一　铜锣山窑址青釉瓷缸、执壶、碗、碾轮和酱黑釉瓷盏…………（134）
图九二　铜锣山窑址青白釉瓷柳斗罐、瓯、执壶、水盂、花浇、钵…………（136）
图九三　铜锣山窑址C型青白釉瓷碗…………（138）
图九四　铜锣山窑址青白釉瓷碗…………（139）
图九五　铜锣山窑址E型青白釉瓷碗…………（140）
图九六　铜锣山窑址青白釉瓷墩式碗…………（142）
图九七　铜锣山窑址Aa型Ⅰ式青白釉瓷盏…………（144）
图九八　铜锣山窑址Ab型青白釉瓷盏…………（145）

图九九　铜锣山窑址青白釉瓷盏……（146）
图一〇〇　铜锣山窑址青白釉瓷盏……（148）
图一〇一　铜锣山窑址青白釉瓷花口盏……（149）
图一〇二　铜锣山窑址青白釉瓷盘……（151）
图一〇三　铜锣山窑址青白釉瓷盘……（153）
图一〇四　铜锣山窑址青白釉瓷洗……（154）
图一〇五　铜锣山窑址青白釉瓷碟……（156）
图一〇六　铜锣山窑址青白釉瓷盏托、酒台……（158）
图一〇七　铜锣山窑址青白釉瓷杯……（159）
图一〇八　铜锣山窑址青白釉瓷枕、罐盖、器底及轴顶帽、荡箍……（161）
图一〇九　铜锣山窑址瓷火照……（163）
图一一〇　铜锣山窑址瓷垫钵、间隔具……（165）
图一一一　铜锣山窑址陶匣钵……（167）
图一一二　铜锣山窑址陶匣钵盖、间隔具和石砚……（168）
图一一三　凤凰山窑址地理位置示意图……（170）
图一一四　凤凰山窑址探方和遗迹分布图……（171）
图一一五　凤凰山窑址FT2西壁剖面图……（172）
图一一六　凤凰山窑址FT4南壁剖面图……（173）
图一一七　凤凰山窑址FF1平、剖面图……（174）
图一一八　凤凰山窑址FY1平、剖面图……（175）
图一一九　凤凰山窑址青釉瓷横系罐、执壶……（177）
图一二〇　凤凰山窑址青釉瓷花浇……（178）
图一二一　凤凰山窑址酱黑釉瓷执壶……（179）
图一二二　凤凰山窑址Aa型Ⅰ式青白釉瓷瓜棱腹长流执壶……（181）
图一二三　凤凰山窑址Aa型Ⅰ式青白釉瓷瓜棱腹长流执壶……（182）
图一二四　凤凰山窑址Aa型Ⅱ式青白釉瓷瓜棱腹长流执壶……（183）
图一二五　凤凰山窑址Aa型Ⅱ式青白釉瓷瓜棱腹长流执壶……（184）
图一二六　凤凰山窑址Ab型Ⅰ式青白釉瓷瓜棱腹长流执壶……（186）
图一二七　凤凰山窑址Ab型Ⅱ式青白釉瓷瓜棱腹长流执壶……（187）
图一二八　凤凰山窑址Ab型Ⅱ式青白釉瓷瓜棱腹长流执壶……（188）
图一二九　凤凰山窑址Ac型青白釉瓷瓜棱腹长流执壶……（189）
图一三〇　凤凰山窑址B型Ⅰ式青白釉瓷瓜棱腹长流执壶……（190）
图一三一　凤凰山窑址B型Ⅱ式青白釉瓷瓜棱腹长流执壶……（191）
图一三二　凤凰山窑址青白釉瓷圆弧腹长流执壶……（193）
图一三三　凤凰山窑址Ab型青白釉瓷圆弧腹长流执壶……（195）

图一三四　凤凰山窑址Ac型青白釉瓷圆弧腹长流执壶……（196）
图一三五　凤凰山窑址Ac型青白釉瓷圆弧腹长流执壶……（197）
图一三六　凤凰山窑址Ae型青白釉瓷圆弧腹长流执壶……（199）
图一三七　凤凰山窑址Ae型青白釉瓷圆弧腹长流执壶……（200）
图一三八　凤凰山窑址青白釉瓷圆弧腹长流执壶……（201）
图一三九　凤凰山窑址B型青白釉瓷圆弧腹长流执壶……（202）
图一四〇　凤凰山窑址Ca型青白釉瓷圆弧腹长流执壶……（203）
图一四一　凤凰山窑址青白釉瓷圆弧腹长流执壶……（205）
图一四二　凤凰山窑址青白釉瓷壶把柄……（206）
图一四三　凤凰山窑址青白釉瓷花浇……（208）
图一四四　凤凰山窑址青白釉瓷碗、斗笠碗、墩式碗……（209）
图一四五　凤凰山窑址青白釉瓷墩式碗……（212）
图一四六　凤凰山窑址青白釉瓷盏……（213）
图一四七　凤凰山窑址青白釉瓷盘……（214）
图一四八　凤凰山窑址青白釉瓷炉、盒……（216）
图一四九　凤凰山窑址青白釉瓷瓶壶盖……（217）
图一五〇　凤凰山窑址青白釉瓷瓶壶盖……（219）
图一五一　凤凰山窑址Af型青白釉瓷瓶壶盖……（220）
图一五二　凤凰山窑址青白釉瓷瓶壶盖、瓷塑狗、火照……（222）
图一五三　凤凰山窑址陶匣钵……（224）
图一五四　凤凰山窑址B型陶匣钵……（225）
图一五五　凤凰山窑址B型陶匣钵……（226）
图一五六　凤凰山窑址B型陶匣钵……（227）
图一五七　凤凰山窑址C型陶匣钵……（228）
图一五八　凤凰山窑址Aa型陶匣钵盖……（228）
图一五九　凤凰山窑址A型陶间隔具……（229）
图一六〇　凤凰山窑址陶间隔具……（230）
图一六一　凤凰山窑址陶窑撑、窑砖、原料……（232）
图一六二　八角湾水库窑址青釉瓷壶和青白釉瓷钵、盏……（234）
图一六三　八角湾水库窑址青白釉瓷瓯、盆……（235）
图一六四　八角湾水库窑址青白釉瓷墩式碗……（237）
图一六五　八角湾水库窑址青白釉瓷盏、花口盏……（238）
图一六六　八角湾水库窑址青白釉瓷盘、洗……（240）
图一六七　八角湾水库窑址青白釉瓷酒台、杯、罐盖……（242）
图一六八　凤凰山东侧窑址青白釉瓷瓜棱腹长流执壶、圆弧腹长流执壶……（245）

图一六九　凤凰山东侧窑址青白釉瓷碗、斗笠碗、墩式碗、大盘、盘……（247）
图一七〇　窑坞里窑址青白釉瓷瓶、圆弧腹长流执壶……（250）
图一七一　窑坞里窑址青白釉瓷圆弧腹长流执壶、八棱长流执壶、花浇……（251）
图一七二　窑坞里窑址青白釉瓷碗、斗笠碗……（253）
图一七三　窑坞里窑址青白釉瓷盏、盘……（254）
图一七四　窑坞里窑址青白釉瓷罐盖、瓶壶盖和瓷间隔具、垫钵……（256）

# 图版目录


图版一　道塘里窑址远景和发掘现场
图版二　道塘里窑址遗迹整体和作坊遗迹DF1
图版三　道塘里窑址作坊遗迹DF2和DY1整体
图版四　道塘里窑址DG1和DY1窑前工作室
图版五　道塘里窑址DY1火门和火膛
图版六　道塘里窑址DY1窑床和窑墙砖砌体泥黏接
图版七　道塘里窑址DY1东窑墙和窑床匣钵
图版八　道塘里窑址DY1排烟室和排烟孔
图版九　道塘里窑址青釉瓷缸、罐、单把罐、执壶
图版一〇　道塘里窑址青釉瓷执壶、横柄壶、花浇、钵
图版一一　道塘里窑址青釉瓷碾槽、碾轮和酱黑釉瓷执壶、盖钵、钵、碗、小碗
图版一二　道塘里窑址A型酱黑釉瓷盏
图版一三　道塘里窑址酱黑釉瓷盏、碟
图版一四　酱黑釉瓷碟、杯和紫金釉瓷小碗、盏、碟
图版一五　道塘里窑址青白釉瓷柳斗罐、瓯
图版一六　道塘里窑址青白釉瓷短流执壶、水盂、温碗、大碗
图版一七　道塘里窑址青白釉瓷碗
图版一八　道塘里窑址Cc型青白釉瓷碗
图版一九　道塘里窑址Da型青白釉瓷碗
图版二〇　道塘里窑址青白釉瓷碗、斗笠碗、墩式碗
图版二一　道塘里窑址青白釉瓷墩式碗
图版二二　道塘里窑址青白釉瓷墩式碗、盏
图版二三　道塘里窑址Aa型青白釉瓷盏
图版二四　道塘里窑址青白釉瓷盏
图版二五　道塘里窑址青白釉瓷盏
图版二六　道塘里窑址青白釉瓷盏
图版二七　道塘里窑址青白釉瓷盏
图版二八　道塘里窑址青白釉瓷盏、花口盏
图版二九　道塘里窑址青白釉瓷花口盏、盘

图版三〇　道塘里窑址青白釉瓷盘、洗
图版三一　道塘里窑址青白釉瓷洗
图版三二　道塘里窑址青白釉瓷洗
图版三三　道塘里窑址青白釉瓷洗
图版三四　道塘里窑址青白釉瓷洗、碟
图版三五　道塘里窑址青白釉瓷碟
图版三六　道塘里窑址青白釉瓷酒台
图版三七　道塘里窑址Ca型青白釉瓷酒台
图版三八　道塘里窑址青白釉瓷酒台
图版三九　道塘里窑址青白釉瓷酒台
图版四〇　道塘里窑址青白釉瓷酒台
图版四一　道塘里窑址青白釉瓷酒台、杯
图版四二　道塘里窑址青白釉瓷杯
图版四三　道塘里窑址青白釉瓷杯
图版四四　道塘里窑址青白釉瓷枕、罐盖
图版四五　道塘里窑址青白釉瓷瓶壶盖
图版四六　道塘里窑址素胎瓷佛像
图版四七　道塘里窑址青白釉瓷拨手和瓷火照
图版四八　道塘里窑址瓷火照、垫钵、间隔具
图版四九　道塘里窑址陶青灰瓦、勾头、匣钵
图版五〇　道塘里窑址陶匣钵、匣钵盖
图版五一　道塘里窑址陶匣钵盖、间隔具
图版五二　道塘里窑址陶间隔具、陶窑撑、陶窑砖、铜镜、铁刀、铜钱
图版五三　铜锣山窑址雪景和发掘现场
图版五四　铜锣山窑址YF1、YC1平面分布图
图版五五　铜锣山窑址YF1和YC1
图版五六　铜锣山窑址青釉瓷执壶、碗、碾轮和青白釉瓷瓯、酱黑釉瓷盏
图版五七　铜锣山窑址青白釉瓷长流执壶、水盂、钵、碗
图版五八　铜锣山窑址Cc型青白釉瓷碗
图版五九　铜锣山窑址青白釉瓷碗
图版六〇　铜锣山窑址青白釉瓷碗、墩式碗
图版六一　铜锣山窑址青白釉瓷墩式碗
图版六二　铜锣山窑址青白釉瓷墩式碗
图版六三　铜锣山窑址青白釉瓷墩式碗、盏
图版六四　铜锣山窑址青白釉瓷盏
图版六五　铜锣山窑址青白釉瓷盏

图版六六　铜锣山窑址青白釉瓷盏、花口盏
图版六七　铜锣山窑址青白釉瓷花口盏、盘
图版六八　铜锣山窑址青白釉瓷盘
图版六九　铜锣山窑址青白釉瓷洗
图版七〇　铜锣山窑址青白釉瓷洗、碟
图版七一　铜锣山窑址青白釉瓷碟
图版七二　铜锣山窑址青白釉瓷盏托、酒台
图版七三　铜锣山窑址青白釉瓷酒台、杯
图版七四　铜锣山窑址青白釉瓷枕、罐盖、器底、轴顶帽、荡箍、火照
图版七五　铜锣山窑址青白釉瓷火照和瓷垫钵
图版七六　铜锣山窑址瓷垫钵、瓷间隔具、陶匣钵
图版七七　铜锣山窑址陶匣钵、匣钵盖
图版七八　铜锣山窑址陶匣钵盖、陶间隔具、石砚
图版七九　凤凰山窑址远景和发掘现场
图版八〇　凤凰山窑址FF1
图版八一　凤凰山窑址FY1整体
图版八二　凤凰山窑址FY1与窑前工作室
图版八三　凤凰山窑址FY1火门与火膛
图版八四　凤凰山窑址FY1窑床与窑墙
图版八五　凤凰山窑址FY1窑床匣钵
图版八六　凤凰山窑址FY1窑床后部和窑尾
图版八七　凤凰山窑址青釉瓷横系罐、执壶、花浇
图版八八　凤凰山窑址酱黑釉瓷执壶、壶底和青白釉瓷瓜棱腹长流执壶
图版八九　凤凰山窑址青白釉瓷瓜棱腹长流执壶
图版九〇　凤凰山窑址青白釉瓷瓜棱腹长流执壶
图版九一　凤凰山窑址青白釉瓷瓜棱腹长流执壶
图版九二　凤凰山窑址青白釉瓷瓜棱腹长流执壶、圆弧腹长流执壶
图版九三　凤凰山窑址Ac型青白釉瓷圆弧腹长流执壶
图版九四　凤凰山窑址青白釉瓷圆弧腹长流执壶
图版九五　凤凰山窑址青白釉瓷圆弧腹长流执壶、壶把柄、花浇
图版九六　凤凰山窑址青白釉瓷花浇、大碗、碗底
图版九七　凤凰山窑址青白釉瓷墩式碗、盏
图版九八　凤凰山窑址青白釉瓷盘、炉、盒、瓶壶盖
图版九九　凤凰山窑址青白釉瓷瓶壶盖
图版一〇〇　凤凰山窑址青白釉瓷瓶壶盖、瓷塑狗、瓷火照、陶匣钵
图版一〇一　凤凰山窑址陶匣钵

图版一〇二　凤凰山窑址陶匣钵、匣钵盖、间隔具、窑撑、窑砖、原料
图版一〇三　八角湾水库窑址现场和青釉瓷壶及青白釉瓷钵、盏、瓯
图版一〇四　八角湾水库窑址青白釉瓷墩式碗、盏
图版一〇五　八角湾水库窑址青白釉瓷花口盏、盘、洗
图版一〇六　八角湾水库窑址青白釉瓷洗、酒台
图版一〇七　八角湾水库窑址青白釉瓷杯、罐盖
图版一〇八　凤凰山东侧窑址青白釉瓷瓜棱腹长流执壶、圆弧腹长流执壶
图版一〇九　凤凰山东侧窑址青白釉瓷圆弧腹长流执壶、碗
图版一一〇　凤凰山东侧窑址青白釉瓷斗笠碗、墩式碗、大盘、盘
图版一一一　窑坞里窑址青白釉瓷瓶、圆弧腹长流执壶、八棱长流执壶
图版一一二　窑坞里窑址青白釉瓷八棱长流执壶、花浇、碗、斗笠碗
图版一一三　窑坞里窑址青白釉瓷碗、盏、盘、罐盖
图版一一四　窑坞里窑址青白釉瓷瓶壶盖和瓷垫钵、间隔具

# 引　言

“瓷都”景德镇位于江西省东北部，东南毗邻德兴市，西南紧靠余干县，东连婺源县，南接万年县，西与鄱阳县接壤，北面与安徽省休宁县、祁门县和东至县交界，地处两省八县市交会之区（图一），地理坐标为东经116°57′~117°42′、北纬28°44′~29°56′[①]。历史上景德镇与广

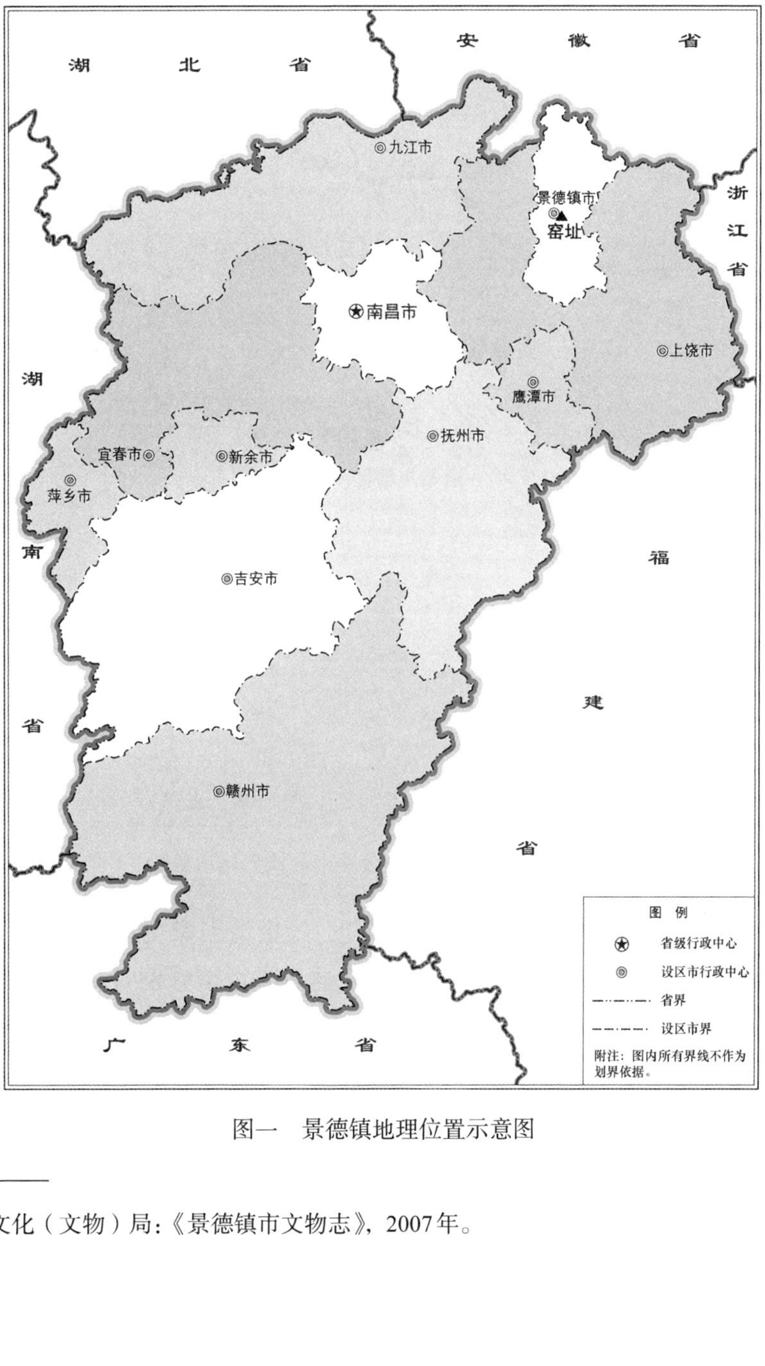


图一　景德镇地理位置示意图

① 景德镇市文化（文物）局：《景德镇市文物志》，2007年。

东省佛山镇、湖北省汉口镇、河南省朱仙镇并称为我国四大名镇，是国务院首批公布的24个国家级历史文化名城中唯一一个以制瓷手工业为主的工业城市。

为加快环鄱阳湖地区的经济发展，推动环鄱阳湖经济圈成为江西省经济发展的重要增长板块，夯实江西在我国中部崛起的步伐，同时满足建设经济重镇、旅游都市、特色瓷都的需求，景德镇市政府大力推进景德镇高速公路建设，于2006年启动了景德镇环城高速公路的建设项目。环城高速公路南环段是景德镇市高速公路网的重要组成部分，北起于境内的陈家畈，经盈田、黄泥头、湖田、历尧、吕蒙、徐坊，终于丽阳镇的毛坂上，全长30.05千米（图二），该段高速公路基本上沿着南河南岸行进。2005年，江西省文物考古研究所（2018年更名为江西省文物考古研究院，下同）会同景德镇民窑博物馆、浮梁县博物馆在调查该高速公路时，沿途发现铜锣山、道塘里、凤凰山等多处古窑址。

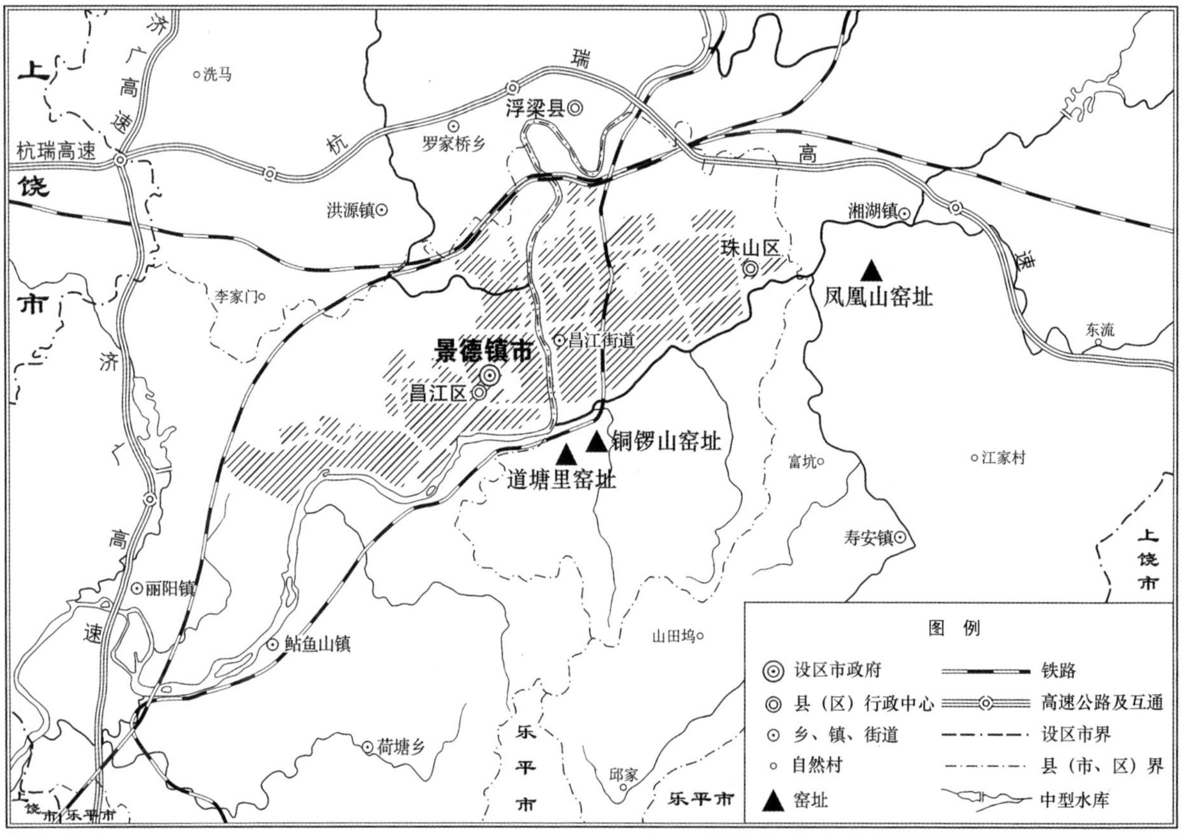


图二　景德镇环城高速公路南环段分布示意图

为配合景德镇环城高速公路南环段的基本建设，经报请国家文物局批准，2006年2～10月，江西省文物考古研究所会同景德镇民窑博物馆、浮梁县博物馆分别对高速公路途经的昌江区竟成镇小港嘴村道塘里窑址、昌江区竟成镇银坑村铜锣山窑址、浮梁县湘湖镇盈田村凤凰山窑址进行了抢救性考古发掘，发掘面积共计1917平方米，揭露龙窑遗迹2处、制瓷作坊遗迹3处、练泥池1处，出土了一批青釉、酱黑釉、青白釉瓷器和窑具标本，青白瓷和窑具占出土物的绝大部分，完整和可复原的器物达数百件，考古发掘成果丰硕。

三处窑址的时代较早，特别是铜锣山、道塘里窑址出土的青白瓷，有的早至五代晚期，这两处窑址有可能是最早成功烧造青白瓷的窑址中的两处，为早期青白瓷的研究提供了最新资料，有助于青白瓷起源问题的解决。

三处窑址的发掘，为景德镇和江西地区乃至中国陶瓷史的研究提供了新资料、新思路，为研究宋代制瓷手工业和景德镇的区域经济发展史提供了珍贵资料，对探索我国青白瓷的起源、生产、发展及其早期烧造历史具有重要意义。

为向学术界全面公布考古发掘资料，推进景德镇陶瓷文化的研究，促进陶瓷考古研究的深入开展，在国家文物局的大力支持下，江西省文物考古研究所高度重视，成立了《景德镇青白瓷窑址——道塘里、铜锣山、凤凰山窑址考古发掘报告》整理小组，在前期初步整理并发表的简报的基础上①，于2011年10月启动了对道塘里、铜锣山和凤凰山窑址的整理工作，至2013年12月告一段落。此后由于编撰人员各自奔波在不同的考古工地，难以抽空完成整理报告。其间虽然分别于2017年、2018年、2020年多次重启编撰工作，但是囿于经费短缺、人员难落实和时间无法集中等缘故，报告编撰工作始终推进缓慢，2020年还经历了肆虐全球的新冠疫情。山重水复疑无路，柳暗花明又一村，就在大家一筹莫展之际，事情出现了转机。2021年、2022年，考古报告编写项目分别得到了江西省社会科学基金重点资助项目景德镇青白瓷窑址考古报告整理出版（21LS01）和国家社会科学基金项目资助景德镇道塘里、铜锣山、凤凰山青白瓷窑址整理研究（22BKG034）立项资助，使考古报告的编写重新起航，本报告正是前述基金资助的成果。

三处窑址虽然是在同一时间为配合基本建设进行的抢救性考古发掘，遗存性质基本相同，烧造品种基本相同，器物特征、装饰和装烧工艺基本类似，所处的地理位置基本相同，都处于景德镇南河流域南岸，但是三处窑址的特征和时代也是有差异的。为了从整体上反映三处窑址的窑业面貌，客观全面地呈现景德镇的窑业历史，报告的整理采取统一标准，对出土遗物整体进行类型学排比，遗物和遗迹编号保持原样。这样有的窑址遗物在分型分式描述时会出现空缺，为避免赘述，每处窑址仅对本窑址所出土的遗物型式进行具体描述，没有的型式不再描述，出土遗物的整体分型分式在后期的分组讨论中汇总。希望通过对道塘里、铜锣山、凤凰山三处青白瓷窑址考古资料的系统整理，完整、科学、客观地揭示出三处窑址的陶瓷文化内涵，深化景德镇窑业技术研究，完善景德镇早期青白瓷发展史，构建三处窑址的窑业发展史和景德镇陶瓷发展编年体系；为探讨景德镇青白瓷窑业技术的源流、发展、交流和变迁，以及该地区的陶瓷史研究、经济发展史研究、窑业遗存保护和展示提供科学依据。

---

① a. 江西省文物考古研究所、景德镇民窑博物馆：《江西景德镇竟成铜锣山窑址发掘简报》，《文物》2007年第5期，第48～59页；b. 江西省文物考古研究所、浮梁县博物馆：《江西浮梁凤凰山宋代窑址发掘简报》，《文物》2009年第12期，第25～38页；c. 江西省文物考古研究所、景德镇民窑博物馆：《江西景德镇道塘里宋代窑址发掘简报》，《文物》2011年第10期，第35～50页。

# 第一章 自然环境与历史沿革

## 第一节 自 然 环 境

本次发掘的道塘里、铜锣山、凤凰山三处窑址均位于江西省景德镇南河南岸。南河是流经景德镇的昌江的主要支流，又名历降水，分布于景德镇境内南部、昌江东岸，发源于婺源西北五花尖南麓，其于婺源境内河道弯曲，坡陡水急，经湘湖镇，过黄泥头、竟成镇湖田村，在小港嘴汇入昌江，全长76千米，流域面积566平方千米。

昌江，又名鄱江，发源于安徽省祁门境内，连接皖、赣两省。在安徽境内称祁门江，祁门江向西南经皖、赣边界的倒湖，纳入北河，称大北河。流入江西境内，始称昌江。昌江在景德镇境内汇合小北河和东、西、南河，流至鄱阳县与乐安江汇流成饶河，入鄱阳湖至长江，全长约210千米，在江西境内集水面积达4160平方千米。

“靠山吃山，靠水吃水”，景德镇境内发达的水系、纵横密布的河流交通，不仅为陶瓷生产提供了丰富的水源和动力资源，还为陶瓷制品的运输提供了便利有效的交通条件，为景德镇陶瓷产品的销售带来了舟楫便利。景德镇的水运路线主要有三条：第一条为逆昌江而上，可以到达安徽祁门地区。第二条为顺昌江而下，到达鄱阳湖，进入赣江，可抵达赣州及广东各处。第三条是最重要的一条，可分为三路支线，第一支，沿昌江而下进入鄱阳湖后，从九江进入长江，上可到成都等地；第二支，通过长江接通京杭大运河，加强景德镇与北方各地，乃至与京城的联系；第三支，顺长江至下游，连接东海、南海沿岸的上海、杭州、宁波等城市，甚至连通海上丝绸之路，贸易触角延伸至海外诸国。作为昌江支流的南河流域，也承担着相当重要的动力和水运职责。

景德镇境内地势南高北低，属丘陵地带，坐落于黄山、怀玉山余脉向鄱阳湖平原的过渡地带，是典型的江南红壤丘陵区。地处五山两湖之间，境内山峦起伏，河川纵横。东北方向为黄山余脉，群峰环峙，地势高峻；东南方向为怀玉山北坡，山岭逶迤，延至西南方向渐趋平衍，总体为东北—西南走向。平均海拔400米，最高峰五股尖海拔1618.4米，最低点海拔仅20米。

境内地貌类型以山地为主，次为岗阜和流水侵蚀堆积平原。山地占69%，平原仅占24%，且多低山丘陵，水面占7%，山地占全市面积的2/3以上。南方地区陶瓷生产以龙窑为主，景德镇的低山丘陵地形为龙窑的构建提供了便利的地形条件。

景德镇森林资源十分丰富，森林覆盖率达70%，境内植被类型以亚热带常绿阔叶林为主，主要树种有杉木、马尾松、湿地松、苦槠、甜槠、栲树、栎属、枫香、樟树、木荷、毛竹等，盛产松、柏、杉、枫及各类薪炭林，为瓷器烧成提供了充足的燃料，尤其是境内主要树种含有松油的松树，是制瓷最理想的燃料资源。此外，境内盛产俗称狼鸡草的蕨类植被，是陶瓷釉料不可或缺的制作原料。

景德镇境内地质条件比较复杂，岩石种类较多。最大的岩浆岩体为浮梁鹅湖富斜花岗山岩体，其次为零星分布的小岩体。鹅湖富斜花岗山岩体，中部多为中粗粒花岗岩、细粒二云母花岗岩，主要蚀变有钠长石和绢云母，其裂隙发育及钠长石蚀变较强的地段，风化后常形成高岭土矿床。小岩体类中，脉状岩体出露很多，主要有微晶花岗岩、细晶岩、长石石英斑岩、石英斑岩等。上述脉岩短续出露，脉长百余米至千余米不等，脉宽者可达二十余米。蚀变风化后常形成软质或硬质瓷石矿床，是景德镇陶瓷生产的重要矿产资源。

景德镇的主要矿产有瓷石、高岭土、煤、钨、沙金、铜、萤石、硫黄、石灰石、大理石等，特别是瓷石、高岭土和煤炭蕴藏最具特色。高岭土是陶瓷工业最重要的原材料，景德镇的高岭土蜚声国际陶瓷界，用它生产出来的景德镇瓷器，曾经代表着中国陶瓷制品的高端水平和上等品质，影响着中国甚至世界。现在国际上通用的高岭土学名——Kaolin，就是来源于景德镇北部山区鹅湖镇高岭村边的高岭山。景德镇煤炭资源也十分丰富，是江西省的三大产煤区之一。

景德镇属于亚热带季风气候，光照充足，雨量充沛，年降水量1600～1700毫米，温暖湿润。境内春、秋季短，夏、冬季长，气候温暖，日照充足，无霜期长。这种降水集中、无霜期长的气候特征为景德镇陶瓷制造提供了集中的生产时段，为大规模陶瓷制造业的产生创造了有利条件。

得天独厚的自然环境为景德镇陶瓷业的发展提供了水源、燃料、原料等优越条件，使得景德镇窑业繁盛成为必然，乃至有“瓷都”之誉。

## 第二节 历史沿革

景德镇境域最初为古番地，是夏代九州之扬州的一部分。春秋时期为楚国的最东境，《史记·楚世家第十》载“（楚昭王）十二年，吴复伐楚，取番”[①]。此后，景德镇又归属吴。至公元前473年，吴为越所灭，又归越国管辖，直到战国中期。公元前306年，楚又灭越，至此景德镇和江西全境归于楚。

秦始皇二十六年（公元前221年），分全国为三十六郡，景德镇作为番县一部分，隶属九江郡。秦二世二年（公元前208年），复属楚。

西汉汉高帝五年（公元前202年），番县改称为番阳县，隶属豫章郡管辖。东汉时，归于扬州刺史部。

三国时代，鄱阳为吴地，属扬州，境域仍属之。

西晋元康元年（291年），改属江州，隶鄱阳郡鄱阳县。此时的景德镇仅是鄱阳县下辖的一

① （汉）司马迁：《史记》卷四十《楚世家第十》，中华书局，1963年，第1716页。

个小镇，因位于昌江之南，得名昌南镇。

东晋时，景德镇始设镇，即新平镇。旧志载“陶侃禽江东寇于昌南，遂改昌南为新平镇，隶江南”[①]，其时当在咸和五年至九年之间（330～334年）。自东晋设镇后，曾有新平、昌南等名。

南朝宋、齐时期，新平镇隶属扬州鄱阳郡。梁承圣二年（553年），鄱阳郡改为吴州，新平镇属之。陈光大元年（567年）再罢吴州，复鄱阳郡，新平镇属江州。

隋开皇九年（589年），改鄱阳郡为饶州。大业三年（607年），再次改为鄱阳郡。

唐高祖改郡为州，复饶州。景德镇先属洪州大都督府管辖，再归于江南道，后属江南西道管辖。唐武德二年（619年），于鄱阳东界置新平乡。武德四年（621年），正式设置新平县，属饶州。开元四年（716年），刺史韦玢请更名为新昌。天宝元年（742年），更名为浮梁县，为上县。新平镇仍为浮梁县辖小镇。

北宋开宝八年（975年），江南平复，浮梁属饶州，隶江东路。真宗景德元年（1004年），改新平为景德镇，仍属浮梁县管辖。其间奉造御器，“光致茂美，当时则效著行海内，于是天下咸称‘景德镇瓷器’”，景德镇由此得名。元丰四年（1081年），隶江南东路。

蒙元时期，浮梁县属饶州路，隶浙江行中书省。至元十五年（1278年），朝廷正式在景德镇设置“浮梁磁局”，派官员管理瓷窑事务，对民窑实行课税等管理。元贞元年（1295年），升浮梁县为中州。至正十六年（1356年），江西都昌人于光接受赵义军首领徐寿辉节制，镇州数年，后以饶州归顺朱元璋。

明初，饶州路改鄱阳府，浮梁州属之，隶江西行中书省。洪武二年（1369年），更名为饶州府，浮梁改州为县，隶属江浙行中书省。洪武九年（1376年），浮梁县隶属江西布政使司，分属九江道。

清代，浮梁仍为县，属江西省饶州府，景德镇为县属。

民国初年，废除府和直隶州的行政建制，将江西全省划为四个道，浮梁隶属浔阳道。1926年废道，各县直接隶属于省。

1949年中华人民共和国成立后，景德镇从浮梁划出，单列建市，为景德镇市，先后分属赣东北行政区和浮梁专区管辖。1953年，升为省辖市。1983年，将原属于上饶地区的乐平和鄱阳县的鱼山乡、荷塘乡划归景德镇市管理。

在中国陶瓷发展的辉煌道路上，景德镇集天下名窑之大成，汇各地技艺之精华，充分展现了中国陶瓷艺术的卓越成就，成为世人仰慕的瓷都。千年不断的窑火留下了无数瑰丽的奇珍异宝，同时也留存下极其丰富的陶瓷遗迹，它们遍及昌江及其支流的两岸，是千年瓷都历史文化沉淀最有力的见证。

① （清）程廷济修、（清）凌汝锦纂：《浮梁县志》（卷之一 县城上），清乾隆四十八年刻本。

# 第二章　景德镇青白瓷窑址考古史

宋元时期，景德镇青白瓷以其优质的胎釉原料、丰富多样的器形种类、精美的装饰纹样及先进的制作工艺，在我国南方地区异军突起，成为青白瓷生产中心。长期的窑业生产活动，留存下了非常丰厚的历史遗迹。有关青白瓷窑址和青白瓷的研究很早就引起了人们的注意，景德镇青白瓷窑址的考古研究伴随中国考古学的发展而发展，与国内陶瓷考古进程对接，呈现出文献梳理、野外调查、考古发掘、深度研究的演进趋势。经过不间断的考古与研究，景德镇青白瓷窑址的文化面貌逐渐清晰，现将其考古研究史分为四个阶段。

第一阶段：20世纪30年代以前，主要以文献记述、古董鉴赏为主。既见于官修史籍，也载于个人文集。内容关乎器名来由、销售、生产、仿制、鉴赏等。

作为宋元时期一种具有独特釉色风格的青白瓷，"青白"一词最早出现在成书于北宋仁宗皇祐年间蔡襄著的《茶录》一书，书中曰"茶色白，宜黑盏……其青白盏，斗试家自不用"[①]。

最早有关景德镇青白瓷生产的记载见于宋蒋祈《陶记》，《陶记》是我国历史上第一篇有关瓷器生产的专著。书中记述了景德镇瓷器的窑业工序、器物名目、原料产地、胎釉制备、成形、装饰、装坯焙烧、税收政策等，其中不乏与青白瓷相关的内容，如"景德陶，昔三百余座。埏埴之器，洁白不疵，故鬻于他所，皆有'饶玉'之称。……江、湖、川、广器尚青白，出于镇之窑者也"[②]。从中可以看出景德镇青白瓷窑址的数量多、生产规模大，甚至可以说销售范围广，它成为有关景德镇青白瓷的研究影响最大的书。

北宋时期文学家、诗人彭汝砺《送许屯田诗》有"浮梁巧烧瓷，颜色比琼玖。因官射利疾，众喜君独不。父老争叹息，此事古未有"[③]等句。彭汝砺用"琼玖"赞美青白瓷的颜色茂美，想必不仅仅是感同身受，衷心赞美，更多的应该是作为饶州家乡人的自豪。

青白瓷在宋元时期颇受时人喜欢，畅销南北，甚至出现专卖青白瓷的店铺，南宋周密《武林旧事》、耐得翁《都城纪胜》、吴自牧《梦粱录》均有类似的记载。如耐得翁《都城纪胜》"铺席"条载"都城天街……有大小铺席，皆是广大物货，如平津桥沿河，布铺、扇铺、温州漆器铺、青白碗器铺之类"。

---

① （宋）蔡襄等著、唐晓云整理校点：《茶录：外十种》，上海书店出版社，2015年。

② a. 白焜：《宋·蒋祈〈陶记〉校注》，《景德镇陶瓷》1981年（总第十期）《陶记》研究专刊，第38、39页；b.（宋）蒋祈：《陶记》，（清）陈淯等修、邓熫等纂：《康熙浮梁县志》卷四《赋役·陶政》"蒋祈陶记附"，成文出版社，1989年，第410～413页。

③ （北宋）彭汝砺：《送许屯田诗》，熊寥：《中国陶瓷古籍集成（注释本）》，江西科学技术出版社，2000年，第17页。

南宋赵汝适《诸蕃志》、元代汪大渊《岛夷志略》、明代费信《星槎胜览》等不同时期有关贸易销售的文献均有多处记载贸易“青白瓷器”“青白瓷”等，甚至“货用诸色缎、青白瓷、铁器、五色烧珠之属”，从另一个侧面显示了青白瓷的流行和时尚。

清代以来，青白瓷虽然渐渐不为人们所知，但是宫廷依然在对其进行仿制。清代内务府员外郎、督陶官唐英雍正年间实地调查景德镇湘湖镇“故宋窑址”，“从镇东南去二十里余，地名湘湖，有故宋窑址。尝觅得瓷砾旧器不完者，质颇薄，却是米色、粉青二式”①，采集了标本进行仿制。

类似内容还见于雍正《江西通志》“烧造各色条款”：“仿米色宋釉，系从景德镇东二十里外，地名湘湖，有故宋窑址，觅得瓦砾，因仿其色泽款式。”②掀开了景德镇青白瓷窑址田野考古的开端。

清人蓝浦《景德镇陶录》记述景德镇窑，曰：“景德窑，宋景德年间烧造，土白壤而埴，质薄腻，色滋润。真宗命进御，瓷器底书‘景德年制’四字，其器尤光致茂美。当时则效著行海内，于是天下咸称‘景德镇瓷器’，而昌南之名遂微。”③说及其地名来源于宋真宗命陶工在进贡的瓷器上书“景德年制”，当是青白瓷的影响。

晚清民国，古董商以青白瓷的胎薄釉润、透光见影的外在特征，称呼其为影青瓷，“近来出土之器甚多，有一种碗碟，质薄而色白，微似定，市肆中人呼为映青，以其釉汁微带青色也。据言出自江西，为宋时所制”④。许之衡《饮流斋说瓷》“素瓷甚薄，雕花纹而映出青色者谓之影青”，同书又将青白瓷称之为“隐青”，“影青固甚薄之瓷也，乃有瓷质颇厚仅能一面影出青色雕花者，此则名为隐青”。甚至有的古董商因为青白瓷胎质薄，外面施青白色釉，犹如罩上一层青色，将其名之为“罩青”，邓之诚《骨董琐记全编》谓“其莹者罩青也”。

青白瓷，又称为“影青”“罩青”“隐青”等，呈现了晚清民国古董商对青白瓷的认识，展现了当时的青白瓷研究之路。

第二阶段：20世纪30～80年代，伴随近代考古学的引入和陶瓷考古工作的开展，学者走出书斋，开始对景德镇地区窑址进行调查和试掘，景德镇青白瓷窑址和青白瓷的瓷业面貌逐渐清晰。

早在1937年，英国学者白兰士敦就对景德镇、湖田窑进行了考察，开始关注瓷器的生产原料、工艺等方面问题，对后世学者的研究颇具启发意义。这是近现代对湖田窑最早的调查，也是对景德镇青白瓷窑址的早期考古学调查⑤。

---

① a.（清）蓝浦著、郑廷桂增补：《景德镇陶录》卷八“陶说杂编上”，嘉庆二十年翼经堂刻，同治九年重刻本，第126页；b.《续修四库全书》编委会：《续修四库全书》，子部谱录类，第1111册，上海古籍出版社，2002年，第407页。

② （清）谢旻：《江西通志》（雍正）卷一百三十五《艺文》“烧造各色条款”，成文出版社，1989年，第128页。

③ （清）蓝浦著、郑廷桂增补：《景德镇陶录》卷五“景德镇历代窑考”，嘉庆二十年翼经堂刻，同治九年重刻本，第84页。

④ 刘子芬：《竹园陶说》，全国图书馆文献缩微复制中心：《中国古代陶瓷文献辑录（七）》，全国图书馆文献缩微复制中心，2003年，第3474页。

⑤ a. 李一平：《宋代的湖田窑》，《南方文物》2003年第1期，第83页；b. Brankston A D. *Early Ming Wares of Chingtechen* [M]. Peking: H. Vetch, 1938.

1953年，故宫博物院陈万里对景德镇石虎湾、湘湖、湖田、南山等窑址进行了调查，发现宋元时期的不少窑业堆积中有青白瓷，指明“影青瓷”产地就在景德镇[①]。

20世纪50～60年代末，景德镇陶瓷馆先后对景德镇东河与南河流域一带的柳家湾、牛屎岭、枫湾、三宝蓬、南市街、宁村等地进行调查，发现多处青白瓷窑址，有的进行了小规模试掘[②]。

1958年、1963年、1964年，故宫博物院先后四次对景德镇杨梅亭、石虎湾、黄泥头、湖田、湘湖、南市街、柳家湾等窑址进行调查[③]。有关成果为1982年中国硅酸盐学会编著的《中国陶瓷史》所沿用[④]。

1963年，乐平县县志编纂委员会调查了乐平境内的宋代官口、闵口窑址，两处窑址主要生产青白瓷，产品以碗、盘等日用器为主。窑址靠近景德镇南市街、柳家湾窑址，属于景德镇窑业系统[⑤]。

1968年，景德镇陶瓷历史博物馆的刘新园、白焜调查发现黄泥头、南市街、湘湖、湖田等古瓷窑址有五代产品[⑥]。

随着大规模的基本建设的开展，1972～1979年，刘新园、白焜对湖田窑进行了调查和试掘，这是景德镇青白瓷窑址最早进行的考古试掘。根据发现的遗迹和遗物，他们明确了湖田窑的范围和烧造时间，将湖田窑分为五代、北宋、南宋、元代及明代五期，其中北宋至元代的遗物中均见青白瓷[⑦]。

1978年，刘新园、白焜清理了景德镇市区新华南路景兴瓷厂窑业遗存，认为其出土的南宋中后期的青白瓷印花和刻划花纹碗、盏，质量胜过湖田窑，印证了《陶记》中所言“若夫浙之东、西，器尚黄黑，出于湖田之窑者也；江、湖、川、广器尚青白，出于镇之窑者也”[⑧]。

第三阶段：20世纪80年代～20世纪末，青白瓷窑址的考古工作主要是配合基建的考古调查和抢救性考古发掘。

1980年和1982年，欧阳世彬对东河流域的瑶里、鹅湖古瓷窑群进行调查，推断流域窑业在南宋后期突然兴起，明中期以前停烧，产品以青白瓷为主[⑨]。

1981年，景德镇市文物工作者分别在落马桥、珠山、中渡口、曾家弄及风景路窑址等发现元代烧造青白瓷窑址。

---

① 陈万里：《景德镇几个古代窑址的调查》，《文物参考资料》1953年第9期，第82～87页。

② 刘新园：《景德镇瓷窑遗址的调查与中国陶瓷史上的几个相关问题》，《景德镇出土陶瓷》，香港大学冯平山博物馆，1992年，第16～29页。

③ 冯先铭：《三十年来我国陶瓷考古的收获》，《故宫博物院院刊》1980年第1期。

④ 中国硅酸盐学会：《中国陶瓷史》，文物出版社，1982年。

⑤ 乐平县县志编纂委员会：《乐平县古瓷窑调查简报》，《瓷器》1964年第3期。

⑥ 刘新园、白焜：《高岭土史考——兼论瓷石、高岭与景德镇十至十九世纪的制瓷业》，《中国陶瓷（古陶瓷研究专辑）》1982年第7期，第141～170页。

⑦ 刘新园、白焜：《景德镇湖田窑考察纪要》，《文物》1980年第11期，第39～49页。

⑧ 白焜：《宋·蒋祈〈陶记〉校注》，《景德镇陶瓷》1981年（总第十期）《陶记》研究专刊，第39页。

⑨ 欧阳世彬：《景德镇东河流域窑址调查简报》，《中国陶瓷（古陶瓷研究专辑）》1982年第7期，第126～135页。

20世纪80年代初期，江西省文物工作队分别对杨梅亭和柳家湾窑址进行了调查。在杨梅亭窑址采集到一批五代至北宋的瓷器，其中不乏青白瓷标本，为了解景德镇青白瓷的制作工艺及窑业技术提供了重要的实证材料①。

1983年，在柳家湾窑址发现不少青白瓷器和窑具，器形以碟、盏、碗、盘类为大宗，胎釉质量较好，装饰多样，表明柳家湾的青白瓷制作具备较高水平②。

1985～1999年，为配合基建工程，江西省文物考古研究所和景德镇湖田窑陈列馆连续对湖田窑遗址进行了十多次抢救性发掘。

1988年，对北望石坞进行抢救性发掘，发掘面积672平方米，出土了一批青瓷、青白瓷及黑釉瓷器。

1992年，考古工作人员在中国社会科学院考古研究所和扬州博物馆的协助下布探沟发掘，揭露面积94平方米，出土北宋中期以后的青白瓷等遗物近万件。

1993～1994年，对湖田窑进行第三次发掘，发掘面积544平方米，出土宋元明时期青白瓷、青花瓷等各类文物数万件。

1995～1996年，再次对湖田窑进行抢救性发掘，发掘面积1376平方米，获得一大批地层明确的五代至宋元明时期的青瓷、青白瓷、黑釉瓷及青花瓷器等。

1997年是湖田窑发掘的高峰期，共进行了三次抢救性考古发掘。5～8月，发掘面积384平方米，清理宋元时期遗迹17处，获得一批宋元时期的青白瓷器、铜钱等。9月，发掘面积144平方米，出土了宋元时期各类文物数千件。10月，发掘面积1204.5平方米，出土了一批宋元时期的珍贵文物，其中有一批宋代青白瓷。

1999年，再次对湖田窑进行发掘，发掘面积198平方米，出土了大量青白瓷。

历年累计对湖田窑进行了十次抢救性考古发掘工作，涉及13处窑址，出土各类文化遗物数十万件，这些遗物的时代跨度涵盖五代至明代，其中青白瓷出土比例最高③。此外，还清理出大量作坊、房屋建筑和窑炉遗迹，这些遗迹涵盖了整个制瓷活动的工艺流程。

这一阶段对青白瓷窑址的调查范围较前一阶段更为系统，覆盖面更广，尤其是在1981年开始的第二次全国文物普查中，景德镇的文物工作者对全市范围内的瓷窑遗址进行了调查，普查出几百处窑址，其中生产宋元时期青白釉瓷器的窑址众多。更为重要的是，配合基本建设开展的大规模考古发掘工作，为研究景德镇青白瓷的内涵和发展提供了更准确的资料，以湖田窑最具代表性，使得湖田窑各时代窑业堆积的分布区域基本清晰，建立了湖田窑窑业堆积的时代序列，并总结了各期的瓷器生产特征。

第四阶段：自21世纪初期至今，景德镇青白瓷窑址研究呈现出以专题性调查、考古发掘为主的多学科、多单位综合合作的系统化、规模化、多样化特征。

---

① 陈定荣：《江西景德镇杨梅亭古瓷窑》，《东南文化》1992年第2期，第267～276页。

② a. 陈定荣：《景德镇柳家湾古瓷窑》，《江西历史文物》1983年第4期，第26～30页；b. 江西省文物工作队：《江西景德镇柳家湾古瓷窑址调查》，《考古》1985年第4期，第365～370页。

③ 江西省文物考古研究所、景德镇民窑博物馆：《景德镇湖田窑址：1988—1999年考古发掘报告》，文物出版社，2007年。

这个阶段有关青白瓷窑业的考古调查实施较多。地理空间既有全区域的，也有局部的，如昌江流域、景德镇国家陶瓷文化传承创新试验区；还有小区域的，如小南河流域、湘湖镇区域、历史文化街区[①]，甚至有单个文物保护单位如高岭土矿遗址等。内容分全面全局的和单一专业性的，全面全局的涵盖考古历史的所有内容，单一专业的关注高岭土和釉果原料[②]、瓷石加工遗址、瓷器烧造及运输码头、生活区等细分内容。考古调查采取专题性，有的是配合全国性、省级或者市级的文物普查，有的是为开展申报世界文化遗产的工作，有的针对文物保护规划的编制，呈现出区域性集中、目的性强、成果丰硕的特征[③]。考古调查工作做得全面的是第三次全国文物普查，做得细致的是江西昌江流域水下文化遗产调查，多学科运用较完善的是湘湖一带9～10世纪窑业遗址调查，所有这些窑业调查都涉及青白瓷窑址和青白瓷。

为编写《景德镇市文物志》古瓷窑遗址部分，景德镇市陶瓷考古研究所江建新对景德镇区域的窑业遗存进行了较为系统的调查[④]，发现景德镇地区古代窑场密布，尤其宋元时期青白瓷窑场遍及城乡各地，“村村陶埏，处处窑火”，保存尚好的窑业遗存有28处，其中21处窑业遗存在堆积中发现了青白瓷，可见宋元时期景德镇青白瓷烧制的规模之大、产量之多，是景德镇陶瓷考古又一里程碑式研究。

2007年，景德镇市文物局组织全市力量开展境内第三次全国文物普查，历经五年的长期努力，截至2012年，查明景德镇行政区域内有48处青白瓷窑址[⑤]（图三），无论是数量还是规模，在全国皆首屈一指。这些青白瓷窑址分布范围较大，堆积层丰富，窑业遗存少则1处，多者达13处，如南河流域的湖田窑址分布面积达40万平方米，包括窑岭上、板栗园、张家地、葫芦窑、乌鱼岭、琵琶山、刘家墩、望石坞等13个窑场[⑥]。遗物分布范围少则几百平方米，多则几万甚至十几万平方米，有的甚至更多，如塘下古瓷窑遗址现保存较好的有坳上、塘下、王同岭、吴家坞、谢家坞等5处窑址，分布面积达65万平方米。这些青白瓷窑址主要分布在南河和小南河流域、景德镇市区、东河流域三个区域，临近小南河的乐平也发现了青白瓷窑址。以南河和小南河流域分布最为集中，不仅生产规模大，而且产品质量精。景德镇区域的窑址既有以生产青白瓷为主的综合性窑址，也有单一生产青白瓷的，还有与原材料生产结合在一起的；既有短时段的窑址，也有生产期较长的窑址。窑址年代从晚唐五代延续至元代，依据所烧产品组合和生产时代的不同，分为三类：

---

① 景德镇市申报世界文化遗产领导小组办公室、湖北楚夔古建筑工程有限公司：《景德镇市三闾庙街区申遗考古测绘调查报告》，2022年。

② 景德镇市申遗办、厦门大学历史与文化遗产学院：《瑶里釉果矿及绕南瓷石加工遗址考古调查》，《景德镇陶瓷》2022年第6期。

③ 霍成伟、周思中：《景德镇昌江沿岸古代窑业遗迹考古调查》，《中国国家博物馆馆刊》2021年第4期，第53～76页。

④ 景德镇市文化（文物）局：《景德镇市文物志》，2007年。

⑤ 江西省文物局：《江西古代窑址》，红星电子音像出版社，2023年。不同学者关于窑址点的统计标准和口径不同，本书采取江西省第三次全国文物普查的统计数据。

⑥ 江西省文物考古研究所、景德镇民窑博物馆：《景德镇湖田窑址：1988—1999年考古发掘报告》，文物出版社，2007年。

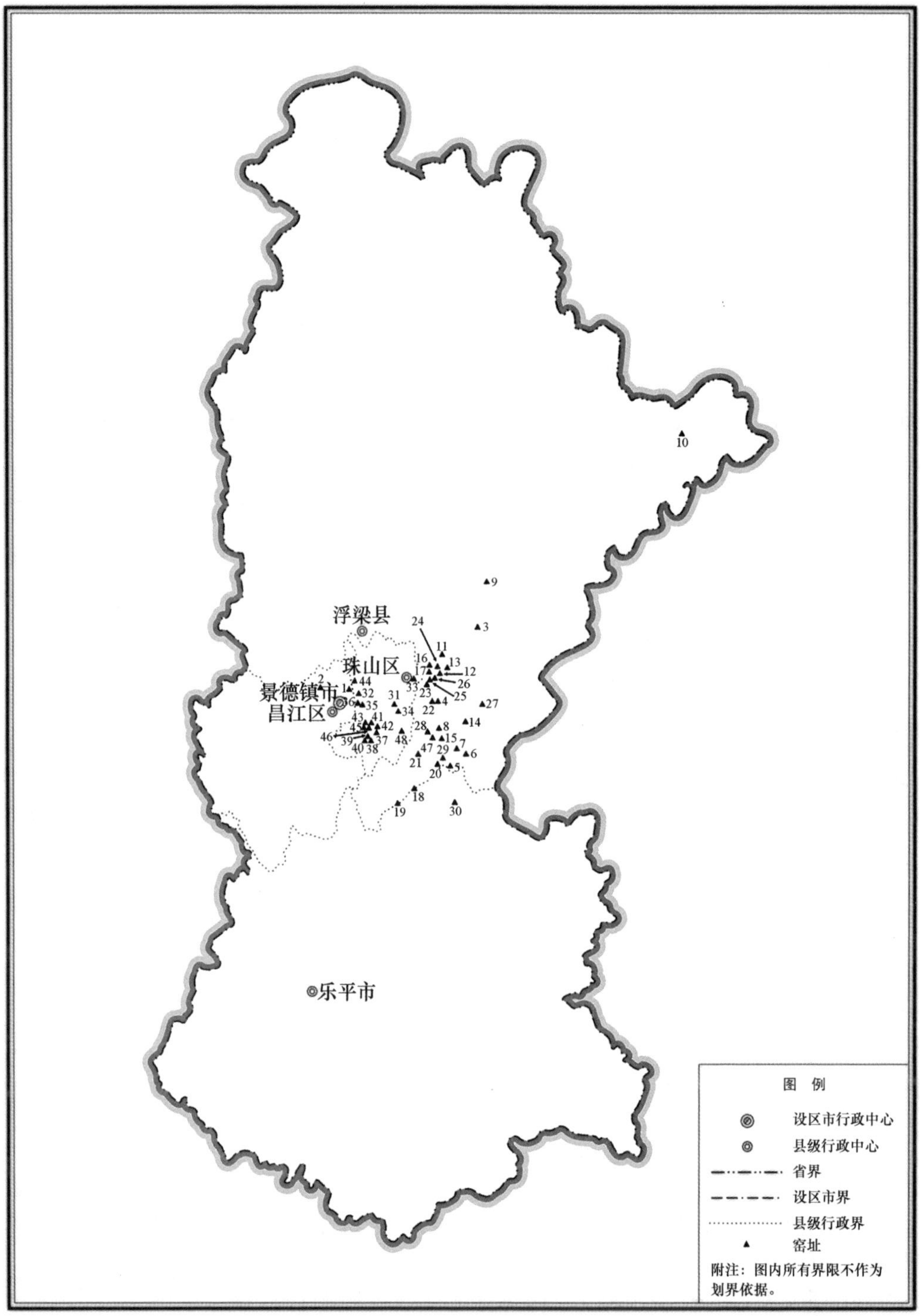


图三　景德镇青白瓷窑址分布示意图

1. 西河口窑址　2. 二亭下窑址　3. 兰田窑址　4. 进坑瓷业遗址　5. 南市街窑址　6. 柳家湾窑址　7. 金家坞窑址　8. 月山下窑址　9. 洪家坳窑址　10. 绕南窑址　11. 焦坑坞窑址　12. 盈田窑址　13. 湘湖窑址　14. 灵珠窑址　15. 凉伞树下窑址　16. 白虎湾窑址　17. 塘下窑址　18. 宁村窑址　19. 丰旺窑址　20. 朱溪窑址　21. 大屋下窑址　22. 汪家村窑址　23. 双河口窑址　24. 槐树下窑址　25. 花儿滩窑址　26. 山脚下窑址　27. 灵安窑址　28. 富坑窑址　29. 西溪窑址　30. 闵口窑址　31. 湖田窑址　32. 御窑厂遗址　33. 黄泥头窑址　34. 杨梅亭窑址　35. 落马桥窑址　36. 刘家弄窑址　37. 八角湾水库窑址　38. 碓家坞窑址　39. 红庙下窑址　40. 白庙下窑址　41. 草坦上窑址　42. 郑家坞窑址　43. 小坞里窑址　44. 茶园塘窑址　45. 道塘里窑址　46. 铜锣山窑址　47. 外小里窑址　48. 三宝村窑址

第一类：17处窑址，青白瓷与青瓷、白瓷同窑合烧，五代至元代，其中五代和北宋13处，兰田窑青白瓷生产可上溯至晚唐；五代至南宋3处，其中进坑盛产瓷土，原材料就近供应窑场；五代至元代1处。第二类：26处窑址，集中生产青白瓷，其中北宋22处，宋元时期3处，元代仅丽阳窑1处；小坞里窑可见与黑瓷的组合。第三类：5处窑址，青白瓷与白瓷、青花瓷、酱釉瓷同窑合烧，均为宋元时期。

2015～2019年，江西省文物考古研究院与中国人民大学历史学院、北京大学考古文博学院联合对南河流域开展了区域性考古调查①，作为江西昌江流域水下文化遗产调查的部分内容，调查范围覆盖景德镇市浮梁县湘湖、寿安、竟成三个镇。调查团队在银坑坞、湘湖街、小南河西区、小南河东区、柳家湾西区、柳家湾东区6个窑址群发现321处瓷窑遗址，多数为青白瓷窑址。窑址数量超出了此前以文物普查为依据对景德镇窑址的笼统把握，产品面貌突破了此前主要以湖田窑为代表对景德镇窑业的片面认识。建立了五代后期、北宋初期、北宋早期、北宋早中期、北宋中期、北宋中晚期、北宋晚期、南宋中晚期、南宋晚期、宋元之际和元代早中期等十一期的细致编年体系，研究表明该区域陶瓷生产时间跨越五代、宋、元时期，构建了景德镇唐代至元代陶瓷手工业动态发展的脉络，北宋晚期繁盛而南宋衰微，不同时间段窑址之间存在明显的位移现象，同时间段窑址之间也表现出产品类型及工艺的细微差异。客观上讲，这么细化地计量研究，难度太大，瓷业发展史分期过于细致。

为建设好景德镇国家陶瓷文化传承创新试验区，满足文旅发展规划的需求，2021～2022年，景德镇市陶瓷考古研究所联合景德镇陶瓷大学艺术文博学院对浮梁县寿安镇南市街古窑址及小南河流域进行了阶段性考古调查勘探工作，发现窑业遗存144处，窑炉遗迹10处。研究认为五代至北宋为小南河流域窑业的肇始期，窑址较少，零星分布；北宋中晚期为小南河流域窑业高峰期，窑场数量急剧增长，五代至北宋早期的主要窑场向周边地区转移或扩散，造成小南河流域及其支流两侧的山坳形成连片的窑场；南宋至元初是小南河流域窑业的衰落期，窑业规模收缩，窑址点减少②。

2008年、2009年、2012年，不少单位和学者分别对焦坑坞窑址、黄泥头窑址③、进坑村窑址、湖田窑窑址、景德镇陶瓷学院西侧五代窑址（A、B地点）④、景德镇陶瓷学院湘湖校

---

① a. 江西省文物考古研究院、中国人民大学历史学院、北京大学考古文博学院：《银坑坞：景德镇南河流域窑址考古调查报告之一》，文物出版社，2020年；b. 江西省文物考古研究院、中国人民大学历史学院、北京大学考古文博学院：《景德镇银坑坞窑址群兰家井—郑家坞段调查简报》，《南方文物》2019年第5期；c. 江西省文物考古研究院、中国人民大学历史学院、北京大学考古文博学院：《景德镇银坑坞窑址群碓家坞窑址调查简报》，《中国国家博物馆馆刊》2020年第12期；d. 江西省文物考古研究院、中国人民大学历史学院、北京大学考古文博学院：《景德镇银坑坞窑址群道塘里—铜锣山段调查简报》，《南方文物》2020年第6期；e. 江西省文物考古研究院、中国人民大学历史学院、北京大学考古文博学院：《景德镇银坑坞窑址群白庙下—草坦上段调查简报》，中国人民大学北方民族考古研究所、中国人民大学历史学院考古文博系：《北方民族考古（第9辑）》，科学出版社，2020年，第71～92页。

② 景德镇市陶瓷考古研究所、景德镇市浮梁新平先行区、景德镇陶瓷大学艺术文博学院等：《景德镇市浮梁县寿安镇南市街及周边古窑址考古调查勘探工作报告》，2022年。

③ 程彩虹：《景德镇五代白瓷研究》，景德镇陶瓷学院硕士学位论文，2012年。

④ 曾令怡：《景德镇市湘湖镇陶瓷学院西侧窑址调查简报》，《中国陶瓷工业》2012年第3期。

区附近3处五代窑址[①]进行了调查和考察。

第四阶段对青白瓷窑址的调查较前一阶段覆盖面更广，更为系统，更为聚焦，更有针对性。相关窑业考古调查进一步摸清了区域内陶瓷文化家底，细化了窑址数量（数量相差巨大的原因，主要在于统计口径和标准的不同，当然不乏考古新发现），深化了对景德镇窑业面貌的认识。这一阶段除了是对景德镇青白瓷窑址进行的系统调查，更为重要的是在大量专题性调查的基础上，开展了不少考古发掘工作，为研究景德镇青白瓷的内涵和发展历史提供了更准确的资料。

进入21世纪后，配合湖田窑遗址基本建设的考古发掘工作仍在继续进行。2002～2003年，江西省文物考古研究所对景德镇南河南岸（原602所子弟学校操场）湖田窑址进行了发掘，揭示出多组元明时期作坊遗迹群、窑炉遗迹及码头护坡，出土大量元明时期文化遗物，包括与青花瓷、黑釉、白釉、卵白釉和釉里红共存的青白瓷[②]。

2006年，对南河流域铜锣山[③]、道塘里[④]、凤凰山窑址[⑤]进行了调查和抢救性考古发掘，发掘面积1917平方米，揭露出丰富的窑业遗存，包括龙窑、作坊遗迹、大量青白瓷及匣钵等窑具，时代集中在北宋时期，为探索景德镇青白瓷的起源和发展提供了重要资料[⑥]，这就是本报告要深入细致整理研究的内容。

2011～2012年，北京大学考古文博学院、景德镇市陶瓷考古研究所、景德镇陶瓷学院联合对景德镇兰田窑进行了考古调查和主动性考古发掘，出土了一批青釉、白釉、青白釉瓷和窑具标本，青白瓷出土量极少，器形主要为碗、盘，多为圈足，有简单刻划花纹。通过发掘建立了景德镇早期窑业发展序列，对南方白瓷的产生等问题提出了新认识。该窑址的发掘是景德镇地区晚唐、五代时期窑址首次全面、大规模的发掘，为景德镇早期陶瓷产品发展演变序列提供了断代标尺[⑦]。

---

① 邱莉：《景德镇湘湖五代窑址调查简报》，《大众文艺》2012年第20期。

② 徐长青、余江安：《湖田窑考古新收获》，《故宫博物院院刊》2004年第2期，第48～59页。

③ 江西省文物考古研究所、景德镇民窑博物馆：《江西景德镇竟成铜锣山窑址发掘简报》，《文物》2007年第5期，第48～59页。

④ 江西省文物考古研究所、景德镇民窑博物馆：《江西景德镇道塘里宋代窑址发掘简报》，《文物》2011年第10期，第35～50页。

⑤ 江西省文物考古研究所、浮梁县博物馆：《江西浮梁凤凰山宋代窑址发掘简报》，《文物》2009年第12期，第25～38页。

⑥ 张文江、何俊：《从铜锣山等几处窑址的发掘看宋代景德镇窑业状况》，浙江省博物馆：《东方博物》，浙江大学出版社，2009年。

⑦ a. 秦大树、刘静、江小民等：《景德镇早期窑业的探索——兰田窑发掘的主要收获》，《南方文物》2015年第2期，第128～137页；b. 北京大学考古文博学院、江西景德镇市陶瓷考古研究所、景德镇陶瓷学院陶瓷系史论教研室：《景德镇市兰田村大金坞窑址调查与试掘》，《南方文物》2015年第2期，第67～77页；c. 北京大学考古文博学院、景德镇市陶瓷考古研究所、景德镇陶瓷大学陶瓷美术学院：《景德镇市兰田村柏树下窑址调查与试掘》，《华夏考古》2018年第4期，第14～24页；d. 秦大树、李颖翀、李军强：《景德镇湘湖地区早期窑业调查与试掘的主要收获》，江西省文物考古研究所、乐平市博物馆：《景德镇南窑考古发掘与研究：2014年南窑学术研讨会论文集》，科学出版社，2015年，第121～158页。

2013年，对御窑遗址中心区域电缆沟进行清理。遗址地层第5层包含青白瓷实足碗、青白瓷花纹实足碗、青白瓷莲瓣纹碗、漏斗状匣钵等典型元代特征器物，证实了御窑厂附近生产元代青白瓷①。

2012～2014年，景德镇市陶瓷考古研究所、北京大学考古文博学院、江西省文物考古研究所联合对落马桥窑址进行抢救性考古发掘，清理了宋至民国的连续性地层，是目前景德镇考古发现延烧时间最长的一处民窑窑场，揭露出一批马蹄形窑炉、房址、池、辘轳坑、排水沟、路面、墙体、灰坑等重要遗迹，出土青白釉、灰青釉、卵白釉、祭蓝釉、红釉、黄釉、紫金釉、孔雀绿釉等瓷器遗物，彩绘瓷有青花、釉里红、铁彩、红绿彩、五彩、粉彩、金彩等品种。为解决卵白釉、釉里红瓷和元青花瓷初创年代以及浮梁磁局组织形式等问题提供了珍贵资料，其中有不少青白瓷②。

2014年，北京大学考古文博学院与景德镇市陶瓷考古研究所联合对湘湖一带9～10世纪窑业遗址进行了专题性区域考古调查，选择金家坞、三步园、焦坑坞、白虎湾窑址开展了小规模试掘。金家坞窑址发现早期的青白瓷，为探讨景德镇早期窑业和南、北方白瓷的关系提供了新的视角③。

2014～2015年，对御窑厂龙珠阁南侧、西侧进行发掘，发现诸多御窑相关遗存，其中有30余个元代中晚期的灰坑出土青花瓷、卵白釉瓷、青白瓷等元代瓷器，器形有高足杯、碗、盘、小杯等④。

2015～2016年，江西省文物考古研究所和景德镇民窑博物馆对湖田窑遗址宋元明作坊区保护房建设区域进行考古发掘，揭露面积785平方米，揭示出多组元明时期作坊遗迹、窑炉遗迹、路面遗迹，出土了大量的宋元明时期文化遗物，其中不乏南宋、元代的青白瓷⑤。

2021～2022年，江西省文物考古研究院、景德镇市陶瓷考古研究所联合故宫考古研究所、北京大学考古文博学院、中国社会科学院考古研究所等对御窑厂遗址公园西北角进行主动性考古发掘，揭露面积442平方米⑥，揭露遗迹77处，出土遗物中能修复的器物有上千件，其中众多宋元时期的青白瓷，对了解御窑厂区域，甚至景德镇市区域宋元时期窑业生产具有重要价值。

综上所述，关于景德镇青白瓷窑址的调查较为全面，发掘工作扎实。先后进行过主动性

---

① 景德镇市陶瓷考古研究所：《御窑遗址2013年电缆沟工程随工清理简报》，《中国国家博物馆馆刊》2018年第12期。原报告出土遗物为青釉瓷器，元代青白釉胎质粗糙，釉层较厚，釉色较深，有的学者将其归为青釉。

② 景德镇市陶瓷考古研究所、北京大学考古文博学院、江西省文物考古研究所：《江西景德镇落马桥窑址宋元遗存发掘简报》，《文物》2017年第5期，第4～36页。

③ 秦大树、李颖翀、李军强：《景德镇湘湖地区早期窑业调查与试掘的主要收获》，江西省文物考古研究所、乐平市博物馆：《景德镇南窑考古发掘与研究：2014年南窑学术研讨会论文集》，科学出版社，2015年，第121～158页。

④ 景德镇市陶瓷考古研究所、北京大学考古文博学院、江西省文物考古研究所等：《江西景德镇明清御窑厂遗址2014年发掘简报》，《文物》2017年第8期。

⑤ a. 李育远、何俊：《景德镇湖田古窑址考古新发现》，《陶瓷考古通讯》2016年第2期；b. 李育远、何俊：《景德镇市湖田古窑址》，中国考古学会：《中国考古学年鉴2017》，中国社会科学出版社，2018年。

⑥ 肖发标、韦有明、赵瑾：《景德镇御窑厂遗址2021年度考古发掘新发现》，《文博中国》2022年6月13日。

和抢救性考古发掘的有铜锣山窑①、湖田窑②、道塘里窑③、丽阳窑④、兰田窑⑤、金家坞窑⑥、凤凰山窑⑦、落马桥窑⑧、白虎湾窑、焦坑坞窑⑨、御窑厂等十多处窑址，景德镇窑业遗址考古发掘是江西地区历年来工作做得最多、发掘面积最大的考古项目。丰硕的考古成果，不仅厘清了景德镇青白瓷的生产面貌和发展脉络，而且为景德镇青白瓷的深入研究提供了丰富的实物资料。在景德镇青白瓷窑址调查和发掘的基础上，学者们不断拓展和深入青白瓷的研究，取得了丰硕的成果，主要涉及青白瓷的概念与起源、景德镇青白瓷的分期、景德镇青白瓷的制瓷工艺、景德镇青白瓷制瓷业的生产关系、景德镇青白瓷的销售与影响等问题。

① 江西省文物考古研究所、景德镇民窑博物馆：《江西景德镇竟成铜锣山窑址发掘简报》，《文物》2007年第5期，第48～59页。

② 江西省文物考古研究所、景德镇民窑博物馆：《景德镇湖田窑址：1988—1999年考古发掘报告》，文物出版社，2007年。

③ 江西省文物考古研究所、景德镇民窑博物馆：《江西景德镇道塘里宋代窑址发掘简报》，《文物》2011年第10期，第35～50页。

④ 故宫博物院、江西省文物考古研究所、景德镇市陶瓷考古研究所：《江西景德镇丽阳碓臼山元代窑址发掘简报》，《文物》2007年第3期。

⑤ 秦大树、李颖翀、李军强：《景德镇湘湖地区早期窑业调查与试掘的主要收获》，江西省文物考古研究所、乐平市博物馆：《景德镇南窑考古发掘与研究：2014年南窑学术研讨会论文集》，科学出版社，2015年，第121～158页。

⑥ 秦大树、李颖翀、李军强：《景德镇湘湖地区早期窑业调查与试掘的主要收获》，江西省文物考古研究所、乐平市博物馆：《景德镇南窑考古发掘与研究：2014年南窑学术研讨会论文集》，科学出版社，2015年，第121～158页。

⑦ 江西省文物考古研究所、浮梁县博物馆：《江西浮梁凤凰山宋代窑址发掘简报》，《文物》2009年第12期，第25～38页。

⑧ 景德镇市陶瓷考古研究所、北京大学考古文博学院、江西省文物考古研究所：《江西景德镇落马桥窑址宋元遗存发掘简报》，《文物》2017年第5期，第4～36页。

⑨ 北京大学考古文博学院、景德镇市陶瓷考古研究所：《景德镇南河流域三步园、焦坑坞、白虎湾窑址调查试掘简报》，《华夏考古》2018年第5期。

# 第三章　道塘里窑址

## 第一节　地 理 位 置

道塘里窑址位于景德镇市昌江区竟成镇小港嘴村东南山林场五显庙东北面的山坡上（图四；图版一，1），北距小坞里村约475米，北、南、西三面高山耸翠，周围丘陵柴薪充足。东北面414米为本次一同发掘的铜锣山窑址。西北面南山海拔252.6米，作为景德镇南面的天然屏障，南山自然风光优美，蕴藏丰富的瓷土资源，著名的三宝蓬瓷土矿遗址位于南山山腰，该遗址是景德镇发现的瓷石开采与加工历史最长的矿业遗址，是景德镇历代瓷石开采、粉碎、淘洗、制不（dǔn）的重要遗址，为景德镇陶瓷业发展提供了有利条件，见证了景德镇瓷都的发展历程[①]。东有山涧，有急溪汇入银坑坞村溪流，溪流流入南河，汇注景德镇的生命线——昌江，沿溪有一条外出通道。

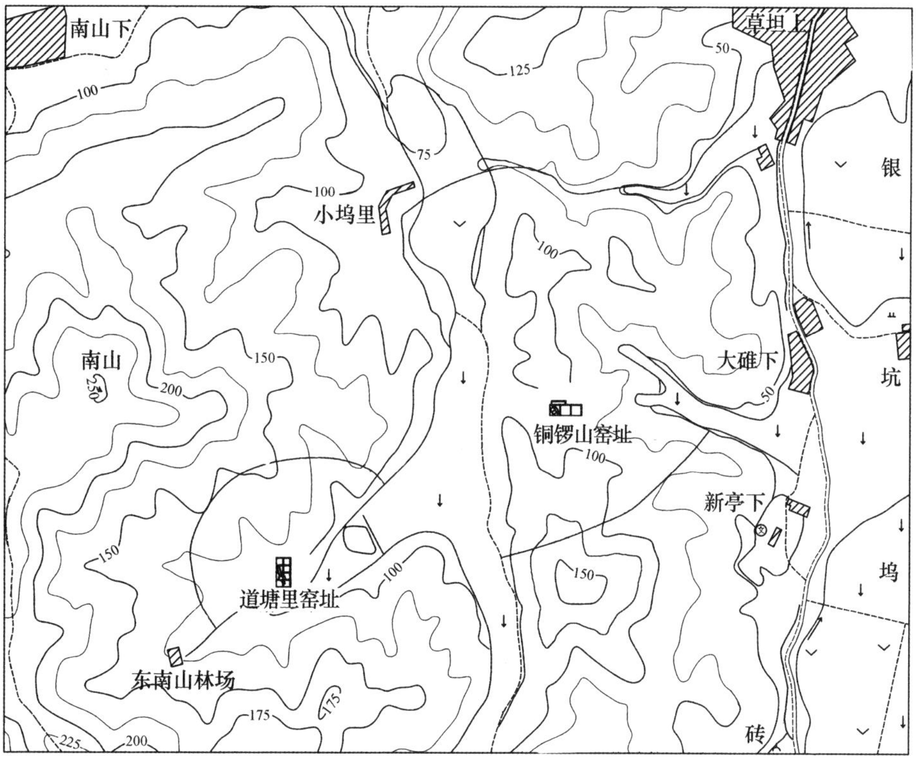


图四　道塘里窑址和铜锣山窑址地理位置示意图

① 江西省文物局：《江西古代窑址》，红星电子音像出版社，2023年。

# 第二节　考古发掘概况

窑址于20世纪80年代初第二次全国文物普查时由景德镇市文物工作者发现①，当时称为小坞里瓷窑遗存，由四处堆积组成，分布面积6000多平方米，堆积最厚8米，其中2号堆积最大，由南向北倚山坡堆积，东西60、南北56米。1号堆积在2号堆积的南面，已破坏，遗存上种满了茶树，二者仅相隔一小溪。3号、4号堆积在东南山下，东临机耕道。4号堆积几乎完全破坏，遗址上有十数座近现代坟墓。这四处堆积时代相近，遗物也相近，可见浅圈足小碗、瓜棱碗、斜壁碗、莲瓣纹碗、平底折腹盏、卧足盏、唇口盏、花口浅盏、酒台等青白釉瓷器标本，以及漏斗状匣钵、桶形匣钵、垫饼、垫圈等窑具标本。在2号堆积中还发现黑釉瓷碗，有的烧结在匣钵上，这些黑釉瓷片与北宋青白瓷联结在一起。景德镇南环高速公路途经1号、2号堆积，其中2号堆积就是本次发掘所称的道塘里窑址。

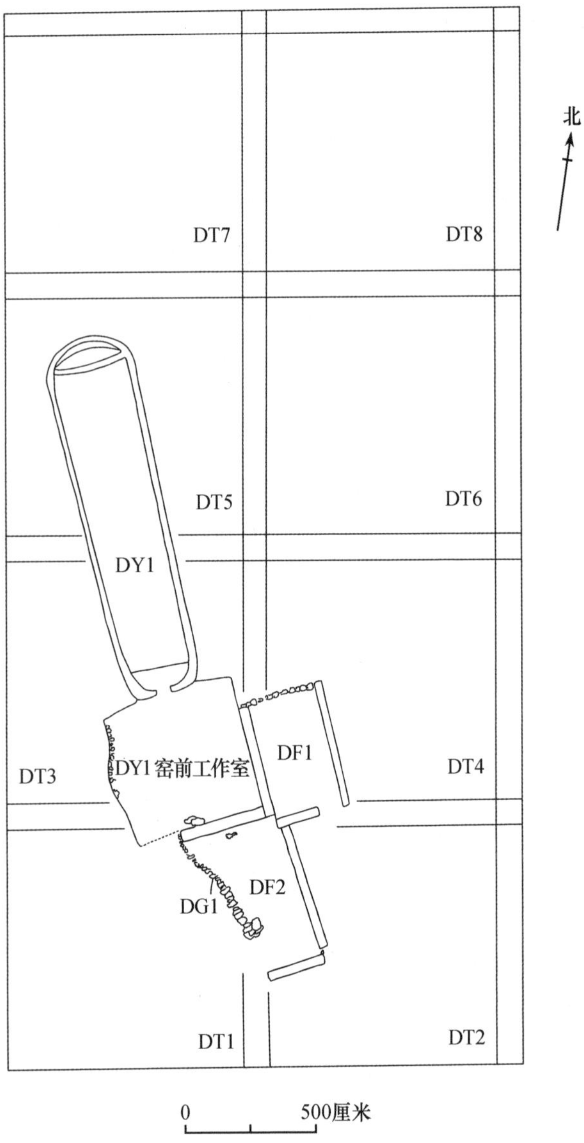

图五　道塘里窑址探方和遗迹分布图

经国家文物局批准，2006年2～6月江西省文物考古研究所在景德镇民窑博物馆的配合下对道塘里窑址进行了抢救性考古发掘，在高速公路经过窑址的范围内（公桩号为K14＋900米）布10米×10米的探方8个（图五；图版一，2），探方方向为北偏西5°，发掘面积800平方米，揭示出龙窑遗迹1座、作坊遗迹2间，出土了一批青釉、酱釉、青白釉瓷器和窑具标本，青白釉瓷器和匣钵窑具占出土物的绝大部分。

① 江西省景德镇第三次全国文物普查不可移动文物登记表，编号360202-0041。

# 第三节　地层堆积

发掘区堆积依据窑址所处的西高东低、北高南低的地势呈现西部、北部较薄和南部、东部较厚的特征。地层依据土质土色、结合包含物统一划分，绝大多数探方分4层，如DT3、DT5；有的探方堆积较浅，如DT7、DT8分2层；有的探方分3层，如DT1、DT6；而DT2和DT4的东部最厚分5层。现以DT1、DT3、DT4的北壁地层堆积为例，加以说明。

## 一、DT1北壁地层堆积

DT1地层分为3层（图六）。

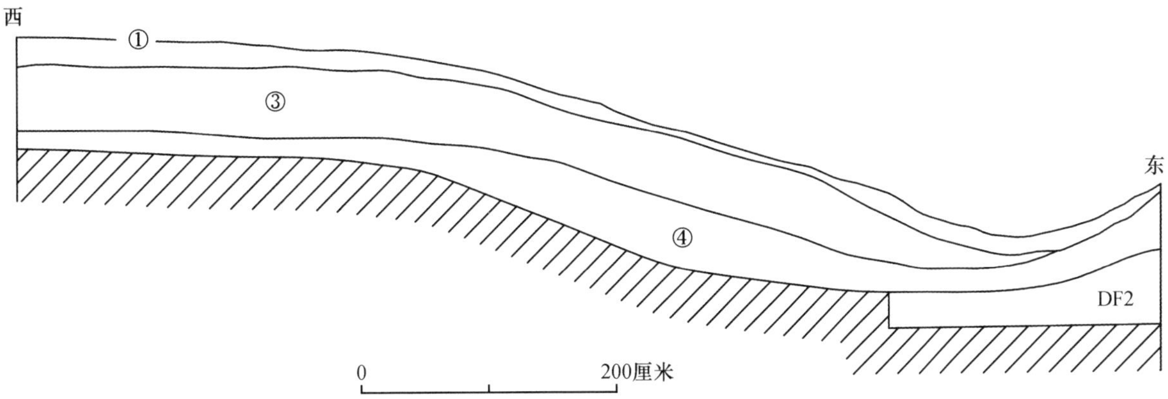


图六　道塘里窑址DT1北壁剖面图

第1层：厚0.05～0.3米。灰黑色土，土质较疏松。出土遗物主要由垫饼、支座、间隔具、匣钵、碎瓷片组成，瓷片主要是青白釉，器形有盏托、碗、杯、盏等。分布于整个探方，西北角堆积最厚约0.3米，东南角较薄0.05～0.1米。

第2层：在本探方中未见分布。

第3层：深0.05～0.3、厚0～0.5米。浅灰色土，土质较疏松，内夹有红烧土。出土遗物主要由较大的匣钵和瓷片堆积组成。瓷片以青白釉为大宗，器形包括碗、盏托、杯、折腹碟、平底碟等。此外，还出土一些酱釉盏、碗、碟等。该层在探方东侧部分区域未有分布。

第4层：深0.05～0.75、厚0.2～0.6米。浅黄色土，土质较细腻。出土遗物主要由垫饼、匣钵、瓷片等组成。出土物不甚丰富，瓷器主要是青白釉碗、盘、碟、盏、杯等。该层在探方南侧部分区域未见分布。

开口于第4层下的遗迹有DG1和DF2。

## 二、DT3北壁地层堆积

DT3地层分为4层（图七）。

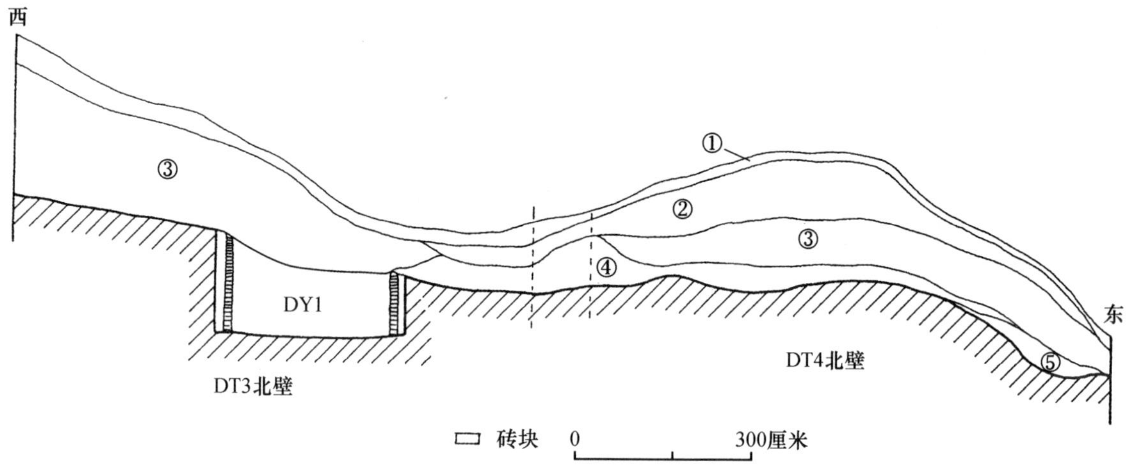


图七　道塘里窑址DT3和DT4北壁剖面图

第1层：厚0.05～0.5米。灰黑色土，土质较疏松。出土遗物有瓷器、匣钵及垫饼等。瓷器有青白釉、酱釉等，青白釉较多，器形有酒台、碗、碟、杯、盏等；酱釉较少，有盏、花口碗、碟等。分布在整个探方，西北部堆积较厚，西南部较薄。

第2层：深0.05～0.5、厚0～0.4米。浅灰黑色土，土质较实，含瓷片和碎匣钵。出土遗物较少，青白釉瓷有碗、碟、酒台等。分布范围较小，主要在探方东北部。

第3层：深0.05～0.8、厚0～2.1米。浅红灰色土，土质较疏松，内夹红烧土。包含物较丰富，主要是残瓷片和较大匣钵，有的匣钵粘连变形。瓷器有青白釉、酱釉，青白釉有碗、莲瓣纹碗、酒台、杯、碟等，酒台类型和数量较多；酱釉有盏、碗、碟等。该层分布未见于探方东侧，西部堆积较厚，可达2.1米。

第4层：深0.35～0.85、厚0～0.6米。浅黄色土，土质较细腻，包含瓷片和碎窑具。出土遗物不甚丰富，瓷器以青白釉为主，器形包括碗、酒台、杯、碟等。主要分布在探方东侧。

开口于第4层下的遗迹有DY1。

## 三、DT4北壁地层堆积

DT4地层分为5层（图七）。

第1层：厚0.05～0.3米。灰黑色土，土质较疏松。出土遗物主要为垫饼、支座、间隔具、匣钵等窑具和碎瓷片。瓷片有青花和青白釉，青白釉有盏托、碗、碟、杯、盏等。分布在整个探方。

第2层：深0.05～0.3、厚0～1米。浅灰黑色土，土质较实。出土遗物较少，出土遗物由碎匣钵、瓷片组成。其中青白釉瓷器有莲瓣纹碗、碟、盏托等。主要分布在探方中西部。

第3层：深0.05～0.8、厚0～0.8米。浅灰色土，土质疏松，夹有红烧土。包含物丰富，由瓷片和较大匣钵、粘连变形带匣钵盖的匣钵堆积组成。出土瓷器有青白釉碗、莲瓣纹碗、盏托、杯、折腹碟、平底碟和酱釉盏、碗、碟，盏托类型较多。该层主要堆积集中在中部，南、北部较厚，东部较薄。

第4层：深0.05～0.8、厚0～0.85米。浅黄色土，土质较细腻，包含瓷片和碎窑具，出土遗物不甚丰富。出土瓷器有青白釉碗、酒台、杯、碟等。主要分布在探方西部，东部未见，堆积呈现西部较厚，中南部较薄的特点。

开口于第4层下的遗迹有DF1。

第5层：深0.3～2、厚0～0.55米。红褐色土，土质较疏松，主要由窑底垫土和窑业垃圾堆积组成。出土瓷器有青釉壶和青白釉圈足碗等。主要分布在东部较低洼的地方。

## 第四节　遗　　迹

清理揭露的遗迹有作坊和窑炉遗迹（图版二，1）。

### 一、作　　坊

揭露两间相连在一起的作坊遗迹，分别编号2006·J·D·F1、2006·J·D·F2，现简称为DF1、DF2（图八），DF1保存较好。

#### （一）DF1

DF1位于DT4西南部。开口于第4层下，打破第5层。是一处由土墙和片石墙组成的作坊遗迹，平面呈长方形，坐西北朝东南，门向南偏东25°。南北长4.8、东西宽3.5米。北墙利用山体，紧贴山体用片石垒砌，墙体长2.5、宽0.3、残高1.25米，具有挡土的功用。东、南、西三墙用紫红色土版筑而成，墙中夹杂少量匣钵和瓷器碎片，夯层厚约20厘米。东墙长4.8、宽0.3、残高1米。南墙长1.7、宽0.3、残高1米，在南墙东段留有门道，宽1米，门道东面直接与东墙相连。西墙长4.4、宽0.4、残高0.5～1米。南墙与西墙相接处相距0.2米，用红砖垒砌，多数红砖呈半截状。室内地面铺一层细泥沙，夹有灰烬痕迹，自北向南逐渐倾斜，倾斜度为5°。室内堆积较疏松，厚约0.6米，包含大量的匣钵、环形垫圈、圆形垫饼及青白釉矮圈足碗等，其中有的匣钵较完整。南墙外壁靠近门道处有一残破釉陶缸，在南门道以南地面可见一层匣钵垫层，疑为当时铺就的地面。室外地面高于室内地面（图九；图版二，2）。

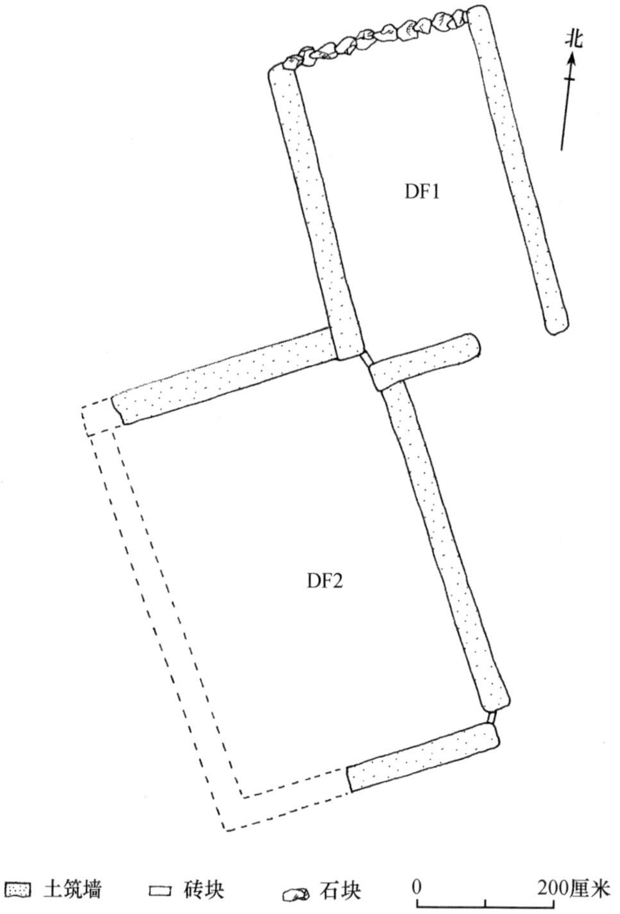


图八　道塘里窑址DF1和DF2平面图

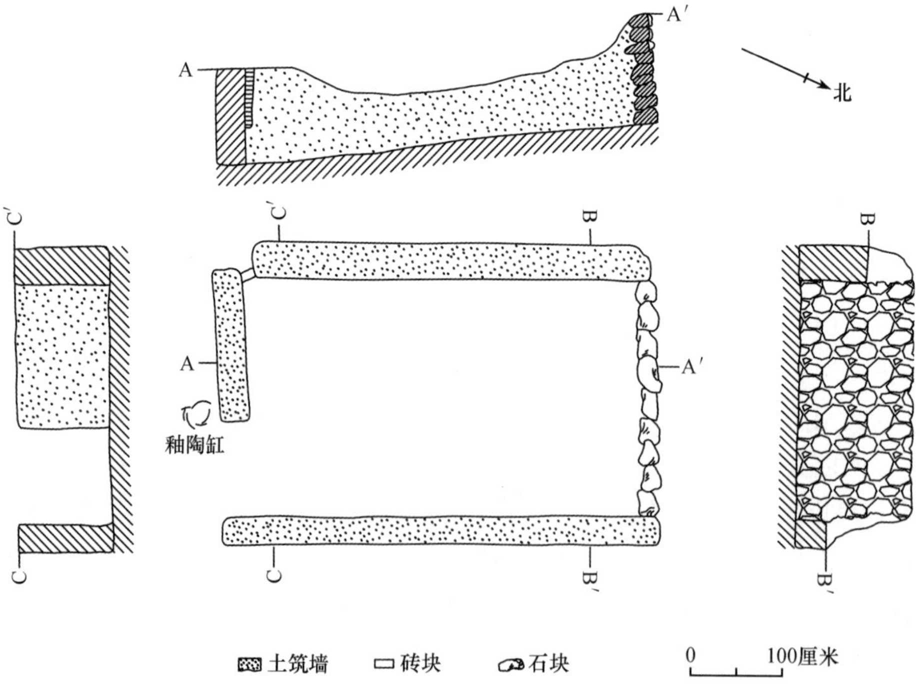


图九　道塘里窑址DF1平、剖面图

### （二）DF2

DF2位于DT1东北部和DT2西北部。开口于第4层下。是一处由土墙组成的作坊遗迹，东北角与DF1西南角相连在一起。平面略呈长方形，室内南北长5.5、东西残宽3.7米，西面没有清理，情况不详。墙体采用紫红沙土和少量碎匣钵版筑而成，夯层厚约20厘米。东墙长4.85、宽0.32、残高0.61米，北端与DF1南墙西端相连，南端与南墙东端用红砖相接。南墙残长2.05、宽0.36、残高0.5米。北墙残长3.3、宽0.4、残高0.53米，东端与DF1西墙南端相连，呈90°夹角，西端地面下为DY1窑前工作室排水暗沟DG1。室内堆积掩埋墙体深0.4米，由晚到早分4层，依次为夹垫饼泥沙层，厚约0.1米；夹碎匣钵泥沙层，厚约0.1米；夹垫饼、碎匣钵褐色土层，厚约0.1米；夹少量碎匣钵褐色土层，厚约0.05米（图一〇；图版三，1）。

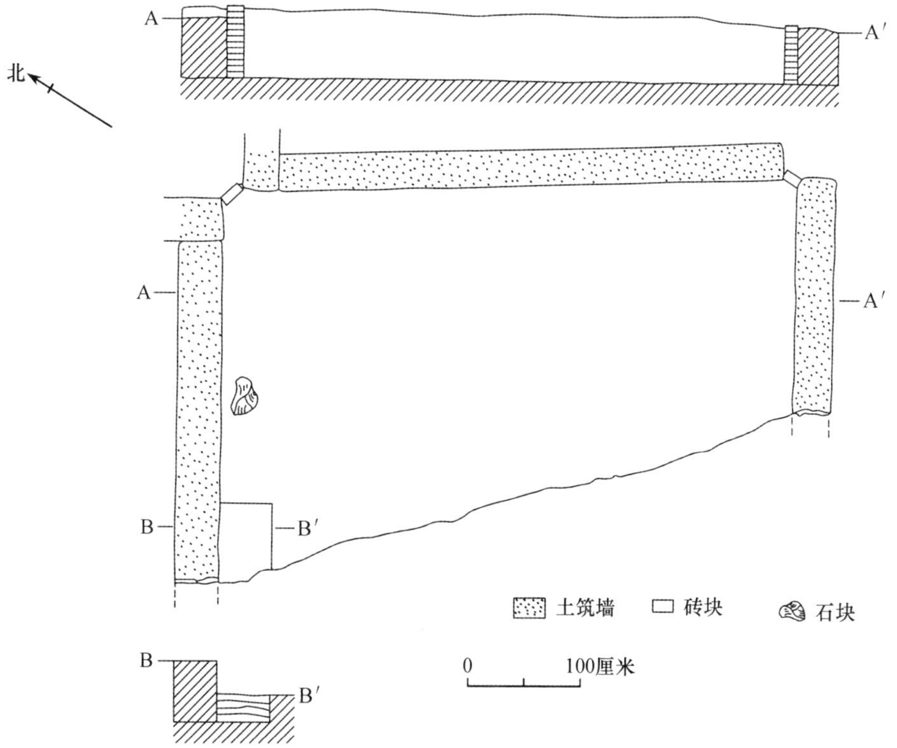


图一〇　道塘里窑址DF2平、剖面图

## 二、窑　　炉

揭露窑炉遗迹1座，编号为2006·J·D·Y1，现简称为DY1，位于DT1、DT2、DT3、DT4和DT5内。开口于第4层下，打破生土。窑炉整体呈长条形，长18.25（不含排水暗沟）、宽2.6～2.8、残高1.65米。坐西北朝东南，窑头方向南偏东27°。由排水暗沟、窑前工作室、火门、火膛、窑床、排烟室等部分组成（图一一；图版三，2）。

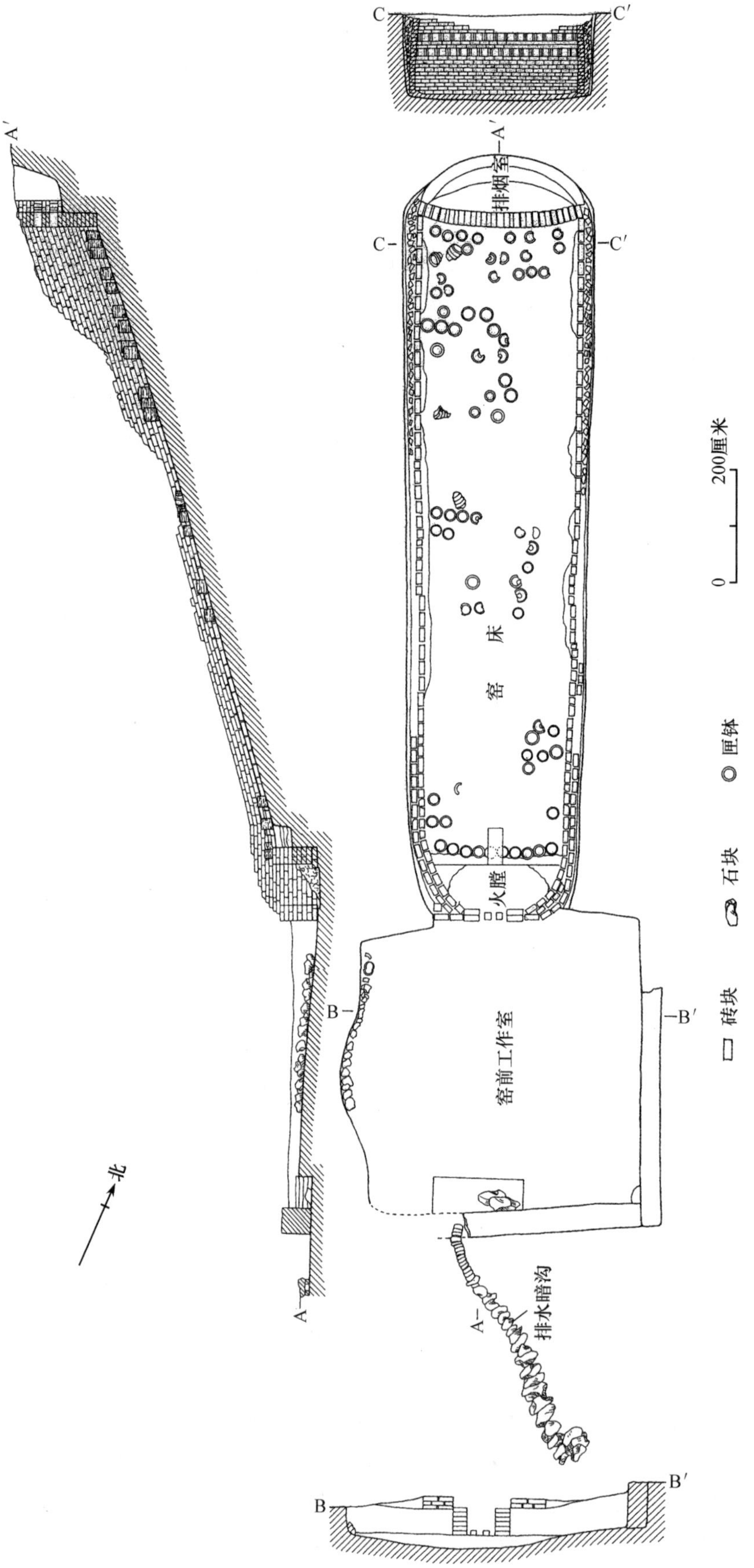


图一一　道塘里窑址DY1平、剖面图

排水暗沟：编号为2006·J·D·G1，现简称为DG1，位于窑前工作室南面，呈西北朝东南走向。开口于第4层下，平面大致呈“S”形，横断面呈倒梯形。沟长约5.4、宽0.1～0.6米，西北段穿过DF2北墙西段（也是DY1窑前工作室南墙西段），用匣钵口沿残片覆盖沟面，长约0.8米，呈半圆环形，拱面朝上。其余暗沟沿面用大小不一的青石片覆盖，青石片块与匣钵相接的地方较小，往东南出水处遮盖逐渐加大（图版四，1）。多数大青石块底下垫小青石块，用于承重。其建筑方法为先挖出一条宽0.18～0.26、深0.12米的沟，然后在其上覆盖青石片与匣钵口沿残片，形成一条暗沟。沟内淤积细泥沙，没有包含物（图一二）。

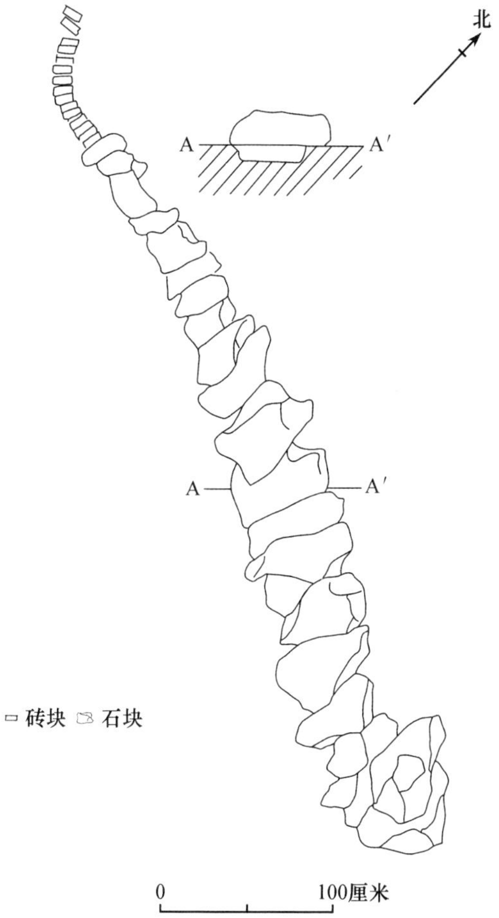

图一二　道塘里窑址DG1平、剖面图

窑前工作室：位于窑炉前部，大致呈长方形，南北长5、东西宽5.1～5.5米。北墙利用山体，中间为火门，东段长1.5、高约0.65米，西段长约1.4、高0.65～2米。东、南墙与作坊墙体共用，分别是DF1西墙和DF2北墙，用紫红色沙土版筑而成，内夹杂瓷片和匣钵残片，东墙长4.8、宽0.4、残高0.25～1米，南墙残长3.25、宽0.45、残高0.55米。西墙沿山体用小青石块和废弃匣钵砌筑，残长2.6、宽0.2、残高0.2米。窑前工作室地面平坦，四周略高，中间下凹。在东南角与南墙中部分别发现一个青石柱础。门道不存，推测应在南墙西段（图版四，2）。

火门：位于火膛正前面，窑前工作室北墙中部。宽0.5、厚0.2、残高0.7米。用砖砌成。火门底部留存两块砖坯垫底（图版五，1）。

火膛：位于窑床前方，呈半圆形。长0.8、宽1～2.4、深0.8米。与窑床相交处用砖砌两排挡土墙，前排竖砌，后排横砌，挡土墙面挂有厚厚的窑汗。火膛底部保留一层厚约0.05米的黑色灰烬，灰烬细腻，不含块状炭，可能是槎柴燃烧后形成的（图版五，2）。

窑床：呈长条形。水平长11.4、斜长12.1、宽2.6～2.8、残高0.3～1.65米。东、西两窑壁沿挖出的山体用砖竖向平铺叠砌而成（图版六，1），砖砌体用泥黏接（图版六，2）。窑壁厚0.2～0.3米，靠山体一侧空隙处填以碎砖和碎匣钵，窑壁内倾，朝窑室一面有经长期高温烧烤形成的厚约0.05米烧结面（图版七，1）。窑顶不存，推测应是拱形，窑墙大约在距窑底1.5米处起券。窑床底部倾斜，坡度18°，留有一层由沙粒、黄土和匣钵组成的烧结层，窑床前部和后部可见成排的漏斗状匣钵（图版七，2），最前端有10柱匣钵。窑床由晚到早分4层。第1层，沙子层，厚约0.05米，即俗称的老鼠屎层；第2层，黄褐色烧结层，厚约0.05米；第3层，夹有沙子的褐色烧结层，厚约0.08米；第4层，黄色片石层，厚约0.1米；第3层下为生土。

排烟室：在窑床尾部，呈半圆形（图版八，1）。长0.5～0.8、宽0～2.6、深0.75米。与窑床之间砌有一排砖墙相隔，砖墙距窑床底部0.7米处砌有两排排烟孔，每排14个，上、下两排相距0.2米（图版八，2）。两侧及后部沿用挖进的山体。

## 第五节　出土遗物

出土遗物丰富，出土器物原编号如2006·J·D·T①：1，现报告简称为DT①：1。遗物有瓷器、陶器、铜器及铁器。

### 一、瓷　　器

分为青釉瓷、酱黑釉瓷、紫金釉瓷、青白釉瓷、素胎瓷、制瓷工具及瓷质窑具等。

#### （一）青釉瓷

66件。数量较少，器形有缸、罐、单把罐、执壶、横柄壶、花浇、盆、钵、碾槽、碾轮等。

**1. 缸**

7件。口沿部分。敛口。灰红胎，器物外壁施青釉，釉呈青黑色，有的口沿和内壁施一层较薄青黑釉。依据沿面分为三型。

A型　1件。沿面平坦。

DT5③：45，束颈，丰肩，斜弧腹壁。灰紫色胎，口沿和外腹壁施青黑釉，釉层较薄，釉泛灰色。残高28、口径68.4厘米（图一三，1）。

B型　4件。沿面中间下凹。束颈，丰肩，斜弧腹壁。外壁施青黑釉，内壁釉层较薄。

DT5③：33，残高29.6、口径88.4厘米（图一三，2；图版九，1）。

DT5③：138，残高19.2、口径72厘米（图一三，3）。

C型　2件。唇沿中间内凹呈母口状。敞肩，肩部彩绘一周团状牡丹花。

DT3③：229，口沿和近肩部施青黄釉。残高9.8、口径59.6厘米（图一三，4）。

DT3③：219，口沿和外腹壁施青釉，釉色偏灰黄色。残高12、口径60厘米（图一三，5）。

**2. 罐**

5件。

DT1④：24，可复原。方唇，直口，短直颈，颈外侧一周凸弦纹，圆溜肩，腹部外鼓，最

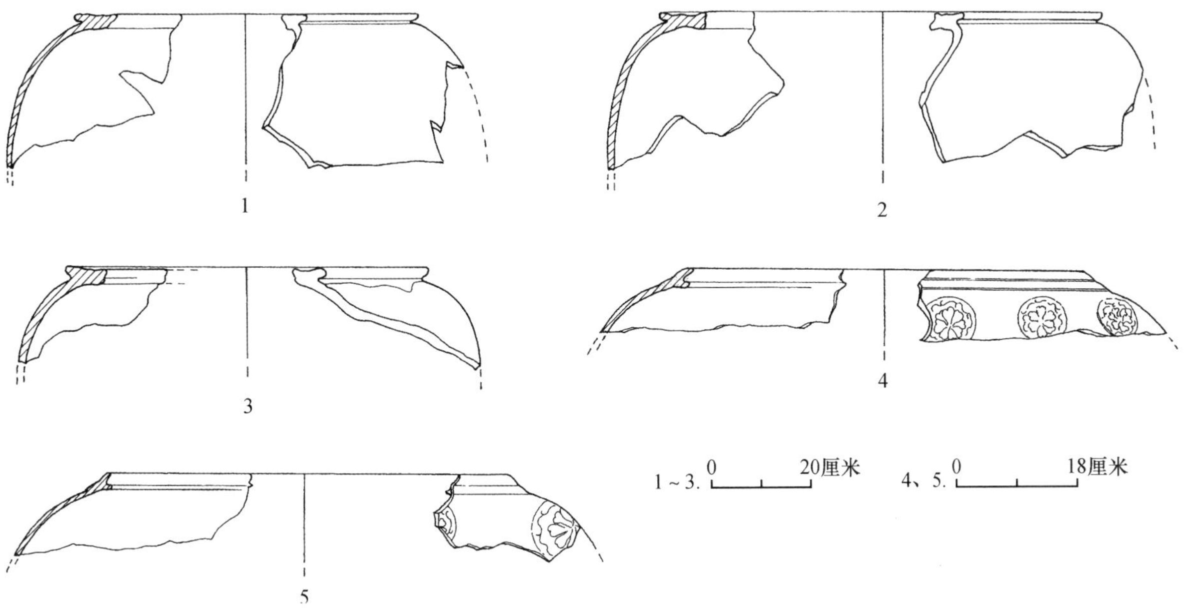


图一三　道塘里窑址青釉瓷缸

1. A型（DT5③：45） 2、3. B型（DT5③：33、DT5③：138） 4、5. C型（DT3③：229、DT3③：219）

大直径位于肩腹连接处，下腹渐内收，小平底。深灰胎泛紫色，口沿及外腹壁上部施青褐釉。高35.2、口径13.4、底径10厘米（图一四，1；图版九，2）。

DT4⑤：4，口沿、颈及肩部分。尖圆唇外卷，束颈，颈肩部置对称竖向半环状系。深灰胎，内、外壁施青釉，釉呈蟹壳青色。残高6.6、口径8.3厘米（图一四，2；图版九，3）。

DT6③：2，底足部分。腹壁近底处斜内收，圆饼足稍内凹。砖红胎泛灰色，内壁见明显拉坯痕。残高6.5、底径9.6厘米（图一四，3）。

DT5③：34，口沿、颈及肩腹部分。尖唇外卷，微束颈，溜肩，肩部置对称横向半圆环状系，直腹壁。灰红胎泛黑色，口沿及外壁施青釉，釉呈青黑色。残高8.7、口径11.8厘米（图一四，4）。

DT5③：139，底足部分。近底处腹壁斜直，平底内凹。内壁见修坯痕。紫红色胎，外腹壁留青褐色釉斑。残高10、底径9.8厘米（图一四，6）。

### 3. 单把罐

1件。

DT4⑤：3，口沿及肩腹部分。平折沿，圆唇，微束颈，溜肩，颈、肩部饰一周凹弦纹，圆鼓腹。颈肩部存竖向系，一侧塑扁平把柄，柄外面刻划一道竖凹线。内、外腹壁见明显修坯痕。紫红胎，口沿及外腹壁上部施酱褐釉。残高12.6、口径9.7厘米（图一四，5；图版九，4）。

### 4. 执壶

40件。颈肩部一侧置把柄，对应的肩部置短圆管状流。依据口沿分为二型。

A型　28件。侈口，圆唇外卷。微束颈，溜肩，上腹圆鼓，下腹斜收，平底。

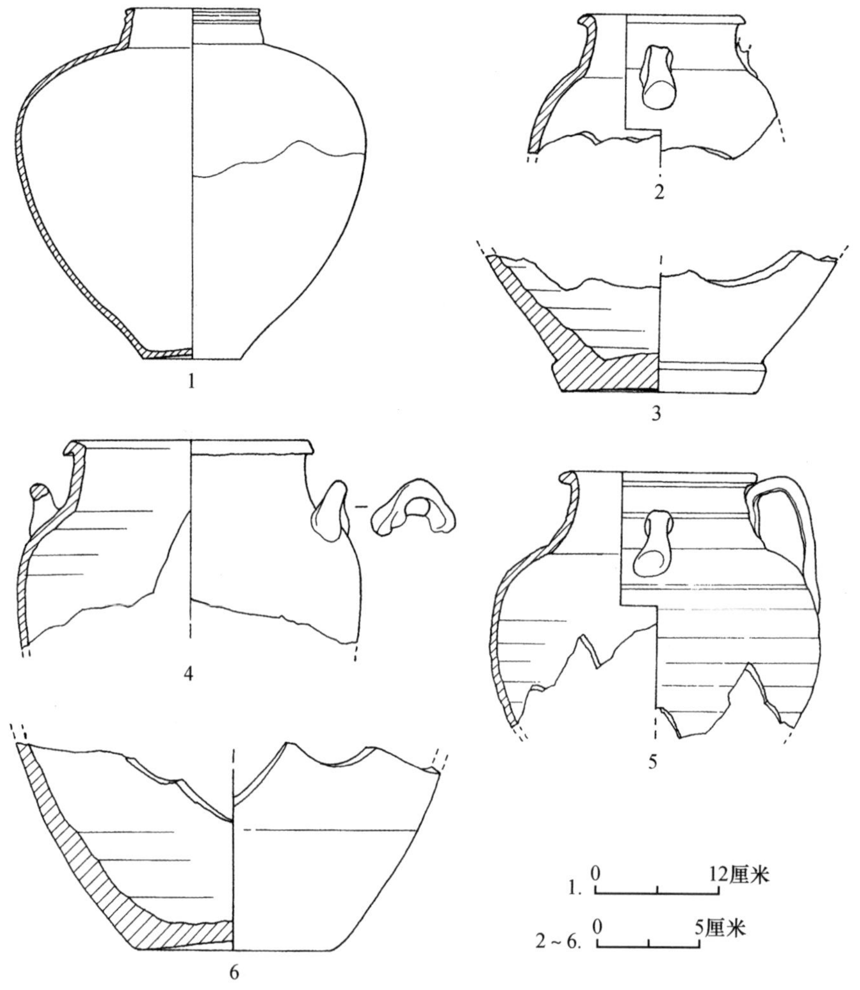


图一四　道塘里窑址青釉瓷罐、单把罐

1～4、6. 罐（DT1④：24、DT4⑤：4、DT6③：2、DT5③：34、DT5③：139）　5. 单把罐（DT4⑤：3）

DT3③：25，已修复。流下端及把柄上、下端分别装饰三枚白釉点。内、外腹壁落有窑渣，外壁一侧粘匣钵口沿片。灰胎泛白色，内壁满施、外壁半施青釉。高16.5、口径8、底径6.2厘米（图一五，1；图版九，5）。

DT3③：24，流残，口部压扁。把柄外面刻划两道竖直线，对应的肩部塑圆流。颈部一侧存窑渣。灰胎较粗，内壁满施、外壁不及底施青釉。高15.4、口径8.5、底径7厘米（图一五，2）。

DT3③：23，口部、流及把柄均残。口颈部粘大块窑渣，底部粘长方形红砖。内、外壁落有窑渣。灰胎，内壁满施、外壁半施青釉，釉面较涩，玻璃光泽较差。高16.4、底径7.3厘米（图一五，3；图版九，6）。

DT5③：32，口部、流及把柄均残。外壁粘漏斗状匣钵。灰胎，内壁满施、外壁半施青釉。残高15.3、底径7.6厘米（图一五，4）。

DT3③：26，口部、流及把柄均残。灰胎较粗，内壁满施、外壁半施青釉。残高15.2、底径7厘米（图一五，5）。

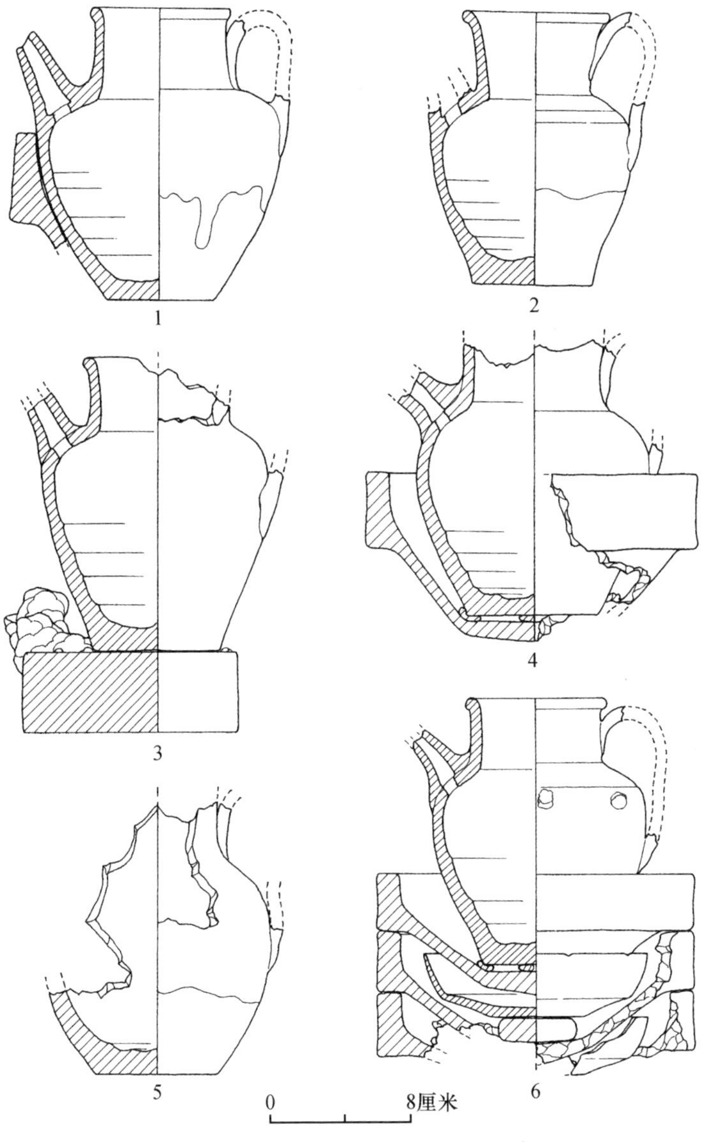


图一五　道塘里窑址A型青釉瓷执壶

1. DT3③：25　2. DT3③：24　3. DT3③：23　4. DT5③：32　5. DT3③：26　6. DT3③：22

DT3③：22，压塌变形。三件漏斗状匣钵粘连。下面两件匣钵装青白釉洗，洗与匣钵之间间隔扁平圆饼。执壶把柄与流均残，内壁见拉坯痕，置于漏斗状匣钵内。肩部存窑斑。深灰胎，青釉，釉面略有光泽。高15、口径8.3、底径6.2厘米（图一五，6；图版九，7）。

DT5③：31，压塌变形。两件大小相同漏斗状匣钵粘连。下面匣钵装青白釉盏，盏与匣钵之间采用扁平圆饼间隔具间隔。盏唇口，浅腹，浅圈足，灰胎，内壁满施、外壁半施青白釉。壶口颈部、把柄、流均残，内壁见明显拉坯痕。把柄下端施五枚白釉点，呈梅花形。壶与匣钵之间采用泥点间隔。灰胎较粗，外腹壁上部施青釉。残高11.4、底径5.2厘米（图一六，1；图版九，8）。

DF2：5，口沿及肩腹部分。圆唇外卷，把柄外面刻划三道凹竖直线。颈肩处留存竖向系痕。灰胎，青釉，釉面光亮。残高9、口径7.2厘米（图一六，2）。

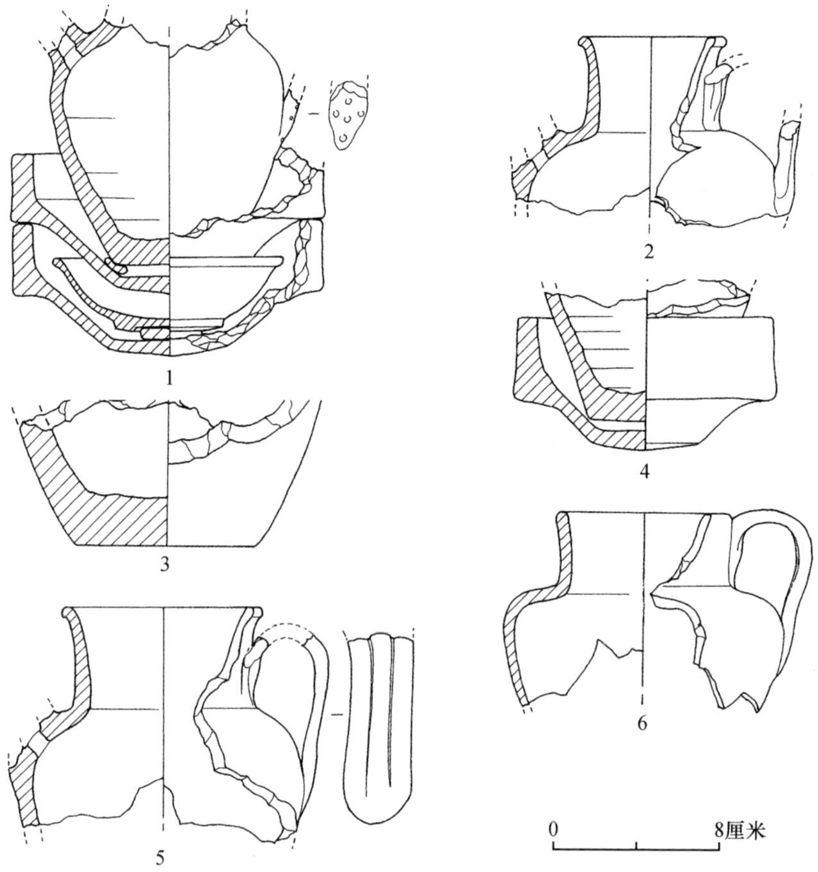


图一六　道塘里窑址青釉瓷执壶

1～5. A型（DT5③：31、DF2：5、DT3③：27、DT5③：140、DY1窑前工作室：29）　6. Bc型（DT3①：115）

DT3③：27，下腹及底足部分。灰黄胎，内壁施青釉。残高8、底径8.8厘米（图一六，3）。

DT5③：140，下腹及底足部分。外底粘漏斗状匣钵。内底落有窑渣。灰胎，外壁施青釉。残高7.4、底径5.6厘米（图一六，4）。

DY1窑前工作室：29，口沿及肩腹部分。把柄外面刻划两道凹竖直线。灰胎，内、外壁施青釉，釉面开细冰裂纹，玻璃光泽较强。残高11、口径9厘米（图一六，5；图版一〇，1）。

B型　1件。直口，圆唇。根据肩部分为三亚型，本窑址有Bc型。

Bc型　1件。丰肩，肩部无系。

DT3①：115，口颈及上腹部。斜直颈，上腹较鼓，下腹斜收。颈肩置扁平执柄。灰胎，外壁施青釉。残高9.3、口径8.6厘米（图一六，6；图版一〇，2）。

执壶壶流　8件。

DT5③：142，流部。圆锥状流短直。深灰胎，内、外壁施青釉。流长5厘米（图一七，5；图版一〇，3）。

执壶执柄　3件。扁平把柄。

DT5③：141，灰白胎，外壁满施青釉，釉呈青灰色。残长8.6、宽2.7厘米（图一七，6；图版一〇，4左）。

DT7①：22，柄外面刻划一道凹竖直线。灰胎，外壁施青釉。残长6.5、宽3厘米（图一七，10；图版一〇，4右）。

### 5. 横柄壶

3件。

DT3③：181，压塌变形。三件大小相同的漏斗状匣钵粘连。匣钵内装Ba型青白釉盏，最上面匣钵口部置放匣钵盖，盖上放一件青釉横柄壶。壶口沿、颈及流、把柄均残，溜肩，上腹圆鼓，下部渐内收，平底。肩部置短圆管状流，与流呈90°夹角处置圆管状把柄。灰胎，内壁满施、外壁半施青釉。残高11.6、底径6.4厘米（图一七，4；图版一〇，5）。

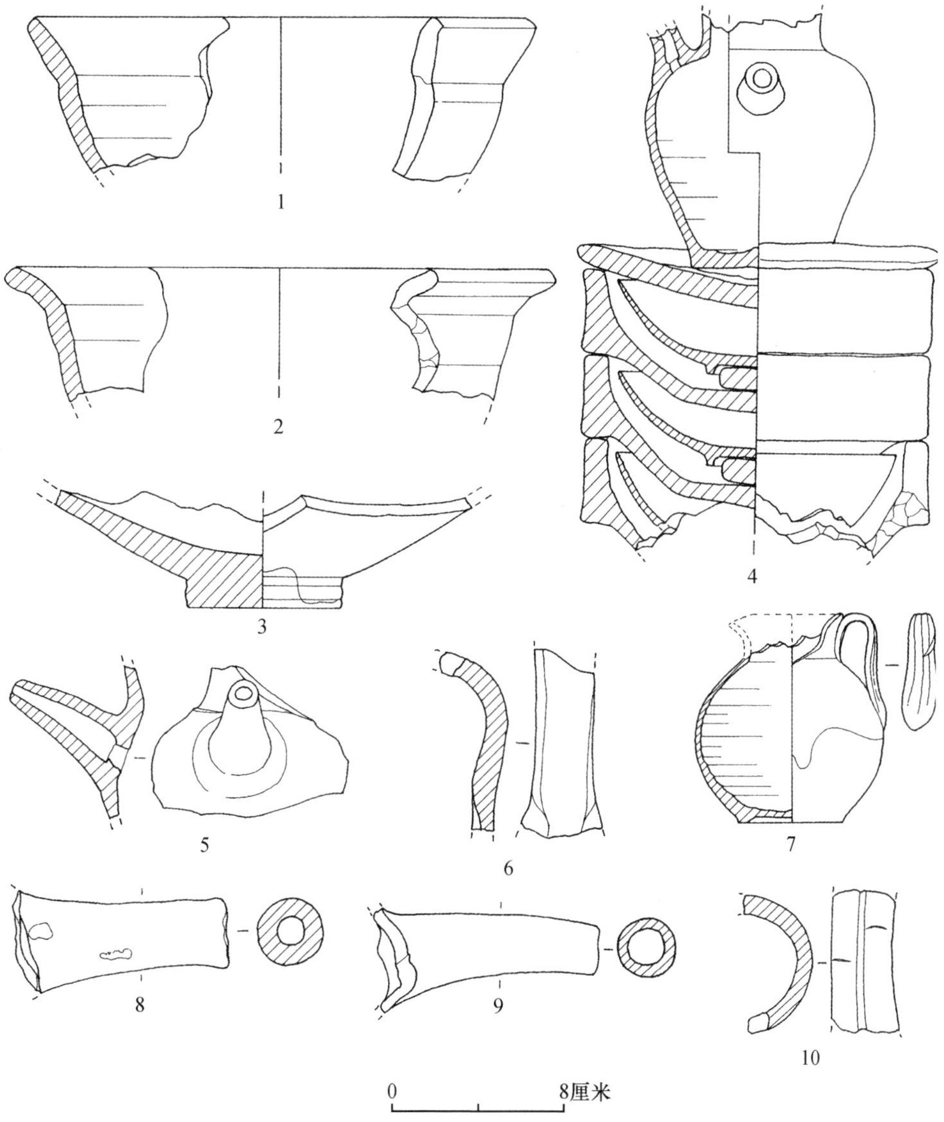

图一七　道塘里窑址青釉瓷执壶、盆、钵、横柄壶、花浇

1、2. 盆（DT6②：15、DT5①：61）3. 钵（DT3③：210）4、8、9. 横柄壶（DT3③：181、DT4③：70、DT1①：114）5. 执壶壶流（DT5③：142）6、10. 执壶执柄（DT5③：141、DT7①：22）7. 花浇（DY1窑前工作室：24）

DT4③：70，柄部。横柄。圆桶形中空，柄中间圆弧。灰胎，外壁施青釉，釉面较涩。残长10.3、直径2.8厘米（图一七，8；图版一〇，6右）。

DT1①：114，柄部。横柄。圆桶形中空，较直。灰胎，内、外壁施青釉，釉面开冰裂纹。残长10、直径3厘米（图一七，9；图版一〇，6左）。

**6. 花浇**

1件。

DY1窑前工作室：24，口沿略残。撇口，束颈，溜肩，圆鼓腹，暗圈足。口部一侧捏流，与流对应的颈肩部置扁平把柄，柄外侧印树枝纹。深灰胎，口沿及外腹壁上部施青釉，内壁口沿以下无釉。高9.6、口径5.5、底径5厘米（图一七，7；图版一〇，7）。

**7. 盆**

2件。口腹部分。

DT6②：15，斜折沿，圆唇，斜腹壁。内、外壁见修坯痕。灰胎，内、外壁施青釉。残高7、口径23.5厘米（图一七，1）。

DT5①：61，撇口，圆唇，口下微束，斜腹微弧。内壁见修坯痕。灰胎，口沿及内壁施青釉，釉色泛青灰色。残高6.2、口径25.7厘米（图一七，2）。

**8. 钵**

1件。

DT3③：210，下腹及底足部分。斜弧腹壁，内底圆弧，圆饼足。灰胎泛紫红色，外腹壁至底足施青釉。残高5.2、底径7.4厘米（图一七，3；图版一〇，8）。

**9. 碾槽**

2件。

DT2③：32，已修复。整体呈船形。近长方形底板上承托一“V”字形船形深槽。深灰胎较粗，含有砂粒，胎体厚重，长侧面薄施青釉。残长25.2、宽6～9.2、高8.3厘米（图一八，1；图版一一，1）。

**10. 碾轮**

4件。圆饼状，中间较厚，边缘较薄。一面较平，一面略微隆起，最大径位于较平一侧。中间镂一圆孔。

DT2④：1，可复原。灰黄色夹砂胎。一面留釉斑。厚3、直径10.2、孔径1.9厘米（图一八，2）。

DT3③：33，可复原。灰胎泛白色，一面存圆形黑褐色垫烧痕。厚2.5、直径14、孔径2厘米（图一八，3）。

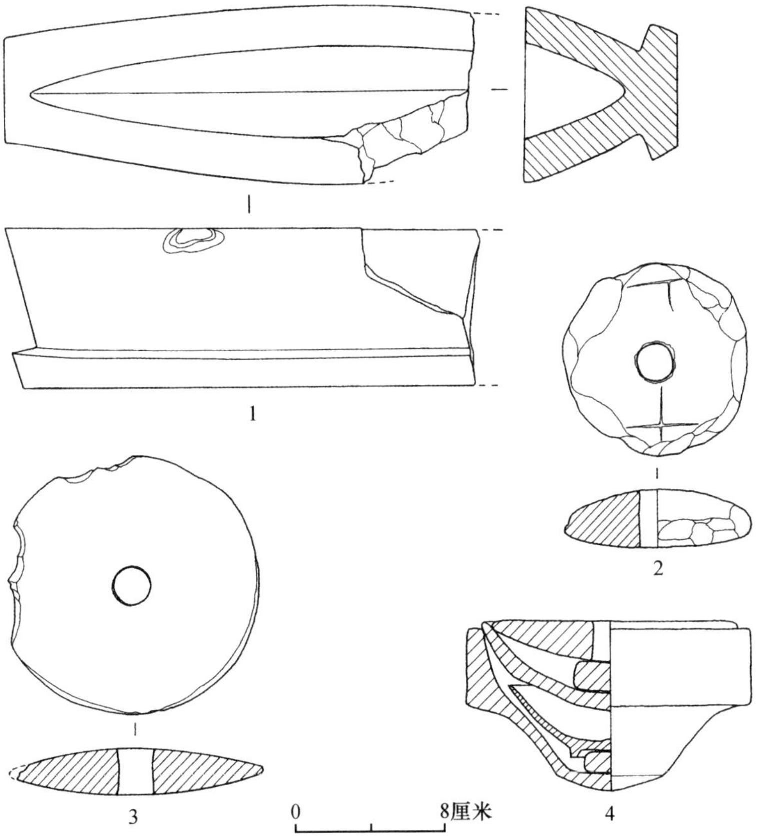


图一八　道塘里窑址青釉瓷碾槽、碾轮

1. 碾槽（DT2③：32）　2～4. 碾轮（DT2④：1、DT3③：33、DT3③：189）

DT3③：189，较完好。置放在匣钵盖内，盖与碾轮采用圆饼间隔具间隔。匣钵盖置放在漏斗状匣钵上，匣钵套青白釉瓷，外壁粘一层黑褐色窑汗。灰白色胎。厚2、直径13.3、孔径1.9厘米（图一八，4；图版一一，2）。

## （二）酱黑釉瓷

273件。数量比青釉瓷多。胎体细腻，多数呈灰白或白色，器形有执壶、盖钵、钵、碗、小碗、盏、碟、杯等。

### 1. 执壶

2件。均为残件。依据口部分为三型，本窑址有A型。

A型　1件。喇叭口外撇。

DT4③：5，口沿部分。圆唇，微束颈，颈部饰两组弦纹，一侧留把柄痕。灰胎，胎体疏松，内、外壁施酱釉，釉面较涩，生烧。残高5.4、口径8.1厘米（图一九，13）。

执壶腹片　1件。

DT1④：34，腹部分。弧鼓腹。内壁见拉坯痕。灰白胎，外腹壁施酱釉，釉面光亮。残高

6、腹径12厘米（图一九，14；图版一一，3）。

**2. 盖钵**

2件。口沿及上腹部分。子母口，口部内敛，腹壁上部较直，下部渐内收。深灰色胎，内、外壁施酱黄釉，釉多剥落。

DT4②：50，外壁近口部置两个对称横向半环状系。内壁见明显的修坯痕。残高10、口径18.4厘米（图一九，9；图版一一，4）。

DT4②：51，外壁近口部一侧存一个横向半环状系。残高4.6、口径18.5厘米（图一九，11）。

**3. 钵**

1件。

DY1窑前工作室：25，器体开裂，已修复。直口，圆唇，腹壁上部较直，下腹壁渐内收，内底圆弧，圆饼足内凹。外壁近口部置两个一组相连的横向半环状系。灰胎泛白色，内壁满施、外壁不及底足施酱釉，釉面较涩，局部见缩釉痕。高7.2、口径13.4、足径7厘米（图一九，6；图版一一，5）。

**4. 碗**

2件。侈口，厚唇，弧腹壁，内底圆弧，圈足。内壁满施、外壁不及底足施酱釉，圈足露胎。

DY1窑前工作室：1，已修复。外腹壁上部存一周窑疤。灰白胎，酱黑釉，釉面较涩，生烧。高7.8、口径16.4、足径7.3厘米（图一九，10；图版一一，6）。

DY1火膛：9，已修复。内底粘漏斗状匣钵底。白胎，酱黑釉，胎体疏松，生烧。高7.4、口径16.9、足径7厘米（图一九，12；图版一一，7）。

**5. 小碗**

17件。敞口，尖圆唇，斜弧腹壁，内底小圆饼状凸起，底腹连接处一周凹弦纹，浅圈足。内、外壁满施酱釉，圈足内露胎，口沿一带釉层较薄呈黄白色。

DT3③：32，已修复。灰白胎，酱黑釉。高4.4、口径13.3、足径4.6厘米（图一九，1）。

DT3③：221，已修复。内、外腹壁见修坯痕。灰白胎，酱黑釉。高4.2、口径13、足径4.5厘米（图一九，2；图版一一，8）。

DT5③：39，已修复。外腹壁见修坯痕。灰白胎，外腹壁近底釉层较薄。高4.4、口径13、足径4.7厘米（图一九，3）。

DT3③：208，下腹及底足部分。外底足留圆形黑褐色间隔痕。灰白胎，酱黑釉。残高3、足径4.4厘米（图一九，4）。

DT1①：10，下腹及底足部分。灰胎，酱黑釉。残高4.2、足径4.6厘米（图一九，5）。

DT3③：209，下腹及底足部分。白胎，酱釉，釉面光亮。残高3.2、足径4.6厘米（图一九，7）。

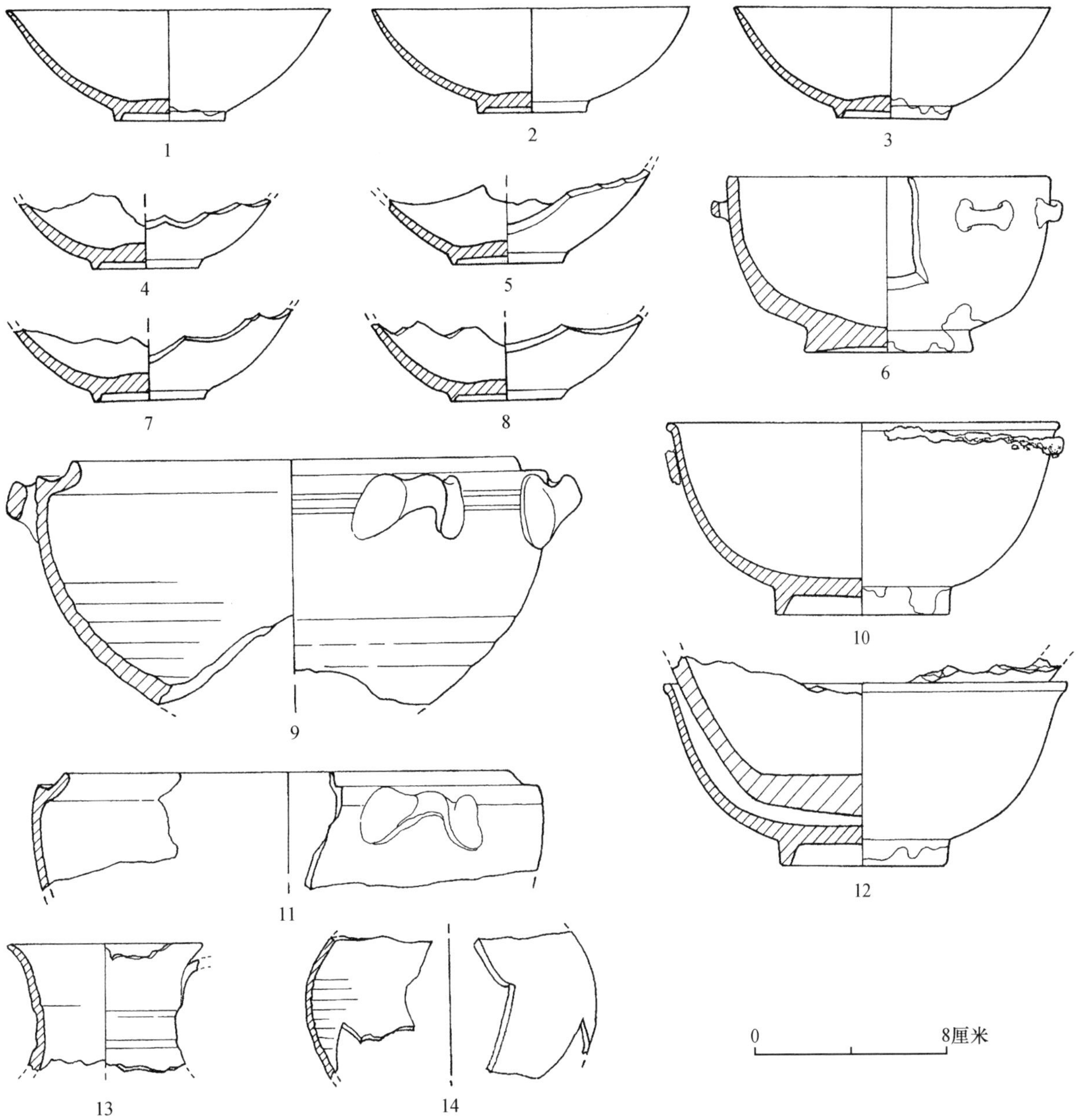


图一九　道塘里窑址酱黑釉瓷执壶、盖钵、钵、碗、小碗

1～5、7、8. 小碗（DT3③：32、DT3③：221、DT5③：39、DT3③：208、DT1①：10、DT3③：209、DT5③：145）
6. 钵（DY1窑前工作室：25）　9、11. 盖钵（DT4②：50、DT4②：51）　10、12. 碗（DY1窑前工作室：1、DY1火膛：9）　13. A型执壶（DT4③：5）　14. 执壶腹片（DT1④：34）

DT5③：145，下腹及底足部分。灰白胎，酱黑釉。残高3、足径4.6厘米（图一九，8）。

**6. 盏**

180件。依据口部分为二型，本窑址有A型。

A型　180件。侈口，尖圆唇，斜弧腹壁，内底较平，部分内底圆饼状凸起，底腹连接处一周凹弦纹，浅圈足。采用漏斗状匣钵装烧，器坯与匣钵之间用扁平圆饼间隔具间隔。酱黑釉，多数器物内壁满施、外壁不及底足施釉。

DY1火膛：10，已修复。内壁见修坯痕，内底粘窑渣。灰白胎，酱黑釉。高4.5、口径11.6、足径4.3厘米（图二○，1；图版一二，1）。

DY1火膛：11，已修复。内、外腹壁见修坯痕，内底存窑疤。白胎，酱黑釉，釉薄处呈酱色，釉厚处呈酱黑色。高4.3、口径11.6、足径4.6厘米（图二○，2；图版一二，2）。

DT3①：35，已修复。灰白胎，酱黑釉，腹壁上部呈酱黄色，下部黑色，近底见积釉痕。高4、口径10.9、足径4.2厘米（图二○，3）。

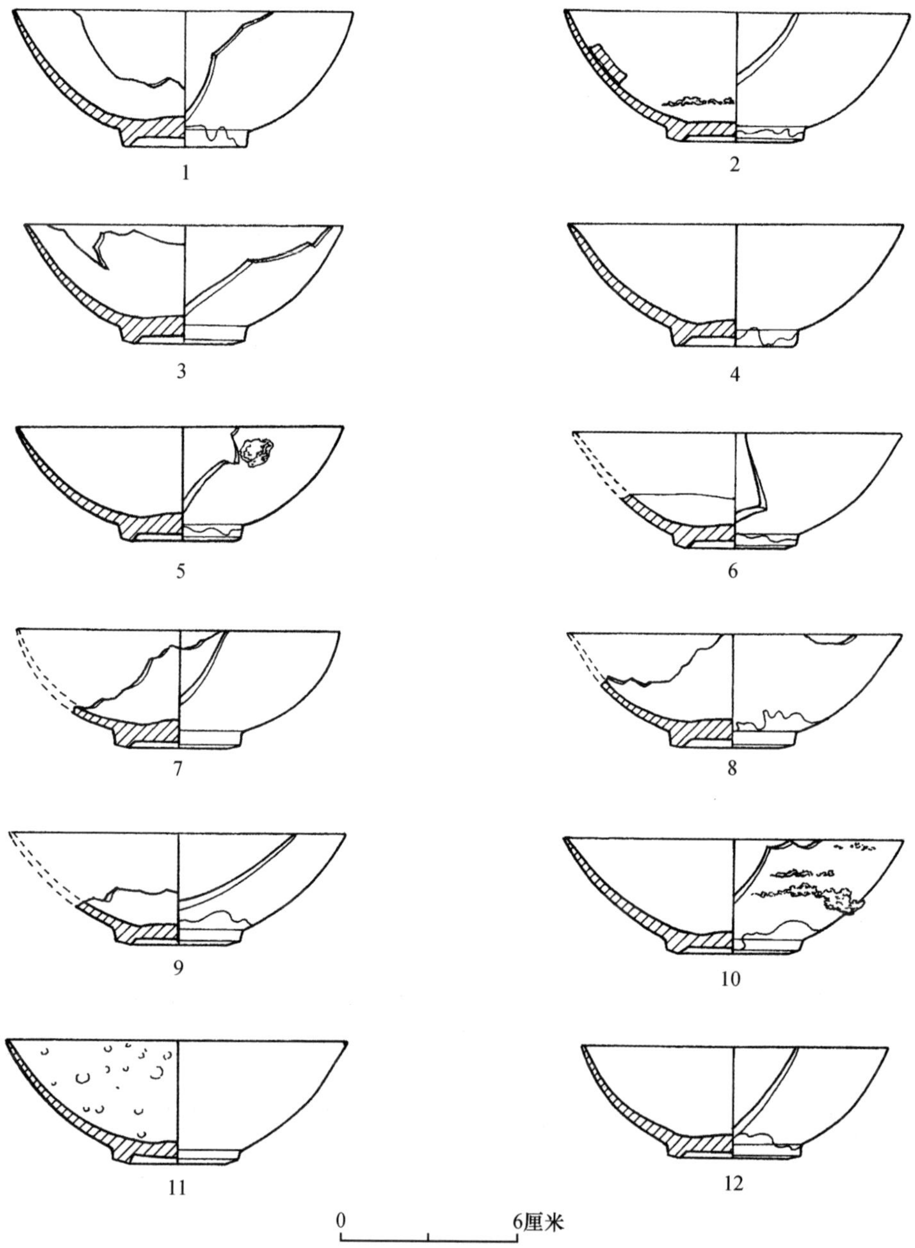


图二○　道塘里窑址A型酱黑釉瓷盏

1. DY1火膛：10　2. DY1火膛：11　3. DT3①：35　4. DT3③：31　5. DT3③：38　6. DT3③：40　7. DT5①：64　8. DT5③：10　9. DT5①：22　10. DT3③：36　11. DT7①：3　12. DT3③：30

DT3③：31，已修复。灰白胎，酱黑釉。高4、口径11.5、足径4.2厘米（图二〇，4；图版一二，3）。

DT3③：38，已修复。外壁局部存窑疤。灰白胎，酱黑釉，下腹呈酱黑色。高3.8、口径11.3、足径4.2厘米（图二〇，5）。

DT3③：40，已修复。内、外壁见修坯痕。白胎，酱黑釉，腹壁上部呈酱黄色，下腹部呈黑色。高3.8、口径11.2、足径4.2厘米（图二〇，6）。

DT5①：64，已修复。灰胎，酱黑釉。高3.9、口径11、足径4.3厘米（图二〇，7）。

DT5③：10，已修复。内底存窑渣，外壁见修坯痕。灰白胎，酱釉。高3.8、口径11.3、足径4.2厘米（图二〇，8）。

DT5①：22，已修复。外腹壁见修坯痕。白胎，酱釉。高3.7、口径11.5、足径4.4厘米（图二〇，9）。

DT3③：36，器物变形。外壁粘匣钵片。灰白胎，酱黑釉，口沿一周釉层较薄呈黄白色。高3.8、口径11.5、足径4.5厘米（图二〇，10）。

DT7①：3，口沿有冲线。内、外腹壁局部见灰色窑斑和小气泡，外底足露胎处留圆形红黄色间隔痕。灰白胎，内、外壁满施酱釉，口沿一周呈黄白色，釉层较薄。高4.1、口径11.6、足径4.4厘米（图二〇，11；图版一二，4）。

DT3③：30，变形，已修复。外壁见修坯痕。灰白胎，酱釉。高3.7、口径10.3、足径4.5厘米（图二〇，12）。

DT5③：36，变形。口沿局部粘匣钵残片。白胎，底缘见一周积釉。高3.8、口径11、足径4.4厘米（图二一，1；图版一二，5）。

DT5③：38，可复原。外底局部粘匣钵片。白胎，酱釉，口沿釉层较薄呈黄白色。高3.7、口径11、足径4.2厘米（图二一，5；图版一二，6）。

DT1④：31，可复原。两件漏斗状匣钵上下叠置，内套酱黑釉盏，外底足留存扁平圆饼间隔具。盏白胎，酱黑釉。高4.1、口径11.8、足径4.4厘米（图二一，2）。

DT1④：32，可复原。内底粘漏斗状匣钵底部，外壁存匣钵残片。灰白胎，酱黑釉。高4.2、口径11.2、足径4.1厘米（图二一，3）。

DT5③：42，可复原。内底粘漏斗状匣钵，外底足露胎处留圆形黑褐色间隔痕。白胎，酱黑釉。高4、口径11.4、足径4.6厘米（图二一，4）。

DT3③：41，六个大小形状相同的漏斗状匣钵粘连，内装大小形制相同盏。盏与匣钵之间采用圆饼状间隔具间隔。盏灰白胎，酱釉。高4.5、口径11.8、足径4.1厘米（图二一，6；图版一二，7）。

DT3③：42，五个大小形状相同的漏斗状匣钵粘连，内装大小形制相同盏。盏与匣钵之间采用圆饼状间隔具间隔。盏白胎，酱釉。高4.2、口径10.8、足径4.1厘米（图二一，7；图版一二，8）。

DY1窑前工作室：38，基本完整。外壁粘漏斗状匣钵。灰白胎泛浅红色，内壁满施、外壁至底足施酱釉。高4.2、口径11.8、足径4.7厘米（图二二，1；图版一三，1）。

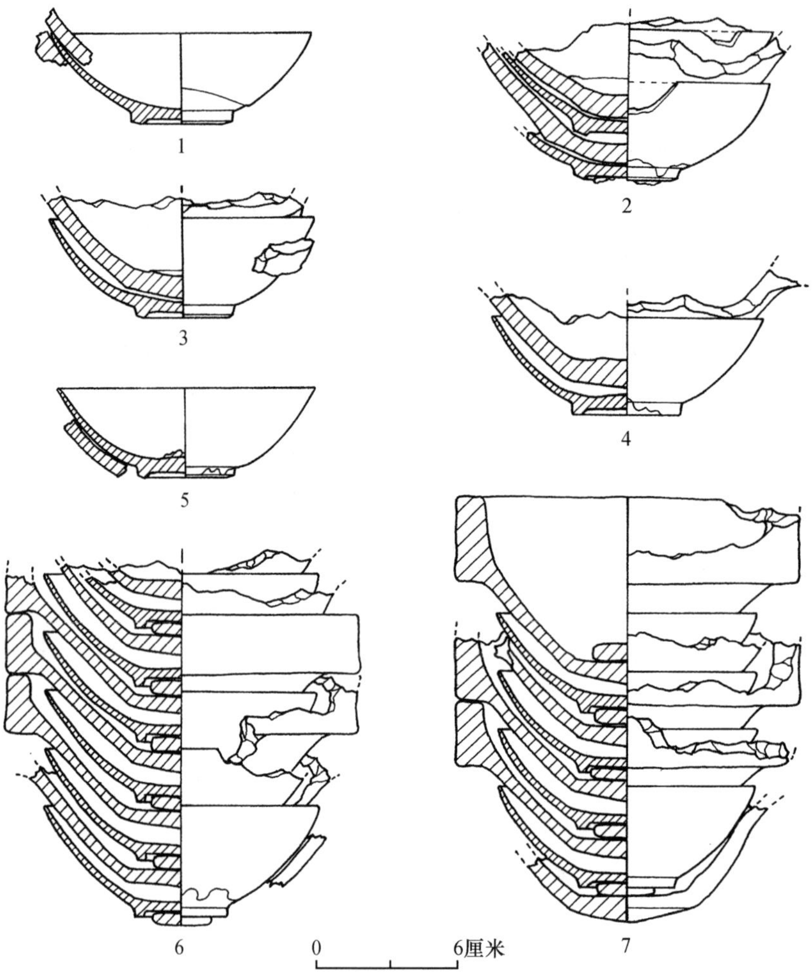


图二一　道塘里窑址A型酱黑釉瓷盏

1. DT5③：36　2. DT1④：31　3. DT1④：32　4. DT5③：42　5. DT5③：38　6. DT3③：41　7. DT3③：42

DT1④：40，已修复。内、外腹壁见修坯痕，外底足留窑斑。灰白胎，酱釉。高4.2、口径12、足径3.8厘米（图二二，2）。

DT3③：39，已修复。灰白胎，酱黑釉。外腹壁近底施釉较薄，见流釉痕。高3.9、口径11.3、足径4.5厘米（图二二，3）。

DT2①：24，已修复。内壁局部粘窑渣，外壁见明显修坯痕。灰白胎泛黄色，酱黄釉。高4.4、口径12.2、足径4.8厘米（图二二，4）。

DT3③：211，已修复。灰白胎，酱黑釉。高5.1、口径11.4、足径4.3厘米（图二二，5）。

DT5③：146，已修复。白胎，酱釉，外壁釉面缩釉明显。高4.2、口径11.2、足径4.2厘米（图二二，6）。

DT5③：35，已修复。内壁见小气泡，外壁局部存气泡较大。灰白胎，酱黑釉。高4.3、口径11、足径4.2厘米（图二二，7）。

DT5③：144，下腹及底足部分。内、外壁分别粘漏斗状匣钵。盏与匣钵之间采用圆形间隔具间隔。灰白胎，酱黑釉，口沿呈黄白色。高3.9、足径4.6厘米（图二二，8）。

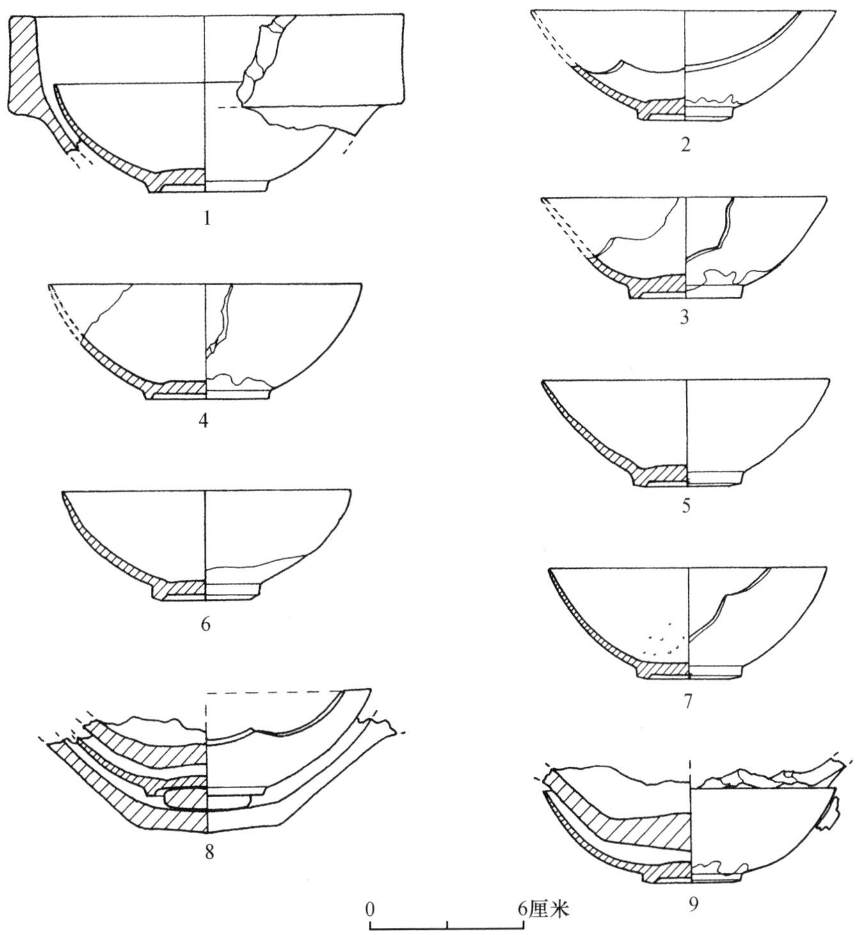


图二二　道塘里窑址A型酱黑釉瓷盏

1. DY1窑前工作室：38　2. DT1④：40　3. DT3③：39　4. DT2①：24　5. DT3③：211
6. DT5③：146　7. DT5③：35　8. DT5③：144　9. DT3③：197

DT3③：197，可复原。内底和外壁粘匣钵片。灰白胎，酱釉。高3.6、口径11.7、足径4厘米（图二二，9；图版一三，2）。

**7. 碟**

67件。腹壁上部较直，近底内折，内底宽平。内壁满施、外壁不及底施酱黑釉。依据口部分为三型。

A型　7件。直口，尖圆唇，卧足。

DT1①：52，可复原。白胎，酱黑釉晶莹，口部釉层较薄呈黄白色。高4.6、口径11、足径4.3厘米（图二三，1）。

DT2①：25，已修复。外底粘漏斗状匣钵底部。碟与匣钵之间使用扁平圆饼间隔具间隔。灰白胎，酱黑釉。高3.3、口径10.8、足径4.1厘米（图二三，2）。

DT1④：30，下腹及底足部分。灰白胎，酱黑釉，釉面玻璃光泽较差。残高3.4、足径6.3厘米（图二三，3）。

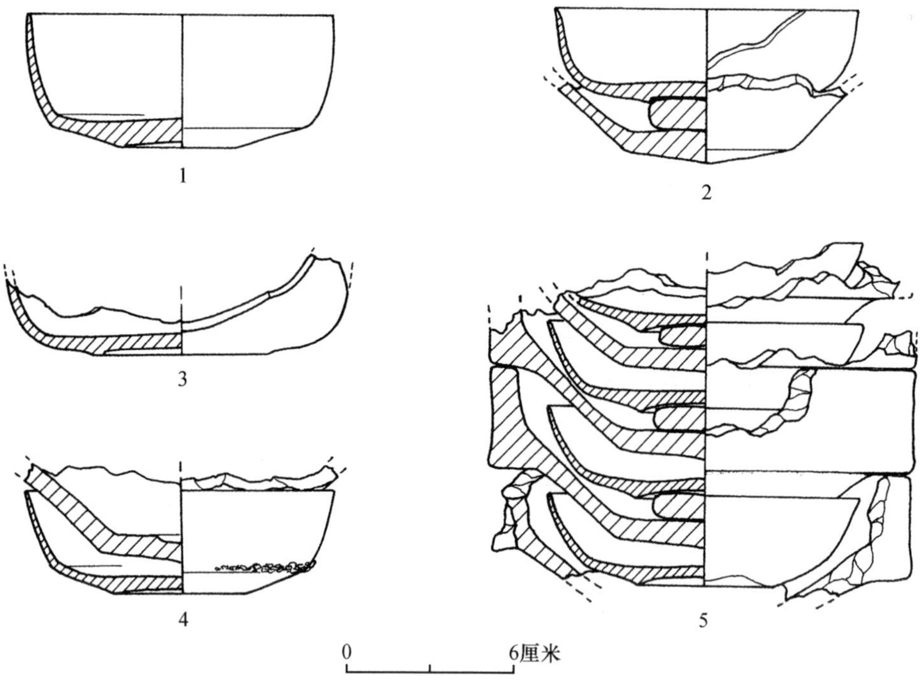


图二三　道塘里窑址A型酱黑釉瓷碟

1. DT1①：52　2. DT2①：25　3. DT1④：30　4. DT5①：62　5. DT3①：37

DT5①：62，可复原。外壁局部留窑疤，内底粘漏斗状匣钵底部，外底足露胎处留圆形黑褐色间隔痕。灰白胎，酱黑釉。高3.5、口径11.2、足径4.8厘米（图二三，4；图版一三，3）。

DT3①：37，四件大小造型相同的漏斗状匣钵粘存，内壁套形制相同A型碟，器物与匣钵之间采用扁平圆饼间隔具间隔。碟灰白胎，酱黑釉。高3.2、口径11.2、足径4.8厘米（图二三，5；图版一三，4）。

B型　57件。十瓣葵口，圈足。

DT1④：27，略有变形。外底足粘扁平圆饼间隔具，内底心和外壁局部存窑疤。白胎，内、外壁施酱黑釉。高4、口径10、足径4.7厘米（图二四，1；图版一三，5）。

DT1④：28，略有变形。外底足粘漏斗状匣钵底部。灰白胎，内、外壁施酱黑釉。高4.1、口径10.2、足径4.7厘米（图二四，2；图版一三，6）。

DT3③：34，已修复。内底呈黑色。灰白胎，酱黑釉。高3.7、口径10.1、足径4.5厘米（图二四，3）。

DT3③：35，已修复。外壁局部粘匣钵片。灰白胎，酱黑釉，腹壁釉呈酱黄色，内底和外壁下部呈酱黑色。高3.6、口径10、足径4.8厘米（图二四，4）。

DT3③：28，已修复。灰白胎，酱黑釉。高3.8、口径10.6、足径4.6厘米（图二四，5）。

DT3③：29，已修复。灰胎，酱釉，内壁呈酱黑色，外壁呈酱黄色。高3.8、口径10、足径4.6厘米（图二四，6）。

DT5③：6，已修复。灰白胎泛黄色，酱釉。高3.9、口径11、足径4.7厘米（图二四，8；图版一三，7、8）。

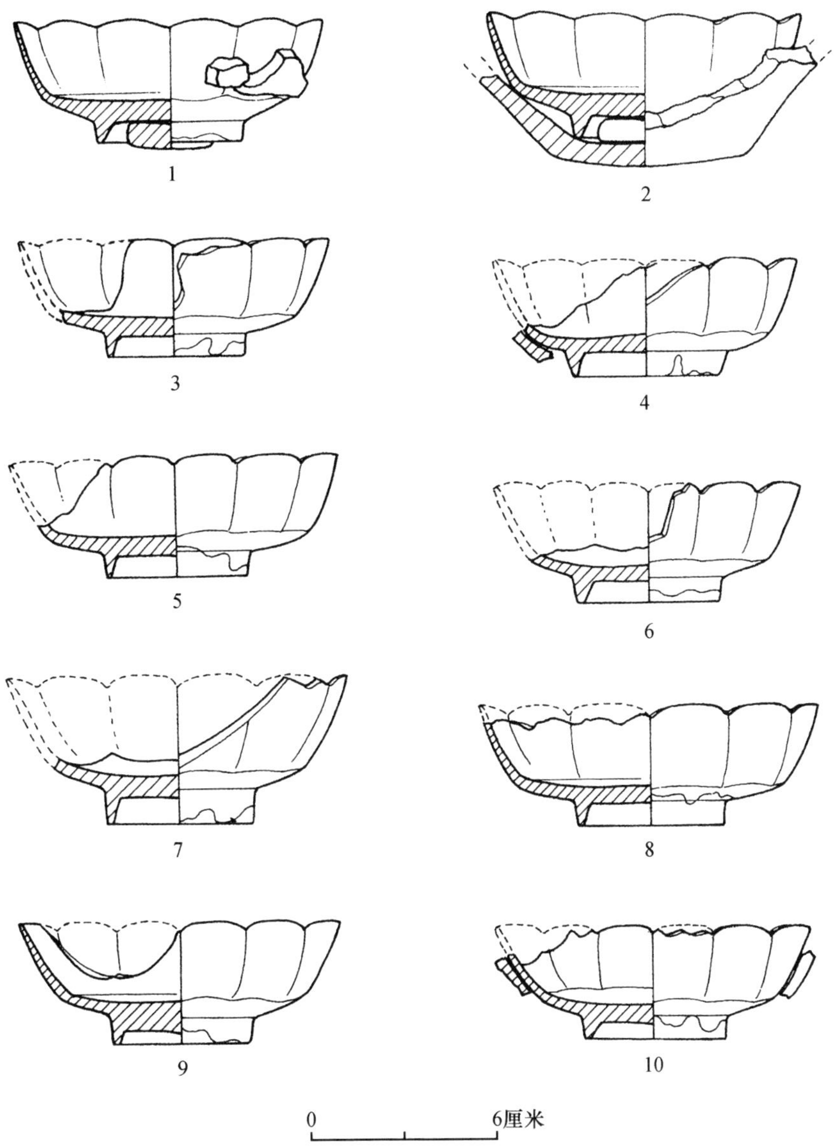

图二四　道塘里窑址B型酱黑釉瓷碟

1. DT1④：27　2. DT1④：28　3. DT3③：34　4. DT3③：35　5. DT3③：28
6. DT3③：29　7. DT5③：37　8. DT5③：6　9. DT7①：4　10. DT5③：40

DT5③：37，已修复。灰胎，酱褐釉至圈足外墙。高4.7、口径11、足径4.8厘米（图二四，7）。

DT7①：4，变形。外壁局部粘窑渣。灰胎，酱黑釉。高3.9、口径10.4、足径4.4厘米（图二四，9；图版一四，1）。

DT5③：40，变形。外壁局部粘匣钵片。灰白胎泛黄色，酱黑釉。高3.6、口径10.3、足径4.6厘米（图二四，10）。

DT3①：36，四件大小造型相同的匣钵叠压，内壁套形制相同碟。碟与匣钵之间采用扁平圆饼间隔具间隔。碟灰胎，酱黑釉。高4、口径10.2、足径4.8厘米（图二五，1）。

DT7①：5，三件大小造型相同的漏斗状匣钵粘存，内壁套形制相同碟。碟与匣钵之间采用扁平圆形间隔具间隔。碟灰白胎，酱褐釉。高4、口径10.2、足径4.8厘米（图二五，2）。

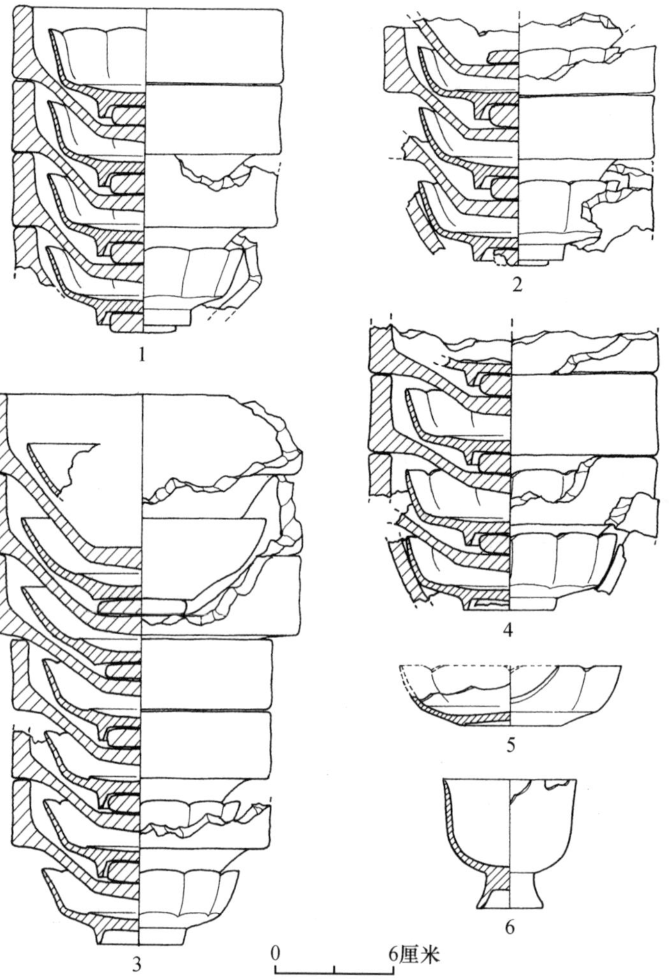


图二五　道塘里窑址酱黑釉瓷碟、杯

1～4. B型碟（DT3①：36、DT7①：5、DT3③：190、DT3①：34）　5. C型碟（DT5③：5）　6. 杯（DT5③：8）

DT3③：190，七件漏斗状匣钵叠压。上面三件形制大小相同的漏斗状匣钵较大，内壁套造型相同的青白釉碗。下面四件造型大小相同的漏斗状匣钵较小，分别套造型相同的酱黑釉花瓣碟。器坯与匣钵之间采用扁平圆饼间隔具间隔。青白釉碟白胎，釉泛白色。酱黄釉碟灰白胎。高3.8、口径10.2、足径4.4厘米（图二五，3；图版一四，2）。

DT3①：34，四件造型大小相同的漏斗状匣钵叠压，内壁套酱釉碟。碟与匣钵之间采用扁平圆饼间隔具间隔。碟灰胎，酱褐釉。高3.8、口径10.6、足径4.6厘米（图二五，4）。

C型　3件。六缺葵口，卧足。

DT5③：5，已修复。灰白胎，酱黑釉。口沿釉层较薄呈黄白色，内底和外壁呈酱黑色，外壁近底釉层较薄。高3、口径10.2、足径5.2厘米（图二五，5；图版一四，3）。

**8. 杯**

2件。侈口，尖圆唇，腹壁上部较直，下腹渐内收，喇叭形圈足。内壁满施、外壁至底足施酱釉，仅圈足内露胎。

DT5③：8，已修复。灰白胎，釉色不显，生烧。高6.4、足高1.8、口径6.8、足径3.4厘米（图二五，6；图版一四，4）。

## （三）紫金釉瓷

8件。数量不多，器形见小碗、盏、碟，造型与酱黑釉同类器相同，制作精致，胎质细腻，胎色较白，釉层较厚，多数呈紫色。

### 1. 小碗

5件。侈口，尖圆唇，斜弧腹壁，内底圆饼状凸起，底腹连接处一周凹弦纹，浅圈足。内壁满施、外壁不及底足施紫金釉，仅圈足内露胎。

DY1排烟室：1，已修复。白胎，紫金釉。口沿釉层较薄，呈黄白色。高4.8、口径12.5、足径4.4厘米（图二六，1；图版一四，5）。

DY1窑前工作室：28，已修复。外壁上部存窑疤，外底足粘扁平圆饼间隔具。白胎，紫金釉，口沿釉层较薄，呈黄白色。高4.8、口径12.5、足径4.5厘米（图二六，2）。

DY1窑前工作室：27，已修复。白胎，紫金釉，釉面较涩，口沿釉层较薄，呈黄白色。高4.8、口径12.4、足径4.4厘米（图二六，3；图版一四，6）。

DT3③：37，已修复。灰白胎，紫金釉，口沿釉层较薄，呈黄白色。高4.6、口径11.8、足径4.2厘米（图二六，4）。

DT5③：143，口沿残缺。灰白胎，胎质较疏松，内、外壁酱黑釉，生烧。残高4.2、足径4.4厘米（图二六，5）。

### 2. 盏

2件。侈口，尖圆唇，斜弧腹壁，内底呈圆饼状凸起，底腹连接处一周凹弦纹，浅圈足。

DT4①：20，已修复。灰白胎，胎体疏松，内壁满施、外壁不及底足施紫金釉，生烧。高4.2、口径11.3、足径4.4厘米（图二六，6；图版一四，7）。

### 3. 碟

1件。

DT5③：44，可复原。十瓣葵花口，腹壁上部较直，近底内折，内底宽平，圈足。内、外腹壁局部存窑渣，外底足留存圆形黑褐色间隔痕。内壁满施、外壁不及底足施紫金釉，唯圈足内露灰白胎。高3.6、口径11.3、足径5厘米（图二六，7；图版一四，8）。

## （四）青白釉瓷

987件。数量多，器形丰富，有柳斗罐、瓶、瓯、短流执壶、圆弧腹长流执壶、水盂、温

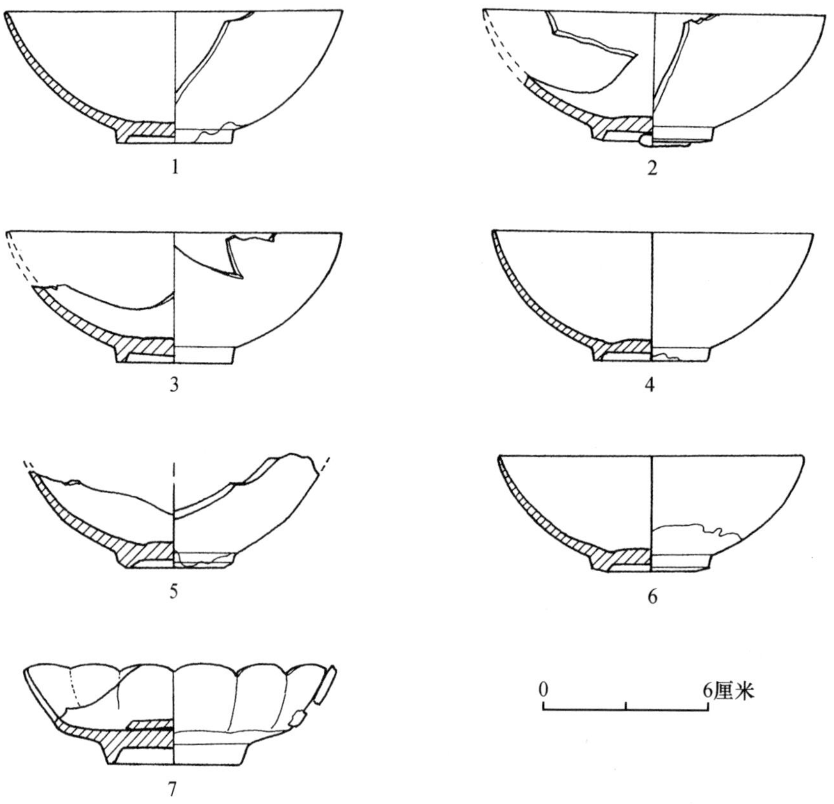


图二六　道塘里窑址紫金釉瓷小碗、盏、碟

1～5. 小碗（DY1排烟室：1、DY1窑前工作室：28、DY1窑前工作室：27、DT3③：37、DT5③：143）
6. 盏（DT4①：20）　7. 碟（DT5③：44）

碗、大碗、碗、斗笠碗、墩式碗、盏、花口盏、大盘、盘、洗、碟、盏托、酒台、杯、炉、枕、罐盖、瓶壶盖等。

**1. 柳斗罐**

9件。颈肩分界明显，鼓腹，小平底。内壁满釉、外壁至底施青白釉。依据口颈分为三型。

A型　4件。直口，圆唇，直颈。深腹，小平底。

DT3③：160，已修复。外壁见明显的修坯痕。颈肩连接处见一周积釉痕。灰白胎，青白釉呈青色。高6.5、口径11.7、底径5.4厘米（图二七，1；图版一五，1）。

DT3③：156，已修复。外壁局部存窑疤。灰胎，青白釉灰暗呈青色。高6.4、口径10.8、底径5.6厘米（图二七，2；图版一五，2）。

DT3③：158，可复原。内壁见明显的修坯痕。灰白胎，青白釉呈青灰色。高6.6、口径11.6、底径6厘米（图二七，3）。

B型　2件。微敛口，颈部较直，略内收。

DT5③：116，口沿压扁，已修复。圆唇，腹部较浅，小平底略内凹。外壁见明显修坯痕。颈肩连接处积釉明显。灰胎，青白釉较灰暗。高6.2、口径11、底径6厘米（图二七，4；图版一五，3）。

C型　3件。侈口，束颈。尖圆唇，腹壁上部较鼓，下部斜收。根据底部分为二亚型。

Ca型　2件。底部较平。

DT1①：3，可复原。外腹壁刻划一周由五道细线组成的划线纹。外壁一侧粘存窑疤。灰胎，釉色灰暗。高6.3、口径12、底径5.1厘米（图二七，5；图版一五，4）。

DT3③：155，口沿残缺。外腹壁刻划一周由三道细线组成的划线纹。灰黄胎，青白釉呈灰黄色。残高5.4、底径6.1厘米（图二七，7）。

Cb型　1件。底部内凹。

DT3③：11，变形。外腹壁刻划一周由三道细线组成的划线纹。外壁局部留黑褐色窑疤，口沿内侧存匣钵片。灰胎，青白釉泛灰色。高5.1、口径13.6、底径5.8厘米（图二七，6；图版一五，5、6）。

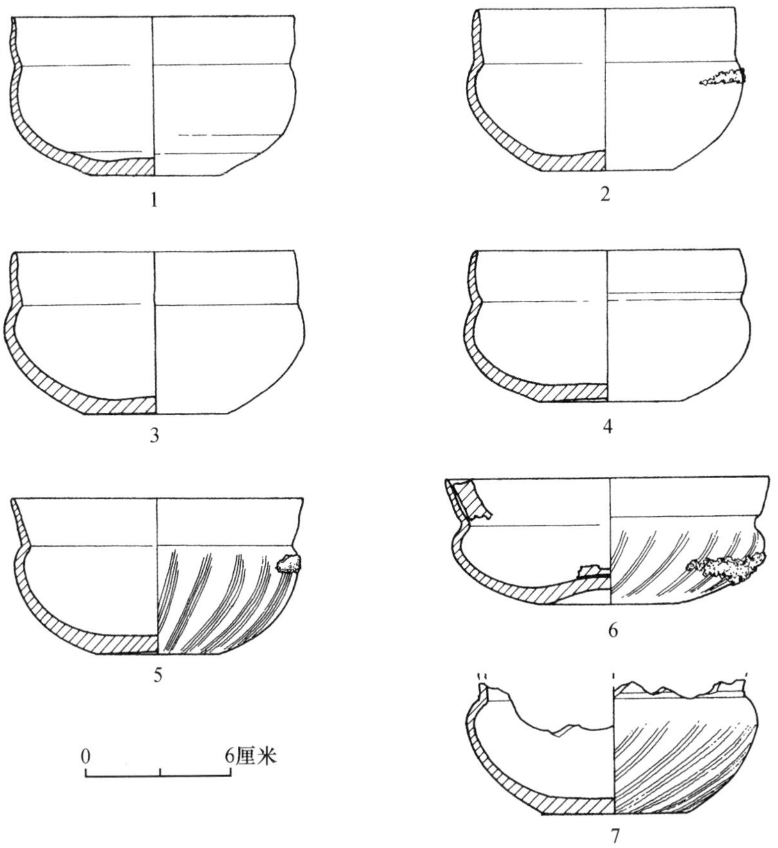


图二七　道塘里窑址青白釉瓷柳斗罐

1～3. A型（DT3③：160、DT3③：156、DT3③：158）4. B型（DT5③：116）
5、7. Ca型（DT1①：3、DT3③：155）6. Cb型（DT3③：11）

**2. 瓶**

1件。

DT3①：100，下腹及底足部分。下腹壁斜弧，近底内收，圈足。内壁见规整的修坯痕。灰黄胎，外壁施青白釉，釉泛灰黄色，圈足露胎。残高4.4、足径5.3厘米（图二八，1）。

### 3. 瓯

5件。依据足部分为三型，本窑址有B型。

B型　4件。圈足，足壁较矮。直口，尖圆唇，腹壁上部较直，中部微外鼓，近底弧收，腹壁较浅。内底宽平，中心略凸，圈足浅挖。内、外壁满施青白釉，外底足露胎。器物与匣钵之间采用扁平圆饼间隔具间隔。

DT1①：25，略变形，已修复。外腹壁篦划云状纹。白胎，青白釉泛白，釉面开冰裂纹。高5.9、口径12.3、足径6.3厘米（图二八，2；图版一五，7）。

DT3③：89，已修复。外腹壁见修坯痕，局部存窑斑，外底足留圆形灰黑色间隔痕。灰白胎，青白釉泛灰色。高5.7、口径10.6、足径5.7厘米（图二八，3）。

瓯残片　1件。

DT3③：177，口沿部分。尖圆唇，直口，直腹壁，近底内收，腹壁较深。白胎，内、外壁满施青白釉，釉面晶莹。口部一周无釉，露白胎呈芒口，胎质细腻。残高6.6、口径11.5厘米（图二八，4；图版一五，8）。

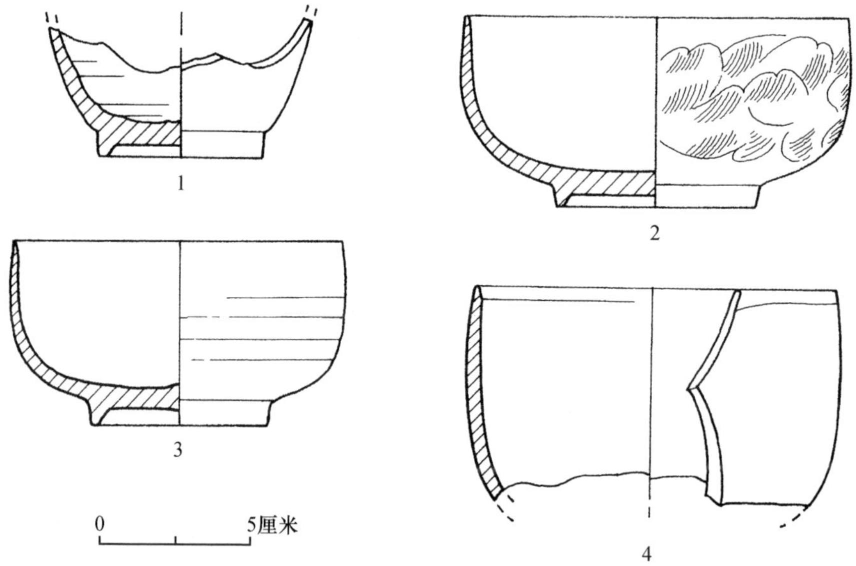


图二八　道塘里窑址青白釉瓷瓶、瓯

1. 瓶（DT3①：100）　2、3. B型瓯（DT1①：25、DT3③：89）　4. 瓯残片（DT3③：177）

### 4. 短流执壶

3件。肩部置短直圆管状流。

DT5③：20，已修复。敛口，圆唇，平肩，上腹圆鼓，下腹斜弧内收，腹部呈十六瓣瓜棱状，小平底内凹。肩腹部一侧置扁平把柄，柄顶端置圆管状系，对应的肩腹处置圆管状短流，把柄、流均高出壶口沿。口沿外侧施两周弦纹，肩腹模印四组纹样，流部一带为珍珠地菊瓣纹，把柄部一带珍珠地圆形开光为“刘百祥记”款，两侧为对称牡丹纹。壶上、下合模黏接而成，外底足留存黑色间隔痕。灰白胎，内、外壁施青白釉，釉呈灰黄色。通高8.9、壶高8.4、口径3.3、底径4.2厘米（图二九，1；图版一六，1、2）。

DT2③：52，短直圆管状流。灰白胎，外壁施青白釉，釉泛青灰色。流长5.2、直径1.6厘米（图二九，2）。

DT3③：215，短直圆管状流。灰白胎，外壁施青白釉。流长4.8、直径1.6厘米（图二九，4）。

**5. 圆弧腹长流执壶**

12件。均为残片，分为圆弧腹长流执壶和长流、执壶残片。

圆弧腹，长流。依据口部分为四型，本窑址有A型。

A型　3件。喇叭口，矮圈足。依据颈部分为七亚型。本窑址有Ab、Ac型。

Ab型　2件。喇叭口外侈，颈部粗犷，最小直径位于颈下部。

DT3③：183，肩腹部分。圆溜肩，肩部一侧存把柄端部。内壁见明显的修坯痕。白胎，外壁施青白釉。残高12.5厘米（图二九，8）。

DY1排烟室：7，下腹及底足部分。弧腹壁，圈足。内壁见规整的拉坯痕。白胎，外壁施青白釉。残高9、足径9.6厘米（图二九，12）。

Ac型　1件。喇叭口略外卷，颈部粗犷，最小直径位于颈下部。

DT3③：213，口颈及肩部分。圆唇，撇口，束颈，圆溜肩，颈部一侧存把柄残痕。灰胎，内、外壁施青白釉，釉泛青灰色。残高6.5、口径8.4厘米（图二九，11）。

圆弧腹执壶长流　5件。长弧圆管状流。灰白胎，外壁施青白釉，釉泛灰白色。

DT1①：47，残长7.8、直径1.8厘米（图二九，9）。

DT1①：48，残长10.6、直径1.9厘米（图二九，10）。

执壶残片　4件。

DT3③：220，肩部分。折肩。白胎，外壁施青白釉。残高5.8厘米（图二九，3）。

DT3③：214，肩部分。折肩，肩部一侧存把柄端部，内壁见拉坯痕。白胎，外壁施青白釉。残高4.6厘米（图二九，5）。

DT2②：102，颈部分。束颈，颈部存双股泥条把柄端部。外壁存窑渣。灰胎，青白釉灰暗呈青灰色。残高4.6厘米（图二九，7）。

**6. 水盂**

1件。依据口部分为二型，本窑址有A型。

A型　1件。直口。

DT6①：17，已修复。圆唇，短直颈，斜溜肩，肩腹相接处弧折，上腹近直，下腹斜收，圈足。内、外腹壁见修坯痕。灰黄胎，内壁满施、外壁至底施青白釉，釉呈黄白色。高3.7、口径3.7、足径2.7厘米（图二九，6；图版一六，3）。

**7. 温碗**

3件。

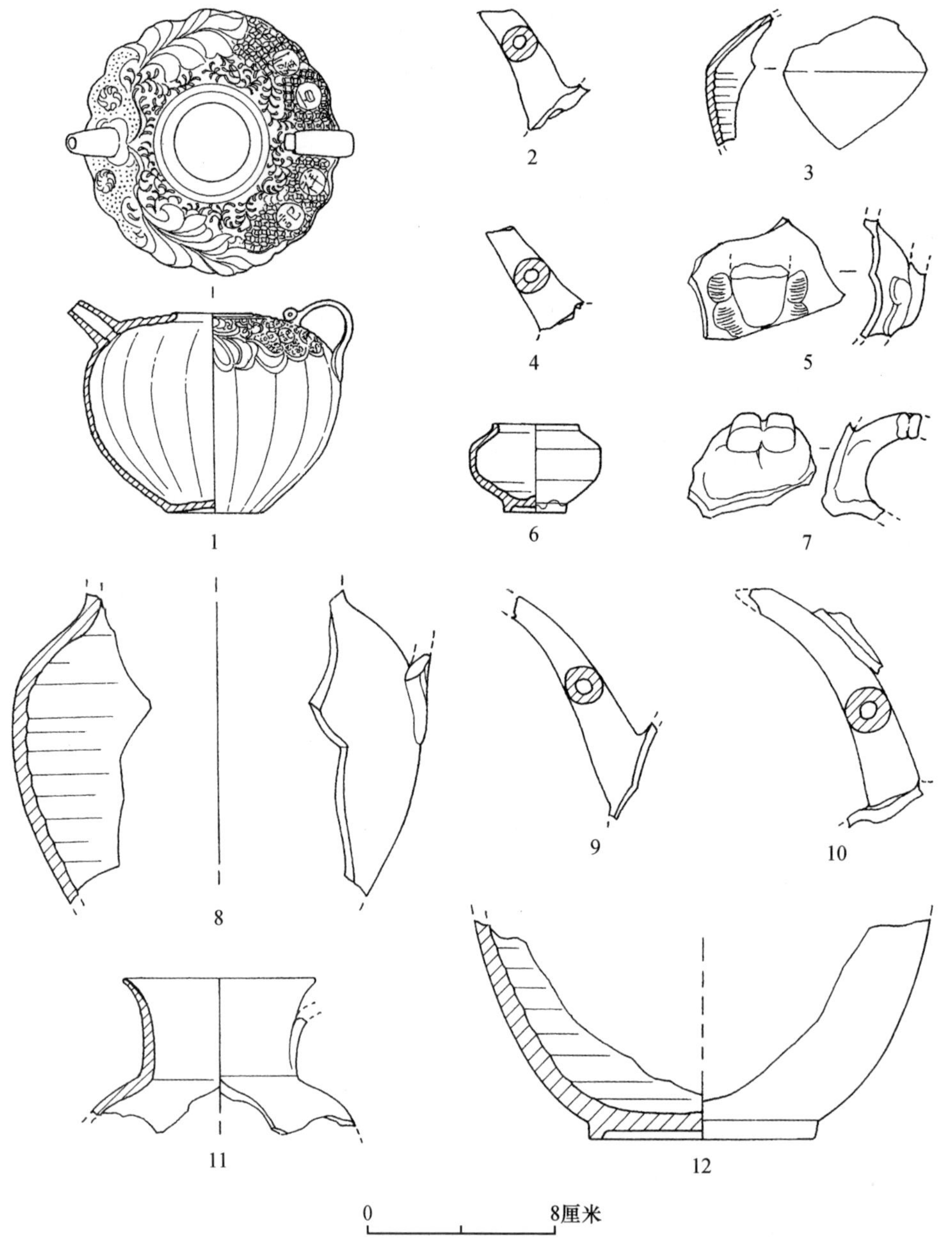


图二九　道塘里窑址青白釉瓷执壶、水盂

1、2、4. 短流执壶（DT5③：20、DT2③：52、DT3③：215） 3、5、7. 圆弧腹长流执壶残片（DT3③：220、DT3③：214、DT2②：102） 6. A型水盂（DT6①：17） 8、12. Ab型圆弧腹长流执壶（DT3③：183、DY1排烟室：7） 9、10. 圆弧腹执壶长流（DT1①：47、DT1①：48） 11. Ac型圆弧腹长流执壶（DT3③：213）

DT3③：176，口沿部分。葵花口。外壁葵口下部刻划覆莲瓣纹。细白胎，内、外壁施青白釉，釉呈湖绿色。残高7.8厘米（图三〇，2；图版一六，4）。

DT3③：178，下腹及底足部分。腹壁斜弧，外腹壁压瓜棱，内底宽平，中心一道窑裂，存四枚黑褐色支钉，高圈足，足墙外壁中间有两周凸弦纹。内、外壁满施青白釉，釉呈湖绿色，仅外底足露细白胎，存圆形黑褐色间隔痕。残高10.2、足径9.3厘米（图三〇，1；图版一六，5、6）。

DT1④：29，下腹及底足部分。斜弧腹壁，外腹壁近底压瓜棱痕，内底宽平，存四枚黑褐色支钉痕，高圈足，足墙外壁近底有一组凸弦纹。内、外壁满施青白釉，釉呈青灰色，外底足露白胎，存黑褐色圆形间隔痕。残高6.3、足径8.4厘米（图三〇，3）。

**8. 大碗**

7件。均为下腹及底足部分。依据内底分为三型，本窑址有A、B型。

A型　6件。内底宽平，底腹连接处一周凹弦纹。斜弧腹壁，圈足，足墙高直。灰黄胎，内、外壁满施青白釉，釉泛黄色。

DT3③：175，残高4.2、足径8.3厘米（图三〇，5）。

DT4③：164，内底篦划云状纹。残高3.6、足径7.6厘米（图三〇，6；图版一六，7）。

B型　1件。内底圆弧，底腹连接处一周凹弦纹。

DT3③：154，圈足较矮，足墙外撇。灰胎，胎质较疏松。内壁满施、外壁不及底施青白釉，釉泛灰黄色，釉面开冰裂纹。残高4.5、足径6.9厘米（图三〇，4；图版一六，8）。

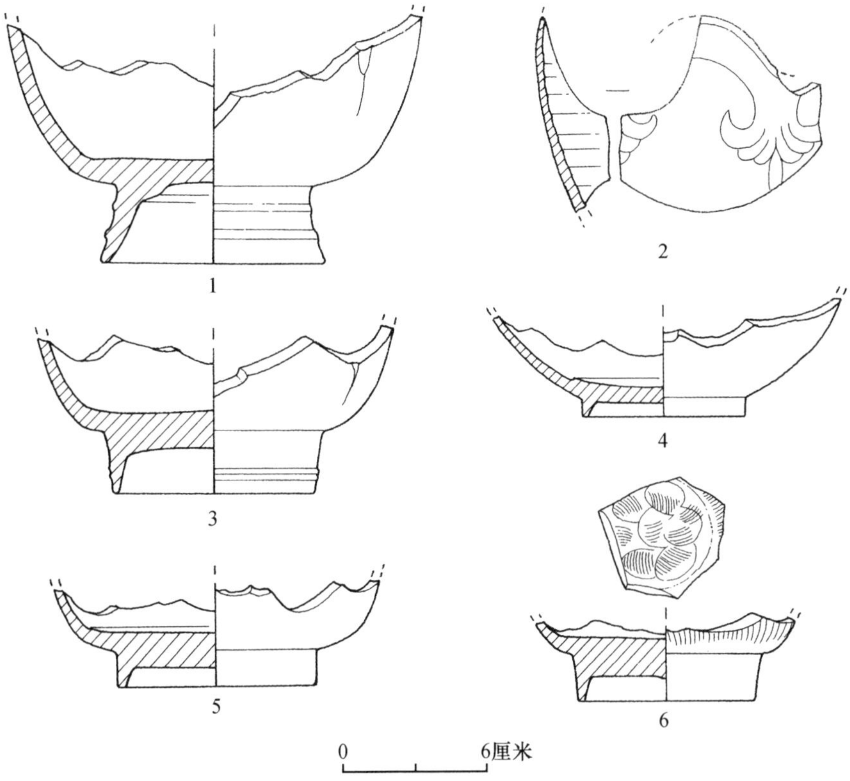


图三〇　道塘里窑址青白釉瓷温碗、大碗

1～3. 温碗（DT3③：178、DT3③：176、DT1④：29）　4. B型大碗（DT3③：154）
5、6. A型大碗（DT3③：175、DT4③：164）

**9. 碗**

137件。依据口部分为六型，本窑址有A、B、C、D、E型。

A型　7件。唇口。斜弧腹壁，浅圈足，足墙较矮。素面。内壁满施、外壁不及底足施青白釉。采用扁平圆形间隔具间隔。

DT4③：67，已修复。外壁见明显修坯痕，内壁局部存灰红色窑斑。灰白胎，青白釉泛浅灰色。高5.7、口径16.7、足径6.8厘米（图三一，1）。

DT4③：68，已修复。内壁局部存灰黄色窑斑。灰白胎，外壁釉至足墙，青白釉泛浅灰色，釉面开冰裂纹。高5.4、口径16.9、足径7.2厘米（图三一，2）。

DT5③：7，可复原。外壁局部粘匣钵片，内、外壁局部存灰红色窑斑。灰白胎，胎质疏松，青白釉泛灰色。高5.4、口径16.8、足径6.7厘米（图三一，3；图版一七，1）。

DT4⑤：36，可复原。内底粘匣钵，外底足粘扁平圆形间隔具，外壁局部存灰红色窑斑。灰白胎，青白釉泛灰绿色。高5.4、口径16.2、足径6.2厘米（图三一，4；图版一七，2）。

B型　20件。侈口。尖圆唇，斜弧腹壁，浅圈足，足墙较矮。素面。内壁满施、外壁不及底足施青白釉。采用扁平圆形间隔具间隔。根据内底分为三亚型，本窑址有Bb型。

Bb型　20件。内底圆弧。

DT4③：61，已修复。宽唇沿。外壁局部存灰褐色窑斑，内、外壁见明显修坯痕。灰白胎，青白釉泛淡黄色。高5.4、口径17.2、足径7.1厘米（图三一，5）。

DT4⑤：33，已修复。内壁局部存红黄色窑斑，外壁见明显修坯痕。灰白胎，青白釉泛灰黄色。高5.8、口径16.8、足径7.1厘米（图三一，6；图版一七，3）。

DT4③：62，已修复。平沿。内底落黑色窑砂，外壁局部存红黄色窑斑。灰白胎，青白釉泛淡绿色。高5.6、口径16.4、足径6.3厘米（图三一，7）。

DT4③：65，已修复。平沿。内底粘漏斗状匣钵，外壁局部存红色窑斑。灰黄胎，青白釉泛灰色。高5.9、口径17.1、足径7厘米（图三一，8）。

DT4③：63，已修复。平沿。外壁见明显修坯痕。灰白胎，青白釉泛淡绿色。高5.3、口径15.9、足径6.5厘米（图三一，9）。

DT4⑤：30，已修复。平沿。外壁局部粘匣钵及存红黄色窑斑。灰白胎，青白釉泛灰色。高5.4、口径16.7、足径7.1厘米（图三一，10）。

DT4③：77，可复原。平沿。外壁粘漏斗状匣钵。匣钵紫褐色夹砂胎，外壁上部存薄窑汗。碗内壁局部存灰红色窑斑，灰白胎，青白釉泛灰色。高5.3、口径17、足径7.3厘米（图三一，11；图版一七，4）。

C型　64件。撇口。尖圆唇，斜弧腹壁，圈足。根据内底分为三亚型，本窑址有Ca、Cc型。

Ca型　2件。内底宽平，底腹连接处一周凹弦纹。圈足较矮，外腹壁剔刻一周丰满莲瓣纹。内壁满施、外壁不及底足施青白釉，外底足露胎。采用扁平圆形间隔具间隔。

DT4③：40，已修复。外壁局部存灰黄色窑斑，外底足存圆形黑色间隔痕。灰白胎，青白釉泛灰色。高5.8、口径15.3、足径6.7厘米（图三二，1；图版一七，5）。

DT2③：50，已修复。口沿变形。外壁局部存灰红色窑斑。灰白胎，青白釉泛浅黄色。高5.8、口径15、足径6.4厘米（图三二，2）。

Cc型　62件。内底较窄微弧，内底心呈圆形乳突。内壁满施、外壁不及底足施青白釉。

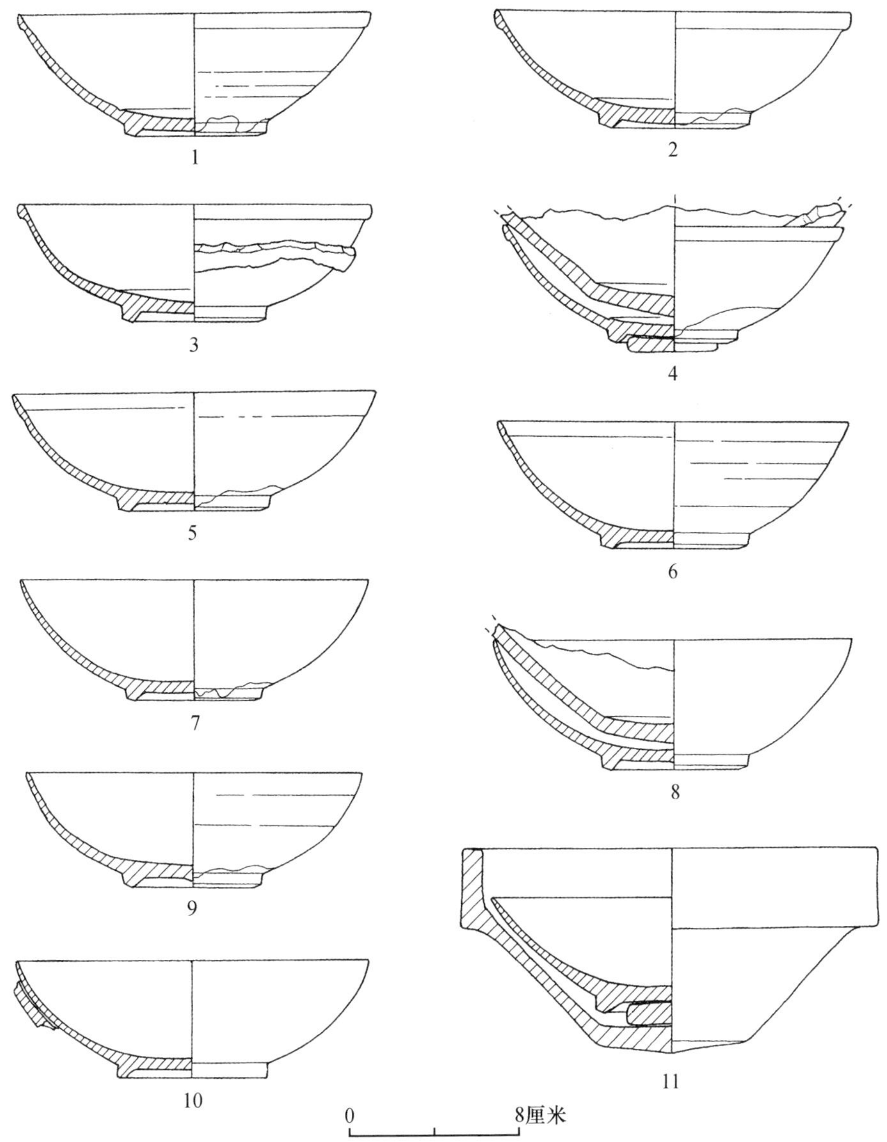


图三一　道塘里窑址青白釉瓷碗

1～4. A型（DT4③：67、DT4③：68、DT5③：7、DT4⑤：36）5～11. Bb型（DT4③：61、DT4⑤：33、DT4③：62、DT4③：65、DT4③：63、DT4⑤：30、DT4③：77）

18件素面，44件外腹壁剔刻或刻划一周莲瓣纹。采用扁平圆形间隔具或支钉间隔。

DT3③：136，已修复。外腹壁剔刻一周莲瓣纹。外底足存圆形灰黑色间隔痕。灰白胎，青白釉泛灰色。高4.1、口径13.6、足径4.8厘米（图三二，3）。

DT3①：85，已修复。外腹壁剔刻一周莲瓣纹。外底足存圆形灰黑色间隔痕。灰黄胎，青白釉泛灰黄色。高4.4、口径14.3、足径5.2厘米（图三二，4）。

DT4③：43，变形。外腹壁剔刻一周莲瓣纹。外底足存圆形灰黑色间隔痕。白胎，青白釉泛绿色。高4.7、口径14.4、足径5.4厘米（图三二，5）。

DF2：10，变形。外壁和口沿内侧分别存匣钵片。灰白胎，青白釉泛灰色。高4.9、口径14.8、足径5.3厘米（图三二，6；图版一七，6）。

DT6②：2，已修复。外腹壁剔刻一周莲瓣纹。外底足存四枚黑色支钉间隔具。白胎，青白釉泛绿色。高4.5、口径14.6、足径5厘米（图三二，7；图版一七，7、8）。

DT8①：15，已修复。外腹壁剔刻一周莲瓣纹。外底足留圆形灰黑色间隔痕。灰黄胎，青白釉泛黄白色。高4.5、口径13.8、足径4.9厘米（图三二，8；图版一八，1）。

DT6②：9，已修复。外腹壁剔刻一周莲瓣纹。外底足留圆形灰黑色间隔痕。灰白胎，青白釉。高4.8、口径14.3、足径5厘米（图三二，9；图版一八，2）。

DT4③：52，已修复。外腹壁剔刻一周莲瓣纹。白胎，青白釉呈灰黑色，烟熏所致。高4.6、口径14.9、足径5.1厘米（图三二，10）。

DT4③：78，变形。外腹壁剔刻一周莲瓣纹。口沿局部粘匣钵片，外壁局部存灰色窑斑。灰胎，青白釉泛灰黑色。高4.8、口径14.1、足径5.4厘米（图三二，11）。

DT5④：11，可复原。外腹壁剔刻一周莲瓣纹。内、外壁粘匣钵片，内壁局部存灰色窑斑，内底粘支钉，外底足存一枚间隔具支钉。白胎，青白釉泛灰绿色。高4.8、口径14.8、足径5.3厘米（图三二，12）。

DF2：11，变形。外腹壁剔刻一周莲瓣纹。外壁局部粘匣钵片和留存窑斑。灰白胎，青白釉泛灰黄色。高4.6、口径14.9、足径5.4厘米（图三二，13）。

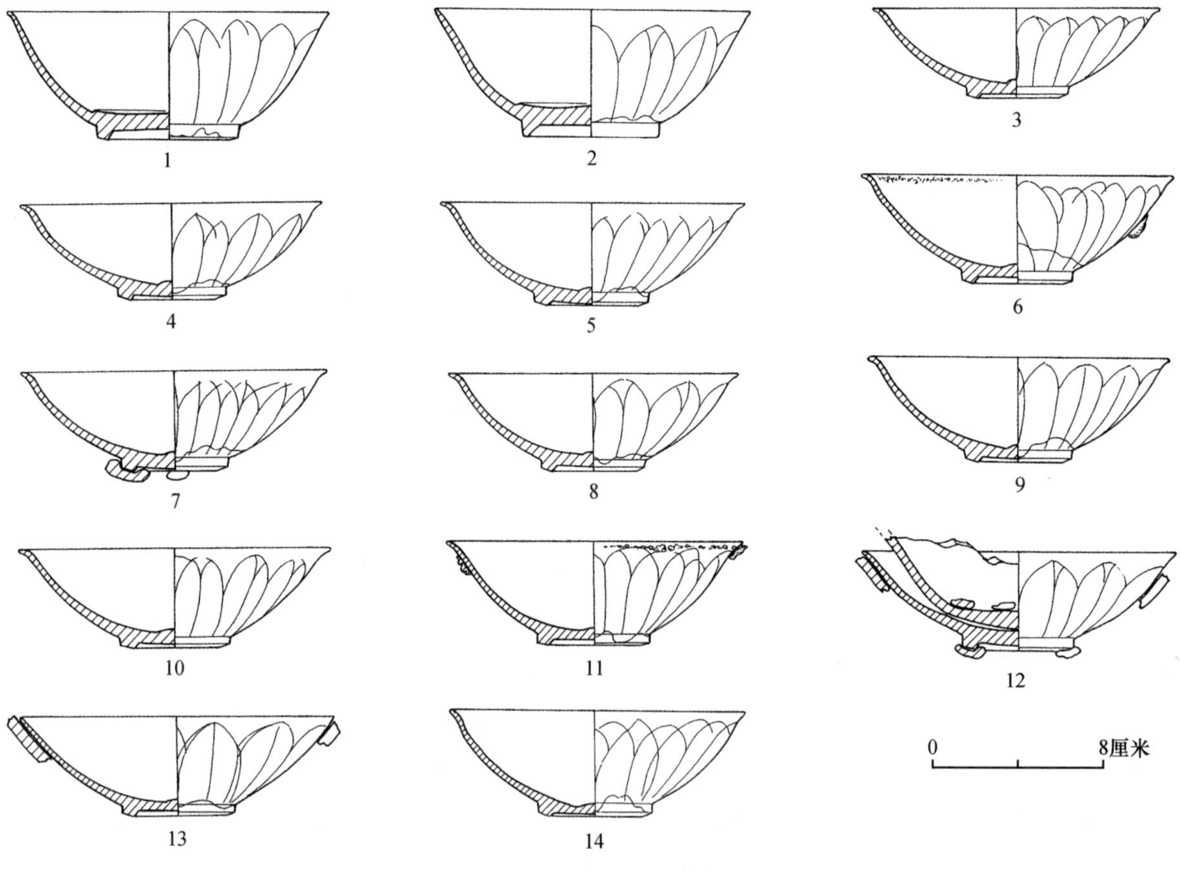


图三二　道塘里窑址青白釉瓷碗

1、2. Ca型（DT4③：40、DT2③：50）3～14. Cc型（DT3③：136、DT3①：85、DT4③：43、DF2：10、DT6②：2、DT8①：15、DT6②：9、DT4③：52、DT4③：78、DT5④：11、DF2：11、DT4③：79）

DT4③：79，变形。腹部有一道窑裂。外腹壁剔刻一周莲瓣纹。灰白胎泛黄色，青白釉泛灰色。高4.8、口径14.1、足径5.4厘米（图三二，14）。

DT2②：99，可复原。内、外壁粘漏斗状匣钵。碗外腹壁剔刻一周莲瓣纹。碗与匣钵之间采用扁平圆形间隔具间隔。灰白胎，青白釉泛灰色。高5.5、口径14.4、足径6厘米（图三三，1；图版一八，3）。

DT5③：113，已修复。口沿内侧局部存匣钵片。外壁局部存灰红色窑斑，外底足存圆形灰黑色间隔痕。白胎，青白釉泛绿色。高4.5、口径14.1、足径5.1厘米（图三三，2；图版一八，4）。

DT1①：51，可复原。口沿内侧和外壁局部粘匣钵片。白胎，青白釉泛灰黄色。高4.5、口径13.9、足径4.8厘米（图三三，3）。

DT4②：57，八件漏斗状匣钵叠压，内壁套撇口碗。碗外腹壁剔刻一周莲瓣纹。碗与匣钵之间采用扁平圆形间隔具间隔。碗灰白胎，青白釉泛灰色。高4.6、口径14.1、足径5.3厘米（图三三，4；图版一八，5）。

DF2：9，变形。内底和口沿局部粘窑渣。外壁局部存灰色窑斑，外底足存圆形灰黑色间隔具。灰白胎，青白釉泛绿色。高5.5、口径14.5、足径5厘米（图三三，6；图版一八，6）。

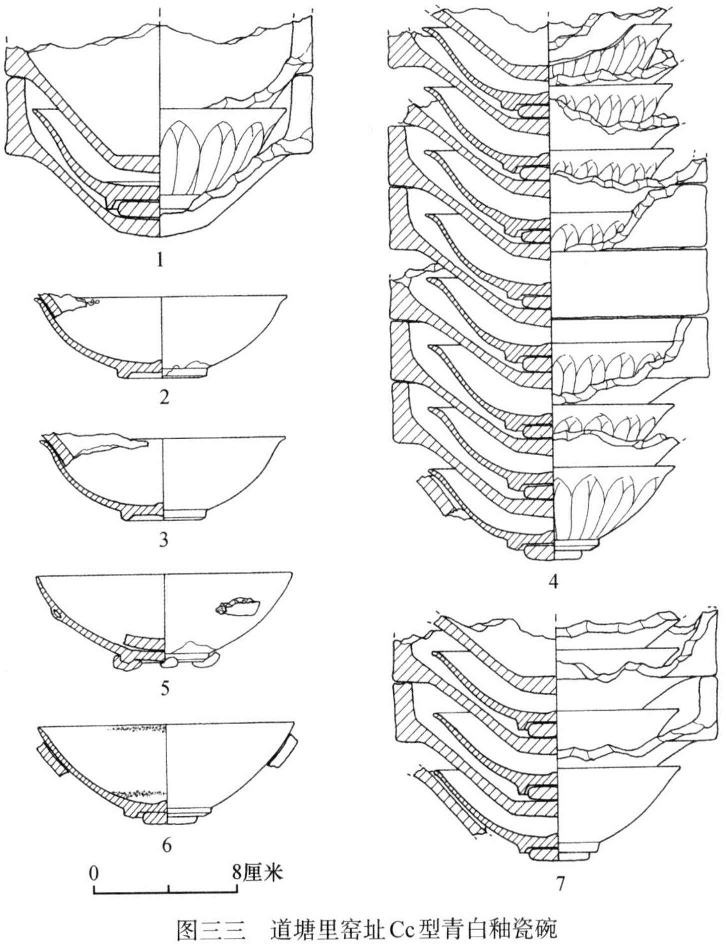


图三三　道塘里窑址Cc型青白釉瓷碗

1. DT2②：99　2. DT5③：113　3. DT1①：51　4. DT4②：57　5. DT2①：121　6. DF2：9　7. DT4③：80

DT2①：121，变形。内、外壁见较大气泡，内底局部存匣钵片，外底足粘存四枚支钉。灰白胎，青白釉泛灰青色。高4.9、口径14.5、足径5厘米（图三三，5；图版一八，7、8）。

DT4③：80，三件漏斗状匣钵叠压，内壁套素面碗。匣钵与碗之间采用扁平圆饼间隔具间隔。碗灰胎，青白釉泛灰青色。高4.6、口径14.1、足径4.4厘米（图三三，7）。

D型 44件。敛口，圆唇，斜弧腹壁，浅圈足。素面。内壁满施、外壁不及底足施青白釉。根据内底分为二亚型。

Da型 43件。内底宽平，底腹连接处一周凹弦纹。依据腹部分为二式。

Ⅰ式：25件。腹壁圆弧。

DT2⑤：12，已修复。外壁局部留灰黄色窑斑，外底足粘扁平圆形间隔具。白胎，青白釉泛灰黄色。高5.1、口径13.3、足径4.9厘米（图三四，1；图版一九，1、2）。

DT2⑤：13，变形。内壁局部留灰黄色窑斑，外腹壁近底见跳刀痕，外底足粘存扁平圆形间隔具。灰白胎，青白釉泛灰色。高5、口径13.8、足径4.9厘米（图三四，2；图版一九，3）。

DT1①：21，变形。外壁局部留灰色窑斑。白胎，青白釉泛灰绿色。高4.6、口径12.8、足径5厘米（图三四，3）。

DT4②：37，可复原。口微敛。外壁见明显修坯痕，局部留红灰色窑斑，外底足粘扁平圆形灰红色间隔具。灰白胎，青白釉泛灰青色。高4.6、口径13.2、足径4.6厘米（图三四，4）。

DT2⑤：20，可复原。口微敛。内底落窑渣，外壁局部留红黄色窑斑，外底足存圆形灰红色间隔痕。灰白胎，青白釉泛灰黄色。高4.8、口径14.2、足径4.6厘米（图三四，5）。

DT5③：106，可复原。内底落窑渣。灰白胎，青白釉泛黄色，釉面开冰裂纹，外底足露胎。高5、口径12.8、足径4.9厘米（图三四，6）。

DT2①：108，可复原。口微敛。外底粘匣钵。坯件与匣钵之间采用扁平圆饼间隔具间隔。碗灰白胎，青白釉泛黄白色。高4.5、口径13.9、足径5厘米（图三四，9；图版一九，4）。

DT1①：27，可复原。口微敛。外壁粘漏斗状匣钵。匣钵紫褐色夹砂胎，外壁上部留存黑褐色窑汗。碗灰白胎，青白釉泛灰黄色。高4.6、口径12.8、足径4.8厘米（图三四，10；图版一九，5）。

DT3①：111，七件漏斗状匣钵叠压，内部套碗。匣钵紫褐色夹砂胎。碗灰白胎，青白釉泛灰色。高4.6、口径11.6、足径4厘米（图三四，7）。

DT2①：23，五件漏斗状匣钵叠压，内壁套烧碗。匣钵灰褐色夹砂胎。坯件与匣钵之间采用扁平圆饼间隔具间隔。碗灰白胎，青白釉。高5、口径13.2、足径5.2厘米（图三四，8）。

Ⅱ式：18件。腹壁斜弧。

DT2③：11，变形。两件漏斗状匣钵叠压，下部粘青白釉碗。坯件与匣钵之间采用扁平圆饼间隔具间隔。碗灰白胎，青白釉。高4.7、口径15.4、足径4.9厘米（图三五，1；图版一九，6）。

DT2①：120，已修复。口微敛，内壁局部留灰色窑斑。灰白泛黄胎，青白釉泛绿色。高4.9、口径15、足径5厘米（图三五，2）。

DT2①：105，变形。内底局部留灰黑色窑斑，外壁局部粘存匣钵片，外底足存两枚支钉。灰白胎，青白釉泛灰色。高4.9、口径14.7、足径5.5厘米（图三五，3；图版一九，7、8）。

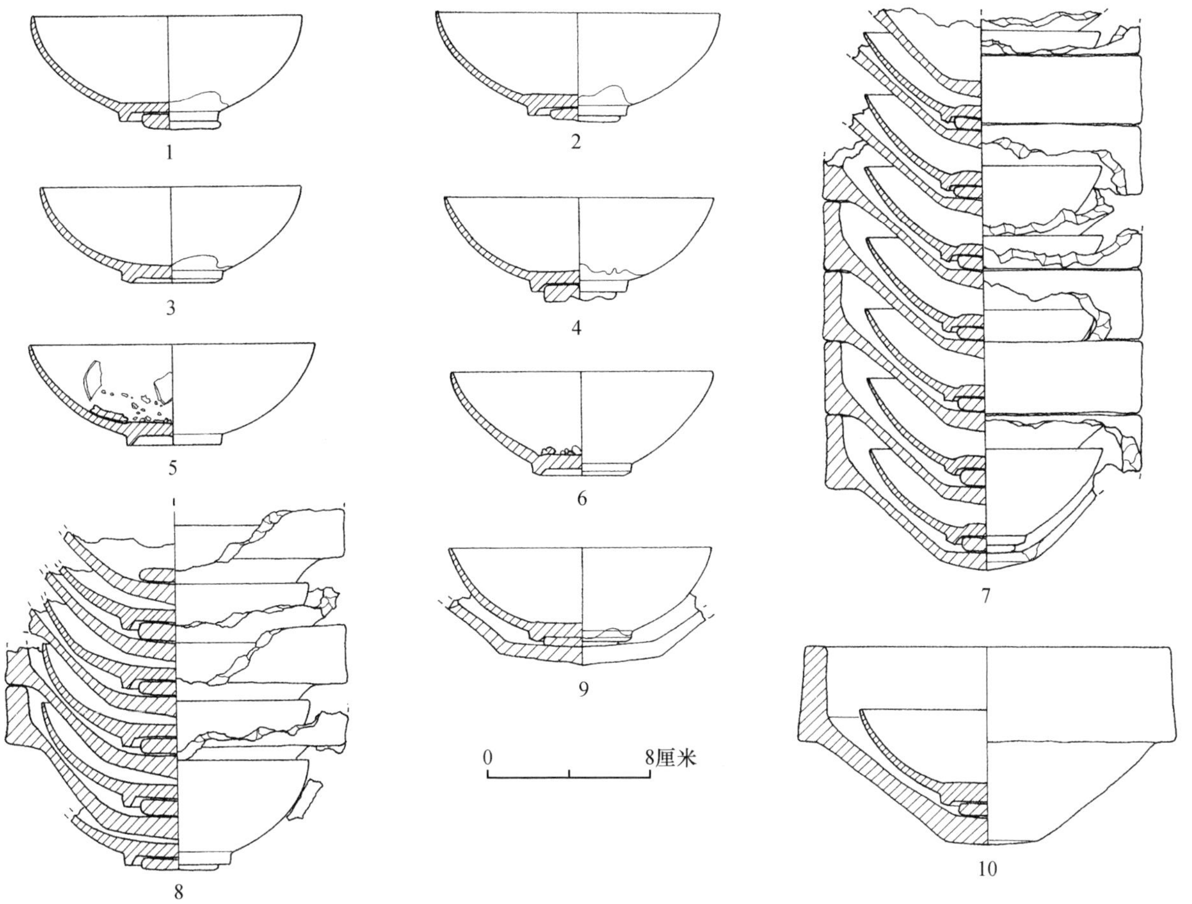


图三四　道塘里窑址Da型Ⅰ式青白釉瓷碗

1. DT2⑤：12　2. DT2⑤：13　3. DT1①：21　4. DT4②：37　5. DT2⑤：20
6. DT5③：106　7. DT3①：111　8. DT2①：23　9. DT2①：108　10. DT1①：27

DT2③：37，已修复。口微敛。外壁局部留灰红色窑斑，外底足存圆形间隔痕。白胎，青白釉泛绿色。高4.7、口径14、足径5厘米（图三五，4）。

DT6③：23，可复原。口微敛。内底落一块窑渣，外壁局部留灰黄色窑斑。白胎，青白釉泛灰黄色。高4.8、口径14、足径4.8厘米（图三五，5）。

DT4②：4，变形。八件漏斗状匣钵叠压，内部套碗。匣钵紫褐色夹砂胎。坯件与匣钵之间采用扁平圆饼间隔具间隔。碗灰胎，青白釉泛灰色。高5.1、口径15、足径5厘米（图三五，6）。

DT3①：31，变形。五件漏斗状匣钵叠压，内部套碗。坯件与匣钵之间采用支钉间隔。碗灰白胎，青白釉泛灰色。高5、口径14.2、足径5.4厘米（图三五，7）。

Db型　1件。内底圆弧。

DT3①：87，变形。口沿内侧局部粘窑渣，外壁见明显修坯痕。灰白胎，内壁满施、外壁不及底施青白釉，釉泛灰黄色，釉面开冰裂纹。高4.9、口径14.7、足径6厘米（图三五，8；图版二〇，1）。

E型　2件。花口。斜弧腹壁，外壁与口沿花口对应处压凹槽，内底宽平，底腹连接处一周凹弦纹，浅圈足。内壁满施、外壁不及底施青白釉。

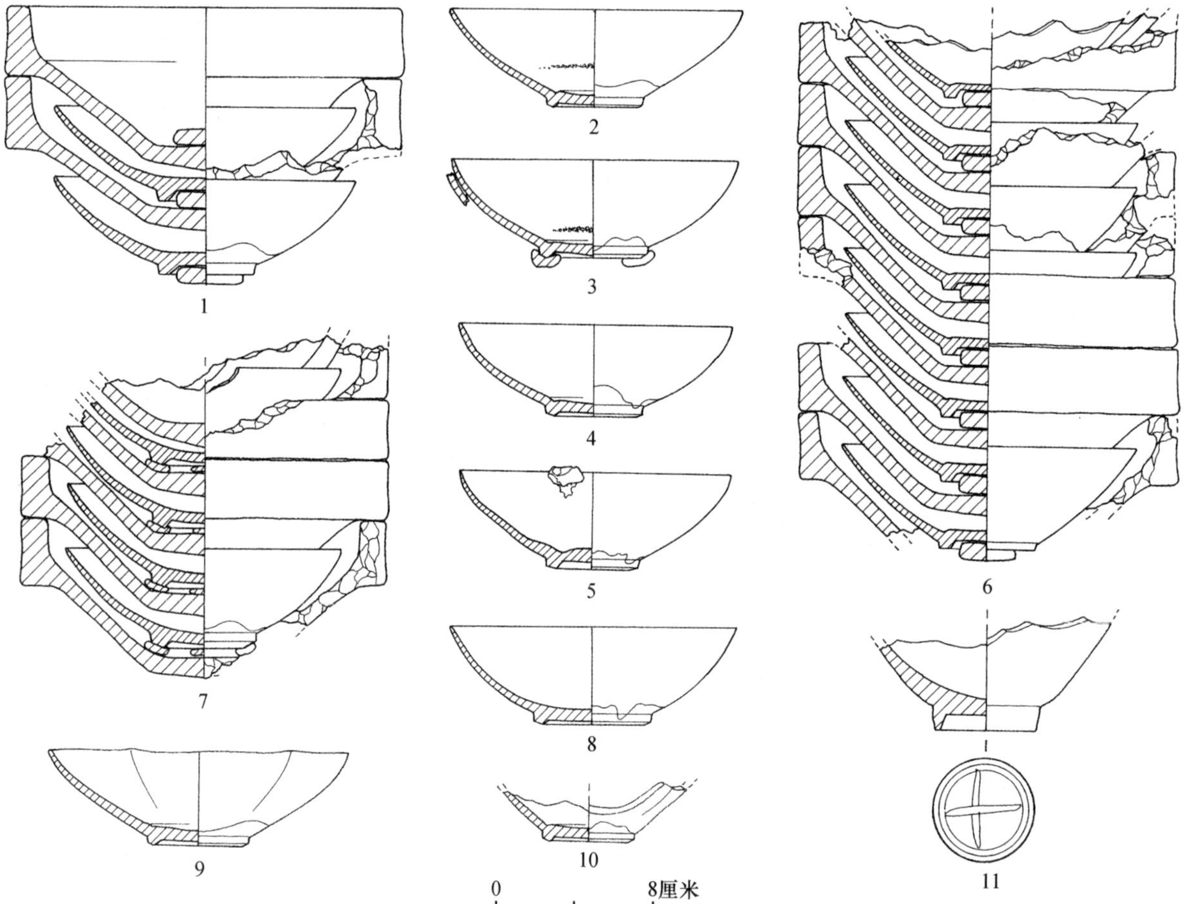


图三五　道塘里窑址青白釉瓷碗和斗笠碗

1～7. Da型Ⅱ式碗（DT2③：11、DT2①：120、DT2①：105、DT2③：37、DT6③：23、DT4②：4、DT3①：31）
8. Db型碗（DT3①：87）　9、10. E型碗（DT4⑤：27、DT2①：88）　11. 斗笠碗（DT5③：115）

DT4⑤：27，变形。内底落细小黑色窑渣，外底足存黑色支钉间隔痕。白胎，青白釉泛绿色。高4.8、口径15.2、足径5.2厘米（图三五，9；图版二〇，2）。

DT2①：88，存下腹及底足部分。灰白胎，青白釉泛灰绿色。残高3.1、足径4.9厘米（图三五，10）。

**10. 斗笠碗**

1件。

DT5③：115，下腹及底足部分。腹壁斜直，内底较窄，高圈足。外底足刻划“×”形符号。灰黄胎，青白釉泛灰青色。残高5.7、足径5.3厘米（图三五，11；图版二〇，3、4）。

**11. 墩式碗**

111件。依据口部分为三型。

A型　61件。侈口。尖圆唇，内底宽平，底腹连接处一周凹弦纹，圈足。根据腹部分为二式。

Ⅰ式：36件。腹壁较浅，上部斜直，下部折收。内壁满施、外壁不及底施青白釉。

DT5③：82，已修复。灰胎，青白釉泛灰青色，釉面开冰裂纹。高4.2、口径11.9、足径4.6厘米（图三六，1）。

DT3①：91，可复原。灰黑胎，青白釉泛灰青色。高4.2、口径11.4、足径4.8厘米（图三六，2）。

DT3③：141，可复原。灰黄胎，胎质疏松，青白釉泛灰黄色，釉面开冰裂纹。高5.3、口径11.7、足径4.9厘米（图三六，3）。

DT3①：92，已修复。口沿局部粘匣钵片。内壁局部留灰色窑斑。灰胎，青白釉呈青色，釉面开冰裂纹。高4、口径10.6、足径4.5厘米（图三六，4）。

DT4②：40，已修复。口沿局部粘黑色窑渣。灰白胎，青白釉泛灰色。高4.2、口径10.9、足径4.8厘米（图三六，5）。

DT1①：22，已修复。灰白胎，青白釉泛黄白色，釉面开冰裂纹。高4.5、口径11.3、足径5厘米（图三六，6；图版二〇，5）。

DT4③：53，已修复。外底足露胎处留圆形黑色间隔痕。灰白胎，青白釉泛淡绿色，釉面开冰裂纹。高5、口径10.9、足径5.2厘米（图三六，7；图版二〇，6）。

DT4②：56，已修复。外壁局部粘匣钵片，内壁局部留红黄色窑斑。灰黄胎，青白釉泛灰白色。高4.7、口径10.8、足径5.2厘米（图三六，8）。

DT2②：67，可复原。内底局部粘窑渣，外壁粘存匣钵底部。坯件与匣钵之间采用扁平圆饼间隔具间隔。灰胎，青白釉泛灰白色。高4.7、口径10.9、足径5厘米（图三六，9）。

DT4③：51，已修复。外壁见明显修坯痕。白胎，青白釉。高4.7、口径10.8、足径5.3厘米（图三六，10）。

DT4③：52，已修复。内壁局部留灰黄色窑斑，外壁见明显修坯痕。灰白胎，青白釉泛灰白色。高5.1、口径10.9、足径5.2厘米（图三六，11）。

DT2③：19，可复原。内、外底粘存匣钵底部。白胎，青白釉。高5、口径11.5、足径5厘米（图三六，12）。

DT4③：54，已修复。外壁见明显修坯痕，外底足露胎处留圆形黑色间隔痕。灰白胎，青白釉泛灰白色。高4.7、口径11.4、足径5.1厘米（图三六，13）。

DT6①：23，可复原。内、外壁局部留红黄色窑斑，外底足粘扁平圆形间隔具。灰白胎，青白釉泛灰白色。高4.8、口径10.8、足径5厘米（图三六，14；图版二〇，7、8）。

DT4②：39，可复原。外壁局部留灰黄色窑斑，外底足露胎处存灰红色间隔痕。灰白胎，青白釉泛浅灰色。高4.9、口径10.6、足径5.1厘米（图三七，1）。

DT3①：54，可复原。内底粘匣钵底部。外壁局部留灰黄色窑斑和匣钵片，外底足露胎处存圆形灰黑色间隔痕。白胎，青白釉。高4、口径10.6、足径5厘米（图三七，2；图版二一，1）。

DT2③：18，可复原。内、外壁见明显修坯痕。灰黄胎，青白釉泛灰黄色。高5、口径11.5、足径5厘米（图三七，3）。

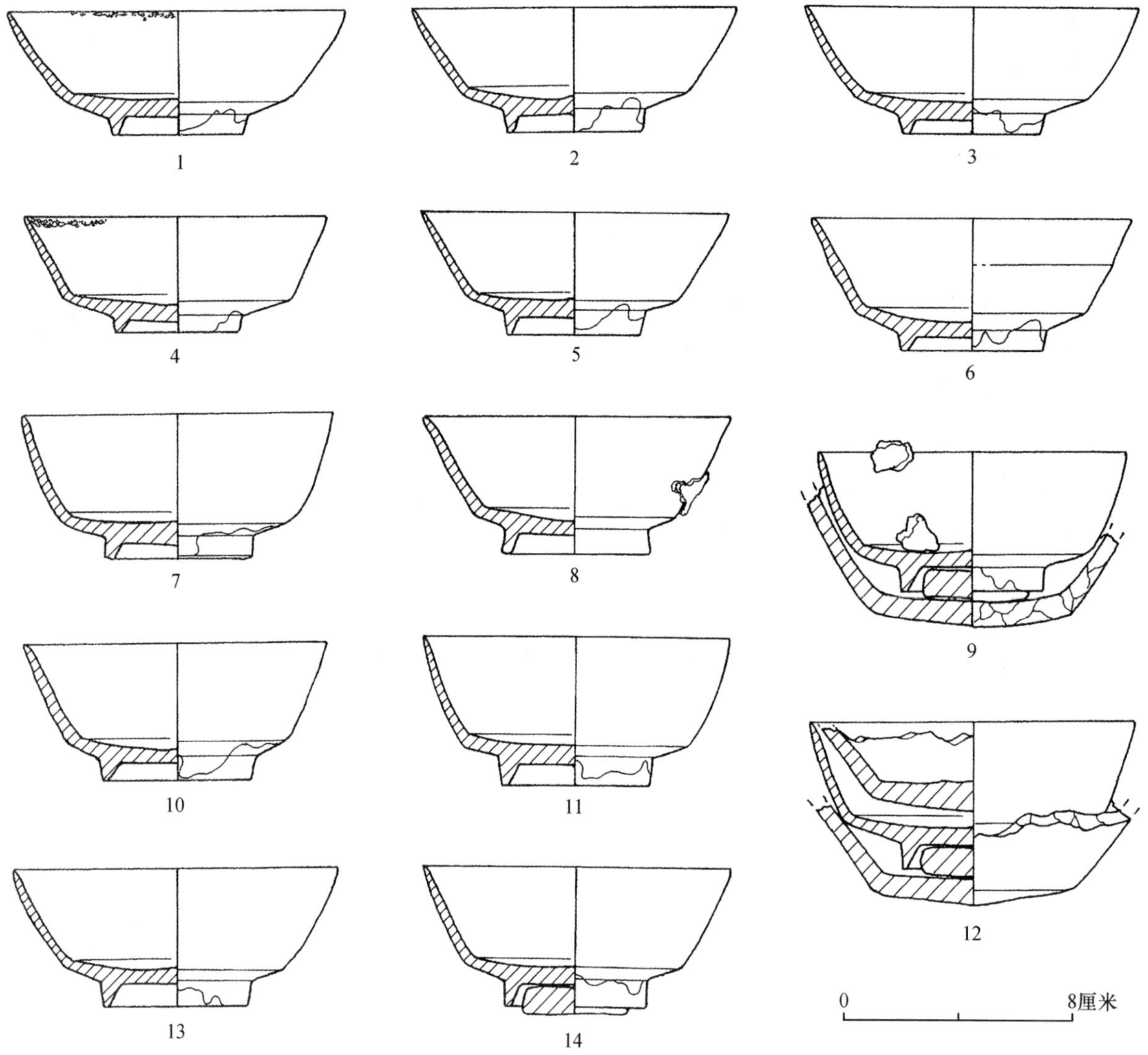


图三六　道塘里窑址A型Ⅰ式青白釉瓷墩式碗

1. DT5③：82　2. DT3①：91　3. DT3③：141　4. DT3①：92　5. DT4②：40　6. DT1①：22　7. DT4③：53　8. DT4②：56　9. DT2②：67　10. DT4③：51　11. DT4③：52　12. DT2③：19　13. DT4③：54　14. DT6①：23

DT2①：99，可复原。外底足露胎处留圆形灰黑色间隔痕。灰白胎，青白釉泛灰绿色，釉面开冰裂纹。高4.2、口径10.5、足径5厘米（图三七，4）。

Ⅱ式：25件。腹部较深，上部略斜直，近底弧收。内、外壁满施青白釉。12件素面，13件外腹壁篦划一周变形牡丹纹，纹样采取先剔刻轮廓、后篦划细部叶脉的手法。

DT5①：55，已修复。外壁见明显修坯痕，局部粘匣钵片，外底足露胎处存圆形灰红色间隔痕。灰胎，青白釉泛灰色。高6.3、口径12.2、足径6.2厘米（图三七，5；图版二一，2）。

DT4②：55，已修复。外壁见一周跳刀痕，外底足露胎处存圆形黑色间隔痕。灰胎，青白釉泛灰色。高6、口径11.9、足径6.4厘米（图三七，6）。

DT3①：101，已修复。内底落黑色窑砂，外壁见明显修坯痕。灰白胎，青白釉泛白色。高6.1、口径12.3、足径6.6厘米（图三七，7）。

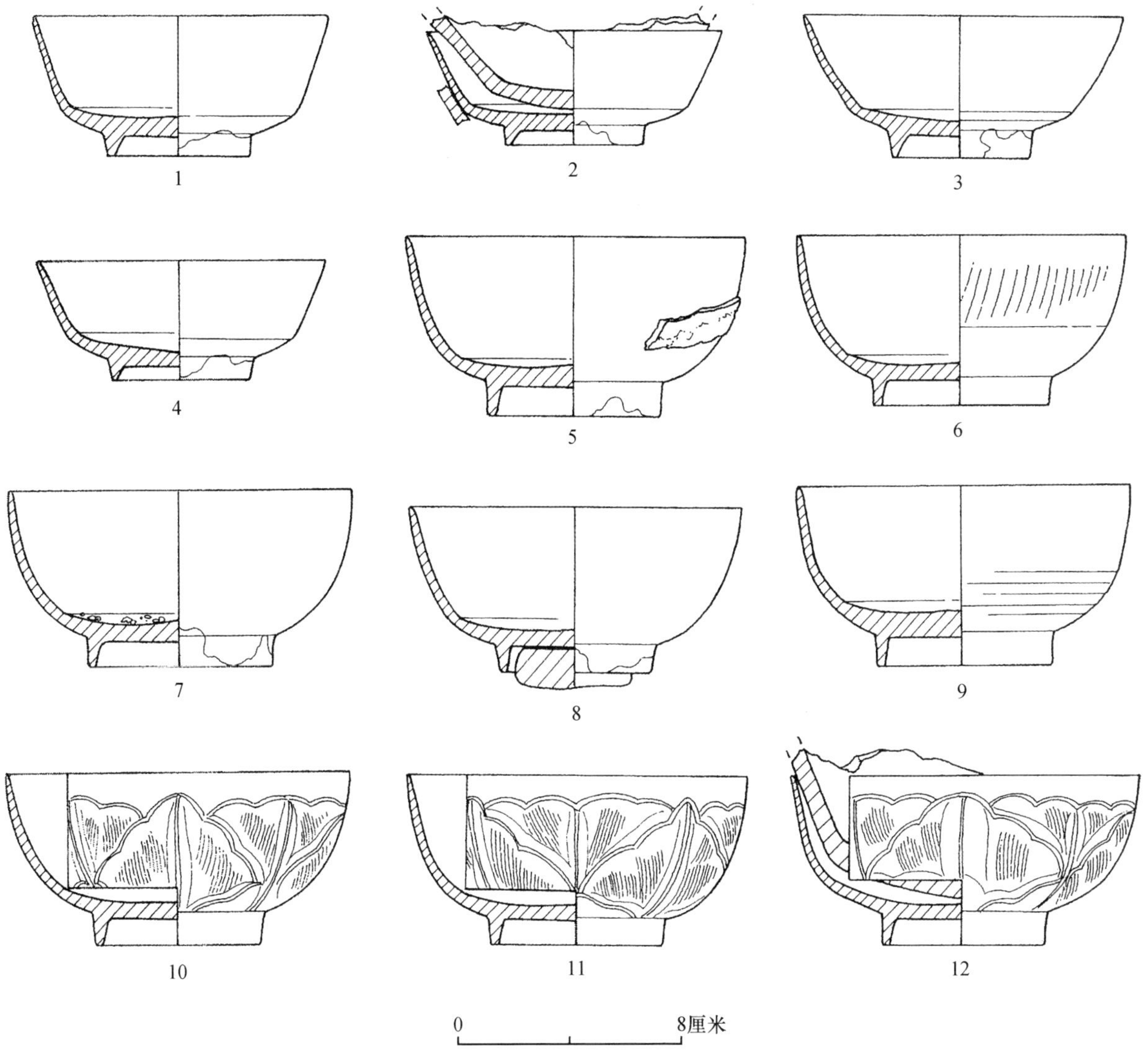

图三七　道塘里窑址A型青白釉瓷墩式碗

1～4. Ⅰ式（DT4②：39、DT3①：54、DT2③：18、DT2①：99）　5～12. Ⅱ式（DT5①：55、DT4②：55、DT3①：101、DT3①：88、DT4③：56、DT2③：20、DT4③：60、DT3③：145）

DT3①：88，已修复。内壁一侧落黑色窑渣，外壁见明显修坯痕，外底足粘存圆形间隔具。灰胎，青白釉泛灰青色。高5.7、口径11.9、足径5.4厘米（图三七，8；图版二一，3、4）。

DT4③：56，已修复。外壁见明显修坯痕。灰白胎，青白釉泛灰色，釉面开冰裂纹。高6.2、口径12、足径6.4厘米（图三七，9）。

DT2③：20，已修复。外腹壁篦划一周变形牡丹纹。外底足露胎处留圆形黑色间隔痕。灰白胎，青白釉泛白色。高6、口径12.4、足径6厘米（图三七，10）。

DT4③：60，已修复。外腹壁篦划一周变形牡丹纹。白胎，青白釉泛白色。高6、口径12.2、足径6.2厘米（图三七，11；图版二一，5）。

DT3③：145，可复原。外腹壁篦划一周变形牡丹纹。内底粘匣钵片，外壁局部存灰黄色窑斑。白胎，青白釉泛灰色。高6、口径12.6、足径6厘米（图三七，12）。

B型　42件。撇口。厚圆唇，微弧腹壁，内底宽平，底腹连接处一周凹弦纹，圈足。内、外壁满施青白釉，外底足露胎。根据内底分为三亚型，本窑址有Ba型。

Ba型　42件。内底宽平。根据腹部分为二式。

Ⅰ式：13件。腹壁浅弧。圈足较矮。

DT4③：58，已修复。外壁局部留灰黄色窑斑，外底足露胎处存圆形黑色间隔痕。灰白胎，青白釉。高5.6、口径12.2、足径6厘米（图三八，1；图版二一，6）。

DT4③：59，已修复。外壁见明显修坯痕。内壁粘匣钵底部，外壁局部留红色窑斑，外底足露胎处存圆形黑色间隔痕。灰白胎，青白釉。高5.8、口径12、足径5.7厘米（图三八，2；图版二一，7）。

DT1④：134，可复原。外壁局部留红黄色窑斑。灰白胎，青白釉泛灰黄色。高5.2、口径11.8、足径5.4厘米（图三八，3）。

DT2④：11，已修复。外腹壁见明显修坯痕。灰黄胎，青白釉泛灰黄色。高5.7、口径14.4、足径6.4厘米（图三八，5；图版二一，8）。

Ⅱ式：29件。腹部较深，圈足较高。

DT2③：21，已修复。内底落灰色窑渣，外壁见明显修坯痕，外底足露胎处存圆形黑色间隔痕。灰白胎，青白釉泛灰色。高6.1、口径12.6、足径6厘米（图三八，4）。

DT4②：44，已修复。灰白胎，青白釉泛灰色。高6、口径12.1、足径6厘米（图三八，6）。

DT4③：57，已修复。外壁局部留黑红色窑斑，外底足粘圆形黑色间隔具。灰白胎，青白釉泛灰青色。高6、口径12.5、足径6厘米（图三八，7；图版二二，1、2）。

DT2①：96，已修复。外壁见明显修坯痕。灰黄胎，青白釉泛黄白色。高5.3、口径10.4、足径5厘米（图三八，8）。

DT5①：54，已修复。外底足露胎处留圆形黑色间隔痕。灰白胎，青白釉泛灰白色。高5.9、口径12、足径6厘米（图三八，9）。

DT5①：60，下腹及底足部分。外壁局部留灰色窑斑，外底足刻划“×”形符号。灰白胎，青白釉泛灰色。残高4.4、足径5.6厘米（图三八，10；图版二二，3、4）。

DT5③：111，已修复。外壁见明显修坯痕。白胎，青白釉，外壁近底可见积釉痕。高7.8、口径17.2、足径6.4厘米（图三八，11）。

DT3③：161，下腹及底足部分。外壁见明显修坯痕。白胎，青白釉。残高5.4、足径5.6厘米（图三八，13）。

DT5③：112，下腹及底足部分。灰白胎，青白釉，釉面开冰裂纹。残高6.3、足径6.4厘米（图三八，14）。

DT4②：46，可复原。外壁粘漏斗状匣钵。匣钵黄褐色夹砂胎，外壁上部留存一层较薄的窑汗。坯件与匣钵之间采用扁平圆饼间隔具间隔。碗灰白胎，青白釉泛灰青色。高6.4、口径12.1、足径6.2厘米（图三八，16；图版二二，5）。

C型　8件。口沿六缺花口，尖圆唇，斜弧腹壁，圈足。内、外壁满施青白釉，外底足露胎。根据内底分为二亚型。

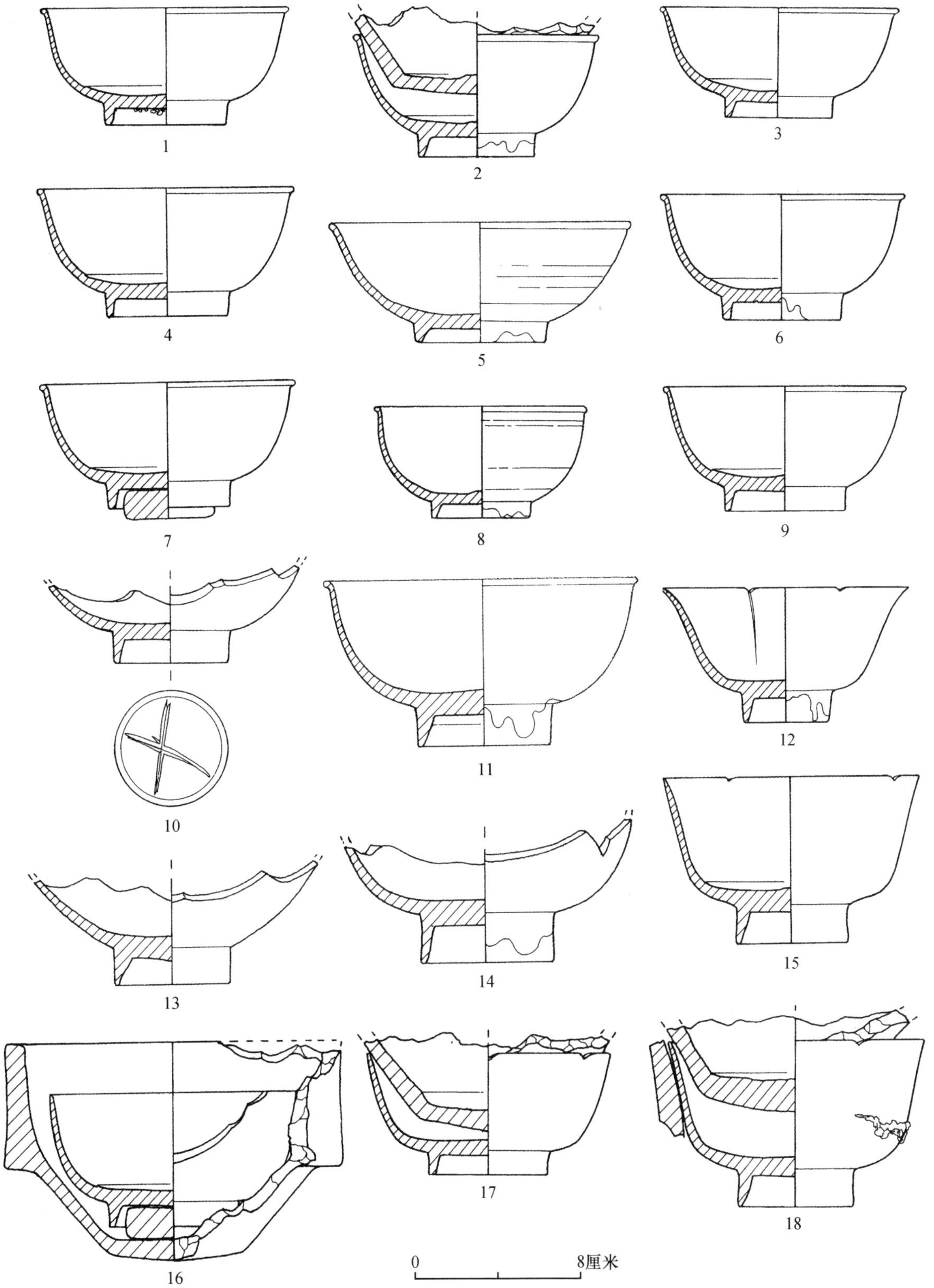


图三八　道塘里窑址青白釉瓷墩式碗

1～3、5. Ba型Ⅰ式（DT4③：58、DT4③：59、DT1④：134、DT2④：11） 4、6～11、13、14、16. Ba型Ⅱ式（DT2③：21、DT4②：44、DT4③：57、DT2①：96、DT5①：54、DT5①：60、DT5③：111、DT3③：161、DT5③：112、DT4②：46） 12. Ca型Ⅰ式（DT3③：147） 15、17、18. Cb型（DT3③：146、DT1①：115、DT3③：200）

Ca型　1件。内底圆弧。依据腹壁分为二式，本窑址有Ⅰ式。

Ⅰ式：1件。腹部较深，斜弧腹壁，内部壁出阳筋。

DT3③：147，已修复。撇口，内壁与口沿缺口对应处塑阳筋。白胎，青白釉泛绿色。高6.4、口径12.2、足径4.3厘米（图三八，12；图版二二，6）。

Cb型　7件。腹壁近底折收，内底宽平。

DT3③：146，变形。外壁局部存灰红色窑斑。灰白胎，青白釉泛黄白色。高7.9、口径12.6、足径5.6厘米（图三八，15）。

DT1①：115，可复原。内底粘匣钵底部。匣钵黄褐色夹砂胎。碗外壁局部留存灰黄色窑斑，外底足露胎处存圆形黑色间隔痕。灰白胎，青白釉。高5.8、口径12、足径5.8厘米（图三八，17）。

DT3③：200，变形。内、外壁粘匣钵片。外壁见明显修坯痕。灰白胎，青白釉泛灰白色。高7.9、口径12.8、足径5.8厘米（图三八，18；图版二二，7）。

**12. 盏**

208件。依据口部分为四型。

A型　56件。唇口。斜弧腹壁，矮圈足。采用漏斗状匣钵装烧。根据内底分为三亚型。

Aa型　53件。内底圆弧。根据腹壁分为二式。

Ⅰ式：18件。斜弧腹较浅。厚唇横截面呈实心三角形，圈足浅矮，足端宽平。内壁满施、外壁不及底足施青白釉。

DT4①：36，完整。外壁局部粘匣钵片，外壁近底局部存灰褐色窑斑。灰白胎，青白釉泛灰黄色。高3.8、口径12.2、足径4.3厘米（图三九，1）。

DT7②：44，口沿存小磕。外壁见明显修坯痕，局部存一道冲线、粘青白釉片。灰白胎，青白釉泛灰色。高3.6、口径12.1、足径4.6厘米（图三九，2）。

DT5③：108，可复原。口沿外侧局部粘青白釉片，内壁和外壁局部留灰黄色、灰褐色窑斑。白胎，青白釉泛灰白色。高3.9、口径12.6、足径4.2厘米（图三九，6；图版二二，8）。

DT5③：110，已修复。内壁局部留灰黄色窑斑，外壁见明显修坯痕，外底足露胎处存四枚黑褐色支钉间隔痕。白胎，青白釉。高4.3、口径12.8、足径4.4厘米（图三九，3；图版二三，1、2）。

DT5①：41，已修复。外底足露胎处留四枚黑褐色支钉间隔痕。黄红胎，青白釉泛灰黄色，釉面开冰裂纹。高3.9、口径12.3、足径4.2厘米（图三九，4）。

DY1排烟室：6，已修复。内、外壁局部留灰黑色窑斑。灰黄胎，青白釉泛灰色，釉面开冰裂纹。高3.8、口径12.3、足径4.2厘米（图三九，5）。

DT7②：33，已修复。外底粘漏斗状匣钵，坯件与匣钵之间采用支钉间隔具间隔。灰白胎，青白釉泛黄色。高4.3、口径12.8、足径4.2厘米（图三九，13；图版二三，3）。

Ⅱ式：35件。斜弧腹较深。厚唇横截面呈圆形，有的空心，有的实心，内底较窄，圈足变高。内壁满施、外壁不及底足施青白釉。

DT5②：11，基本完整。外壁局部留红黄色窑斑，见明显修坯痕，外底足露胎处存圆形褐色间隔痕。灰胎，青白釉泛灰色。高3.2、口径10.7、足径4.4厘米（图三九，7；图版二三，4）。

DT7①：12，基本完整。内壁落满黑色小窑砂。外壁局部留灰色窑斑。灰胎，青白釉泛灰色。高3.8、口径11.4、足径4.3厘米（图三九，8）。

DT5①：53，基本完整。外壁见明显修坯痕。外底足露胎处留四枚支钉间隔具。白胎，青白釉。高3.5、口径11.1、足径4.2厘米（图三九，9；图版二三，5、6）。

DT3①：24，已修复。内壁局部留灰黄色窑斑，外底足露胎处留支钉间隔痕。灰胎，青白釉泛灰色。高3.9、口径11.9、足径4.6厘米（图三九，10）。

DT2②：61，已修复。内壁局部粘黑色窑渣，外底足露胎处留四枚支钉间隔具。灰胎，青白釉泛灰褐色，生烧。高3.8、口径11.6、足径4.6厘米（图三九，11）。

DT2⑤：9，变形。外壁局部粘匣钵片和红黄色窑斑。灰白胎，青白釉泛白色。高4、口径11.9、足径4.4厘米（图三九，14）。

DT5①：52，变形。外壁局部粘匣钵片和红黄色窑斑。外底足露胎处留圆形黑色间隔痕。灰白胎，青白釉泛灰黑色。高3.7、口径11.4、足径4.2厘米（图三九，12；图版二三，7、8）。

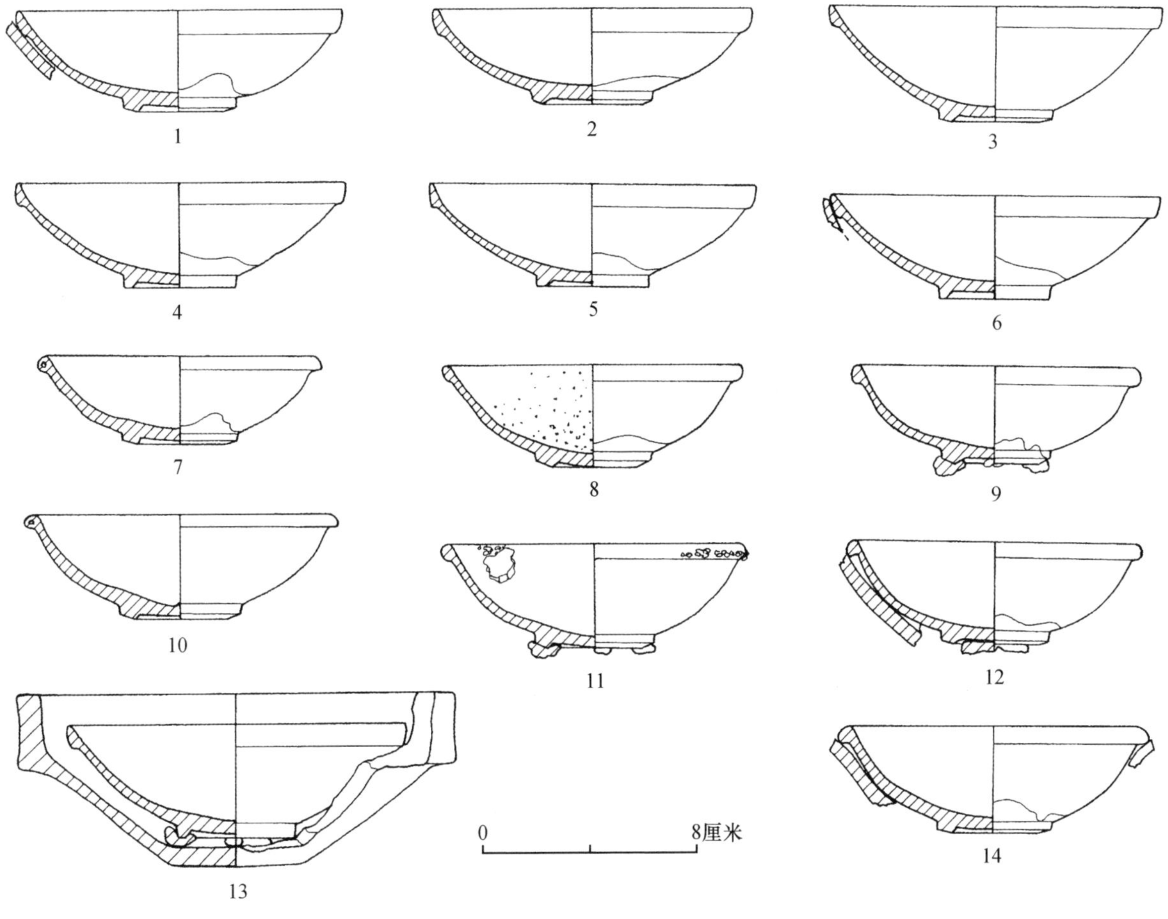


图三九　道塘里窑址Aa型青白釉瓷盏

1～6、13. Ⅰ式（DT4①：36、DT7②：44、DT5③：110、DT5①：41、DY1排烟室：6、DT5③：108、DT7②：33）
7～12、14. Ⅱ式（DT5②：11、DT7①：12、DT5①：53、DT3①：24、DT2②：61、DT5①：52、DT2⑤：9）

DT7①：6，可复原。内壁局部存灰黑色窑斑，外壁见明显修坯痕。灰白胎，青白釉。高3.7、口径12、足径4.7厘米（图四○，1）。

DT2①：21，五件漏斗状匣钵叠压，内部套盏。盏与匣钵之间采用支钉间隔具间隔。盏灰白胎，青白釉泛灰色。高4、口径12、足径4.6厘米（图四○，5）。

DT3③：116，十一件漏斗状匣钵叠压，内部套盏。盏与匣钵之间采用扁平圆形间隔具间隔。盏灰胎，青白釉泛灰色。高3.7、口径11.6、足径4.4厘米（图四○，6；图版二四，1）。

Ab型　2件。内底呈圆形乳突。圈足高窄，足墙较直。内、外壁满施青白釉，外底足露胎。盏与匣钵之间采用扁平圆饼间隔具间隔。

DT2①：94，已修复。内壁局部留黄色窑斑，外底足露胎处存圆形黑褐色间隔痕。灰白胎，青白釉，釉面开冰裂纹。高4.8、口径10.7、足径3.4厘米（图四○，2；图版二四，2）。

DT2③：127，已修复。白胎，青白釉，釉面开冰裂纹。高4.8、口径10.6、足径3.6厘米（图四○，3）。

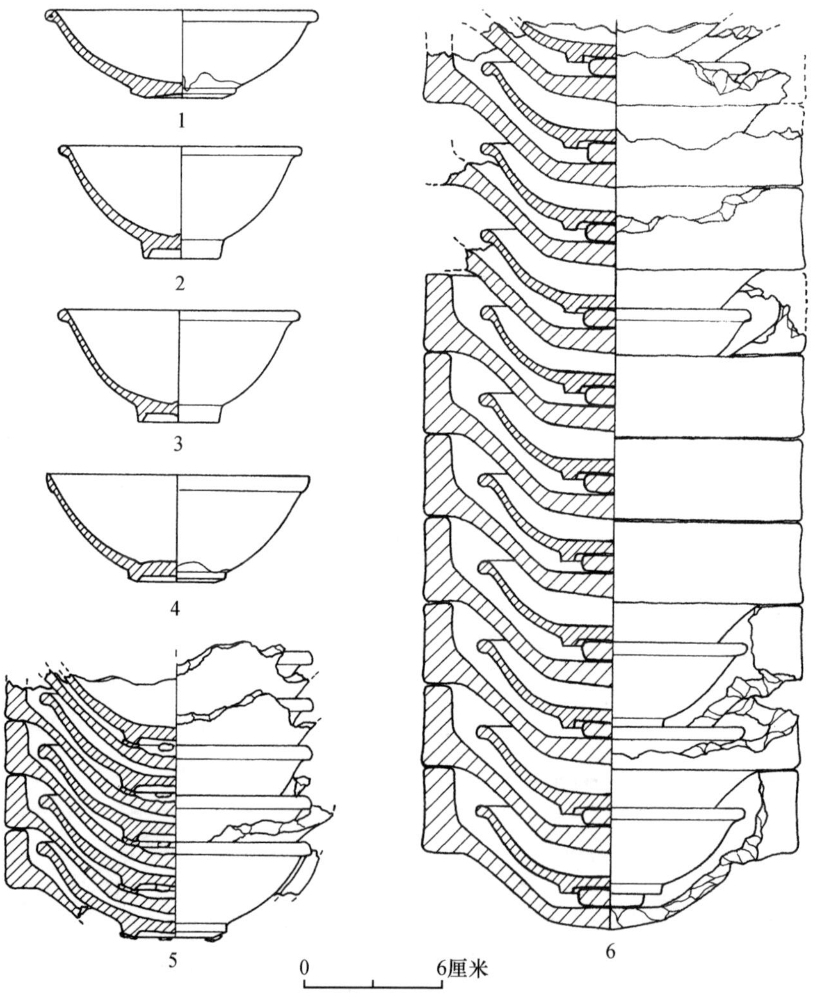


图四○　道塘里窑址青白釉瓷盏

1、5、6. Aa型Ⅱ式（DT7①：6、DT2①：21、DT3③：116）
2、3. Ab型（DT2①：94、DT2③：127）　4. Ac型（DT3①：77）

Ac型　1件。内底呈圆饼状凸起。

DT3①：77，可复原。外壁局部留红黄色窑斑。灰白胎，青白釉泛淡黄色。高4.5、口径11.4、足径4.3厘米（图四〇，4）。

B型　91件。侈口。圆唇，弧腹壁，浅圈足。根据内底分为三亚型。

Ba型　62件。内底圆弧。内壁满施、外壁不及底足施青白釉。

DT2②：1，基本完整。外壁局部留红黄色窑斑。外底足露胎处存四枚支钉痕。灰白胎，青白釉泛灰色。高3.9、口径11.5、足径4.5厘米（图四一，1）。

DF2：8，基本完整。外壁见明显修坯痕，外底足露胎处留圆形黄褐色间隔痕。白胎，青白釉，釉面开冰裂纹。高4.1、口径12.4、足径4.8厘米（图四一，2；图版二四，3、4）。

DF2：7，基本完整。外壁见明显修坯痕，外底足露胎处留圆形黄褐色间隔痕。白胎，青白釉，釉面开冰裂纹。高4、口径12.2、足径4.5厘米（图四一，3）。

DF2：12，基本完整。外壁见明显修坯痕，外底足露胎处留圆形黄褐色间隔痕。白胎，青白釉，釉面开冰裂纹。高4、口径12.1、足径4.5厘米（图四一，4；图版二四，5）。

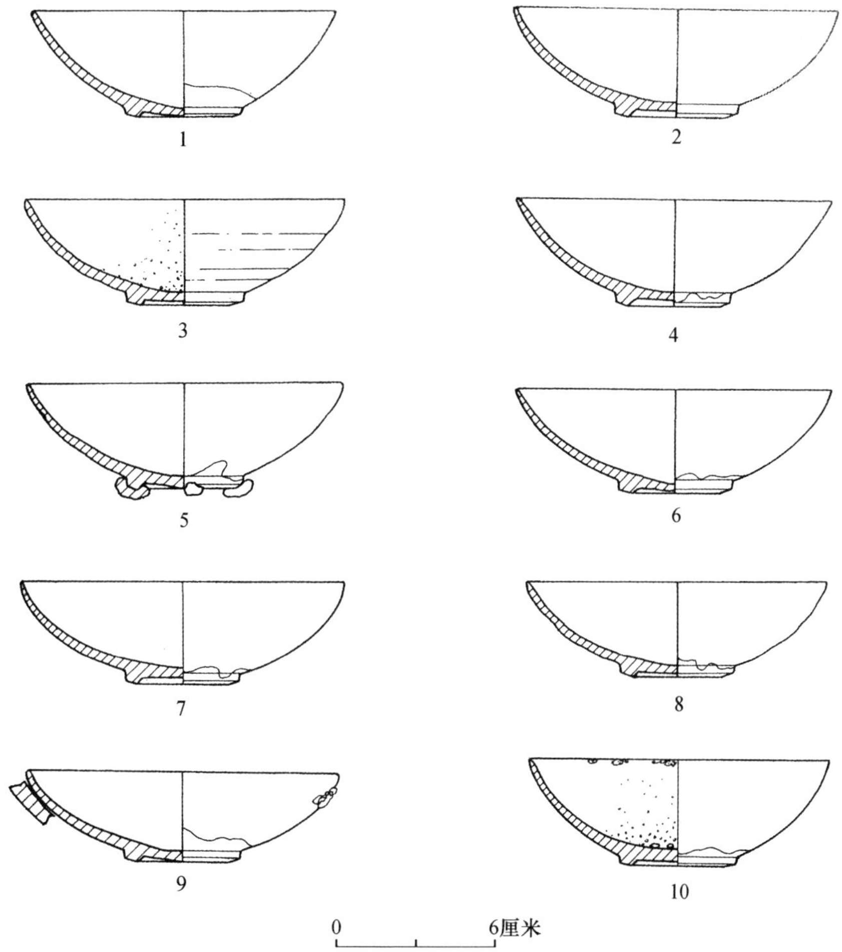


图四一　道塘里窑址Ba型青白釉瓷盏

1. DT2②：1　2. DF2：8　3. DF2：7　4. DF2：12　5. DT4④：12　6. DF2：13
7. DT2⑤：8　8. DT5②：10　9. DF1：4　10. DT3①：38

DF2：13，已修复。外底足露胎处留圆形黑褐色间隔痕，外壁见明显修坯痕。白胎，青白釉。高3.9、口径12.2、足径4.4厘米（图四一，6；图版二四，6）。

DT4④：12，已修复。外壁局部粘黄褐色窑斑和匣钵片。外底足露胎处存四枚支钉。灰白胎，青白釉微泛灰色。高3.9、口径12、足径4.4厘米（图四一，5；图版二四，7、8）。

DT2⑤：8，已修复。内壁局部留红黄色窑斑，外壁一侧粘存窑疤。灰白胎，青白釉。高3.8、口径12.3、足径4.4厘米（图四一，7）。

DT5②：10，变形。内壁一侧落黑色窑砂。外壁见明显修坯痕。外底足露胎处留圆形黑褐色间隔痕。白胎，青白釉泛淡绿色。高3.6、口径11.6、足径4.4厘米（图四一，8；图版二五，1）。

DF1：4，变形。外壁局部存匣钵片，外底足露胎处留四枚支钉痕。白胎，青白釉。高3.4、口径11.9、足径4.4厘米（图四一，9）。

DT3①：38，可复原。内底存黑色窑砂。灰胎，青白釉泛灰色，釉面开冰裂纹。高4、口径11.6、足径4.5厘米（图四一，10）。

DT3③：204，十二件漏斗状匣钵叠压，内部套盏，最下匣钵外底粘一件盏。盏与匣钵之间采用扁平圆饼间隔具间隔。盏灰白胎，青白釉泛灰青色。高4、口径12、足径4.4厘米（图四二，1）。

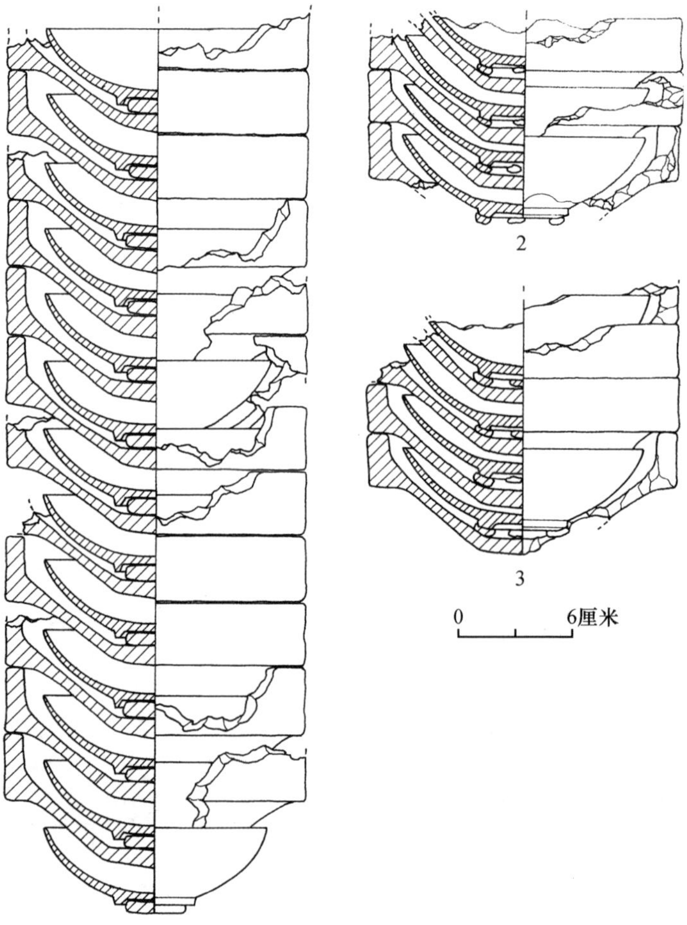


图四二　道塘里窑址Ba型青白釉瓷盏

1. DT3③：204　2. DT2②：103　3. DT2③：28

DT2②：103，已修复。四件匣钵叠压，内部套盏。盏与匣钵之间采用四枚支钉间隔具间隔。盏内壁局部留淡黄色窑斑。白胎，青白釉。高4.2、口径12.7、足径4.9厘米（图四二，2）。

DT2③：28，四件漏斗状匣钵叠压，内部套盏。坯件与匣钵之间使用支钉间隔具间隔。匣钵黄褐色夹砂胎。盏灰白胎，青白釉泛灰青色。高4.2、口径12.7、足径4.8厘米（图四二，3；图版二五，2）。

Bb型　1件。内底呈圆形乳突。

DT3③：131，已修复。内、外壁局部留灰黄色窑斑，外底足露胎处存圆形黑色间隔痕。灰胎，青白釉泛灰色。高4.5、口径13.2、足径5厘米（图四三，1）。

Bc型　28件。内底呈圆饼状凸起。内壁满施、外壁不及底足施青白釉。17件素面，11件内壁刻划菊瓣纹。采用漏斗状匣钵装烧，盏与匣钵之间采用扁平圆饼间隔具间隔。

DT1①：34，已修复。内壁局部留黄色窑斑。外底足存圆形黑色间隔痕。白胎，青白釉泛绿色。高4.1、口径12、足径4厘米（图四三，3）。

DT1④：36，已修复。内壁局部留灰色窑斑，外壁见明显修坯痕，外底足露胎处存圆形黑色间隔痕。灰白胎，青白釉。高4.2、口径11.6、足径3.7厘米（图四三，4）。

DT5③：93，口腹部变形。口沿内侧局部粘匣钵片。外壁见明显修坯痕，外底足粘存扁平圆饼间隔具。白胎，青白釉。高4、口径11.4、足径3.7厘米（图四三，2；图版二五，3、4）。

DT3③：4，口腹部变形。内壁刻划菊瓣纹，外壁局部留灰色窑斑，外底足露胎处粘圆饼间隔具。灰白胎，青白釉。高3.9、口径11.1、足径4.5厘米（图四三，5；图版二五，5、6）。

DT5③：94，口腹部变形。口沿内侧局部粘匣钵片。外底足留圆形黑色间隔痕。灰白胎，青白釉泛灰色。高4.4、口径11.7、足径3.8厘米（图四三，6）。

DT2①：20，可复原。内壁刻划菊瓣纹，外壁局部留黑色窑斑，外底足露胎处存圆形灰黑色间隔痕。灰白胎，青白釉泛灰色。高4.3、口径11.4、足径4.2厘米（图四三，7；图版二五，7、8）。

DT5③：101，已修复。内壁刻划菊瓣纹，外壁见明显修坯痕，外底足露胎处粘存圆饼间隔具。灰白胎，青白釉。高4.2、口径11.1、足径4.2厘米（图四三，8）。

DT3①：83，已修复。内壁刻划菊瓣纹，外壁局部留存灰褐色窑斑和匣钵片，外底足露胎处留圆形黑色间隔痕。灰白胎，青白釉微泛青灰色，釉色莹亮。高4.2、口径11.2、足径4.4厘米（图四三，9）。

DT3③：98，已修复。外壁见明显修坯痕，局部留黄色窑斑，外底足露胎处存圆饼灰色间隔痕。灰黄胎，青白釉泛灰绿色。高4、口径10.9、足径4.2厘米（图四三，10）。

DT1①：33，已修复。内壁局部留淡黄色窑斑，外壁见明显修坯痕。灰白胎，青白釉泛灰色。高4、口径10.8、足径4.1厘米（图四三，11）。

DT3①：78，可复原。外壁局部留灰色窑斑，外底足露胎处存圆形灰褐色间隔痕。灰黑胎，青白釉泛灰绿色。高4、口径10.9、足径5厘米（图四三，12）。

DT3③：105，已修复。内壁刻划菊花纹，外壁见明显修坯痕，局部留存红黄色窑斑。灰黄胎，青白釉。高4.2、口径11.6、足径4.3厘米（图四三，13；图版二六，1、2）。

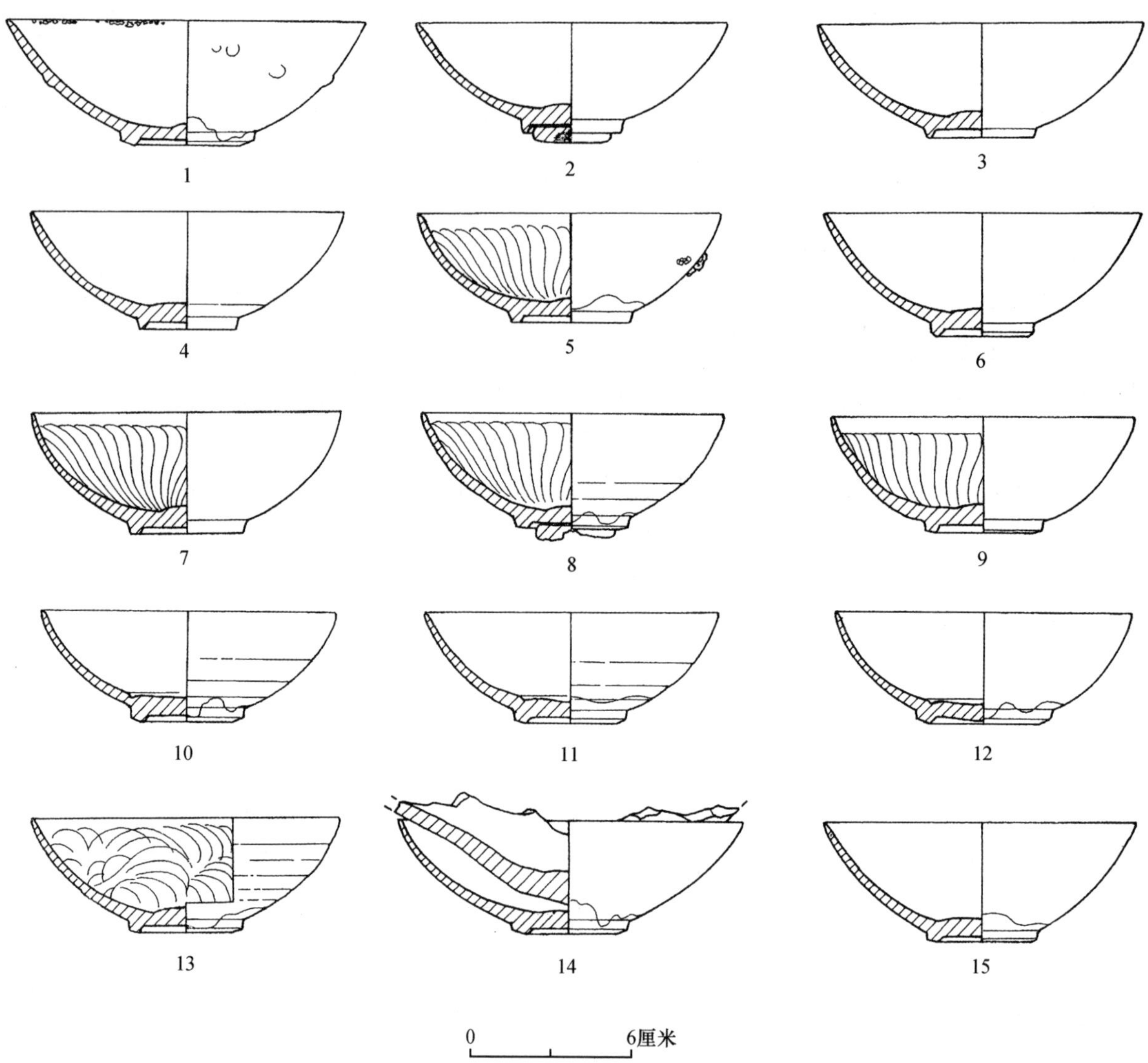

图四三　道塘里窑址青白釉瓷盏

1. Bb型（DT3③：131）　2～15. Bc型（DT5③：93、DT1①：34、DT1④：36、DT3③：4、DT5③：94、DT2①：20、DT5③：101、DT3①：83、DT3③：98、DT1①：33、DT3①：78、DT3③：105、DT5③：95、DT2②：95）

DT5③：95，已修复。内壁粘匣钵底部，外壁见明显修坯痕和气泡，外底足露胎处留圆形灰色间隔痕。灰胎，青白釉泛灰色。高4.2、口径13、足径4.4厘米（图四三，14；图版二六，3）。

DT2②：95，可复原。内底粘匣钵片，外壁局部留灰红色窑斑，外底足露胎处存圆形黑色间隔痕。灰胎，青白釉。高4.3、口径11.5、足径4.1厘米（图四三，15；图版二六，4）。

C型　27件。敞口，尖圆唇或圆唇，腹壁较直或微弧，浅圈足。多数器物刻划纹样。盏与漏斗状匣钵之间使用扁平圆饼间隔具间隔。根据内底分为三亚型，本窑址有Ca、Cc型。

Ca型　5件。内底圆弧。圆唇，斜直腹壁，浅圈足。外腹壁刻划一周折扇纹，内底刻划月华纹，内壁篦划缠枝菊花纹。内、外壁满施青白釉，外底足露胎。

DT5①：48，已修复。外底足露胎处留圆形黑色间隔痕。白胎，青白釉泛湖绿色。高5.2、口径11.2、足径3.5厘米（图四四，1；图版二六，5、6）。

DT3③：109，已修复。外壁局部留灰色窑斑，外底足露胎处存圆形黑色间隔痕。白胎，青白釉泛湖绿色。高4.8、口径10.8、足径3.2厘米（图四四，2；图版二六，7、8）。

DT3③：108，下腹及底足部分。内、外壁局部留灰色窑斑，外底足露胎处存圆形黑色间隔痕。白胎，青白釉泛湖绿色。残高3.6、足径4厘米（图四四，7）。

DT5③：91，下腹及底足部分。外底足露胎处留圆形黑色间隔痕。白胎，青白釉泛白色。残高4.3、足径4厘米（图四四，10）。

Cc型　22件。内底呈圆饼状凸起。敞口，斜直腹壁，浅圈足。内、外壁满施青白釉，外底足露胎。依据腹壁分为二式。

Ⅰ式：12件。腹壁浅斜直。有的外腹壁刻划折扇纹，内壁刻划菊花纹或者篦划云状纹。

DT1①：11，已修复。内壁刻划菊花纹。外底足露胎处留圆形灰黑色间隔痕。白胎，青白釉泛淡绿色。高4.2、口径11、足径4厘米（图四四，3）。

DT3③：45，可复原。内壁刻划菊花纹。外壁局部粘匣钵片，外底足露胎处存圆形灰黑色间隔痕。灰白胎，青白釉。高4.3、口径12.2、足径4厘米（图四四，4；图版二七，1）。

DT3③：106，已修复。内壁刻划菊花纹。外腹壁见明显修坯痕。灰白胎，青白釉泛灰绿色，部分呈黑色，烟熏所致。高4.4、口径11.6、足径4厘米（图四四，5；图版二七，2）。

DT4③：6，已修复。口沿局部粘匣钵片。外底足露胎处留圆形灰黄色间隔痕。灰胎，青白釉泛灰青色。高4.4、口径11.4、足径4.3厘米（图四四，8）。

Ⅱ式：10件。腹部较深，腹壁斜陡。有的外腹壁刻划折扇纹，内壁篦划云状纹。

DT5③：105，已修复。外腹壁刻划折扇纹。口沿和内底局部粘存匣钵片。外壁局部留灰色窑斑。灰胎，青白釉泛灰青色，釉面开冰裂纹。高5.1、口径13.2、足径4.9厘米（图四四，6；图版二七，3）。

DT3③：139，可复原。外腹壁刻划折扇纹。外底足露胎处留圆形黑色间隔痕。灰胎，青白釉泛灰色。高5.1、口径13、足径4.8厘米（图四四，9）。

DT3①：80，下腹及底足部分。外腹壁刻划折扇纹，内壁篦划云状纹。外底足露胎处留圆形黑色间隔痕。灰胎，青白釉泛灰色，釉面开冰裂纹。残高3.4、足径4.4厘米（图四四，11）。

DT3③：122，下腹及底足部分。外腹壁刻划折扇纹，内壁篦划云状纹。外底足露胎处留圆形黑色间隔痕。灰白胎，青白釉泛淡绿色。残高2.8、足径4.3厘米（图四四，12）。

DT3①：69，下腹及底足部分。内壁篦划云状纹。内底粘匣钵，外底足露胎处留圆形黑色间隔痕。细白胎，青白釉较亮，釉面局部开冰裂纹。残高3.2、足径3.9厘米（图四四，13）。

DT3①：81，下腹及底足部分。内壁篦划云状纹。外底足露胎处留圆形黑色间隔痕。白胎，青白釉泛白色，釉面开冰裂纹。残高3.4、足径3.7厘米（图四四，14）。

D型　34件。撇口，尖圆唇，斜弧腹壁，浅圈足。根据内底分为三亚型。

Da型　8件。内底圆弧。有的外壁刻划一周折扇纹，内壁篦划云状纹。盏与匣钵之间采用扁平圆饼间隔具间隔。依据腹壁分为二式。

Ⅰ式：5件。腹部较浅，腹壁斜弧。内、外壁满施青白釉，外底足露胎。

DT2①：89，已修复。外壁刻划一周折扇纹，内壁篦划云状纹。外底足留黑褐色圆饼

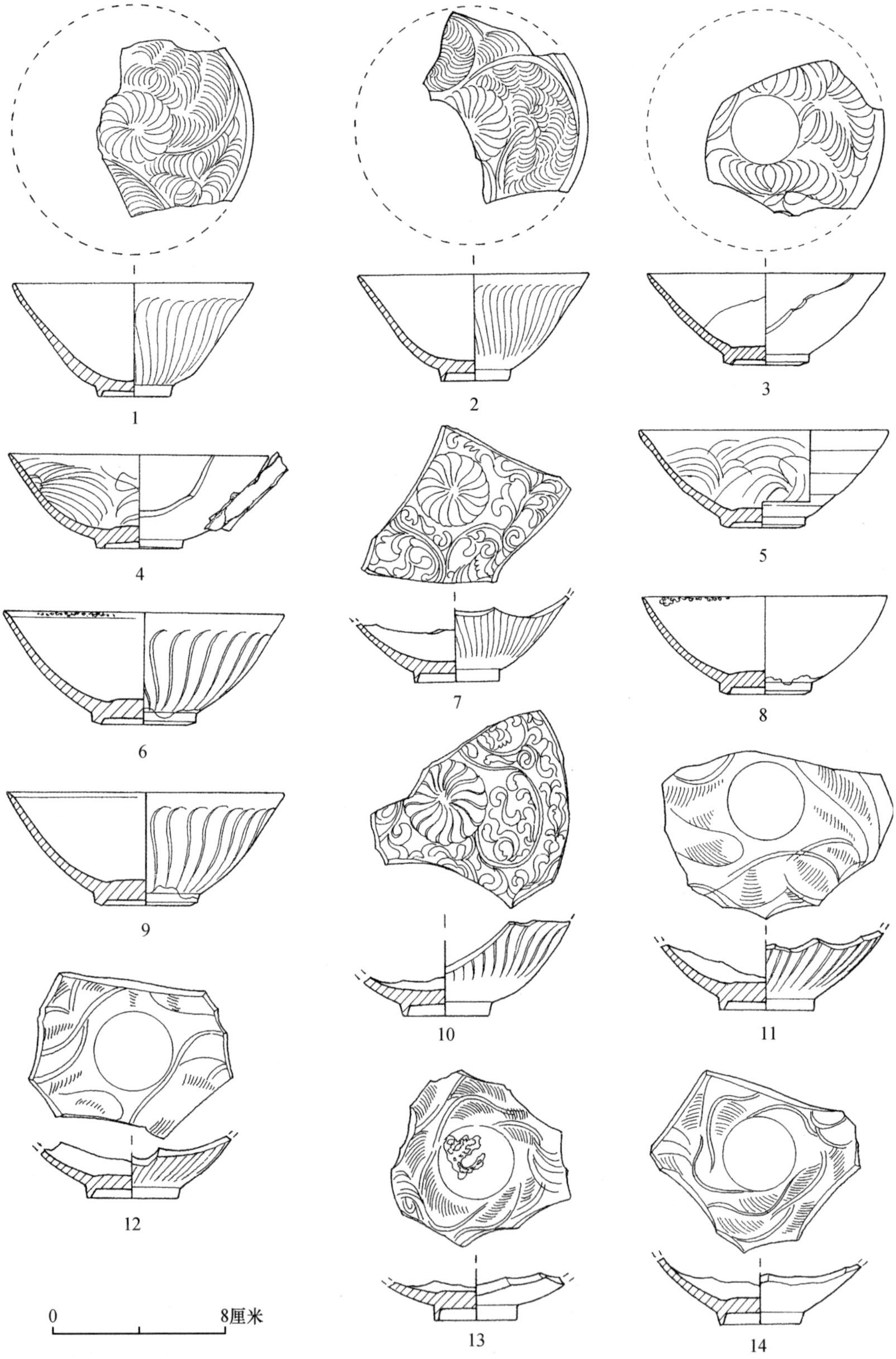


图四四　道塘里窑址青白釉瓷盏

1、2、7、10. Ca型（DT5①：48、DT3③：109、DT3③：108、DT5③：91）　3～5、8. Cc型Ⅰ式（DT1①：11、DT3③：45、DT3③：106、DT4③：6）　6、9、11～14. Cc型Ⅱ式（DT5③：105、DT3③：139、DT3①：80、DT3③：122、DT3①：69、DT3①：81）

形间隔痕。白胎，内、外壁满施青白釉，青白釉泛淡绿色。高5.3、口径12.3、足径3.5厘米（图四五，1；图版二七，4）。

DT2③：35，下腹及底足部分。外壁刻划一周折扇纹，内壁篦划云状纹。灰白胎，内壁满施、外壁不及底足施青白釉。残高3.2、足径4厘米（图四五，2）。

DT5③：90，下腹及底足部分。外壁局部留灰黄色窑斑。灰白胎，青白釉泛淡绿色，釉面开冰裂纹。残高4.7、足径3.6厘米（图四五，3）。

DT2①：28，下腹及底足部分。外底足粘扁平圆饼间隔具。细白胎，内、外壁满施青白釉，外底足露胎，胎体细腻，釉色亮丽。残高4.1、足径3.1厘米（图四五，4；图版二七，5、6）。

DT2②：80，下腹及底足部分。内壁留六条阳筋。外底足粘存圆饼间隔具。白胎，青白釉泛淡绿色。残高2.8、足径3.4厘米（图四五，5）。

Ⅱ式：3件。腹部较深，腹壁圆弧。内、外壁满施青白釉，外底足露胎。

DT2①：90，已修复。外底足粘扁平圆饼间隔具。灰胎，青白釉泛灰色。高4.8、口径11.4、足径3.2厘米（图四五，6）。

DT5①：49，下腹及底足部分。外壁刻划一周折扇纹，内壁篦划云状纹。灰白胎，釉泛灰白色，釉面开冰裂纹。残高3、足径4.1厘米（图四五，7）。

DT2②：79，下腹及底足部分。内壁篦划云状纹。白胎，青白釉泛淡绿色。残高2.1、足径3.2厘米（图四五，8）。

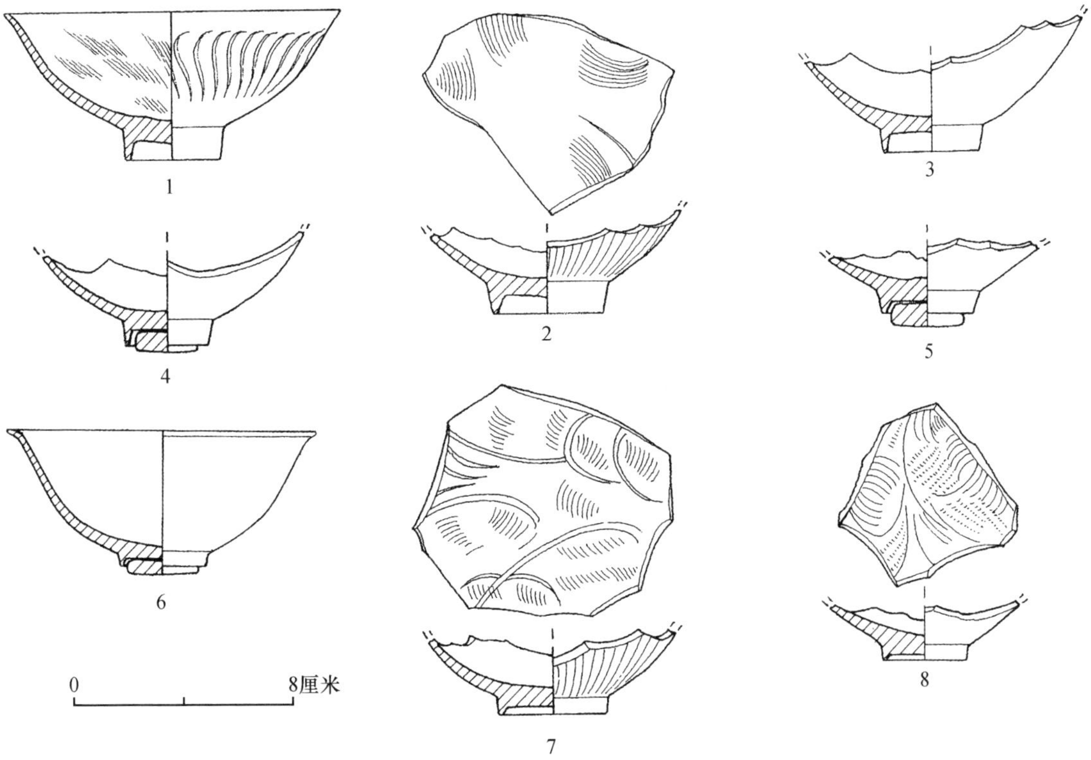


图四五　道塘里窑址Da型青白釉瓷盏

1~5. Ⅰ式（DT2①：89、DT2③：35、DT5③：90、DT2①：28、DT2②：80）

6~8. Ⅱ式（DT2①：90、DT5①：49、DT2②：79）

Db型　25件。内底呈圆形乳突。内壁满施、外壁至底足施青白釉。6件素面，19件外腹壁刻划一周莲瓣纹。

DY1火膛：12，较为完整。外腹壁刻划一周莲瓣纹。外壁局部留红黄色窑斑，外底足粘圆饼间隔具。白胎，青白釉泛湖绿色。高4.4、口径13.4、足径4.9厘米（图四六，1；图版二七，7、8）。

DY1窑前工作室：31，较为完整。外腹壁刻划一周莲瓣纹。内底和外壁局部存灰红色窑斑，外底足露胎处留灰色间隔痕。灰胎，青白釉泛灰色。高3.6、口径12.7、足径4.6厘米（图四六，2）。

DY1窑前工作室：2，基本完整。外腹壁刻划一周莲瓣纹，内壁见细小气泡。内、外壁局部留红色窑斑，外底足露胎处存灰褐色间隔痕。白胎，青白釉泛灰白色。高4.4、口径12.8、足径4.8厘米（图四六，3；图版二八，1、2）。

DT2③：8，已修复。外腹壁刻划一周莲瓣纹。内底粘漏斗状匣钵底部，外底足粘扁平圆饼间隔具。灰白胎，青白釉泛灰绿色。高4.3、口径13.5、足径5.2厘米（图四六，4）。

DY1窑前工作室：30，口沿局部粘匣钵片。外腹壁刻划一周莲瓣纹。外壁局部留红色窑斑，外底足露胎处存灰褐色间隔痕。灰白胎，青白釉泛灰色。高4.4、口径13.3、足径4.8厘米（图四六，5；图版二八，3）。

DY1火膛：8，已修复。外腹壁刻划一周莲瓣纹。口沿内侧局部粘匣钵片。外壁局部留红黄色窑斑，外底足露胎处存灰黑色间隔痕。灰白胎，青白釉泛灰色。高4.3、口径13.2、足径4.6厘米（图四六，6）。

DT5③：104，内、外壁粘存漏斗状匣钵底片。外腹壁刻划一周莲瓣纹。外壁局部留灰色窑斑，外底足露胎处存灰黑色间隔痕。灰白胎，青白釉泛灰绿色。高4.4、口径13.3、足径4.7厘米（图四六，7；图版二八，4）。

DT2③：42，可复原。内壁局部留灰红色窑斑，外底足露胎处存支钉痕，外壁见明显修坯痕。灰胎，青白釉。高4.5、口径13、足径4.8厘米（图四六，8）。

DY1火膛：19，已修复。外壁局部留灰黄色窑斑。灰胎，青白釉泛灰色。高4.7、口径13.5、足径4.9厘米（图四六，9）。

DT5③：107，基本完整。外腹壁刻划一周莲瓣纹。外壁局部留灰色窑斑，外底足粘存扁平圆形间隔具。灰胎，青白釉泛灰色。高3.7、口径12.8、足径4.5厘米（图四六，11；图版二八，5、6）。

Dc型　1件。内底呈圆饼状凸起。根据腹壁分为二式，本窑址有Ⅰ式。

Ⅰ式：1件。腹部较浅，腹壁斜弧。

DT2①：102，已修复。灰黄胎，内壁满施、外壁至底足施青白釉，釉泛灰黄色。高4.5、口径12.4、足径4厘米（图四六，10；图版二八，7）。

**13. 花口盏**

11件。花口，圆唇，腹壁斜直，内底平坦下凹，底腹连接处一周凹弦纹，圈足。内壁满

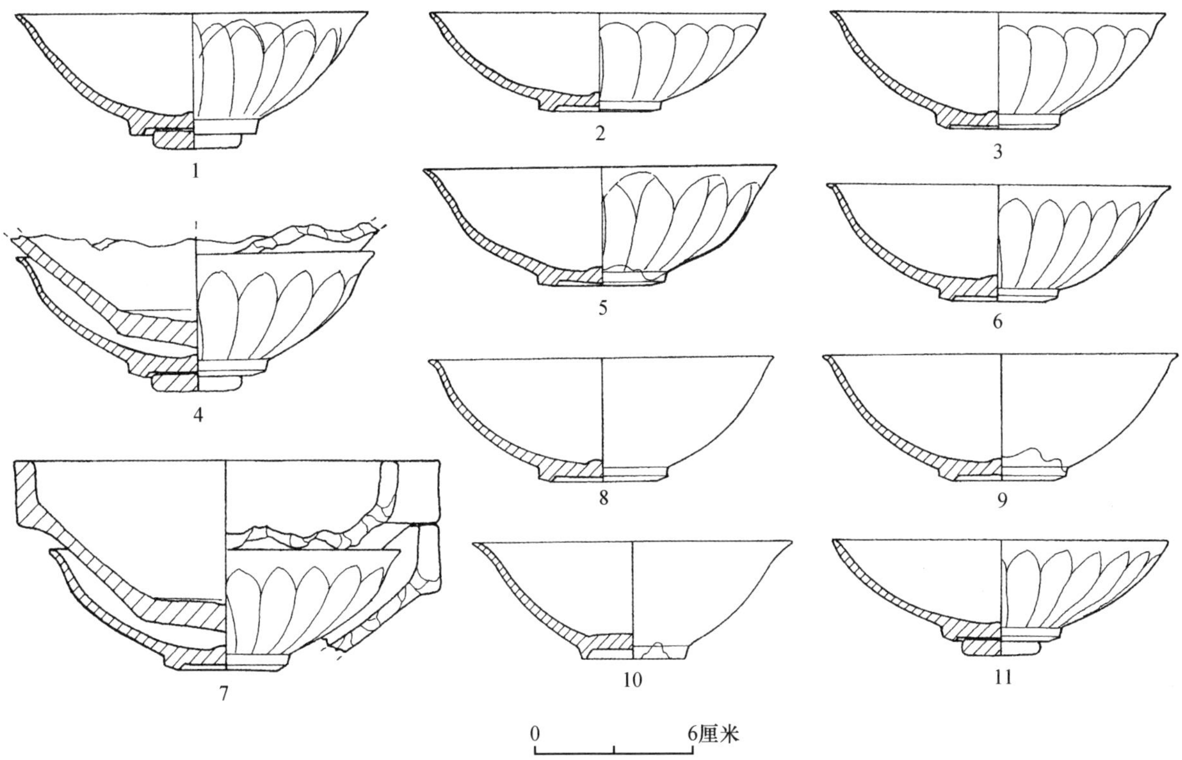


图四六　道塘里窑址青白釉瓷盏

1～9、11. Db型（DY1火膛：12、DY1窑前工作室：31、DY1窑前工作室：2、DT2③：8、DY1窑前工作室：30、DY1火膛：8、DT5③：104、DT2③：42、DY1火膛：19、DT5③：107）10. Dc型Ⅰ式（DT2①：102）

施、外壁不及底足施青白釉。依据口部分为四型，本窑址有A、B、D型。

A型　5件。花口压印而成。

DT4①：33，已修复。内壁局部留灰黄色窑斑，内底落窑渣。灰胎，青白釉泛灰色。高3.5、口径10.8、足径4.2厘米（图四七，1；图版二八，8）。

DT1①：8，已修复。外底足露胎处留圆形灰黄色间隔痕。灰胎，青白釉泛灰青色。高4、口径11.8、足径4.2厘米（图四七，2）。

DT3③：94，可复原。内壁局部留灰色窑斑。灰白胎，青白釉泛灰青色。高3.5、口径10.8、足径4.4厘米（图四七，4）。

DT4②：21，已修复。内壁局部粘匣钵片。外壁局部留红黄色窑斑。白胎，青白釉。高4、口径11.6、足径4厘米（图四七，7）。

B型　4件。花口斜削而成。根据内底分为二亚型。

Ba型　3件。内底圆弧。弧腹壁，内壁与花口对应处塑阳筋，浅圈足。内、外壁满施青白釉，外底足露胎。

DY1火膛：15，已修复。口沿和外壁局部留灰黄色窑斑。外底足留圆形黑色间隔痕。白胎，青白釉。高4.4、口径13、足径4.8厘米（图四七，5；图版二九，1、2）。

DY1火膛：14，可复原。外壁局部留黄色窑斑。灰白胎，青白釉泛灰色。高4.6、口径13.2、足径4.8厘米（图四七，6）。

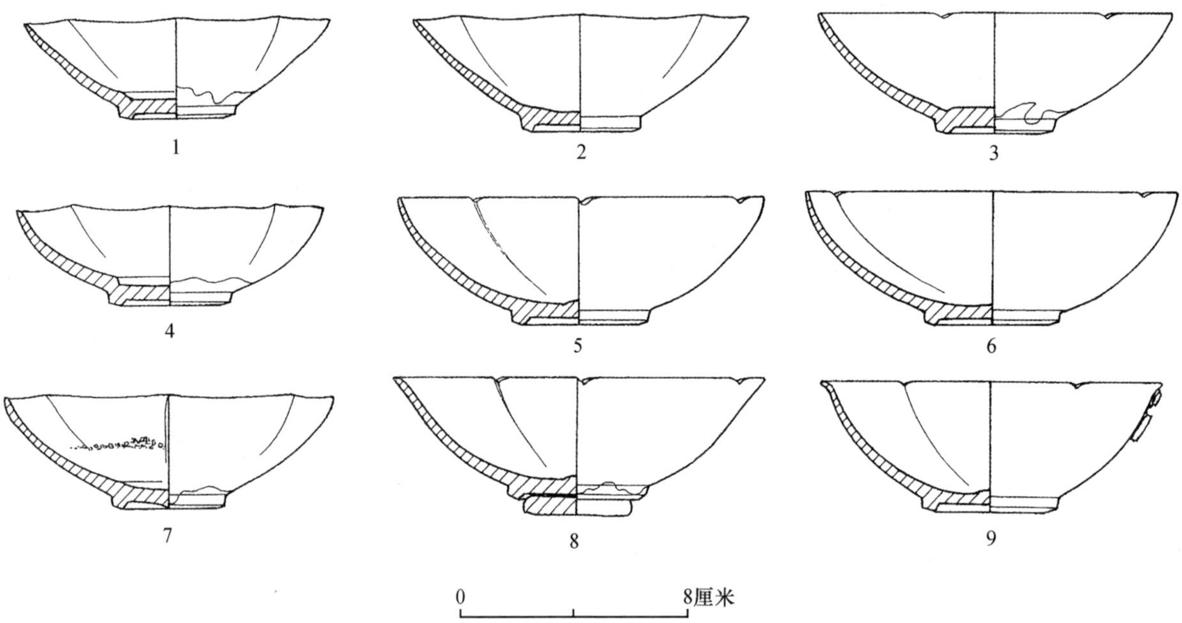

图四七　道塘里窑址青白釉瓷花口盏

1、2、4、7. A型（DT4①：33、DT1①：8、DT3③：94、DT4②：21）3. Bb型（DT7②：39）
5、6. Ba型（DY1火膛：15、DY1火膛：14）8、9. Da型（DT4②：20、DT2③：17）

Bb型　1件。内底呈圆饼状凸起。

DT7②：39，已修复。内壁局部留红褐色窑斑。灰黄胎，青白釉泛灰黄色，釉面开冰裂纹。高4.2、口径12.6、足径4.2厘米（图四七，3；图版二九，3）。

D型　2件。撇口，花口斜削而成。根据内底分为二亚型，本窑址有Da型。

Da型　2件。内底呈圆形乳突。内壁与花口对应处塑阳筋。内、外壁满施青白釉，外底足露胎。

DT4②：20，已修复。外底足粘扁平圆饼间隔具。白胎，青白釉泛青白色。高4.8、口径13.2、足径5厘米（图四七，8；图版二九，4～6）。

DT2③：17，可复原。外壁局部粘匣钵片，外底足露胎处留圆形黑褐色间隔痕。白胎，青白釉。高4.6、口径12、足径4.8厘米（图四七，9）。

**14. 大盘**

7件。依据底足分为三型。

A型　1件。小平底内凹。

DT1④：38，下腹及底足部分。斜直腹壁，内底宽平，底腹连接处一周凹弦纹。外壁见明显修坯痕。白胎，内、外壁满施青白釉，釉泛灰白色。残高6.2、足径8厘米（图四八，7）。

B型　1件。圆饼足浅挖。

DT1④：35，下腹及底足部分。斜弧腹壁，内底宽平，底腹连接处一周凹弦纹，圈足足墙高直。白胎，内、外壁施青白釉，外底足露胎。残高3.5、足径7.2厘米（图四八，1）。

C型　5件。矮圈足。下腹及底足部分。内底宽平，底腹连接处一周凹弦纹，外腹壁刻划一周莲瓣纹。

DT5①：45，灰胎，胎质疏松，青白釉泛灰青色。残高4.6、足径6.8厘米（图四八，2）。

DT4⑤：34，外底足留圆形灰色间隔痕。灰白胎，青白釉泛淡青色，釉面开冰裂纹。残高3.7、足径7.8厘米（图四八，3）。

DT2③：48，灰黄胎，青白釉泛灰黄色，釉面开冰裂纹。残高3.4、足径8.2厘米（图四八，4）。

DT2②：35，内底粘窑疤。外底足露胎处留圆形灰色间隔痕。灰白胎，青白釉泛浅黄色。残高2.3、足径7.1厘米（图四八，5）。

DT2②：73，内底宽平，腹壁斜直。外底足露胎处留圆形黑色间隔痕。白胎，青白釉泛绿色。残高3.5、足径6.8厘米（图四八，6）。

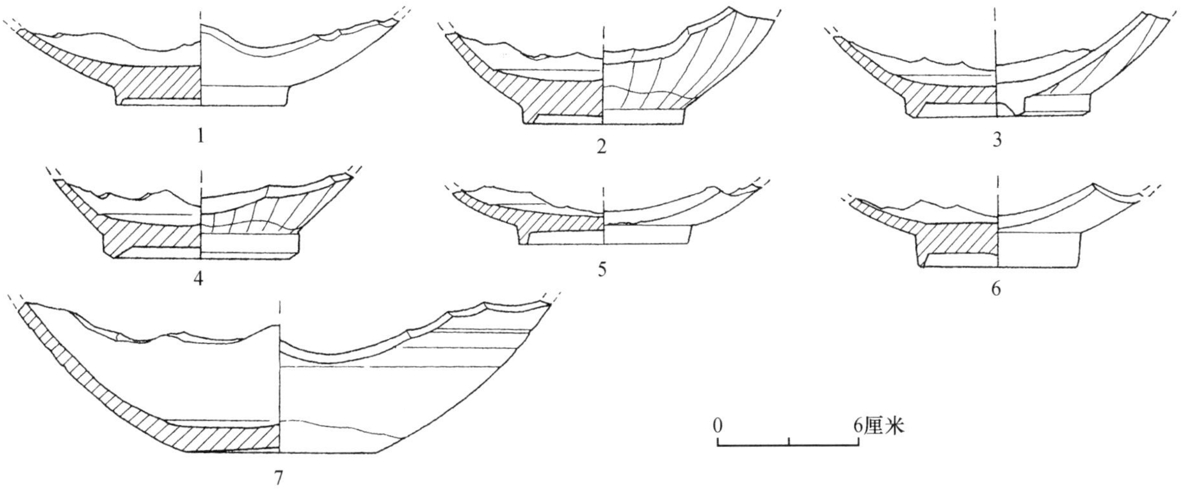


图四八　道塘里窑址青白釉瓷大盘

1. B型（DT1④：35）　2～6. C型（DT5①：45、DT4⑤：34、DT2③：48、DT2②：35、DT2②：73）　7. A型（DT1④：38）

**15. 盘**

19件。与大盘比较，口径较小，胎体较薄。内、外壁满施青白釉，外底足露胎。依据底足分为三型。

A型　5件。平底。根据口部分为二亚型，本窑址有Aa型。

Aa型　5件。侈口。尖圆唇，浅弧腹壁，内底与腹壁连接处一周凹弦纹，小平底内凹。外壁刻划一周莲瓣纹。

DT5③：79，已修复。内壁局部留红黄色窑斑，外底足露胎处留灰色圆形间隔痕。灰黄胎，青白釉泛灰黄色。高3.5、口径15.6、底径6.7厘米（图四九，1；图版二九，7、8）。

DT5①：47，已修复。内底局部留红黄色窑斑和匣钵片，外底足露胎处存圆形灰色间隔痕。灰白胎，青白釉泛灰色。高3.4、口径15.7、底径7厘米（图四九，2）。

DT7②：54，下腹及底足部分。内底留灰黄色窑斑，外底足露胎处存圆形灰色间隔痕。灰胎，青白釉泛灰黑色。残高2.1、底径6.3厘米（图四九，5）。

B型　6件。圆饼足浅挖。器物与匣钵之间采用扁平圆形间隔具间隔。根据口部分为四亚型，本窑址有Ba、Bb型。

Ba型　4件。平折沿。口沿六缺口，瓜棱腹壁，内壁出六道阳筋，外壁与之对应处压凹槽，内底宽平，底腹连接处一周凹弦纹。

DT1④：37，变形。内底局部留灰色窑斑。外底足露胎处存圆形灰黄色间隔痕。白胎，青白釉泛白色。高3、口径12.9、足径4.3厘米（图四九，3；图版三〇，1）。

DT1①：71，已修复。外底粘间隔具片，外壁近底局部留灰黄色窑斑。灰白胎，青白釉泛灰黄色。高3.2、口径12.8、足径4.6厘米（图四九，4）。

DT2②：34，可复原。白胎，青白釉泛浅黄色，釉面开冰裂纹。高3.2、口径12.8、足径4.4厘米（图四九，6）。

Bb型　2件。撇口。

DT2①：79，底足部分。内底宽平，斜弧腹壁。白胎，青白釉泛绿色。残高2、足径5.4厘米（图四九，8）。

DT2②：36，下腹及底足部分。内底心模印月华纹。黄白胎，胎质疏松，青白釉泛黄白色，釉面开冰裂纹。残高2.6、足径4厘米（图四九，10；图版三〇，2）。

C型　4件。圈足。器物与匣钵之间采用扁平圆形间隔具间隔。根据口部分为四亚型，本窑址有Ca、Cc、Cd型。

Ca型　1件。侈口。

DT2②：5，两件漏斗状匣钵粘连，内部装烧盘。匣钵紫褐色夹砂胎，腹壁上部有一层较厚褐色窑汗，盘与匣钵之间留扁平圆形间隔具。盘尖圆唇，上腹壁斜直，下腹壁弧收，内底平坦。灰白胎，青白釉。高3.9、口径13.8、足径4.6厘米（图四九，11；图版三〇，3）。

Cc型　2件。花口斜削，口沿外撇。尖圆唇，斜腹壁近底弧折，内底宽平，底腹连接处一周凹弦纹。口沿六个缺口，内壁与之对应处塑阳筋。

DT2①：70，已修复。灰黄胎，青白釉泛青黄色，釉面开冰裂纹。高4.3、口径13.7、足径5.2厘米（图四九，7）。

DT2②：40，下腹及底足部分。外壁压较深凹槽，内壁相应处凸起。内底篦划云状纹。白胎，青白釉。残高2.2、足径4.2厘米（图四九，12；图版三〇，4）。

Cd型　1件。压出花口，口沿外撇。

DT5③：74，已修复。尖圆唇，斜弧腹壁，内底宽平，底腹连接处一周凹弦纹。内壁上部与花口对应处塑阳筋。灰白胎，青白釉泛灰白色。高3.6、口径13、足径3.6厘米（图四九，9）。

盘底　4件。下腹及底足部分。

DT3①：68，内底篦划花叶纹。白胎，青白釉泛绿色。残高2、足径4.7厘米（图四九，13）。

DT2①：67，内底篦划牡丹纹，局部粘匣钵片。灰白胎，青白釉，釉面开冰裂纹。残高2.5、足径4.9厘米（图四九，14）。

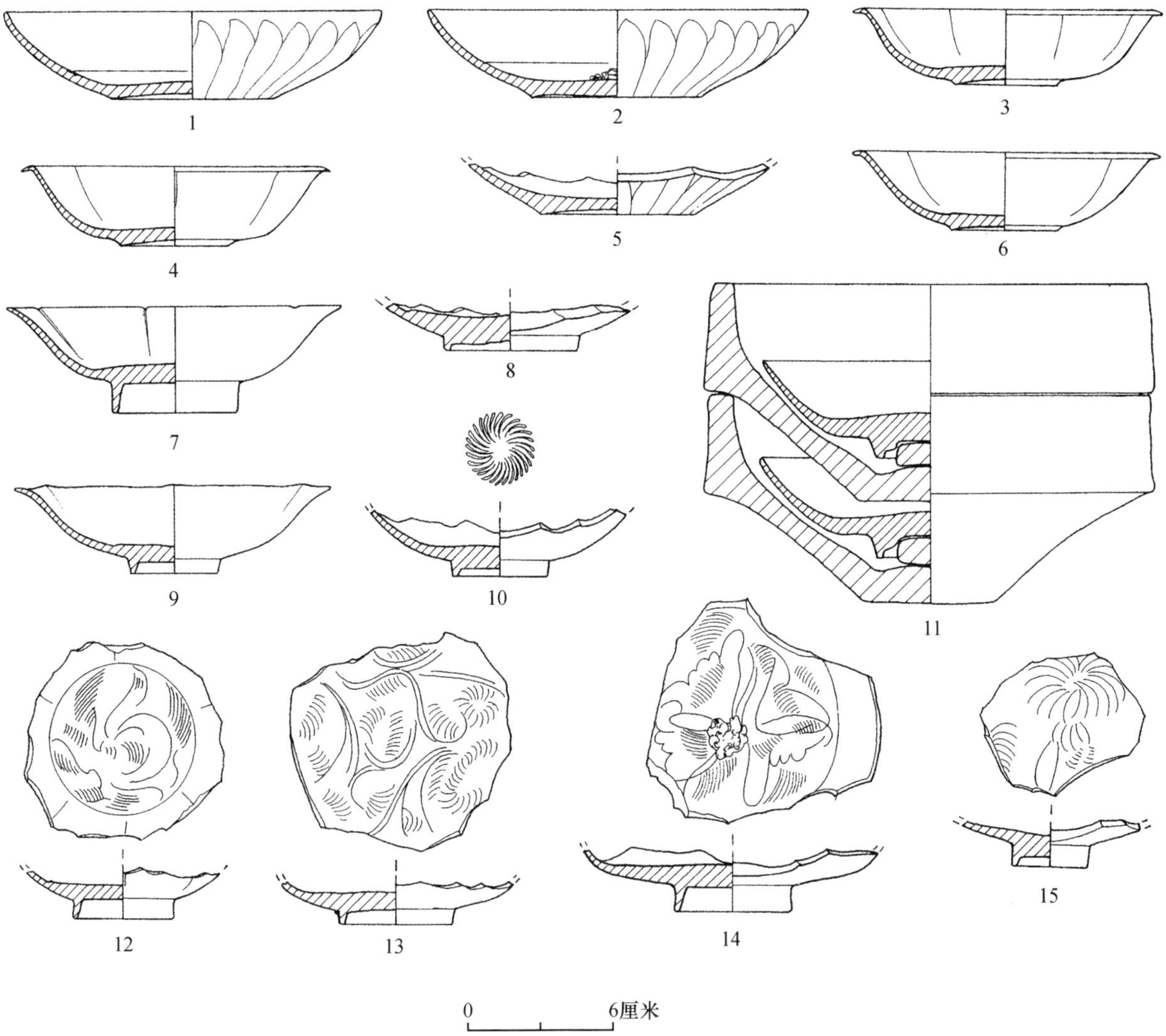

图四九　道塘里窑址青白釉瓷盘

1、2、5. Aa型（DT5③：79、DT5①：47、DT7②：54）3、4、6. Ba型（DT1④：37、DT1①：71、DT2②：34）
7、12. Cc型（DT2①：70、DT2②：40）8、10. Bb型（DT2①：79、DT2②：36）9. Cd型（DT5③：74）
11. Ca型（DT2②：5）13～15. 盘底（DT3①：68、DT2①：67、DT2②：85）

DT2②：85，内底篦划荷叶纹。灰白胎，青白釉。残高1.9、足径3.1厘米（图四九，15）。

**16. 洗**

173件。内、外壁满施青白釉，外底足露胎。依据底足分为三型。

A型　35件。小平底或小平底微内凹。尖圆唇，腹壁上部斜直，近底内折，内底宽平，底腹连接处一周凹弦纹。根据口沿分为三亚型。

Aa型　30件。侈口。

DT3③：218，略有变形。外壁局部粘匣钵片，外底足露胎处留黑色间隔痕。灰白胎，青白釉泛灰白色。高3.2、口径12.9、底径5.5厘米（图五〇，1；图版三〇，5、6）。

DT3③：90，已修复。内底局部粘匣钵片，外壁局部留红黄色窑斑。灰白胎，青白釉泛灰白色。高3.4、口径12.7、底径5.9厘米（图五〇，2）。

DT3③：188，外侧粘漏斗状匣钵。器物与匣钵之间采用扁平圆形间隔具间隔。灰胎，青白釉泛灰青色，釉面开冰裂纹。高4、口径12.8、底径5.2厘米（图五〇，3）。

DT3③：89，已修复。内底落黑色窑砂。灰白胎，胎质疏松，青白釉泛灰色，釉面开冰裂纹。高3.6、口径12.8、底径6.1厘米（图五〇，5；图版三〇，7）。

DT4③：13，已修复。外壁局部留红黄色窑斑，外底足露胎处存圆形灰褐色间隔痕。白胎，青白釉，釉面开冰裂纹。高3.6、口径12.7、底径5.8厘米（图五〇，6）。

DT5②：78，已修复。内底局部见大气泡，外壁局部留匣钵片，外底足露胎处存圆形灰褐色间隔痕。灰白胎，青白釉。高3.4、口径12.7、底径5.5厘米（图五〇，7）。

DT3③：91，已修复。外壁局部和外底足留红黄色窑斑。灰黄胎，青白釉泛灰黄色。高3.4、口径12.9、底径6厘米（图五〇，8）。

DT2②：52，四件大小相同的漏斗状匣钵叠压，内部套青白釉洗。器物与匣钵之间采用扁平圆形间隔具间隔。洗灰白胎，青白釉泛白色。高4.1、口径13.1、底径5.3厘米（图五〇，9；图版三〇，8）。

DT2④：2，已修复。内底粘漏斗状匣钵底部，外底局部存匣钵片，外底足露胎处留圆形灰褐色间隔痕。灰黄胎，胎质疏松，青白釉泛灰黄色。高4、口径13、底径5.7厘米（图五〇，10）。

DT2①：77，已修复。外壁见明显修坯痕。白胎，青白釉泛灰白色，釉面开冰裂纹。高3.8、口径12、底径5.3厘米（图五〇，11）。

DT4①：31，已修复。内底局部留红黄色窑斑。外壁见明显修坯痕。灰白胎，青白釉泛灰黄色。高4、口径12.8、底径5.3厘米（图五〇，12）。

Ab型　1件。撇口。

DT3①：71，已修复，口部略有变形。内底落黑色窑砂，外壁见明显修坯痕，外底足露胎处留圆形黑褐色间隔痕。灰胎，青白釉泛灰白色。高3.7、口径12.9、底径6.1厘米（图五〇，4；图版三一，1）。

Ac型　4件。口沿削出六缺花口。

DT3①：40，已修复。外壁见明显修坯痕，内底局部留灰色窑斑。外底足露胎处存圆形灰黑色间隔痕。灰胎，青白釉泛灰青色。高4.3、口径11.7、底径3.7厘米（图五〇，13；图版三一，3、4）。

DT5③：86，略有变形。外壁局部留灰色窑斑，见明显修坯痕。外底足露胎处留圆形灰黑色间隔痕。灰胎，青白釉泛灰青色。高3、口径11.3、足径5厘米（图五〇，14）。

DT3①：60，已修复。外壁见明显修坯痕。灰胎，青白釉泛灰青色。高3.2、口径11.8、底径5.5厘米（图五〇，15）。

DT3①：59，可复原。口沿局部粘窑渣，外壁存灰色窑斑。灰胎，青白釉泛灰青色，釉面开冰裂纹。高3.2、口径11.3、足径5.5厘米（图五〇，16）。

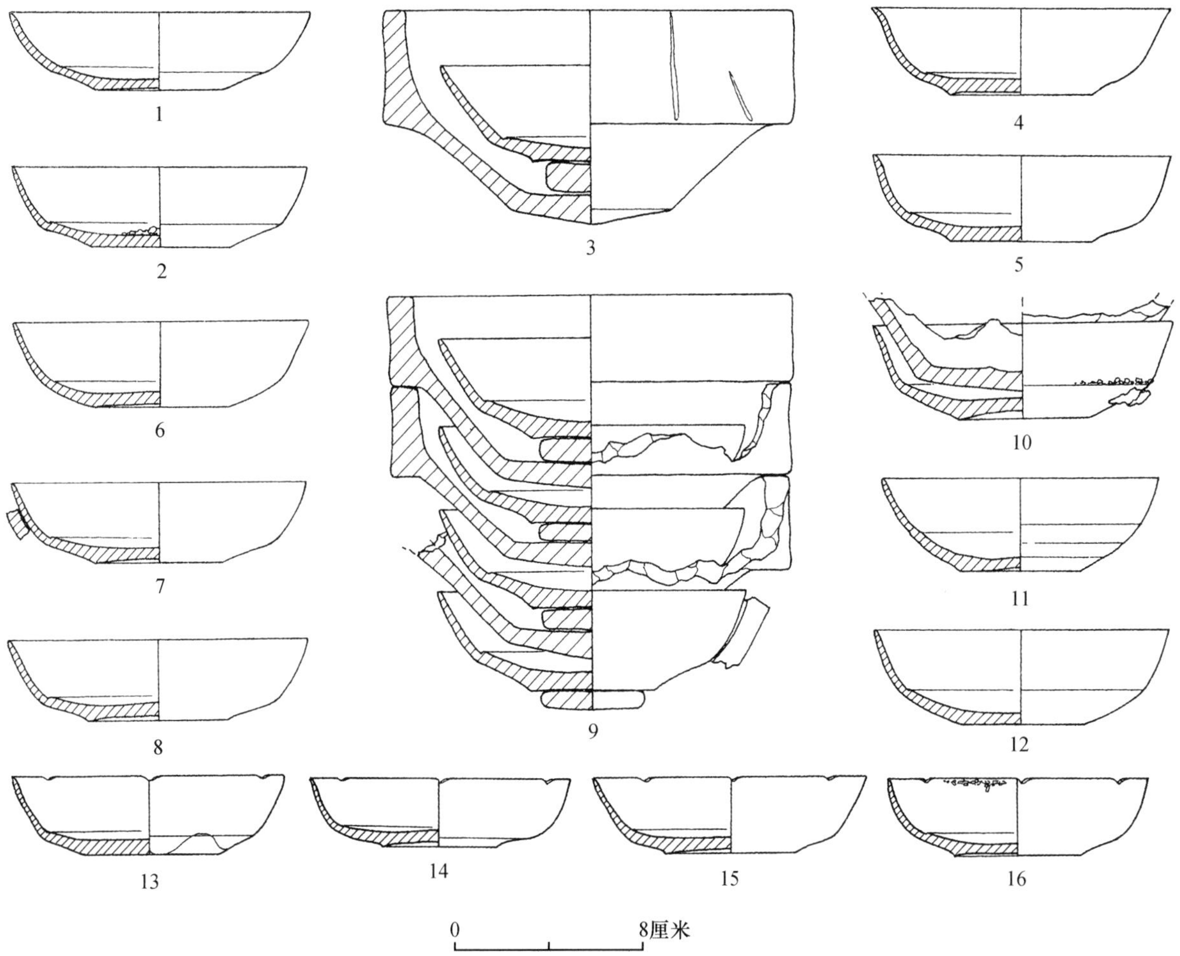


图五〇　道塘里窑址青白釉瓷洗

1～3、5～12. Aa型（DT3③：218、DT3③：90、DT3③：188、DT3③：89、DT4③：13、DT5②：78、DT3③：91、DT2②：52、DT2④：2、DT2①：77、DT4①：31）4. Ab型（DT3①：71）13～16. Ac型（DT3①：40、DT5③：86、DT3①：60、DT3①：59）

B型　31件。饼足浅挖，足墙矮。根据口部分为二亚型，本窑址有Ba型。

Ba型　31件。花口。尖圆唇，腹壁斜直，近底处弧收，内底宽平，底腹连接处一周凹弦纹。漏斗状匣钵与坯件之间采用扁平圆形间隔具间隔。依据腹部分为二式。

Ⅰ式：13件。内腹壁压成瓜棱状，外壁与之对应处呈凹槽。口沿六个缺口。

Y1窑前工作室：34，可复原。内底和外壁局部粘窑渣。灰黄胎，青白釉泛灰黄色。高3.7、口径13.8、足径6.5厘米（图五一，1）。

DT1①：46，已修复。口沿和内底局部留匣钵痕、灰黄色窑斑。灰白胎，青白釉泛灰黄色，釉面开冰裂纹。高3.3、口径11.5、足径5.2厘米（图五一，2）。

DT6③：10，已修复。外壁局部粘匣钵片。灰黄胎，青白釉泛灰白色。高3.5、口径12.5、足径6厘米（图五一，4）。

DT4⑤：10，已修复。内底和外壁局部粘匣钵片。外底足露胎处留圆形黑褐色间隔痕。白胎，青白釉泛白色。高3.8、口径13、足径6厘米（图五一，5）。

DT2①：73，已修复。内底和外壁局部粘存匣钵片。白胎，青白釉泛白色。高4.8、口径12.8、足径6厘米（图五一，6；图版三一，2）。

DT4③：76，三件漏斗状匣钵粘存，下面两件匣钵内套青白釉洗。匣钵与洗之间采用扁平圆饼间隔具间隔。洗灰白胎，青白釉泛白色。高3.5、口径12.5、足径6厘米（图五一，14；图版三一，5）。

Ⅱ式：18件。腹壁斜直，近底处弧折。口沿斜削呈六缺花口。

DT3①：33，可复原。内底落黑色窑渣。外壁粘漏斗状匣钵。匣钵与坯件之间粘存扁平圆饼间隔具。洗灰白胎，青白釉，釉面开冰裂纹。高4.4、口径13.2、足径5厘米（图五一，3）。

DT3③：87，内底粘匣钵片，外壁局部粘存匣钵片和灰褐色窑斑。外底足露胎处留圆形黑褐色间隔痕。灰胎，青白釉泛灰青色。高3.4、口径12.6、足径5.9厘米（图五一，7；图版三一，7、8）。

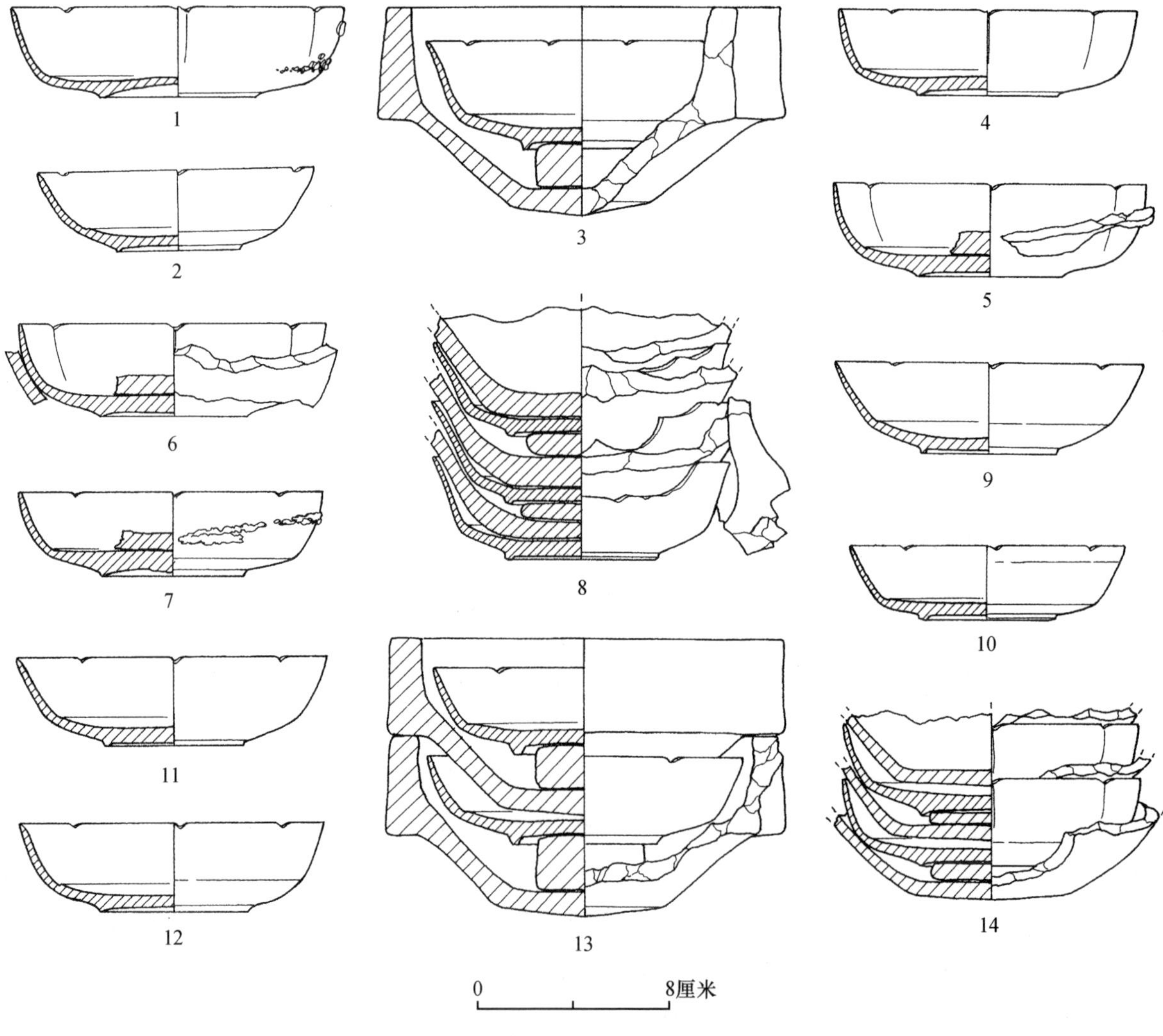


图五一　道塘里窑址Ba型青白釉瓷洗

1、2、4～6、14. Ⅰ式（Y1窑前工作室：34、DT1①：46、DT6③：10、DT4⑤：10、DT2①：73、DT4③：76）　3、7～13. Ⅱ式（DT3①：33、DT3③：87、DT1①：39、DT5①：43、DT5③：80、DT3①：62、DT5③：73、DT3③：48）

DT1①：39，三件漏斗状匣钵粘连，内部套青白釉洗。坯件与匣钵采用扁平圆形间隔具间隔。匣钵外壁存匣钵片，灰褐色夹砂胎。洗灰胎，青白釉泛灰青色。高3.7、口径12.5、足径6.4厘米（图五一，8）。

DT5①：43，略有变形。外壁见明显修坯痕，内底局部留红黄色窑斑。灰胎，青白釉泛灰色。高3.7、口径12.9、足径5.7厘米（图五一，9）。

DT5③：80，已修复。内底局部落黑色窑砂，外壁局部留灰黄色窑斑。灰黄色胎，青白釉泛灰黄色。高3、口径11.6、足径5.8厘米（图五一，10；图版三一，6）。

DT3①：62，已修复。外壁局部留灰黑色窑斑。灰胎，青白釉泛灰青色。高3.6、口径12.9、足径5.8厘米（图五一，11）。

DT5③：73，可复原。内底落满灰黑色窑砂，外壁见明显修坯痕。灰胎，青白釉泛灰白色，釉面开冰裂纹。高3.6、口径12.7、足径6.2厘米（图五一，12）。

DT3③：48，两件漏斗状匣钵粘连，内部套青白釉洗。坯件与匣钵采用扁平圆形间隔具间隔。匣钵外壁留一层较薄窑汗，灰褐色夹砂胎。洗灰胎，青白釉泛灰青色。高3.6、口径13.2、足径5.1厘米（图五一，13；图版三二，1）。

C型　107件。圈足，足壁规整，足端平直，内底宽平，底腹连接处一周凹弦纹。根据口部分为三亚型。

Ca型　75件。撇口。尖圆唇。依据腹部分为二式。

Ⅰ式：74件。腹壁斜直，下腹壁弧折内收。30件素面，44件外腹壁刻划莲瓣纹。

DT2③：58，已修复。口沿局部粘匣钵片，外壁局部留红色窑斑。灰白胎，青白釉泛灰黄色。高4.6、口径12.5、足径6.3厘米（图五二，1；图版三二，3、4）。

DT4②：10，已修复。外壁局部粘存匣钵片，外底足粘扁平圆形间隔具。白胎，青白釉较白。高4.3、口径12.9、足径6.4厘米（图五二，2；图版三二，5、6）。

DT3③：92，已修复。外壁局部留灰黄色窑斑。灰黄胎，胎质较疏松，青白釉泛灰青色，釉面开冰裂纹。高4.6、口径12.6、足径6.5厘米（图五二，3）。

DT6③：7，已修复。内底局部留灰色窑斑，外壁见明显修坯痕。灰黄胎，青白釉泛灰黄色。高4、口径12.4、足径5.5厘米（图五二，4；图版三二，2）。

DT3③：217，已修复。受窑烟影响呈灰黑色，釉面较涩、无光泽。高4.1、口径12.4、足径6.2厘米（图五二，5）。

DT4②：58，已修复。内底粘匣钵片，内壁局部留褐色窑斑，外壁见明显修坯痕。灰白胎，青白釉泛灰白色。高4.4、口径12.6、足径6.4厘米（图五二，6）。

DT1④：1，已修复。内、外底分别落黑色窑砂。灰黄胎，青白釉呈灰褐色，生烧。高4.1、口径12.3、足径5.8厘米（图五二，7）。

DT4③：16，变形。外壁局部粘存匣钵片，内底见气泡。灰白胎，青白釉泛灰白色。高4.2、口径12.6、足径6.2厘米（图五二，8）。

DT2③：59，可复原。内底局部留存灰黄色窑斑和匣钵片。白胎，青白釉呈湖绿色。高3.7、口径12.6、足径6.2厘米（图五二，9）。

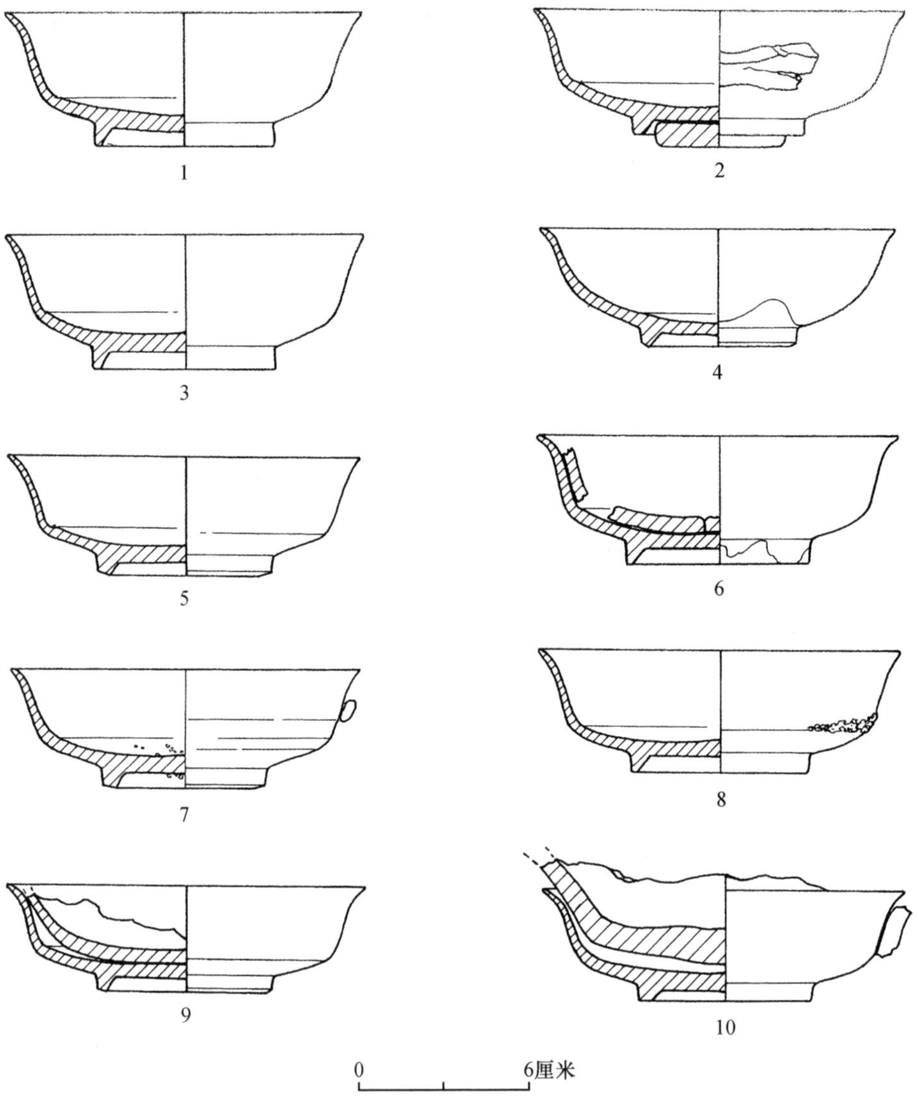

图五二　道塘里窑址Ca型Ⅰ式青白釉瓷洗

1. DT2③：58　2. DT4②：10　3. DT3③：92　4. DT6③：7　5. DT3③：217
6. DT4②：58　7. DT1④：1　8. DT4③：16　9. DT2③：59　10. DT2①：26

DT2①：26，可复原。内底粘存匣钵，外壁局部留存灰色窑斑。灰白胎，青白釉泛灰白色。高3.8、口径12.6、足径6厘米（图五二，10）。

DT4②：18，已修复。外腹壁刻划一周莲瓣纹。口沿内壁局部粘存匣钵片，外壁局部留灰黄色窑斑。灰白胎，青白釉泛灰白色。高4.2、口径12.6、足径6.4厘米（图五三，1；图版三二，7）。

DT2②：58，已修复。外腹壁刻划一周莲瓣纹。内、外壁局部粘存匣钵片。外底足留圆形黑褐色间隔痕。白胎，青白釉泛绿色。高4.4、口径12.7、足径6厘米（图五三，2；图版三二，8）。

DT2②：49，已修复。外腹壁刻划一周莲瓣纹。口沿内侧局部粘匣钵片。外底足留黑褐色圆形间隔痕。白胎，青白釉泛绿色，外壁近底有一周积釉。高3.8、口径12.6、足径6.4厘米（图五三，3）。

DT1④：25，已修复。外腹壁刻划一周莲瓣纹。外壁局部留灰黄色窑斑，内底见明显修坯痕。灰白胎，青白釉泛灰色。高4.3、口径13、足径6.8厘米（图五三，4）。

DT2②：45，已修复。外腹壁刻划一周莲瓣纹，局部留灰黄色窑斑。灰白胎泛黄色，青白釉泛灰白色。高4、口径13、足径6.2厘米（图五三，5）。

DT4②：53，已修复。外腹壁刻划一周莲瓣纹。口沿局部粘匣钵片，外壁局部留灰黄色窑斑。内底见明显修坯痕。黄白胎，青白釉泛灰黄色。高3.8、口径12.8、足径6.4厘米（图五三，6）。

DT4②：54，已修复。外腹壁刻划一周莲瓣纹。内壁局部留灰黄色窑斑。灰黄胎，青白釉泛绿色。高4.4、口径13.3、足径6.2厘米（图五三，7；图版三三，1）。

DT2⑤：11，可复原。外腹壁刻划一周莲瓣纹，局部留灰黄色窑斑。灰白胎，青白釉泛黄白色，釉面开冰裂纹。高4.4、口径12、足径6.4厘米（图五三，8）。

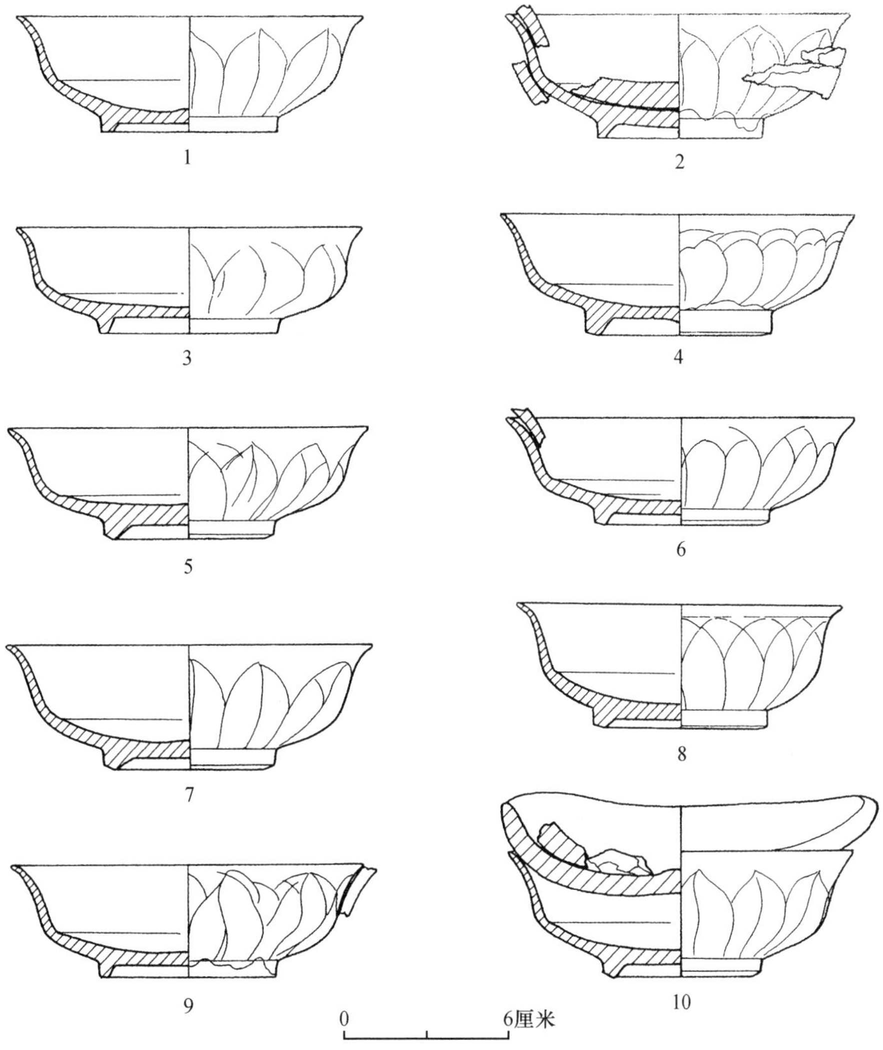


图五三　道塘里窑址Ca型Ⅰ式青白釉瓷洗

1. DT4②：18　2. DT2②：58　3. DT2②：49　4. DT1④：25　5. DT2②：45
6. DT4②：53　7. DT4②：54　8. DT2⑤：11　9. DT2②：10　10. DT4②：59

DT2②：10，已修复。外腹壁刻划一周莲瓣纹，局部粘存匣钵片。灰白胎，青白釉泛灰黄色。高4、口径12.8、足径6.4厘米（图五三，9）。

DT4②：59，变形。口沿粘存匣钵盖。盖顶内凹，顶面落大块黑褐色窑渣。外腹壁刻划一周莲瓣纹，外底足露胎处留圆形灰黑色间隔痕。白胎，青白釉泛灰色。高5.4、口径12.7、足径5.8厘米（图五三，10）。

DT1②：1，八件漏斗状匣钵粘存，内部套青白釉莲瓣纹洗。洗与匣钵之间用圆形间隔具间隔。洗白胎，青白釉。高4.4、口径15、足径6.9厘米（图五四，1）。

DT2①：14，四件漏斗状匣钵叠压，内部套外壁装饰一周莲瓣纹的青白釉洗。洗与匣钵之间用圆形间隔具间隔。洗灰白胎，青白釉泛绿色。高4.4、口径13.8、足径6.5厘米（图五四，2；图版三三，2）。

Ⅱ式：1件。斜弧腹壁，腹壁坦。圆唇，内底宽平，底腹连接处一周凹弦纹。外壁刻划一周莲瓣纹，莲瓣较瘦长。

DT3③：132，已修复。外底足露胎处留圆形黑色间隔痕。灰胎，青白釉泛灰色。高4.4、口径13、足径5.4厘米（图五四，3；图版三三，3）。

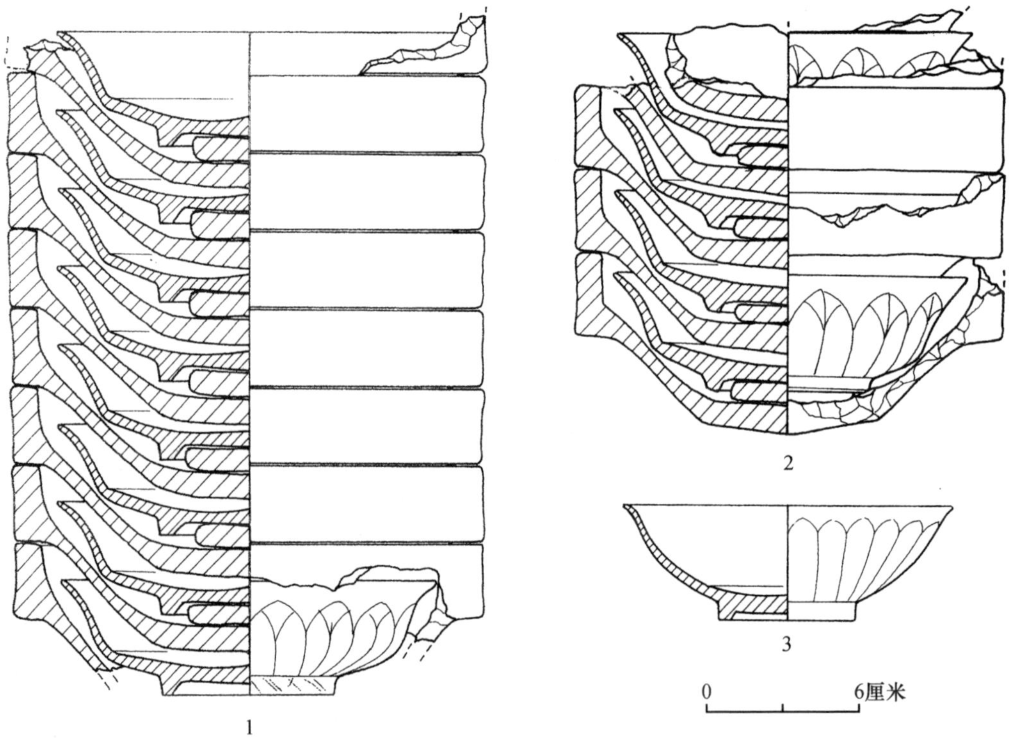


图五四　道塘里窑址Ca型青白釉瓷洗

1、2. Ⅰ式（DT1②：1、DT2①：14）　3. Ⅱ式（DT3③：132）

Cb型　21件。口部压六瓣花口。圆唇，内底宽平，腹壁上部较直，近底内折。

DT4③：21，已修复。内壁局部落细黑色窑砂，外壁局部留红黄色窑斑。灰白胎，青白釉泛灰白色。高3.9、口径13、足径5.6厘米（图五五，1；图版三三，4）。

DT2②：38，已修复。内底局部留灰红色窑斑。白胎，青白釉。高3.8、口径13、足径6厘米（图五五，2；图版三三，5、6）。

DT2②：39，已修复。内底局部落细小黑色窑砂，外壁局部留灰黄色窑斑。灰白胎泛黄色，青白釉泛灰色，釉面开冰裂纹。高4、口径12.8、足径6.4厘米（图五五，3）。

DT2②：4，已修复。内底局部粘存匣钵片，外壁局部留灰黄色窑斑。白胎，青白釉。高4.1、口径12.8、足径6厘米（图五五，4）。

DT2③：61，已修复。外壁局部留匣钵片。灰黄胎，青白釉泛灰黄色，釉面开冰裂纹。高3.8、口径12.6、足径5.2厘米（图五五，5；图版三三，7）。

DT4③：22，可复原。内底局部落红褐色窑渣，外壁局部留红黄色窑斑。灰白胎，青白釉泛灰色。高3.7、口径12.5、足径5.5厘米（图五五，6）。

DT2①：22，五件漏斗状匣钵粘存，内部套青白釉洗。洗与匣钵之间采用圆形间隔具间隔。洗灰白胎，青白釉泛灰白色。高3.8、口径12.6、足径5.7厘米（图五五，10；图版三三，8）。

Cc型　11件。十瓣花口。圆唇，敞口，内底宽平，腹壁上部直，近底内折。

DT4②：15，已修复。外壁局部留灰红色窑斑。灰白胎，青白釉泛灰黄色。高4.2、口径12.3、足径5.6厘米（图五五，8；图版三四，1）。

DT5③：68，已修复。内底局部留灰色窑斑。灰胎，青白釉泛灰青色。高4、口径13.2、足径5.8厘米（图五五，7；图版三四，2～4）。

DT6③：9，已修复。灰黄胎，青白釉泛灰黄色，釉面开冰裂纹。高4.3、口径12.6、足径5.5厘米（图五五，9）。

DT3①：3，已修复。外壁局部粘匣钵片。灰胎，青白釉泛灰青色。高4、口径12.6、足径5.2厘米（图五五，11）。

DT2③：64，可复原。内底和外壁局部粘匣钵片。灰胎，青白釉泛灰青色。高3.9、口径12.8、足径5.9厘米（图五五，12）。

DT4①：29，可复原。内底粘匣钵底部，外壁局部留灰黄色窑斑，外底足露胎处留存灰色间隔痕。灰胎，青白釉泛灰色。高4.1、口径13.2、足径5.7厘米（图五五，13）。

### 17. 碟

62件。碟与洗的造型很类似，以口径的大小为区别，口径大于12厘米归为洗，口径11厘米或者小于11厘米的归为碟。依据底足分为三型。

A型　23件。小平底或者小平底微内凹。圆唇，侈口，斜腹壁。内底较宽平，底腹连接处一周凹弦纹。内、外壁满施青白釉。采用漏斗状匣钵装烧。

DT2⑤：15，已修复。灰白胎，青白釉泛灰黄色，釉面开冰裂纹。高2.8、口径10、底径4.7厘米（图五六，1）。

DT2③：128，已修复。外壁见明显修坯痕，口沿局部粘窑渣。灰黄色胎，青白釉泛灰黄色。高3.2、口径9.3、底径4厘米（图五六，2；图版三四，5）。

DT2⑤：6，已修复。口沿局部存红褐色窑斑。外底足露胎处留砖红色间隔痕。红黄色胎，

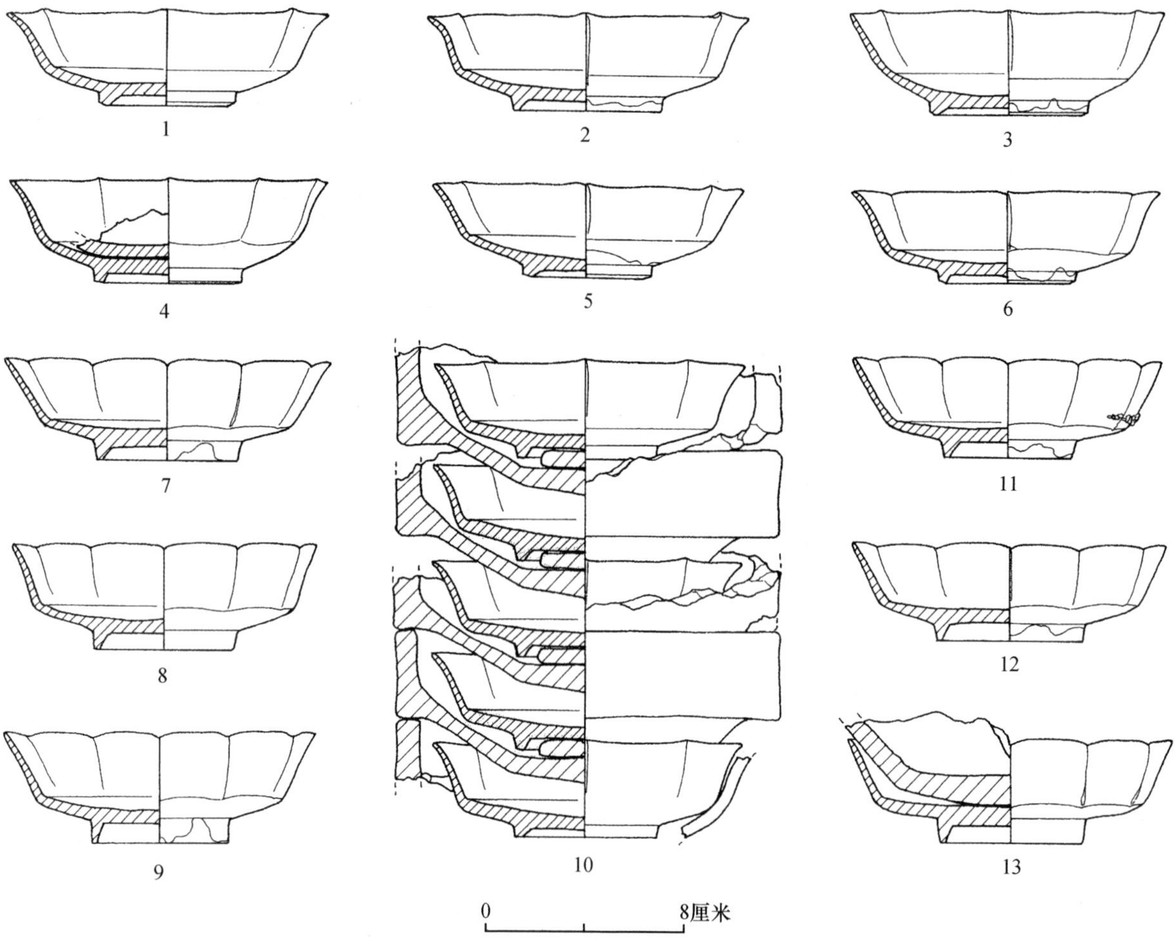


图五五　道塘里窑址青白釉瓷洗

1～6、10. Cb型（DT4③：21、DT2②：38、DT2②：39、DT2②：4、DT2③：61、DT4③：22、DT2①：22）

7～9、11～13. Cc型（DT5③：68、DT4②：15、DT6③：9、DT3①：3、DT2③：64、DT4①：29）

青白釉泛灰黄色。高3、口径9.2、底径4.1厘米（图五六，3；图版三四，6）。

DT2⑤：14，已修复。外腹壁局部粘匣钵片。内壁局部留灰黄色窑斑。灰白胎，青白釉泛灰白色。高3.1、口径10.2、底径4.3厘米（图五六，4）。

DT2⑤：16，已修复。内底存黑褐色窑斑，外腹壁局部留灰黄色窑斑。白胎，青白釉泛绿色。高3、口径9.8、底径4.9厘米（图五六，5）。

DT2⑤：17，压塌变形。内底和外壁局部粘黑色窑渣。外底足露胎处留褐色间隔痕。灰黑色胎，青白釉呈灰黑色。高2.7、口径9.6、底径4.8厘米（图五六，6）。

DT4④：2，已修复。砖红色胎，青白釉泛灰黄色，生烧所致。高3.2、口径9.8、底径4.5厘米（图五六，7）。

DT2②：32，已修复。内、外壁局部粘匣钵片。白胎，青白釉泛绿色。高2.8、口径9.6、底径4.1厘米（图五六，8）。

DT2③：129，已修复。外壁一侧粘匣钵片，另外一侧留窑斑。灰白胎，青白釉泛灰色。高2.9、口径9.9、底径4.2厘米（图五六，9；图版三四，7）。

DT5②：12，已修复。外壁局部留红黄色窑斑，内底存匣钵残片。灰白胎，青白釉泛灰黄色。高2.8、口径9.6、底径4.6厘米（图五六，10；图版三四，8）。

DT2①：34，已修复。内壁局部留灰色窑斑。白胎，青白釉。高2.9、口径9.6、底径4.2厘米（图五六，11）。

DT4③：9，已修复。外壁见明显的修坯痕，局部留窑斑。灰白胎，青白釉泛灰黄色。高2.8、口径9.5、底径4.2厘米（图五六，12）。

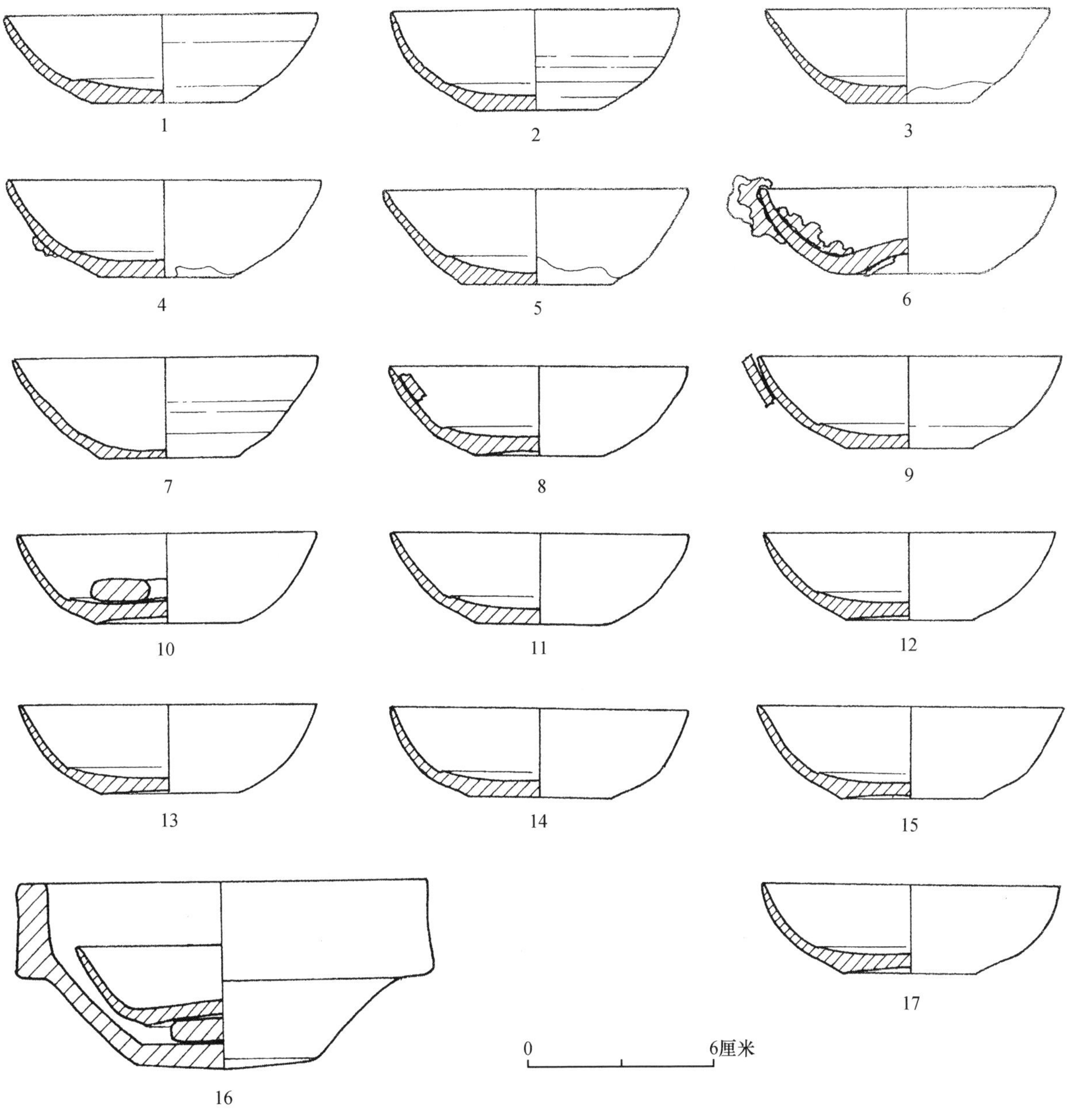


图五六　道塘里窑址A型青白釉瓷碟

1. DT2⑤：15　2. DT2③：128　3. DT2⑤：6　4. DT2⑤：14　5. DT2⑤：16　6. DT2⑤：17　7. DT4④：2　8. DT2②：32　9. DT2③：129　10. DT5②：12　11. DT2①：34　12. DT4③：9　13. DT7①：17　14. DT2②：33　15. DT5①：38　16. DF1：5　17. DT4④：3

DT7①：17，已修复。内壁局部粘匣钵片，外壁局部存灰黄色窑斑。灰白胎，青白釉。高2.8、口径9.5、底径4.4厘米（图五六，13）。

DT2②：33，已修复。外壁见明显修坯痕。灰白胎，青白釉呈灰黑色，窑烟所致。高2.8、口径9.6、底径4.6厘米（图五六，14）。

DT5①：38，已修复。外壁见明显修坯痕。外底留圆形褐色间隔痕。灰白胎，青白釉较润泽。高2.9、口径10、底径4.7厘米（图五六，15）。

DF1：5，已修复。碟置漏斗状匣钵内。匣钵粗紫砂胎，方唇，上腹壁较直，中下部内收，小平底。器物与匣钵之间采用扁平圆饼间隔具间隔。碟灰白胎，青白釉。高2.6、口径9.5、底径4.9厘米（图五六，16）。

DT4④：3，可复原。外底足露胎处留黑褐色间隔痕。灰白胎，青白釉泛灰黑色，生烧所致。高2.8、口径9.7、底径4.4厘米（图五六，17）。

B型　3件。饼足浅挖，足墙较矮。根据口部分为三亚型，本窑址有Ba型。

Ba型　3件。唇口。浅弧腹壁。内壁满施、外壁不及底足施青白釉。

DT4③：35，已修复。内、外壁粘漏斗状匣钵片，外腹壁见修坯痕。灰胎，青白釉泛灰色，釉面开冰裂纹。高2.8、口径8.3、足径3.8厘米（图五七，2；图版三五，1）。

DT5①：37，已修复。内、外壁粘漏斗状匣钵片，外壁局部存红灰色窑斑。灰胎，青白釉泛灰青色。高2.8、口径8.2、足径3.7厘米（图五七，3）。

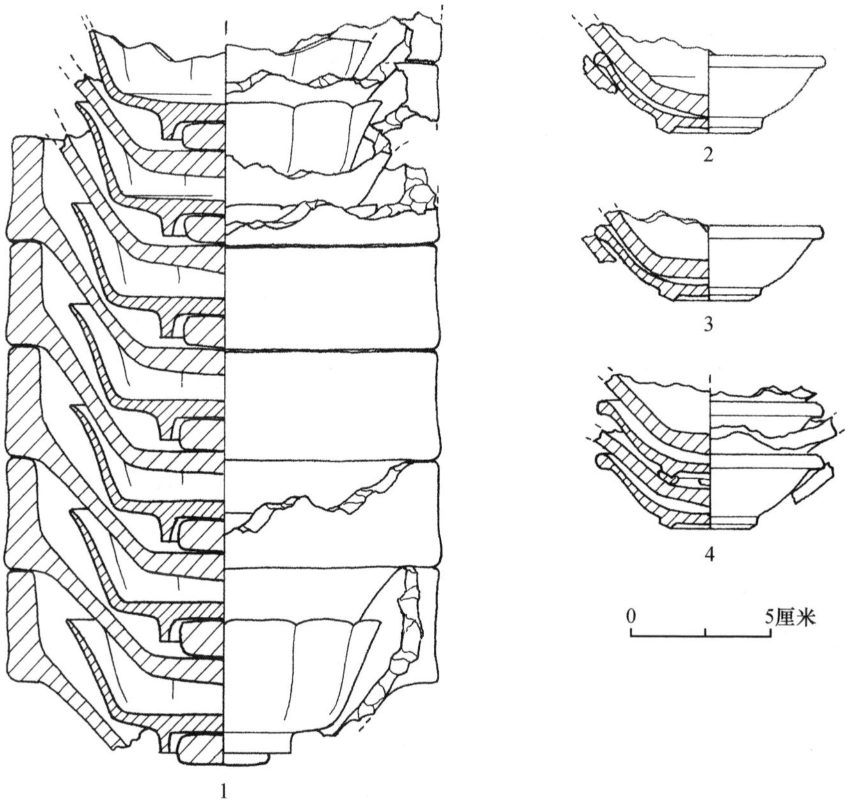


图五七　道塘里窑址青白釉瓷碟

1. Cb型（DT8①：12）　2～4. Ba型（DT4③：35、DT5①：37、DT2②：28）

DT2②：28，两件漏斗状匣钵叠压，内部套青白釉碟。坯件与漏斗状匣钵之间采用支钉间隔。匣钵粗紫砂胎。碟灰黄胎，青白釉泛黄色。高2.7、口径8.2、足径3.6厘米（图五七，4；图版三五，2）。

C型 36件。圈足，足墙规整较高。根据口部分为二亚型，本窑址有Cb型。

Cb型 36件。斜削花口。4件九瓣花口，32件十瓣花口。腹壁斜直，近底部内折，内底宽平，内底与腹部连接处有一周凹弦纹。内、外壁满施青白釉，唯外底足露胎。坯件与匣钵之间采用扁平圆形间隔具间隔。

DT5①：63，已修复。九瓣花口。灰黄色胎，青白釉泛灰黄色，釉面开冰裂纹。高4、口径11、足径5.3厘米（图五八，1）。

DT2③：14，已修复。灰白胎，青白釉。高3.7、口径11、足径4.6厘米（图五八，2）。

DT3②：16，已修复。外底足露胎处粘扁平圆形间隔具。灰胎，青白釉泛灰青色。高4.2、口径11.3、足径4.7厘米（图五八，3）。

DT5③：83，已修复。九瓣花口。灰黄胎，釉色不显，生烧。高4、口径11、足径4.6厘米（图五八，4）。

DT4②：32，已修复。内壁存灰黄色窑斑。灰白胎，青白釉泛灰白色。高4.5、口径11.2、足径4.7厘米（图五八，5）。

DT1①：28，已修复。灰黄胎，青白釉泛灰黄色，釉面开冰裂纹。高4、口径11.2、足径4.6厘米（图五八，6）。

DT7①：2，已修复。十瓣花口。灰白胎，青白釉泛青灰色。高4.6、口径11、足径4.7厘米（图五八，7；图版三五，3、4）。

DT8①：14，已修复。十瓣花口。内、外壁局部留灰褐色窑斑，外壁局部存匣钵片。灰白胎，青白釉泛灰青色。高4.6、口径11、足径4.8厘米（图五八，8；图版三五，5、6）。

DT8①：13，可复原。十瓣花口。内、外壁粘匣钵片。外底足存圆形黑褐色扁平间隔具。灰白胎，青白釉泛灰青色。高4.5、口径11、足径4.6厘米（图五八，9；图版三五，7）。

DT2②：87，已修复。外底留圆形灰褐色间隔痕。灰白胎，青白釉，釉面光泽。高4.3、口径10.9、足径4.5厘米（图五八，10）。

DT2①：86，已修复。外底留圆形黄褐色间隔痕。灰白胎，青白釉泛青灰色。高4.3、口径11.3、足径5厘米（图五八，11）。

DT5③：85，已修复。外底留圆形褐色间隔痕。灰白胎，青白釉泛青灰色。高3.9、口径10.9、足径4.8厘米（图五八，12）。

DT8①：12，七件漏斗状匣钵叠压，内部套大小形状相同青白釉碟。碟与漏斗状匣钵之间采用扁平圆形间隔具间隔。匣钵灰褐色夹砂胎。碟灰白胎，青白釉。高4.7、口径11.6、足径4.8厘米（图五七，1；图版三五，8）。

**18. 盏托**

1件。

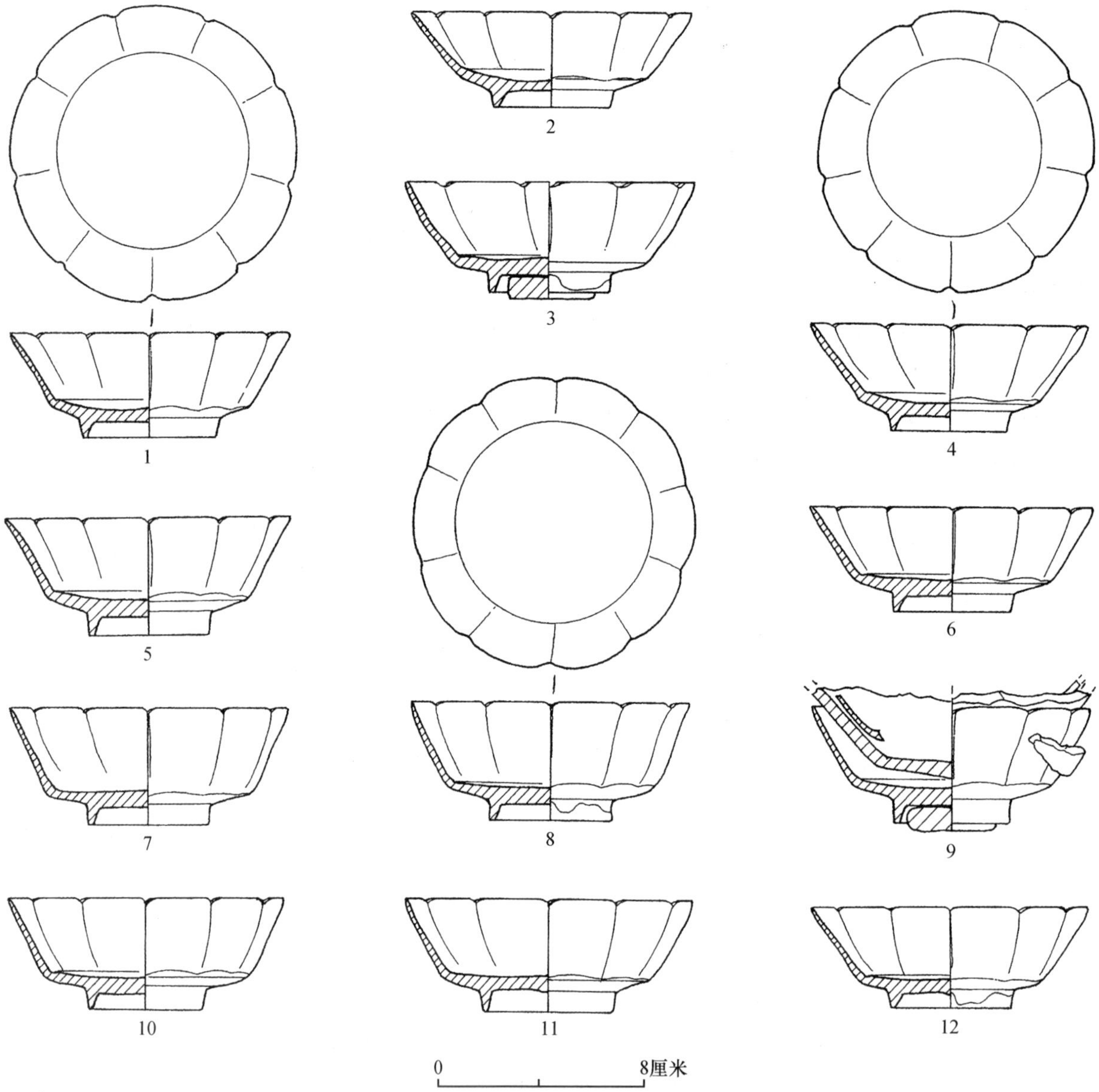


图五八　道塘里窑址Cb型青白釉瓷碟

1. DT5①：63　2. DT2③：14　3. DT3②：16　4. DT5③：83　5. DT4②：32　6. DT1①：28
7. DT7①：2　8. DT8①：14　9. DT8①：13　10. DT2②：87　11. DT2①：86　12. DT5③：85

DT2③：13，下腹及底足部分。腹壁近底内折，内底较宽，高圈足足墙较直。白胎，内、外壁施青白釉，仅圈足内露胎。残高4.5、足径6.4厘米（图五九，1）。

**19. 酒台**

93件。由托台和圈足盘两部分组成。内壁满施、外壁至底施青白釉，外底足露胎。依据整体形态分五型。

A型　2件。托盘面高于托台面，托盘口沿斜折，折腹。托台置托盘内底，台壁贴塑一周覆莲瓣。盘圈足足墙矮直，外底心镂一圆孔。

DT3③：9，已修复。外底足粘圆圈形黑褐色间隔具。灰白胎，青白釉呈灰青色。通高3、托盘口径11.3、足径6.2厘米（图五九，2；图版三六，1、2）。

DT2②：13，盘口沿残。托台顶面粘匣钵片，盘外底足存圆圈形间隔具。白胎，青白釉泛灰白色。残高2.7、足径6厘米（图五九，3）。

B型　1件。托盘面低于托台面，托盘折沿，口沿起棱呈葵花状，折腹。托盘圈足足径略高，足墙较直。

DT7①：20，已修复。外底足留黑褐色间隔痕。灰白胎，青白釉。通高4、托台口径4.3、托盘口径12.7、足径6.8厘米（图五九，4；图版三六，3、4）。

C型　69件。托盘面低于托台面，托盘口沿平折，折腹。根据圈足分二亚型。

Ca型　37件。圈足较矮，足墙较直。16件盘沿面篦划一周牡丹纹，5件托盘沿面篦划一周菊花纹，16件素面。

DT4①：1，已修复。盘沿面篦划一周牡丹纹，外底足露胎处留存不规则圆圈形黑褐色间隔痕。白胎，青白釉。通高4、托台口径4.2、托盘口径12.5、足径7.3厘米（图五九，5；图版三六，5）。

DT4①：21，托盘沿略残。托盘外腹壁局部粘窑斑。灰白胎，青白釉泛灰色。通高3.8、托台口径4.7、托盘口径12.2、足径7厘米（图五九，6）。

DT2①：38，已修复。托盘外底足露胎处留存圆形黑褐色间隔痕。白胎，青白釉泛绿色。通高3.8、托台口径4.8、托盘口径12.6、足径7厘米（图五九，7）。

DT3③：70，已修复。托台面局部落窑渣。托盘面篦划一周牡丹纹。外底足露胎处留存间隔痕。灰白胎，青白釉泛灰色。通高4.6、托台口径4.8、托盘口径12.5、足径7.1厘米（图五九，8；图版三六，6）。

DT3③：67，已修复。托盘面一侧存一个气泡。灰胎，青白釉泛灰色。通高4.2、托台口径4.4、托盘口径12.3、足径7厘米（图五九，9）。

DT5①：36，已修复。托台顶面落窑渣。托盘沿面篦划一周牡丹纹，外底足露胎处留存圆形黑褐色间隔痕。白胎，青白釉。通高4.6、托台口径4.5、托盘口径12.4、足径7厘米（图五九，10；图版三六，7、8）。

DT3③：71，已修复。托盘沿面篦划一周牡丹纹。外底足一周弦纹，留存黑褐色间隔痕。灰白胎，青白釉泛灰白色。通高4.4、托台口径4.8、托盘口径12.6、足径7厘米（图六〇，1；图版三七，1）。

DT3①：48，已修复。托盘沿面篦划一周牡丹纹。托台面粘存圆桶形平底匣钵底部，匣钵内底落有大块窑渣，粘存圆圈形间隔具。匣钵脱落。灰胎，青白釉泛淡灰色。通高4.3、托台口径4、托盘口径12.3、足径7厘米（图六〇，2；图版三七，3、4）。

DT3①：49，已修复。托盘面局部留存窑斑，托台存窑渣。外底足露胎处留存圆形黑褐色间隔痕。白胎，青白釉。通高4.5、托台口径4.5、托盘口径12.2、足径7厘米（图六〇，3）。

DT3①：118，已修复。托台和托盘沿面局部留存灰黑色窑斑。红黄色胎，青白釉呈灰青色，釉面开冰裂纹。通高4.3、托台口径4.8、托盘口径12.8、足径7厘米（图六〇，4）。

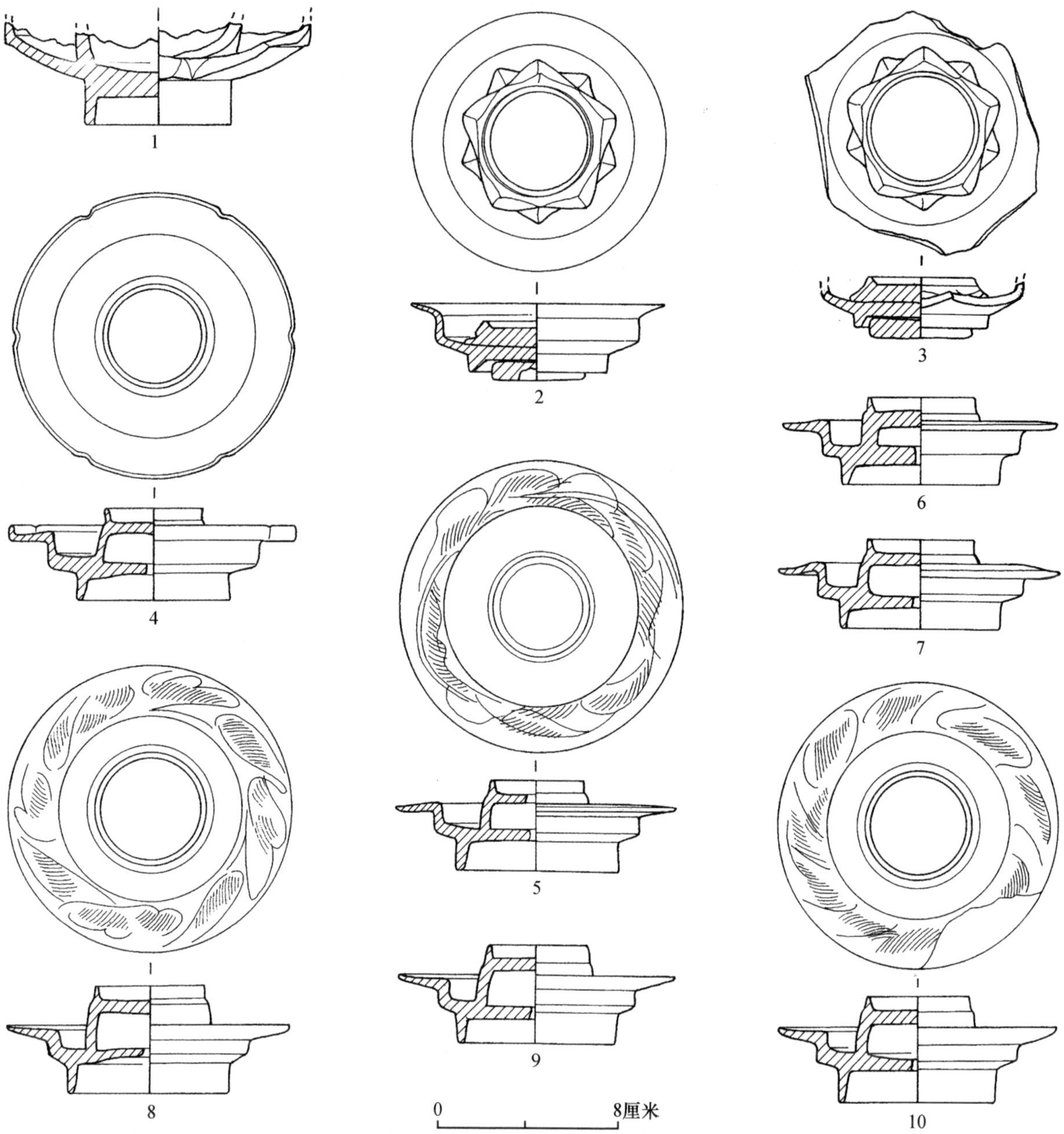


图五九　道塘里窑址青白釉瓷盏托、酒台

1. 盏托（DT2③：13）2、3. A型酒台（DT3③：9、DT2②：13）4. B型酒台（DT7①：20）
5～10. Ca型酒台（DT4①：1、DT4①：21、DT2①：38、DT3③：70、DT3③：67、DT5①：36）

DT2③：9，两件造型大小相同的漏斗状匣钵叠压，内部套酒台。酒台与匣钵之间采用扁平圆形间隔具间隔。匣钵粗紫砂胎。酒台白胎，青白釉。通高4.8、托台口径4、托盘口径11.3、足径7.2厘米（图六〇，5；图版三七，2）。

DT3③：69，已修复。托盘内底局部存一道窑裂。外底足露胎处留黑褐色间隔痕。灰白胎，青白釉泛绿色。通高4.4、托台口径4.8、托盘口径12.2、足径7厘米（图六〇，6）。

DT2①：39，已修复。托盘沿面留存窑渣。灰黄胎，青白釉呈灰黄色，釉面开冰裂纹。通

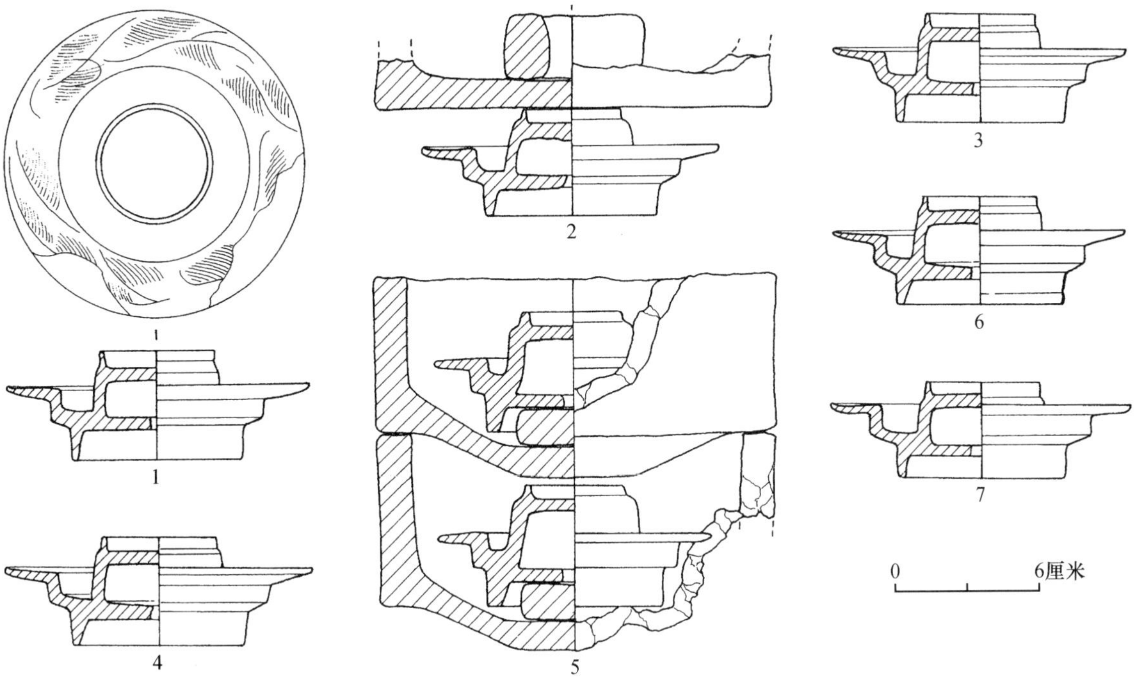


图六〇　道塘里窑址Ca型青白釉瓷酒台

1. DT3③：71　2. DT3①：48　3. DT3①：49　4. DT3①：118　5. DT2③：9　6. DT3③：69　7. DT2①：39

高3.9、托台口径4.7、托盘口径12.5、足径7厘米（图六〇，7）。

DT3③：8，托盘沿压塌，已修复。托盘沿面篦划一周牡丹纹，外底足露胎处留存圆形黑褐色间隔痕。灰白胎，青白釉泛灰青色。通高4.8、托台口径4.5、托盘口径12.9、足径7.1厘米（图六一，1）。

DT5③：43，已修复。托盘沿面篦划一周牡丹纹。外底足露胎处留存一周圆圈形黑褐色间隔痕。灰白胎，青白釉泛绿色。通高4.1、托台口径4.7、托盘口径12.9、足径7.2厘米（图六一，2；图版三七，5、6）。

DT3①：51，已修复。托盘沿面篦划一周牡丹纹。托台顶面落有窑渣。外底足露胎处留存圆形黑褐色间隔痕。灰白胎，青白釉。通高4.3、托台口径4.3、托盘口径12.8、足径7.4厘米（图六一，3；图版三七，7、8）。

DT5③：48，已修复。托盘沿面篦划一周菊花纹。外底足露胎处留存一周黑褐色间隔痕。白胎，青白釉。通高5、托台口径4.5、托盘口径13、足径7.1厘米（图六一，4）。

DT2①：122，已修复。托盘沿面篦划一周牡丹纹。外底足露胎处留存圆形黑褐色间隔痕。白胎，青白釉泛绿色。通高4.4、托台口径4.8、托盘口径12.7、足径7厘米（图六一，5）。

DT3③：72，托台顶沿残。托盘沿面篦划一周牡丹纹。外壁局部留存灰色窑斑，外底足露胎处留存圆形黑褐色间隔痕。灰白胎，青白釉泛灰色。残高4、托盘口径12.8、足径7.2厘米（图六一，6）。

DT3①：50，已修复。托盘沿面篦划一周牡丹纹。托台顶面粘存窑渣。灰白胎，青白釉略白。通高4.7、托台口径4.6、托盘口径12.6、足径7.5厘米（图六一，7；图版三八，1、2）。

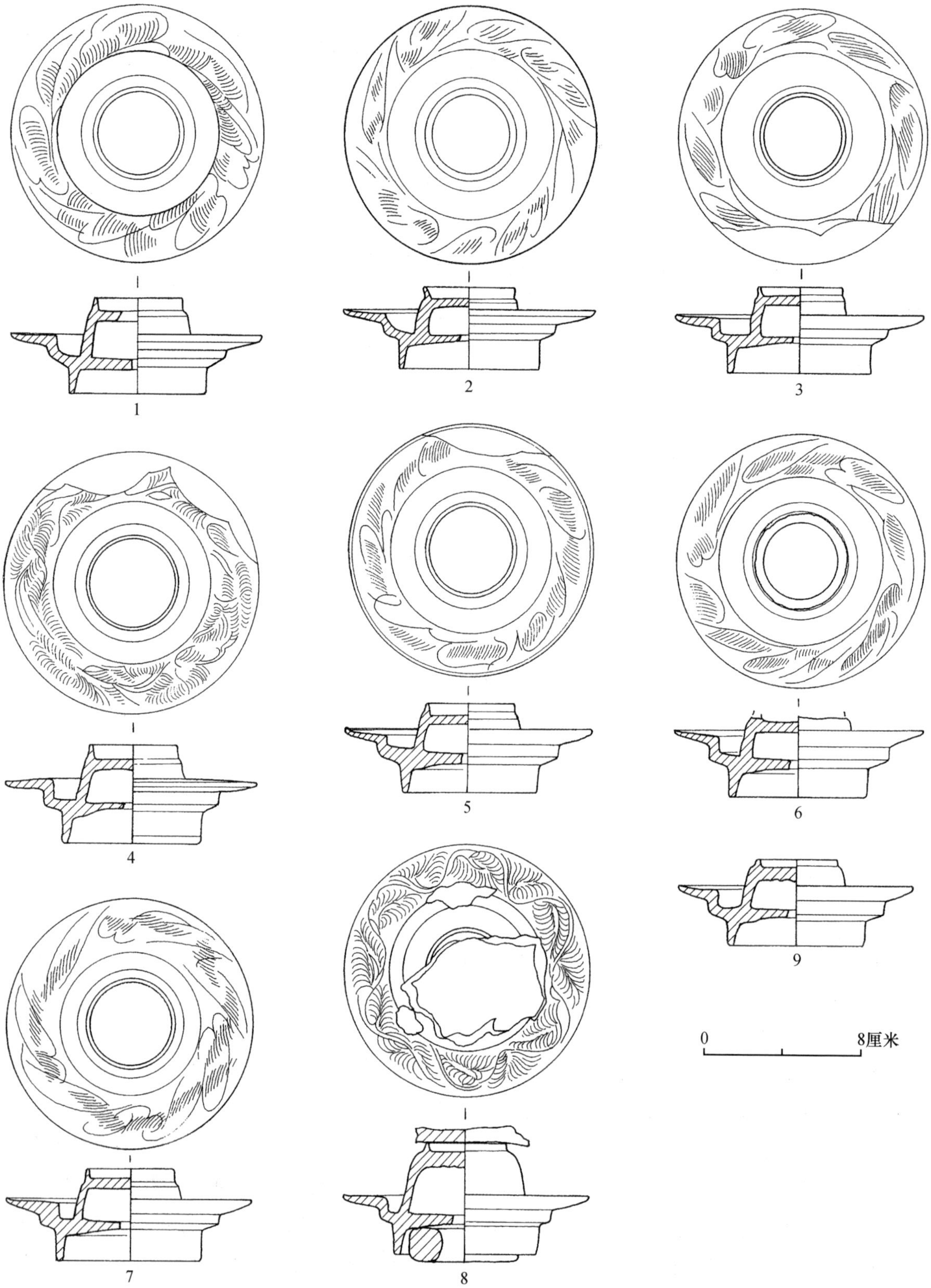


图六一　道塘里窑址Ca型青白釉瓷酒台

1. DT3③：8　2. DT5③：43　3. DT3①：51　4. DT5③：48　5. DT2①：122
6. DT3③：72　7. DT3①：50　8. DT5③：53　9.DT2①：44

DT5③：53，变形。托盘沿面篦划一周菊花纹。托台顶面粘存匣钵片。外底足粘存圆圈形黑褐色间隔具。灰白胎，青白釉泛灰青色。通高5.5、托台口径4.1、托盘口径12.7、足径7.3厘米（图六一，8）。

DT2①：44，已修复。托台局部粘存窑斑。灰白胎，青白釉泛灰青色。通高4.3、托台口径4.1、托盘口径12.1、足径7厘米（图六一，9）。

Cb型　32件。圈足略高，足墙外斜。25件素面，4件托盘沿面篦划一周牡丹纹，3件托盘沿面篦划一周菊花纹。

DT3③：74，已修复。托盘外底足露胎处留一周黑褐色间隔痕。灰白胎，青白釉泛绿色。通高5.2、托台口径3.8、托盘口径12.4、足径6.8厘米（图六二，1）。

DT3③：68，已修复。托盘外壁局部留窑斑，外底足露胎处存圆形黑褐色间隔痕。灰白胎，青白釉泛灰白色。通高4.7、托台口径4、托盘口径11.7、足径6.7厘米（图六二，2；图版三八，3、4）。

DT2①：47，压塌变形。托台顶面存匣钵片。外底足露胎处留圆形黑褐色间隔痕。灰白胎，青白釉泛白色。通高5.2、托台口径4、托盘口径12.2、足径6.8厘米（图六二，3）。

DT3③：43，已修复。外壁局部留灰黑色窑斑，外底足露胎处存一周黑褐色间隔痕。细白胎，青白釉泛绿色。通高5、托台口径4.1、托盘口径12.2、足径6.8厘米（图六二，4；图版三八，5、6）。

DT3③：10，已修复。外底足露胎处留一周黑褐色间隔痕。细白胎，青白釉泛绿色，釉面开冰裂纹。通高5.5、托台口径4.3、托盘口径12.5、足径7.1厘米（图六二，5）。

DT2②：104，压塌变形。托台面粘匣钵底部片。外底足露胎处留一周黑褐色间隔痕。细白胎，青白釉泛绿色。通高5.7、托台口径3.4、托盘口径11.4、足径6.8厘米（图六二，6；图版三八，7、8）。

DT1①：15，已修复。外底足露胎处留圆形黑褐色间隔痕。白胎，青白釉，釉面开冰裂纹。通高5.3、托台口径3.9、托盘口径12、足径6.5厘米（图六二，7）。

DT2③：72，已修复。托盘外腹壁局部粘存灰色窑斑。灰黄胎，青白釉呈灰黄色，釉面开冰裂纹。通高6.2、托台口径4、托盘口径12.4、足径7.2厘米（图六二，8）。

DT2③：73，已修复。托台顶和托盘圈足足沿均粘黑色窑渣，盘沿面局部留灰色窑斑。外底足露胎处存一周黑褐色间隔痕。白胎，青白釉泛灰白色。通高5.4、托台口径4.3、托盘口径12、足径6.8厘米（图六二，9）。

DT2①：46，已修复。托台顶面粘存匣钵底片，外底足露胎处留存圆形黑褐色间隔具。白胎，青白釉泛绿色。通高5.2、托台口径3.7、托盘口径11.8、足径6.4厘米（图六二，10）。

DT5③：58，已修复。托盘外腹壁局部留灰色窑斑，外底足露胎处存黑褐色间隔痕。白胎，青白釉泛灰白色。通高5.4、托台口径4、托盘口径12.4、足径6.8厘米（图六二，11）。

DT3③：77，已修复。托盘沿面篦划一周菊花纹，局部留灰红色窑斑，外底足露胎处存一周黑褐色间隔痕。白胎，青白釉泛绿色。通高5.7、托台口径4.1、托盘口径13、足径7.1厘米（图六二，12；图版三九，1～3）。

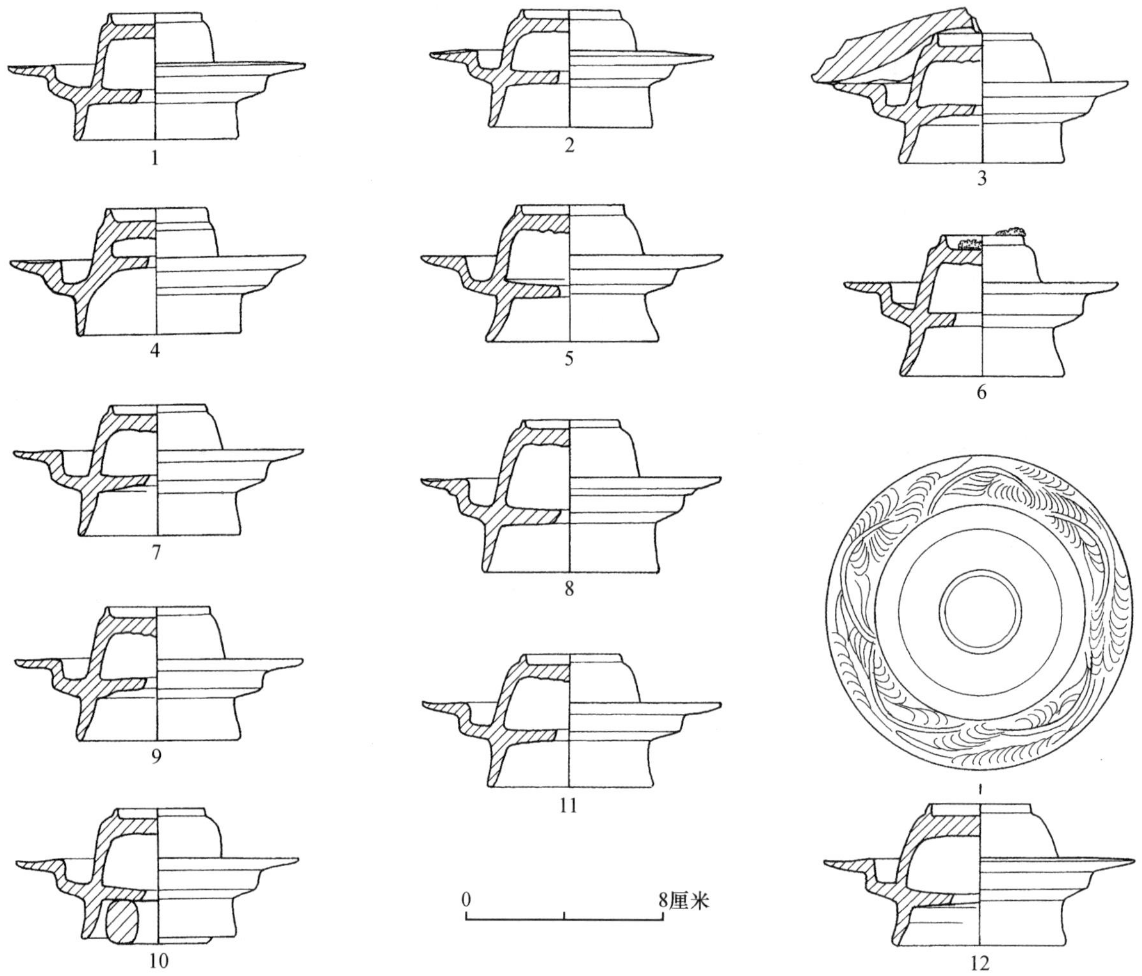


图六二　道塘里窑址Cb型青白釉瓷酒台

1. DT3③：74　2. DT3③：68　3. DT2①：47　4. DT3③：43　5. DT3③：10　6. DT2②：104
7. DT1①：15　8. DT2③：72　9. DT2③：73　10. DT2①：46　11. DT5③：58　12. DT3③：77

DT5③：52，已修复。托盘沿面篦划一周牡丹纹。托台顶面粘黑色细窑渣。外底足露胎处留一周黑褐色间隔痕。白胎，青白釉泛绿色。通高5.7、托台口径4.4、托盘口径12.2、足径7.1厘米（图六三，1；图版三九，4～6）。

DT3③：76，托台压塌。托盘沿面篦划一周菊花纹。外底足露胎处留一周黑褐色间隔痕。细白胎，青白釉泛绿色。通高5.6、托台口径4.1、托盘口径13、足径7厘米（图六三，2）。

DT5①：32，已修复。托盘沿面篦划一周牡丹纹。托台顶面粘黑色细窑渣。灰白胎，青白釉泛灰青色。通高5.8、托台口径4.4、托盘口径12.6、足径7.3厘米（图六三，3）。

DT3③：192，变形。托台顶面粘匣钵底部。外底足露胎处留一周黑褐色间隔痕。白胎，青白釉。通高5.6、托台口径4.2、托盘口径12.6、足径7厘米（图六三，4）。

DT3①：113，五件大小造型相同的圆桶形匣钵叠压，内部套青白釉酒台。底部第二个匣钵外壁刻划“＋＋”形符号。酒台灰白胎，青白釉泛灰白色。通高5.7、托台口径4.2、托盘口径12.6、足径7厘米（图六三，5）。

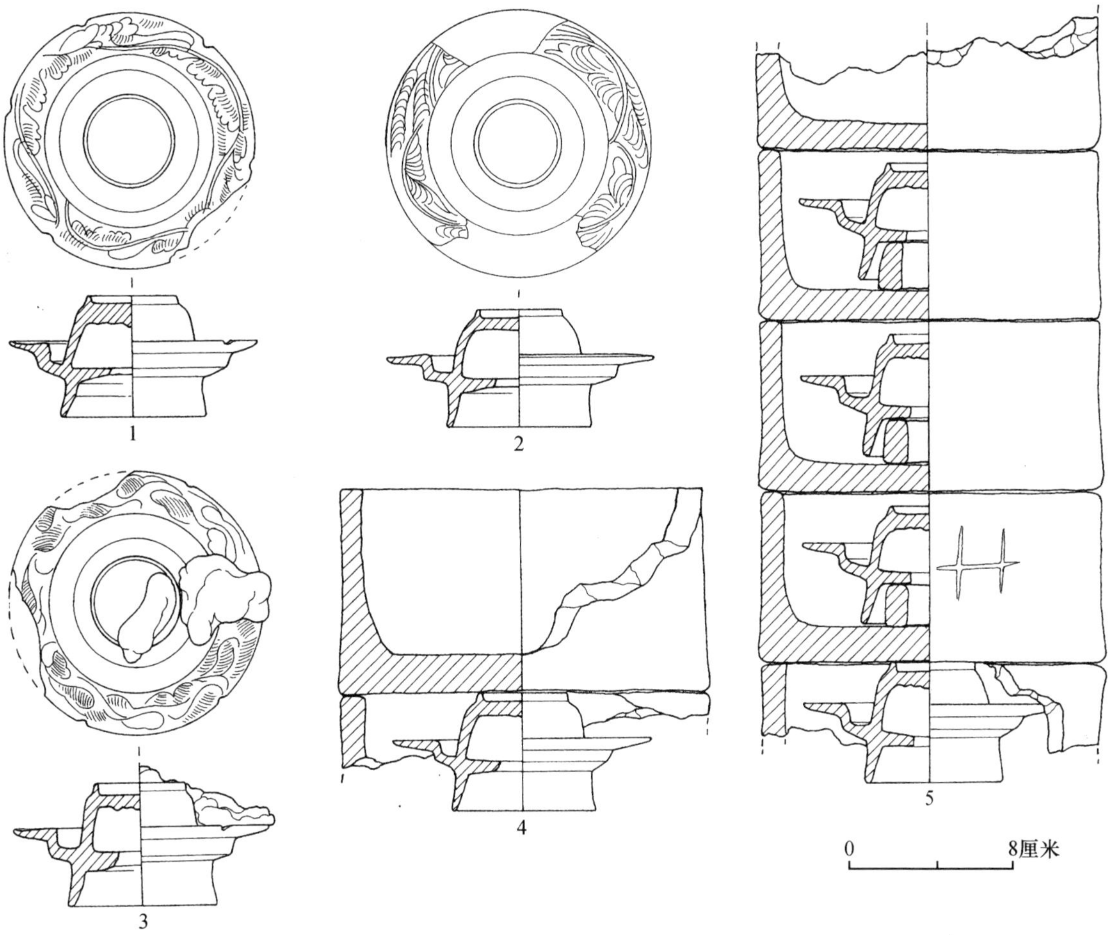


图六三　道塘里窑址Cb型青白釉瓷酒台

1. DT5③：52　2. DT3③：76　3. DT5①：32　4. DT3③：192　5. DT3①：113

D型　16件。托盘面低于托台面，托盘口沿平折，腹壁内折呈二级阶梯状。托台台壁外鼓。根据圈足分为二亚型。

Da型　14件。圈足略高，足墙外撇。

DT3③：86，变形。托盘外腹壁局部留灰褐色窑斑，外底足露胎处存黑褐色间隔痕。细白胎，青白釉泛白色。通高5.7、托台口径4、托盘口径13.2、足径7.1厘米（图六四，1；图版三九，7）。

DT3③：81，变形。托盘底一侧有一道窑裂。外腹壁局部留灰黑色窑斑，外底足露胎处存黑褐色间隔痕。细白胎，青白釉泛绿色，近底足可见积釉痕。通高5.2、托台口径4.2、托盘口径12.8、足径7.2厘米（图六四，2；图版三九，8）。

DT5①：31，已修复。托台沿面局部粘黑色细窑渣。外腹壁局部留黄褐色窑斑，外底足露胎处存一周黑褐色间隔痕。白胎，青白釉。通高5.6、托台口径4.4、托盘口径12.7、足径7.3厘米（图六四，3；图版四〇，1、2）。

DT3③：85，变形。托盘外腹壁局部留灰黑色窑斑，外底足露胎处存一周黑褐色间隔痕。灰白胎，青白釉泛灰白色。通高5.7、托台口径4.2、托盘口径12.7、足径7.1厘米（图六四，4）。

DT5③：56，已修复。灰白胎，青白釉泛灰白色，釉面开冰裂纹，生烧。通高5.6、托台口径4.2、托盘口径12.7、足径7.4厘米（图六四，5）。

DT4⑤：6，变形。托台顶面粘匣钵底部。盘外底足露胎处粘圆圈形间隔具。白胎，青白釉泛绿色。通高6.4、托台口径4.1、托盘口径12.6、足径7.2厘米（图六四，6；图版四〇，3、4）。

DT3③：193，变形。托台沿面粘平底匣钵底部。盘外底足露胎处存一周黑褐色间隔痕。灰白胎，青白釉。通高6.6、托台口径4、托盘口径12.8、足径7厘米（图六四，12）。

Db型　2件。圈足较高，足墙外撇。

DT3③：83，圈足残损。托盘外腹壁局部留红黄色窑斑。白胎，青白釉泛绿色，釉面开冰裂纹。残高5、托台口径4.4、托盘口径13.8厘米（图六四，7；图版四〇，5）。

DT3③：84，托台略残。托盘内底粘黑色窑渣。外底足圆孔较大，外底足露胎处留一周黑褐色间隔痕。白胎，青白釉泛绿色。残高5.5、托盘口径14.1、足径8.5厘米（图六四，8；图版四〇，6）。

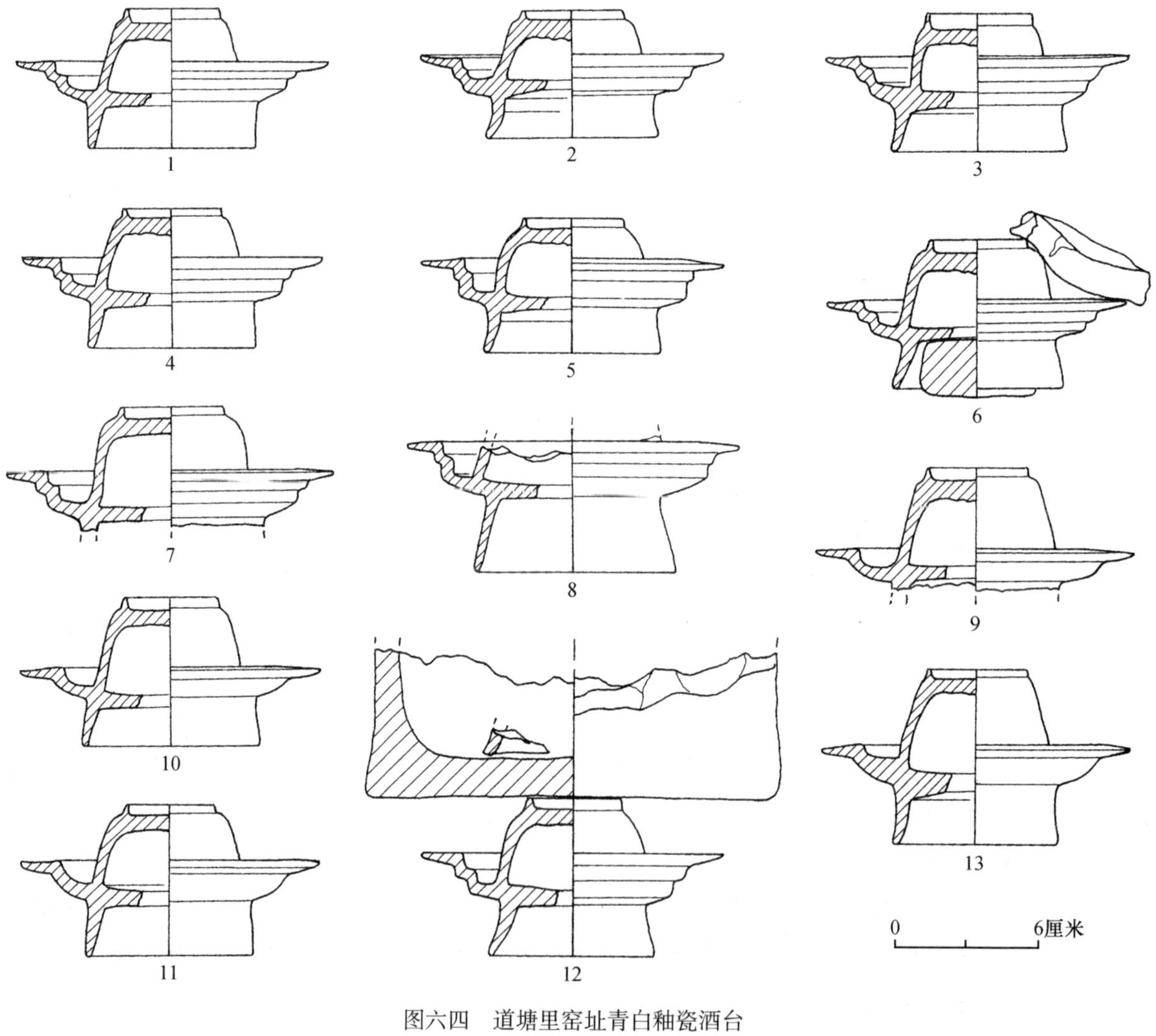


图六四　道塘里窑址青白釉瓷酒台

1～6、12. Da型（DT3③：86、DT3③：81、DT5①：31、DT3③：85、DT5③：56、DT4⑤：6、DT3③：193）
7、8. Db型（DT3③：83、DT3③：84）　9～11、13. E型（DT5③：55、DT5③：51、DT3③：78、DT5③：147）

E型　5件。托盘面低于托台面，托盘口沿平折，腹壁斜弧。托盘圈足高。白胎，青白釉泛绿色，盘外底足露胎处留一周黑褐色间隔痕。

DT5③：55，圈足残缺。外腹壁及外底留灰黄色窑斑。细白胎，青白釉泛浅绿色。残高5、托台口径4.2、托盘口径13.4厘米（图六四，9）。

DT5③：51，已修复。托台和托盘沿面落有窑渣。托盘外腹壁局部留灰黄色窑斑。细白胎，青白釉泛浅绿色。通高6.1、托台口径4、托盘口径12.8、足径5.5厘米（图六四，10；图版四〇，7、8）。

DT3③：78，变形。托台沿面粘黑褐色细窑渣。细白胎，青白釉泛浅绿色。通高6.2、托台口径3.8、托盘口径12.6、足径7.1厘米（图六四，11；图版四一，1）。

DT5③：147，已修复。托盘外腹壁局部存灰黄色窑斑。细白胎，青白釉泛浅绿色。通高7.2、托台口径4.2、托盘口径13、足径6.9厘米（图六四，13；图版四一，2）。

**20. 杯**

94件。与盏类器形相比，容量较小，腹部较深，制作规整。依据底足分为五型。

A型　1件。饼足。

DT1①：18，下腹及底足部分。斜弧腹壁，近底内收，内底圆弧，矮圆饼足。细白胎，内、外壁满施青白釉，釉色莹润，釉呈湖绿色，外底足露胎处存灰黑色间隔痕。残高2.4、足径2.9厘米（图六五，1）。

B型　1件。高足。

DT3③：182，底部及把柄部分。内底圆弧，喇叭状高足。细白胎，内、外壁满施青白釉，釉呈湖绿色。残高6厘米（图六五，2；图版四一，3）。

C型　84件。喇叭状圈足。圆唇，直口，腹壁上部较直，近底弧收。内、外壁满施青白釉，外底足露胎。根据足部分为三亚型。

Ca型　10件。足墙矮，挖足较浅，足沿外撇。

DT3①：20，已修复。外腹壁刻划一周缠枝菊花纹。外底足露胎处留灰褐色间隔痕。灰白胎，青白釉泛灰色。高5.6、口径6.9、足径3.4厘米（图六五，3）。

DT5①：21，已修复。外腹壁篦划一周云状纹。灰胎，青白釉泛青色，内、外壁局部呈黑色，烟熏所致。高5.6、口径7.5、足径3.7厘米（图六五，8）。

DT6②：13，已修复。外腹壁见修坯痕，内壁存灰黄色窑斑。灰白胎，青白釉呈灰黄色。高5.4、口径6.9、足径3.8厘米（图六五，9；图版四一，4）。

DT2①：51，已修复。外底足露胎处留灰黑色间隔痕。灰胎，青白釉泛灰色。高5.6、口径7.2、足径3.7厘米（图六五，10）。

DT4①：26，已修复。内壁局部留红黄色窑斑。灰黄胎，青白釉泛淡黄色，釉面开冰裂纹。高5.6、口径7.4、足径3.6厘米（图六五，11）。

DT4①：54，已修复。灰白胎，青白釉泛灰黄色。高5.6、口径7、足径3.5厘米（图六五，13；图版四一，5）。

Cb型　46件。足墙高，足沿外撇。

DT5③：61，变形。外腹壁篦划一周云状纹。近底见积釉痕。外底足露胎处留黑褐色间隔痕。灰白胎，青白釉泛灰色。高6.2、口径7.6、足径3.5厘米（图六五，4）。

DT3③：60，变形。外腹壁篦划一周云状纹。局部留黄白色窑斑。灰白胎，青白釉泛灰色。高5.8、口径7、足径3.6厘米（图六五，5）。

DT3①：44，已修复。外腹壁篦划一周云状纹。口沿局部留灰黑色窑斑。外底足露胎处存灰褐色间隔痕。灰胎，足沿露胎处呈灰黄色，青白釉泛灰青色。高5.7、口径7.3、足径3.6厘米（图六五，6；图版四一，6）。

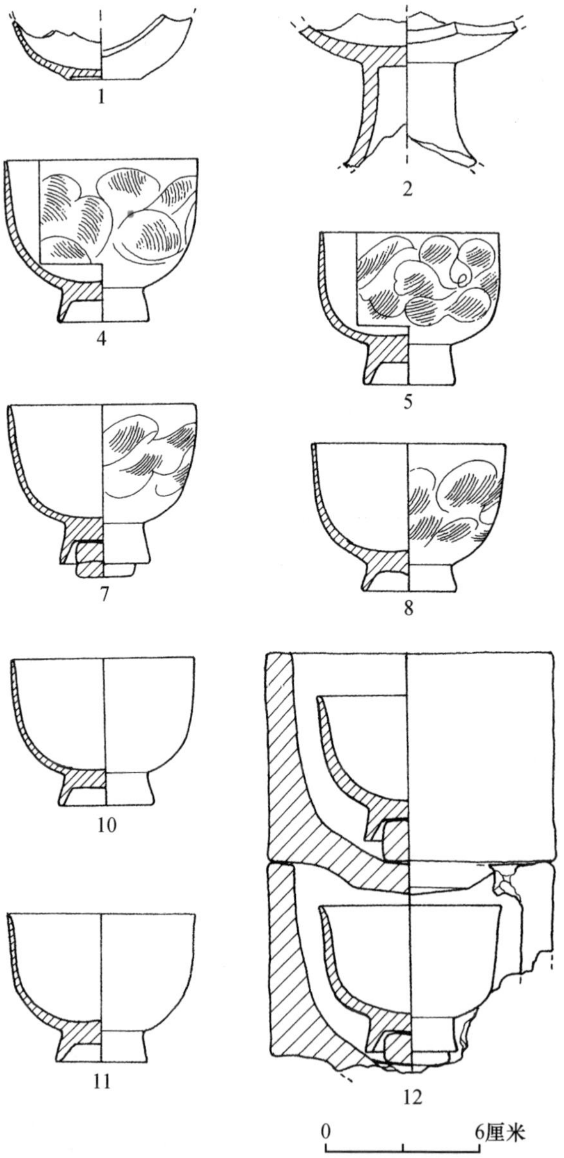


图六五　道塘里窑址青白釉瓷杯

1. A型（DT1①：18）　2. B型（DT3③：182）　3、8～11、13. Ca型（DT3①：20、DT5①：21、DT6②：13、DT2①：51、DT4①：26、DT4①：54）　4～7、12、14. Cb型（DT5③：61、DT3③：60、DT3①：44、DT3③：55、DT2②：2、DT2①：52）

DT3③：55，变形。外腹壁篦划一周云状纹。外底足露胎处粘存圆饼间隔具。白胎，青白釉。高6、口径7.4、足径3.6厘米（图六五，7；图版四一，7、8）。

DT2②：2，两件造型、大小相同的匣钵叠压，内部装青白釉杯。杯与匣钵之间采用扁平圆饼间隔具间隔。杯灰白胎，青白釉。高5.6、口径7.1、足径3.6厘米（图六五，12）。

DT2①：52，已修复。外壁近底见修坯痕。灰胎，青白釉泛灰白色。高6、口径6.7、足径3.5厘米（图六五，14）。

DT3③：6，已修复。外腹壁刻划一周菊花纹。外底足露胎处留黑褐色间隔痕，内底积釉严重。白胎，青白釉泛绿色，釉面开冰裂纹。高6.5、口径7.6、足径3.5厘米（图六六，1；图版四二，1）。

DT3③：62，已修复。口沿一侧粘匣钵片。外腹壁刻划一周菊花纹。局部留灰黄色窑斑，外底足露胎处存灰褐色间隔痕。细白胎，青白釉泛绿色，釉面莹润。高6.4、口径7.7、足径3.5厘米（图六六，2）。

DT3③：5，已修复。口沿局部粘匣钵片。外底足露胎处留黑褐色间隔痕。灰白胎，青白釉泛灰色。高6.6、口径7.6、足径3.4厘米（图六六，3）。

DT3③：219，已修复。外腹壁局部留灰色窑斑。外底足露胎处存黑褐色间隔痕。灰白胎，青白釉，足与底部连接处积釉严重。高6.5、口径7.6、足径3.4厘米（图六六，4；图版四二，2）。

DT5①：26，已修复。内壁局部留红黄色窑斑。外底足露胎处存灰黑色间隔痕。白胎，青白釉泛绿色。高6.2、口径6.7、足径3.3厘米（图六六，5；图版四二，3）。

DT3③：61，变形。外底足露胎处粘黑褐色间隔具。细白胎，青白釉泛绿色。高6.1、口径7.2、足径3.6厘米（图六六，6）。

DT3①：41，已修复。外腹壁局部留灰黑色窑斑。外底足存黑褐色间隔痕。白胎，青白釉。高6.2、口径7.2、足径3.4厘米（图六六，7）。

DT3③：57，已修复。内、外腹壁局部留灰色窑斑。外底足露胎处存红褐色间隔痕。白胎，青白釉泛灰色。高6.4、口径7.2、足径3.5厘米（图六六，8）。

DT5③：15，变形。口沿局部粘匣钵片，外腹壁见明显修坯痕。外底足露胎处粘存圆形紫褐色间隔具。白胎，青白釉。高6.4、口径7.2、足径3.3厘米（图六六，9）。

DT5①：24，已修复。外底足留灰黄色窑斑。白胎，青白釉泛淡绿色，釉面开冰裂纹。高6.3、口径7、足径3.5厘米（图六六，10；图版四二，4）。

DT5①：23，变形。口沿局部粘匣钵片，外底足露胎处存灰黑色间隔痕。细白胎，青白釉泛绿色。高6.5、口径7.7、足径3.4厘米（图六六，11）。

DT3③：66，可复原。杯子粘桶形匣钵内。匣钵与器物之间使用扁平圆形间隔具。匣钵直口，直腹壁，平底微凸。灰褐色夹砂胎，外壁局部存一层较薄的窑汗。杯白胎，青白釉。高5.8、口径7、足径3.4厘米（图六七，1）。

DT3③：46，较为完整。外腹壁局部存窑疤。细白胎，青白釉泛绿色。高6.1、口径6.8、足径3.2厘米（图六七，2；图版四二，5）。

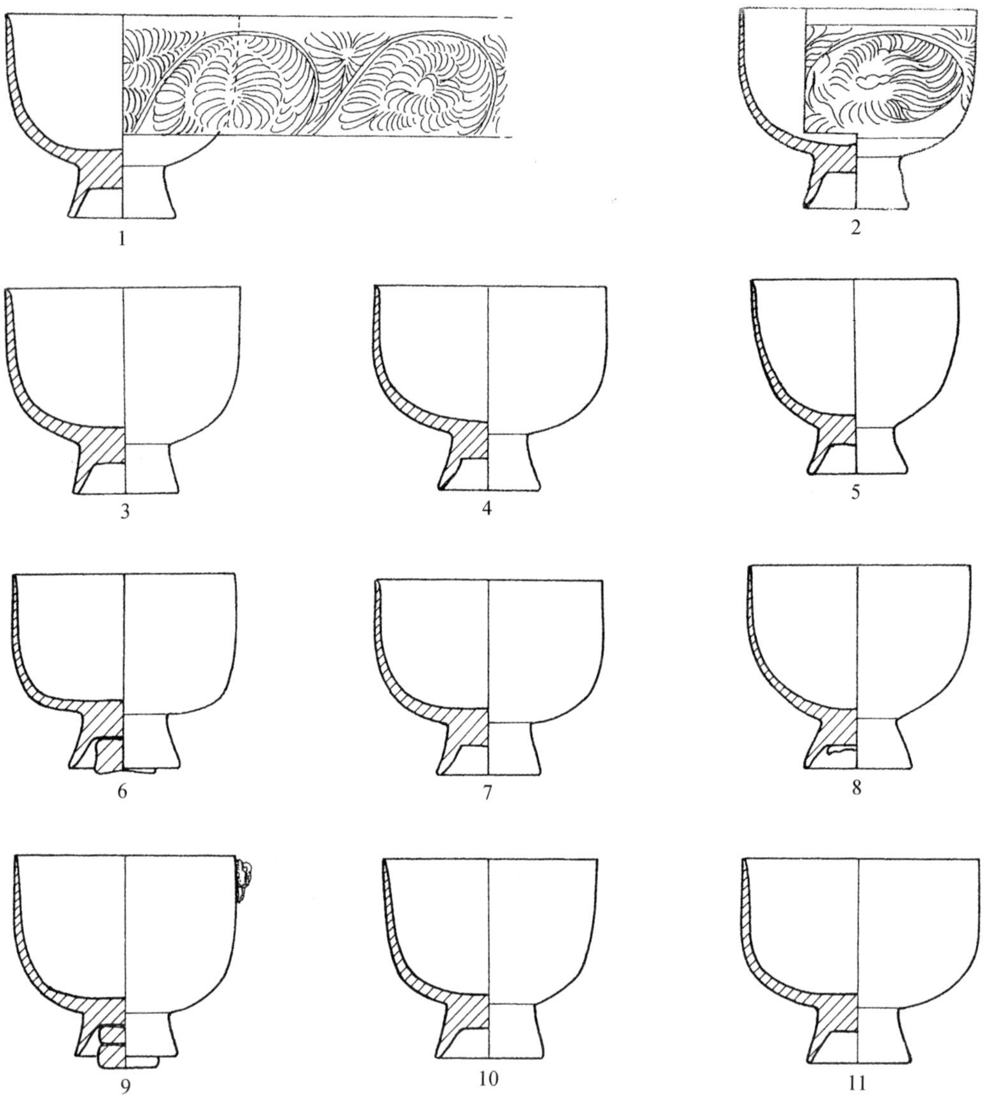


图六六　道塘里窑址Cb型青白釉瓷杯

1. DT3③：6　2. DT3③：62　3. DT3③：5　4. DT3③：219　5. DT5①：26　6. DT3③：61
7. DT3①：41　8. DT3③：57　9. DT5③：15　10. DT5①：24　11. DT5①：23

DT3③：47，口沿和外壁局部存窑斑。白胎，青白釉泛绿色，外底足连接处见明显积釉、留存灰褐色间隔痕。高6.3、口径6.8、足径3.4厘米（图六七，3）。

DT3①：30，匣钵内粘青白釉杯。匣钵与器物之间使用扁平圆形间隔具。匣钵灰褐色夹砂胎，外腹壁存较厚灰白色窑汗，外底粘存另外一个匣钵。杯白胎，青白釉泛灰青色。高5.6、口径6.6、足径3.2厘米（图六七，4）。

DT3③：54，已修复。白胎，青白釉泛绿色，釉面开冰裂纹。腹壁和外底足连接处见明显积釉。外底足露胎处留灰褐色间隔痕。高6.2、口径7.1、足径3.3厘米（图六七，5）。

DT3①：43，已修复。灰白胎，青白釉泛青色，釉面开冰裂纹。高4.9、口径6、足径2.9厘米（图六七，6；图版四二，6）。

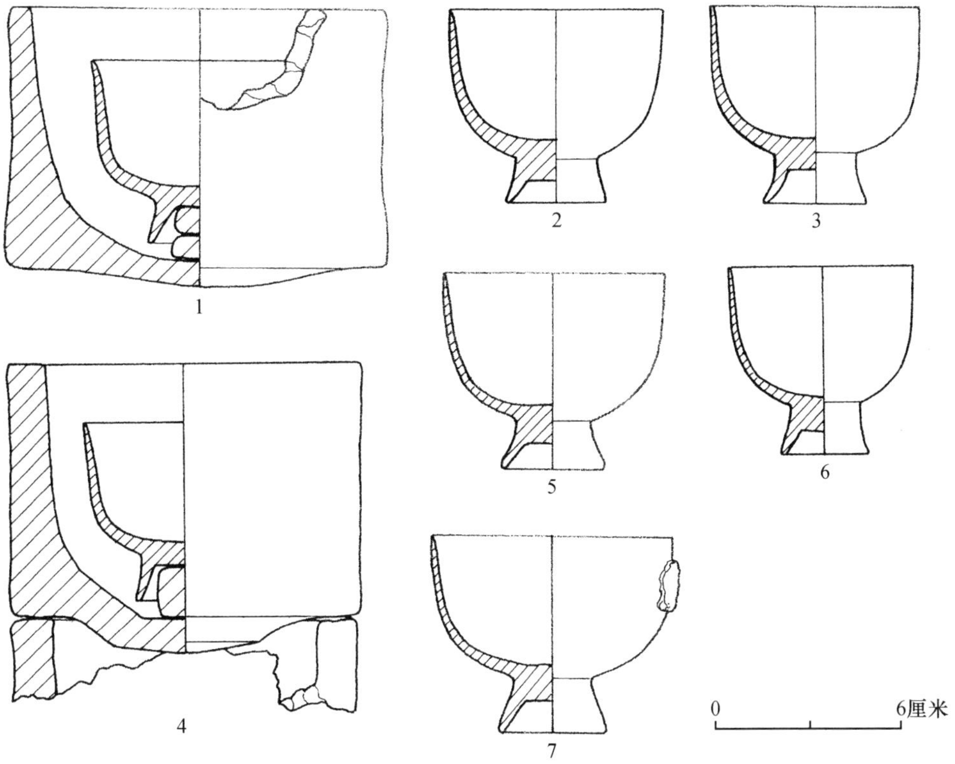


图六七　道塘里窑址Cb型青白釉瓷杯

1. DT3③：66　2. DT3③：46　3. DT3③：47　4. DT3①：30　5. DT3③：54　6. DT3①：43　7. DT2①：55

DT2①：55，已修复。外腹壁局部粘青白釉瓷片。灰白胎，青白釉，釉面开冰裂纹。高6.2、口径7.7、足径3.4厘米（图六七，7）。

Cc型　28件。足墙较高，足沿外撇严重。

DT3③：14，足略残。外腹壁见明显修坯痕，外底足露胎处存黑褐色间隔具。灰白胎，青白釉。高6、口径6.6、足径3.7厘米（图六八，1；图版四二，7、8）。

DT3①：39，口沿局部粘窑渣。白胎，青白釉。内壁釉面剥落，外壁与底足连接处有一周积釉。高6、口径6.1、足径3.1厘米（图六八，2；图版四三，1）。

DT3③：13，已修复。外壁局部粘窑疤。白胎，青白釉泛绿色。内底和外壁与底足连接处见明显积釉。外底足露胎处留灰褐色间隔痕。高6.1、口径6.2、足径3厘米（图六八，3）。

DT5②：1，已修复。外腹壁见明显修坯痕。内、外壁局部存灰黄色窑汗。外底足露胎处留灰黄色间隔痕。白胎，青白釉。高7.2、口径7.4、足径3.7厘米（图六八，4；图版四三，2）。

DT3①：53，已修复。外底足露胎处留灰褐色间隔痕。白胎，青白釉泛绿色。高6、口径7.5、足径3.4厘米（图六八，5）。

DT3③：51，变形。口沿局部粘黑褐色窑渣。近底足可见积釉痕。白胎，青白釉泛绿色。高6.2、口径7.2、足径3.3厘米（图六八，6）。

DT5①：28，下腹及底足部分。白胎，青白釉，外腹壁釉色泛绿，内壁釉呈黑色，为窑烟所致。残高5、足径3.7厘米（图六八，7）。

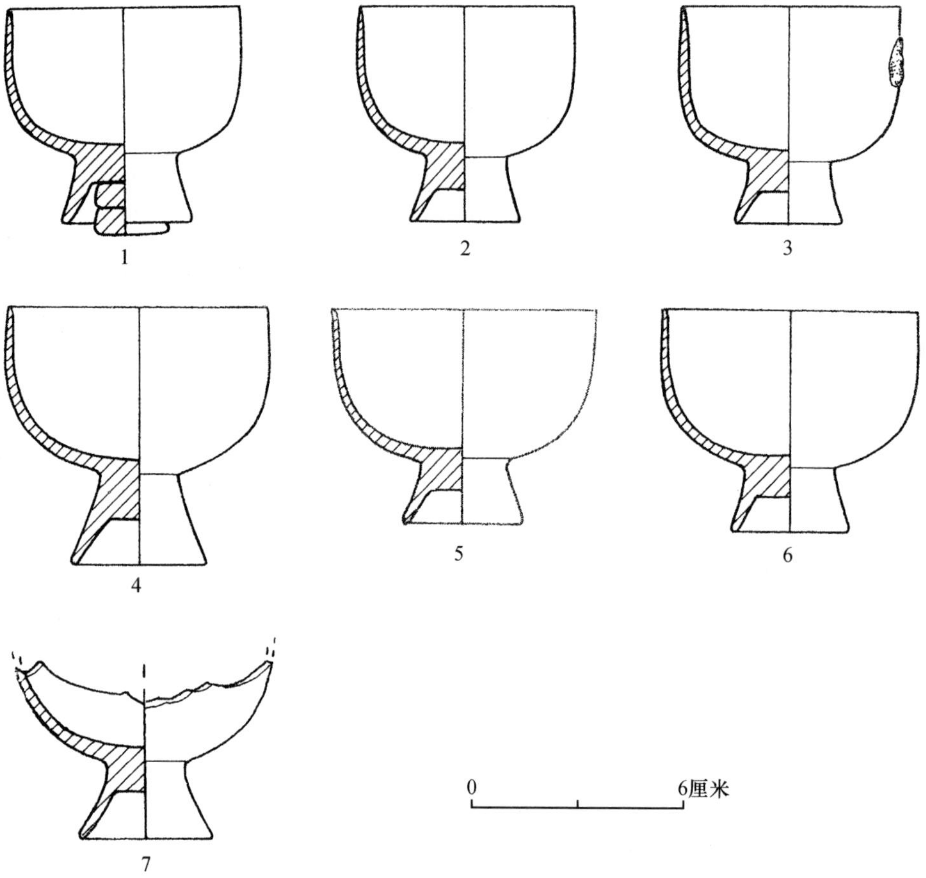


图六八　道塘里窑址Cc型青白釉瓷杯

1. DT3③：14　2. DT3①：39　3. DT3③：13　4. DT5②：1　5. DT3①：53　6. DT3③：51　7. DT5①：28

DT3③：191，三件大小造型相同的匣钵粘存，内部套青白釉杯。匣钵与器物之间使用扁平圆形间隔具。匣钵红褐色夹砂胎，外壁留存灰褐色窑汗。杯白胎，青白釉。高6.5、口径7.1、足径3.4厘米（图六九，1；图版四三，3）。

DT3③：29，两件大小造型相同的匣钵粘存，内装杯子。匣钵与器物之间使用扁平圆形间隔具。匣钵直口，直腹壁，平底微凸。灰褐色夹砂胎，外壁局部留存一层较厚的灰褐色窑汗。杯白胎，青白釉泛灰白色。高6.6、口径7.3、足径3.1厘米（图六九，2）。

DT3③：194，可复原。杯子粘存桶形匣钵内。匣钵直口，直腹壁，凸底。灰褐色夹砂胎。匣钵与器物之间使用扁平圆形间隔具。杯白胎，青白釉泛灰白色。高6.8、口径7.2、足径3.7厘米（图六九，3；图版四三，4）。

DT3③：30，四件大小造型相同的桶形匣钵粘存，匣钵内套青白釉杯。匣钵与器物之间使用扁平圆形间隔具。匣钵直口，直腹壁，凸底。红褐色夹砂胎，外壁局部存一层较薄的窑汗。杯白胎，青白釉泛灰色。高6、口径6.9、足径3.4厘米（图六九，4）。

DT2③：75，匣钵内壁粘青白釉杯。匣钵与器物之间使用扁平圆形间隔具。匣钵外壁留存较薄窑汗。杯白胎，青白釉泛灰色。高6.4、口径6.5、足径3厘米（图六九，5；图版四三，5）。

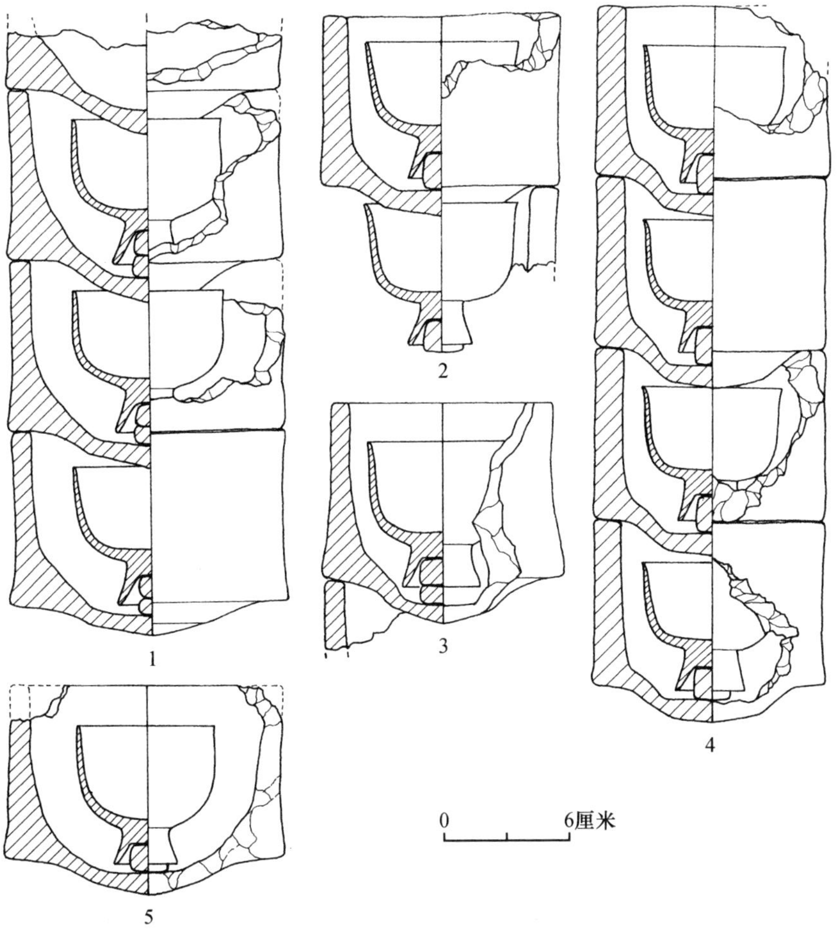


图六九　道塘里窑址Cc型青白釉瓷杯

1. DT3③：191　2. DT3③：29　3. DT3③：194　4. DT3③：30　5. DT2③：75

D型　7件。矮圈足。六缺葵口，圆唇，唇沿外斜折，外壁与口沿缺口对应处压凹槽，斜弧腹壁，内底圆弧。采用漏斗状匣钵装烧，坯件与匣钵之间采用圆饼间隔具。内壁满施、外壁不及底足施青白釉。

DT2②：84，已修复。内、外壁局部留存灰色窑斑。白胎，青白釉泛白色。高4.9、口径10、足径3.7厘米（图七〇，1；图版四三，6）。

DT1④：26，已修复。内壁局部留窑斑，外底足露胎处存灰黑色间隔痕。白胎，青白釉。高4.5、口径10.3、足径3.3厘米（图七〇，2）。

DT4①：5，内底粘匣钵底部，外壁局部存红黄色窑斑。白胎，青白釉。高4.5、口径9.7、足径3.7厘米（图七〇，3）。

DT2②：86，内底粘匣钵片，外壁局部存红黄色窑斑。白胎，青白釉。高4.3、口径10、足径3.8厘米（图七〇，4；图版四三，7、8）。

E型　1件。圈足，足墙高直。

DT3③：149，下腹及底足部分。外壁刻划缠枝菊花纹，外底足露胎处留圆形黑色间隔痕。白胎，内、外壁满施青白釉，釉泛绿色。残高4、足径5.6厘米（图七〇，5）。

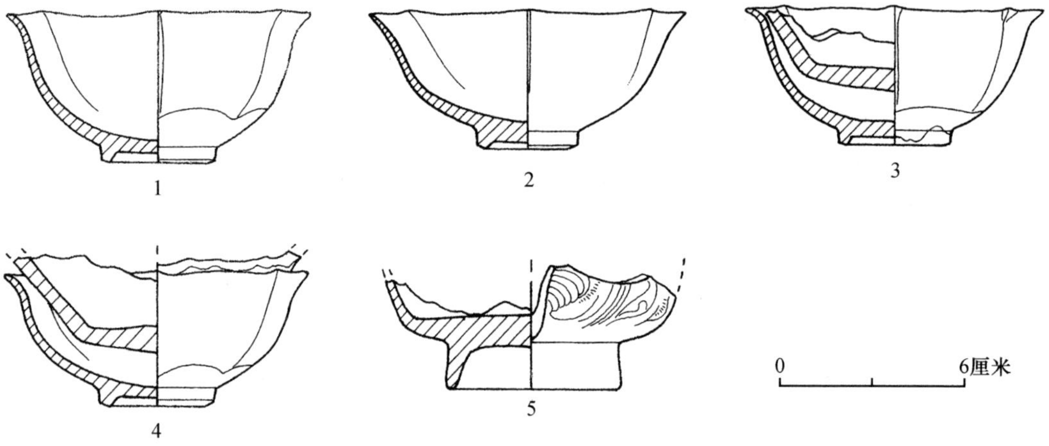


图七〇　道塘里窑址青白釉瓷杯

1～4. D型（DT2②：84、DT1④：26、DT4①：5、DT2②：86）　5. E型（DT3③：149）

**21. 炉**

1件。

DT1①：6，底足部分。喇叭状圈足，底沿外撇，外足墙有一周凸弦纹，外底足留黑褐色间隔痕。内、外壁施青白釉，仅圈足内露白胎。残高4.4、足径7.5厘米（图七一，3）。

**22. 枕**

4件。数量较少。依据整体分为三型。

A型　1件。实心，银锭状。

DT3③：1，已修复。枕面两端翘起，中间凹弧，平底，底部平坦。底部留黑褐色间隔痕。灰胎，胎体厚重不紧密，除底部外满施青白釉，釉灰暗呈青灰色，带少量芝麻状褐点。残长7～12.6、宽5.5～7、高7.7厘米（图七一，1；图版四四，1）。

B型　1件。枕面四出如意状，前低后高。

DT5③：41，存枕面部分。底部留承柱残痕。灰胎，枕面施青白釉，釉灰暗呈青灰色。残长14.2、残宽9.8厘米（图七一，5；图版四四，2）。

C型　2件。长方形。

DT3③：2，存枕面。枕面一组弦纹内划刻牡丹纹。灰白胎，外壁施青白釉，釉呈灰黄色。残长7、宽6厘米（图七一，2；图版四四，3）。

DT3①：101，存枕面。枕面一组弦纹内划刻纹样。灰白胎，外壁施青白釉。残长9、宽8厘米（图七一，4；图版四四，4）。

**23. 罐盖**

20件。依整体形态分为二型。

A型　5件。母口。盖面隆起呈弧拱状。依据盖沿分为二亚型。

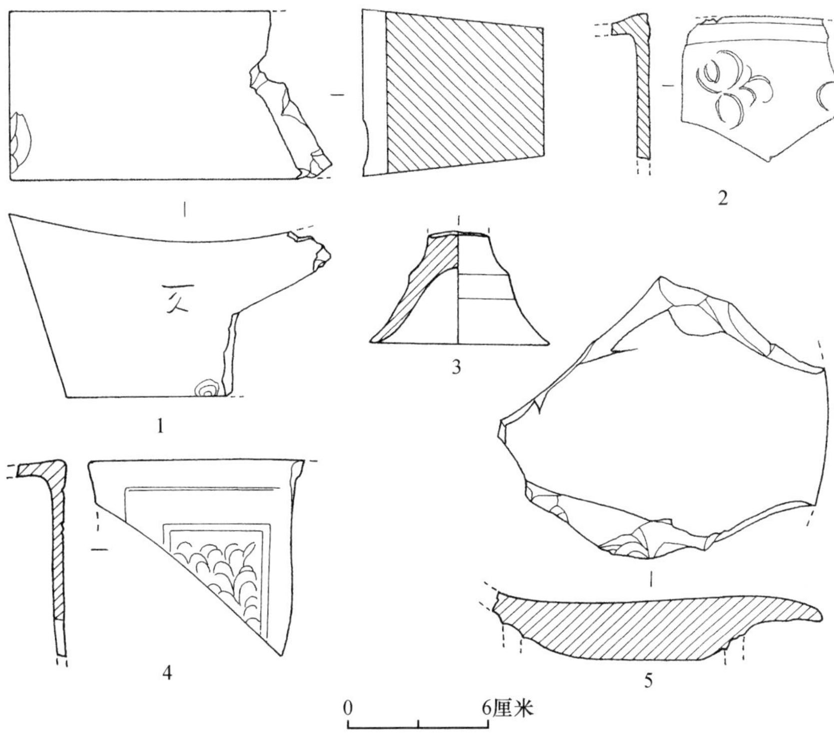


图七一　道塘里窑址青白釉瓷炉、枕

1. A型枕（DT3③：1）　2、4. C型枕（DT3③：2、DT3①：101）　3. 炉（DT1①：6）　5. B型枕（DT5③：41）

Aa型　1件。盖沿垂直。

DT2①：59，已修复。顶面中间平坦置茎梗纽。灰白胎，盖两面施青白釉，釉灰暗。高3.9、盖径11.8厘米（图七二，1；图版四四，5）。

Ab型　4件。盖缘平折，盖沿垂直。盖顶一周凸弦纹，内较平坦，中间置茎梗纽。盖两面施青白釉，内面中间露胎处存间隔具或间隔痕。有的盖面篦划云状纹。

DT2③：78，盖顶部分。盖面篦划云状纹。细白胎，青白釉泛绿色。残高2.8厘米（图七二，2）。

DT5③：117，纽残。灰白胎，青白釉呈灰黄色。残高3.4、盖径11厘米（图七二，3）。

DT3③：174，已修复。顶面中间置茎梗纽。盖面中部篦划云状纹。细白胎，青白釉泛绿色。高5、盖径12.4厘米（图七二，5；图版四四，6）。

DT2①：58，可复原。灰黄胎，青白釉呈青灰色，釉面开冰裂纹。残高3、盖径13厘米（图七二，6）。

B型　15件。子口。根据盖缘分为二亚型，本窑址有Bb型。

Bb型　15件。盖面圆隆，盖缘平折，下设子口。顶面中间置茎梗纽。盖两面施青白釉。

DT3③：44，已修复。灰胎泛白色，青白釉泛灰黄色。高3.7、盖径11.8、子口径9.4厘米（图七二，4；图版四四，7）。

DT1①：14，已修复。灰白胎，青白釉灰暗，呈青灰色。高3.9、盖径11.5、子口径9.3厘米（图七二，7）。

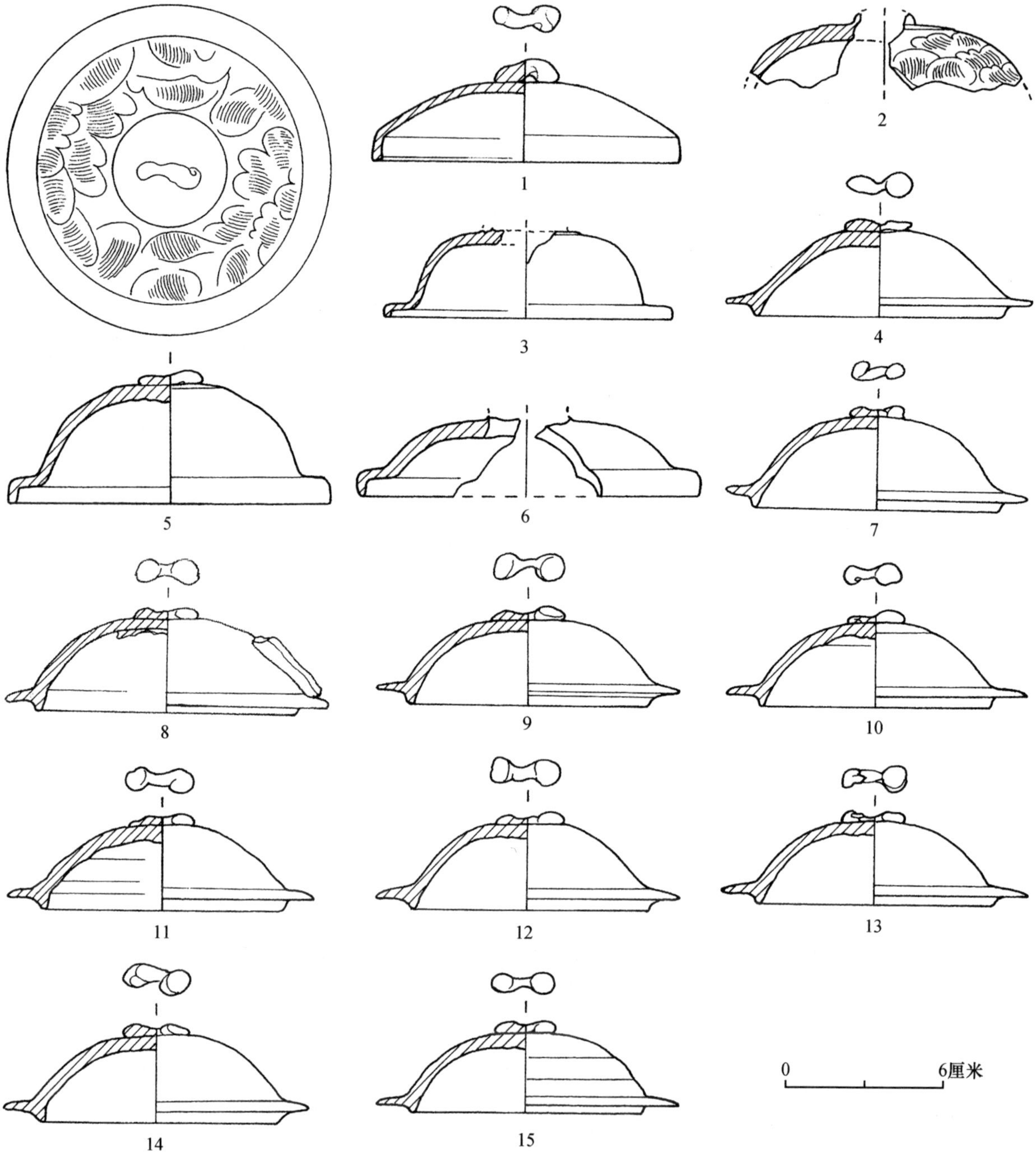

图七二　道塘里窑址青白釉瓷罐盖

1. Aa型（DT2①：59）2、3、5、6. Ab型（DT2③：78、DT5③：117、DT3③：174、DT2①：58）
4、7～15. Bb型（DT3③：44、DT1①：14、DT1①：7、DT3③：172、DT3③：168、DT3①：98、DT3①：99、DT5③：119、DT3③：169、DT3③：170）

DT1①：7，已修复。盖面粘存匣钵片。底面中间留圆形间隔痕。灰黄胎，青白釉呈灰黄色。高4、盖径12.5、子口径9.9厘米（图七二，8）。

DT3③：172，已修复。盖面见修坯旋削痕。灰胎，青白釉泛灰色。高3.8、盖径11.6、子口径9厘米（图七二，9；图版四四，8）。

DT3③：168，已修复。顶面局部留窑斑。盖面和底面见修坯痕，底面中间留圆形黑褐色间隔痕。灰胎，青白釉呈青灰色。高3.6、盖径11.5、子口径8.7厘米（图七二，10）。

DT3①：98，已修复。灰胎，青白釉灰暗。高3.6、盖径11.8、子口径9厘米（图七二，11）。

DT3①：99，已修复。灰胎，青白釉较灰暗。高3.7、盖径11.7、子口径9厘米（图七二，12）。

DT5③：119，已修复。盖面见规整修坯痕。灰胎泛黄白色，青白釉泛灰白色。高3.5、盖径11.6、子口径8.9厘米（图七二，13）。

DT3③：169，已修复。盖面和底面见修坯痕，底面中间留圆形黑褐色间隔痕。灰白胎，青白釉灰暗，呈青灰色。高3.7、盖径11.7、子口径9厘米（图七二，14）。

DT3③：170，已修复。盖面见修坯痕。灰黄胎，青白釉泛白色。高3.4、盖径11.6、子口径8.8厘米（图七二，15）。

**24. 瓶壶盖**

4件。依据整体形态分为四型，本窑址有A、C、D型。

A型　2件。碟状。盖面中部下凹，盖沿弧拱，个别稍平直。盖底无釉，盖面施青白釉。根据纽分为六亚型，本窑址有Ad型。

Ad型　2件。花苞状纽，以三瓣花苞居多，有的四瓣花苞。

DT1④：39，已修复。顶面置三瓣花苞纽。沿面边缘一侧留存圆管系痕。灰白胎，青白釉泛灰黄色，釉面开冰裂纹。高2.3、盖径7.8厘米（图七三，3；图版四五，1）。

DT2③：77，已修复。顶面中间置三瓣花苞纽。白胎，青白釉。高2.6、盖径9厘米（图七三，4；图版四五，2）。

C型　1件。实心，圆饼状。

DT3③：3，纽残。上、下两面均平，顶面中间塑纽。灰白胎，除底面外施青白釉，釉泛黄色，釉面开细冰裂纹。高2、盖径6.5厘米（图七三，1；图版四五，3）。

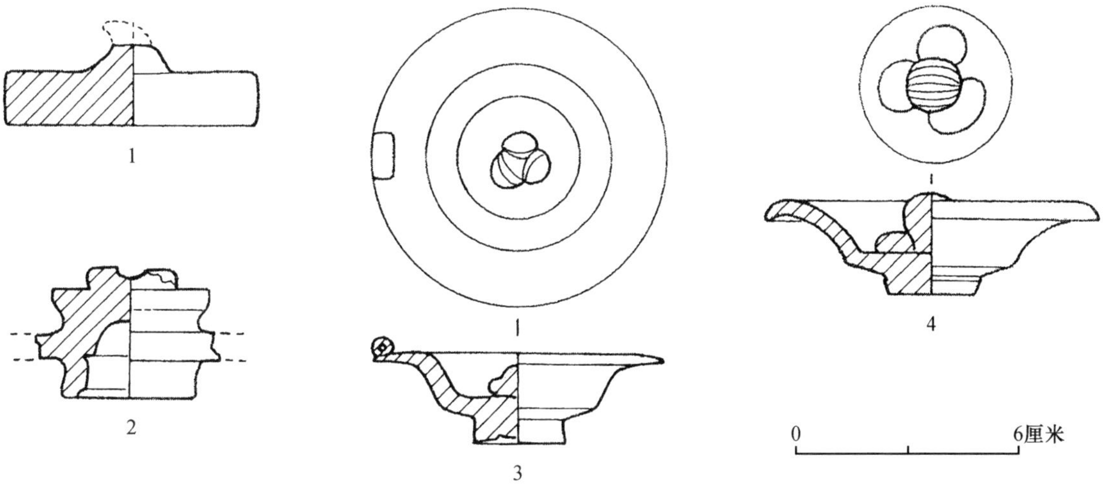


图七三　道塘里窑址青白釉瓷瓶壶盖

1. C型（DT3③：3）2. D型（DT2②：3）3、4. Ad型（DT1④：39、DT2③：77）

D型　1件。塔形。

DT2②：3，略残。圆柱状空心，平顶，顶面中间置茎梗纽，下设子口，盖沿平伸。灰白胎，盖面施青白釉。高3.4、直径4.7厘米（图七三，2；图版四五，4）。

## （五）素胎瓷

4件。仅见佛像。白瓷胎质。

DT1④：19，可复原。佛像手捧经书站立在椭圆形底座上，身前堆塑两条鱼。白胎。高9.6、底座直径4.6、最宽3.8厘米（图七四，1）。

图七四　道塘里窑址素胎瓷佛像

1. DT1④：19　2. DT1④：20

DT1④：20，可复原。圆脸，肥头大耳，佛像手捧经书站立在椭圆形底座上。衣纹刻划简洁，人物生动活泼。白胎。高10、底座直径4.5、最宽3.6厘米（图七四，2）。

DT1④：22，头部残。白胎。底径4.6、残高8.1厘米（图七五，1；图版四六，1）。

DT1④：23，左手、头及经卷残损。身披袈裟，站立在椭圆形座上，双手抬至胸前作手握经卷状。白胎。底径4.5、残高7.8厘米（图七五，2；图版四六，2）。

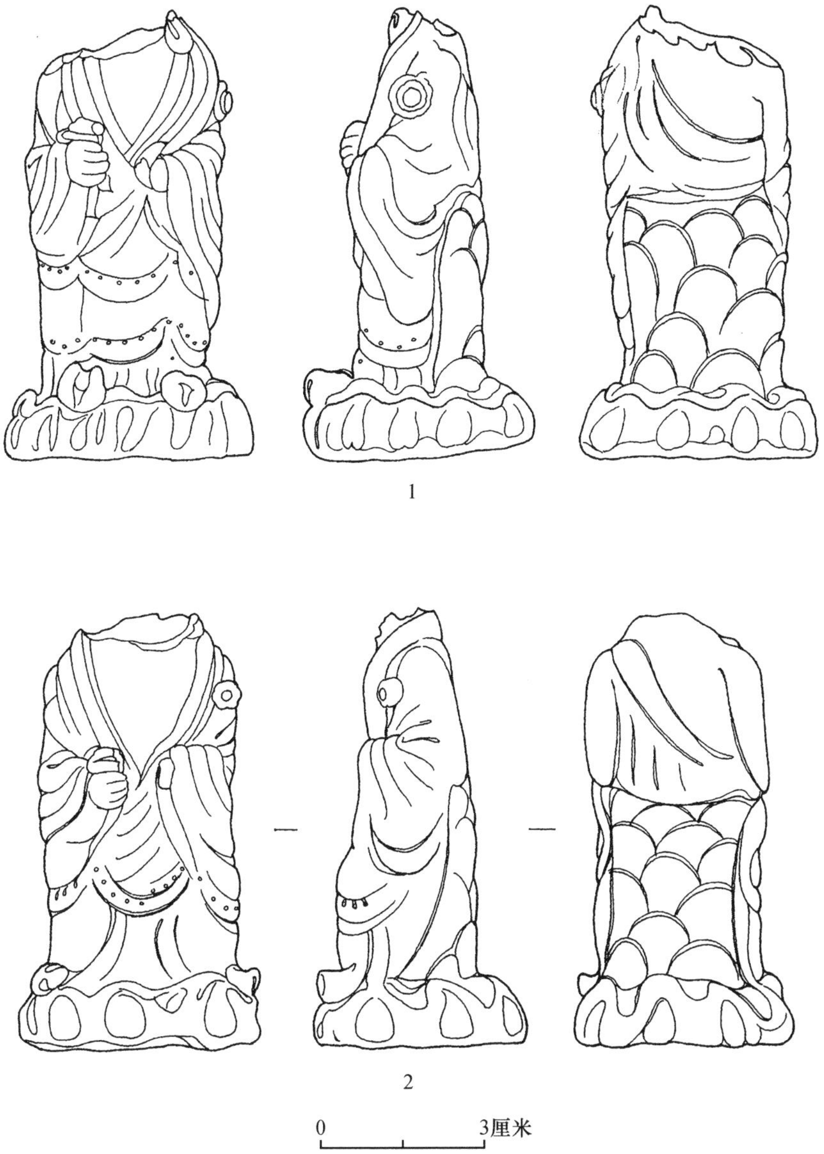


图七五　道塘里窑址素胎瓷佛像

1. DT1④：22　2. DT1④：23

## （六）制瓷工具

2件。仅发现拨手。

DT7①：1，可复原。扁担形底板中间置小碟，碟底刻一凹槽。胎体厚重，灰白胎，不细密。碟内施青白釉，器外局部挂薄釉，釉泛青色。碟口径8、残长10.7、高5厘米（图七六，1；图版四七，1、2）。

DT1④：33，可复原。长条形底板中间置放圆形碟，碟内底呈圆臼状，底足外凸。灰黄胎，胎质疏松。残长9.2厘米（图七六，2；图版四七，3、4）。

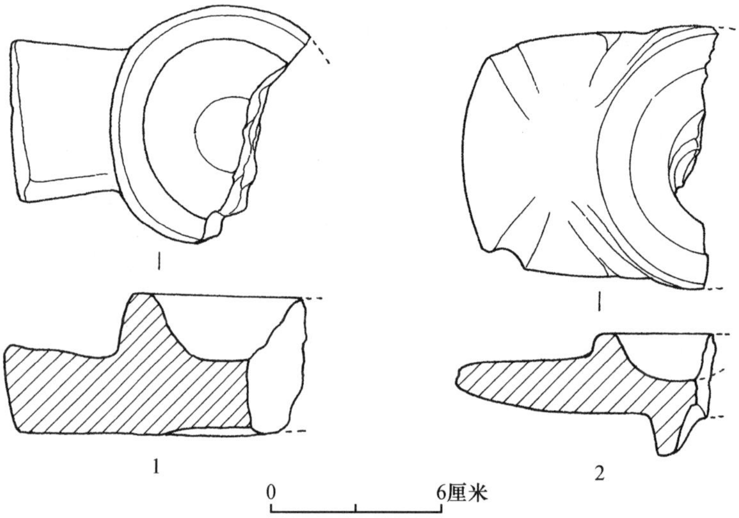


图七六　道塘里窑址瓷拨手

1. DT7①：1　2. DT1④：33

## （七）瓷质窑具

40件。有火照、垫钵、间隔具等。

### 1. 火照

30件。依据形态分为三型，本窑址有A、B型。

A型　7件。利用碗或盏底部旋削而成，浅圈足或圆饼足，中间挖一圆孔。胎质、釉色不一。

DT2②：21，浅圈足。灰黄胎，内壁施青釉，青白釉呈青灰色，生烧。直径5.4、孔径1.2厘米（图七七，1；图版四七，5中）。

DT2②：20，浅圈足。灰黄胎，内壁施釉，釉呈灰黑色，生烧。直径7.2、孔径1.5厘米（图七七，2；图版四七，5左）。

DT2②：22，浅圈足。灰白胎，内壁青白釉，积釉处呈墨绿色。直径6.4、孔径1.6厘米（图七七，4；图版四七，5右）。

DT2②：23，浅圈足。白胎，内壁施青白釉，釉面光泽度较高。直径6.7、孔径1.4厘米（图七七，3；图版四七，6左）。

DT3③：198，浅圈足。灰胎，胎质疏松，内壁施青灰釉，釉色不显，生烧。直径6.5、孔

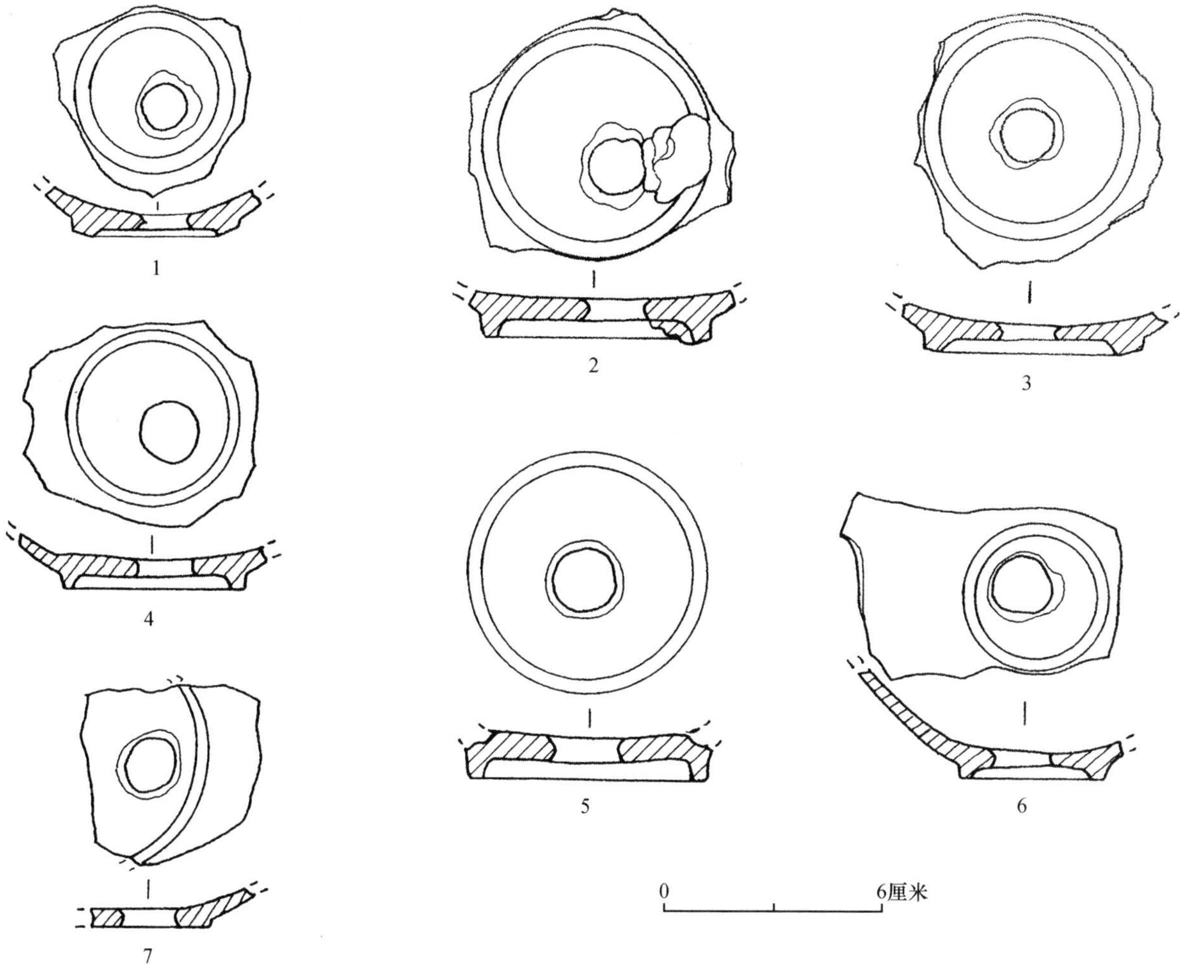


图七七　道塘里窑址A型瓷火照

1. DT2②：21　2. DT2②：20　3. DT2②：23　4. DT2②：22　5. DT3③：198　6. DT5③：130　7. DT5③：131

径1.7厘米（图七七，5；图版四七，6右）。

DT5③：130，浅圆饼足。灰黑色胎，釉色不显，生烧。最宽7.2、孔径1.6厘米（图七七，6）。

DT5③：131，浅圆饼足。灰黄色胎，内壁施青白釉，呈青灰色。最宽4.9、孔径1.4厘米（图七七，7）。

B型　23件。利用盏或碗口部残片。不同器物呈现唇口、敛口、撇口的区别。

DT3③：184，不规则多边形。变形。灰白胎，内、外壁青白釉，釉色泛青灰。最宽5、孔径1.3厘米（图七八，1；图版四七，7左）。

DT5③：124，不规则梯形。灰白胎，内、外壁青白釉，釉面粘细黑褐色窑砂。最宽5.1、孔径1.8厘米（图七八，2）。

DT5③：123，不规则梯形。白胎，内、外壁青白釉。最宽4.3、孔径1.8厘米（图七八，3；图版四七，7右）。

DT5③：125，不规则多边形。灰黄胎，内、外壁青白釉，釉呈灰青色，生烧。最宽5.4、孔径1.6厘米（图七八，4）。

DT2②：15，不规则梯形。灰黑胎，内、外壁灰黑釉，釉面粘满灰褐色窑渣。最宽4.6、孔径1.2厘米（图七八，5；图版四七，8左）。

DY1窑前工作室：36，不规则长方形。灰胎，内、外壁灰黑釉。最宽4.2、孔径1.3厘米（图七八，6）。

DF2：3，不规则梯形。灰黄胎，内、外壁灰黄釉，生烧。最宽5.1、孔径1.2厘米（图七八，7）。

DY1窑前工作室：32，不规则梯形。灰白胎，内、外壁青白釉，釉呈灰白色。最宽7、孔径1.4厘米（图七八，8）。

DT5③：127，不规则三角形。灰白胎，内、外壁青白釉，釉面落有窑渣。最宽5.6、孔径1.8厘米（图七八，9；图版四七，8右）。

DT2②：19，不规则梯形。外壁粘存窑渣。灰黄胎，内、外壁青白釉，釉呈灰青色。最宽5、孔径1.5厘米（图七八，10；图版四八，1左）。

DT2①：60，不规则长方形。外壁刻划莲瓣纹。白胎，内、外壁青白釉。最宽5.4、孔径1.4厘米（图七八，11；图版四八，2左）。

DT2②：17，不规则多边形。外壁刻划莲瓣纹。白胎，内、外壁青白釉。最宽6.1、孔径1.4厘米（图七八，12；图版四八，2右）。

DT5③：128，不规则梯形。外壁刻划莲瓣纹。灰黄胎，内、外壁青白釉，釉呈灰黄色。最宽4.5、孔径1厘米（图七八，13；图版四八，1右）。

DT5②：24，不规则梯形。外壁刻划莲瓣纹。内壁粘存窑渣。灰黄胎，内、外壁青白釉，釉呈灰黑色。最宽5.8、孔径1.4厘米（图七八，14；图版四八，1中）。

DT5③：129，不规则多边形。外壁刻划莲瓣纹。灰黄胎，釉色不显。最宽5.2、孔径1.2厘米（图七八，15）。

DT5③：126，三件不规则梯形火照相连。灰白胎，青白釉，釉呈灰青色。最宽5.4、孔径1.2厘米（图七八，16）。

**2. 垫钵**

2件。依据整体形态分为三型，本窑址有B型。

B型　2件。盘状。方唇，斜直腹壁，内壁一至四级垫阶，平底或平底微内凹。灰白色瓷胎。

DT1①：12，较为完整。内壁二级垫阶。高1.6、口径10.6、底径5厘米（图七九，1；图版四八，3）。

DT1①：13，较为完整。内壁二级垫阶。高1.2、口径9.9、底径5.4厘米（图七九，2；图版四八，4）。

**3. 间隔具**

8件。装烧坯件的辅助窑具，置放在坯件与匣钵之间。瓷胎。依据整体形态分为三型，本窑址有A、C型。

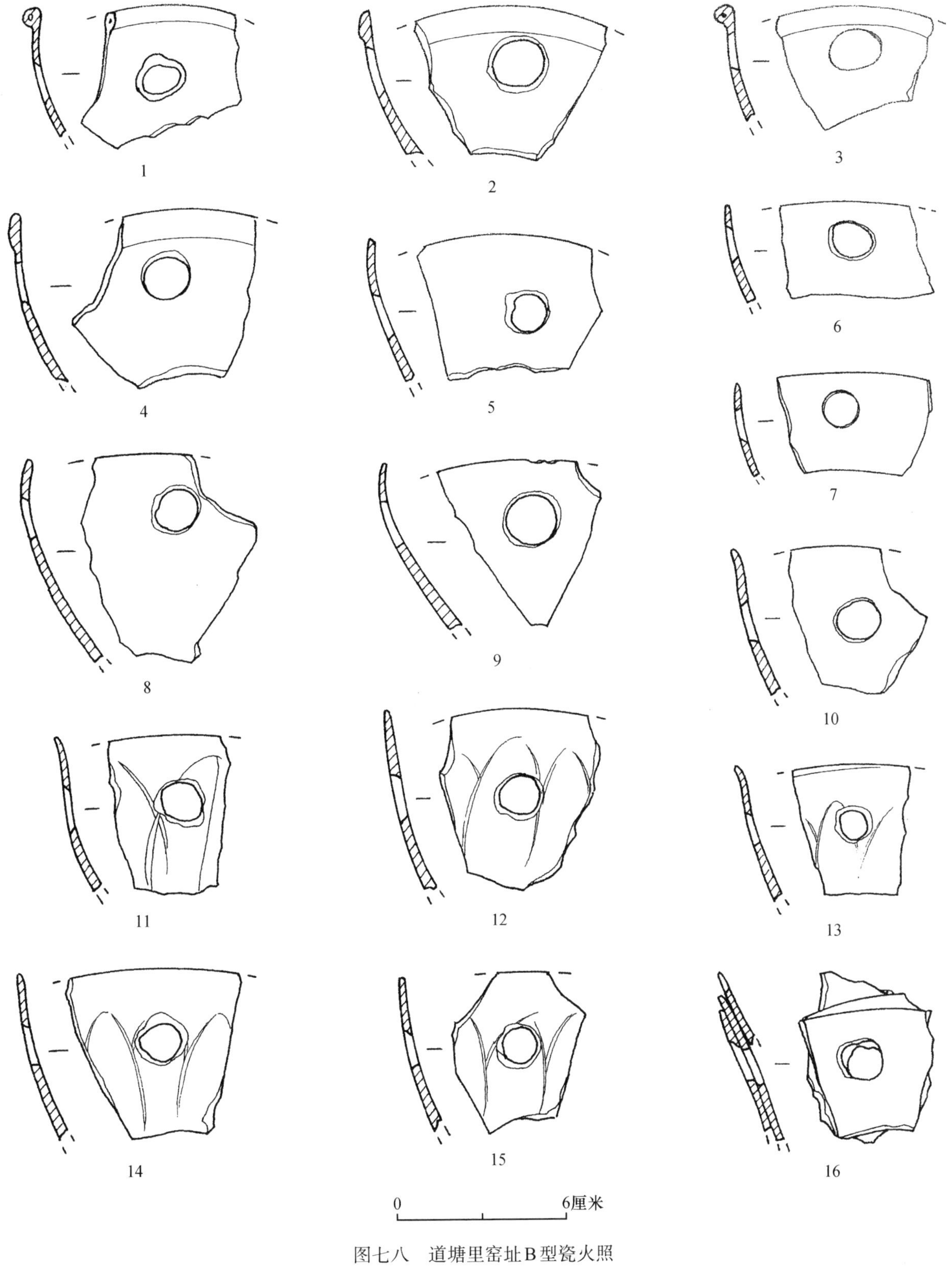


图七八　道塘里窑址B型瓷火照

1. DT3③：184　2. DT5③：124　3. DT5③：123　4. DT5③：125　5. DT2②：15　6. DY1窑前工作室：36　7. DF2：3　8. DY1窑前工作室：32　9. DT5③：127　10. DT2②：19　11. DT2①：60　12. DT2②：17　13. DT5③：128　14. DT5②：24　15. DT5③：129　16. DT5③：126

A型　1件。薄垫饼。

DT5③：133，较为完整。灰黄色胎。直径4.9、厚0.8厘米（图七九，3；图版四八，5）。

C型　7件。垫圈。

DT5③：132，基本完整。灰褐色夹砂胎。直径5.5、厚0.9、孔径2.1厘米（图七九，4；图版四八，6）。

DT2②：12，基本完整。灰白色胎。直径4.4、厚1.9、孔径1.8厘米（图七九，5；图版四八，7左）。

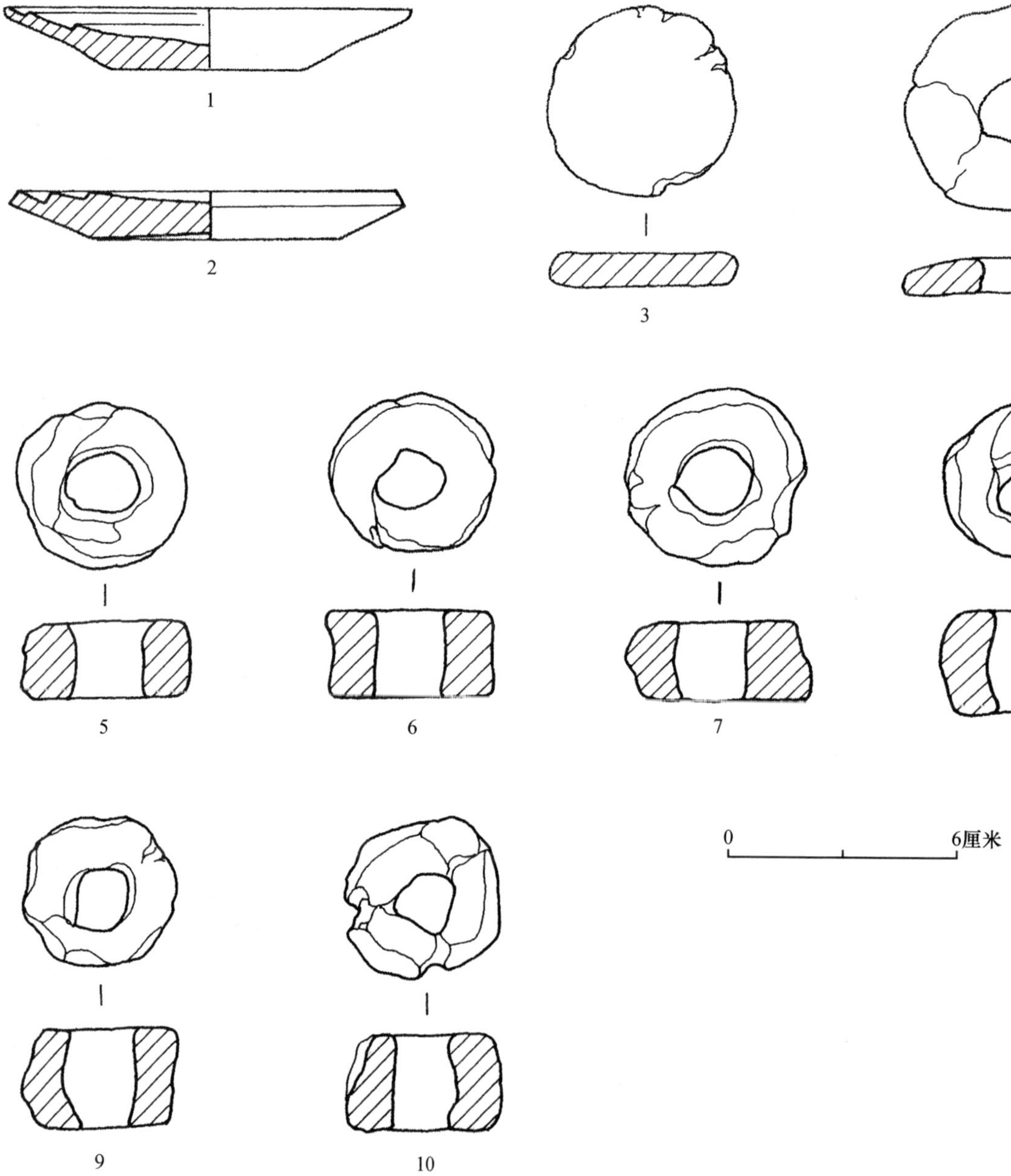


图七九　道塘里窑址瓷垫钵、间隔具

1、2. B型垫钵（DT1①：12、DT1①：13）　3. A型间隔具（DT5③：133）　4～10. C型间隔具（DT5③：132、DT2②：12、DT3④：8、DF2：4、DY1排烟室：4、DY1排烟室：3、DY1火膛：23）

DT3④：8，基本完整。灰白色胎。直径4.6、厚2.2、孔径1.8厘米（图七九，6；图版四八，7中）。

DF2：4，基本完整。灰白色胎。直径4.8、厚2、孔径1.8厘米（图七九，7；图版四八，7右）。

DY1排烟室：4，基本完整。灰白色胎。直径4.6、厚2.7、孔径2厘米（图七九，8；图版四八，8左）。

DY1排烟室：3，基本完整。灰白色胎。直径4、厚2.5、孔径1.8厘米（图七九，9；图版四八，8中）。

DY1火膛：23，基本完整。灰白色胎。直径4、厚2.4、孔径1.4厘米（图七九，10；图版四八，8右）。

## 二、陶　　器

67件。分为陶日常用具和陶质窑具等。

### （一）陶日常用具

7件。器形有盆、缸、青灰瓦、勾头等。

#### 1. 盆

4件。灰胎，黑皮。器形仅有盆类。

盆口沿　3件。圆唇，平折沿，直口，直腹壁。

DT3③：206，残高5.2、口径38.5厘米（图八〇，1）。

盆底　1件。

DT3③：207，平底。腹壁斜弧。内、外腹壁可见明显的拉坯旋削痕。残高5.6、底径24.6厘米（图八〇，2）。

#### 2. 缸

1件。

DT2①：27，口沿部分。凸唇，敛口，弧腹壁。淡紫红胎。残高5.4、口径35.8厘米（图八〇，3）。

#### 3. 青灰瓦

1件。

DT4⑤：37，可复原。长方形，青灰色，中间弧拱，凹面装饰布纹。残长7.4、宽9厘米（图八〇，4；图版四九，1）。

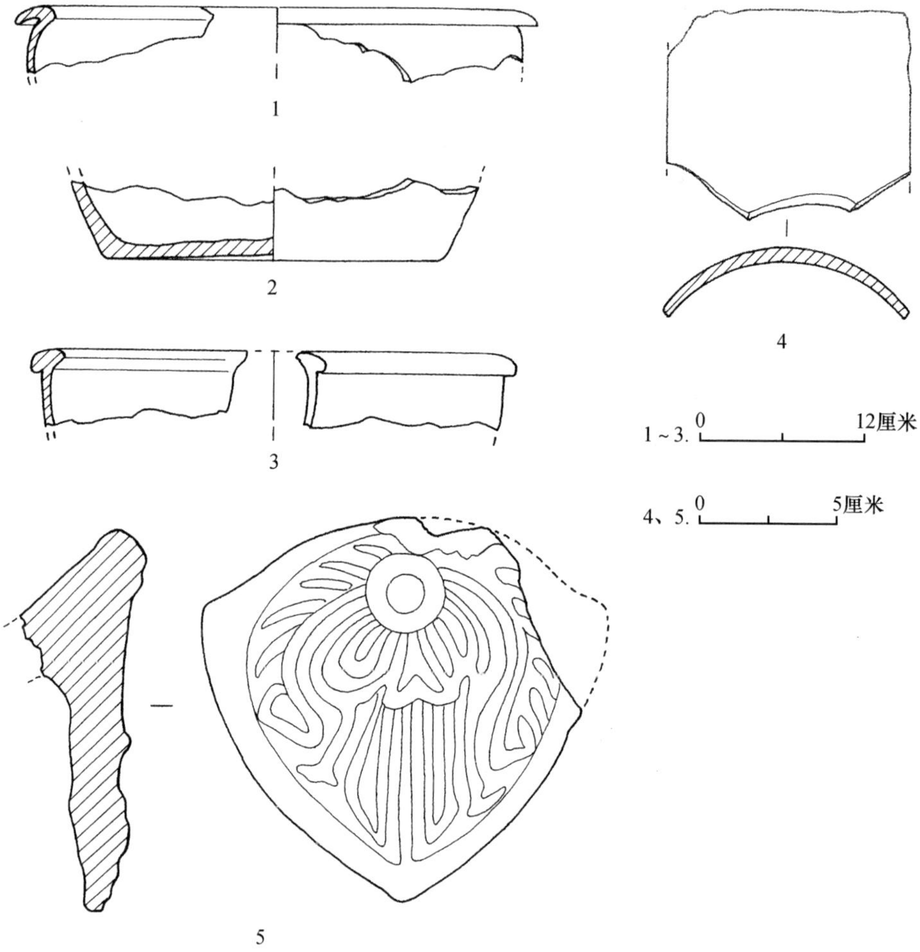


图八〇　道塘里窑址陶盆、缸、青灰瓦、勾头

1. 盆口沿（DT3③：206）2. 盆底（DT3③：207）3. 缸（DT2①：27）4. 青灰瓦（DT4⑤：37）5. 勾头（DT1①：2）

**4. 勾头**

1件。

DT1①：2，可复原。“心”字形，外侧模印莲瓣纹。青灰色陶质。最宽13、高13.7厘米（图八〇，5；图版四九，2）。

## （二）陶质窑具

60件。分为匣钵、匣钵盖、间隔具、窑撑、窑砖等。

**1. 匣钵**

14件。粗紫砂胎。依据形态分为五型，本窑址有A、C、D型。

A型　3件。矮桶形。方唇，腹壁较直，平底。

DT3③：196，变形。口沿内敛，腹壁中部微外鼓，外底边缘存一周窑疤。高10、口径18、底径18.4厘米（图八一，2；图版四九，3）。

DT4③：75，可复原。腹壁中部外鼓，内底平坦。外腹壁粘窑斑，外底边沿留匣钵痕。高17.6、口径16、底径15.8厘米（图八一，3；图版四九，4）。

DT3③：212，口部残损。内底平坦，留小块釉斑，外底粘青白釉酒台残片。残高4、底径17厘米（图八一，4）。

C型 9件。漏斗状。方唇，直口，腹壁上部较直，中腹以下内收，小平底。

DT4⑤：41，较为完整。外腹壁上部留一层较厚的黑褐色窑汗。高6、口径14.4、底径5厘米（图八一，5；图版四九，5）。

DT4⑤：42，较为完整。外腹壁上部留一层较薄的黑褐色窑汗，落有窑砂。内底粘一件青白釉碗，碗内底宽平，底腹连接处有一周凹弦纹，厚唇，斜弧腹壁，浅圈足，灰白胎，青白釉呈灰黄色。高9、口径20、底径7.4厘米（图八一，6；图版四九，6）。

DT4③：74，较为完整。内底中心留圆形黑褐色间隔痕，外腹壁上部留一层黑褐色窑汗，一侧粘存紫色窑泥。外底粘一件六瓣葵口青白釉圈足洗。洗外底粘圆饼间隔具。高7.6、口径16.8、底径7厘米（图八一，7；图版四九，7）。

DT2②：6，变形。内底留一圈窑疤。高7.2、口径15.2、底径5厘米（图八一，8；图版四九，8）。

DT3①：109，变形。外腹壁上部留一层较薄的窑汗。高8.4、口径17、底径7厘米（图八一，9）。

DT6②：1，可复原。外腹壁上部留一层较薄的黑褐色窑汗，口沿一侧粘存间隔泥托，内底粘莲瓣纹青白釉小碗。高9.6、口径19.2、底径6.3厘米（图八一，10；图版五〇，1）。

DT4①：53，可复原。外底粘一漏斗状匣钵。腹部一侧有窑裂，内底存圆饼间隔具，外腹壁上部留一层较厚的黑褐色窑汗。高7.9、口径18、底径6厘米（图八一，13）。

DT5①：30，可复原。腹壁一侧有窑裂。外腹壁和底部粘窑砂。高8.4、口径16、底径7.7厘米（图八一，1；图版五〇，2）。

D型 2件。深钵状。方唇，直口，上部呈桶形，腹部较深，近底内折收，底部外凸。

DT1①：5，口沿残。外腹壁刻划两道竖凹线。高8.8、直径11.6、底径4.5厘米（图八一，11；图版五〇，3）。

DT1①：1，已修复。外腹壁粘较厚的灰褐色窑汗，底部粘大块窑砂。高10、口径11、底径3厘米（图八一，12；图版五〇，4）。

**2. 匣钵盖**

18件。为防止窑顶落渣及焰火污染坯件，通常在一摞匣钵的最上面一件的口部置放遮盖物，即匣钵盖。依据形态分为二型。

A型 12件。盖面隆起。根据顶部分为二亚型。

Aa型 10件。顶部平坦。

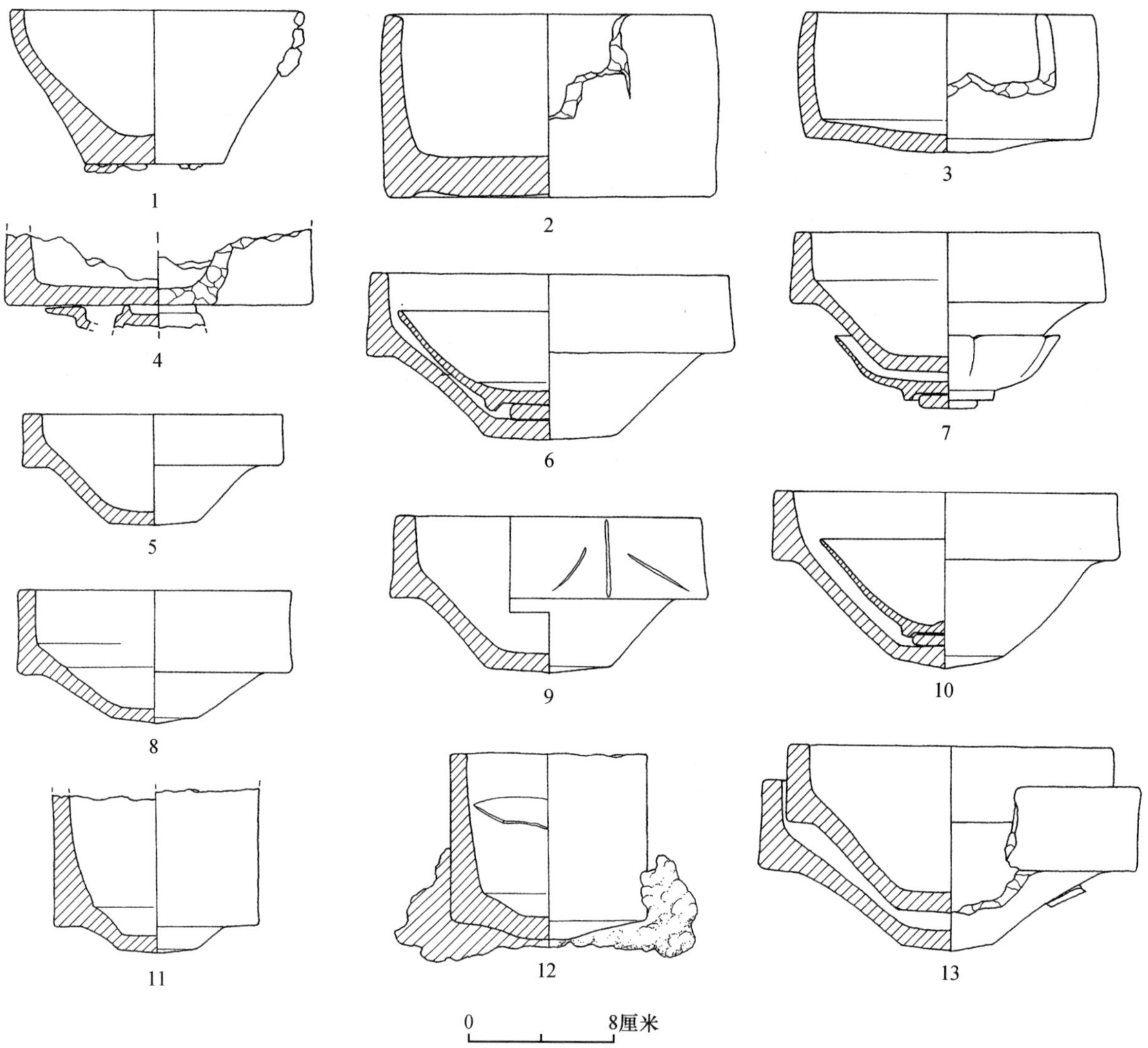


图八一　道塘里窑址陶匣钵

1、5～10、13. C型（DT5①：30、DT4⑤：41、DT4⑤：42、DT4③：74、DT2②：6、DT3①：109、DT6②：1、DT4①：53）
2～4. A型（DT3③：196、DT4③：75、DT3③：212）　11、12. D型（DT1①：5、DT1①：1）

DT2②：7，完整。盖面粘存窑砂和较薄的黑褐色窑汗，边沿存泥托。内侧局部刻划“×”形符号。紫褐色砂胎。高2.4、盖径14.5厘米（图八二，1；图版五〇，5）。

DT5③：121，可复原。顶面留一层较薄的窑汗，刻划符号。灰褐色夹砂胎。高2.8、盖径15.9厘米（图八二，2）。

DT3①：32，较为完整。内面留修坯旋削痕。灰黄色夹砂胎。高2.5、盖径12.4厘米（图八二，4）。

DT2③：7，可复原。顶面较薄的黑褐色窑汗上落一块窑渣。内面存一件内套青白釉小碗的漏斗状匣钵，匣钵外壁上部存较厚的黑褐色窑汗。灰黑色夹砂胎。高3.6、盖径19.4厘米（图八二，6；图版五〇，6）。

DT5③：122，有裂纹。内面刻划三道竖线，顶面较薄的黑褐色窑汗上粘窑渣。灰褐色夹砂胎。高4、盖径16厘米（图八二，7）。

DT1①：4，较为完整。内侧刻划四道竖线。灰黄色夹砂胎。高3.3、盖径13.2厘米（图八二，8；图版五〇，7）。

DY1火膛：25，较为完整。盖内侧一周弦纹内刻划双“×”形符号，顶面存三团窑渣。灰黄色夹砂胎。高4.6、盖径18厘米（图八二，9；图版五〇，8）。

DT5③：120，可复原。内面刻划“×”形符号，顶面较薄的黑褐色窑汗上粘存窑渣。灰黄色夹砂胎。高3.4、盖径18.9厘米（图八二，10）。

Ab型　2件。顶部隆起呈圆弧状。

DT4⑤：40，较为完整。盖面较厚的黑褐色窑汗上粘窑砂、青白釉瓷片、窑泥等。灰黄色粗砂胎。高2.2、盖径13厘米（图八二，3；图版五一，1）。

DY1火膛：6，边沿略残。顶面留较厚的黑褐色窑汗。黑褐色夹砂胎。高4、盖径16.2厘米（图八二，5；图版五一，2）。

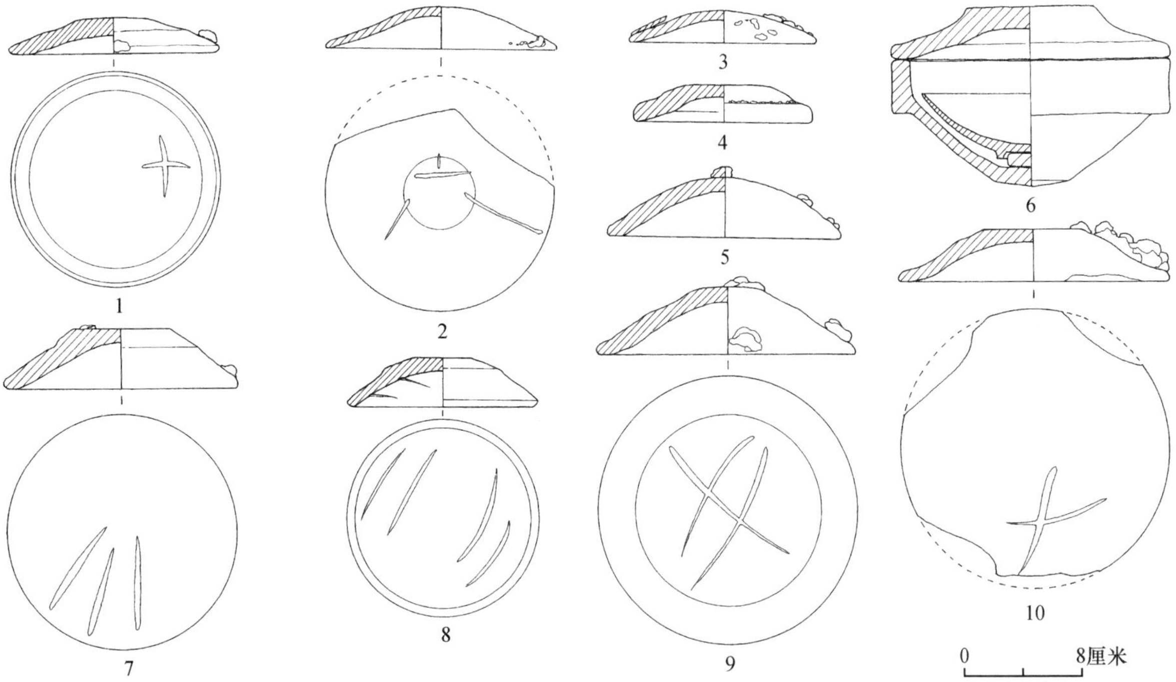


图八二　道塘里窑址陶匣钵盖

1、2、4、6～10. Aa型（DT2②：7、DT5③：121、DT3①：32、DT2③：7、DT5③：122、DT1①：4、DY1火膛：25、DT5③：120）　3、5. Ab型（DT4⑤：40、DY1火膛：6）

B型　6件。盖面下凹。

DT3①：112，略残。顶面黑褐色窑汗上落两块较大窑渣。黑褐色夹砂胎。高3.3、盖径15.4厘米（图八三，1；图版五一，3）。

DT4①：52，变形。顶面较薄的黑褐色窑汗上落两块窑渣，底面粘漏斗状匣钵。灰褐色夹砂胎。高4.4、盖径15.6厘米（图八三，2）。

DT2⑤：7，可复原。顶面较厚的紫褐色窑汗上落一大块窑渣。内面粘一件套莲瓣纹青白釉小碗的漏斗状匣钵。紫褐色夹砂胎。高2.8、盖径18厘米（图八三，3；图版五一，4）。

DT4⑤：39，可复原。底面中间呈平台状。顶面中心呈乳突状，一侧刻划“×”形符号。灰黄色夹砂胎，胎质疏松。高4.7、盖径21厘米（图八三，4；图版五一，5、6）。

DT2②：8，可复原。灰黄色夹砂胎。高3.2、盖径18.4厘米（图八三，5）。

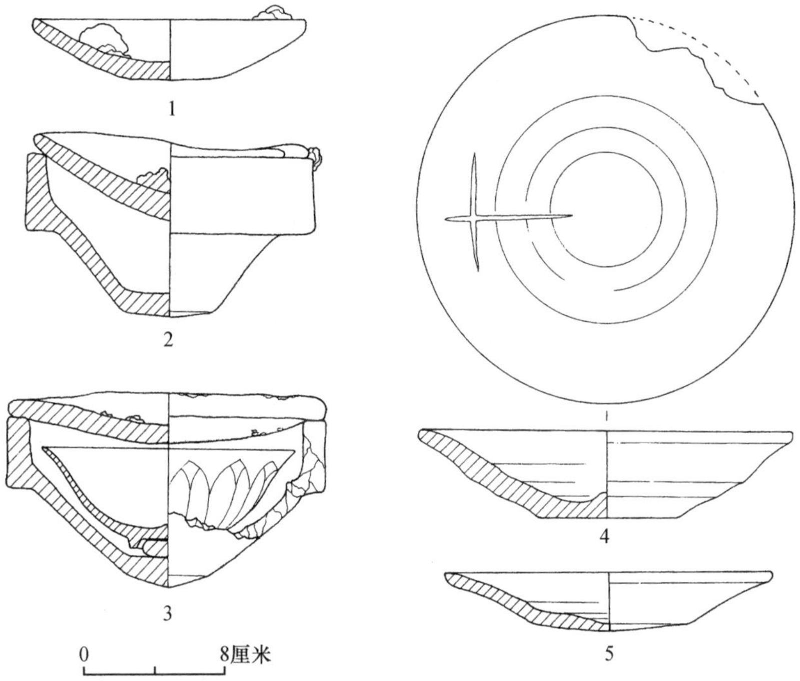


图八三　道塘里窑址B型陶匣钵盖

1. DT3①：112　2. DT4①：52　3. DT2⑤：7　4. DT4⑤：39　5. DT2②：8

### 3. 间隔具

17件。依据整体形态分为三型，本窑址有A、B型。

A型　13件。扁平圆饼形。

DT2②：11，较为完整。灰黄色夹砂胎。直径4.3、厚1.4厘米（图八四，1；图版五一，7左）。

DT2①：62，完整。黄褐色夹砂胎。直径4.7、厚1.3厘米（图八四，2；图版五一，7中）。

DT2①：61，完整。灰褐色夹砂胎。直径4.8、厚1.3厘米（图八四，3；图版五一，7右）。

DT5③：134，完整。灰黄色夹砂胎。直径5、厚0.7厘米（图八四，4；图版五一，8左）。

DT2①：67，完整。灰褐色夹砂胎。直径4.3、厚1.5厘米（图八四，5）。

DT6②：14，完整。灰褐色夹砂胎。直径5.5、厚2.5厘米（图八四，6；图版五一，8右）。

DT2①：63，完整。灰褐色夹砂胎。直径4.5、厚1.3厘米（图八四，7）。

DT2①：64，完整。淡红色夹砂胎。直径5、厚1.3厘米（图八四，8）。

DT3①：104，完整。紫褐色夹砂胎，较厚实。直径4、厚1.4厘米（图八四，9）。

DT2①：68，完整。灰褐色夹砂胎。直径3.4、厚1厘米（图八四，10）。

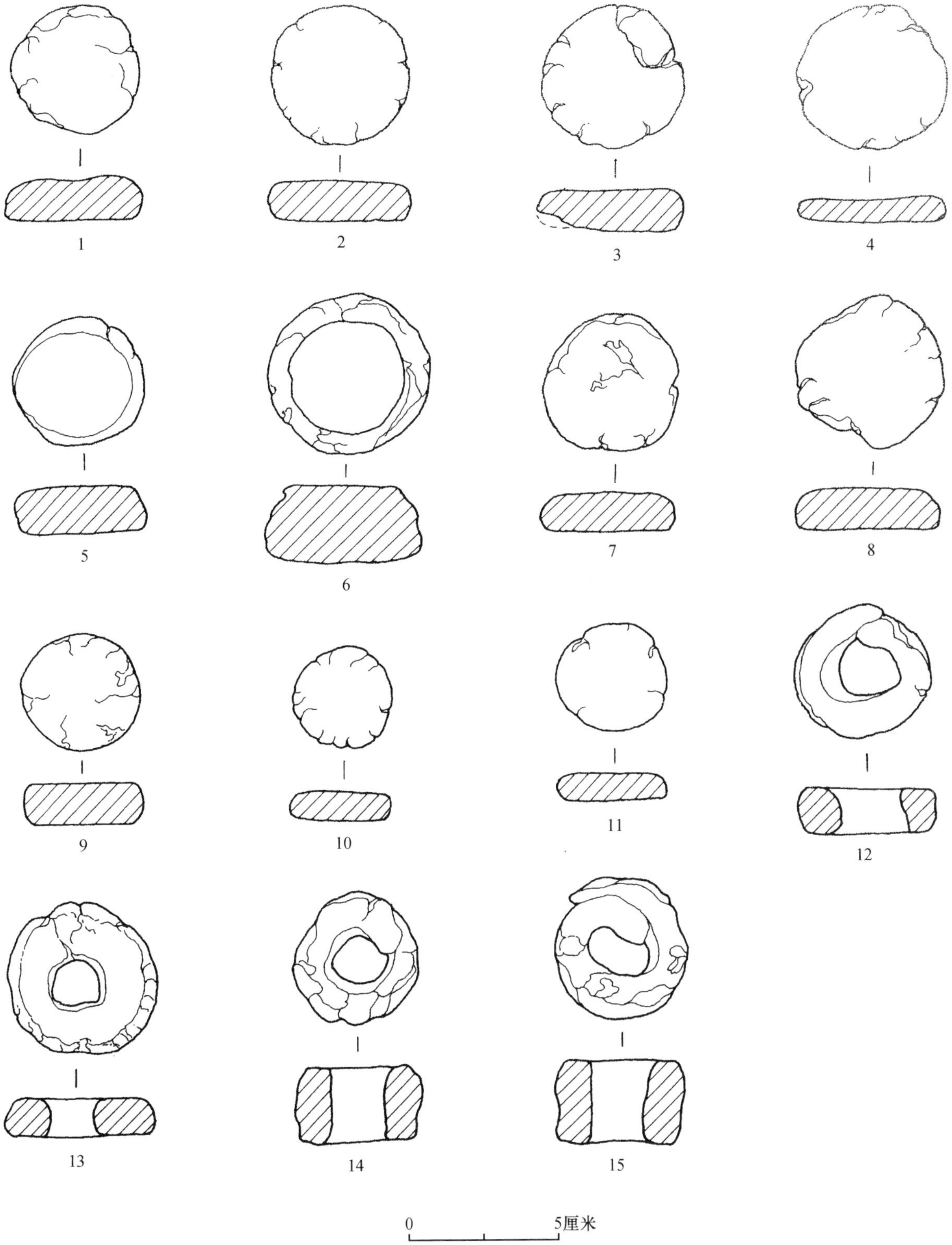


图八四　道塘里窑址陶间隔具

1～11. A型（DT2②：11、DT2①：62、DT2①：61、DT5③：134、DT2①：67、DT6②：14、DT2①：63、DT2①：64、DT3①：104、DT2①：68、DT3①：103）　12～15. B型（DT5③：135、DT2①：69、DT3①：105、DT3①：106）

DT3①：103，完整。紫褐色夹砂胎，较薄。直径3.8、厚1厘米（图八四，11）。

B型　4件。圆圈形。

DT5③：135，完整。灰褐色夹砂胎。直径4.6、孔径1.9、厚1.6厘米（图八四，12；图版五二，1左）。

DT2①：69，完整。灰褐色夹砂胎。直径5、孔径1.5、厚1.2厘米（图八四，13；图版五二，2左）。

DT3①：105，完整。灰褐色夹砂胎。直径4.4、孔径1.8、厚2.4厘米（图八四，14；图版五二，2右）。

DT3①：106，完整。灰褐色夹砂胎。直径4.6、孔径1.9、厚2.6厘米（图八四，15；图版五二，1右）。

**4. 窑撑**

10件。不规则“工”字形，两端较大，端面较平。中间有明显的手捏痕。

DT2③：12，完整。灰黑色胎。长11.8、中径5厘米（图八五，1；图版五二，3）。

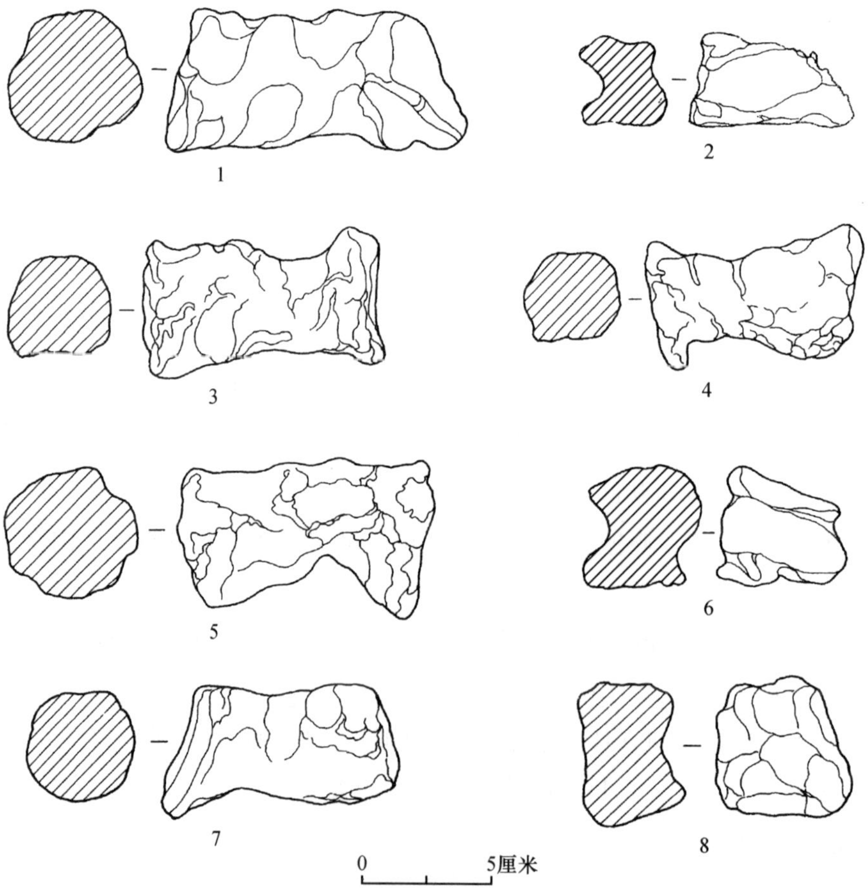


图八五　道塘里窑址陶窑撑

1. DT2③：12　2. DT3④：6　3. DT4③：73　4. DT4③：72　5. DT4③：71　6. DT3④：7　7. DT4⑤：38　8. DY1火膛：24

DT3④：6，完整。灰白色胎。长6.2、中径3.3厘米（图八五，2）。

DT4③：73，完整。灰黄色夹砂胎。长9.3、中径4厘米（图八五，3；图版五二，4）。

DT4③：72，完整。外壁留较薄的黑色窑汗。黑紫胎。长8、中径3.6厘米（图八五，4；图版五二，5）。

DT4③：71，完整。灰黄色夹砂胎。长10、中径5厘米（图八五，5）。

DT3④：7，完整。灰白色胎。长4.8、中径4厘米（图八五，6）。

DT4⑤：38，完整。紫褐色夹砂胎。长9.3、中径4.1厘米（图八五，7）。

DY1火膛：24，完整。灰白色胎。长5.2、中径3.7厘米（图八五，8）。

**5. 窑砖**

1件。平面呈梯形。

DT5③：177，较完整。砖红色，大端呈砖红色，小端呈紫红色。长24、宽13.6、厚5.4厘米（图八六，1；图版五二，6）。

## 三、铜　　器

4件。有铜钱和铜镜。

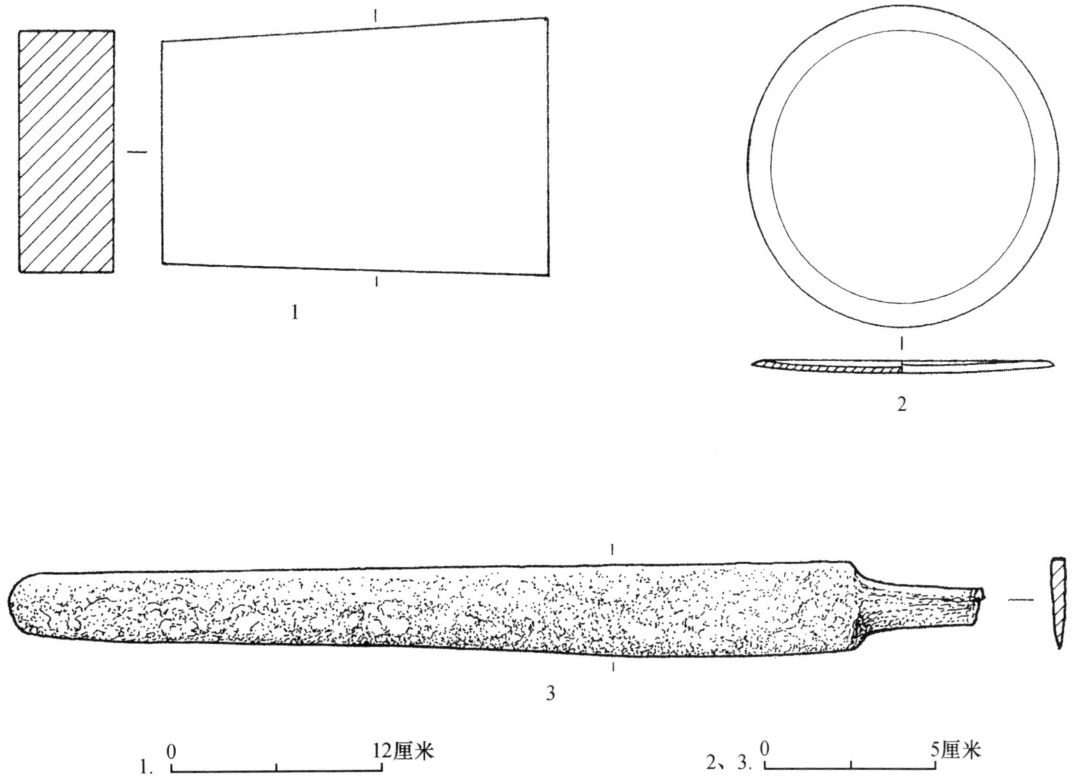


图八六　道塘里窑址陶窑砖、铜镜、铁刀

1. 陶窑砖（DT5③：177）　2. 铜镜（DT1②：53）　3. 铁刀（DT2③：80）

**1. 铜钱**

3件。圆形方孔铜钱。腐朽严重，多数无法辨读，只有少数依稀可辨铭文。

DT4⑤：5，“开元通宝”铭文。锈蚀严重，表面满施深绿色铜锈（图版五二，11）。

DT1②：2，“至和元宝”四字旋读，篆书。光背（图版五二，9）。

DT1②：3，“元丰通宝”，四字旋读，篆书。光背（图版五二，10）。

**2. 铜镜**

1件。

DT1②：53，可复原。圆形，镜缘较窄，凸起，镜很薄，中间置浅纽。直径9、厚0.2厘米（图八六，2；图版五二，7）。

## 四、铁　　器

**铁刀**

1件。

DT2③：80，肩平，长条状。表面锈蚀严重。紫黑色。残长28、宽2.6、厚0.4厘米（图八六，3；图版五二，8）。

# 第四章　铜锣山窑址

## 第一节　地 理 位 置

铜锣山窑址位于景德镇市昌江区竟成镇银坑村银坑小学西面后山叶家坞西侧铜锣山山坡上（图四），西南面约414米就是前章所述的道塘里窑址，与道塘里窑址同处小坞里大山坳，东距银坑坞小学约600米，山坳东侧的急溪水汇入银坑坞村溪流，共同流入南河支流。在银坑坞村通往南河的外出道路上至今保留有“大碓下”地名，可能是古代陶工利用水资源舂碓瓷土的地方。

## 第二节　考古发掘概况

铜锣山窑址于20世纪80年代由景德镇市文物工作者发现。《景德镇市文物志》一书记载其为银坑坞古瓷窑遗址13处堆积之一。银坑坞古瓷窑址分布在银坑坞的5个自然村和八角湾水库周边的蓝家井、郑家坞、白庙下、红庙下、草坦上、叶家坞铜锣山，总面积约2.2万平方米。大部分窑址分布在三面环山的银坑坞四周，而铜锣山窑址位于银坑坞西侧的小坞里叶家坞，行政上归属银坑坞村管辖。铜锣山窑址遗物有青白釉瓷圈足盏、唇口高足碗、侈口高足碗、斗笠碗、平底碟、水盂、莲瓣纹碗、莲瓣纹大足盘及少量盏托等，窑具以支钉、垫饼和匣钵装烧为主，兼有支圈覆烧，其中青白釉瓷圈足盏见四个小垫痕，是支钉装烧向垫饼装烧过渡的一种装烧形式，作者推测时间当在北宋早期①。《景德镇古窑址》②一书则把铜锣山窑址从银坑坞窑址中独立分离出来，在《珠山区古窑址》章节中分列银坑坞古瓷窑址和铜锣山古瓷窑址两个条目。从小地理环境看，铜锣山窑址不在银坑坞小山坳。

铜锣山为一馒头状山包（图版五三，1），高出银坑坞村约100米，山坡上散布残瓷碎片及窑具，南北长60、东西宽32米，面积近2000平方米，窑业堆积十分丰富，堆积最厚处约3米。为支持高速公路的基本建设，2006年2～4月江西省文物考古研究所会同景德镇民窑博物馆对景德镇环城高速公路南环段公路途经的铜锣山窑址（公桩号为K14）进行了抢救性的考古发掘（图版五三，2）。在公路穿过窑址的范围内布10米×12米探方3个（编号为YT1、YT2、

---

① 景德镇市文化（文物）局：《景德镇市文物志》，2007年，第39页。

② 景德镇市政协文史和学习委员会：《景德镇古窑址》，江西高校出版社，2018年，第38～65页。

YT3）、5米×15米探方1个（编号为YT4），探方方向为北偏西5°，其间YT1向西扩2米，发掘面积459平方米（图八七），清理作坊遗迹1处、练泥池1个，出土了一批青白釉、青釉、黑釉瓷器和窑具。

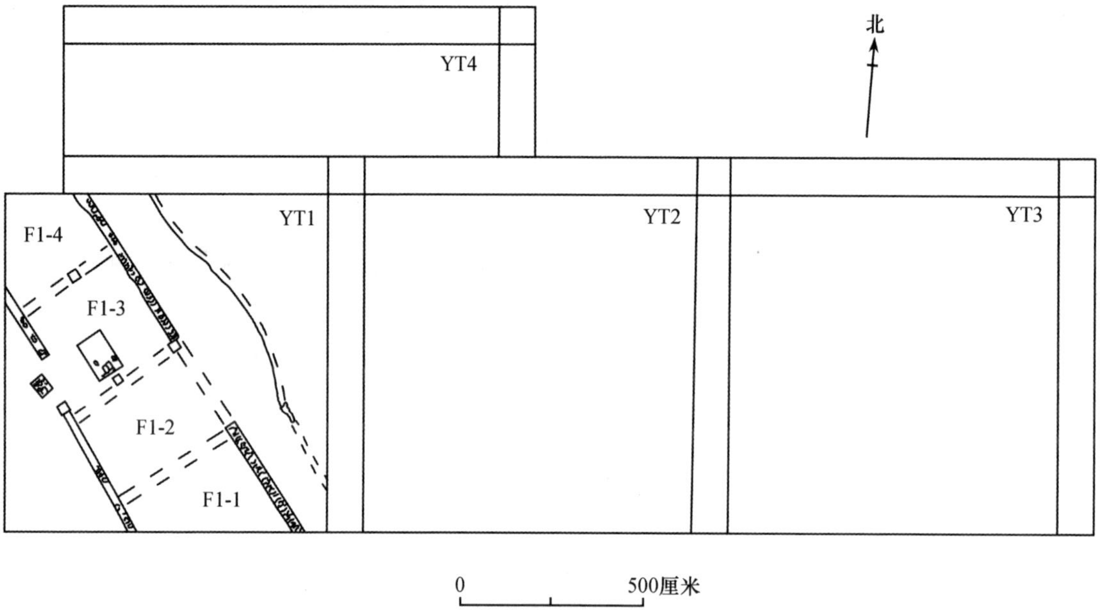


图八七　铜锣山窑址探方和遗迹分布图

# 第三节　地层堆积

整个发掘区的堆积依据窑址所处的北高南低、西高东低的地势特点呈现北部、西部较薄和南部、东部较厚的特征。地层依据土质土色，结合包含物统一划分，地层共4层，各探方略有不同，YT1、YT4划分3层，YT2、YT3划分4层。现以YT2南壁、YT3东壁为例加以说明。

## 一、YT2南壁地层堆积

YT2地层堆积分4层（图八八）。

第1层：厚0.05～0.3米。灰黑色土，质地紧密，夹杂小石块，包含青白釉瓷碗、碟等。本层覆盖整个探方，呈斜坡状，西北部堆积较厚。

第2层：深0.05～0.3、厚0～0.25米。灰黄色土，质地较疏松，夹少量红烧土颗粒，包含匣钵、瓷器碎片及窑渣等，器形有碗、碟等。主要分布于探方的东部，呈斜坡状堆积。

第3层：深0.1～0.55、厚0～0.6米。米黄色土，质地疏松，包含较多匣钵碎片、瓷器碎片

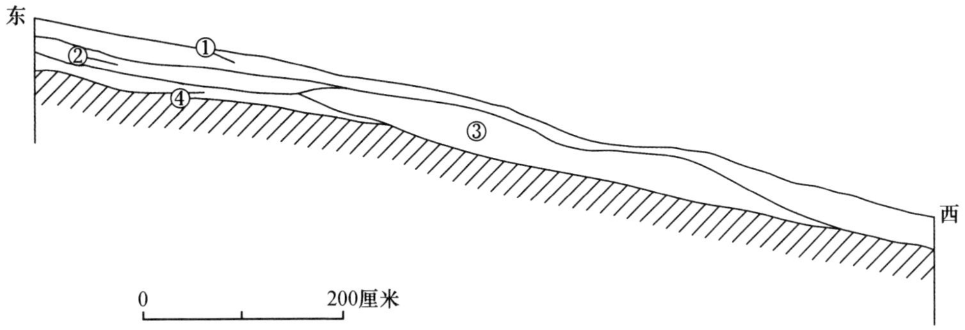


图八八　铜锣山窑址YT2南壁剖面图

和垫饼，器形以碗、碟为主。分布于探方中部，呈缓坡状堆积。

第4层：深0.1～0.6、厚0～0.15米。红褐色土，土质较硬，质地较紧。包含瓷器和匣钵碎片，夹有红烧土和窑砖，器形以碗为主。分布于探方东部。

## 二、YT3东壁地层堆积

YT3地层堆积分4层（图八九）。

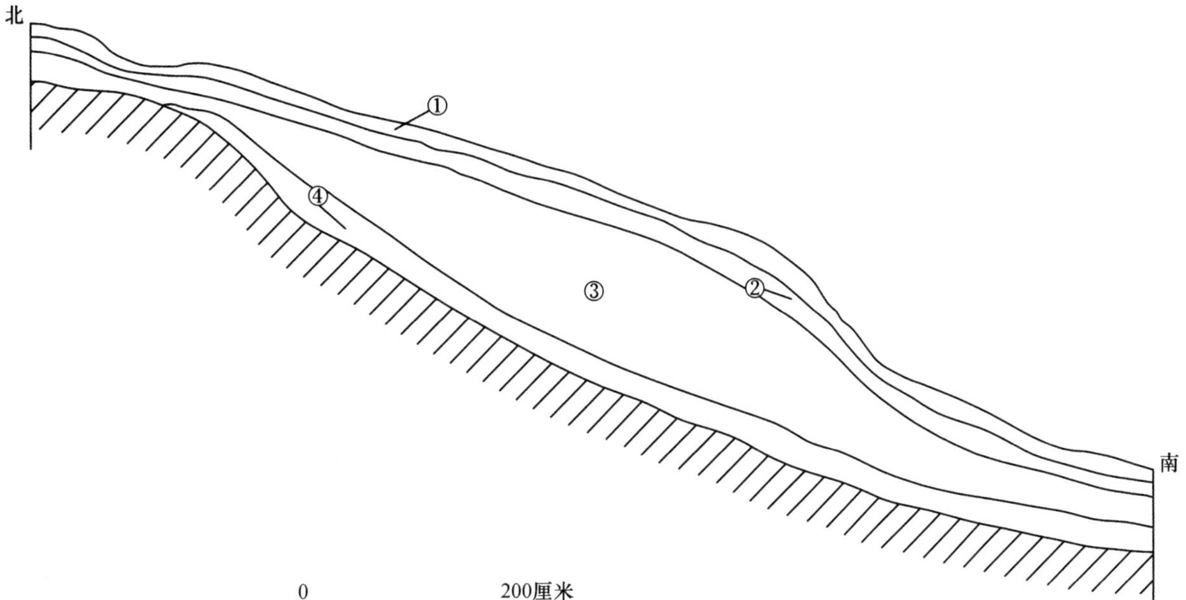


图八九　铜锣山窑址YT3东壁剖面图

第1层：厚0.05～0.2米。灰黑色土，草皮层，土质紧密。包含破碎的匣钵、垫饼、窑渣及青白釉瓷片，器形以碗、碟为主。本层覆盖整个探方，其中东北和南部较厚，西北部较薄。

第2层：深0.05～0.2、厚0.05～0.25米。灰黄色土，土质较疏松，夹有少量红烧土颗粒。包含匣钵、瓷器碎片及窑渣等，器形主要有碗、碟等。本层覆盖整个探方，其中东南部较厚，西北部较薄。

第3层：深0.1～0.3、厚0.1～1.2米。米黄色土，土质疏松，夹有少量红烧土颗粒。包含匣钵、垫饼、青白釉瓷片及窑渣等，器形有碗、碟等。地层堆积顺着山势呈斜坡状，中部较厚。

第4层：深0.15～1.6、厚0～0.3米。红褐色土，土质较硬。包含青白釉瓷片和匣钵碎片，夹有红烧土、带窑汗的窑砖等，器形有碗、碟等。本层堆积顺山势呈斜坡状，东北部不见本地层。

## 第四节　遗　　迹

揭露作坊1处，练泥池1个。

### 一、作　　坊

1处。编号为2006·J·Y·F1，现简称为YF1。

YF1位于景德镇银坑村铜锣山西侧山脚平地上，分布在YT1内，坐东北朝西南，背靠铜锣山，面向铜锣坪（图九〇；图版五四，1、2）。

YF1开口于第3层下，叠压在生土上。平面呈长方形（图版五五，1），平地起建。主要由东、西两堵墙组成（图版五五，2），东墙基用匣钵残片竖砌两排而成，每排匣钵残片按同一方向砌，匣钵间缝隙填泥土，残长13、宽0.3～0.4、残高约0.1米。西墙基用青砖横向平铺，仅剩一层，长8.3、宽0.3、残高0.06米，其中北段残长2.9米，南段残长5.4米。在东墙外0.8～2.2米处顺山体用石块和匣钵沿山坡砌有挡土墙，残长12、宽0.2、残高0.3米。在挡土墙与东墙基之间存一层青灰瓦片，可能为路面或兼有散水功能。墙基中有由麻石、青砖或匣钵砌的柱础，编号为ZC1～ZC6。受客观条件的限制，没有全部揭露，不过仍可看出YF1有四开间，间与间之间的隔墙无存，从南向北依次编号为YF1-1～YF1-4。

YF1-1是YF1最南一间，揭露不完整，南北最长4、东西最宽4.4米。东墙基即是YF1的东墙基南段，长4米；南墙基未揭露；西墙基即YF1西墙基的南段，长1米；北隔墙即YF1-1与YF1-2之间的隔墙，不见墙体。在东墙基与北墙基相接处有柱础ZC1，呈方形，由两块麻石组成，长0.48、宽0.41、残高0.15米。

YF1-2处于YF1-1与YF1-3之间，南北长3.1、东西宽4.3米。东、南、北墙基不明显；西墙基即YF1西墙基的南段，长3米。墙角有3个柱础ZC1、ZC2、ZC3，其中东墙基与北隔墙拐角处的柱础ZC2，呈方形，由青砖砌成，长约0.34、残高0.06米；西墙基北端的柱础ZC3，呈方形，由一块青石铺垫，长约0.33、宽约0.32、残高0.2米。

YF1-3处于YF1-2与YF1-4之间，南北最长3.2、东西最宽4.1米。东墙基即YF1东墙基的

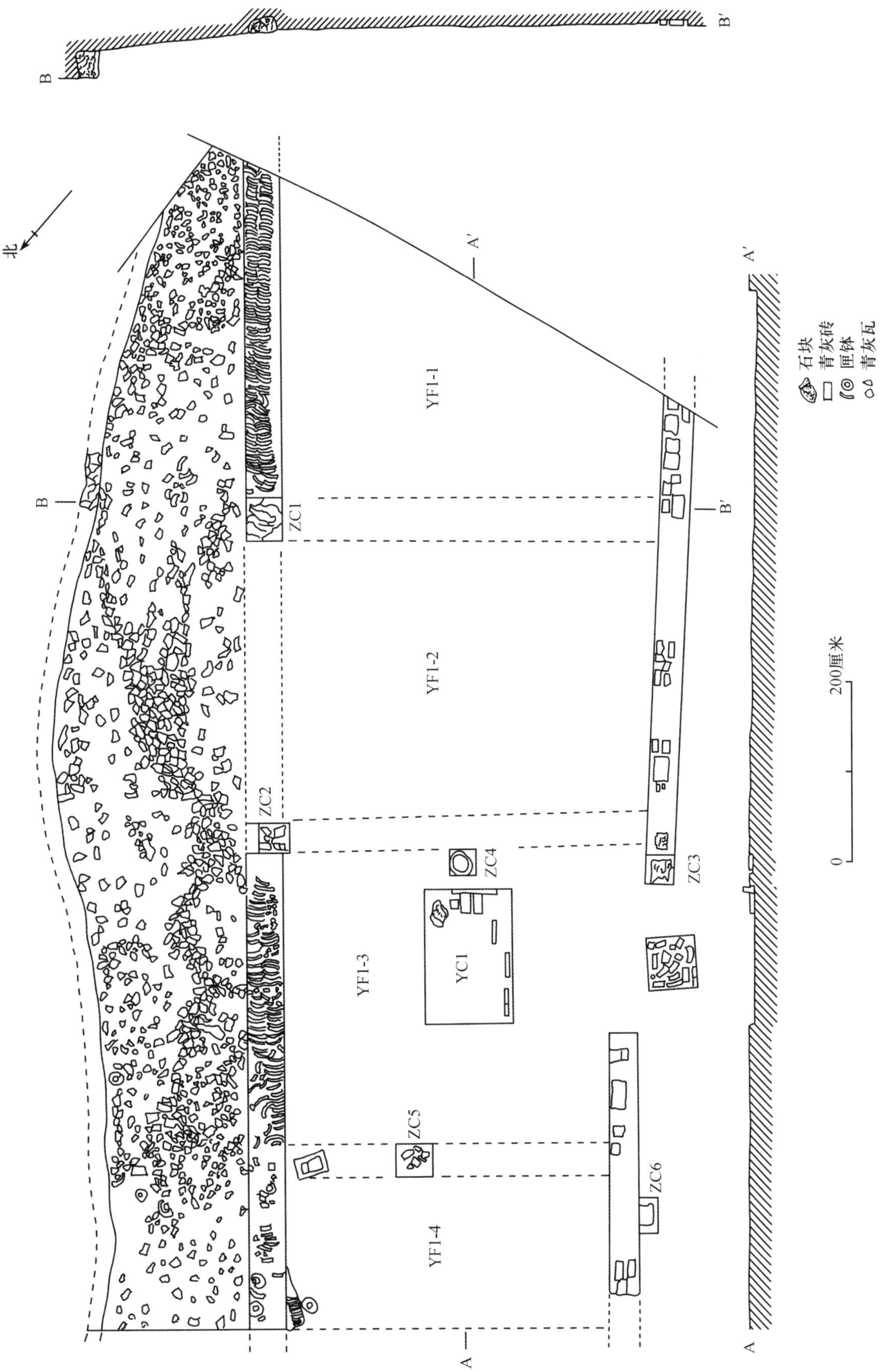


图九〇　铜锣山窑址YF1、YC1平、剖面图

北段，与YF1-1的东墙基在同一直线上，长3.2米；西墙基即YF1西墙基的北段，用青砖铺成，南端不存，与YF1-2的西墙基相比，向内（即向东）收缩0.4米，长1.2米。除与YF1-2相交处的柱础外，在南墙基中部偏北处有一柱础ZC4，呈方形，用覆置闸钵砌成，长约0.3、残高0.04米；在北墙基中部有一柱础ZC5，呈方形，由青石组成，长0.42、宽约0.37、残高0.1米。在西墙基南侧有一用匣钵铺垫的方形台基，可能是门道或门道前的踏步基础，长约0.6、残高0.06米。

YF1-4是YF1最北部的一间，揭露不完整，南北最长2.1、东西最宽3.65米。东墙基即YF1-3东墙基的延伸，残长2.1米；西墙基与YF1-3西墙基结构一样，且在同一直线上，残长1.28米。在西墙基南侧有柱础ZC6，呈长方形，用一块麻石砌成，长0.24、宽0.16、残高0.17米。

YF1室内堆积呈黄褐色，土质较紧，含匣钵、青白釉瓷片、釉缸残片等。从结构布局和出土物分析来看，YF1应为手工作坊的工棚建筑，具有练泥、施釉等功能，门向推测朝西，方向210°。

## 二、练　泥　池

1处。编号为2006·J·Y·C1，现简称为YC1（图九〇；图版五五，3）。分布在YF1-3室内中部偏南，长方形，残长1.5、残宽1、深0.05米。四壁及池底用青砖和石块砌成，多数无存。青砖竖向沟壁，南边两块，分别为长31、厚5.6厘米，长30、厚5.8厘米；西边三块青砖，分别为长31.2、厚5.5厘米，长32、厚5.5厘米，长36、厚5.1厘米。青砖和石块铺底，南侧三块青砖平铺，分别为长12.2、宽11.5厘米，长26.8、宽14.4厘米，长26、宽13.6厘米；东南角一块青石铺地，呈不规则形，最长34.5、最宽23.3厘米。底部留有瓷泥，应为练泥池。

# 第五节　出 土 遗 物

出土器物原编号如2006·J·Y·T①：1，现简称为YT①：1。遗物分瓷器、陶器和石器。绝大多数是窑业废弃物，有少量窑工使用的生活用具。

## 一、瓷　　器

瓷器分为青釉瓷、酱黑釉瓷、青白釉瓷、制瓷工具和瓷质窑具等。青白釉瓷占绝大多数。

### （一）青釉瓷

6件。数量较少，有缸、执壶、碗、碾轮等。

**1. 缸**

2件。均存下腹和底足部分。斜直壁。依据底足分为二型。

A型　1件。饼足。

YT1②：58，内壁见明显修坯痕。灰色胎较粗，内、外壁至中下部施青釉，采用刷釉法，釉偏黄色。残高32.8、足径35.6厘米（图九一，1）。

B型　1件。小平底内凹。

YT4①：11，内、外壁见修坯痕。红褐色胎。残高35.6、底径26.2厘米（图九一，3）。

**2. 执壶**

2件。依据口沿分为二型，本窑址有A型。

A型　2件。侈口，圆唇，外卷。

YT3②：6，口、颈及肩部分。直颈，溜肩，肩部一侧置短直流。胎体厚重，粗糙含杂质，浅灰色胎。内、外壁施青釉，外壁釉较厚呈灰色，内壁釉较薄呈青色。釉面不光滑，内壁更为明显，釉面见黑色斑点。残高8.3、口径9.7厘米（图九一，2；图版五六，1）。

YT3②：21，口颈残缺。溜肩，肩部一侧置短直流，斜腹内收，平底。底部粘连匣钵片。内壁见明显修坯痕。浅灰色胎，胎体粗糙，内壁满施、外壁至下腹部施青黄色釉，釉面粗涩。残高12.3、底径7.4厘米（图九一，4；图版五六，2）。

**3. 碗**

1件。

YT3③：4，底足部分。矮圈足，足端宽平，足墙外壁直，内壁外斜，修足规整。内底较平，底腹连接处一周凹弦纹。内底局部留灰黄色窑斑。内底八个、外足墙十二个支钉痕。灰色胎，胎质较细腻，除外底和足端外，其余满施青釉。残高2.2、足径7.8厘米（图九一，5；图版五六，3、4）。

**4. 碾轮**

1件。圆饼状，中间厚，边缘较薄。中间镂一圆孔。

YT3②：48，已修复。灰黄色胎，胎体较粗。直径13.8、厚3.7、孔径2.4厘米（图九一，6；图版五六，5）。

## （二）酱黑釉瓷

3件。仅见盏类。

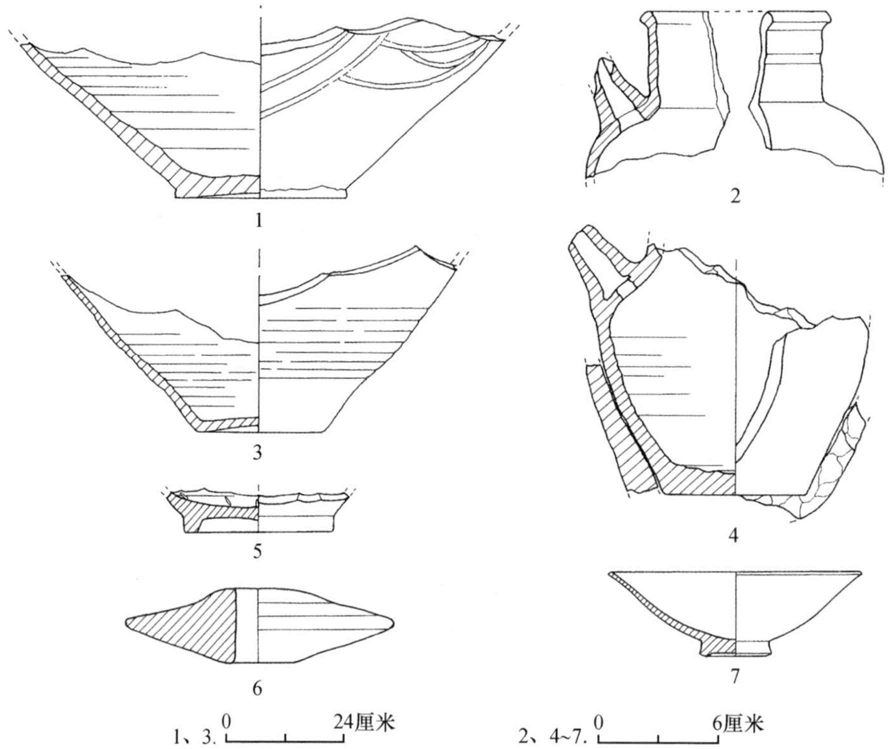


图九一　铜锣山窑址青釉瓷缸、执壶、碗、碾轮和酱黑釉瓷盏

1. A型青釉缸（YT1②：58）2、4. A型青釉执壶（YT3②：6、YT3②：21）3. B型青釉缸（YT4①：11）5. 青釉碗（YT3③：4）6. 青釉碾轮（YT3②：48）7. B型酱黑釉盏（YT1②：16）

**盏**

3件。依据口部分为二型，本窑址有B型。

B型　3件。敞口。

YT1②：16，已修复。圆唇，斜弧腹壁，内底下凹，圈足外撇，挖足较浅，足墙规整。灰白胎较粗，内壁满、外壁不及底施酱黑釉，外腹壁近底釉层较薄。高4.2、口径12.9、足径3.6厘米（图九一，7；图版五六，7、8）。

## （三）青白釉瓷

394件。数量较多，器形丰富，有柳斗罐、圆弧腹长流执壶、花浇、水盂、瓯、钵、碗、墩式碗、盏、花口盏、盘、洗、碟、盏托、酒台、杯、枕、罐盖、器底。

**1. 柳斗罐**

1件。依据口颈分为三型，本窑址有C型。

C型　1件。侈口，束颈。腹部上侧较鼓，下侧斜收。根据底部分为二亚型，本窑址有Ca型。

Ca型　1件。底部较平。

YT1②：53，口、颈、上腹部残缺。外壁一侧粘匣钵片。外腹壁刻划由三道细线组成的划线纹。灰白胎，除外底不施釉外，余满施青白釉，釉泛青灰色，釉面见黑斑。残高4.2、底径5.4厘米（图九二，1）。

**2. 圆弧腹长流执壶**

1件。圆弧腹，长流。依据口部分为四型，本窑址有A型。

A型　1件。喇叭口。矮圈足。依据颈部的不同分为七亚型，本窑址有Ab型。

Ab型　1件。喇叭口外侈，颈部粗犷，最小直径位于颈下部。

YT1②：14，下腹和底足部分。下腹弧收，矮圈足，足墙外壁直、内壁外斜。内腹壁见规整的修坯痕。足端存四个灰黑色支钉痕。灰白胎，内壁无釉，外壁不及底足施青白釉，釉面见黑色斑点。残高6.4、足径8.5厘米（图九二，4；图版五七，1、2）。

**3. 花浇**

1件。

YT1④：3，口、肩部分。侈口，厚圆唇，微束颈，斜溜肩，口沿一侧捏流。内壁见规整的修坯痕。灰白胎，青白釉泛灰色，釉面见黑斑。残高5.6厘米（图九二，6）。

**4. 水盂**

1件。依据口部分为二型，本窑址有B型。

B型　1件。敛口。

YT2②：5，已修复。尖唇，广溜肩，扁鼓腹，圈足。内壁近底处见明显修坯痕。灰白胎，除外底露胎外，余满施青白釉，釉色较亮，釉面开细冰裂纹。高3.9、口径3、足径5厘米（图九二，5；图版五七，3、4）。

**5. 瓯**

2件。均为口沿残片。尖圆唇，直口，直腹壁，近底内收。细白胎，内、外壁施青白釉，口沿一周刮釉露胎，釉面开冰裂纹。

YT1②：55，釉色较亮。残高7.2、口径12厘米（图九二，2；图版五六，6）。

YT1③：13，釉色微泛白。残高7.3、口径12厘米（图九二，3）。

**6. 钵**

2件。口、肩、腹部分。依据肩部分为二型。

A型　1件。折肩。

YT1③：6，敛口，圆唇，唇沿外卷，微束颈，斜直腹内收。外壁局部留褐色窑斑。灰白胎泛黄色，内、外壁施青白釉，釉微泛白色，釉面开细纹片。残高12、口径27.2厘米

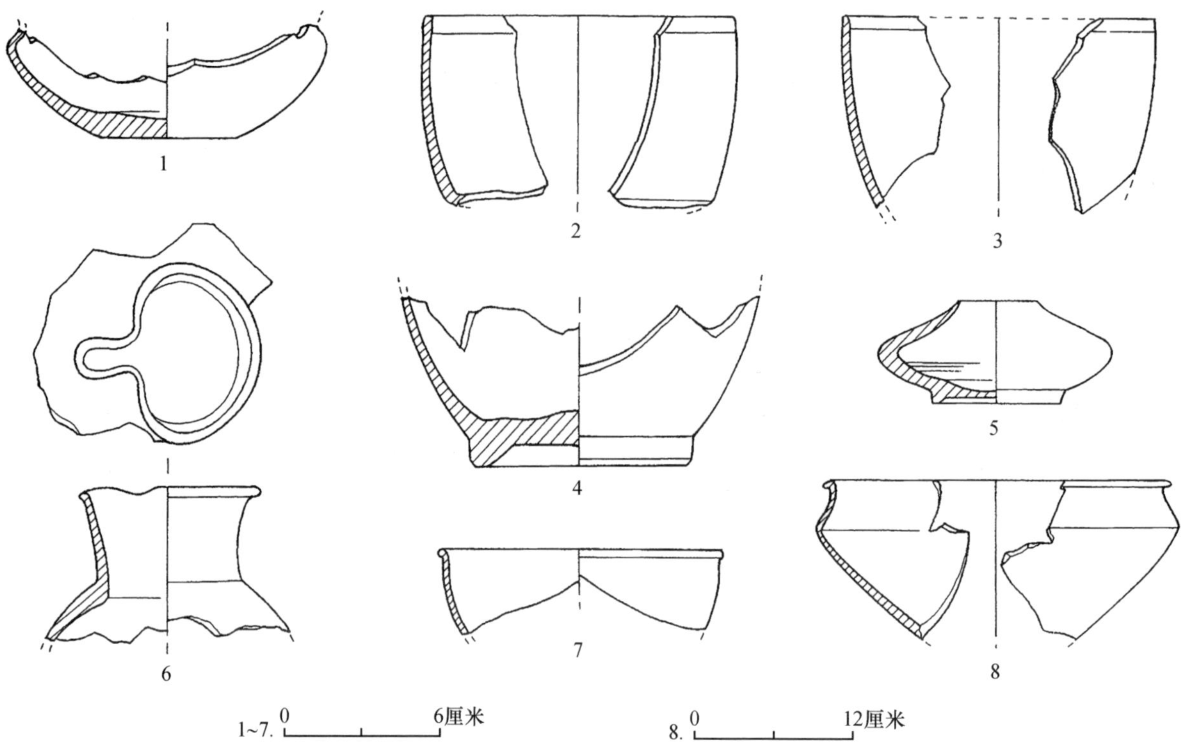

图九二　铜锣山窑址青白釉瓷柳斗罐、瓯、执壶、水盂、花浇、钵

1. Ca型柳斗罐（YT1②：53） 2、3. 瓯（YT1②：55、YT1③：13） 4. Ab型圆弧腹长流执壶（YT1②：14） 5. B型水盂（YT2②：5） 6. 花浇（YT1④：3） 7. B型钵（YT1①：6） 8. A型钵（YT1③：6）

（图九二，8；图版五七，5）。

B型　1件。斜溜肩。

YT1①：6，敞口，圆唇，唇沿外卷，斜弧腹。外壁局部留灰褐色窑斑。灰白胎，内、外壁施青白釉，釉面较涩无光泽。残高3.1、口径11厘米（图九二，7）。

**7. 碗**

71件。依据口部分为六型，本窑址有C、D、E型。

C型　45件。撇口。尖圆唇，斜弧腹壁，圈足。根据内底分为三亚型，本窑址有Cb、Cc型。

Cb型　4件。内底圆弧。圈足较矮，足墙外壁较直，内壁外撇。

YT3①：19，已修复。外壁修胎痕明显。灰白胎，内壁满施、外壁不及底足施青白釉，釉微泛灰色。高4.7、口径14、足径5厘米（图九三，1）。

YT3①：18，已修复。外壁修胎痕明显。内底粘匣钵片。灰白胎，内壁满施、外壁不及底足施青白釉，釉泛灰色，釉面开冰裂纹。高5、口径14.6、足径5.9厘米（图九三，2）。

Cc型　41件。内底微弧较窄，内底心呈圆形乳突。矮圈足，足墙外撇。青白釉，内壁满施、外壁不及底足施釉。

YT4②：8，已修复。外腹壁剔刻一周莲瓣纹。外底存圆形褐色间隔具痕。灰白胎，青白釉釉色莹润，见流釉痕。高5、口径14.4、足径5.4厘米（图九三，3；图版五七，6～8）。

YT3②：29，已修复。外腹壁剔刻一周莲瓣纹。局部粘灰色窑斑。外底存圆形灰黑色间隔具痕。细白胎，青白釉较亮。高5、口径14.6、足径5.4厘米（图九三，4；图版五八，1）。

YT3①：9，已修复。外腹壁剔刻一周莲瓣纹。外底粘扁平圆形紫褐色间隔具。内壁局部存匣钵片和褐色窑斑。灰白胎，青白釉泛青灰色。高5、口径15、足径5.2厘米（图九三，5）。

YT3③：1，已修复。外腹壁剔刻一周莲瓣纹。灰白胎，青白釉微泛灰色。高5、口径14.6、足径5.4厘米（图九三，6；图版五八，2）。

YT3④：4，变形。外腹壁剔刻一周莲瓣纹。灰白胎，青白釉泛青灰色。高5、口径14.4、足径5.3厘米（图九三，7；图版五八，3）。

YT4③：3，可复原。外腹壁剔刻一周莲瓣纹。内壁粘漏斗状匣钵底。外底存扁平圆形灰黑色间隔具。灰白胎，青白釉微泛青灰色。高4.4、口径14、足径5厘米（图九三，8；图版五八，4）。

YT3③：13，已修复。外腹壁剔刻一周莲瓣纹。外底足存三枚黑色支钉和一枚支钉痕。灰白胎，青白釉较亮。高5.1、口径14.6、足径5.2厘米（图九三，9；图版五八，5、6）。

YT2②：2，已修复。内底局部粘匣钵片。外底存扁平圆形灰褐色间隔具痕。细白胎，青白釉莹亮，泛青绿色，见流釉痕。高5、口径14.7、足径5.3厘米（图九三，10；图版五八，7、8）。

YT2④：2，已修复。外壁修胎痕明显，内壁局部粘褐色窑斑。外底存圆形灰黑色间隔具痕。灰白胎，青白釉莹润。高4.9、口径14.6、足径5.2厘米（图九三，11）。

YT3①：6，已修复。外壁修胎痕明显，内壁局部粘灰色窑斑。外底留圆形灰褐色间隔具痕。灰白胎，青白釉。高5.2、口径15、足径5.2厘米（图九三，12；图版五九，1）。

YT2②：4，已修复。外壁修胎痕明显。灰白胎，青白釉泛灰色，釉面较涩，见黑斑。高5、口径14.8、底径5厘米（图九三，13）。

YT4③：2，已修复。外壁修胎痕明显，内壁局部粘漏斗状匣钵底部。外底留圆形浅褐色间隔具痕。灰白胎，青白釉微泛灰色。高4.4、口径14.6、足径5厘米（图九三，14）。

YT4①：3，已修复。内底粘存窑渣。外底留圆形灰褐色间隔具痕。灰白胎，青白釉微泛灰色，釉面莹润。高4.9、口径14.4、足径5.2厘米（图九三，15）。

YT2②：24，已修复。外腹壁剔刻一周莲瓣纹。外底留圆形灰褐色间隔具痕。细白胎，青白釉较亮，釉面见黑斑。高4.7、口径14.4、足径5.6厘米（图九四，1）。

YT3②：30，变形。外腹壁剔刻一周莲瓣纹。外底粘漏斗状匣钵底部，匣钵与器物之间存扁平圆形灰黑色间隔具。灰白胎，青白釉微泛灰色。高5、口径14.2、足径5.1厘米（图九四，2）。

YT2④：12，变形。外壁修胎痕明显，内壁局部粘匣钵片和黄褐色窑斑。灰白胎，青白釉微泛灰色，釉面开细冰裂纹。高4.9、口径14.8、足径5.4厘米（图九四，3）。

YT2④：9，下腹和底足部分。内底釉下刻划“□平□”字款。外底留圆形黑褐色间隔具痕。灰白胎，青白釉泛灰色。残高2、足径5.2厘米（图九四，4；图版五九，2）。

D型　19件。敛口。腹壁微弧，矮圈足，挖足较浅。足墙外斜，内底宽平，底腹连接处有一周凹弦纹。根据内底分为二亚型，本窑址有Da型。

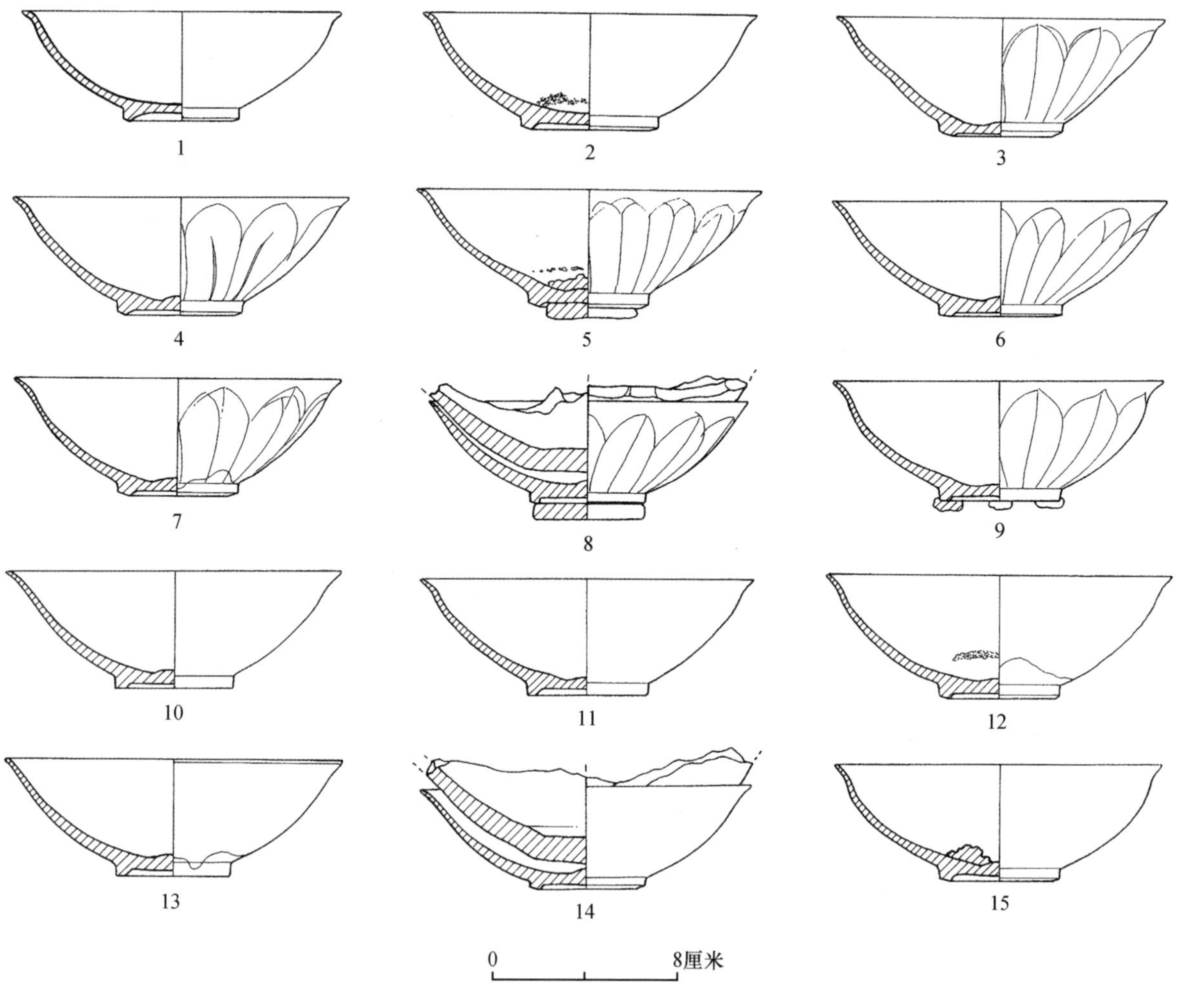


图九三　铜锣山窑址C型青白釉瓷碗

1、2. Cb型（YT3①：19、YT3①：18）3～15. Cc型（YT4②：8、YT3②：29、YT3①：9、YT3③：1、YT3④：4、YT4③：3、YT3③：13、YT2②：2、YT2④：2、YT3①：6、YT2②：4、YT4③：2、YT4①：3）

Da型　19件。内底宽平。依据腹部分为二式，本窑址有Ⅱ式。

Ⅱ式：19件。腹壁斜弧。内壁满施、外壁不及足端施青白釉。

YT3②：25，已修复。外壁修胎痕明显。外底留圆形灰褐色间隔具痕。灰白胎，青白釉釉色莹润。高4.8、口径13.5、足径4.6厘米（图九四，5）。

YT3②：27，变形。外壁修胎痕明显。外底留圆形黑色间隔具痕。灰白胎，青白釉微泛灰色。高5、口径14.2、足径4.8厘米（图九四，6；图版五九，3、4）。

YT2③：4，已修复。外壁修胎痕明显，内壁局部粘黄褐色窑斑。外底存圆形黑色间隔具痕。灰白胎，青白釉釉色莹润。高5.2、口径14.2、足径5.2厘米（图九四，7；图版五九，5）。

YT3③：9，口部稍残。外壁局部粘黄褐色窑斑。灰白胎，青白釉，釉面开细冰裂纹。高4.7、口径14.6、足径5厘米（图九四，8）。

YT3①：3，已修复。外壁修胎痕明显。外底留圆形黄褐色间隔具痕。灰白胎，青白釉，釉面较涩、开细冰裂纹。高5.4、口径14.2、足径5.3厘米（图九四，9；图版五九，6）。

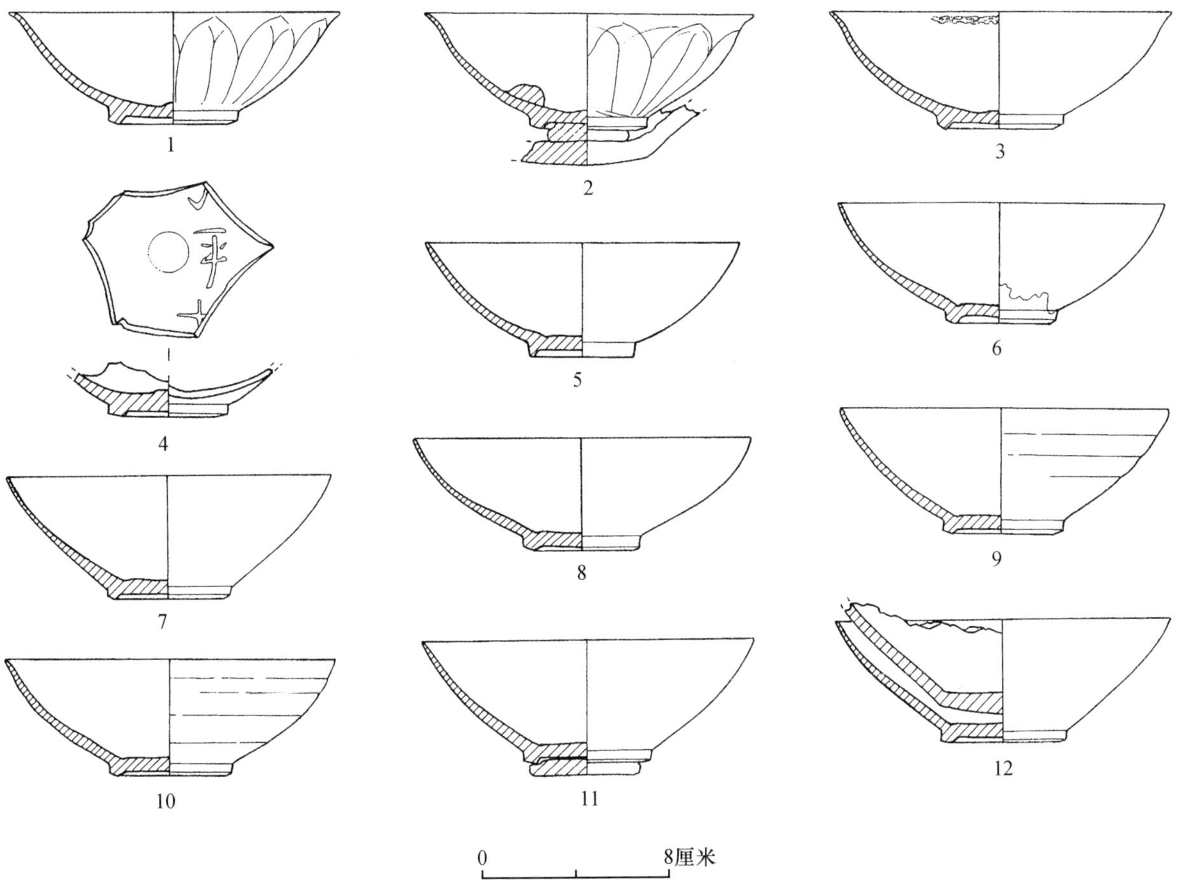

图九四　铜锣山窑址青白釉瓷碗

1～4. Cc型碗（YT2②：24、YT3②：30、YT2④：12、YT2④：9）5～12. Da型Ⅱ式碗（YT3②：25、YT3②：27、YT2③：4、YT3③：9、YT3①：3、YT3②：26、YT4③：1、YT3②：28）

YT3②：26，变形，腹壁一侧一道冲线。外壁修胎痕明显，外壁局部粘黄褐色窑斑。外底存圆形褐色间隔具痕。灰白胎，青白釉微泛灰色。高5、口径14.2、足径5.4厘米（图九四，10）。

YT4③：1，已修复。外壁修胎痕明显，腹壁有气泡。外底存扁平圆形黑色间隔具。灰白胎，青白釉微泛灰色。高5.2、口径14.4、足径5.4厘米（图九四，11；图版五九，7）。

YT3②：28，已修复。外壁修胎痕明显，内壁局部粘漏斗状匣钵片，外壁局部留灰色窑斑。外底存圆形灰褐色间隔具痕。灰白胎，青白釉釉色莹润，微泛青灰色。高5.2、口径14.6、足径5.4厘米（图九四，12；图版五九，8）。

E型　7件。口部压印花口，斜直壁，上腹壁印六道凹槽，内底呈小平底，矮圈足，挖足较浅，足墙外斜。内壁满施、外壁不及底足施青白釉。

YT2②：8，已修复。外壁修胎痕明显，内、外壁局部粘存褐色窑斑。外底留存圆形褐色间隔具痕。灰白胎，青白釉泛青灰色。高4.5、口径14、足径5厘米（图九五，1；图版六〇，1）。

YT3②：24，已修复。外壁修胎痕明显，内、外壁局部粘灰褐色窑斑、匣钵片。外底留圆形灰褐色间隔具痕。灰白胎，青白釉釉色莹润，泛灰色。高5、口径14.6、足径5厘米（图九五，2；图版六〇，2）。

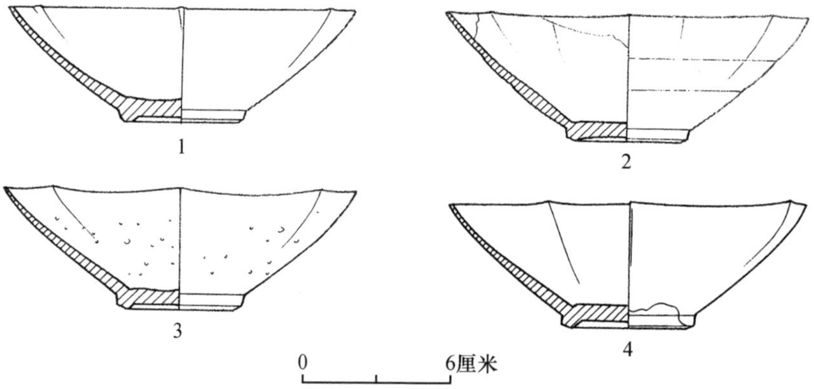

图九五　铜锣山窑址E型青白釉瓷碗

1. YT2②：8　2. YT3②：24　3. YT3②：22　4. YT3②：23

YT3②：22，已修复。内、外壁见气泡和黄褐色窑斑。外底留存圆形灰黑色间隔具痕。灰白胎，青白釉泛青灰色。高4.7、口径14.4、足径5.2厘米（图九五，3）。

YT3②：23，已修复。外壁修胎痕明显。外底留存圆形灰褐色间隔具痕。灰白胎，青白釉泛青色，釉色莹润。高5、口径14.4、足径5.4厘米（图九五，4；图版六〇，3、4）。

**8. 墩式碗**

39件。依据口部分为三型。

A型　13件。侈口。尖圆唇，腹壁较直，内底宽平，底腹连接处一周凹弦纹，矮圈足，足墙外壁直、内壁外斜。内壁满施、外壁不及足端施青白釉。根据腹部分为二式。

Ⅰ式：3件。腹壁较浅，上腹斜直，下腹折收。

YT1②：29，已修复。外底留存圆形灰色间隔具痕。灰白胎，青白釉泛青灰色，釉面可见黑斑。高4.9、口径11、足径5.3厘米（图九六，5；图版六〇，5）。

YT3②：34，已修复。灰白胎，青白釉微泛黄色，釉面开细纹片。高4.7、口径10.4、底径5.6厘米（图九六，6；图版六〇，6）。

Ⅱ式：10件。腹部较深，上腹壁斜直，近底弧收。

YT4②：9，下腹和底足部分。外腹壁剔刻一周牡丹纹。外底留圆形灰褐色间隔具痕。灰白胎，青白釉，釉面玻璃光泽较强。残高4.8、足径6.8厘米（图九六，1；图版六〇，7、8）。

YT1①：5，下腹和底足部分。外底留圆形灰褐色间隔具痕。灰白胎，青白釉釉色莹亮，泛青绿色，釉面开细纹片、局部见黑斑。残高3.8、足径7厘米（图九六，2）。

YT1②：30，已修复。外壁修胎痕明显。外底留圆形灰褐色间隔具痕。灰白胎，青白釉见黑斑和流釉痕。高6、口径12.4、足径5.8厘米（图九六，3；图版六一，1、2）。

YT1③：4，已修复。外腹壁剔刻一周牡丹纹。外底留圆形灰褐色间隔具痕。灰白胎，青白釉。高6.4、口径12.2、足径6.6厘米（图九六，4；图版六一，3、4）。

B型　12件。撇口。根据内底分为三亚型，本窑址有Bb、Bc型。

Bb型　5件。内底较窄弧。圈足较高，足墙较直。除外底足露胎外，内、外壁满施青白釉。

YT4③：6，已修复。外底留圆形黑色间隔具痕。灰白胎，釉色较亮。高8.5、口径16.4、足径5.6厘米（图九六，17；图版六一，5、6）。

YT1②：26，下腹和底足部分。外底留存圆形灰黑色间隔具痕。细白胎，青白釉较亮。残高7.4、足径5.4厘米（图九六，19）。

Bc型　7件。内底圆弧。厚圆唇，深弧腹，高圈足，足墙高直。全器除外底足露胎外，满施青白釉。

YT4②：1，已修复。外壁修胎痕明显。灰白胎，青白釉泛灰色，釉面较涩、布满黑斑。高8.2、口径14.6、足径6.6厘米（图九六，7；图版六一，7、8）。

YT4②：7，已修复。外壁修胎痕明显。灰白胎，青白釉微泛黄色，釉面开细纹片、见黑色斑点。高7.4、口径15.2、足径6厘米（图九六，8）。

YT2④：3，下腹和底足部分。内壁局部粘窑渣。灰白胎，青白釉泛青灰色，釉面开细纹片。残高4.4、足径6.2厘米（图九六，9）。

YT1②：23，已修复。外壁修胎痕明显。灰白胎，青白釉泛灰色，釉面布满黑斑。高7.4、口径15、足径6厘米（图九六，10；图版六二，1）。

C型　14件。花口。根据底部分为二亚型。

Ca型　11件。内底圆弧。依据腹壁分为二式。

Ⅰ式：10件。腹部较深，斜弧腹壁，内部壁出阳筋，内底宽平。口沿外撇，口沿有六个小缺口，外壁对应处压印六道凹槽，圈足较高直，足墙窄薄。全器除外底足露胎外，满施青白釉。

YT4②：10，下腹和底足部分。外底留圆形灰黑色间隔具痕。灰白胎，青白釉釉色莹润，积釉处呈浅蓝色，见气泡。残高5.5、足径4.4厘米（图九六，12）。

YT4②：12，下腹和底足部分。外底粘圆形灰黑色间隔具。灰白胎，青白釉釉色莹亮，釉面开细纹片。残高4.1、足径4.4厘米（图九六，13）。

YT1②：24，已修复。外壁修胎痕明显。灰白胎，青白釉莹润，釉面开细纹片、局部见黑斑。高7、口径12.4、足径4.4厘米（图九六，14；图版六二，2）。

YT1②：25，已修复。内壁粘漏斗状匣钵。外底粘圆形灰黑色间隔具。灰白胎，青白釉釉色莹润，釉面见黑斑、开细冰裂纹。高6.9、口径12.4、底径4.4厘米（图九六，15；图版六二，3）。

YT4②：2，已修复。内底心微凸起。外壁修胎明显。外底留圆形灰黑色间隔具痕。灰白胎较疏松，青白釉泛灰黄色，釉面较涩、局部见黑斑。高7.2、口径11.2、足径4.4厘米（图九六，16；图版六二，4～6）。

Ⅱ式：1件。圈足矮直。

YT2④：1，已修复。外壁局部粘漏斗状匣钵。灰白胎，青白釉微泛灰色，釉面见黑斑。高6、口径13.5、足径6厘米（图九六，18；图版六二，7、8）。

Cb型　3件。内底宽平。腹壁斜直，近底内折，折线明显，外腹壁近底一周平台，底腹连接处一周凹弦纹，矮圈足。全器除外底足露胎外，满施青白釉。

YT3①：2，已修复。内、外壁局部粘窑渣和黄褐色窑斑。灰白胎，青白釉微泛灰白色，釉面见黑斑。高5.9、口径12、足径7.2厘米（图九六，11；图版六三，1、2）。

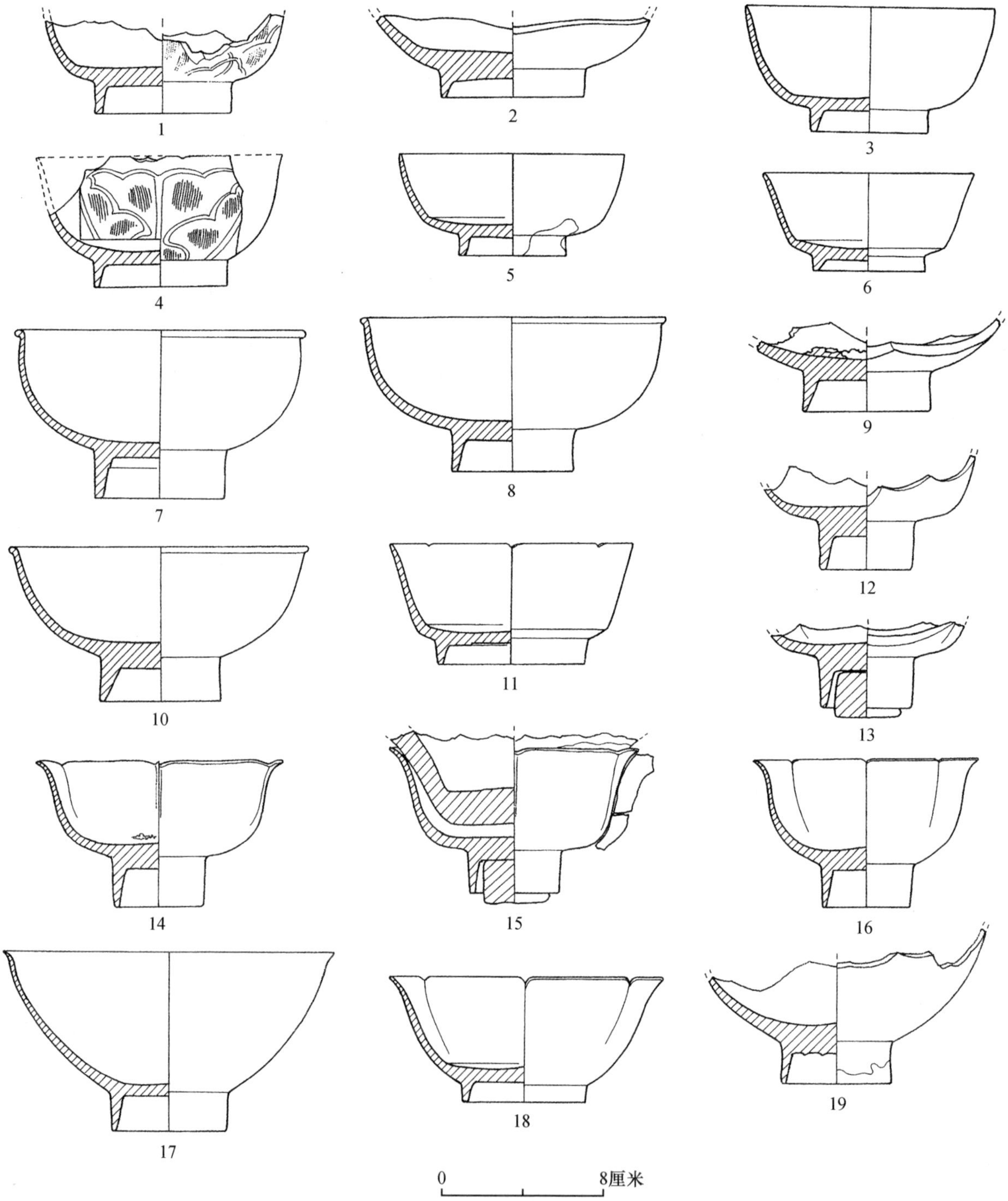


图九六　铜锣山窑址青白釉瓷墩式碗

1～4. A型Ⅱ式（YT4②：9、YT1①：5、YT1②：30、YT1③：4）　5、6. A型Ⅰ式（YT1②：29、YT3②：34）
7～10. Bc型（YT4②：1、YT4②：7、YT2④：3、YT1②：23）　11. Cb型（YT3①：2）
12～16. Ca型Ⅰ式（YT4②：10、YT4②：12、YT1②：24、YT1②：25、YT4②：2）
17、19. Bb型（YT4③：6、YT1②：26）　18. Ca型Ⅱ式（YT2④：1）

### 9. 盏

124件。依据口部分为四型，本窑址有A、B、C型。

A型　39件。厚唇，敞口，斜弧腹壁，矮圈足。根据内底分为三亚型，本窑址有Aa、Ab型。

Aa型　28件。内底圆弧。依据腹壁分为二式，本窑址有Ⅰ式。

Ⅰ式：28件。腹壁斜弧。厚唇横截面呈圆形，有的空心，有的实心。圈足浅矮，足端较宽，足墙外斜。内壁满施、外壁至底足施青白釉。

YT3②：40，较为完整。外腹壁修胎痕明显。内、外腹壁见气泡。外底足见四枚黑色支钉痕。灰白胎，青白釉泛青灰色。高3.6、口径12、底径4.6厘米（图九七，1；图版六三，3、4）。

YT3②：7，稍残。外腹壁修胎痕明显。内、外壁局部粘匣钵片和褐色窑斑。外底见四枚黑色支钉痕。灰白胎，青白釉泛青灰色。高3.9、口径11.8、足径4.2厘米（图九七，2；图版六三，5）。

YT3②：50，已修复。外腹壁修胎痕明显。外底见四枚支钉痕。灰白胎，青白釉泛黄色，釉面开细纹片。高3.9、口径12.2、足径4.6厘米（图九七，3）。

YT2②：23，已修复。外腹壁修胎痕明显。内、外腹壁局部留存黄褐色窑斑。灰白胎，青白釉泛青灰色。高3.5、口径12、足径4.4厘米（图九七，4）。

YT2③：1，较为完整。外腹壁修胎痕明显。内、外壁局部粘漏斗状匣钵片和黄褐色窑斑。外底粘三枚黑色支钉，见一个支钉痕。灰白胎，青白釉泛青灰色。高3.8、口径12.4、足径4.2厘米（图九七，5）。

YT3②：4，较为完整。外腹壁修胎痕明显。内、外壁局部粘漏斗状匣钵片和黄褐色窑斑。灰白胎，青白釉泛青灰色。高4、口径12.2、足径4.2厘米（图九七，6；图版六三，6）。

YT2②：22，已修复。外腹壁修胎痕明显。内、外壁局部粘匣钵片和黄褐色窑斑。外底足存圆饼形间隔具。灰白胎，青白釉釉色莹润。高4.1、口径12.1、足径4.6厘米（图九七，7；图版六三，7、8）。

YT3②：42，已修复。外腹壁修胎痕明显。内、外壁粘存窑渣和灰色窑斑。外底见四枚褐色支钉痕。灰白胎，青白釉泛青灰色。高3.7、口径11.8、足径4.4厘米（图九七，8）。

YT3②：41，较为完整。外腹壁修胎痕明显。内、外壁见气泡。外底见四枚黑色支钉痕。灰白胎，青白釉泛青灰色，釉面较涩。高3.8、口径12.2、足径4.4厘米（图九七，9）。

YT3②：39，已修复。外腹修胎痕明显。内壁局部粘黄褐色窑斑。外底见四枚灰色支钉痕。灰白胎，青白釉泛青灰色。高3.8、口径11.8、足径4.6厘米（图九七，10）。

YT3①：4，已修复。外腹壁修胎痕明显，口沿处局部粘存匣钵残渣。外底见四枚黑色支钉痕。灰白胎，青白釉泛灰白色，釉面开细纹片。高3.8、口径11.8、足径4.4厘米（图九七，11）。

Ab型　11件。内底心呈圆形乳突。厚唇横截面呈实心圆形，圈足略高直，足墙较窄，足端平切。内、外腹壁满施青白釉，仅外底足内不施釉。

YT4③：17，已修复。外腹壁修胎痕明显。灰白胎，青白釉，釉面开细纹片、布满黑斑。高4.3、口径10.8、足径3.6厘米（图九八，1；图版六四，1、2）。

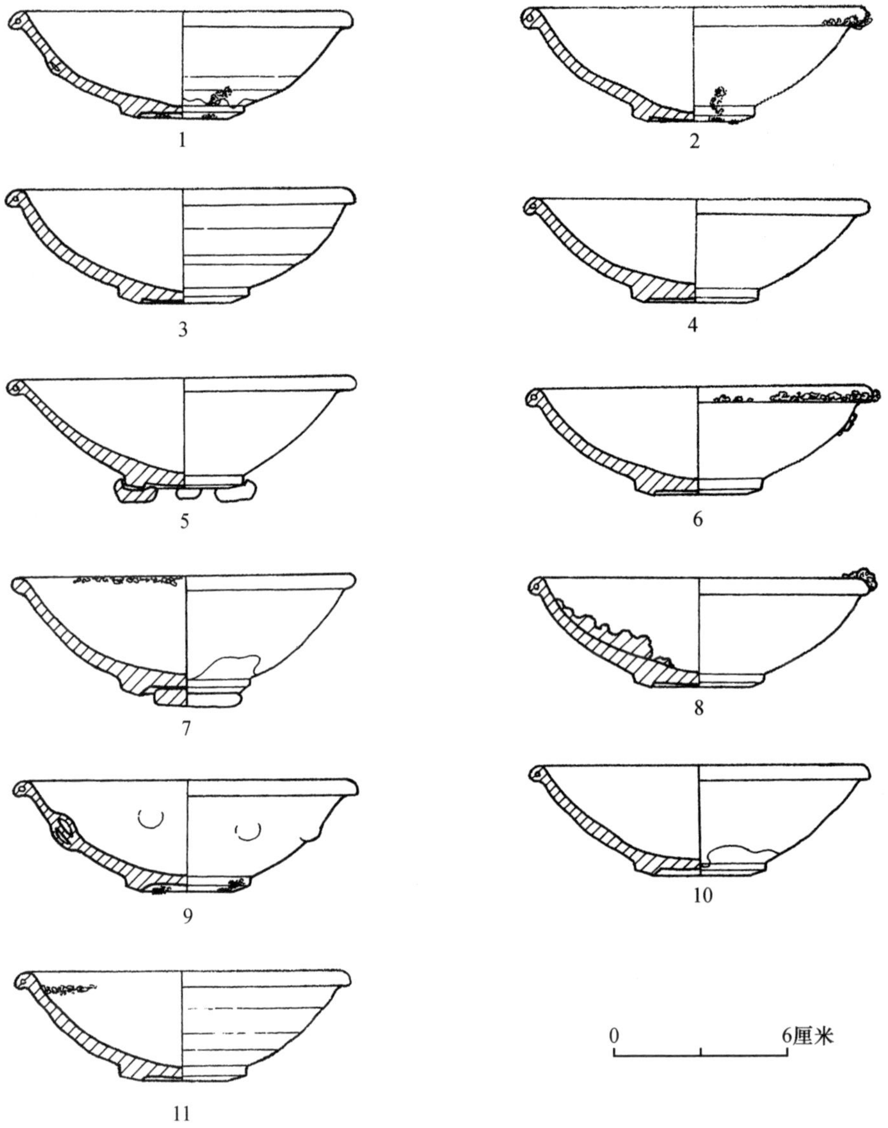


图九七　铜锣山窑址Aa型Ⅰ式青白釉瓷盏

1. YT3②：40　2. YT3②：7　3. YT3②：50　4. YT2②：23　5. YT2③：1　6. YT3②：4
7. YT2②：22　8. YT3②：42　9. YT3②：41　10. YT3②：39　11. YT3①：4

YT4①：1，已修复。足墙外壁一周凹弦纹。外腹壁修胎痕明显。外底留圆形黑色间隔具痕。灰白胎，青白釉，釉面开细纹片、见黑斑。高5、口径10.8、足径3.6厘米（图九八，2；图版六四，3）。

YT4③：16，已修复。外腹壁修胎痕明显。外底粘扁平圆形黑色间隔具。灰白胎，青白釉，釉面开细纹片。高5、口径11.4、足径3.4厘米（图九八，3）。

YT4③：15，已修复。外腹壁修胎痕明显。内壁粘漏斗状匣钵底部。灰白胎，青白釉，釉面开细纹片、布满黑斑。高4.8、口径10.6、足径3.4厘米（图九八，4；图版六四，4）。

YT4①：4，已修复。外腹壁修胎痕明显。外底粘扁平圆形黑色间隔具。灰白胎，青白釉釉色莹润。高4.5、口径11、足径3.4厘米（图九八，5）。

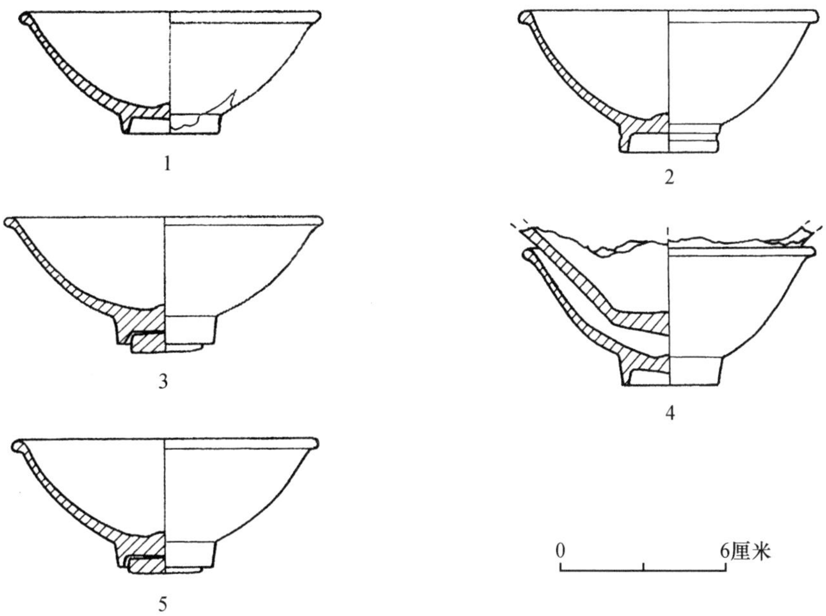


图九八　铜锣山窑址Ab型青白釉瓷盏

1. YT4③：17　2. YT4①：1　3. YT4③：16　4. YT4③：15　5. YT4①：4

B型　52件。侈口。尖圆唇，斜弧腹壁，圈足。根据内底分为三亚型。

Ba型　46件。内底圆弧。圈足较矮，足墙外斜，足端较宽，挖足较浅。内壁满施、外壁至底足施青白釉。

YT3③：10，已修复。外腹壁见修胎痕。内、外壁局部粘匣钵片和褐色窑斑。外底存圆形黑色间隔具痕。灰白胎，青白釉微泛灰色，釉面布满黑斑。高3.9、口径12.4、足径4.4厘米（图九九，1；图版六四，5）。

YT3②：45，变形。外壁局部粘匣钵片和褐色窑斑。外底见黑色支钉痕。灰白胎，青白釉微泛灰色，釉面见黑斑。高3.9、口径12、足径4.6厘米（图九九，2；图版六四，6）。

YT3②：49，已修复。外腹壁修胎痕明显。灰白胎，青白釉泛灰色，釉面开细纹片。高4、口径12、足径4.4厘米（图九九，3；图版六四，7）。

YT3②：44，较为完整。外底留圆形黑色间隔具痕。灰白胎，青白釉泛灰色，釉面开细纹片。高3.5、口径10.8、足径4.4厘米（图九九，4；图版六四，8）。

YT3②：1，已修复。外腹壁修胎痕明显。外底留圆形黑色间隔具痕。内、外壁局部存黄褐色窑斑。灰白胎，青白釉泛青灰色。高4、口径12.4、足径4.6厘米（图九九，5；图版六五，1、2）。

YT3②：43，内壁粘漏斗状匣钵片和褐色窑斑。外底留圆形黄褐色间隔具痕。灰白胎，青白釉釉色莹润，微泛青色。高4.1、口径12.2、底径4.8厘米（图九九，6）。

YT1③：8，腹壁有两道冲线。外腹壁修胎痕明显。外壁局部粘灰黑色窑斑。外底见支钉痕。灰白胎，青白釉泛灰色，釉面可见黑斑。高3.9、口径12.2、足径4.4厘米（图九九，7）。

Bb型　1件。内底圆形乳突。圈足浅挖，足墙较直。

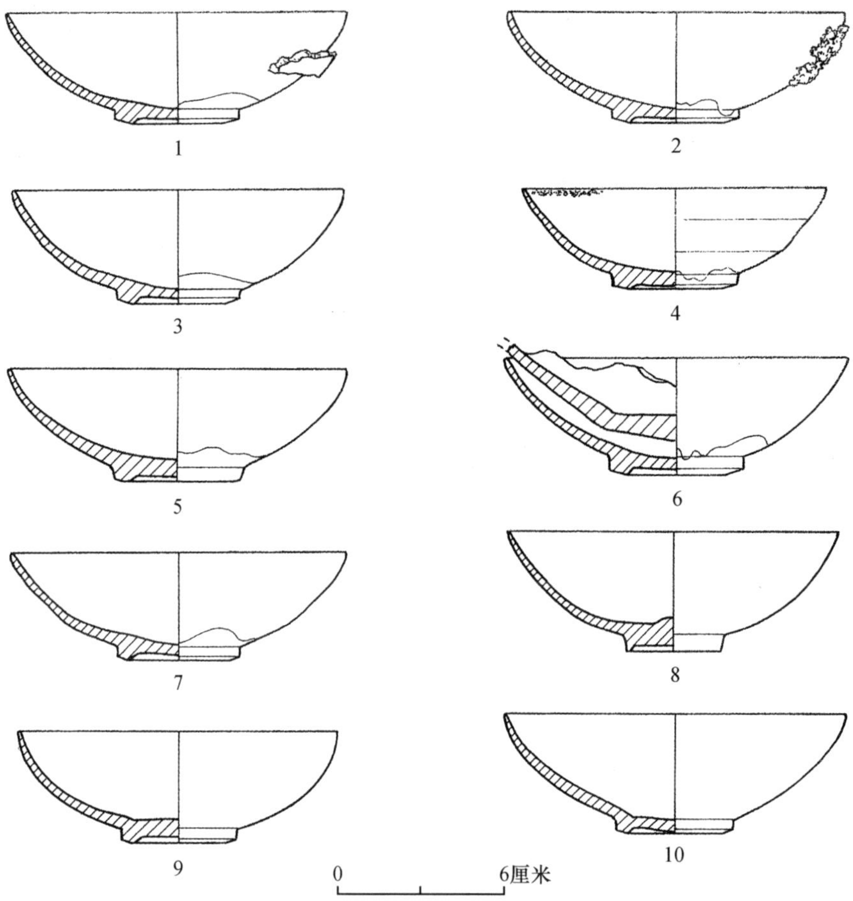


图九九　铜锣山窑址青白釉瓷盏

1～7. Ba型（YT3③：10、YT3②：45、YT3②：49、YT3②：44、YT3②：1、YT3②：43、YT1③：8）
8. Bb型（YT4②：13）　9、10. Bc型（YT3③：15、YT3②：16）

YT4②：13，已修复。外底留圆形褐色间隔具痕。灰白胎，内、外壁满施青白釉，仅外底足内露胎，青白釉釉色莹润，微泛白色，釉面见黑斑。高4.2、口径11.8、足径3.4厘米（图九九，8；图版六五，3、4）。

Bc型　5件。内底呈圆饼状凸起。矮圈足，足墙外壁直、内壁外撇，足端较宽，挖足很浅。内壁满施、外壁至底足施青白釉。

YT3③：15，可复原。外腹壁修胎痕明显。外底留圆形黑色间隔具痕。灰白胎，青白釉微泛青灰色。高3.9、口径11.6、足径4.2厘米（图九九，9；图版六五，5）。

YT3②：16，已修复。灰白胎，青白釉微泛灰色。高4.2、口径12.2、足径4.2厘米（图九九，10）。

C型　33件。敞口。尖圆唇，腹壁斜直或微弧，圈足。依据内底分为三亚型。

Ca型　29件。内底圆弧。圈足较高，足墙高直，足端窄薄。外腹壁刻划一周折扇纹，内壁篦划云状纹。内壁满施、外壁至足端施青白釉，仅外底足内露胎。

YT4③：18，已修复。灰白胎，青白釉，釉面布满黑斑。高5.5、口径12.4、足径3.8厘米（图一〇〇，1）。

YT4③：19，已修复。外壁局部粘匣钵片。灰白胎，青白釉较亮，釉面开细纹片。高5.8、口径12、足径3.8厘米（图一〇〇，2；图版六五，6～8）。

YT4②：14，口沿变形，微外撇。内底粘漏斗状匣钵底部，外底留圆形黑色间隔具痕。灰白胎，青白釉较亮，釉面开细纹片。高5、口径12.6、足径3.6厘米（图一〇〇，3）。

YT4③：27，可复原。灰白胎泛黄色，青白釉泛黄色，釉面生涩无光。残高5.3、足径3.8厘米（图一〇〇，4）。

YT4①：5，口沿变形，微外撇。灰白胎，青白釉较亮，釉面开细纹片、见黑斑。高5.7、口径12、足径3.8厘米（图一〇〇，5）。

YT4②：17，下腹和底足部分。外底粘扁平圆形黑色间隔具。细白胎，青白釉釉色温润，微泛青绿色。残高3.2、足径3.6厘米（图一〇〇，6）。

YT4②：11，下腹和底足部分。外底留圆形灰黑色间隔具痕。细白胎，青白釉釉色莹亮，微泛青绿色，釉面开细纹片。残高4.6、足径3.8厘米（图一〇〇，7；图版六六，1、2）。

YT4②：16，下腹和底足部分。外底留圆形灰黑色间隔具痕。灰白胎，青白釉釉色莹亮，泛白色，釉面开细纹片、见黑斑。残高3.5、足径3.4厘米（图一〇〇，8）。

YT1①：2，下腹和底足部分。外底留圆形灰黑色间隔具痕。细白胎，青白釉釉色莹润。残高4、足径3.6厘米（图一〇〇，9）。

YT4③：11，下腹和底足部分。内壁篦划菊花纹。外底留圆形灰黑色间隔具痕。细白胎，青白釉泛白色，釉色莹润，釉面开细纹片。残高3.5、足径3.6厘米（图一〇〇，10）。

YT4②：15，下腹和底足部分。内壁篦划菊花纹。外底留圆形灰褐色间隔具痕。灰白胎，青白釉釉色莹润。残高3.1、足径4厘米（图一〇〇，11）。

YT1③：27，下腹和底足部分。外底留扁平圆形褐色间隔具。灰白胎，青白釉较亮。残高3.5、足径3.6厘米（图一〇〇，12）。

Cb型　1件。内底呈圆形乳突。内壁满施、外壁不及足端施青白釉。

YT4②：3，已修复。灰白胎，青白釉釉色莹润，泛白色，釉面见黑斑。高5.2、口径10.8、足径3.8厘米（图一〇〇，15；图版六六，3、4）。

Cc型　3件。内底呈圆饼状凸起。依据腹壁分为二式，本窑址有Ⅰ式。

Ⅰ式：3件。腹部较浅，腹壁斜直。足墙较宽，足端斜切，圈足略矮。内壁满施、外壁至底足施青白釉。

YT3③：14，已修复。外底留圆形黑色间隔具痕。灰白胎，青白釉微泛灰色。高4.1、口径12、足径4.5厘米（图一〇〇，13）。

YT4③：9，已修复。外底留圆形黑色间隔具痕。灰白胎，青白釉微泛黄色。高3.8、口径11.2、足径3.6厘米（图一〇〇，14；图版六六，5、6）。

**10. 花口盏**

12件。花口，外壁与之对应处压印凹槽。尖圆唇，圈足。内底平坦下凹。内、外壁满施青白釉。依据口部分为四型，本窑址有A、C型。

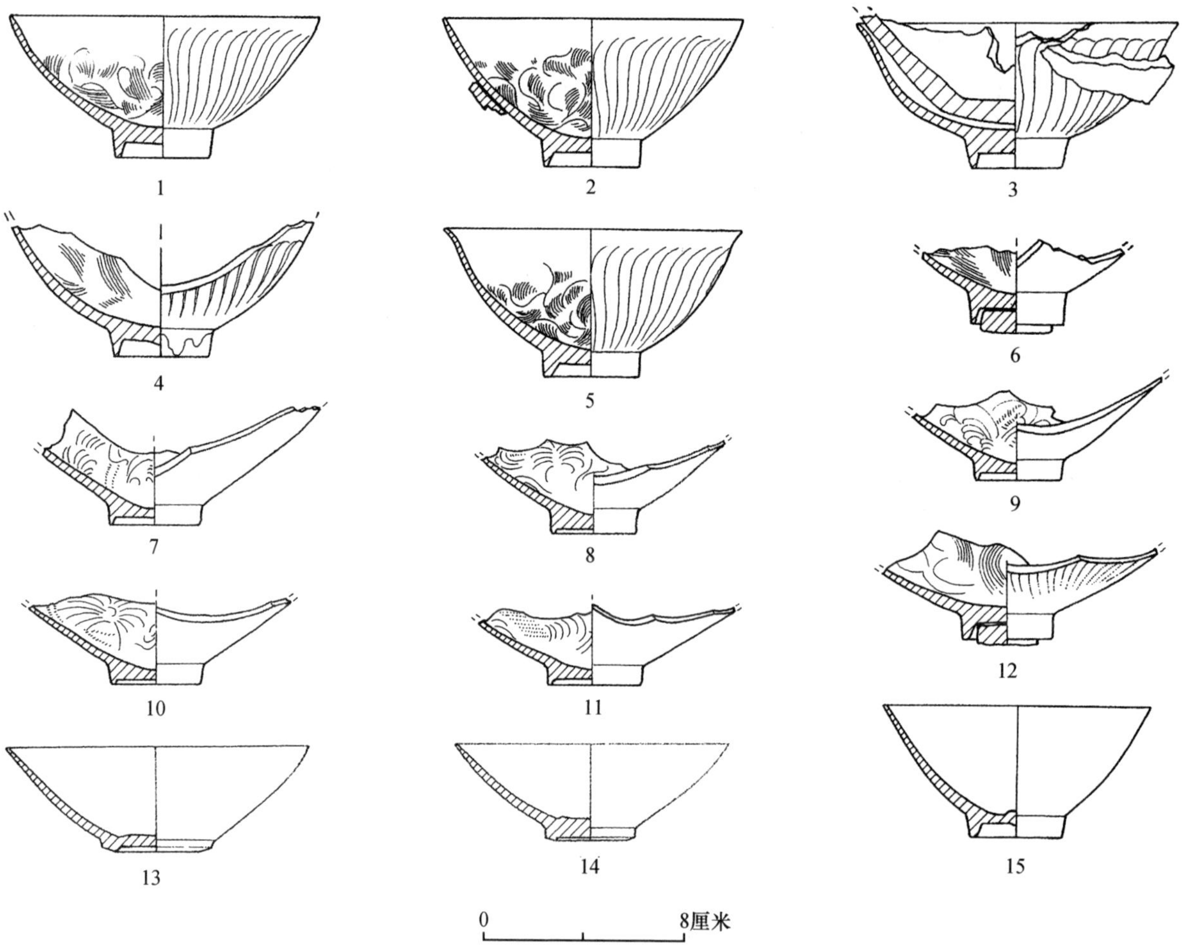


图一〇〇　铜锣山窑址青白釉瓷盏

1～12. Ca型（YT4③：18、YT4③：19、YT4②：14、YT4③：27、YT4①：5、YT4②：17、YT4②：11、YT4②：16、YT1①：2、YT4③：11、YT4②：15、YT1③：27）13、14. Cc型Ⅰ式（YT3③：14、YT4③：9）15. Cb型（YT4②：3）

A型　8件。侈口，花口压印而成。腹部较浅，斜直壁，圈足足墙较矮，挖足较浅，足端较宽，足墙外斜。

YT3②：51，已修复。外腹壁修胎痕明显。灰白胎，青白釉，釉面开细纹片。高3.7、口径12、足径4.4厘米（图一〇一，1；图版六六，7、8）。

YT3②：2，已修复。外腹壁修胎痕明显。内底局部粘匣钵片，外壁局部见褐色窑斑。外底留圆形黑色间隔具。灰白胎，青白釉泛青灰色。高4、口径12、足径4.2厘米（图一〇一，2）。

YT3②：52，已修复。外腹壁修胎痕明显。外底留圆形黑色间隔具痕。灰白胎，青白釉微泛灰色，釉面见黑斑。高3.7、口径11.4、足径4.2厘米（图一〇一，3）。

YT3③：19，已修复。外腹壁修胎痕明显。内壁局部粘漏斗状匣钵底部和黄褐色窑斑。灰白胎，青白釉微泛灰色。蘸釉釉层漫过足端。高3.8、口径12、足径4.4厘米（图一〇一，5）。

YT3④：1，已修复。外壁局部粘匣钵片。外底留圆形黑色间隔具痕。灰白胎，青白釉釉色莹润，微泛青色。高3.7、口径11.6、足径4.2厘米（图一〇一，6；图版六七，1）。

C型　4件。撇口，花口压印而成，上腹壁压印凹槽较深。腹部较深，腹壁斜弧，圈足较高，挖足较深，足墙高直。

YT1③：7，已修复。外底微凸。外腹壁修胎痕明显，腹壁凹槽处胎裂。外底留圆形黑色间隔具痕。灰白胎，青白釉釉色莹润。高5.1、口径12.8、足径3.8厘米（图一〇一，7；图版六七，2）。

YT1②：3，已修复。外腹壁修胎痕明显。内壁局部存浅褐色窑斑。外底留圆形黑色间隔具痕。细白胎，青白釉釉色润泽，釉面可见黑斑。高5.5、口径12.4、足径4厘米（图一〇一，4；图版六七，3、4）。

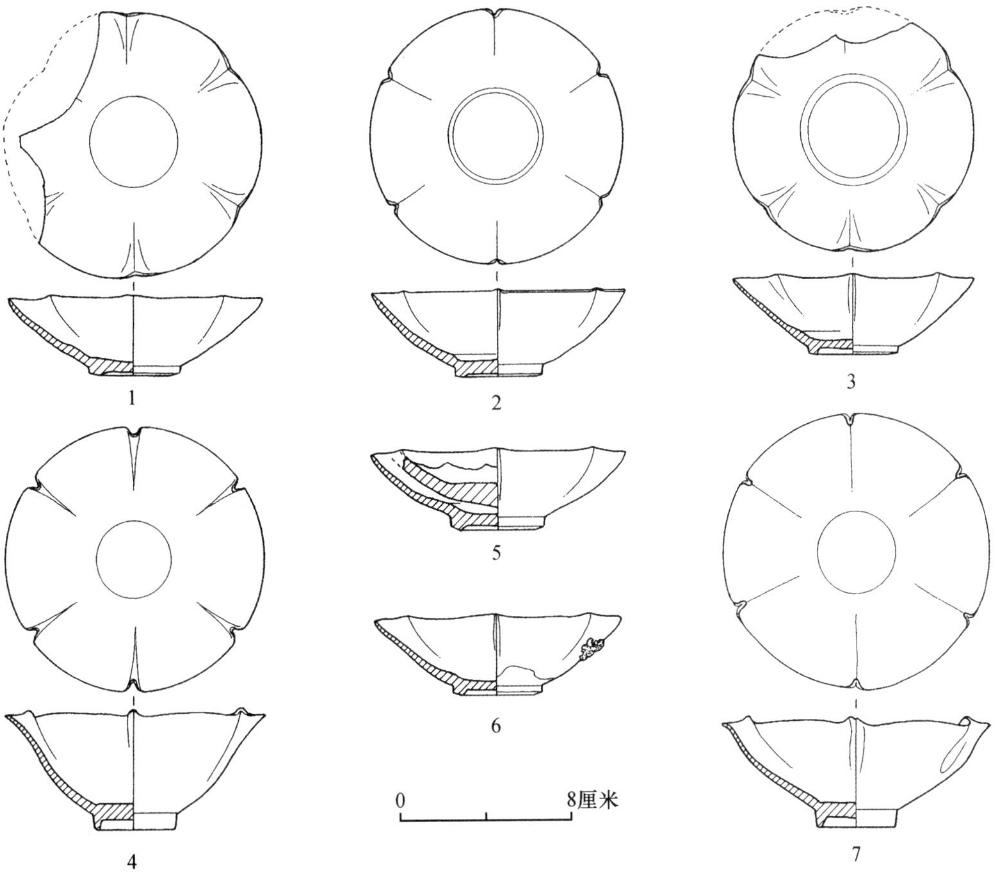


图一〇一　铜锣山窑址青白釉瓷花口盏

1～3、5、6. A型（YT3②：51、YT3②：2、YT3②：52、YT3③：19、YT3④：1）　4、7. C型（YT1②：3、YT1③：7）

### 11. 盘

37件。依据底足分为三型。

A型　3件。平底。根据口部分为二亚型，本窑址有Aa型。

Aa型　3件。侈口。下腹和底足部分，斜壁微弧，内壁塑六道阳筋，外壁与之对应处压印凹槽，小平底内凹。内、外壁满施青白釉，仅外底露胎。

YT4③：14，外底留圆形浅褐色间隔具痕。灰白胎，青白釉釉色莹亮，微泛白色，釉面开细纹片。残高2.1、足径4.4厘米（图一〇二，1）。

YT4③：13，灰白胎，青白釉，釉面布满黑斑。残高2.2、足径4.2厘米（图一〇二，2）。

B型　19件。圆饼足浅挖。根据口部分为四亚型，本窑址有Ba、Bb、Bc型。

Ba型　7件。平折沿。斜壁微弧，瓜棱腹，内壁六道阳筋，外壁与之对应处压印凹槽，饼足较浅矮。内、外壁满施青白釉，仅外底露胎。

YT4③：12，已修复。外底留圆形黄褐色间隔具痕。灰白胎，青白釉釉色莹亮，微泛青绿色，釉面开细纹片、见黑斑。高3.2、口径13.6、足径4.4厘米（图一〇二，3；图版六七，5）。

YT1②：6，已修复。外底留圆形黄褐色间隔具痕。细白胎，青白釉釉色温润。高2.9、口径13.2、足径4.6厘米（图一〇二，4；图版六七，7、8）。

YT1②：32，可复原。内壁局部留窑斑。外底存圆形黄褐色间隔具痕。灰白胎，青白釉釉色莹润。高3、口径13.4、足径4.4厘米（图一〇二，5）。

YT1②：31，已修复。外底见垫饼痕。灰白胎，青白釉微泛黄色，釉面可见黑斑。高3、口径13.3、足径4.4厘米（图一〇二，6；图版六七，6）。

Bb型　11件。撇口。斜弧腹壁。内底心模印变体莲瓣纹，饼足较高，浅挖足。内壁满施、外壁至足端施青白釉。

YT1②：21，已修复。外底留圆形黑色间隔具痕。灰白胎，青白釉釉色温润，釉面见黑斑。高4.6、口径13.8、足径4厘米（图一〇二，8；图版六八，1、2）。

YT1②：22，下腹及底足部分。足墙较直。外底留圆形黑色间隔具痕。灰白胎，青白釉微泛白色，釉面较涩。残高3.7、足径3.4厘米（图一〇二，9）。

YT1③：5，可复原。灰白胎，青白釉，釉面较涩。外底留圆形褐色间隔具痕。高3.6、口径13.2、足径4.2厘米（图一〇二，10）。

YT1②：7，下腹及底足部分。外壁近底处两周凹弦纹。外底留圆形褐色间隔具痕。灰白胎，青白釉，釉面布满黑色斑点。残高2.5、足径4.2厘米（图一〇二，11；图版六八，3）。

YT4①：30，下腹及底足部分。灰白胎，青白釉，釉面布满黑斑。残高2.5、足径3.8厘米（图一〇二，12）。

Bc型　1件。侈口。下腹部及底足部分。

YT1②：54，底足部分。内底平坦，篦划绳索状“十”字形花卉纹。外底留圆形黄褐色间隔具痕。细白胎，内、外壁满施青白釉，仅外底足露胎，釉面莹润，微泛青绿色。残高1、足径4.7厘米（图一〇二，7）。

C型　15件。圈足。圈足足墙高直。根据口部分为四亚型，本窑址有Cb、Cc、Cd型。

Cb型　2件。斜削花口，口沿外侈。依据腹部分为二式。

Ⅰ式：1件。腹部较浅，斜弧腹壁。

YT4②：4，已修复。圆唇，口沿有六个小缺口，内壁与花口对应处塑六阳筋。内底宽平，底腹连接处有一周凹弦纹。内底局部粘存窑渣。外底粘存圆形褐色间隔具。灰白胎，内、外壁满施青白釉，釉色较亮，釉面见黑斑。高3.5、口径13.6、足径4.6厘米（图一〇三，1）。

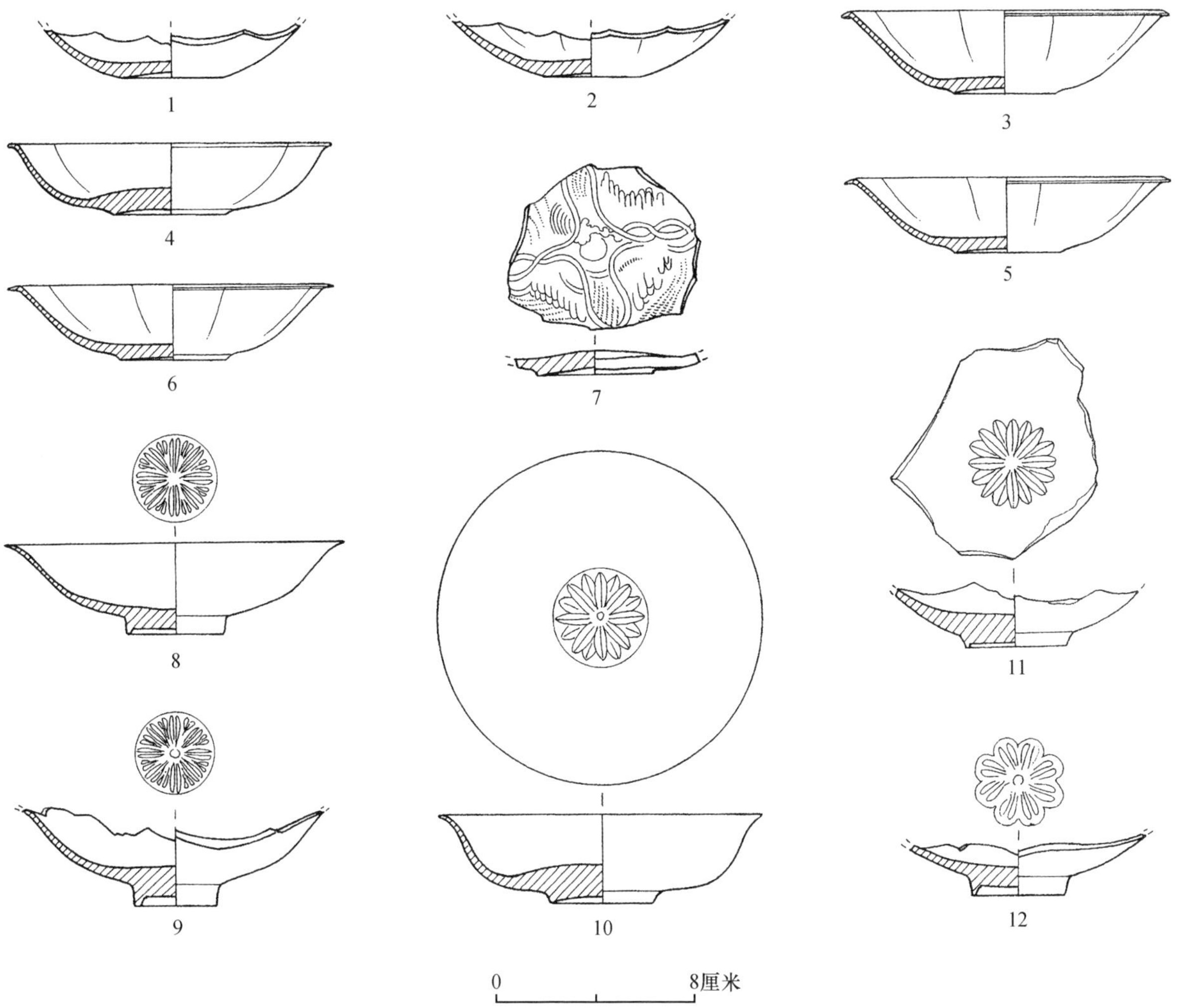

图一〇二　铜锣山窑址青白釉瓷盘

1、2. Aa型（YT4③：14、YT4③：13）3～6. Ba型（YT4③：12、YT1②：6、YT1②：32、YT1②：31）
7. Bc型（YT1②：54）8～12. Bb型（YT1②：21、YT1②：22、YT1③：5、YT1②：7、YT4①：30）

Ⅱ式：1件。腹部较深，圆弧腹壁。内、外壁满施青白釉，仅足内露胎。

YT1②：13，已修复。口沿六个小缺口，外壁与之对应处压印六道凹槽。内底宽平，底腹连接处一周凹弦纹。外底留圆形黑色间隔具痕。灰白胎，青白釉微泛青灰色，釉面见黑斑。高5、口径11.4、足径5.6厘米（图一〇三，11；图版六八，4）。

Cc型　4件。斜削花口，口沿外撇。圆唇，口部六个小缺口，斜弧腹，内底宽平。内壁满施、外壁不及足端施青白釉。

YT4①：13，已修复。外底留圆形黑色间隔具痕。灰白胎，青白釉微泛灰色，釉面见黑斑、局部开细纹片。高3.8、口径13.4、足径4.4厘米（图一〇三，2）。

YT1②：57，已修复。外壁粘漏斗状匣钵片，匣钵与器物之间粘扁平圆形间隔具。灰白胎较粗疏，青白釉泛灰色，釉面较涩。高3.9、口径13.4、足径4.4厘米（图一〇三，3；图版六八，5）。

YT1②：20，下腹及底足部分。外底留圆形黑色间隔具痕。灰白胎，青白釉釉色莹亮，泛青绿色，釉面开细纹片、见黑斑。残高2.2、足径4.6厘米（图一〇三，4）。

YT4②：6，下腹及底足部分。外底粘扁平圆形黑色间隔具。灰白胎，青白釉，釉面布满黑斑、局部开细纹片。残高1.9、足径4.4厘米（图一〇三，5）。

Cd型　9件。口沿压印六缺葵口，口沿外撇。斜弧腹壁，外壁与之对应处压印六道较深的凹槽，内壁对应处凸起。内底宽平，底腹连接处一周凹弦纹。内壁满施、外壁不及足端施青白釉。

YT4③：5，已修复。外壁见修胎痕。灰白胎，青白釉泛黄色，釉面开细纹片。高4.2、口径12.3、底径4.5厘米（图一〇三，6；图版六八，6）。

YT4①：15，已修复。灰白胎，青白釉，釉面开细纹片、见黑斑。高4.5、口径13.2、足径4厘米（图一〇三，7）。

YT4①：14，已修复。灰白胎，青白釉泛黄色，釉面开细纹片、布满黑斑。高4.6、口径12.6、足径4.4厘米（图一〇三，8）。

YT4①：12，可复原。外底留圆形黑色间隔具。灰白胎，青白釉较亮，釉面开细纹片、见黑斑。高4.5、口径12.6、足径4.4厘米（图一〇三，9；图版六八，7、8）。

YT4①：2，可复原。外底留圆形黑色间隔具痕。灰白胎，青白釉微泛黄色，釉面开细纹片、较涩。高4.2、口径12.6、足径4.4厘米（图一〇三，10）。

**12. 洗**

43件。腹壁上部较直，近底内收，内底宽平。依底足分为三型。

A型　2件。小平底，部分微内凹。尖圆唇。内、外壁满施青白釉，仅外底露胎。根据口沿分为三亚型，本窑址有Aa型。

Aa型　2件。侈口。

YT2②：3，已修复。内底粘漏斗状匣钵底部。外底留圆形灰褐色间隔具痕。灰白胎，青白釉釉色莹润，微泛青绿色，釉面见黑斑和流釉痕。高3.8、口径11.1、底径5.4厘米（图一〇四，1；图版六九，1、2）。

YT1②：34，已修复。外底留圆形黄褐色间隔具痕。灰白胎，青白釉微泛灰色，釉色莹润，釉面布满黑斑。高3.8、口径13、底径5.6厘米（图一〇四，2）。

B型　1件。饼足浅挖，足墙较矮。根据口部分为二亚型，本窑址有Ba型。

Ba型　1件。花口。依据腹部分为二式，本窑址有Ⅱ式。

Ⅱ式：1件。斜折腹，腹壁斜直，近底处弧折。尖圆唇，口沿有六缺花口。底腹连接处一周凹弦纹。

YT1②：36，已修复。外底留圆圈形灰褐色间隔具痕。灰白胎，内、外壁满施青白釉，仅外底露胎，青白釉微泛灰色。高3.4、口径12.2、足径7厘米（图一〇四，3；图版六九，3、4）。

C型　40件。圈足，足墙规整。圆唇，底腹连接处一周凹弦纹。根据口部分为三亚型，本窑址有Ca、Cb型。

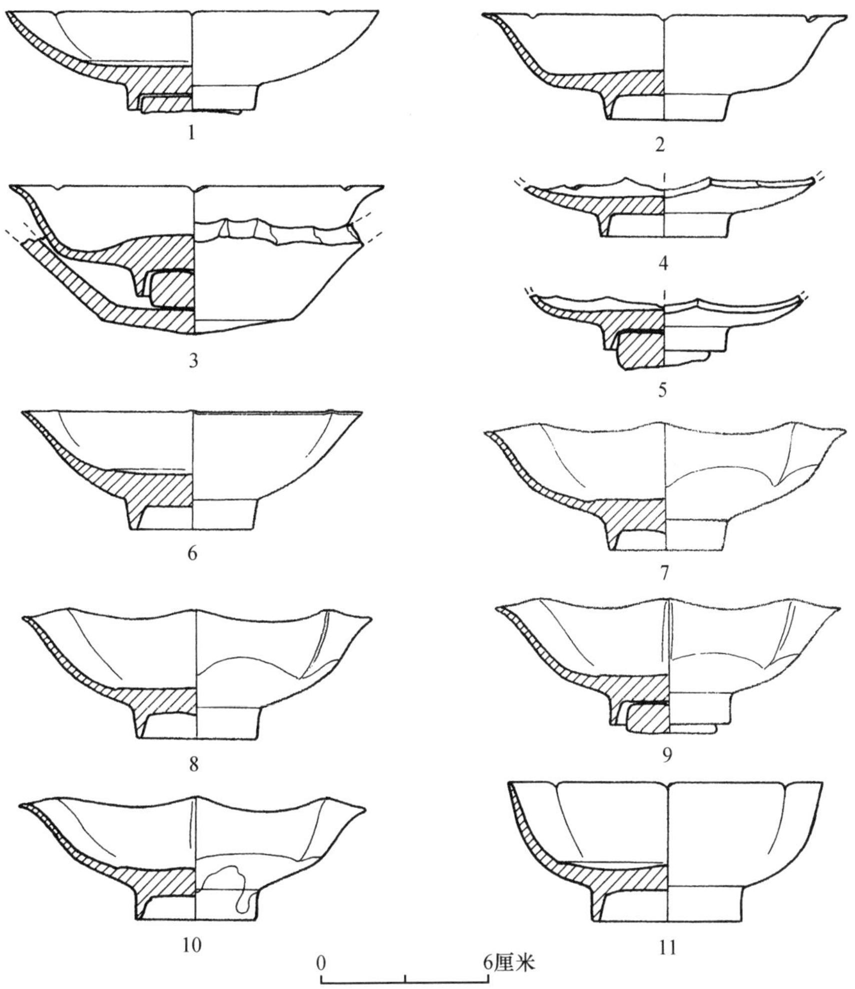


图一〇三　铜锣山窑址青白釉瓷盘

1. Cb型Ⅰ式（YT4②：4）　2～5. Cc型（YT4①：13、YT1②：57、YT1②：20、YT4②：6）　6～10. Cd型（YT4③：5、YT4①：15、YT4①：14、YT4①：12、YT4①：2）　11. Cb型Ⅱ式（YT1②：13）

Ca型　38件。撇口。依据腹部分为二式，本窑址有Ⅰ式。

Ⅰ式：38件。腹壁斜直，下腹弧折内收。内、外壁满施青白釉，仅外底足露胎。

YT3②：33，已修复。外腹壁剔刻一周莲瓣纹。外壁局部粘褐色窑斑。灰白胎，青白釉泛青灰色，釉面见黑斑。高4.2、口径12.8、足径6.4厘米（图一〇四，4）。

YT1②：28，已修复。外腹壁剔刻一周莲瓣纹。外底留圆形灰黑色间隔具痕。灰白胎，青白釉泛青灰色，釉面较涩。高4.6、口径13.2、足径6厘米（图一〇四，5；图版六九，5、6）。

YT3②：32，已修复。外腹壁剔刻一周莲瓣纹。外底留圆形褐色间隔具痕。灰白胎，青白釉泛青灰色，釉面可见黑斑。浸釉时漫过足沿少许。高4.2、口径12.6、足径6.2厘米（图一〇四，6；图版六九，7）。

YT2④：11，可复原。外腹壁剔刻一周莲瓣纹。内底粘漏斗状匣钵底部。外底留圆形灰黑色间隔具痕。灰白胎，青白釉泛青灰色，局部因烟熏呈灰黑色。蘸釉釉层漫过足沿。高4.1、口径13.2、足径6.4厘米（图一〇四，7；图版六九，8）。

YT2①：1，已修复。外腹壁剔刻一周莲瓣纹。外底留存圆形黄褐色间隔具痕。灰白胎，青白釉泛灰色，釉面见黑斑。高4.4、口径12.4、底径6.2厘米（图一〇四，8）。

YT3③：7，下腹和底足部分。外腹壁剔刻一周莲瓣纹。胎釉因受烟熏呈灰黑色。残高2.5、足径6.4厘米（图一〇四，9）。

YT3③：12，已修复。外壁局部留存灰褐色窑斑。灰白胎，青白釉微泛灰色。高3.9、口径12.6、足径6厘米（图一〇四，10）。

YT3①：5，已修复。外底刻划有“十”字形符号。外壁见修胎痕。外底留圆形灰褐色间隔具痕。灰白胎，青白釉。高4.3、口径14、足径7.2厘米（图一〇四，11；图版七〇，1、2）。

YT1②：17，已修复。灰白胎，青白釉泛青灰色，釉面见黑斑。高3.8、口径13、足径6厘米（图一〇四，12）。

YT3②：54，可复原。外底留圆形灰褐色间隔具痕。灰白胎，青白釉釉色莹润，釉面见黑斑。高4.1、口径12.8、足径6.2厘米（图一〇四，13；图版七〇，3）。

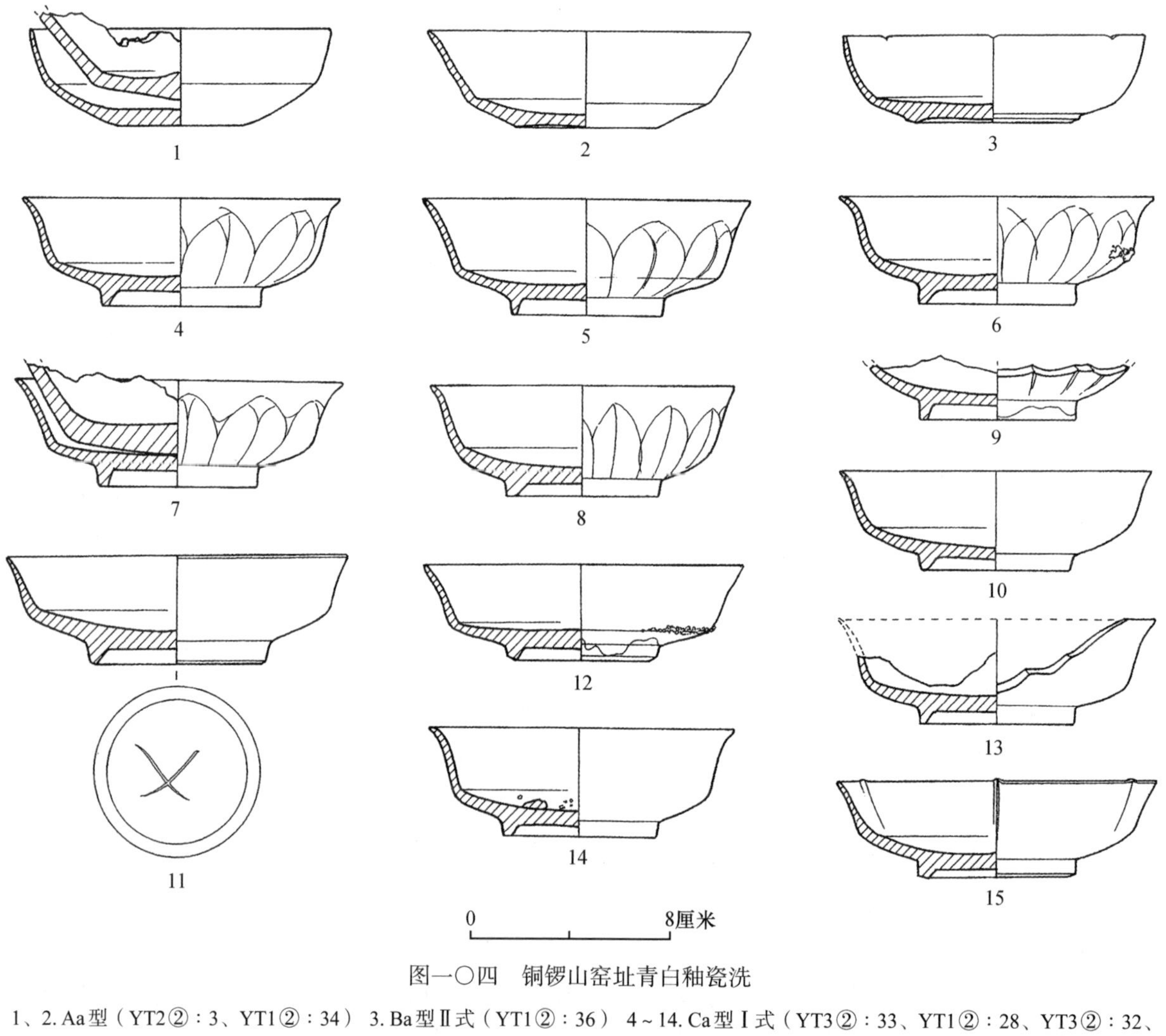


图一〇四　铜锣山窑址青白釉瓷洗

1、2. Aa型（YT2②：3、YT1②：34） 3. Ba型Ⅱ式（YT1②：36） 4～14. Ca型Ⅰ式（YT3②：33、YT1②：28、YT3②：32、YT2④：11、YT2①：1、YT3③：7、YT3③：12、YT3①：5、YT1②：17、YT3②：54、YT3②：31） 15. Cb型（YT2③：2）

YT3②：31，已修复。外壁见修胎痕。内底粘窑渣。灰白胎，青白釉釉色莹亮，微泛灰白色，釉面开细纹片。高4.2、口径12.4、足径6.2厘米（图一〇四，14）。

Cb型　2件。口部向内压印六瓣花口。外腹壁与花口对应处压六道凹槽。

YT2③：2，已修复。外壁局部留褐色窑斑。外底留圆形黑色间隔具痕。灰白胎，内、外壁满施青白釉，仅底足露胎，釉泛青灰色。高3.8、口径13、足径6.4厘米（图一〇四，15；图版七〇，5、6）。

**13. 碟**

25件。依据底足分为三型。

A型　14件。小平底或底微内凹。圆唇，敞口，斜直腹壁，近底内折收，内底宽平。内、外壁满施青白釉，外底露胎。

YT3②：35，较为完整。平底略内凹。外壁局部留褐色窑斑，外底存圆形黑色间隔具痕。灰白胎，青白釉微泛灰色。高2.6、口径9.8、底径5厘米（图一〇五，1；图版七〇，4）。

YT3②：36，已修复。平底。灰白胎，青白釉微泛灰色，釉面见黑斑。高3.2、口径10、底径5厘米（图一〇五，2；图版七〇，7）。

YT3②：37，口部局部粘匣钵片。平底。外壁修胎痕明显，外底留圆形灰褐色间隔具痕。灰白胎，青白釉微泛灰色。高3.1、口径10.1、底径5.6厘米（图一〇五，3；图版七〇，8）。

YT3②：3，口部局部存匣钵残片。平底。外壁修胎痕明显，外底留圆形黄褐色间隔具痕。灰白胎，青白釉微泛青色。高3、口径9.6、底径5厘米（图一〇五，4；图版七一，1）。

YF1-3：21，已修复。平底。内壁局部粘灰褐色窑斑。外底存扁平圆形黑色间隔具。灰白胎，青白釉泛青灰色。高2.9、口径10、底径4.8厘米（图一〇五，5；图版七一，2）。

YT3②：53，已修复。平底。外壁局部粘褐色窑斑。灰白胎，青白釉微泛青色，釉色莹润，釉面开细纹片。高3、口径10.2、底径5厘米（图一〇五，6）。

B型　7件。饼足浅挖，足墙较矮。根据口部分为三亚型。

Ba型　3件。唇口。斜弧腹壁，内底圆弧，足墙较宽，足端斜削，挖足较浅。内、外壁满施青白釉。

YT4③：25，已修复。器内粘窑渣。灰白胎较粗疏，青白釉泛黄色，釉面生涩。外底见支钉痕。高3.5、口径9、足径3.4厘米（图一〇五，10）。

Bb型　2件。撇口。尖圆唇，腹壁近底内折收，内壁转折处有一周凹弦纹，内底篦划云状纹。内、外壁满施青白釉，仅外底露胎。

YT1③：2，较为完整。外底留圆形黄褐色间隔具痕。细白胎，青白釉釉色莹润，釉面开细纹片。高2.6、口径11、足径4.8厘米（图一〇五，9；图版七一，3、4）。

Bc型　2件。侈口。尖圆唇，斜弧腹，内底宽平，底腹连接处有一周凹弦纹。内、外壁满施青白釉，仅外底露胎。

YT1②：35，已修复。外底留圆形黄褐色间隔具痕。灰白胎，青白釉泛黄色，釉面生涩。高2.9、口径11、足径3.6厘米（图一〇五，11；图版七一，5）。

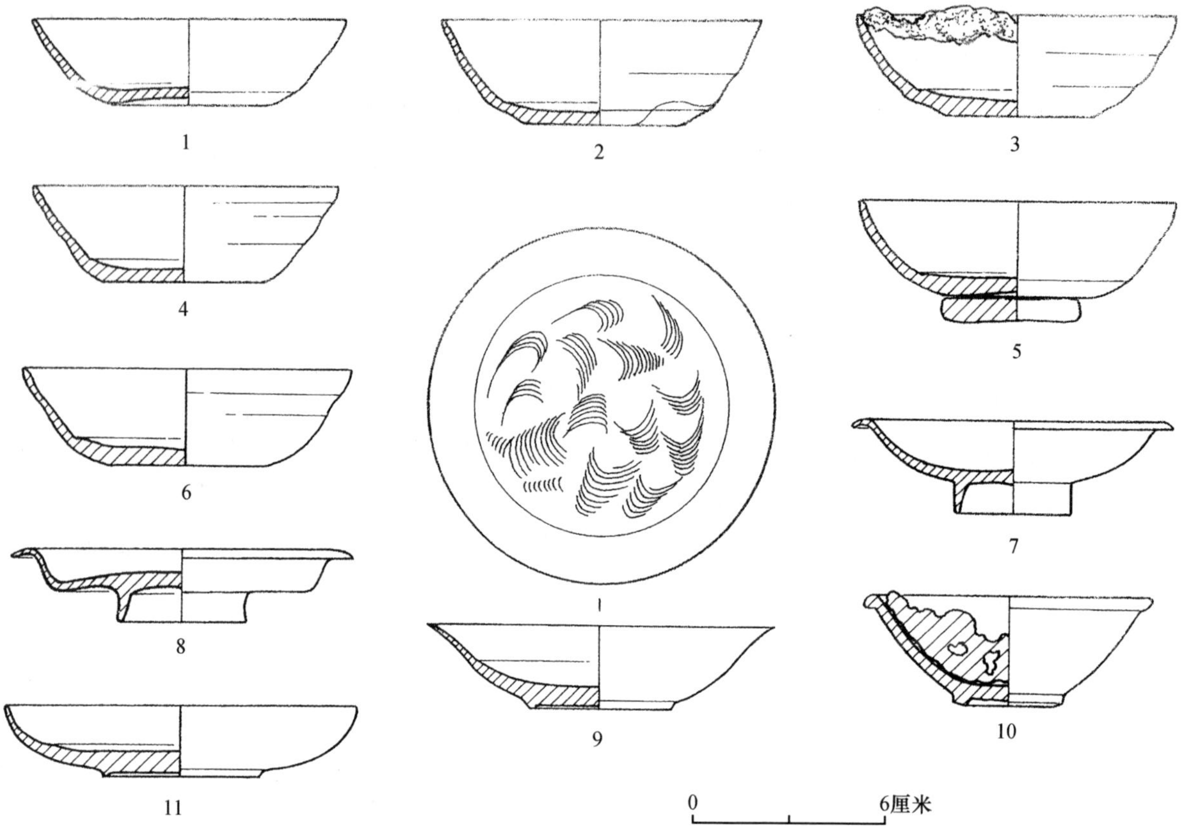


图一〇五　铜锣山窑址青白釉瓷碟

1～6. A型（YT3②：35、YT3②：36、YT3②：37、YT3②：3、YF1-3：21、YT3②：53）7、8. Ca型（YT1②：33、YT1③：3）9. Bb型（YT1③：2）10. Ba型（YT4③：25）11. Bc型（YT1②：35）

C型　4件。圈足，足墙规整略高。根据口部分为二亚型，本窑址有Ca型。

Ca型　4件。折沿。浅弧腹，内底较平。内、外壁满施青白釉，外底足内露胎。

YT1②：33，已修复。外底存圆形灰色间隔具痕。灰白胎，青白釉泛黄色，釉面生涩。高2.9、口径10、足径3.6厘米（图一〇五，7；图版七一，6）。

YT1③：3，已修复。外底存黑褐色垫饼痕。细白胎，青白釉釉色莹润。高2.3、口径10.8、足径4厘米（图一〇五，8；图版七一，7、8）。

**14. 盏托**

1件。

YT1③：1，已修复。盘中间置托杯，托杯与底相通。盘敛口，圆唇，浅弧腹，矮圈足外撇。托杯直口，圆唇，直腹。细白胎，内、外壁满施青白釉，仅足端露胎，青白釉釉色莹润，微泛青绿色，釉面开细纹片。通高4.6、托径13.2、托杯口径7.6、足径6.2厘米（图一〇六，1；图版七二，1、2）。

**15. 酒台**

16件。由托台和圈足盘两部分组成。内、外腹壁满施青白釉，外底足露胎。依据整体形态分为五型。本窑址有A、B、C、D型。

A型　1件。托盘面高于托台面，托盘口斜折，折腹壁。

YT1②：37，已修复。托台壁贴塑一周莲瓣纹。圈足足墙矮直。灰白胎，青白釉呈灰青色。通高3.3、托盘口径11.6、托台口径4.6、足径6.3厘米（图一〇六，7）。

B型　1件。托盘花口，托盘面低于托台面，折腹壁。

YT1②：60，仅存托盘。托盘折沿，边沿凸出起棱，口沿刻成葵花状，上腹较直，中间折腹内收，内底中心有一圆孔。圈足足墙高，足壁较直。灰白胎，青白釉。残高3.5、托盘口径11.5、足径7.1厘米（图一〇六，6）。

C型　13件。托盘面低于托台面，托盘口沿平折，折腹壁。根据足墙分为二亚型。

Ca型　12件。圈足较矮，足墙较直。托台较矮，台壁较直。均为素面。

YT1②：1，已修复。外底存圆圈形黄褐色间隔具痕。灰白胎，青白釉釉色莹润，微泛青绿色，釉面开细纹片。通高3.7、托盘口径11.6、托台口径4.9、足径7.4厘米（图一〇六，2；图版七二，3）。

YT1②：122，托台变形。外底存圆圈形灰褐色间隔具痕。灰白胎，青白釉，釉面见黑斑。高3.3、托盘口径11、托台口径4.4、足径6.8厘米（图一〇六，3；图版七二，5、6）。

YT4③：22，已修复。外底留圆圈形褐色间隔具痕。灰白胎，青白釉泛灰色，釉面开细纹片。高3.6、托盘口径11.8、托台口径5.3、足径7厘米（图一〇六，4）。

YT4③：20，已修复。外底粘圆圈形灰黑色间隔具。灰白胎，青白釉微泛灰色，釉面较涩。高3.3、托盘口径11.6、托台口径4.2、足径6.6厘米（图一〇六，9；图版七二，4）。

YT1②：61，已修复。圈足微外撇。托台顶面粘匣钵残渣。外底留圆圈形黑色间隔具痕。灰白胎，青白釉微泛白色，釉色莹亮，釉面开细纹片。高4.4、托盘口径11.8、托台口径4.3、足径6.6厘米（图一〇六，10；图版七二，7、8）。

Cb型　1件。圈足略高，足墙外斜。托台略高，台壁斜直。

YT4③：21，已修复。外底留圆圈形黑色间隔具痕。细白胎，青白釉较亮，釉层厚薄不均，积釉处呈浅绿色，釉面开细纹片。高5.1、托盘口径12.4、托台口径4、足径6.8厘米（图一〇六，5；图版七三，1）。

D型　1件。托盘面低于托台面，托盘口沿平折，腹壁内折呈二级阶梯状。托台台壁外鼓。根据足墙分为二亚型，本窑址有Db型。

Db型　1件。圈足较高，足壁外撇。

YT1②：5，上部粘连平底匣钵片。外底足镂圆孔较大，外底留圆圈形黑色间隔具痕。细白胎，青白釉釉色莹润，釉面开细纹片。高6.8、托盘口径14.4、托台口径3.9、足径8厘米（图一〇六，8；图版七三，2）。

### 16. 杯

13件。依据底足分为五型，本窑址有A、C型。

A型　3件。圆饼足较浅。侈口，尖圆唇，腹壁上部较直，深腹。内、外壁满施青白釉。

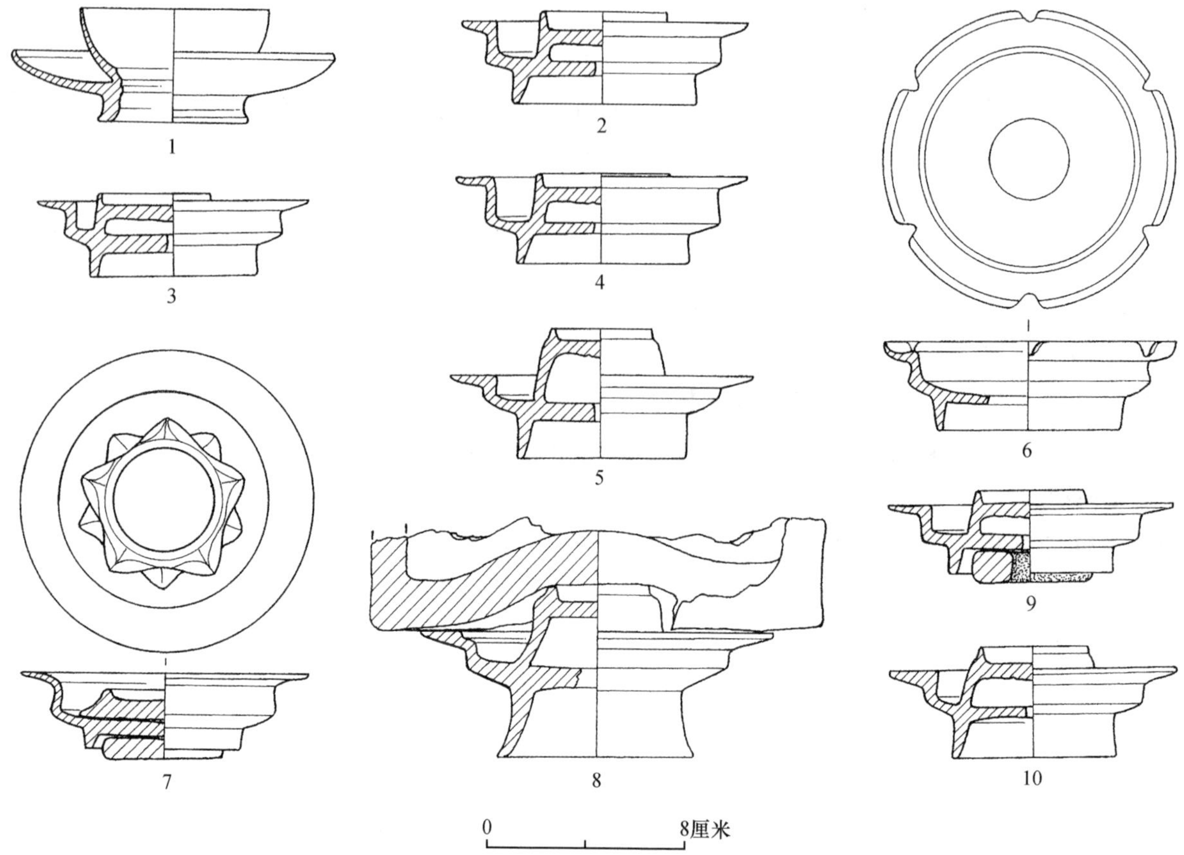


图一〇六　铜锣山窑址青白釉瓷盏托、酒台

1. 盏托（YT1③：1）2～4、9、10. Ca型酒台（YT1②：1、YT1②：122、YT4③：22、YT4③：20、YT1②：61）5. Cb型酒台（YT4③：21）6. B型酒台（YT1②：60）7. A型酒台（YT1②：37）8. Db型酒台（YT1②：5）

YT1④：2，已修复。内壁有一周弦纹。外底留圆形灰褐色间隔具痕。灰白胎，青白釉微泛灰白色，釉面开细纹片。高4.1、口径6.8、足径3厘米（图一〇七，1；图版七三，3）。

YT2②：83，可复原。外壁口沿下一周凹弦纹。外底留圆形灰黑色间隔具痕。灰白胎，釉色不显，生烧。高4、口径7.2、足径2.8厘米（图一〇七，2）。

YT4③：23，下腹和底足部分。外底留圆形褐色间隔具痕。灰白胎，青白釉泛黄色，釉面生涩、开细纹片。残高3.4、足径2.2厘米（图一〇七，3）。

C型　10件。喇叭足。圆唇，直口，腹壁上部较直，近底圆弧收，底足呈喇叭状。内、外壁满施青白釉，外底足露胎。根据圈足足墙分三亚型。

Ca型　3件。足墙较矮，墙略外撇。

YT1②：9，已修复。外壁局部粘窑渣。灰白胎，青白釉泛灰色，釉面较涩见黑斑。高5.6、口径7.6、足径3.8厘米（图一〇七，4；图版七三，4）。

YT1①：4，可复原。内壁局部粘匣钵片。外底留圆形灰黑色间隔具痕。灰白胎，青白釉泛灰色，釉面较涩。高5.5、口径7.6、足径3.8厘米（图一〇七，5）。

YT1②：38，下腹和底足部分。外壁局部粘匣钵片。外底存圆形褐色间隔具痕。灰白胎，青白釉泛灰色，釉面较涩。残高4.5、足径3.6厘米（图一〇七，6）。

Cb型 2件。足墙较高，外撇。

YT1③：89，已修复。灰白胎泛黄色，釉色不显，生烧。高5、口径7、足径3.5厘米（图一〇七，7；图版七三，5）。

YT1③：9，已修复。内、外壁局部粘褐色窑斑。外底留圆形灰黑色间隔具痕。细白胎，内、外壁满施青白釉，外底足内露胎，釉面无光泽。高5.6、口径7.4、足径3.4厘米（图一〇七，8；图版七三，6）。

Cc型 5件。足墙较高，外撇较大。

YT4①：7，下腹和底足部分。灰白胎，青白釉，釉面无光泽。残高4、足径3.6厘米（图一〇七，9）。

YT4①：8，下腹和部分底足。灰白胎，青白釉较亮，釉面开细纹片。残高3.2厘米（图一〇七，10）。

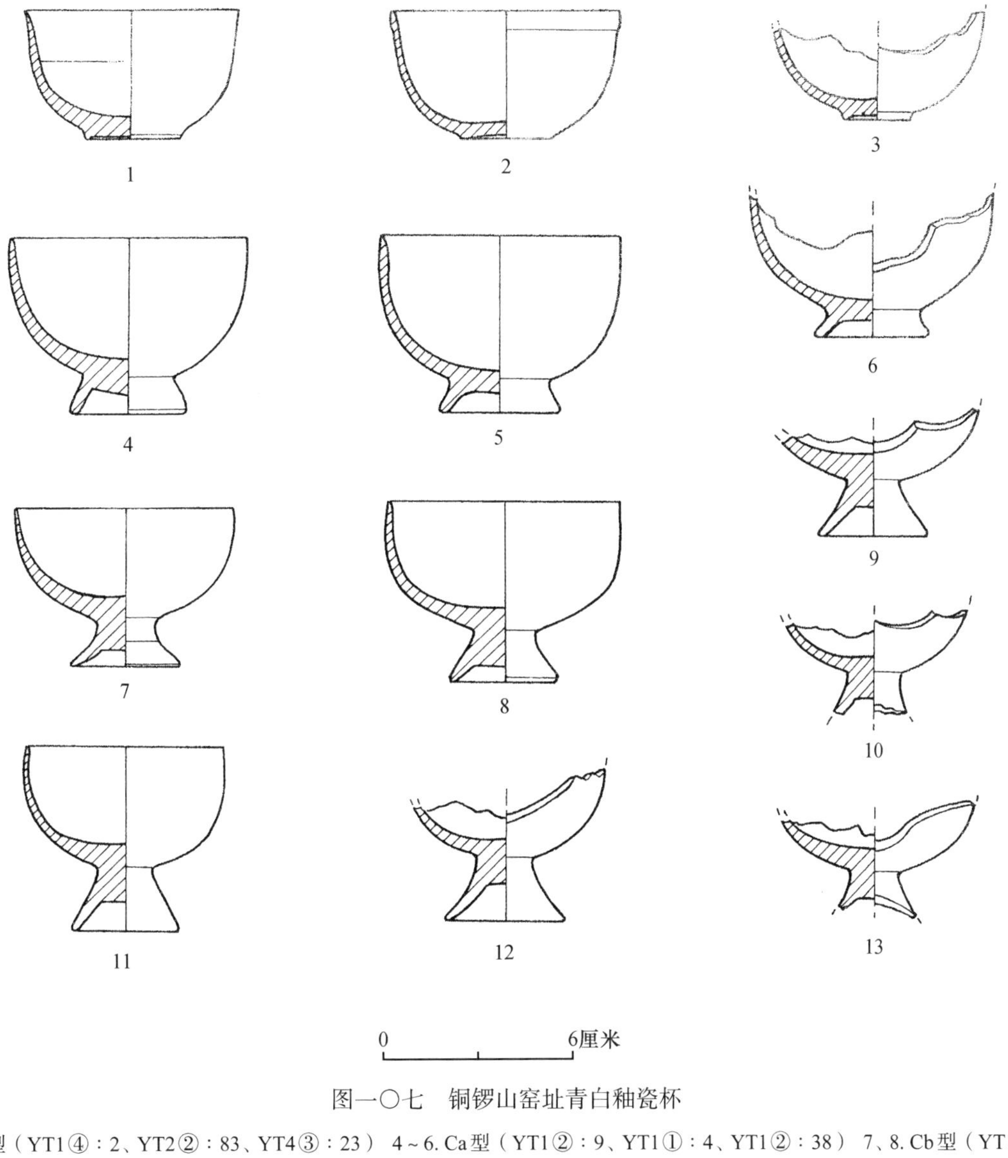


图一〇七 铜锣山窑址青白釉瓷杯

1～3. A型（YT1④：2、YT2②：83、YT4③：23） 4～6. Ca型（YT1②：9、YT1①：4、YT1②：38） 7、8. Cb型（YT1③：89、YT1③：9） 9～13. Cc型（YT4①：7、YT4①：8、YT4③：24、YT4①：6、YT1③：10）

YT4③：24，已修复。外底留圆形灰黑色间隔具痕。细白胎，青白釉较亮，釉面开细纹片。高5.8、口径6.2、足径3.4厘米（图一〇七，11；图版七三，7、8）。

YT4①：6，下腹和底足部分。外底留圆形灰黑色间隔具痕。细白胎，青白釉，生烧，釉面无光泽。残高4.8、足径3.8厘米（图一〇七，12）。

YT1③：10，下腹和部分底足。外底留圆形褐色间隔具痕。灰白胎，青白釉泛黄色，釉面开细纹片。残高3.6厘米（图一〇七，13）。

**17. 枕**

1件。依据整体分为三型，本窑址有C型。

C型　1件。长方形枕。

YT1②：56，枕片。拼接而成，内壁见麻布纹。枕面边缘饰细弦纹。灰白胎，外壁施青白釉，釉泛白色，釉面开细纹片、见黑斑。残高8.3厘米（图一〇八，1；图版七四，1）。

**18. 罐盖**

3件。依据口沿分为二型。

A型　2件。母口。盖沿下折，盖面隆起呈弧拱状，青白釉，内壁露胎。根据盖面分为二亚型，本窑址有Ab型。

Ab型　2件。盖面圆隆，盖缘平折，盖沿垂直。

YT4①：9，边沿缺。盖顶较平，置茎梗纽，边缘饰一周凹弦纹。内壁露胎处留圆形灰黑色间隔具痕。灰白胎，青白釉泛黄色，釉面开细纹片。残高4厘米（图一〇八，2；图版七四，2）。

YT1②：18，顶面缺失。灰白胎，青白釉莹亮泛白色，釉面开细纹片。残高4.3、盖径11.2厘米（图一〇八，4）。

B型　1件。子口状。根据盖面分为二亚型，本窑址有Ba型。

Ba型　1件。盖面平弧，盖缘平折。盖顶面平，盖顶中部略下凹置纽。

YT1②：19，可复原。盖面刻划牡丹纹。盖内露胎处留圆圈形褐色间隔具痕。灰白胎，盖面施青白釉，釉面较涩。残高2.6、盖径17厘米（图一〇八，3；图版七四，3）。

**19. 器底**

1件。

YT1②：45，下腹和底足部分。无法判断器形。斜直壁，饼足，内底心内凹。灰白胎，内壁近底处施一周青白釉，其余露胎。残高3.4、足径8厘米（图一〇八，5；图版七四，4）。

## （四）制瓷工具

3件。有轴顶帽、荡箍。

**1. 轴顶帽**

1件。

YT1②：10，内壁窑裂。平顶，斜直壁，底部内空。外腹壁上部印竖向条纹，中部一周凹弦纹。底端见四枚支钉痕。灰白胎，内、外壁满施青白釉，釉面莹润、见黑斑。高4、顶径4.8、底径6厘米（图一〇八，6；图版七四，5、6）。

**2. 荡箍**

2件。

Y采：1，已修复。圆环状，横截面略呈“L”形。底面有三周浅凹弦纹。灰白胎，仅内壁施青白釉，釉面开细纹片。顶面露胎呈火石红色。高2.2、直径12厘米（图一〇八，7；图版七四，7）。

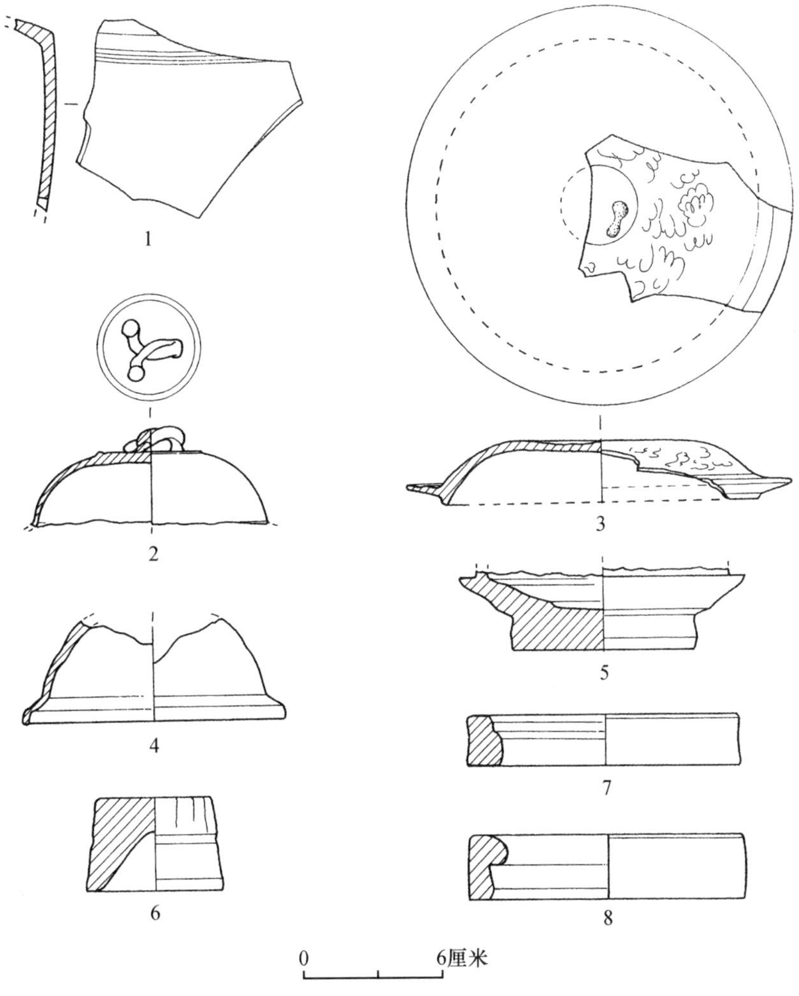


图一〇八　铜锣山窑址青白釉瓷枕、罐盖、器底及轴顶帽、荡箍

1. C型枕（YT1②：56）　2、4. Ab型罐盖（YT4①：9、YT1②：18）　3. Ba型罐盖（YT1②：19）　5. 器底（YT1②：45）　6. 轴顶帽（YT1②：10）　7、8. 荡箍（Y采：1、YT3③：17）

YT3③：17，可复原。圆环状，横截面略呈“L”形。细白胎，通体施青白釉。底部粘有细砂。高2.7、直径12厘米（图一〇八，8）。

## （五）瓷质窑具

60件。有火照、垫钵和间隔具。

**1. 火照**

18件。利用废弃坯件改造而成，依据整体形态分为三型，本窑址有A、B型。

A型　1件。利用碗或盏底部削成，呈浅圈足或圆饼足，中间挖一圆孔。

YT3③：23，矮圈足。细白胎，青白釉，外壁局部因烟熏而呈灰黑色。高1、宽5.9厘米（图一〇九，1；图版七四，8）。

B型　17件。利用盏或碗口部残片。口部有唇口、敛口、撇口之区别。内、外壁施青白釉。

YT3③：22，不规则形。唇口。内、外壁局部粘窑渣。灰白胎，青白釉泛青灰色。长4.3、宽5.5厘米（图一〇九，2；图版七五，1上左）。

YT3①：12，不规则方形。唇口。灰白胎，青白釉，釉面较涩。长5、宽5.5厘米（图一〇九，3；图版七五，1上中）。

YT3①：14，不规则方形。唇口。灰白胎，青白釉，釉面较涩。长4.5、宽5.2厘米（图一〇九，5；图版七五，1上右）。

YT3④：2，不规则三角形。唇口。灰白胎粗疏，青白釉泛白色，釉面开细纹片。长4.5、宽6.1厘米（图一〇九，4；图版七五，1下左）。

YT3①：11，不规则三角形。唇口。内、外壁局部粘窑渣。灰白胎，青白釉泛黄色，釉面较涩。长4.7、宽7.9厘米（图一〇九，6；图版七五，1下右）。

YT3①：15，不规则梯形。敛口。灰白胎，青白釉较亮，釉面开细纹片。长5.8、宽6.2厘米（图一〇九，7；图版七五，2上左）。

YT3③：21，不规则形。侈口。釉面局部粘有窑渣。灰白胎，青白釉泛灰白色。长4.7、宽5.2厘米（图一〇九，8；图版七五，2上右）。

YT3①：21，不规则梯形。撇口。灰白胎，青白釉。长5.5、宽5.5厘米（图一〇九，10；图版七五，2下左）。

YT3③：20，不规则梯形。侈口。灰白胎，青白釉，釉面开细冰裂纹。长5、宽5厘米（图一〇九，9；图版七五，3中）。

YT3③：24，不规则形。侈口。釉面局部粘有窑渣。灰白胎，青白釉，釉面较涩，开细冰裂纹。长5.3、宽4.7厘米（图一〇九，11；图版七五，3左）。

YT3①：1，不规则梯形。侈口。灰白胎，青白釉，釉面开细冰裂纹。长4.9、宽5厘米（图一〇九，12；图版七五，3右）。

YT3④：3，不规则梯形。撇口。灰白胎，青白釉，釉面较涩、开细纹片。长6.7、宽6.5厘米（图一〇九，13；图版七五，2下右）。

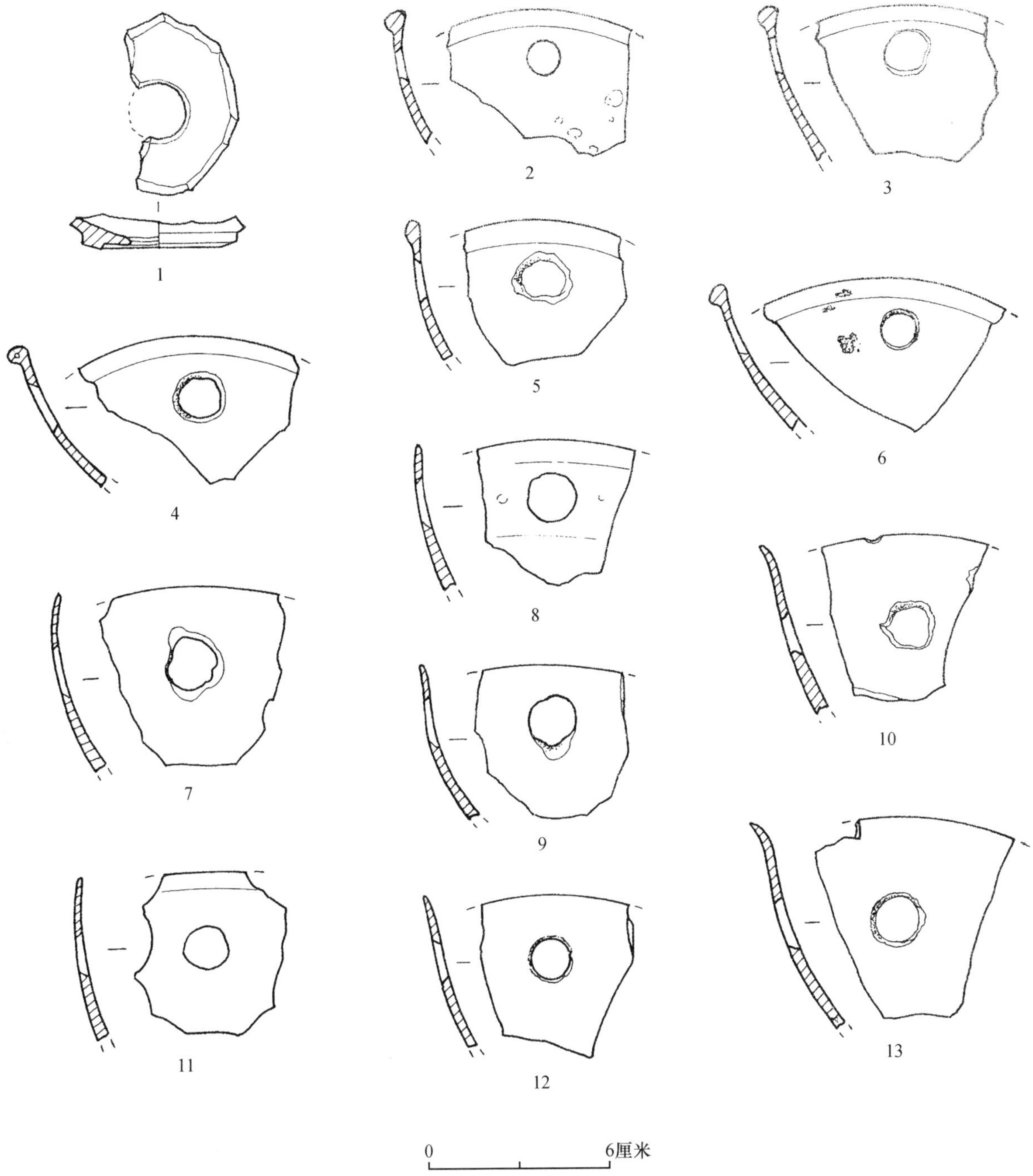


图一〇九　铜锣山窑址瓷火照

1. A型（YT3③：23）2～13. B型（YT3③：22、YT3①：12、YT3④：2、YT3①：14、YT3①：11、YT3①：15、YT3③：21、YT3③：20、YT3①：21、YT3③：24、YT3①：1、YT3④：3）

**2. 垫钵**

41件。依据整体形态分为三型。

A型　3件。圆饼状。尖唇，内壁无垫阶，平底。

YT1②：49，可复原。灰白色胎。高0.8、顶径7、底径3.5厘米（图一一〇，1；图版七五，4上）。

YT1②：50，较为完整。灰白色胎。高0.7、顶径6.9、底径4.8厘米（图一一〇，2；图版七五，4下右）。

YT1②：48，可复原。灰白色胎。高0.8、顶径7.5、底径5厘米（图一一〇，3；图版七五，4下左）。

B型　37件。盘状。方唇，斜直腹壁，内壁一至四周垫阶，平底或平底微内凹。

YT1②：11，较为完整。平底，外底边缘一周凹弦纹，内壁两周垫阶。灰白色胎。高1.3、顶径9.4、底径5.4厘米（图一一〇，4；图版七五，5右）。

YT1③：11，可复原。平底。内壁两周垫阶。灰白色胎。高1.5、顶径10.4、底径5.4厘米（图一一〇，7；图版七五，5左）。

YT1②：41，可复原。平底，底心挖一规整圆孔。内壁四周垫阶。垫阶处粘有青白釉片。灰白色胎。高3.5、顶径14.4、底径8.4厘米（图一一〇，5；图版七五，6）。

YT1①：1，可复原。平底内凹。内壁三周垫阶。灰白色胎较细腻。高2.2、顶径11.6、底径5.4厘米（图一一〇，6；图版七五，7）。

YT1②：85，较为完整。平底内凹，底心挖一规整圆孔。内壁两周垫阶。灰白色胎。高1.4、顶径12、底径6.8厘米（图一一〇，8）。

YT4③：26，可复原。平底。内壁三周垫阶。灰白色胎。高2.4、顶径12.2、底径5.6厘米（图一一〇，9；图版七五，8）。

YT1②：44，较为完整。平底。内壁三周垫阶，垫阶上粘有器物口沿残片。灰白色胎较细腻。高2.5、顶径12、底径7厘米（图一一〇，10；图版七六，1）。

YT1③：12，较为完整。平底。内壁两周垫阶。灰白色胎较细腻。高1.3、顶径9.8、底径6厘米（图一一〇，11；图版七六，2左）。

YT3①：10，可复原。平底。内壁两周垫阶。外壁粘匣钵片。灰白色胎。高1.4、顶径10.3、底径5厘米（图一一〇，12）。

YT1④：1，完整。平底。内壁两周垫阶。灰白色胎。高1.5、顶径10.6、底径5厘米（图一一〇，13；图版七六，2右）。

YT4②：5，可复原。平底。内壁两周垫阶。灰白色胎较细腻。高2.5、顶径11.2、底径5.6厘米（图一一〇，14）。

YT1②：46，可复原。平底内凹。内壁一周垫阶。灰白色胎。高1.1、顶径9.8、底径5.2厘米（图一一〇，15）。

YT1②：42，可复原。平底。内壁三周垫阶。灰白色胎较细腻。高2.2、顶径11.2、底径6厘米（图一一〇，16）。

YT1②：43，可复原。平底内凹。内壁三周垫阶。灰白色胎。高2.1、顶径11.6、底径6.2厘米（图一一〇，17）。

YT1③：90，完整。平底，底心挖一圆孔。内壁两周垫阶。灰白色胎。高1.3、顶径9.6、底径6.2厘米（图一一〇，18）。

YT1②：47，可复原。平底。内壁两周垫阶。内、外底分别留存圆形褐色、黑色间隔具痕。灰白色胎。高1.7、顶径10.5、底径5.2厘米（图一一〇，19）。

YT1②：83，可复原。平底。内壁两周垫阶。灰白色胎。高1.4、顶径11、底径2.8厘米（图一一〇，20；图版七六，3）。

C型　1件。钵状。敛口，曲腹壁，平底。

YT1②：8，复原。内底凹凸不平，内壁两周垫阶。白色胎。高3.1、顶径9.6、底径5.6厘米（图一一〇，21；图版七六，4）。

**3. 间隔具**

1件。依据整体形态分为三型，本窑址有B型。

B型　1件。厚垫饼。

YT3②：47，完整。圆饼形。灰白色胎。高1.3、直径2.5厘米（图一一〇，22；图版七六，5）。

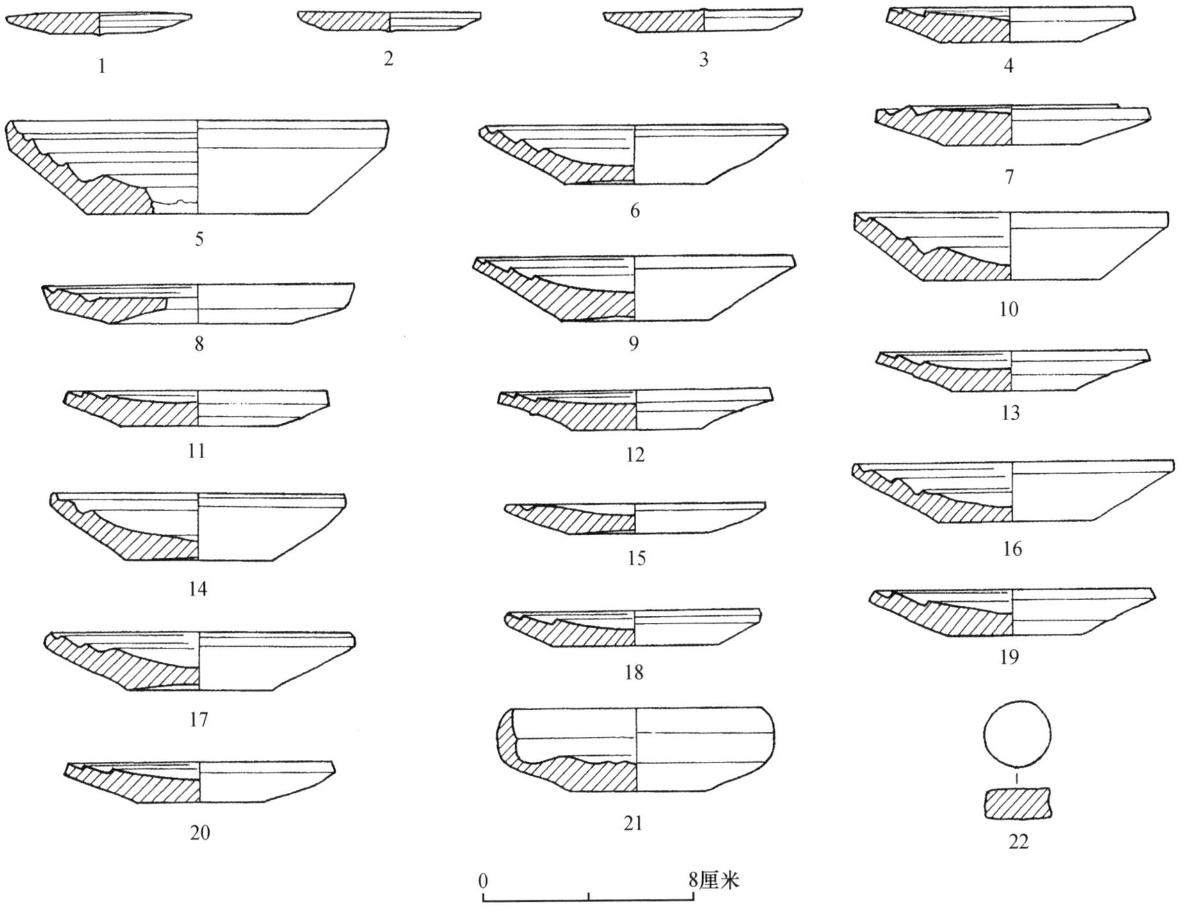


图一一〇　铜锣山窑址瓷垫钵、间隔具

1～3. A型垫钵（YT1②：49、YT1②：50、YT1②：48）　4～20. B型垫钵（YT1②：11、YT1②：41、YT1①：1、YT1③：11、YT1②：85、YT4③：26、YT1②：44、YT1③：12、YT3①：10、YT1④：1、YT4②：5、YT1②：46、YT1②：42、YT1②：43、YT1③：90、YT1②：47、YT1②：83）　21. C型垫钵（YT1②：8）　22. B型间隔具（YT3②：47）

## 二、陶　　器

34件。均为陶质窑具，分为匣钵、匣钵盖和间隔具。

### 1. 匣钵

29件。依据整体形态分为五型，本窑址有C、D、E型。

C型　26件。漏斗状。方唇，直口，腹壁上部较直，中腹以下渐内收，小平底。

YT1③：14，稍残。小平底微凸。内壁粘青白釉盘，盘与匣钵之间采用扁平圆形间隔具间隔。灰色粗砂胎。高7.4、口径18.4、底径6厘米（图一一一，1；图版七六，6）。

YT1②：40，可复原。小平底微凸。腹壁有两道窑裂，外壁粘窑渣。匣钵粘青白釉盏，盏与匣钵之间采用扁平圆形间隔具间隔。浅灰色粗砂胎。高8、口径16、底径6厘米（图一一一，2；图版七六，7）。

YT3②：53，可复原。小平底。两件匣钵叠压。匣钵装青白釉碟，碟与匣钵之间采用扁平圆形间隔具间隔。匣钵浅灰色粗砂胎。高6.1、口径12.1、底径6厘米（图一一一，3）。

YT4①：10，稍残。小平底微凸。腹壁上部刻划符号。腹壁一侧见窑裂，外壁局部粘窑渣、见釉痕。钵内粘青白釉碗，碗与匣钵之间间隔扁平圆形间隔具。灰色粗砂胎。高10、口径19.2、底径6厘米（图一一一，4；图版七六，8）。

YT1②：39，可复原。小平底微凸。腹壁一侧见窑裂，外壁局部粘窑渣。匣钵粘青白釉碟，匣钵与碟之间采用扁平圆形间隔具间隔。浅灰色粗砂胎。高6.5、口径13.6、底径5.5厘米（图一一一，5；图版七七，1）。

YT3②：46，变形。小平底微凸。腹壁一侧见窑裂，匣钵内落窑渣。钵内粘青白釉碟，碟与匣钵之间采用扁平圆形间隔具间隔。匣钵灰黄色粗砂胎。高8.2、口径17.2、底径6厘米（图一一一，7）。

YT2③：3，可复原。小平底微凸。钵内粘青白釉碟，碟与匣钵之间采用扁平圆形间隔具间隔。匣钵粗紫砂胎。高6.6、口径13.2、底径5.6厘米（图一一一，8；图版七七，2）。

YT2④：4，稍残。小平底微凸。腹壁见两道窑裂，外壁局部粘窑渣。钵内粘青白釉碗。碗与匣钵之间间隔圆饼形间隔具。灰黄色粗砂胎。高8.4、口径16.8、底径4厘米（图一一一，10；图版七七，3）。

YT2④：6，五件匣钵叠压。匣钵装烧青白釉盏，盏与匣钵之间采用灰黑色支钉支烧。匣钵小平底微凸，器壁见釉痕，灰色粗砂胎。通高16.8厘米，匣钵高5.8、口径15.2、底径4.4厘米（图一一一，11；图版七七，4）。

YT2④：10，四件匣钵叠压。内部装烧青白釉盏，盏与匣钵之间采用扁平圆形间隔具间隔。匣钵小平底，浅灰色粗砂胎。通高11.6厘米（图一一一，12）。

D型　2件。深钵状。方唇，直口，深腹部近底内折收，底部微弧外凸。

YT1②：62，略残。外腹壁局部见釉痕。钵内装青白釉杯，杯与匣钵之间采用扁平圆形间隔具间隔。粗紫砂胎。高9.3、直径9厘米（图一一一，6；图版七七，5、6）。

YT3③：18，略残。腹壁局部见釉痕、粘存窑渣。粗灰黄色砂胎。高7、直径10.8厘米（图一一一，9；图版七七，7）。

E型　1件。浅钵状。上部较直，略浅，近底内折收，底部微弧。

YT1②：63，可复原。钵内粘青白釉酒台。粗紫砂胎。高6、直径15.4厘米（图一一一，13）。

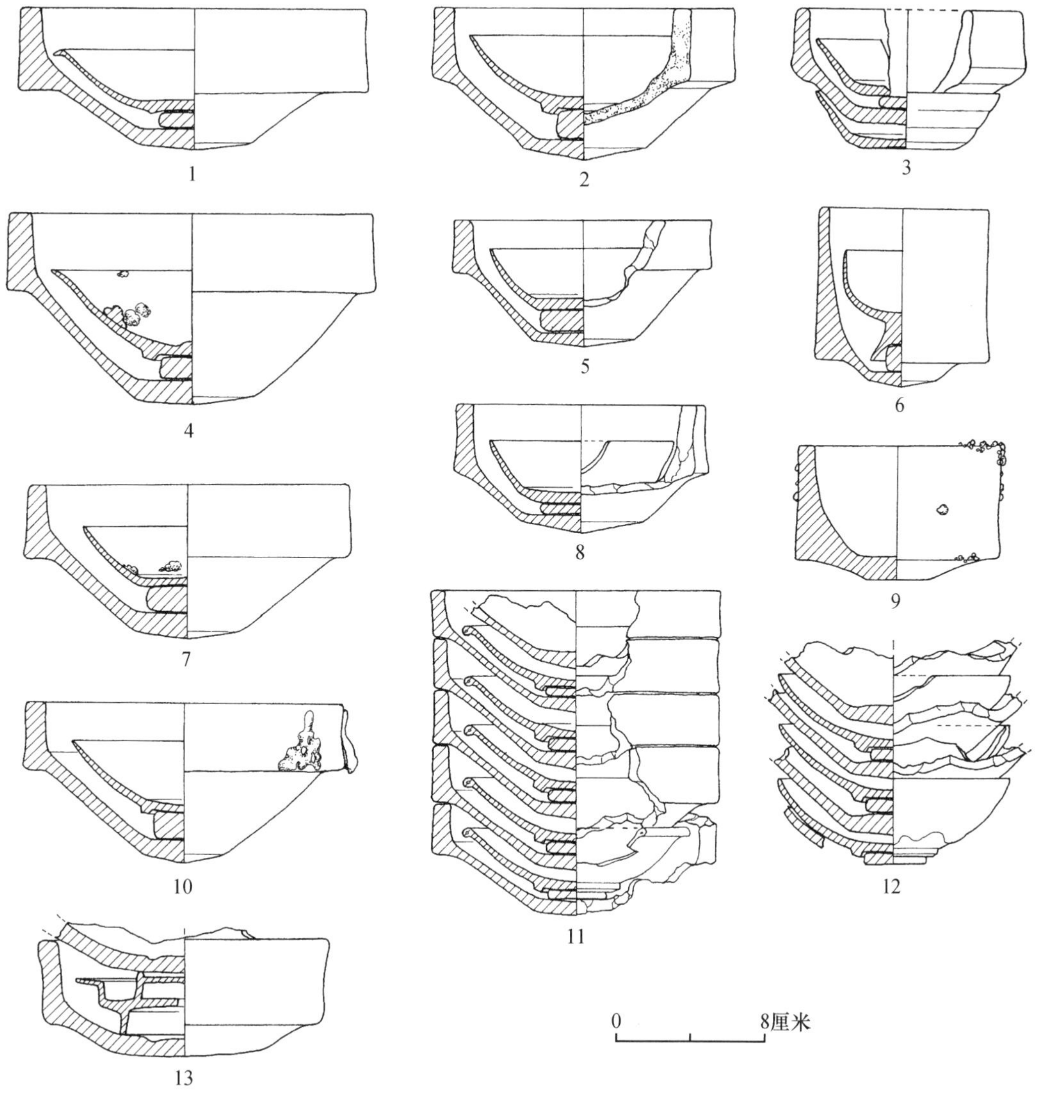


图一一一　铜锣山窑址陶匣钵

1～5、7、8、10～12. C型（YT1③：14、YT1②：40、YT3②：53、YT4①：10、YT1②：39、YT3②：46、YT2③：3、YT2④：4、YT2④：6、YT2④：10）　6、9. D型（YT1②：62、YT3③：18）　13. E型（YT1②：63）

**2. 匣钵盖**

4件。依据整体形态分为二型。

A型　3件。盖面隆起。根据顶部分为二亚型。

Aa型　2件。顶部较为平坦。

YT1②：52，可复原。内壁刻划“德”字。灰黄色粗胎。高4、盖径18.8厘米（图一一二，1；图版七七，8）。

YT2④：8，可复原。平顶略凹。器表见釉痕。盖顶局部落有窑渣。灰色粗胎。高3.6、盖径20.4厘米（图一一二，5；图版七八，1）。

Ab型　1件。顶部隆起呈圆弧状。

YT4③：10，可复原。器表见釉痕。盖顶部落窑渣。灰色粗胎。高4、盖径16.6厘米（图一一二，4；图版七八，2）。

B型　1件。盖面下凹。

YT2④：7，较为完整。盖面落窑渣。灰色粗胎。高5、盖径19.6厘米（图一一二，6；图版七八，3）。

**3. 间隔具**

1件。依形态的不同分为三型，本窑址有B型。

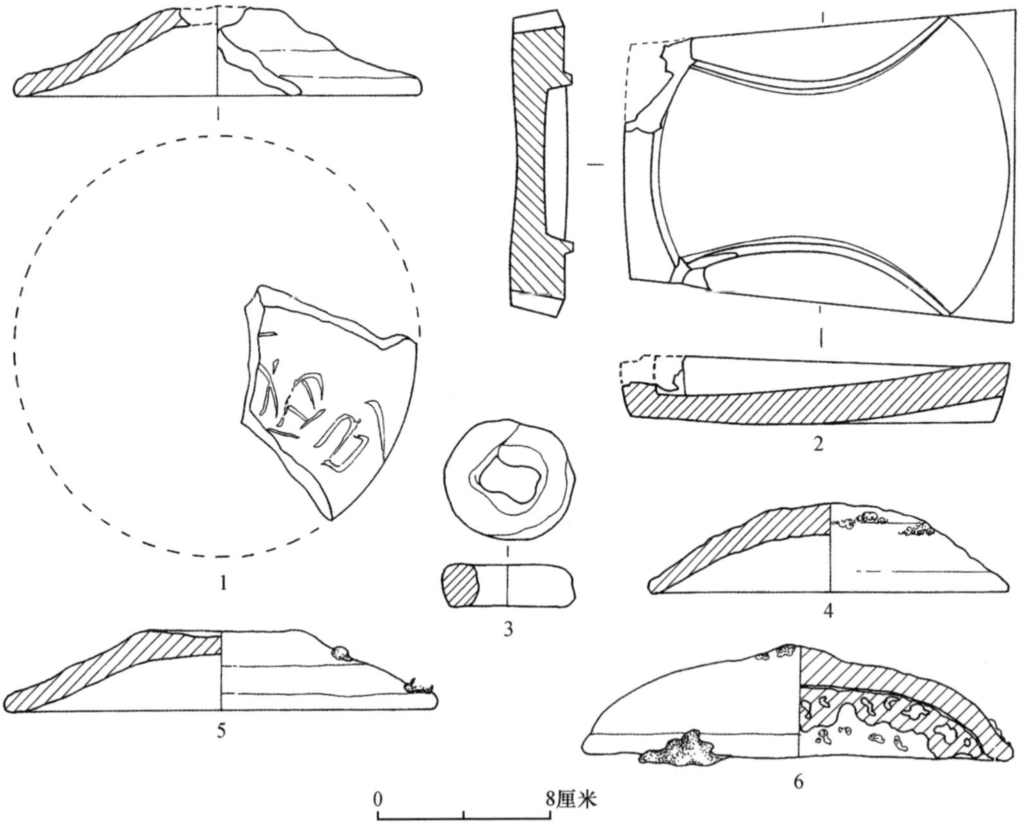


图一一二　铜锣山窑址陶匣钵盖、间隔具和石砚

1、5. Aa型陶匣钵盖（YT1②：52、YT2④：8）　2. 石砚（YT3③：3）　3. B型陶间隔具（YT3③：6）　4. Ab型陶匣钵盖（YT4③：10）　6. B型陶匣钵盖（YT2④：7）

B型　1件。圆圈形。

YT3③：6，较为完整。圆圈形。褐色粗陶胎。高1.9、直径6厘米（图一一二，3；图版七八，4）。

## 三、石　器

### 石砚

1件。可能是窑工的制瓷工具或文化生活用具。

YT3③：3，已修复。整体呈“风”字形。砚堂前凹，顶平，砚堂外两侧略凹下。浅灰色，页岩。长17.8、上宽11、下宽14、厚2.5～3.5厘米（图一一二，2；图版七八，5）。

# 第五章　凤凰山窑址

## 第一节　地 理 位 置

凤凰山窑址位于江西省景德镇市浮梁县湘湖镇盈田村委山脚下自然村南侧凤凰山的西北山坡上（图一一三；图版七九，1），背山近水，北350米临南河。东北侧1千米处是盈田村窑址，西南与花儿滩窑址相邻，东南为凤凰山主峰，西北面1千米为塘下古窑址，更远处是白虎湾窑址，西侧3千米是江西省文物保护单位黄泥头窑址，沿南河两岸一带窑址密布，水上交通便利，地处丘陵山区，柴草充裕，靠近瓷土产地——进坑，资源丰富，具有烧造瓷器的优越条件。

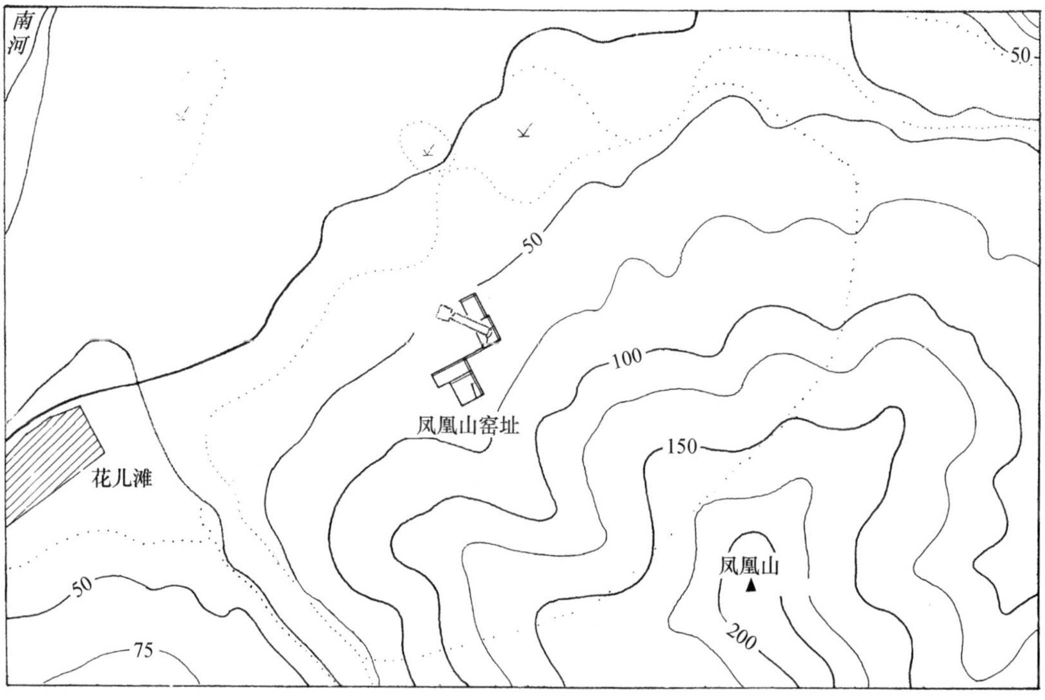


图一一三　凤凰山窑址地理位置示意图

## 第二节　考古发掘概况

凤凰山窑址是20世纪80年代初第二次全国文物普查时由景德镇市文物工作者发现的，随后对其进行了调查。当时在景德镇市东 14 千米的湘湖镇盈田村附近发现有 14 处窑业遗存，将其命名为盈田古瓷窑遗址，这些窑业遗存分布在盈田、山脚下和花儿滩 3 个自然村。其中位于盈田村南约 1 千米的山脚下村有 6 处窑业遗存，即村内 2 处、口坑坞 1 处、凤凰山 3 处。凤凰山在村西南，西北距南河 350 米。相距几十米的范围内有 3 处遗存，遗物散布面积分别为 800、3700、10000 平方米，均保存较为完好。盈田古瓷窑遗址除花儿滩村南侧遗存中有青瓷和白瓷外，其他均为青白瓷，这些青白瓷的胎釉质地基本相似，器物造型除大小各异外，亦无较大差异，可以确认为同一时期的产品。推断盈田古窑遗址最早兴烧于五代，终烧于北宋，五代时期烧造规模较小，大规模的烧造在北宋时期，北宋后期窑场逐渐衰落，它是景德镇地区宋代主烧青白瓷的重要窑场[①]。

为了支持国家基本建设，2006 年 8～10 月，江西省文物考古研究所在浮梁县博物馆、景德镇民窑博物馆的配合下，对景德镇环城高速南环段途经的凤凰山窑址进行了抢救性考古发掘。但是相比 20 世纪 80 年代，窑址已经遭到较严重的破坏，村内遗存荡然无存，口坑坞和凤凰山窑址的分布面积大为缩小。凤凰山窑址存 1 处堆积，在 5000 平方米的山坡上见青白釉瓷执壶、碗等瓷器标本及匣钵、垫饼等窑具标本，窑业堆积依然丰富。在高速公路穿过凤凰山窑址的红线范围内布 10 米 ×7 米、8 米 ×11 米、15 米 ×6 米、10 米 ×11 米探方各 1 个（图一一四；图版七九，2），探方方向为北偏西 30°，发掘面积 358 平方米，后因清理窑炉遗迹

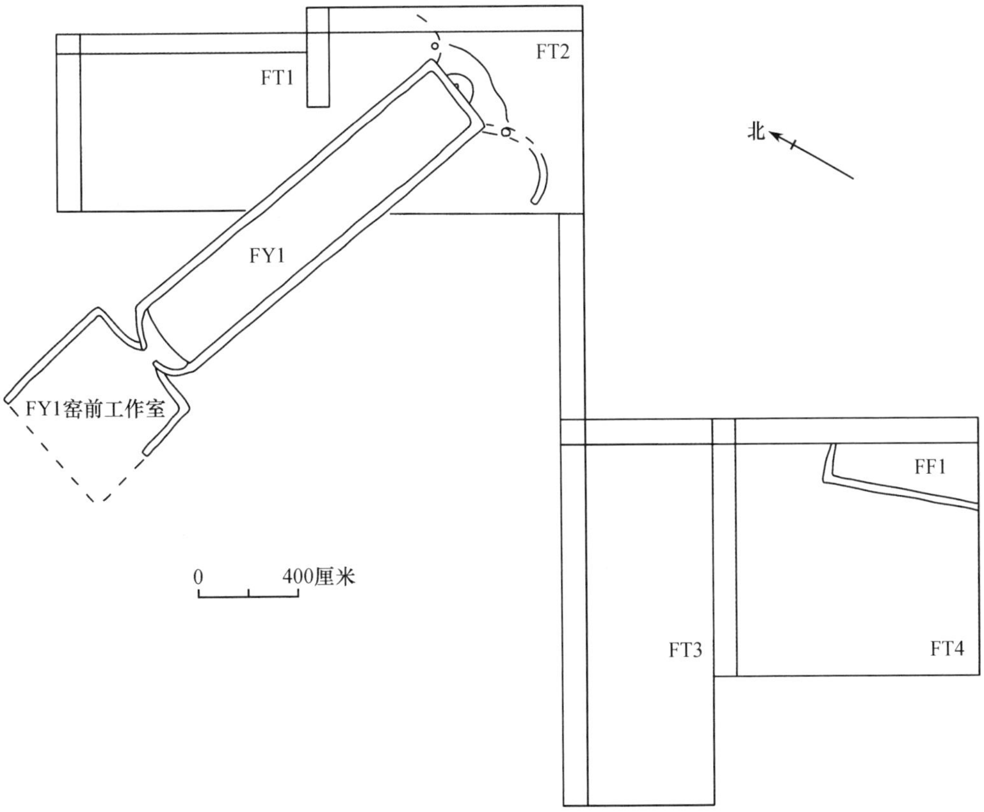


图一一四　凤凰山窑址探方和遗迹分布图

① 景德镇市文化（文物）局：《景德镇市文物志》，2007 年，第 38、39 页。

需要扩方，又揭露面积300平方米，共计发掘658平方米。清理民国至近代墓葬2座，揭示龙窑遗迹1处，手工作坊遗迹1间，出土了一批青釉、酱釉、青白釉瓷器和窑具标本，其中青白釉瓷占出土物的绝大部分[①]。

# 第三节　地层堆积

整个发掘区的地层依据土质土色，结合包含物统一划分，地层堆积共分3层，各探方不尽相同，其中FT1、FT2分2层，FT3、FT4分3层。现以FT2西壁、FT4南壁为例加以说明。

## 一、FT2西壁地层堆积

FT2地层分2层。

第1层：厚0～1.17米。黄褐色土。土质疏松，包含大量的植被根系，夹杂石块、匣钵及瓷片。瓷器器形主要是青白釉执壶。

第2层：深0～1.17、厚0～0.5米。黄色土。土质较紧密，夹杂大量匣钵、瓷片及少量石块。瓷器器形主要为青白釉执壶。

于第2层下发现FY1（图一一五）。

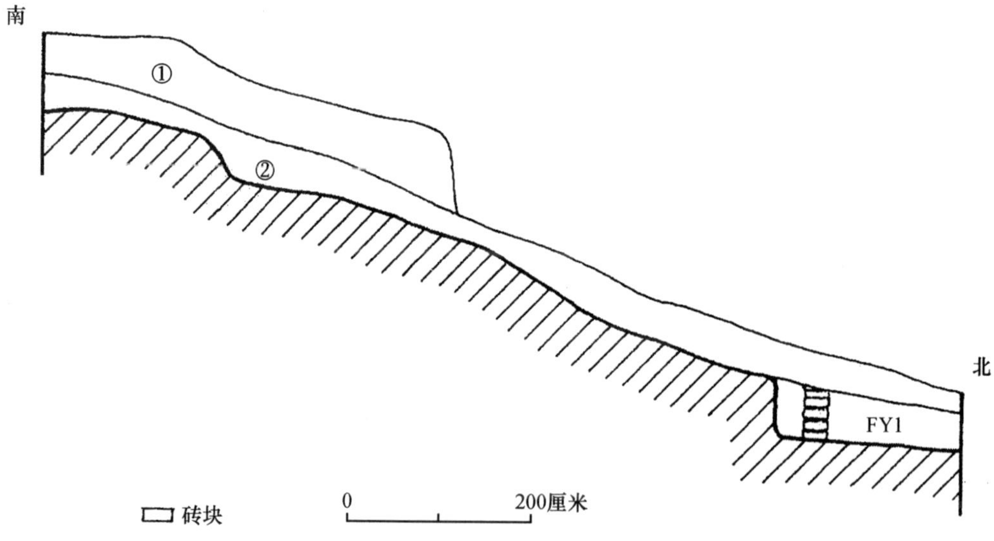


图一一五　凤凰山窑址FT2西壁剖面图

① 江西省文物考古研究所、浮梁县博物馆：《江西浮梁凤凰山宋代窑址发掘简报》，《文物》2009年第12期，第25～38页。

## 二、FT4南壁地层堆积

FT4地层分3层。

第1层：厚0.55～1.2米。黄色土。土质疏松，包含植物根茎、大量窑业垃圾、匣钵和青白釉瓷片。

第2层：深0.55～1.2、厚0.35～0.5米。灰黑色土。土质较紧密，包含物较少，见少量片石、匣钵和青白釉瓷片。

第3层：深0.85～1.3、厚0.4～0.6米。红褐色土。土质较疏松，包含大量窑业垃圾、匣钵和青白釉瓷器残片（图一一六）。

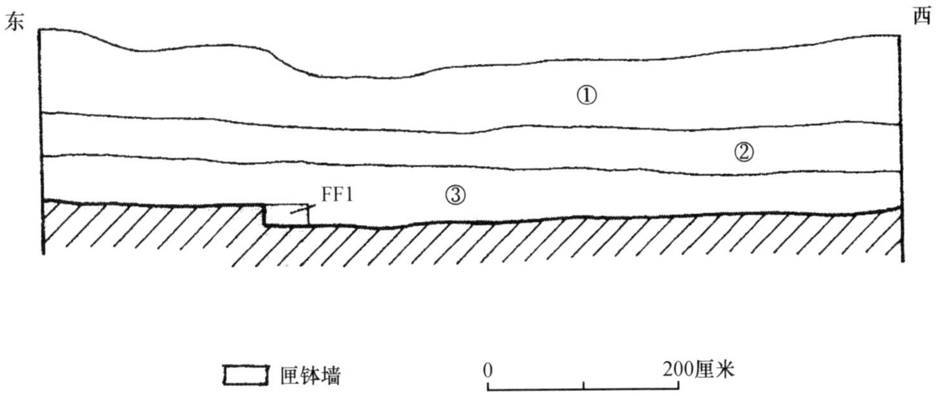


图一一六　凤凰山窑址FT4南壁剖面图

# 第四节　遗　　迹

清理作坊和龙窑遗迹各1处。

## 一、作　　坊

1处，编号为2006·J·F·F1，现简称为FF1（图一一七；图版八〇）。分布在FT4东南部，开口于第3层下，打破生土，距地表深1.75～1.85米，方向343°。不规则长方形，最长7.5、最宽1.3米。由两堵匣钵墙组成，墙体由两组内填土的废弃匣钵砌成，依地势先竖向覆置，然后横向置放。匣钵绝大多数呈圆桶形，直径15～20、高12～24厘米，粗紫砂胎。南北向匣钵墙残长7.5、宽0.36～0.44、残高0.1～0.5米；东西向匣钵墙残长1.3、宽0.2～0.4、残高0.56米，墙体东向延伸至FT4的东壁外。

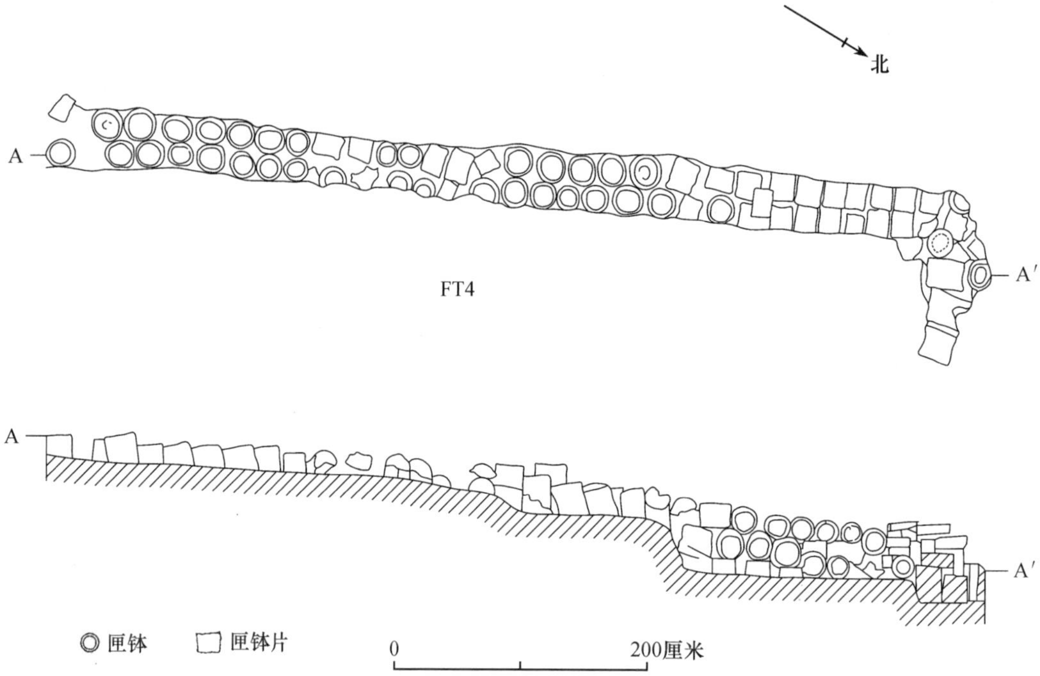


图一一七　凤凰山窑址 FF1 平、剖面图

## 二、窑　　炉

1 座，编号为 2006 · J · F · Y1，现简称为 FY1（图一一八；图版八一）。位于 FT2 中部偏西，向西延伸。开口于第 2 层下，打破并叠压在生土上，距地表 0.05 ~ 1.85 米。FY1 窑床前部被一座晚期墓葬打破（图版八二，1）。

FY1 整体呈长条形，窑尾在山腰，窑头朝山下，窑头北偏西 70°，由窑前工作室、火门、火膛、窑床、窑尾、窑尾挡土墙等部分组成。墙体采用砖坯和圆桶形匣钵混砌而成，砖坯经窑火高温烧烤呈砖红色。整体水平长 21、宽 0.6 ~ 4.9、残高 1.35 米。

窑前工作室在窑的前方（窑的西部），大致呈方形（图版八二，2），长约 4.7、残高 0.5 米。工作室南、北两墙用废弃圆桶形匣钵堆砌而成，墙体底部竖置，上部横置，南墙被一晚期墓葬打破，南墙残长 2.3、宽 0.26、高 0.3 米，北墙长 5、宽 0.24、高 0.2 米。东墙即是窑炉前部挡土墙，由南、北两段及中间火门组成，东墙南段较整齐，底部先用圆桶形匣钵横向砌两排，匣钵口朝外，颇似现代多排火箭炮的炮筒，其上用石块垒砌，长约 2.2、高约 0.9 米；东墙北段也用废弃圆桶形匣钵和石块混砌，长约 2.3、高约 0.8 米。西墙不存，可能原来没有垒砌墙体，便于窑工进出。室内地面较平坦、坚硬，地表留有一层带灰烬的灰黑色踩踏硬面。唯中部近火门处有一长条形地面下凹，应是长期踩踏所形成的。

火门在火膛与窑前工作室之间（图版八三，1），呈外“八”字形，用砖坯叠砌而成，门宽 0.6 ~ 0.7、高 0.8 米，火门底部覆置三个圆桶形匣钵。

火膛在窑床的前部（图版八三，2），呈半圆形，最长 0.9、最宽 2.4、最深 1.5 米，东面与

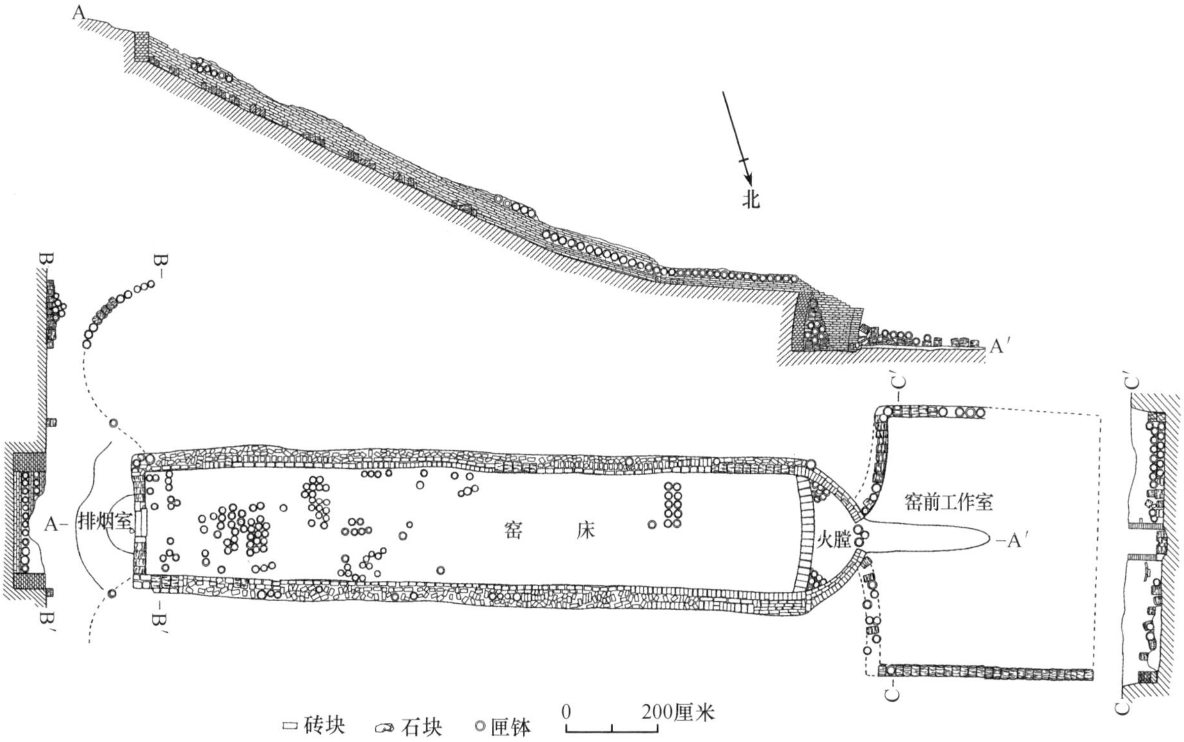


图一一八　凤凰山窑址 FY1 平、剖面图

窑床交界处用青灰砖平铺垒砌一道挡土墙，墙体受窑床的挤压，中部外鼓。火膛底面是凹凸不平的岩石山体，底部留存一层厚约 5 厘米的黑色灰烬，灰烬细腻，不见较大或较完整的木炭，推测是使用柴作燃料遗存的。在火膛两侧各用废弃的圆桶形匣钵堆砌，匣钵底朝外，最长 0.5、最宽 0.45、高 1.25 米，表面用黄泥抹砌，经窑火烧烤呈黑色硬面。在火膛两侧堆砌匣钵的目的是拢火，使火焰集中，让窑内温度提高得更快，这种做法在明代永乐时期御窑遗址的葫芦窑中也存在。

窑床呈长条形（图版八四，1），斜长 15.75、水平长 14、宽 2.25 ~ 2.5、残高 0.15 ~ 0.7 米。窑壁用砖坯和废弃圆桶形匣钵砌筑（图版八四，2），砖坯采用横竖平铺叠砌，匣钵采用横向铺砌，匣钵底朝向室内，南、北窑壁与山体的缝隙填塞碎砖、碎匣钵等，窑墙壁朝室内一面经窑火高温烧烤形成一层厚约 3 厘米的黑绿色烧烤面，即俗称的窑汗。窑床底的坡度不一样，前段长约 3.25 米，较平，坡度仅为 2°；中段长约 3 米，坡度略陡，坡度为 16°；后段长约 9.5 米，变陡，坡度为 23°。窑床前段底部靠近中段的坡度较平缓地方留存两排内装碗件的漏斗状匣钵（图版八五，1），可能是较平坦的地方装烧碗类器，也有可能是前段障窑火的；后段坡度陡峭的窑床上留存多排排列整齐的内装壶类的平底匣钵（图版八五，2）。

窑后壁采用砖坯和圆桶形匣钵砌筑（图版八六，1），内长约 2.4、宽 0.25、残高 0.65 米。窑后壁不见排烟孔。在窑尾近后壁中部有一半圆形坑下凹，最长 1.31、最宽 0.56、深 0.1 米，可能是排烟室的底部。窑后壁往东 1.3 米为凤凰山的山体，在窑尾两侧往外（即南、北方向）顺山体用圆桶形匣钵各砌弧形挡土墙，北墙破坏严重，仅依稀可见遗迹，长约 2.75 米；南墙保存稍好，长约 3.5、宽约 0.2、高约 0.45 米，墙体底部竖置，其上横放（图版八六，2）。

# 第五节　出土遗物

出土器物原编号如 2006 · J · F · T ①：1，现简称为 FT ①：1。遗物种类较多，有大量的圆桶形匣钵和青白釉瓷，青白釉瓷中执壶类器物占 90%。出土遗物按质地分为瓷器和陶器。

## 一、瓷　器

分为青釉瓷、酱黑釉瓷、青白釉瓷和瓷质窑具。

### （一）青釉瓷

34 件。数量较少，器形见横系罐、执壶、花浇。相比酱黑釉瓷，胎质较粗，应是使用最下等的原料制作。

**1. 横系罐**

1 件。

FT4 ①：55，口、颈及肩部分。直口，方唇，短直颈，圆溜肩。肩部置横向半环状系。灰色胎，内壁至口下部、外壁满施青釉，釉面涩，泛青褐色。残高 12.5 厘米（图一一九，10；图版八七，1）。

**2. 执壶**

23 件。依据口沿分为二型，本窑址有 B 型。

B 型　23 件。直口，圆唇。斜直颈，暗圈足。肩部一侧置一短曲流，对应的颈、肩处塑一扁平把柄。内、外腹壁修坯痕明显。胎质较粗，含较多杂质，多数器物的器表见黑色斑点。口沿和外腹壁薄施青釉。根据颈肩及系纽部分为三亚型，本窑址有 Ba、Bb 型。

Ba 型　7 件。肩部置对称半环状扁平双系。弧腹壁微鼓，形体较大。

FT3 ①：28，把柄残缺、腹部变形。口部粘连匣钵片。灰白胎泛黄色，青釉泛青灰色。高 18.3、口径 7.4、底径 7.8 厘米（图一一九，1）。

FT4 ③：66，口、腹部分。把柄外侧模印七道竖条纹和交叉纹。灰白胎含杂质，青釉泛青灰色。残高 10.2、口径 6.4 厘米（图一一九，2；图版八七，2）。

FT4 ③：31，流、柄残缺。灰白胎含杂质，青釉呈青灰色。高 17.5、口径 7.4、底径 7.4 厘米（图一一九，3；图版八七，3）。

Bb 型　16 件。颈肩部无系纽。弧鼓腹壁，器形较小。

FT4 ②：68，已修复。把柄外侧模印七道竖条纹。灰黄胎较粗疏，青釉釉色不显，生烧。

高 14.3、口径 6.6、底径 7.3 厘米（图一一九，4；图版八七，4）。

FT4②：15，口、柄残缺。浅灰色胎含杂质，青釉釉色青灰，釉面较涩。残高 12、底径 6.4 厘米（图一一九，5）。

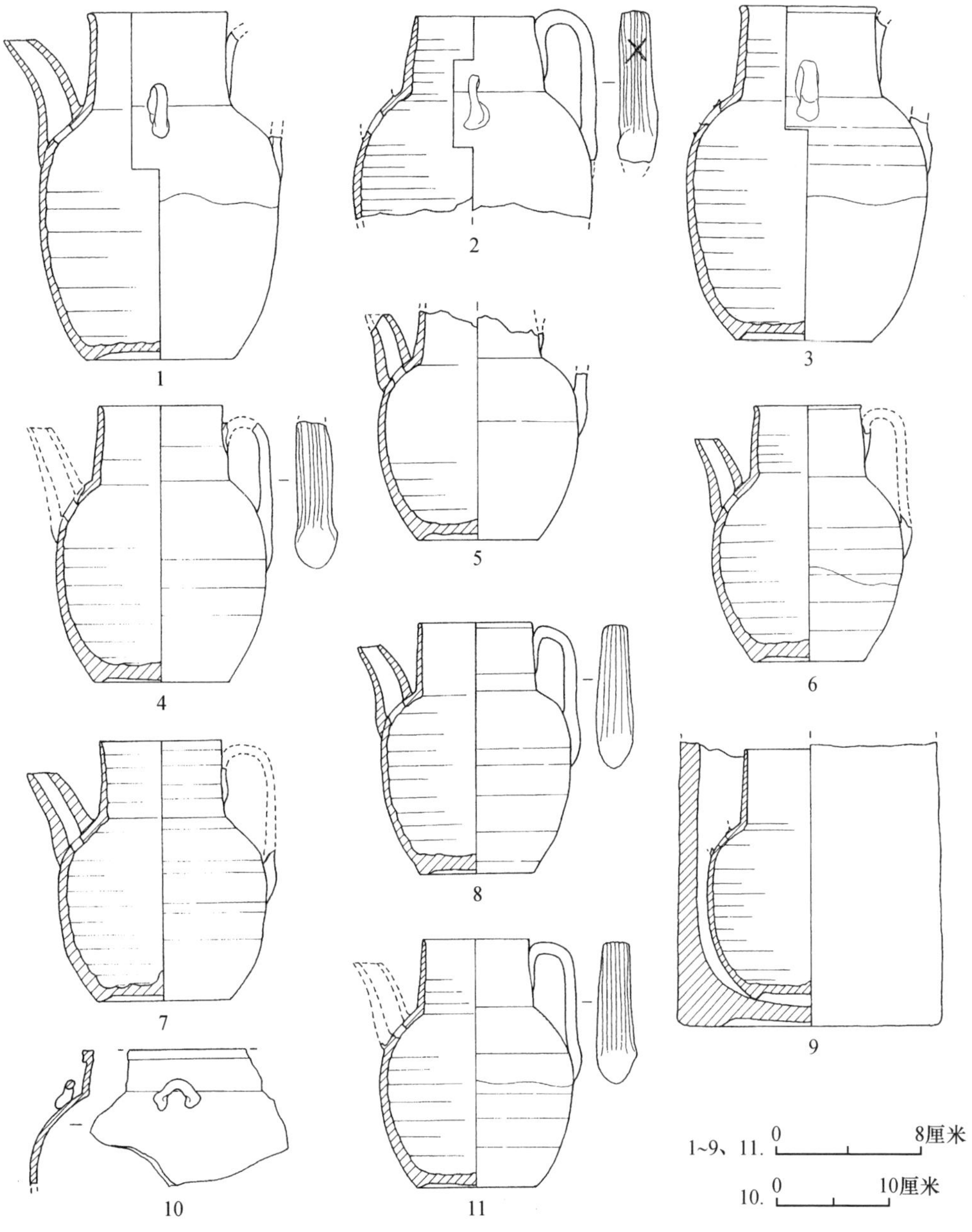


图一一九　凤凰山窑址青釉瓷横系罐、执壶

1～3. Ba 型执壶（FT3①：28、FT4③：66、FT4③：31）　4～9、11. Bb 型执壶（FT4②：68、FT4②：15、FT4②：69、FT4②：82、FT4②：70、FY1：74、FT4③：6）　10. 横系罐（FT4①：55）

FT4②：69，已修复。口部粘窑渣。灰白胎，青釉泛青灰色。高 13.4、口径 5.8、底径 6.1 厘米（图一一九，6；图版八七，5）。

FT4②：82，已修复。灰白胎含杂质，青釉泛青灰色，釉面较涩。高 13.2、口径 6.5、底径 7 厘米（图一一九，7；图版八七，6）。

FT4②：70，已修复。把柄外侧模印五道竖条纹。灰黄胎，青釉釉色不显，生烧。高 13.2、口径 6.2、底径 6.2 厘米（图一一九，8；图版八七，7）。

FT4③：6，已修复。圆唇。把柄外侧模印七道竖条纹。灰白胎含杂质，青釉釉色青灰。高 13、口径 5.7、底径 6.4 厘米（图一一九，11；图版八七，8）。

FY1：74，变形。把柄外侧模印两道竖条纹。口部内侧粘匣钵片，外壁粘圆桶形匣钵。灰白胎较粗疏、含杂质，青釉釉色青灰，釉面生涩。匣钵直桶形，平底略凹。匣钵底部粘青白釉喇叭口执壶口部片。匣钵残高 15、直径 14.4 厘米，执壶高 13、口径 5.6、底径 6 厘米（图一一九，9；图版八七，9）。

**3. 花浇**

10 件。侈口，束颈，溜肩，圆鼓腹，暗圈足。口沿一侧捏流，对应颈、肩部塑扁平把柄。内、外腹壁旋坯痕明显。胎体多含杂质，器表见黑色斑点。内壁至颈下部、外壁至中腹施青釉。

FT4②：81，已修复。暗圈足足端较宽。把柄外侧模印六道竖条纹。外底粘匣钵片。灰白胎，青釉泛青灰色。高 9.5、口径 6.7、足径 5.5 厘米（图一二〇，1；图版八七，10）。

FT4②：78，已修复。灰黄胎含杂质，青釉，釉色不显，系生烧所致。高 10.6、口径 5.9、足径 6 厘米（图一二〇，2；图版八七，11）。

FT4②：10，已修复。灰白胎泛黄色，青釉，釉面无光泽，釉色偏黄。高 10.5、口径 6.4、足径 5.6 厘米（图一二〇，4）。

FT2①：37，口、肩部分。肩部变形，把柄外侧模印五道竖条纹。灰白胎较粗疏，青釉，釉面生涩，泛青灰色。残高 7、口径 6 厘米（图一二〇，3；图版八七，12）。

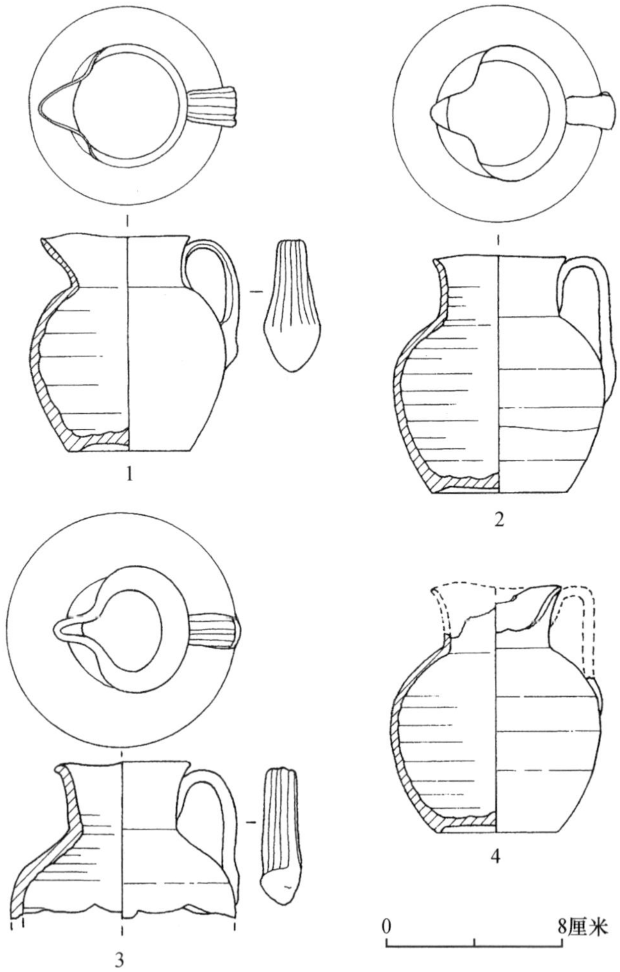


图一二〇　凤凰山窑址青釉瓷花浇

1. FT4②：81　2. FT4②：78　3. FT2①：37　4. FT4②：10

## （二）酱黑釉瓷

10 件。出土数量少，仅见执壶。

**执壶**

10件。均为残件。内壁至颈下部、外壁满施酱黑釉。依据口部分为三型，本窑址有B、C型。

B型　2件。喇叭状口颈外卷。

FT3①：98，厚圆唇，斜直颈微束。肩部存对称竖向半环状系。灰白胎泛黄色，酱黑釉，釉面较涩。残高8.9、口径7.9厘米（图一二一，3；图版八八，1）。

C型　6件。盘口。根据颈部分为二亚型。

Ca型　4件。长束颈，颈粗长。浅盘口外侈，圆唇，盘口下一周垂棱。内壁颈、肩连接处接胎痕明显。

FT3①：96，灰白胎，酱黑釉流釉局部成色斑。残高8、口径8.2厘米（图一二一，1；图版八八，2）。

FT3①：97，灰白胎，酱黑釉，釉面较涩。残高7.8、口径7.9厘米（图一二一，2；图版八八，3）。

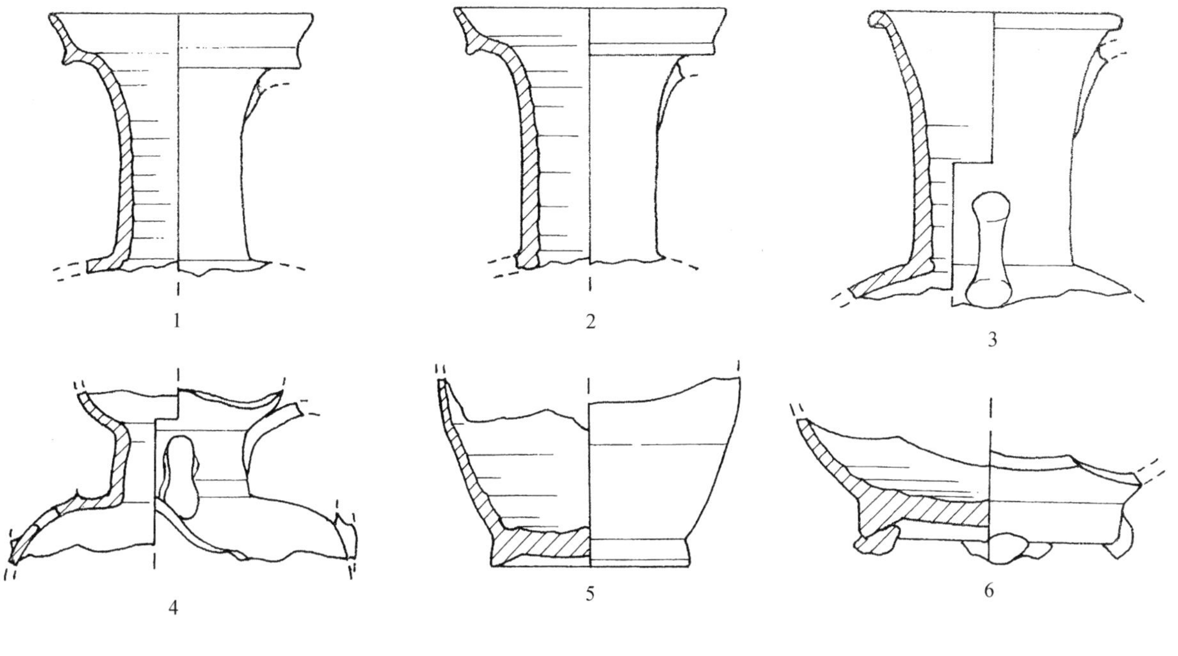


图一二一　凤凰山窑址酱黑釉瓷执壶

1、2. Ca型（FT3①：96、FT3①：97）　3. B型（FT3①：98）

4. Cb型（FT3①：23）　5、6. 执壶底部（FT3①：19、FT3①：2）

Cb型　2件。短束颈。圆溜肩，肩部一侧置流，与之对应的颈肩处塑把柄，流、把柄之间贴塑对称竖向扁平半环状双系。

FT3①：23，口、肩部分。灰白胎较粗疏、含少量杂质，酱褐色釉，釉面较亮。残高5.2

厘米（图一二一，4；图版八八，4）。

执壶底部　2件。下腹和底足部分。圈足，内壁见修坯痕。

FT3①：19，下腹壁弧收，矮圈足微外撇。灰白胎，酱黑釉，釉面较涩。残高5.8、足径6.1厘米（图一二一，5；图版八八，5）。

FT3①：2，腹部刻划六组细凹线，矮圈足，足墙外壁直、内壁外倾斜。灰白胎较粗疏，酱褐色釉，釉面较涩。外底粘四枚褐色支钉、存一枚支钉痕。残高3.5、足径8.2厘米（图一二一，6；图版八八，6）。

## （三）青白釉瓷

845件。青白釉是本窑场的主要品种，以瓜棱腹长流执壶和圆弧腹长流执壶为主，共705件，少量花浇、大碗、碗、斗笠碗、墩式碗、盏、盘、炉、盒、瓶壶盖、瓷塑狗等。

### 1. 瓜棱腹长流执壶

417件。数量众多。依据口部分为二型。

A型　377件。喇叭口。圆唇，长束颈，最小直径在颈下部，瓜棱腹。肩部一侧置长曲流，与之对应的肩、颈处塑扁平状把柄，把柄顶部置圆管状系纽，把柄外侧边缘各压印一道凹竖条纹，流、柄根部刻划长三角形叶纹。内壁见明显修坯痕，颈、肩连接处见接胎痕。大多数器物内壁至颈下部、外壁满施青白釉，少数内、外壁满施青白釉。外底边缘多数粘支钉或留黄褐色支钉痕，绝大多数四枚支钉，个别五枚支钉。根据底足分为三亚型。

Aa型　216件。平底微内凹。依据肩部分为二式。

Ⅰ式：192件。硬折肩。上腹壁较直，下腹壁内弧收。腹部压印八道浅凹槽，顺凹槽刻划两道细凹线。颈、腹上部饰数周凹弦纹。

FT2②：11，变形。腹部较直。灰白胎粗疏，内壁至颈下部、外壁满施青白釉，釉泛青灰色，釉面较涩。外底粘三枚黑褐色支钉、存一枚支钉痕。高25、口径6.8、底径7厘米（图一二二，1；图版八八，7）。

FT4③：328，已修复。肩部略鼓。灰白胎，内、外壁满施青白釉，釉泛青色。外底留四枚支钉痕。高25.3、口径7、底径8厘米（图一二二，2；图版八八，8、9）。

FT4③：8，口沿、柄残缺。底部粘一枚褐色支钉、存三枚支钉痕。灰白胎，内壁至颈下部、外壁满施青白釉，釉泛青色，腹部见流釉痕。残高24、底径7.6厘米（图一二二，3；图版八八，10、11）。

FT2②：49，略微变形。外底粘三枚黑褐色支钉、存一枚黄褐色支钉痕。灰白胎较粗疏，内壁至颈下部、外壁满施青白釉，釉泛青灰色，釉面较涩。高25.2、口径7、底径7.6厘米（图一二二，4）。

FT4③：9，口部、流和把柄残。外壁粘大量窑渣。外底存四枚支钉痕。灰白胎，内壁至颈下部、外壁满施青白釉，釉泛黄色，外壁局部因烟熏呈灰黑色。残高20.3、底径7.9厘米

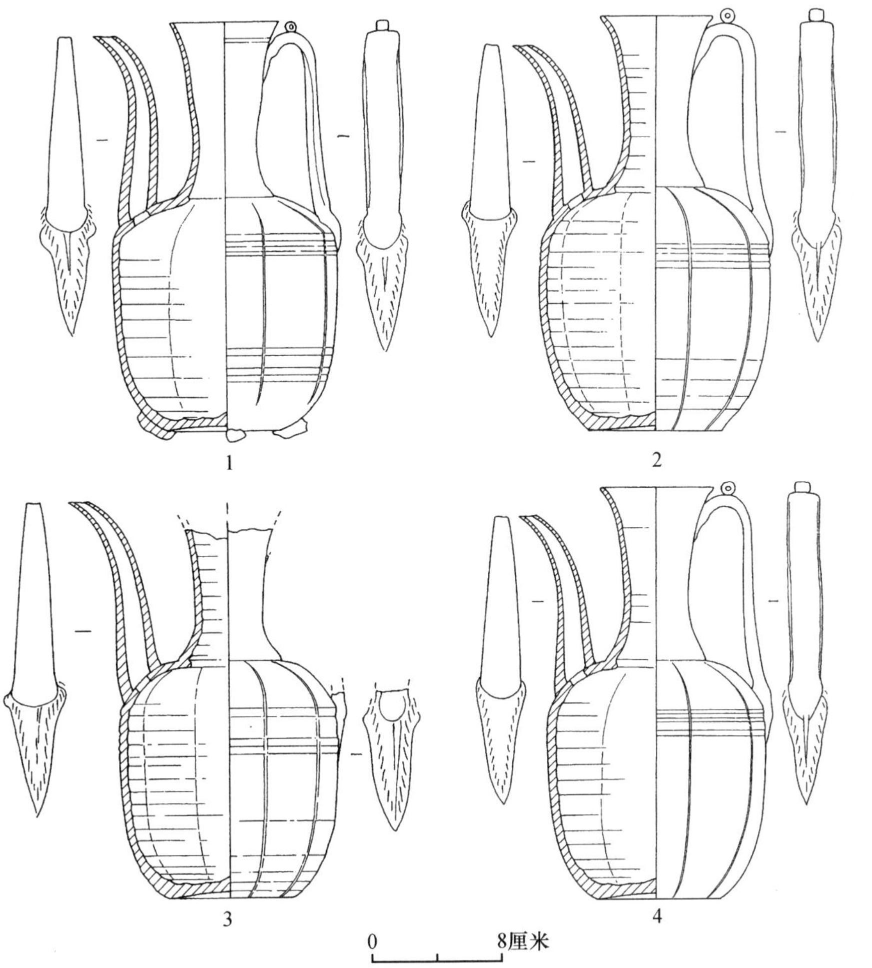


图一二二　凤凰山窑址 Aa 型Ⅰ式青白釉瓷瓜棱腹长流执壶

1. FT2②：11　2. FT4③：328　3. FT4③：8　4. FT2②：49

（图一二三，1；图版八八，12）。

FT4③：10，口颈、流及把柄残缺。肩部一侧粘匣钵片。外底粘一枚褐色支钉、存三枚支钉痕。灰白胎，内壁至颈下部、外壁满施青白釉，釉微泛白色，釉面开细纹片。残高 14.7、底径 8.1 厘米（图一二三，2）。

FT4②：51，肩、腹及底部。肩部粘窑渣。外底粘三枚褐色支钉、存一枚支钉痕。细白胎，内、外壁皆满施青白釉，釉泛青绿色。残高 14.6、底径 8.6 厘米（图一二三，3；图版八九，1～3）。

FT4③：37，已修复。外底粘三枚褐色支钉、存一枚支钉痕。灰白胎较粗疏，内、外壁满施青白釉，釉泛青灰色，釉面较涩。高 23.8、口径 5.4、底径 7.9 厘米（图一二三，4；图版八九，4）。

FT3①：94，肩、颈及把柄部分。圆溜肩。颈肩部把柄弯曲，把柄外侧模印上、下两组竖条纹，中间两道横条纹，每组六道竖条纹。灰白胎，内壁至颈下部、外壁施青白釉，釉色莹亮。残高 11.2 厘米（图一二三，5）。

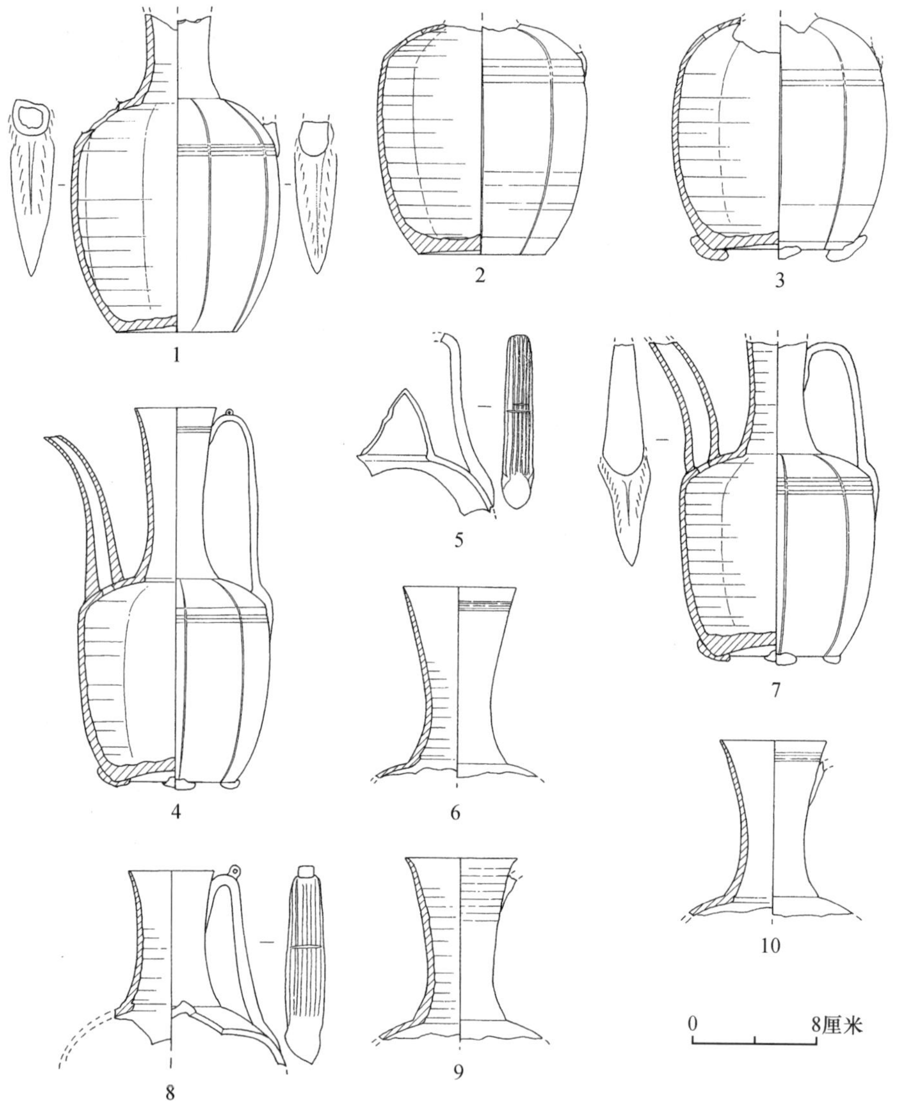


图一二三　凤凰山窑址 Aa 型Ⅰ式青白釉瓷瓜棱腹长流执壶

1. FT4③：9　2. FT4③：10　3. FT4②：51　4. FT4③：37　5. FT3①：94　6. FT4③：114　7. FT4③：35　8. FT2①：64　9. FT4③：129　10. FT4③：123

FT4③：114，口颈及肩部分。外侧口沿下饰数周细弦纹。细白胎，内、外壁施青白釉，釉泛青绿色，局部开细纹片。残高 11.8、口径 7.3 厘米（图一二三，6）。

FT4③：35，口沿、流口部残缺。外底粘两枚褐色支钉、存两枚支钉痕。灰白胎较粗疏，内、外壁满施青白釉，釉泛青灰色，釉面较涩并开细纹片。残高 20、底径 8 厘米（图一二三，7）。

FT2①：64，口颈及肩部分。颈肩部塑把柄，宽平把柄顶端置一圆管状系纽。把柄外侧模印上、下两组竖条纹，中间一道横条纹，每组七道竖条纹。白胎，内壁至颈下部、外壁满施青白釉，釉色莹亮，釉面开细纹片。残高 12、口径 5.6 厘米（图一二三，8）。

FT4③：129，口颈及肩部分。颈部外壁见修坯痕。灰白胎，内壁至颈下部、外壁满施青白釉，釉色泛白，釉面开细纹片。残高 11.3、口径 7.2 厘米（图一二三，9）。

FT4③：123，口颈及肩部分。颈上部饰数周细弦纹。灰白胎，内壁至颈下部、外壁满施青白釉，釉色泛青黄，局部开细纹片。残高11、口径7.6厘米（图一二三，10）。

Ⅱ式：24件。肩部弧折，折痕不明显。腹壁较直，器身瘦长。颈部和腹部饰数周细弦纹。

FT4②：205，已修复。肩、腹部压印十道浅凹槽，凹槽内刻划两道细凹线。底部留四枚支钉痕。细白胎，内、外壁满施青白釉，釉色温润。通高25.2、口径7.6、底径7.5厘米（图一二四，1；图版八九，5）。

FY1火膛：3，变形。肩、腹部压印十道浅凹槽，凹槽内刻划两道细凹线。外腹壁粘大量窑渣。外底边缘粘三枚灰黑色支钉、存一枚支钉痕。细白胎，内、外壁满施青白釉，釉泛青绿色，外壁局部因烟熏呈黑色。通高23.8、口径7.8、底径7.9厘米（图一二四，4；图版八九，6）。

FY1火膛：2，变形。肩、腹部压印十道浅凹槽，凹槽内刻划两道细线。口颈、肩局部存

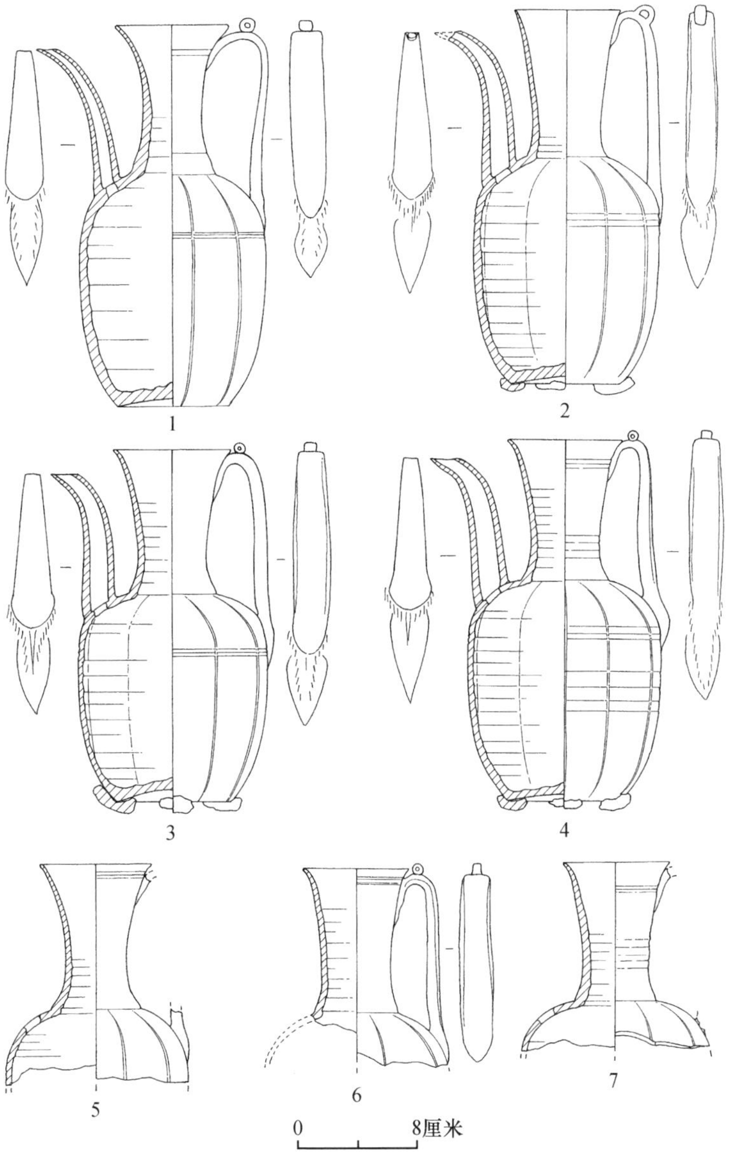


图一二四　凤凰山窑址Aa型Ⅱ式青白釉瓷瓜棱腹长流执壶

1. FT4②：205　2. FY1火膛：2　3. FY1火膛：1　4. FY1火膛：3　5. FT4①：22　6. FT4②：53　7. FT4①：21

窑渣。外底边缘粘两枚褐色支钉、存两枚黄褐色支钉痕。细白胎，内壁至颈下部、外壁满施青白釉，釉泛青绿色。通高 24.6、口径 7.2、底径 7.4 厘米（图一二四，2；图版八九，7、8）。

FY1 火膛：1，变形。肩、腹部压印十道浅凹槽，凹槽内刻划两道细凹线。外腹壁局部粘黄褐色窑斑。外底边缘粘四枚灰褐色支钉。细白胎，内、外壁满施青白釉，釉泛青绿色。通高 23.2、口径 7.9、底径 7.7 厘米（图一二四，3）。

FT4①：22，存口沿、颈和肩腹部。外侧口沿下饰数周细弦纹。肩、腹部压印八道浅凹槽，凹槽内刻划两道细凹线。内壁见修坯痕。细白胎，内壁至颈下部、外壁满施青白釉，釉面泛白、开细纹片。残高 14.2、口径 7.5 厘米（图一二四，5）。

FT4②：53，口沿、颈和肩腹部。外侧口沿下部饰数周细弦纹。肩、腹部压印八道浅凹槽，凹槽内刻划两道细凹线。内壁见修坯痕。灰白胎，内壁至颈下部、外壁满施青白釉，釉面开细纹片。残高 12.8、口径 7.2 厘米（图一二四，6）。

FT4①：21，口沿、颈和肩腹部。外侧口沿下饰一周细弦纹。肩、腹部压印八道浅凹槽，凹槽内刻划两道细凹线。内壁见规整修坯痕。细白胎，内壁至颈下部、外壁满施青白釉，釉面泛白、开细纹片。残高 12、口径 7.2 厘米（图一二四，7）。

FT4②：56，口沿、流、柄部缺失。肩、腹部压印十道浅凹槽，凹槽内刻划两道细凹线。外底边缘留四枚支钉。灰白胎，内、外壁满施青白釉，釉泛白色，釉面开细纹片，生烧。残高 21.6、底径 8.3 厘米（图一二五，1；图版八九，9）。

FT4③：324，口沿、流、柄部残缺。肩、腹部压印十道浅凹槽，凹槽内刻划两道细凹线。外底边缘留四枚支钉。细白胎，内、外壁满施青白釉，釉泛灰白色。残高 22.3、底径 8.6 厘米（图一二五，2）。

FT4②：55，口颈、流、柄部残缺。肩、腹部压印十道浅凹槽，凹槽内刻划两道细凹线。外底边缘留黄褐色支钉痕。细白胎，内壁至颈下部、外壁满施青白釉，内底心施釉。残高 15、

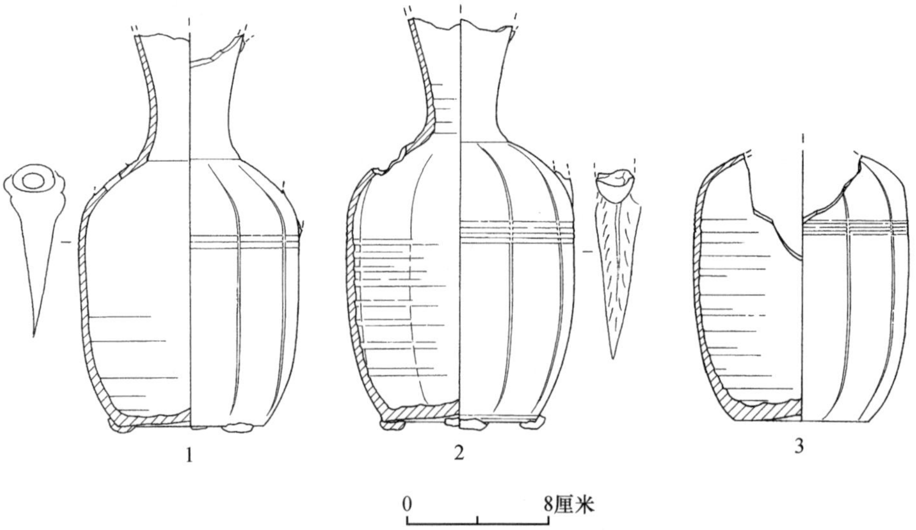


图一二五　凤凰山窑址 Aa 型Ⅱ式青白釉瓷瓜棱腹长流执壶

1. FT4②：56　2. FT4③：324　3. FT4②：55

底径 7.6 厘米（图一二五，3）。

Ab 型　155 件。圈足。依据肩部分为二式。

Ⅰ式：55 件。硬折肩，肩部折痕明显。腹壁较直，器型较小。颈部上、下及肩部各有一组凹弦纹。腹部压印八道浅凹槽，顺凹槽刻划两道细凹线。

FT4③：45，流残缺，器体变形。圈足挖足较浅，足墙粘三枚褐色支钉、存一枚支钉痕。灰白胎，内、外壁满施青白釉，釉泛白色，釉面润泽开细纹片。高 18.8、口径 5.7、足径 7.9 厘米（图一二六，1；图版八九，10、11）。

FT4②：28，口沿、柄部残缺。圈足挖足较浅。细白胎，内壁至颈下部、外壁满施青白釉，釉色莹润。圈足足墙粘四枚褐色支钉。残高 17.2、足径 7.9 厘米（图一二六，3；图版八九，12）。

FT4③：32，口颈、流、柄部残缺。圈足足墙粘四枚褐色支钉。细白胎，内壁至颈下部、外壁满施青白釉，釉色莹润。残高 12、足径 8 厘米（图一二六，2；图版九〇，1～3）。

FT4②：130，口、颈及肩部分。灰白胎，内壁至颈下部、外壁满施青白釉，釉泛白色，釉面开细纹片。残高 10、口径 6.2 厘米（图一二六，4）。

FT4②：41，口颈、流、柄部残缺。外壁粘窑渣。圈足足墙留四枚支钉痕。灰白胎，内壁至颈下部、外壁满施青白釉，外壁局部因烟熏呈灰黑色。残高 14.4、足径 7.9 厘米（图一二六，5）。

FT4①：71，下腹和底足部分。圈足挖足较浅，足端较平，微外撇，足墙外壁直、内壁倾斜。腹壁刻划六组细凹线。圈足外足墙近底有一周弦纹。外底留四枚黄褐色支钉痕。白胎，内壁无釉、外壁至足端施青白釉，釉微泛青绿色。残高 5.4、足径 8.2 厘米（图一二六，6；图版九〇，4）。

FT4③：120，口、颈及肩部分。灰白胎，内壁至颈下部、外壁满施青白釉，釉泛青绿色。残高 10.6、口径 6.6 厘米（图一二六，7；图版九〇，5、6）。

FT4②：128，口、颈及肩部分。灰白胎，内壁至颈下部、外壁满施青白釉，釉泛青灰色，釉面开细纹片。残高 8.5、口径 5.4 厘米（图一二六，8）。

FT3①：54，下腹及底足部分。腹壁压印六道凹槽，顺凹槽刻划两道细凹线。足端较圆滑，足墙外壁直、内壁倾斜。外足墙近底有两周弦纹。外底见圆圈形黄褐色间隔痕。白胎，仅外壁至足端施青白釉，釉微泛青绿色。残高 6、足径 7.6 厘米（图一二六，9）。

Ⅱ式：100 件。圆溜肩，肩部圆弧。尖圆唇，外撇，颈部斜直，上腹壁微鼓，下腹壁弧内收，圈足外墙近直，内墙外斜，足端方直。绝大多数器物上腹部压印六道短凹槽，少数五道凹槽。

FT4①：25，下腹和底足残缺。上腹壁微鼓。把柄外侧模印两道竖条纹、两道横条纹和一个交叉纹。颈部修坯痕明显。灰白胎，内壁至颈下部、外壁满施青白釉，釉泛白色，釉面开细纹片。残高 11.8、口径 6.2 厘米（图一二七，1；图版九〇，7）。

FY1：112，口颈、肩部分。把柄外侧模印两道竖条纹、三道横条纹和一道珍珠纹。颈部拉坯痕明显。肩部粘少量窑渣。灰白胎，青白釉，釉面开细纹片。残高 8.6、口径 6.7 厘米

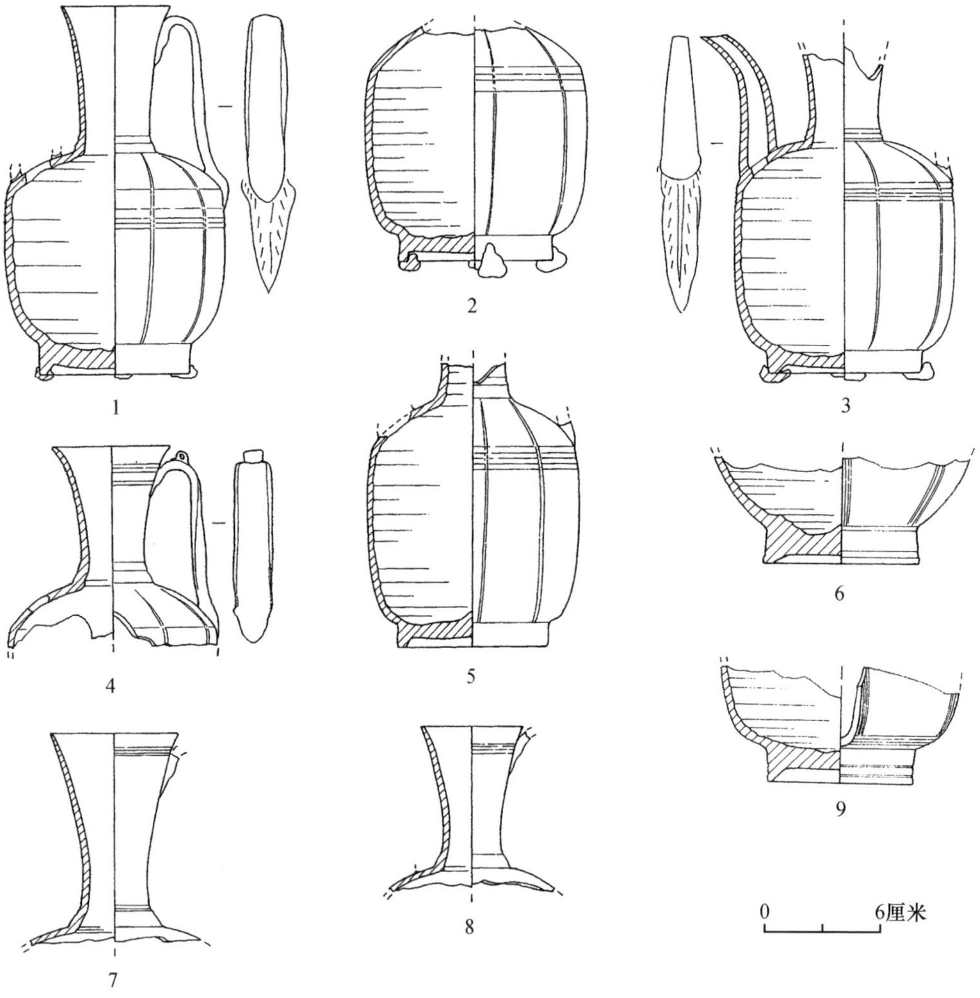


图一二六　凤凰山窑址 Ab 型Ⅰ式青白釉瓷瓜棱腹长流执壶

1. FT4③：45　2. FT4③：32　3. FT4②：28　4. FT4②：130
5. FT4②：41　6. FT4①：71　7. FT4③：120　8. FT4②：128　9. FT3①：54

（图一二七，2；图版九〇，8）。

FT4①：23，口颈、肩部分。上腹壁微鼓。颈部拉坯痕明显。把柄外侧模印两道竖条纹和一个交叉纹。细白胎，青白釉，釉面开细纹片。残高 10、口径 6.3 厘米（图一二七，3）。

FT4①：24，口颈、肩部分。颈部拉坯痕明显。把柄外侧模印四道竖条纹和一个“Z”形纹。白胎，内壁至颈下部、外壁满施青白釉。残高 9、口径 6.2 厘米（图一二七，4）。

FT4②：59，口颈、肩部分。颈部拉坯痕明显。把柄外侧模印六道竖条纹和一个横条纹。灰黄胎，釉色不显，生烧。残高 9.2、口径 6.8 厘米（图一二七，5）。

FT4①：26，口颈、肩部分。把柄外侧模印两道竖条纹和一道交叉纹。颈部拉坯痕明显。灰白胎，青白釉，釉色莹润，釉面开细纹片。残高 9.8、口径 6.3 厘米（图一二七，6）。

FT4②：241，变形，已修复。上腹壁微鼓，压印六道短凹槽。把柄外侧模印五道竖条纹和一个交叉纹。颈部拉坯痕明显，外腹壁见修胎痕。灰白胎，内壁至颈下部、外壁至底足施青白

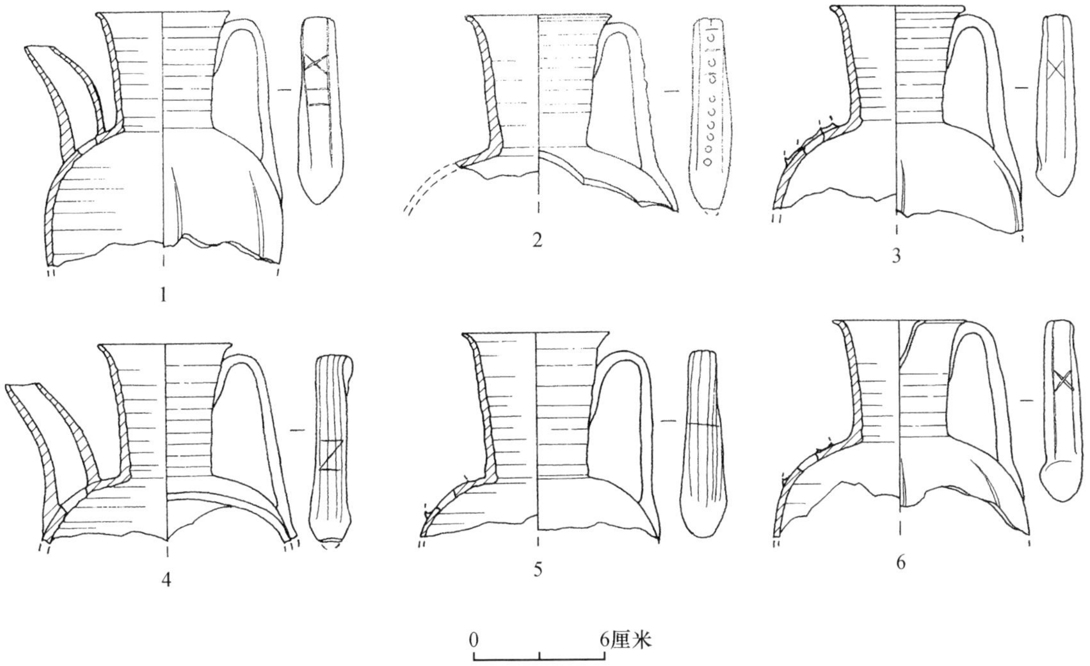


图一二七　凤凰山窑址 Ab 型Ⅱ式青白釉瓷瓜棱腹长流执壶

1. FT4①:25　2. FY1:112　3. FT4①:23　4. FT4①:24　5. FT4②:59　6. FT4①:26

釉，釉泛青灰色，釉面润泽。高 16.6、口径 6.4、足径 7.3 厘米（图一二八，3；图版九〇，9）。

FY1:1，已修复。器身瘦长，上腹壁近直，压印六道短凹槽。把柄外侧模印五道竖条纹。颈部拉坯痕明显，外腹壁见修胎痕。灰白胎，内壁至颈下部、外壁至下腹近底处施青白釉，釉厚处偏青绿色，釉面开细纹片。高 17.6、口径 6.8、足径 6.8 厘米（图一二八，1；图版九〇，10～12）。

FT4①:3，已修复。腹部有窑裂。上腹壁略鼓，外壁压印六道短凹槽，见修胎痕，颈部拉坯痕明显。灰黄胎，内壁至颈下部、外壁至下腹近底处施青白釉，釉色不显，生烧。高 17.6、口径 7、足径 7.5 厘米（图一二八，2）。

FT4②:1，口沿、把柄残缺。上腹壁微鼓，压印六道短凹槽。颈部拉坯痕明显，外腹壁见修胎痕。白胎，内壁至颈下部、外壁至底足施青白釉，釉色莹润。残高 15.8、足径 7 厘米（图一二八，4；图版九一，1、2）。

FY1:72，变形。上腹壁微鼓，压印六道短凹槽。把柄外侧模印两道竖条纹。颈部拉坯痕明显，外腹壁见修胎痕。腹部、足端粘匣钵片、窑渣。白胎，内壁至颈下部、外壁至底足施青白釉，釉色莹润。高 15.3、口径 6.3、足径 7.1 厘米（图一二八，5；图版九一，3）。

FT4②:240，已修复。颈部较细，上腹部较鼓，压印六道短凹槽。把柄外侧模印五道竖条纹。颈部拉坯痕明显。灰黄胎，内壁至颈下部、外壁至底足施青白釉，釉色不显，生烧。高 18.3、口径 6.2、足径 8.3 厘米（图一二八，6）。

FT4②:2，口沿、流、柄部残缺。上腹壁微鼓，压印五道短凹槽。颈部拉坯痕明显，外腹壁见修胎痕。灰白胎，内壁至颈下部、外壁至下腹近底处施青白釉，釉泛白色。残高 16、

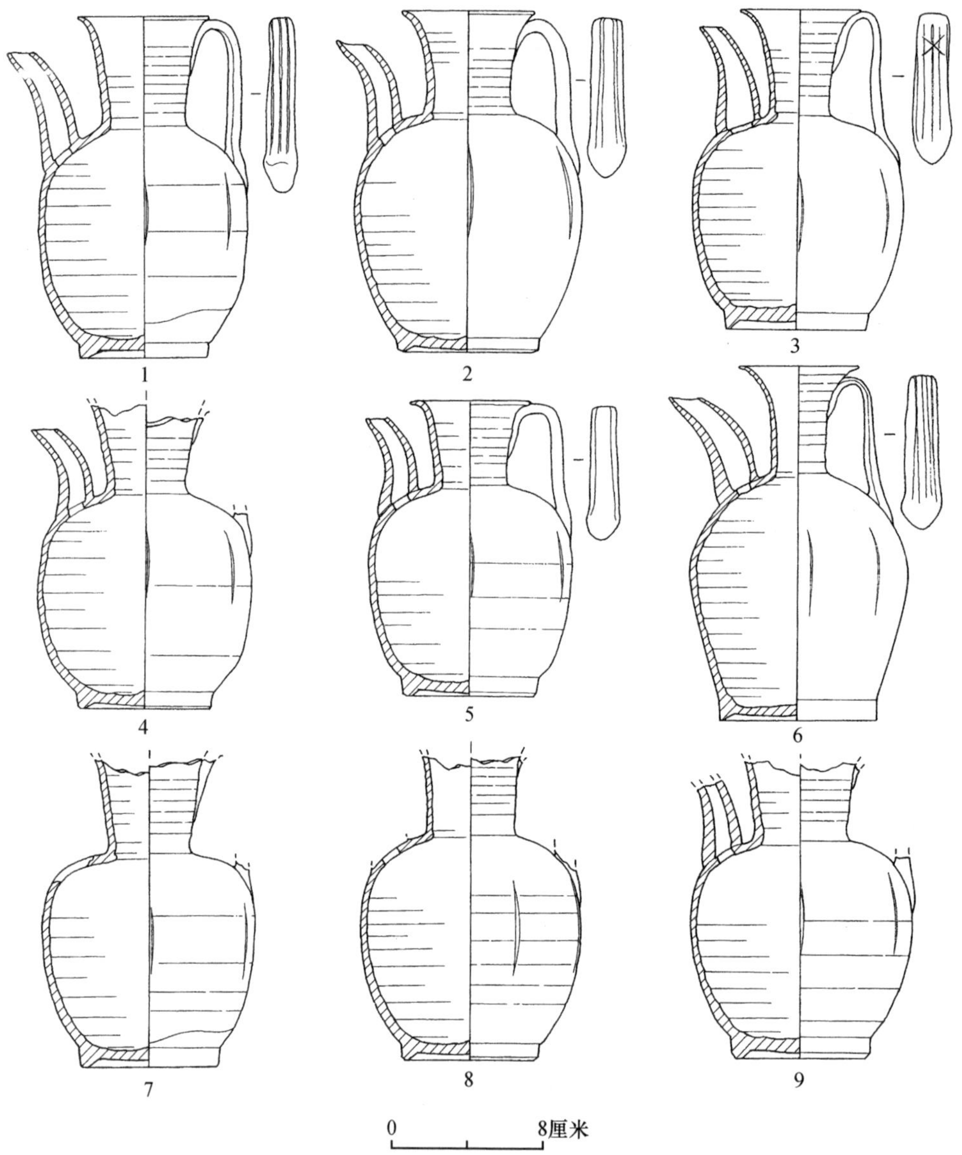


图一二八　凤凰山窑址 Ab 型Ⅱ式青白釉瓷瓜棱腹长流执壶

1. FY1 : 1　2. FT4 ① : 3　3. FT4 ② : 241　4. FT4 ② : 1
5. FY1 : 72　6. FT4 ② : 240　7. FT4 ② : 2　8. FY1 : 25　9. FT2 ① : 3

足径 7.2 厘米（图一二八，7）。

FY1 : 25，口颈、流、柄部残缺。上腹壁微鼓，压印六道短凹槽。颈部拉坯痕明显，外腹壁见修胎痕。灰白胎泛黄色，内壁至颈下部、外壁至底足施青白釉，釉色不显，生烧。残高 15.6、足径 7.2 厘米（图一二八，8）。

FT2 ① : 3，口沿、流、柄部残缺。上腹壁较鼓，压印六道短凹槽。外腹壁见修胎痕。灰白胎较粗疏，内壁至颈下部、外壁至底足施青白釉，釉面厚薄不均，釉微泛灰白色、开细纹片。残高 15.4、足径 7.3 厘米（图一二八，9）。

Ac 型　6 件。暗圈足，足端较尖圆。

FT3 ①：3，变形。侈口，尖圆唇，圆溜肩，弧鼓腹。口沿外侧一周凸棱，上腹部压印六条短凹槽，下腹近底处饰一周凹弦纹。把柄外侧模印四道竖条纹。颈部拉坯痕明显，内、外腹壁见修胎痕。执壶置圆桶形匣钵内。灰白胎略粗，内壁至颈下部、外壁至下腹近底处施青白釉，釉面较涩，釉色微泛灰。高 14.8、口径 6、足径 6.2 厘米（图一二九，1；图版九一，4）。

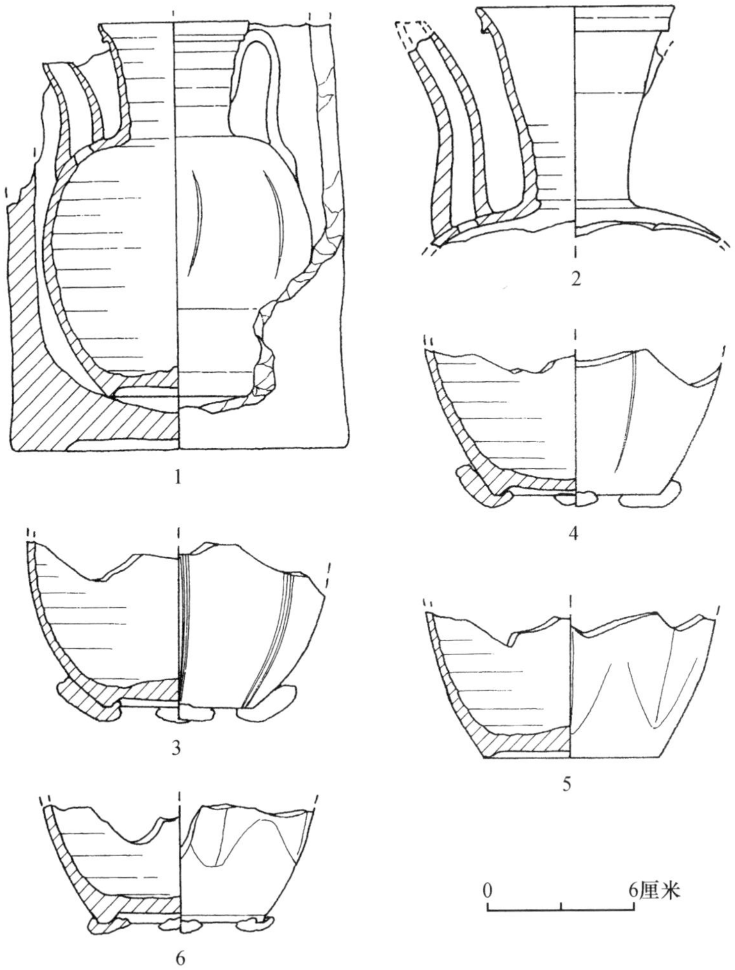


图一二九　凤凰山窑址 Ac 型青白釉瓷瓜棱腹长流执壶

1. FT3 ①：3　2. FT1 ①：11　3. FT3 ①：52　4. FT4 ③：163　5. FY1：116　6. F4 ③：168

FT1 ①：11，口颈部分。喇叭口外撇，口沿外侧一周垂棱。肩部长曲流流口与壶口高度一致，饰两周凹弦纹。内壁见明显修坯痕。灰白胎较粗疏，内壁至颈下部、外壁满施青白釉，釉泛青灰色。残高 9.3、口径 8 厘米（图一二九，2）。

FT3 ①：52，下腹及底足部分。下腹壁弧内收。腹壁刻划六组细凹线。外底粘四枚紫褐色支钉。灰白胎，内壁无釉，外壁不及足端施青白釉。残高 6.3、足径 6 厘米（图一二九，3；图版九一，5）。

FT4 ③：163，下腹及底足部分。下腹壁弧内收。腹壁刻划六组细凹线。外底粘三枚灰褐色支钉、存一枚支钉痕。灰白胎，内壁无釉，外壁不及足端施青白釉，釉微泛灰白色。残高

5.8、足径 6.6 厘米（图一二九，4）。

FY1：116，下腹及底足部分。下腹壁弧内收。腹壁压印八道凹槽，凹槽较深，凹槽下部削呈莲瓣状。外底见支钉痕。灰白胎泛黄色，除底足外施青白釉，釉泛白色，釉面开细纹片。残高 5.6、足径 7 厘米（图一二九，5）。

F4③：168，下腹及底足部分。下腹壁弧内收。腹壁压印八道凹槽，凹槽较深，凹槽下部削呈莲瓣状。外底粘三枚灰褐色支钉、存一枚支钉痕。白胎，除底足外施青白釉，釉色莹润。残高 4.8、足径 6.5 厘米（图一二九，6）。

B 型　40 件。盘口。束颈，上腹壁较鼓，下腹壁弧内收，上腹部压印六道短凹槽，流根部贴塑五瓣蝴蝶结，圆溜肩，矮圈足。肩部一侧置弯曲长流，与之对应的颈、肩处塑扁平把柄，流、柄之间的颈肩部塑对称竖向半环状系。内壁见明显拉坯痕，外腹壁大多见修胎痕。内壁至颈下部、外壁至底足施青白釉。依据肩部分为二式。

Ⅰ式：4 件。肩部弧折，折角明显。

FY1：111，下腹、底足缺失。尖唇。外壁局部留黄褐色窑斑。灰白胎，内壁至颈下部、外壁满施青白釉，釉泛青灰色，釉面开细纹片。残高 11.2、口径 6 厘米（图一三〇，1；图版九一，6）。

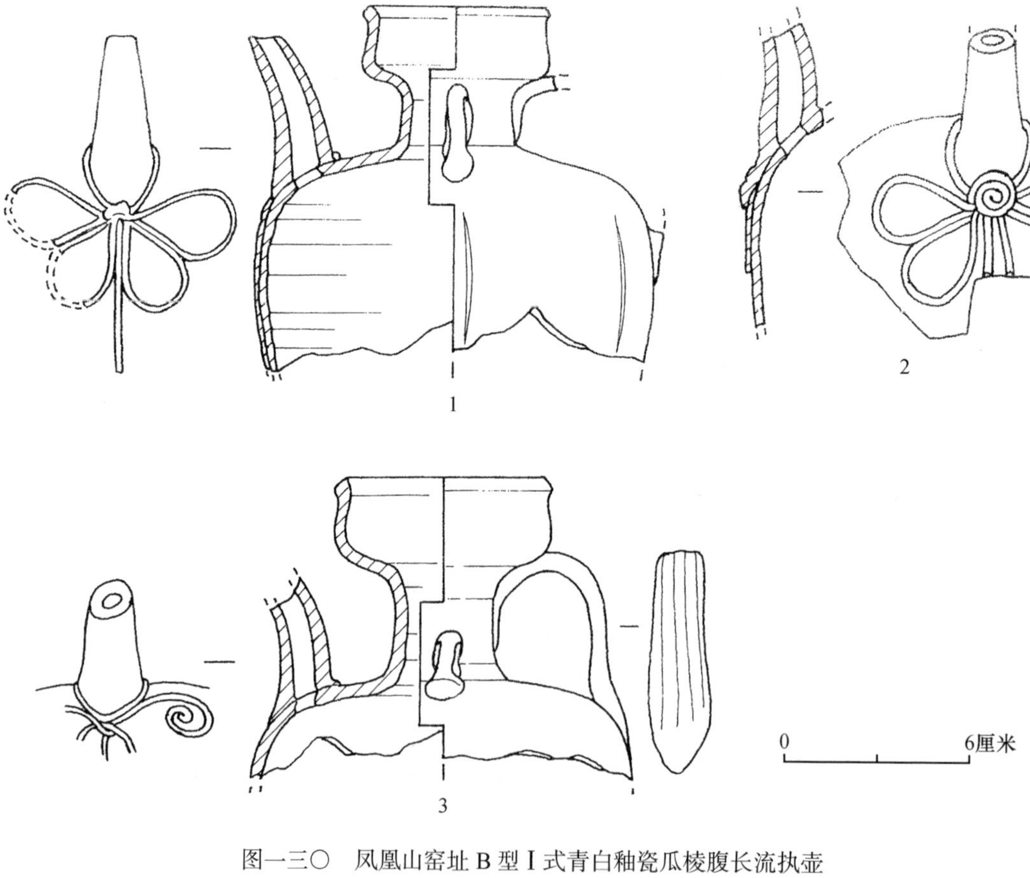


图一三〇　凤凰山窑址 B 型Ⅰ式青白釉瓷瓜棱腹长流执壶

1. FY1：111　2. FT2①：36　3. FY1：4

FT2①：36，肩腹部分。蝴蝶结较为复杂，中间呈螺旋状，向下伸出细长带。外壁局部留灰褐色窑斑。灰白胎略粗，内腹壁无釉，外壁施青白釉。残高9.6厘米（图一三〇，2）。

FY1：4，口、肩部分。蝴蝶瓣卷曲。把柄外侧模印四道竖条纹。灰白胎，内壁至颈下部、外壁满施青白釉，釉泛灰色。残高9.3、口径6.8厘米（图一三〇，3；图版九一，7）。

Ⅱ式：36件。圆溜肩，肩部圆弧。

FT2①：5，已修复。圆唇。把柄外侧模印四道竖条纹和一个交叉纹。外腹壁见修胎痕。足端粘黑色窑砂。细白胎，内壁至颈下部、外壁至底足施青白釉，釉面较亮，开细纹片。高18.5、口径6.5、足径7.2厘米（图一三一，1；图版九一，10～12）。

FT4②：243，变形。尖唇。把柄外侧模印五道竖条纹。颈部粘窑渣，足端落黑色窑砂。外腹壁见修胎痕。灰白胎，内壁至颈下部、外壁至底足施青白釉，釉面较涩。高17.4、口径

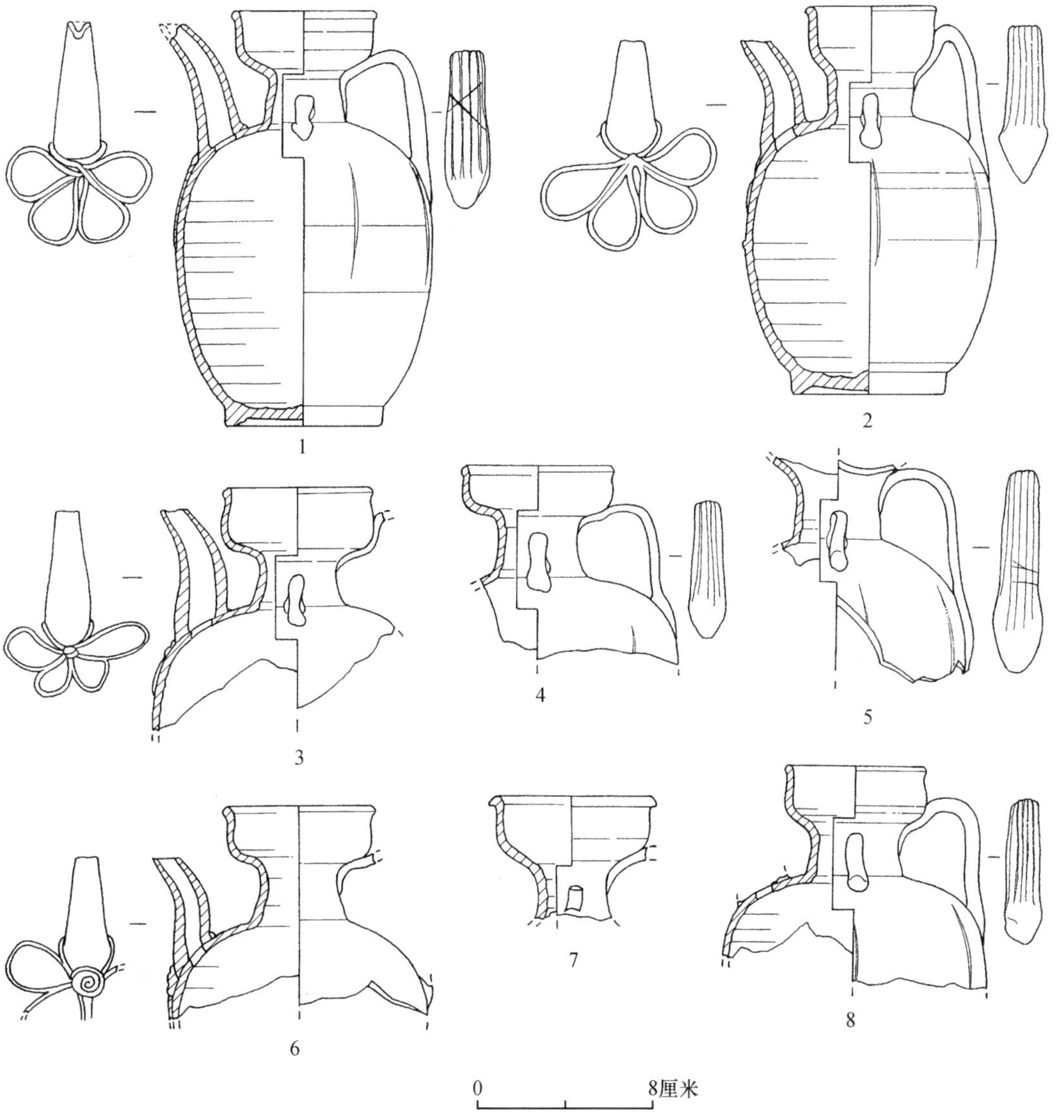


图一三一　凤凰山窑址B型Ⅱ式青白釉瓷瓜棱腹长流执壶

1. FT2①：5　2. FT4②：243　3. FY1：36　4. FT2②：20　5. FY1：37　6. FY1：115　7. FT3①：12　8. FY1：13

6、足径 7 厘米（图一三一，2；图版九一，8、9）。

FY1：36，口颈、腹部分。尖唇。外壁局部粘黄褐色窑斑。白胎，内壁至颈下部、外壁满施青白釉，釉面较亮，开细纹片。残高 10.2、口径 6.7 厘米（图一三一，3；图版九二，1）。

FT2②：20，存口颈、肩部分。尖唇。把柄外侧模印六道竖条纹。灰白胎，内壁至颈下部、外壁满施青白釉，釉泛青灰色，釉面较涩。残高 8.4、口径 6.6 厘米（图一三一，4）。

FY1：37，颈、腹部分。把柄外侧模印五道竖条纹和两道横条纹。灰黄胎，内壁至颈下部、外壁满施青白釉，釉色不显，生烧。残高 10 厘米（图一三一，5）。

FY1：115，口颈、肩部分。蝴蝶结中间呈螺旋状，向下伸出一根细长带。细白胎，青白釉微泛青绿色，釉面莹润。残高 9.1、口径 6.8 厘米（图一三一，6）。

FT3①：12，口、颈部分。尖圆唇，唇沿斜下折。灰白胎，内壁至颈下部、外壁满施青白釉，釉面较亮，开细纹片。残高 5、口径 7.2 厘米（图一三一，7）。

FY1：13，下腹、底足残缺。尖圆唇。把柄外侧模印六道竖条纹。灰白胎较粗疏，内壁至颈下部、外壁满施青白釉，釉泛灰色。残高 9.5、口径 6.4 厘米（图一三一，8）。

**2. 圆弧腹长流执壶**

254 件。圆弧腹，长流。依据口部分为四型。

A 型　205 件。喇叭口，矮圈足，外足墙直，内墙倾斜。肩部一侧置弯曲长流，与之对应的肩、颈部塑扁平把柄，把柄上部较窄、下部较宽，把柄外侧模印纹饰。整体修胎没有瓜棱腹执壶细致，内壁见明显拉坯痕，内壁颈、肩连接处接胎痕明显，外壁见修胎痕。绝大部分内壁至颈下部、外壁至底足施青白釉，个别外壁至足端或近底处施青白釉。装烧采用圆桶形匣钵，坯件与匣钵之间多数采用细砂，少量采用支钉间隔。依据颈部的不同分为七亚型，本窑址有 Aa、Ab、Ac、Ae、Af、Ag 型。

Aa 型　1 件。喇叭口外敞，颈部粗犷，最小直径位于颈下部。斜直颈，上腹壁较直，流与把柄之间的肩部置对称竖向半环状系。

FY1：3，口颈、肩部分。流口略低于壶口沿。灰白胎，内壁至颈下部、外壁满施青白釉，釉泛灰白色，釉面开细纹片。残高 7.5、口径 4.8 厘米（图一三二，10；图版九二，2）。

Ab 型　49 件。喇叭口外侈，颈部粗犷、微束，最小直径位于颈下部。圆鼓腹，矮圈足。

FY1：27，已修复。把柄外侧模印五道竖条纹和一道横条纹。白胎，内壁至颈下部、外壁至底足施青白釉，釉色莹亮，釉面开细纹片。高 13、口径 6.2、足径 6.5 厘米（图一三二，1；图版九二，3）。

FT4①：2，已修复。把柄外侧模印两道竖条纹、两道横条纹和一个交叉纹。灰白胎，内壁至颈下部、外壁至底足施青白釉，釉微泛白色、开细纹片。高 13.2、口径 5.6、足径 6.5 厘米（图一三二，2；图版九二，4、5）。

FT4②：29，稍变形。颈部较直。把柄外侧模印四道竖条纹和一个“Z”形条纹。白胎，内壁至颈下部、外壁至底足施青白釉，釉泛青灰色，釉色润泽。高 13.7、口径 5.5、足径 6.9 厘米（图一三二，3；图版九二，7、8）。

FY1：9，变形。腹部较直，近底处弧内收。把柄外侧模印四道竖条纹、一道横条纹和一道折线纹。颈部拉坯痕明显，内、外腹壁见修胎痕。口沿局部粘匣钵片。灰白胎，内壁至颈下部、外壁至底足施青白釉，釉色莹亮，局部开细纹片。高 12.7、口径 5.9、足径 6.2 厘米（图一三二，4；图版九二，10～12）。

FT4③：2，流、柄残缺，已修复。颈部较直。灰黄色胎，局部呈砖红色，内壁至颈下部、外壁至下腹近底处施青白釉，釉色不显，生烧。高 13.4、口径 5.9、足径 6.6 厘米（图一三二，5）。

图一三二　凤凰山窑址青白釉瓷圆弧腹长流执壶

1～9. Ab 型（FY1：27、FT4①：2、FT4②：29、FY1：9、FT4③：2、FT4②：14、FT4②：12、FY1：11、FY1：28）10. Aa 型（FY1：3）

FT4②：14，稍变形。柄外侧模印四道竖条纹、一道横条纹和一个交叉纹。口、腹局部粘存匣钵片，足端粘黑色窑砂。灰白胎，内壁至颈下部、外壁至底足施青白釉，釉色莹亮。高12.4、口径6.1、足径6.3厘米（图一三二，6；图版九二，6）。

FT4②：12，已修复。圈足挖足很浅。把柄外侧模印三道竖条纹和一道珍珠纹。外壁粘窑渣。胎质疏松，灰黄胎，内壁至颈下部、外壁至底足施青白釉，生烧。高12.8、口径6.3、足径6.4厘米（图一三二，7）。

FY1：11，口沿部分、把柄残缺。圈足挖足很浅。细白胎，内壁至颈下部、外壁至底足施青白釉，釉泛青绿色，釉面开细纹片。残高12、足径6.8厘米（图一三二，8）。

FY1：28，变形。把柄外侧模印四道竖条纹。口、肩部粘匣钵片，足端粘窑砂。灰白胎较粗疏，内壁至颈下部、外壁至底足施青白釉，釉偏灰色。高13、口径6.4、足径6.4厘米（图一三二，9；图版九二，9）。

FY1：29，变形，口沿、把柄残缺。灰白胎，内壁至颈下部、外壁至底足施青白釉，釉面厚薄不均、微泛青色，见流釉痕。残高12.5、足径6.3厘米（图一三三，1）。

FT4②：66，口颈、肩部分。把柄外侧模印五道竖条纹和一个“Z”形纹。细白胎，内壁至颈下部、外壁施青白釉，釉色莹润。残高6.8、口径5.8厘米（图一三三，2）。

FT2①：2，变形，口沿、柄、流嘴残缺。足端粘匣钵片。白胎，内壁至颈下部、外壁至底足施青白釉，釉色莹润泛青绿色。残高12.8、足径6.3厘米（图一三三，3）。

FT4②：62，变形。把柄外侧模印五道竖条纹和一个交叉纹。口部粘匣钵片，足端粘黑色窑砂。灰白胎，内壁至颈下部、外壁至底足施青白釉，釉色较亮，积釉处呈青绿色，有流釉现象。高11.6、口径5.9、足径6.1厘米（图一三三，4）。

FY1：30，口颈、腹部分。把柄外侧模印四道竖条纹。局部留黄褐色窑斑。细白胎，内壁至颈下部、外壁满施青白釉，釉色莹润。残高7.4、口径5.7厘米（图一三三，5）。

FY1：32，口颈、肩部分。把柄外侧模印四道竖条纹、一道横条纹和一道折线纹。灰白胎，内壁至颈下部、外壁满施青白釉，釉面开细纹片。残高6.1、口径5.9厘米（图一三三，6）。

FT4②：25，略变形，把柄、流嘴残缺。圈足挖足较浅。足端粘黑色窑砂。灰白胎，内壁至颈下部、外壁至底足施青白釉，釉面有较多小黑斑。高11.2、口径5.9、足径6.6厘米（图一三三，7）。

FT4②：63，变形。口部粘窑渣。灰白胎，内壁至颈下部、外壁至底足施青白釉，釉泛青灰色。高11.8、口径5.7、足径6.2厘米（图一三三，8）。

FT1①：3，口颈、肩腹部分。把柄外侧模印四道竖条纹。灰白胎，内壁至颈下部、外壁施青白釉，釉面开细纹片、微泛白色，釉色莹亮。残高8、口径5.7厘米（图一三三，9）。

FT4①：28，口颈、腹部分。把柄外侧模印两道竖条纹。灰白胎，内壁至颈下部、外壁满施青白釉，釉面开细纹片。残高7.9、口径5.8厘米（图一三三，10）。

Ac型　54件。喇叭口外卷，颈部粗犷，最小直径位于颈下部。尖圆唇，短束颈，肩部弧折，一侧置短曲流，对应的颈肩处塑扁平把柄，圈足。

FT4②：8，已修复。把柄外侧模印四道竖条纹。细白胎，内壁至颈下部、外壁至底足施青

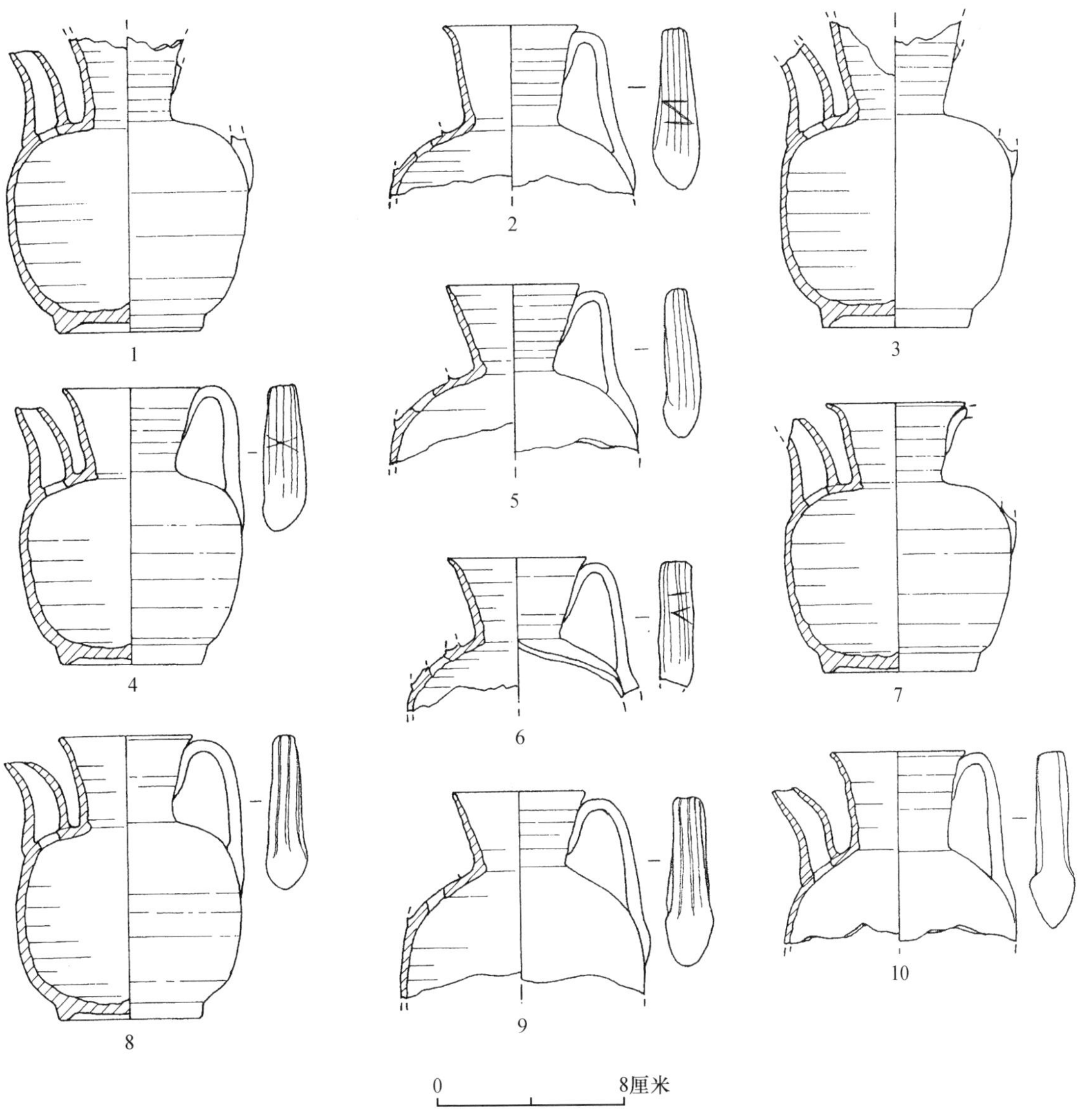


图一三三　凤凰山窑址 Ab 型青白釉瓷圆弧腹长流执壶

1. FY1：29　2. FT4②：66　3. FT2①：2　4. FT4②：62　5. FY1：30
6. FY1：32　7. FT4②：25　8. FT4②：63　9. FT1①：3　10. FT4①：28

白釉，釉色莹润，见流釉痕。高 12.2、口径 5.7、足径 6.4 厘米（图一三四，1；图版九三，1、2）。

FT4③：320，流残缺。圈足微外撇，挖足较浅。把柄外侧模印四道竖条纹。颈部拉坯痕明显，外腹壁见修胎痕。外壁局部粘少量窑渣。灰白胎，内壁至颈下部、外壁至底足施青白釉，釉面较涩无光泽。高 12.1、口径 5.9、足径 6.6 厘米（图一三四，6；图版九三，3）。

FY1：10，已修复。把柄外侧模印四道竖条纹、一道折线纹和一道横条纹。腹壁和足端局部粘匣钵片。灰白胎较粗疏，内壁至颈下部、外壁至底足施青白釉，釉色莹润，釉面开细纹片。高 12.6、口径 6、足径 6.2 厘米（图一三四，2；图版九三，4、5）。

FT4①：5，变形，把柄残缺。外底心微外凸。肩部、足端局部粘匣钵片、窑渣。灰白胎，内壁至颈下部、外壁至底足施青白釉，釉微泛青灰色。高 11.8、口径 5.9、足径 6.7 厘米

（图一三四，8；图版九三，6）。

FT4③：52，已修复。把柄外侧模印六道竖条纹。灰白胎，内壁至颈下部、外壁至底足施青白釉，釉泛灰白色。高 13.1、口径 6、足径 6.8 厘米（图一三四，3；图版九三，7、8）。

FT4③：11，变形。把柄外侧模印两道竖条纹和一道珍珠纹。外壁局部粘窑渣和匣钵片，足端粘黑色窑砂。细白胎，内壁至颈下部、外壁至底足施青白釉，釉色莹润，外壁局部因烟熏呈黑色。高 14.6、口径 6.5、足径 6.9 厘米（图一三四，5）。

FT2②：17，变形。把柄外侧模印五道竖条纹。灰白胎，内壁至颈下部、外壁至底足施青

图一三四　凤凰山窑址 Ac 型青白釉瓷圆弧腹长流执壶

1. FT4②：8　2. FY1：10　3. FT4③：52　4. FT4③：12
5. FT4③：11　6. FT4③：320　7. FT2②：17　8. FT4①：5　9. FT4③：321

白釉，釉面较涩，局部开细纹片。高 11.7、口径 6.8、足径 6.4 厘米（图一三四，7）。

FT4③：321，外壁粘圆桶形匣钵。把柄外侧模印六道竖条纹。灰白胎，内壁至颈下部、外壁及足端施青白釉，釉微泛青灰色。高 12、口径 6、足径 6.6 厘米（图一三四，9；图版九三，9）。

FT4③：12，稍变形。把柄外侧印两组竖条纹和一个“米”字形纹。外口沿、腹部和足端局部粘匣钵片。灰白胎较粗疏，内壁至颈下部、外壁至底足施青白釉，釉泛青灰色。高 11.7、口径 6.4、足径 6.2 厘米（图一三四，4；图版九三，10、11）。

FT2②：18，变形。圈足挖足较浅。细白胎，内壁至颈下部、外壁至底足施青白釉，釉微泛灰色。高 12.2、口径 5.9、足径 6.5 厘米（图一三五，1）。

FT4③：53，底部残缺。把柄外侧模印五道竖条纹。灰白胎，内壁至颈下部、外壁满施青白釉，釉泛青灰色。残高 9.6、口径 5.6 厘米（图一三五，2；图版九三，12）。

FT4③：55，下腹和底足部残缺。把柄外侧模印横条纹、折线纹和交叉纹。灰白胎，内壁至颈下部、外壁施青白釉，釉微泛青灰色。残高 6.3、口径 5.9 厘米（图一三五，3）。

FT4③：61，下腹和底足部残缺。把柄外侧模印五道竖条纹。灰白胎，外壁施青白釉，釉面开细纹片。残高 8、口径 5.3 厘米（图一三五，4）。

FT4②：49，存口颈、肩腹部分。把柄外侧模印五道竖条纹。灰黄胎，内壁至颈下部、外壁满施青白釉，釉面生涩，生烧。残高 5.6、口径 6.3 厘米（图一三五，5）。

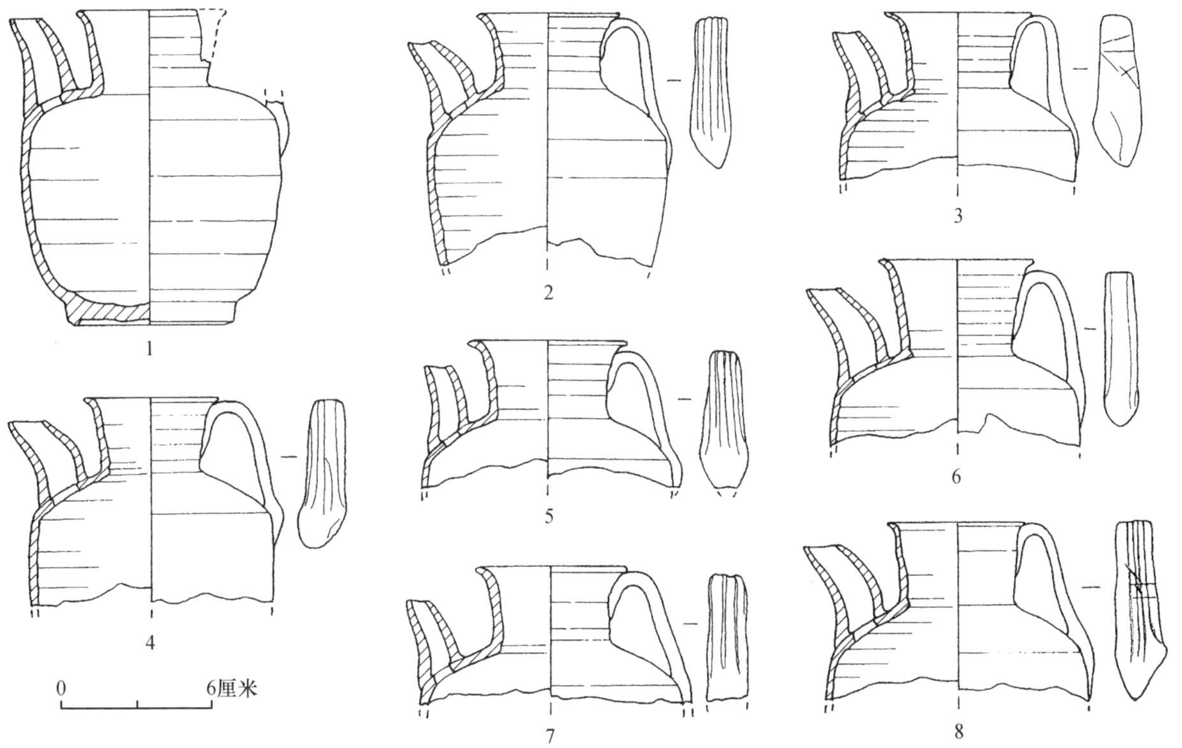


图一三五　凤凰山窑址 Ac 型青白釉瓷圆弧腹长流执壶

1. FT2②：18　2. FT4③：53　3. FT4③：55　4. FT4③：61　5. FT4②：49　6. FT1①：1　7. FT4②：5　8. FT4③：322

FT1 ①：1，下腹和底足部残缺。把柄外侧模印两道竖条纹。细白胎，内壁至颈下部、外壁满施青白釉，釉面较多黑斑。残高 7.2、口径 6.1 厘米（图一三五，6）。

FT4 ②：5，存口颈、肩部分。柄外侧模印三道竖条纹。灰白胎较粗，内壁至颈下部、外壁满施青白釉，釉微泛白色，釉面开细纹片。残高 5.2、口径 6 厘米（图一三五，7）。

FT4 ③：322，下腹和底足部残缺。把柄外侧模印三道竖条纹、两道横条纹和一道斜条纹。外壁局部粘黄褐色窑斑。灰白胎，内壁至颈下部、外壁满施青白釉，釉泛灰色。残高 6.6、口径 5.5 厘米（图一三五，8）。

Ae 型　85 件。喇叭口外卷，颈部略高，最小直径位于颈下部。斜直颈，肩部弧折，流与把柄之间的肩部置对称竖向半环状系，上腹壁较直，下腹壁弧内收，圈足。

FT3 ①：26，口颈、肩部分。系端塑板状装饰。外壁局部留黄褐色窑斑。细白胎，内壁至颈下部、外壁满施青白釉，釉色莹亮，釉面开细纹片。残高 8.6、口径 9.5 厘米（图一三六，1）。

FT3 ①：25，颈、肩部分。系端塑板状装饰。灰黄胎，内壁至颈下部、外壁满施青白釉，釉泛黄色，釉面开细纹片。残高 8.8 厘米（图一三六，2）。

FT3 ①：24，颈、肩部分。系端塑板状装饰。灰白胎泛黄，内壁至颈下部、外壁满施青白釉，釉泛黄色，釉面较涩无光泽。残高 9.4 厘米（图一三六，3）。

FT4 ②：46，口颈、肩腹部分。唇沿微下折。把柄外侧模印两道竖条纹。灰白胎，内壁至颈下部、外壁满施青白釉，釉微泛白色，釉面开细纹片。残高 9.6 厘米（图一三六，4）。

FT2 ②：50，口颈、肩腹部分。唇沿微下折。把柄外侧模印五道竖条纹和一个“Z”形纹。灰白胎，内壁至颈下部、外壁满施青白釉，釉色莹亮，釉面开细纹片。残高 12.6、口径 7.1 厘米（图一三六，5）。

FT4 ②：45，口颈、肩部分。唇沿微下折。灰白胎，内壁至颈下部、外壁满施青白釉，釉面开细纹片。残高 8.4、口径 7.4 厘米（图一三六，6）。

FT2 ①：35，口颈、肩部分。唇沿微下折。灰白胎较粗疏，内壁至颈下部、外壁满施青白釉，釉泛青灰色。残高 9.3、口径 7.6 厘米（图一三六，7）。

FT4 ②：47，口颈、肩部分。唇沿平折。把柄外侧模印六道竖条纹。灰黄胎，内壁至颈下部、外壁满施青白釉，釉色不显，生烧。残高 8.6、口径 8.5 厘米（图一三六，8）。

FT4 ③：49，口颈、肩部分。唇沿微下折。颈部拉坯痕明显。灰白胎，内壁至颈下部、外壁满施青白釉，釉泛白色。残高 8.4、口径 8.6 厘米（图一三六，9）。

FT4 ①：18，口颈、肩部分。灰白胎，内壁至颈下部、外壁满施青白釉，釉泛白色，釉面开细纹片。残高 8.6、口径 7.3 厘米（图一三六，10）。

FT4 ②：42，流、把柄残缺。唇沿微下折，器身瘦长，足端宽平，圈足挖足较浅。灰白胎，内壁至颈下部、外壁至近底处施青白釉，釉泛灰色，釉面开细纹片。高 18.6、口径 7.9、足径 7.4 厘米（图一三七，1；图版九四，1、2）。

FY1：23，已修复。唇沿微下折，圈足挖足较浅。把柄外侧模印四道竖条纹、一道折线纹和一道横条纹。颈部拉坯痕明显。足底粘匣钵。灰白胎，内壁至颈下部、外壁至底足施青白釉，釉面较亮、开细纹片。高 17.8、口径 6.9、足径 7.1 厘米（图一三七，2；图版九四，3）。

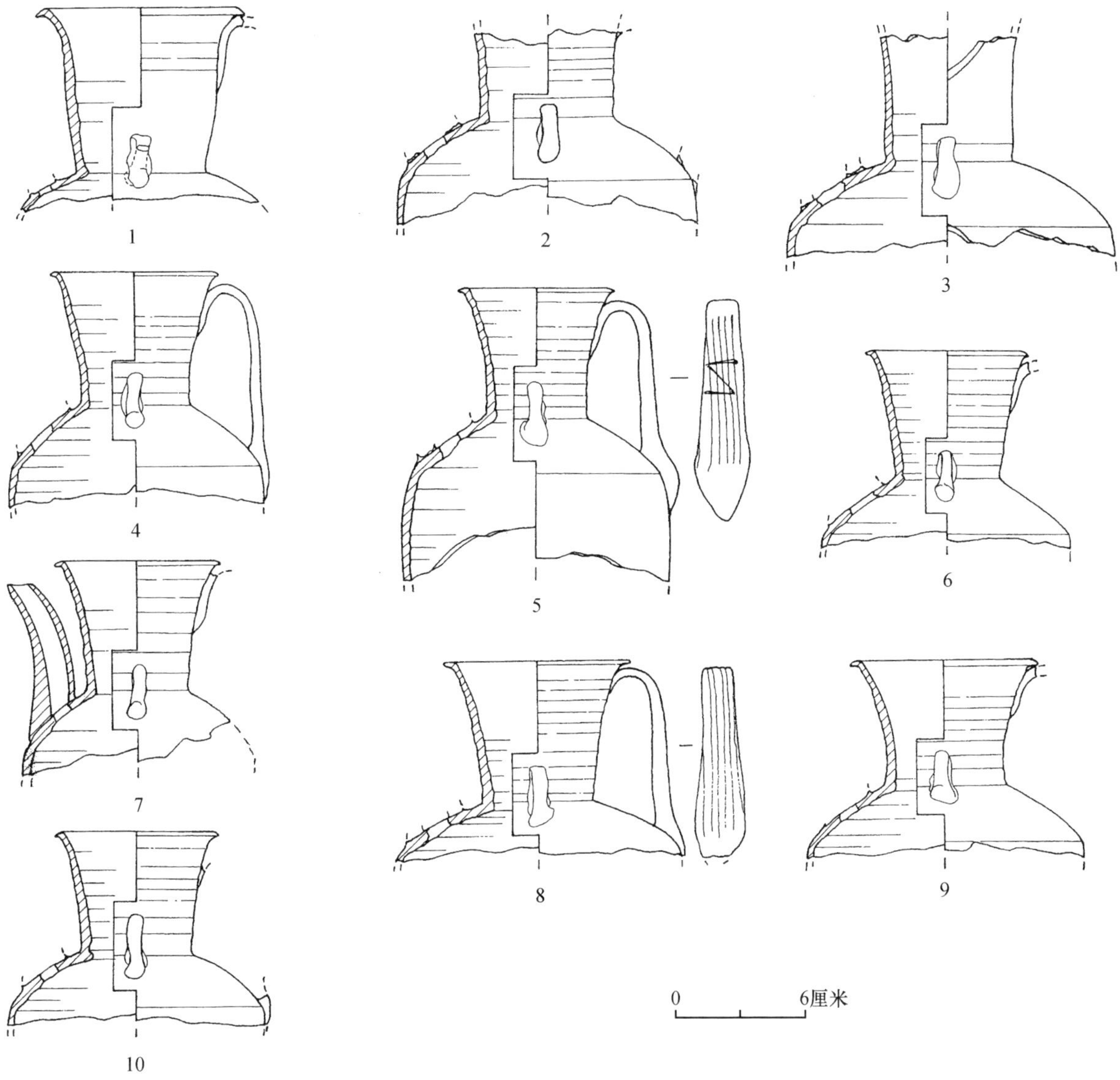


图一三六　凤凰山窑址 Ae 型青白釉瓷圆弧腹长流执壶

1. FT3①：26　2. FT3①：25　3. FT3①：24　4. FT4②：46　5. FT2②：50
6. FT4②：45　7. FT2①：35　8. FT4②：47　9. FT4③：49　10. FT4①：18

FT4③：4，已修复。唇沿微下折，足端宽平，圈足挖足较浅，修足规整。足端粘匣钵片。细白胎，内壁至颈下部、外壁至底足施青白釉，釉微泛青绿色，釉面开细纹片。高 16.5、口径 7.8、足径 7.3 厘米（图一三七，3；图版九四，4）。

FT4②：11，已修复。唇沿微下折，腹壁较直，圈足挖足较浅。细白胎，内壁至颈下部、外壁至底足施青白釉，釉微泛青绿色，釉面开细纹片。高 17.5、口径 6.9、足径 7.2 厘米（图一三七，4；图版九四，5）。

FT4②：27，流残。唇沿微下折，圈足挖足较浅。把柄外侧模印六道竖条纹。灰黄胎，内壁至颈下部、外壁至底足施青白釉，釉色不显，生烧。高 19、口径 8.4、足径 8 厘米（图一三七，5）。

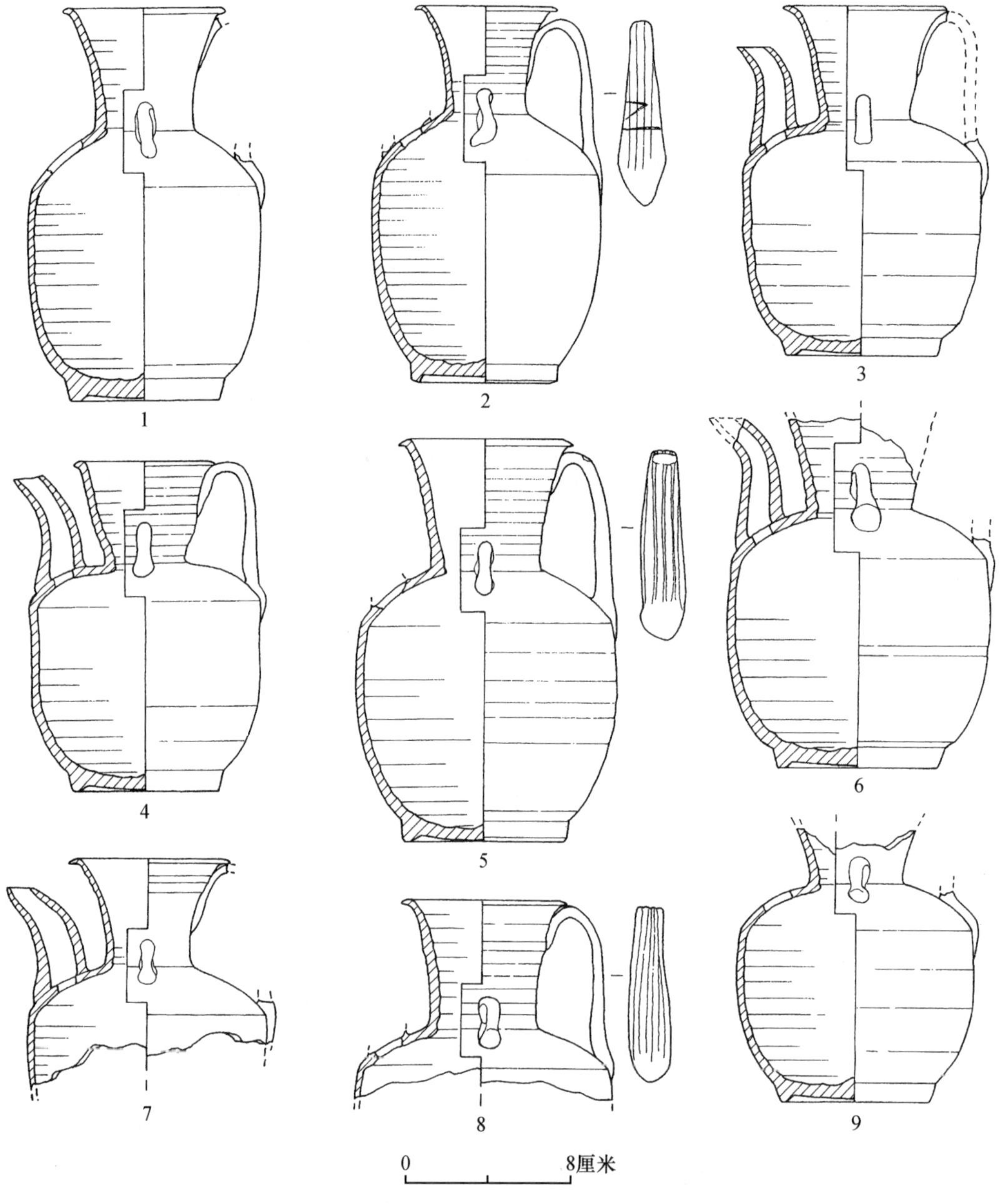


图一三七　凤凰山窑址 Ae 型青白釉瓷圆弧腹长流执壶

1. FT4 ②：42　2. FY1：23　3. FT4 ③：4　4. FT4 ②：11　5. FT4 ②：27

6. FT2 ②：1　7. FT4 ③：48　8. FT4 ③：47　9. FT4 ②：44

FT2 ②：1，口、把柄残缺。肩部和足端粘匣钵片。灰白胎较粗疏，内壁至颈下部、外壁至底足施青白釉，釉泛青灰色，外壁局部因烟熏呈黑色。残高 16.4、足径 7.7 厘米（图一三七，6）。

FT4 ③：48，口颈、肩部分。唇沿微下折。细白胎，内壁至颈下部、外壁满施青白釉，釉色莹亮。残高 10.4、口径 7.9 厘米（图一三七，7；图版九四，6）。

FT4 ③：47，口颈、肩部分。唇沿微下折。把柄外侧模印五道竖条纹。灰白胎，内壁至颈下部、外壁满施青白釉，釉微泛灰白色，釉面开细纹片。残高 9.2、口径 8 厘米（图一三七，8）。

FT4②：44，口颈、流、把柄残缺。细白胎，内壁至颈下部、外壁至底足施青白釉，釉色莹润。残高12.8、足径7.2厘米（图一三七，9）。

Af型　6件。喇叭口外侈，颈部细高，最小直径位于颈中部。

FT4③：43，颈、肩部。圆溜肩，肩部刻划细凹线。细白胎，内壁至颈中部、外壁满施青白釉，釉泛青绿色，局部开细纹片。残高11.4（图一三八，1；图版九四，7）。

FT3①：13，口颈及肩部分。尖圆唇。灰白胎，内壁至颈下部、外壁满施青白釉，釉面莹润，开细纹片。残高8.5、口径6.7厘米（图一三八，2；图版九四，8）。

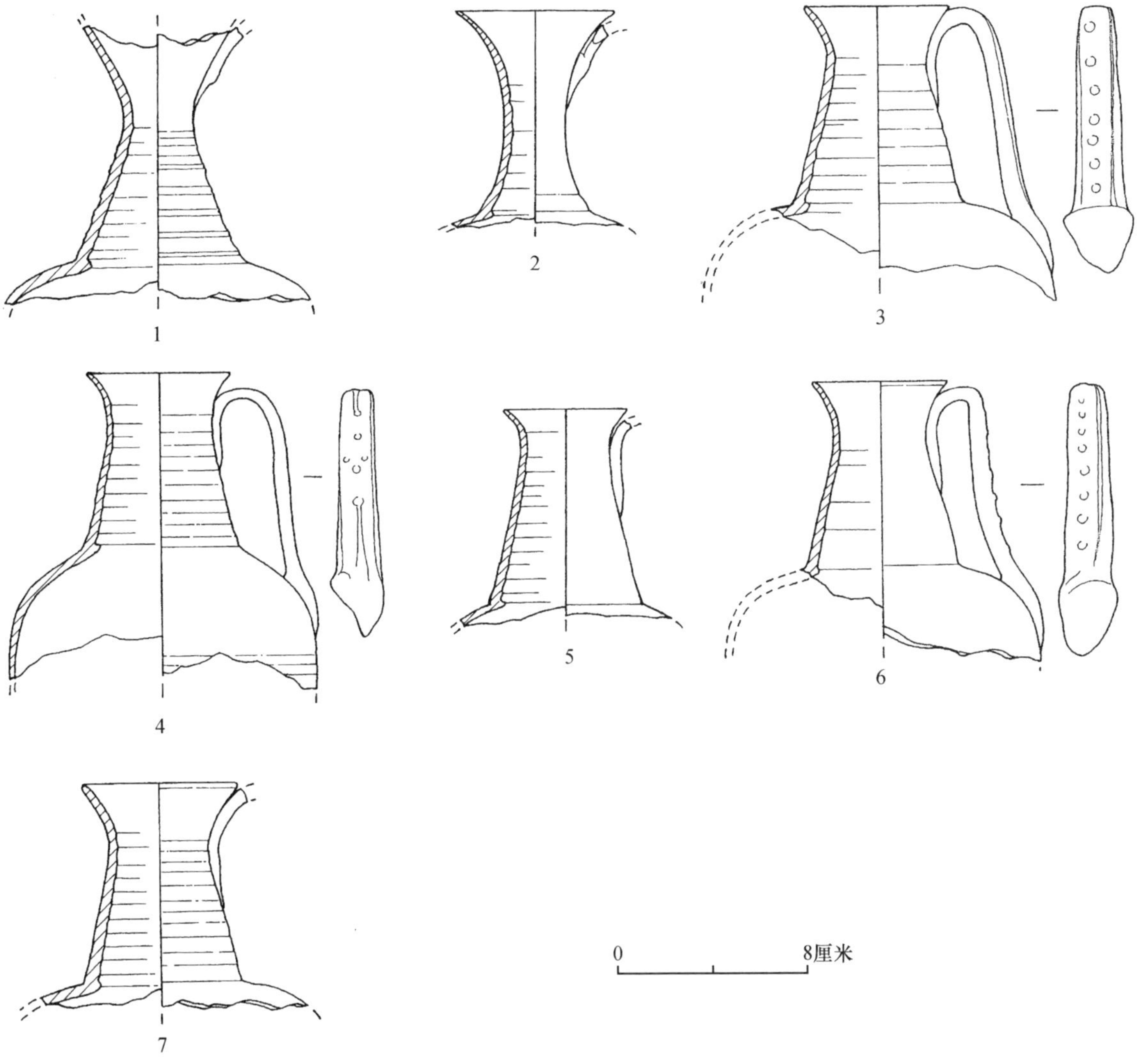


图一三八　凤凰山窑址青白釉瓷圆弧腹长流执壶

1、2. Af型（FT4③：43、FT3①：13）　3～7. Ag型（FT3①：9、FY1：21、FT4③：41、FT3①：10、FT3①：17）

Ag型　10件。喇叭口外侈，颈细高，最小直径位于颈上部。

FT3①：9，口颈、肩及把柄部分。把柄外侧模印两道竖条纹和一道珍珠纹。灰白胎，内壁至颈下部、外壁满施青白釉，釉面较亮，开细纹片。残高11.2、口径6.1厘米（图一三八，3；图版九四，9）。

FY1：21，口颈、肩及把柄部分。腹上部饰数周凹弦纹。把柄外侧模印两道竖条纹和一道珍珠纹。细白胎，内壁至颈下部、外壁施青白釉，釉面较亮，开细纹片。残高12.5、口径6厘米（图一三八，4）。

FT4③：41，口颈及肩部分。灰黄胎，内壁至颈下部、外壁施青白釉，釉色不显，生烧。残高8.4、口径5.2厘米（图一三八，5）。

FT3①：10，口颈、肩及把柄部分。把柄外侧模印两道竖条纹和一道珍珠纹。灰白胎，内壁至颈下部、外壁施青白釉，釉面开细纹片。残高11.2、口径5.7厘米（图一三八，6）。

FT3①：17，口颈及肩部分。细白胎，内壁至颈下部、外壁满施青白釉，釉色莹润。残高9、口径6.5厘米（图一三八，7；图版九四，10）。

B型　10件。直口。圆唇，颈较直，溜肩，弧鼓腹，暗圈足。肩部一侧置长曲流，与之对应的颈、肩处塑把柄。内、外腹壁见明显修胎痕。

FT4③：325，已修复。扁平把柄，把柄外侧模印三道竖条纹和三道横条纹。外壁粘存窑渣。灰胎，内壁至颈下部、外壁至中下腹施青白釉，釉色莹润，外壁局部因烟熏呈灰黑色。高13.2、口径6.6、足径6.2厘米（图一三九，1；图版九四，11、12）。

FY1：119，流残缺。扁平把柄，把柄外侧模印五道竖条纹。灰白胎，内壁至颈下部、外壁至中下腹施青白釉，泛灰黄色，釉面开细纹片。高13.5、口径6.6、足径6.2厘米（图一三九，2；图版九五，1）。

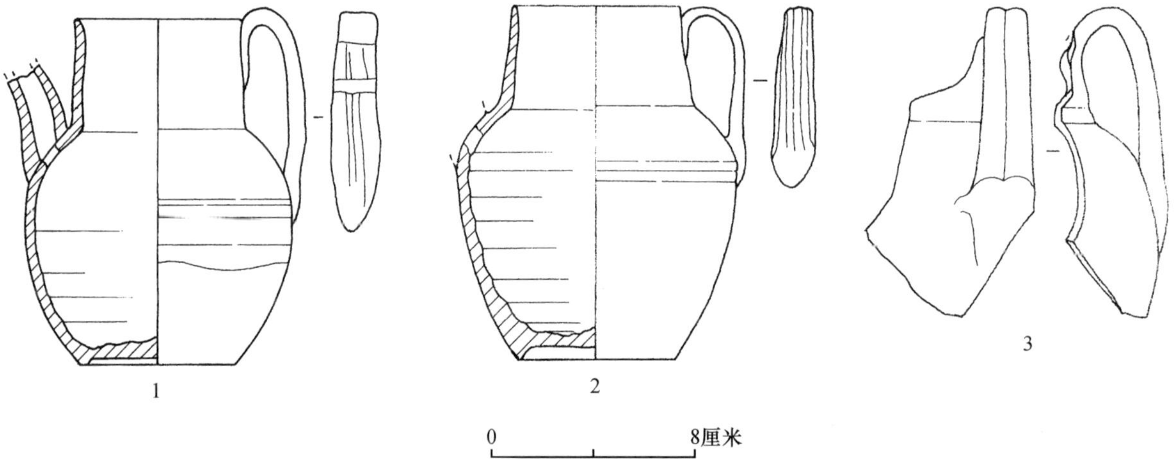


图一三九　凤凰山窑址B型青白釉瓷圆弧腹长流执壶

1. FT4③：325　2. FY1：119　3. FT4③：72

FT4③：72，颈、肩腹部分。把柄由两根扁圆形泥条捏成。灰白胎含杂质，内壁至颈下部、外壁满施青白釉，器表见黑色斑点。残高11.8厘米（图一三九，3；图版九五，2）。

C型　34件。盘口，束颈，圆溜肩，矮圈足。肩部一侧置弯曲长流，与之对应的颈、肩处塑扁平把柄，流、柄之间的颈肩部塑对称竖向半环状系。内壁见明显拉坯痕，外腹壁大多见修胎痕。内壁至颈下部、外壁至底足施青白釉。依据颈部分为三亚型。

Ca型　32件。盘口较深，腹壁较直，口沿处微束，圆鼓腹，短束颈，器身矮胖。

FT4②：76，已修复。尖圆唇。把柄外侧模印五道竖条纹。外壁局部粘少量窑渣。灰白胎，内壁至颈下部、外壁至底足施青白釉，釉泛白色，釉面开细纹片。高12、口径5.6、足径6.3厘米（图一四〇，1；图版九五，3）。

FT4③：7，变形，已修复。尖圆唇，把柄外侧模印四道竖条纹。灰白胎，内壁至颈下部、

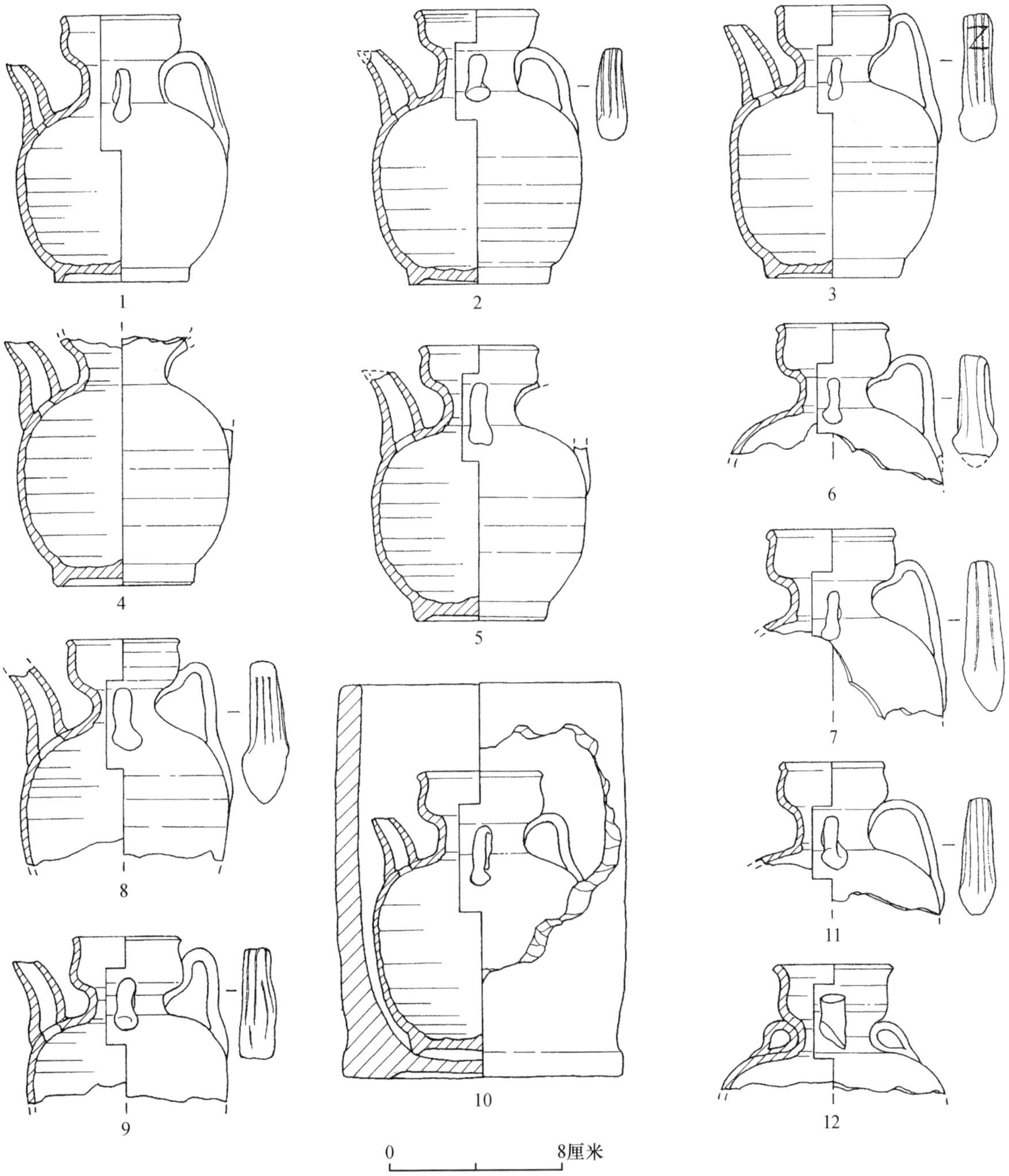


图一四〇　凤凰山窑址Ca型青白釉瓷圆弧腹长流执壶

1. FT4②：76　2. FT4③：7　3. FY1：39　4. FT2②：2　5. FT4②：13　6. FT4③：82　7. FT4①：33　8. FT4②：72　9. FT4②：3　10. FT4②：30　11. FT4③：87　12. FT4②：6

外壁至下腹近底处施青白釉，釉微泛青灰色，釉面开细冰裂纹。高 12.4、口径 5.7、足径 6.6 厘米（图一四〇，2；图版九五，4）。

FY1：39，变形。尖唇，圈足挖足较浅。把柄外侧模印四道竖条纹和一个“Z”形纹。口部粘匣钵片，足端存黑色窑砂。灰白胎，内壁至颈下部、外壁至底足施青白釉，釉色莹润。高 12.3、口径 5.3、足径 6.4 厘米（图一四〇，3；图版九五，5）。

FT2②：2，口颈、把柄残缺。灰黄胎，内壁至颈下部、外壁至底足施青白釉，釉泛黄白色，釉面开细纹片。残高 11、足径 6.6 厘米（图一四〇，4）。

FT4②：13，把柄残缺。尖圆唇，上腹稍直。足端粘黑色窑砂。灰白胎，内壁至颈下部、外壁至底足施青白釉，釉面开细纹片。高 12.4、口径 5.5、足径 6.1 厘米（图一四〇，5）。

FT4③：82，口颈、肩部分。尖唇。把柄外侧模印两道竖条纹。灰白胎，内壁至颈下部、外壁施青白釉，釉泛青灰色。残高 7.3、口径 5.4 厘米（图一四〇，6）。

FT4①：33，口颈、肩腹部分。尖唇。把柄外侧模印两道竖条纹。灰白胎，内壁至颈下部、外壁施青白釉，釉泛灰白色，局部开细纹片。残高 8.6、口径 6 厘米（图一四〇，7）。

FT4②：72，底足残缺。尖圆唇。把柄外侧模印五道竖条纹。细白胎，内壁至颈下部、外壁满施青白釉，釉面较亮，开细纹片。残高 10、口径 5.4 厘米（图一四〇，8）。

FT4②：3，下腹、底足残缺。把柄外侧模印四道竖条纹。细白胎，内壁至颈下部、外壁满施青白釉，釉面较亮，开细纹片，积釉处呈青绿色。残高 7.4、口径 5.1 厘米（图一四〇，9）。

FT4②：30，可复原。尖唇。把柄外侧模印竖条纹。整器置圆桶形匣钵内。灰白胎，内壁至颈下部、外壁至底足施青白釉，釉面较亮，开细纹片。高 12.8、口径 5.8、足径 6.8 厘米（图一四〇，10；图版九五，6）。

FT4③：87，口颈、肩腹部分。尖唇。把柄外侧模印五道竖条纹。灰黄胎，内壁至颈下部、外壁满施青白釉，釉泛青黄色，釉面生涩无光泽。残高 7、口径 5 厘米（图一四〇，11）。

FT4②：6，口颈、肩部分。圆唇。细白胎，内壁至颈下部、外壁满施青白釉，釉色莹润，积釉处呈青绿色。残高 6、口径 5.7 厘米（图一四〇，12）。

Cb 型　1 件。盘口较浅，腹壁斜弧，口沿外侈。

FT4③：78，口颈、肩腹部分。方唇，短束颈，肩部略下折。灰白胎，内壁至颈下部、外壁满施青白釉，釉微泛灰白色。残高 7.8、口径 4.8 厘米（图一四一，1）。

Cc 型　1 件。盘口较浅，腹壁略直，口沿呈子口状。

FT3①：11，口颈部分。子口内敛，长颈微束。颈根部两周弦纹。灰白胎，内壁至颈下部、外壁满施青白釉，釉面开细纹片，较亮。残高 6.3、口径 5.7 厘米（图一四一，2；图版九五，7）。

D 型　5 件。子口微敛，颈上部微鼓。口颈部。

FY1：22，口颈及肩部分。外壁局部留灰色窑斑。灰白胎较粗疏，内壁至颈下部、外壁满施青白釉，釉泛青灰色。残高 8.4、口径 4.8 厘米（图一四一，3；图版九五，8）。

FT4③：42，口颈及肩部分。颈部较粗。灰白胎较粗疏，内壁至颈下部、外壁满施青白釉，釉面较涩泛青灰色。残高 8.2、口径 5.2 厘米（图一四一，4；图版九五，9）。

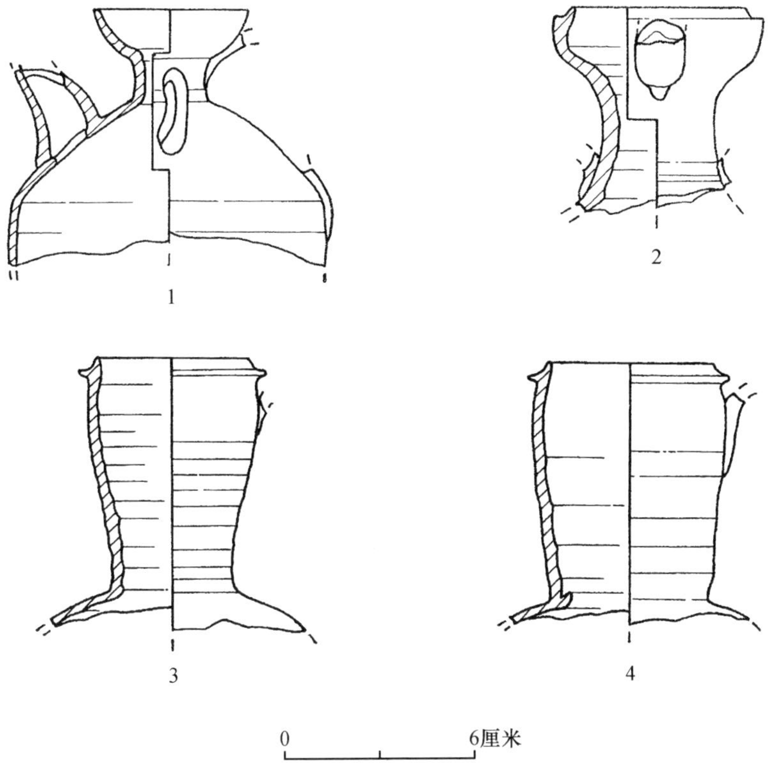


图一四一　凤凰山窑址青白釉瓷圆弧腹长流执壶

1. Cb 型（FT4 ③：78）2. Cc 型（FT3 ①：11）3、4. D 型（FY1：22、FT4 ③：42）

**3. 壶把柄**

34 件。壶把柄部分，把柄与壶身分离。

FT4 ①：72，宽平状，把柄较厚，把柄顶端塑一细圆管状系纽。把柄外侧边缘各压印一道凹弦纹。白胎，青白釉，釉面较涩。长 13.8 厘米（图一四二，1）。

FT4 ③：219，宽平状，把柄较厚，把柄顶端塑一细圆管状系纽。把柄外侧边缘各压印一道凹弦纹。细白胎，青白釉微泛青绿色，釉面莹润开细纹片。长 11.4 厘米（图一四二，2）。

FT3 ①：56，宽平状，把柄较厚，把柄顶端塑一细圆管状系纽。把柄外侧边缘各压印一道凹弦纹。灰白胎，青白釉微泛青灰色。长 13 厘米（图一四二，3）。

FT4 ①：73，宽平状，把柄较厚，把柄顶端塑一细圆管状系纽。把柄外侧边缘各压印一道凹弦纹。把柄较厚。灰白胎，青白釉，釉面较涩。长 11 厘米（图一四二，4）。

FT4 ③：191，宽平状，把柄较厚，把柄顶端塑一细圆管状系纽。把柄外侧边缘各压印一道凹弦纹。白胎，青白釉泛青灰色，釉面较涩无光泽。长 12.2 厘米（图一四二，5）。

FY1：78，把柄较窄，顶端无纽。把柄上部较窄，下部较宽，把柄外侧模印三道竖条纹和一个“□”形纹。白胎，青白釉。长 7.6 厘米（图一四二，6；图版九五，10 左）。

FY1：80，把柄较窄，顶端无纽。把柄上部较窄，下部较宽，把柄外侧模印三道竖条纹和一个“□”形纹。白胎，青白釉。残长 5 厘米（图一四二，7；图版九五，10 中）。

FY1：81，把柄较窄，顶端无纽。把柄上部较窄，下部较宽，把柄外侧模印三道竖条纹和

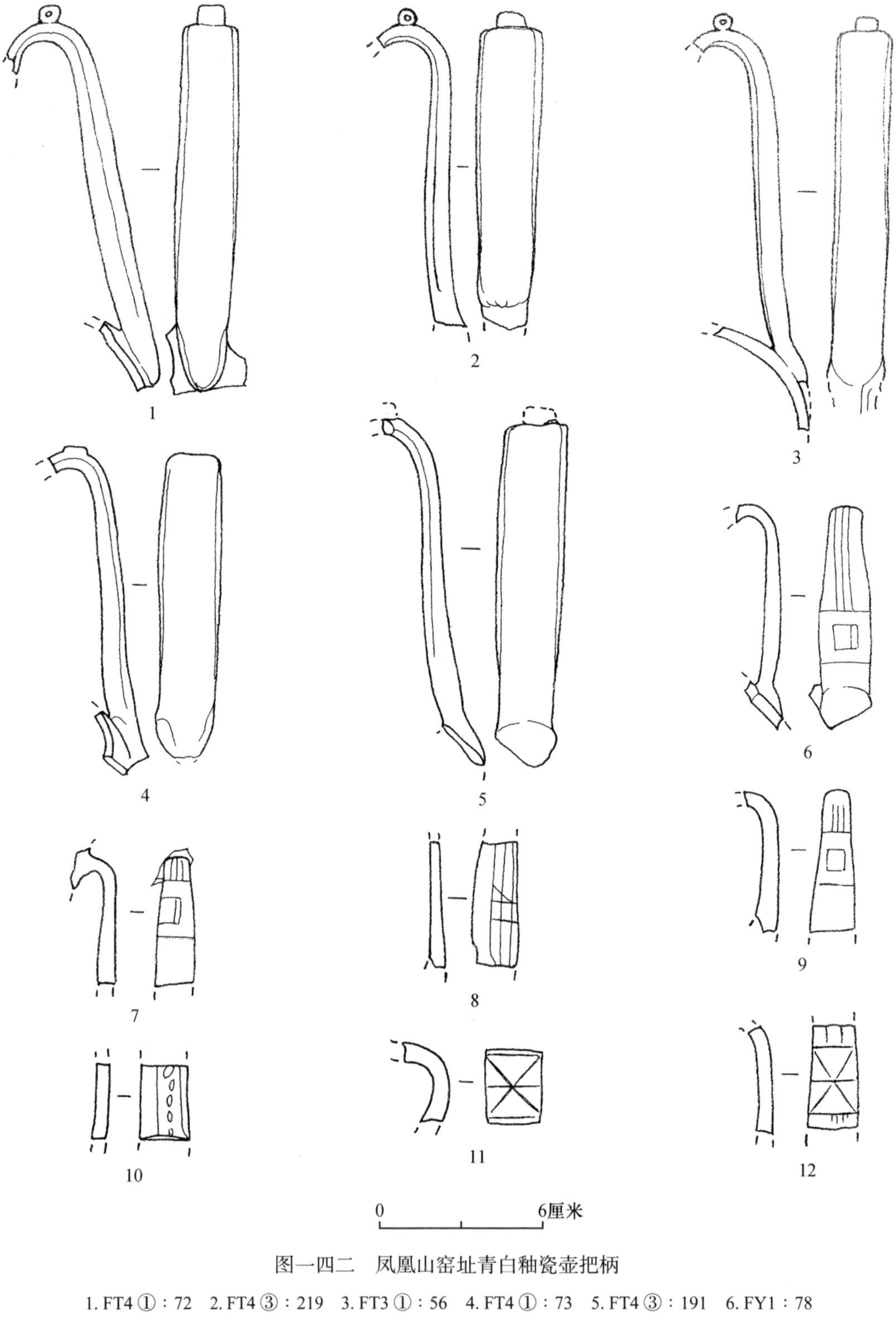


图一四二　凤凰山窑址青白釉瓷壶把柄

1. FT4①：72　2. FT4③：219　3. FT3①：56　4. FT4①：73　5. FT4③：191　6. FY1：78
7. FY1：80　8. FY1：114　9. FY1：81　10. FY1：82　11. FY1：113　12. FY1：79

一个“□”形纹。白胎，青白釉。残长5厘米（图一四二，9；图版九五，10右）。

FY1：114，把柄较窄，顶端无纽。把柄上部较窄，下部较宽，把柄外侧模印三道竖条纹、一道横条纹和一道折线纹。白胎，青白釉。残长4.3厘米（图一四二，8）。

FY1：82，把柄较窄，顶端无系纽。把柄上部较窄，下部较宽，把柄外侧模印两道竖条纹和一道珍珠纹。白胎较粗疏，青白釉。残长 2.8 厘米（图一四二，10）。

FY1：113，把柄较窄，顶端无纽。把柄上部较窄，下部较宽，把柄外侧模印三道横条纹和一个“×”形纹。白胎较粗疏，青白釉泛青灰色。残长 2.6 厘米（图一四二，11）。

FY1：79，把柄较窄，顶端无纽。把柄上部较窄，下部较宽，把柄外侧模印竖条纹和一个“米”形纹。白胎，青白釉。残长 3.8 厘米（图一四二，12）。

**4. 花浇**

15 件。数量较少。侈口，短颈，溜肩，圆鼓腹，暗圈足。口沿一侧捏流，与流对应的颈、肩处塑扁平把柄。内腹壁拉坯痕明显，颈部较高者内壁颈、肩连接处有接胎痕。修胎较粗，外腹壁见修胎痕。

FY1：12，已修复。外底粘黑色窑砂。灰白胎，内壁至口下部、外壁至下腹施青白釉，釉泛白色，釉面见黑斑。高 8.8、口径 5、足径 5.6 厘米（图一四三，1；图版九五，11、12）

FT4②：26，已修复。挖足较浅。把柄外侧模印两道竖条纹和一道交叉纹。肩部粘窑渣。外腹壁粘一块落渣。灰白胎，内壁至口下部、外壁至下腹施青白釉，釉泛灰白色，釉面较多黑斑。高 10、口径 5、足径 5.5 厘米（图一四三，2；图版九六，1）。

FY1：42，已修复。外壁粘窑渣。灰白胎，内壁至口下部、外壁至下腹施青白釉。高 8.2、口径 5.2、足径 5.3 厘米（图一四三，3）。

FT2②：3，已修复。挖足较浅。把柄外侧模印五道竖条纹。灰黄胎，内壁至口下部、外壁至中腹施青白釉，釉泛灰白色，釉面较涩无光泽。高 8.4、口径 4.8、足径 5.2 厘米（图一四三，4）。

FT4②：9，口部略残、变形。把柄外侧模印“半”形符号。灰白胎，内壁至口下部、外壁至下腹近底处施青白釉，釉微泛青灰色，釉色莹亮。高 8.4、口径 5.7、足径 5 厘米（图一四三，5；图版九六，2、3）。

FT2②：21，已修复。把柄外侧模印四道竖条纹和两道横条纹。灰胎泛黄，内壁至口下部、外壁至下腹施青白釉，釉色不显，生烧。高 9.4、口径 5.8、足径 5 厘米（图一四三，6；图版九六，4）。

FY1：43，已修复。外壁粘窑渣。灰白胎，内壁至口下部、外壁至下腹近底处施青白釉。高 9.5、口径 5.3、足径 5.9 厘米（图一四三，7；图版九六，5、6）。

FT4②：4，底足残缺。颈部较高。把柄外侧无纹饰。内壁颈、肩连接处有接胎痕。外壁局部粘少量窑渣。灰白胎，内壁至口下部、外壁满施青白釉，釉微泛青灰色。残高 7.8、口径 5.6 厘米（图一四三，8）。

**5. 大碗**

1 件。依据内底分为三型，本窑址有 C 型。

C 型　1 件。内底圆弧。

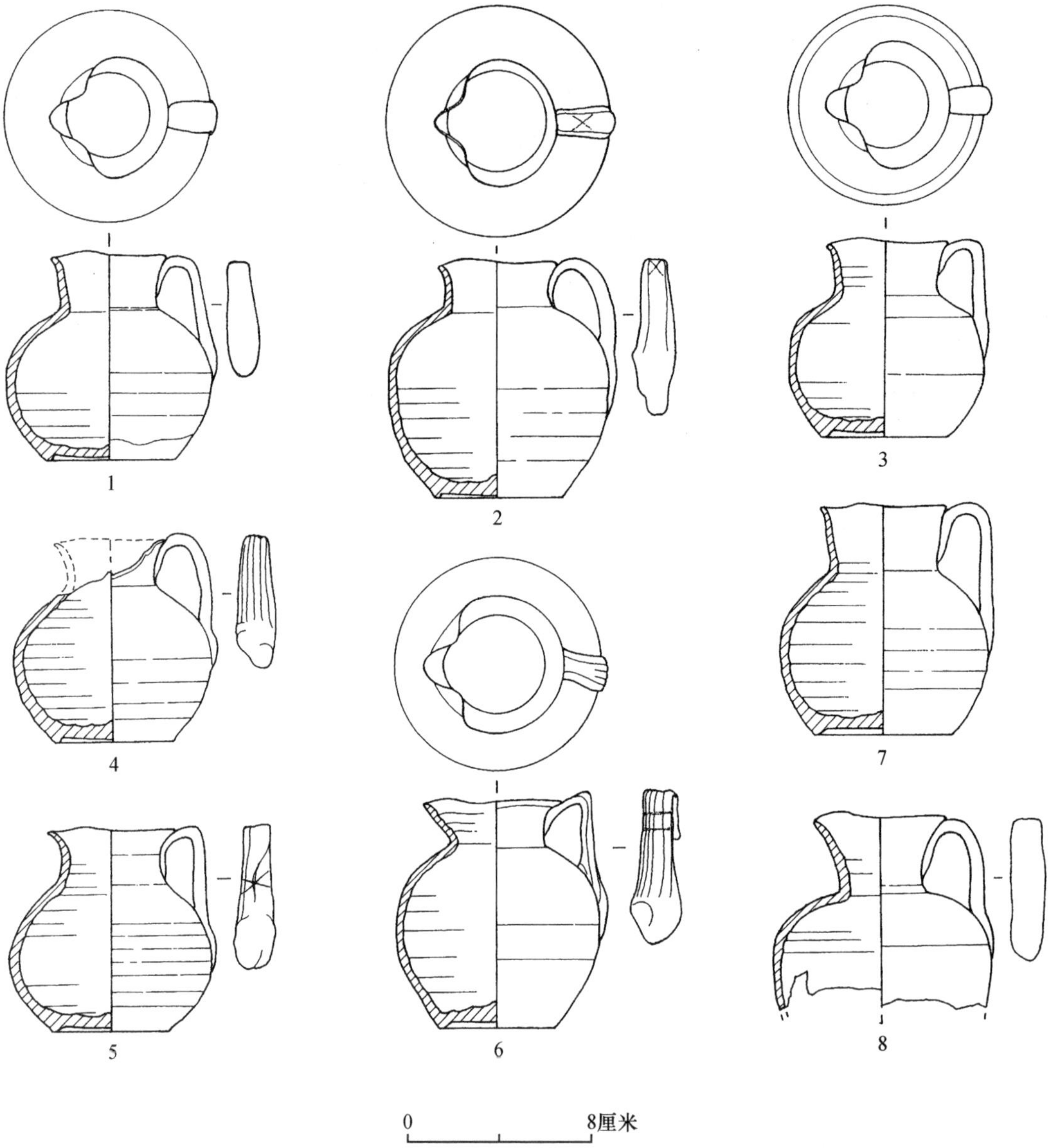


图一四三　凤凰山窑址青白釉瓷花浇

1. FY1：12　2. FT4②：26　3. FY1：42　4. FT2②：3　5. FT4②：9　6. FT2②：21　7. FY1：43　8. FT4②：4

FT3①：1，下腹及底足部分。弧腹，高圈足。外底心内凹。外足墙直、内墙倾斜，足端较平，挖足不过肩。内底落满窑渣，外底留圆形褐色间隔具痕。灰白胎，胎体厚重，内、外壁满施青白釉。残高 8.2、足径 8.2、足高 2.2 厘米（图一四四，14；图版九六，7、8）。

**6. 碗**

1 件。依据口部分为六型，本窑址青白釉碗出土极少，有 C 型。

C 型　1 件。撇口。根据内底分为三亚型，本窑址有 Ca 型。

Ca 型　1 件。内底宽平，底腹连接处一周凹弦纹。

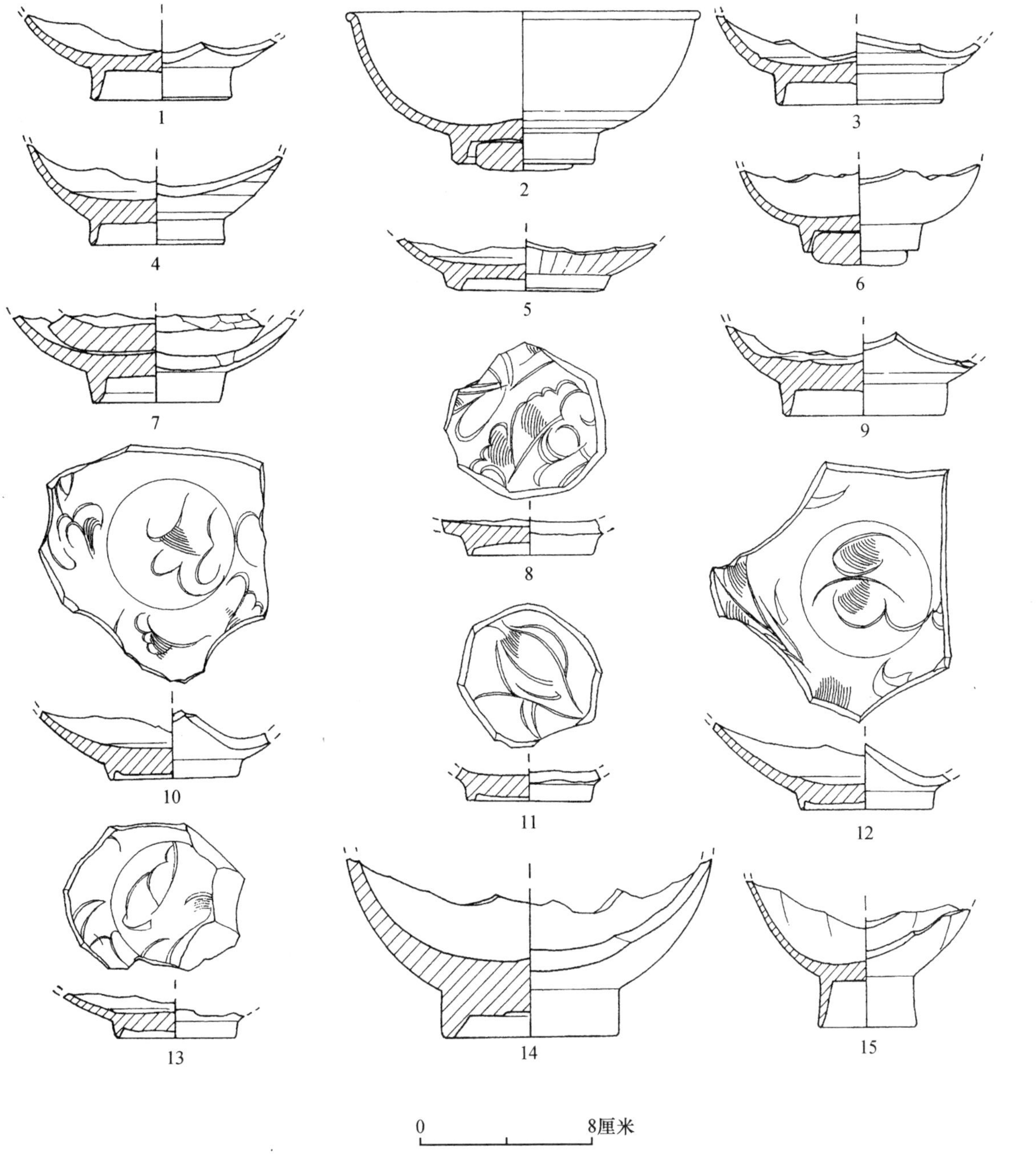


图一四四　凤凰山窑址青白釉瓷碗、斗笠碗、墩式碗

1～4、6、7、9. Ba型Ⅰ式墩式碗（FY1：57、FT2①：1、FT3①：44、FT4③：111、FT3①：43、FT3①：46、FY1：59）5. Ca型碗（FT2①：56）8、10～13. 碗底（FT4①：51、FY1：63、FT2①：44、FY1：64、FY1：65）14. C型大碗（FT3①：1）15. 斗笠碗（FY1工作面：1）

FT2①：56，下腹和底足部分。矮圈足，足墙较矮。外腹壁刻划一周莲瓣纹。足端平削较宽，足墙外直内收，外足墙见一周跳刀痕。灰黄胎，内壁满、外壁至底足施青白釉，釉泛黄色。残高2.4、足径7.2厘米（图一四四，5）。

碗底　5件。下腹和底足部分。内底宽平，浅圈足浅挖。腹壁斜直，外足墙微内倾，足墙窄薄。

FT4①：51，内壁篦划荷叶纹。外底留圆形黄褐色间隔具痕。白胎细腻，内、外壁满施青白釉，釉色莹润，积釉处呈浅蓝色。残高1.6、足径5.9厘米（图一四四，8；图版九六，9、10）。

FY1：63，内底边缘一周凹弦纹，外底边缘旋削较深。内壁篦划花草纹。外底留圆形黄褐色间隔具痕。白胎，内壁满、外壁至足端施青白釉，釉泛青色，釉面开细纹片。残高3.2、足径6厘米（图一四四，10；图版九六，11、12）。

FT2①：44，内壁篦划花草纹。外底留存圆形黄褐色间隔具痕。细白胎，内壁满、外壁至足端施青白釉，釉面开细纹片。残高1.4、足径5.8厘米（图一四四，11）。

FY1：64，内底边缘一周凹弦纹，外底边缘旋削较深。内壁篦划花草纹。灰白胎，内壁满、外壁至足端施青白釉，釉泛青灰色，釉面开细纹片。残高3.7、足径3.3厘米（图一四四，12）。

FY1：65，内底边缘一周凹弦纹，外底边缘旋削较深。内壁篦划花草纹。外底留存圆形黄褐色间隔具痕。灰白胎，内壁满、外壁至足端施青白釉，釉泛灰白色，釉面开细纹片。残高2、足径5.6厘米（图一四四，13）。

**7. 斗笠碗**

1件。

FY1工作面：1，下腹及底足部分。斜直腹壁，高圈足，内底圆弧。外底存圆形黄褐色间隔具痕。细白胎，内、外壁满施青白釉，釉面晶莹润泽，釉泛白色，积釉处呈淡蓝色。残高6.4、足径4.5厘米（图一四四，15）。

**8. 墩式碗**

31件。依据口部分为三型，本窑址有B、C型。

B型　29件。撇口。根据内底分为三亚型，本窑址有Ba型。

Ba型　29件。内底宽平。依据腹部分为二式。

Ⅰ式：13件。腹壁浅弧，圈足略高。

FY1：57，下腹和底足部分。圈足微外撇。外底留圆形黑色间隔具痕。灰白胎，内、外壁满施青白釉，外底足露胎，釉面见较多黑色斑点。残高4、足径6.5厘米（图一四四，1；图版九七，1）。

FT2①：1，变形，已修复。侈口，厚圆唇，深弧腹。圈足较矮，内底心微凸。外腹壁见修胎痕。外底存扁平圆形黑色间隔具。灰白胎较粗疏，内壁满、外壁及足端施青白釉，釉泛青灰色。高6.8、口径16.5、足径6.7厘米（图一四四，2；图版九七，2、3）。

FT3①：44，下腹和底足部分。足端圆滑。外腹壁见修胎痕。外底留圆形黑色间隔具痕。灰白胎，内、外壁满施青白釉，外足墙局部无釉，釉色莹润。残高4、足径7.8厘米（图一四四，3）。

FT4③：111，下腹和底足部分。圈足外撇。外腹壁见修胎痕。灰白胎，内壁满、外壁不及底足施青白釉，釉泛灰色。残高4.2、足径6.2厘米（图一四四，4）。

FT3①：43，下腹和底足部分。斜弧腹壁，矮圈足。外腹壁修胎痕明显。外底存扁平圆形黑色间隔具。灰白胎，内、外壁满施青白釉，外底足内露胎。残高3.7、足径5.3厘米（图一四四，6）。

FT3①：46，下腹和底足部分。斜弧腹，矮圈足。内底粘匣钵底部。外腹壁见修胎痕。外底留圆形黑色间隔具痕。灰白胎，内壁满、外壁不及底足施青白釉。残高4、足径5.9厘米（图一四四，7）。

FY1：59，下腹和底足部分。内底见螺旋状修坯痕，外腹壁见修胎痕。灰白胎，内壁满施、外壁不及足端施青白釉，釉层漫过足端，釉微泛青灰色，釉面开细纹片。残高4、足径7.6厘米（图一四四，9）。

Ⅱ式：16件。腹壁圆弧，腹部略深，高圈足。厚圆唇，侈口。

FT2①：21，变形，已修复。内、外壁见气泡和窑裂痕，外腹壁见修胎痕。外底粘扁平圆形黑色间隔具。灰白胎较粗疏，内壁满、外壁不及底足施青白釉，釉泛青灰色。高6.6、口径15.8、足径6.8厘米（图一四五，1）。

FT4②：122，已修复。外腹壁见修胎痕。外底留圆形黑色间隔具痕。白胎，内、外壁满施青白釉，外底足内露胎，釉色莹润。高7.7、口径14.7、足径6.5厘米（图一四五，4；图版九七，4）。

FT4①：1，已修复。内底和外腹壁见修胎痕。灰白胎，内壁满、外壁不及底足施青白釉，釉泛青灰色，釉面见黑色斑点。高6.9、口径14.5、足径6.3厘米（图一四五，7；图版九七，5）。

FT4①：50，下腹和底足部分。内底粘匣钵片。灰白胎，内、外壁满施青白釉，外底足内露胎，釉色莹润。残高5.7、足径5.6厘米（图一四五，2；图版九七，6）。

FT4③：110，下腹和底足部分。灰黄胎，内壁满、外壁不及底足施青白釉，釉泛黄色。残高3.6、足径6厘米（图一四五，3）。

FT4②：123，下腹和底足部分。斜弧腹，圈足较高。外底见圆形黄褐色间隔具痕。灰白胎，内、外壁满施青白釉，外底足内露胎，釉色莹润。残高4.4、足径5.5厘米（图一四五，5）。

FT3①：41，下腹和底足部分。斜弧腹壁，高圈足。外腹壁见修胎痕。外底留圆形褐色间隔具痕。灰白胎，内、外壁满施青白釉，外底足内露胎，釉色莹润，釉面开细纹片。残高6.2、足径5.4厘米（图一四五，6）。

FT4②：121，下腹和底足部分。斜弧腹壁，高圈足。外腹壁见修胎痕。灰白胎，内、外壁满施青白釉，外底足内露胎，釉泛白色，釉面开细纹片。残高5、足径5.7厘米（图一四五，8）。

FY1：55，下腹和底足部分。斜弧腹壁，圈足较高。内底留黄褐色窑斑。外底见圆形褐色间隔具痕。灰白胎，内壁满、外壁不及底施青白釉，釉色莹润。残高4.4、足径5.5厘米（图一四五，9）。

FY1：56，下腹和底足部分。斜弧腹壁，圈足较高。灰白胎，青白釉微泛灰色，局部开细纹片。残高4.2、足径5.6厘米（图一四五，10）。

FT2①：40，下腹和底足部分。斜弧腹壁。灰胎，内、外壁满施青白釉，外底足内露胎，釉泛灰白色，釉面开细纹片。残高4.5、足径5.7厘米（图一四五，11）。

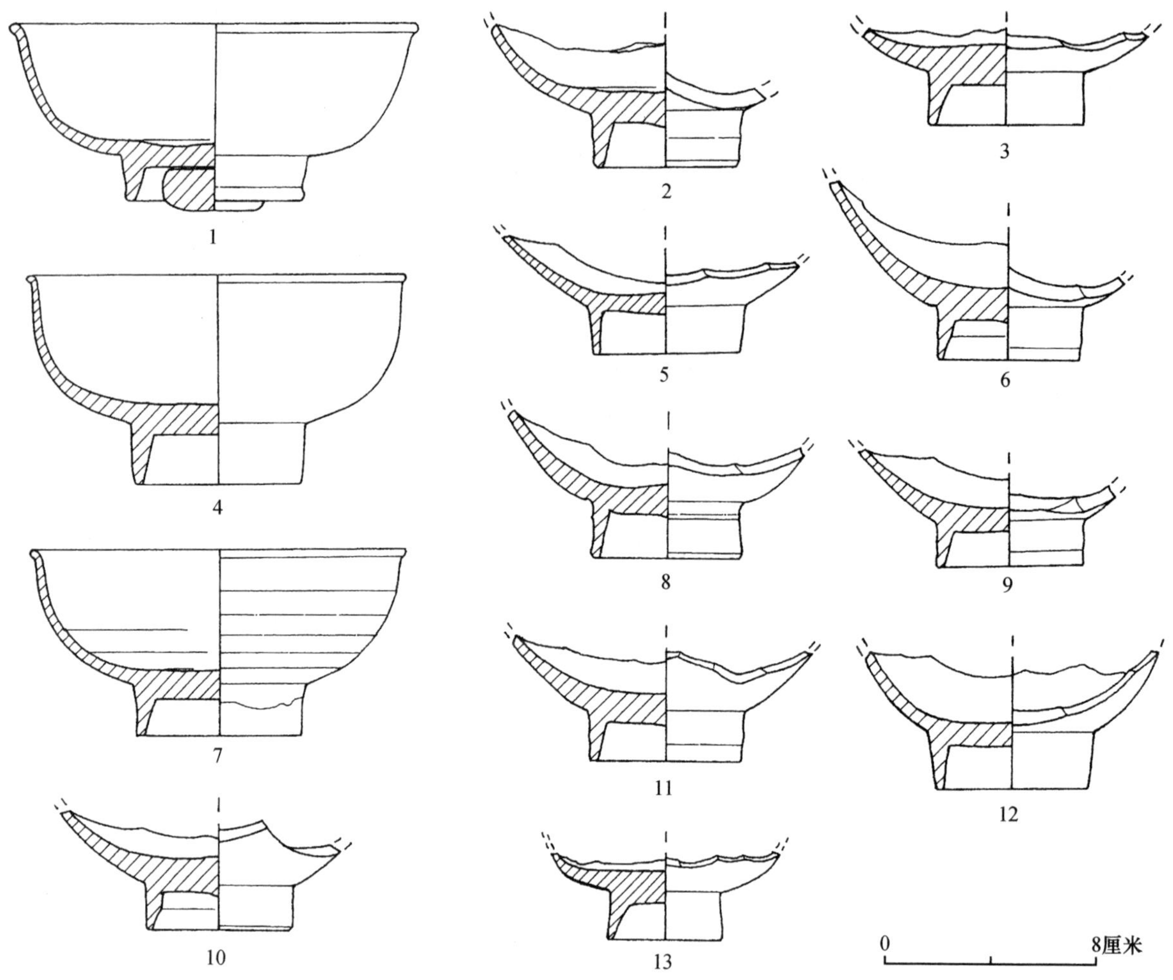


图一四五　凤凰山窑址青白釉瓷墩式碗

1～12. Ba 型Ⅱ式（FT2 ①：21、FT4 ①：50、FT4 ③：110、FT4 ②：122、FT4 ②：123、FT3 ①：41、FT4 ①：1、FT4 ②：121、FY1：55、FY1：56、FT2 ①：40、FT3 ①：42）　13. Ca 型Ⅰ式（FY1：51）

FT3 ①：42，下腹和底足部分。斜弧腹壁。外腹壁见修胎痕。白胎，内、外壁满施青白釉，仅外底足内露胎，釉色莹润。残高 5、足径 5.8 厘米（图一四五，12）。

C 型　2 件。花口。根据底部分为二亚型，本窑址有 Ca 型。

Ca 型　2 件。内底圆弧。依据腹壁分为二式，本窑址有Ⅰ式。

Ⅰ式：2 件。腹部较深，斜弧腹壁，内部壁出阳筋，内底宽平。

FY1：51，下腹和底足部分。外腹壁与内壁阳筋对应处压印六道纵向凹槽，高圈足略外撇，足墙窄薄，内底心微凸。胎体较薄，呈红黄色，内、外壁满施青白釉，外底足内露胎，釉泛黄白色，生烧。残高 3.4、足径 4.6 厘米（图一四五，13；图版九七，7）。

**9. 盏**

5 件。依据口部分为四型，本窑址有 C、D 型。

C 型　3 件。敞口。根据内底分为三亚型，本窑址有 Cc 型。

Cc 型　3 件。内底圆饼状凸起。依据腹部分为二式，本窑址有Ⅰ式。

Ⅰ式：3 件。下腹和底足部分。腹壁斜直，较浅。

FY1：52，内底下凹。内壁篦划云状纹。外底留圆形浅褐色间隔具痕。白胎，内壁满、外壁至足端施青白釉，釉泛青色，釉面开细纹片。残高 2.3、足径 4.6 厘米（图一四六，1；图版九七，10～12）。

FY1：88，内底下凹。内壁篦划细线纹。外底见圆形浅褐色间隔具痕。灰白胎，内壁满、外壁至足端施青白釉，釉泛青灰色，釉面开细纹片。残高 2、足径 5 厘米（图一四六，2）。

FY1：53，内底下凹。外底见圆形浅褐色间隔具痕。灰白胎，内壁满、外壁至足端施青白釉，釉泛青色，釉面较涩。残高 1.6、足径 4.8 厘米（图一四六，3）。

D 型　2 件。撇口。根据内底分为三亚型，本窑址有 Dc 型。

Dc 型　2 件。内底圆饼状凸起。依据腹部分为二式，本窑址有Ⅱ式。

Ⅱ式：2 件。腹部较深，内底圆弧。

FT4②：120，已修复。厚圆唇。灰白胎，内壁满、外壁至足端施青白釉，釉面较涩。高 5.4、口径 10.9、足径 3.5 厘米（图一四六，4；图版九七，8、9）。

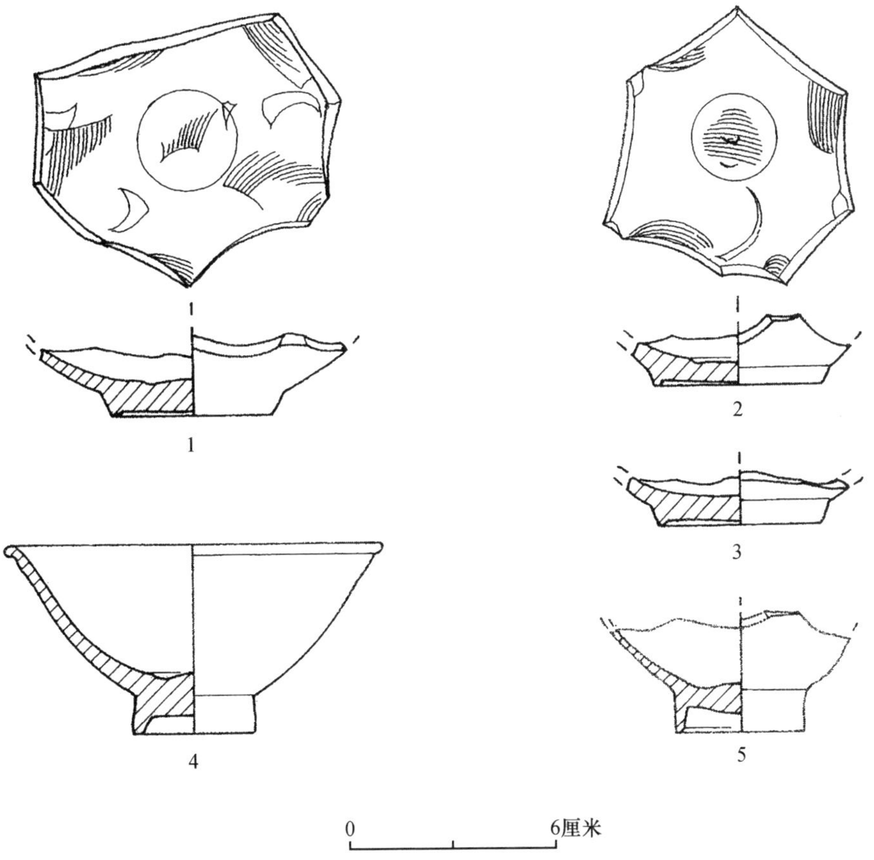


图一四六　凤凰山窑址青白釉瓷盏

1～3. Cc 型Ⅰ式（FY1：52、FY1：88、FY1：53）　4、5. Dc 型Ⅱ式（FT4②：120、FT4②：119）

FT4②：119，下腹和底足部分。斜弧腹壁，外底心凸起。灰黄胎，内壁满、外壁至足端施青白釉，釉泛黄色，釉面较涩。残高3.6、足径3.8厘米（图一四六，5）。

**10. 盘**

5件。依据足部分为三型，本窑址有A、B型。

A型　1件。平底。根据口部分为二亚型，本窑址有Aa型。

Aa型　1件。侈口。

FT1①：7，下腹和底足部分。内底宽平，中心微凸，暗圈足较浅，外腹壁刻划一周莲瓣纹。灰黄胎，胎质疏松，内壁满、外壁不及底足施青白釉，釉泛黄色，生烧。残高2.4、足径5.8厘米（图一四七，1；图版九八，1、2）。

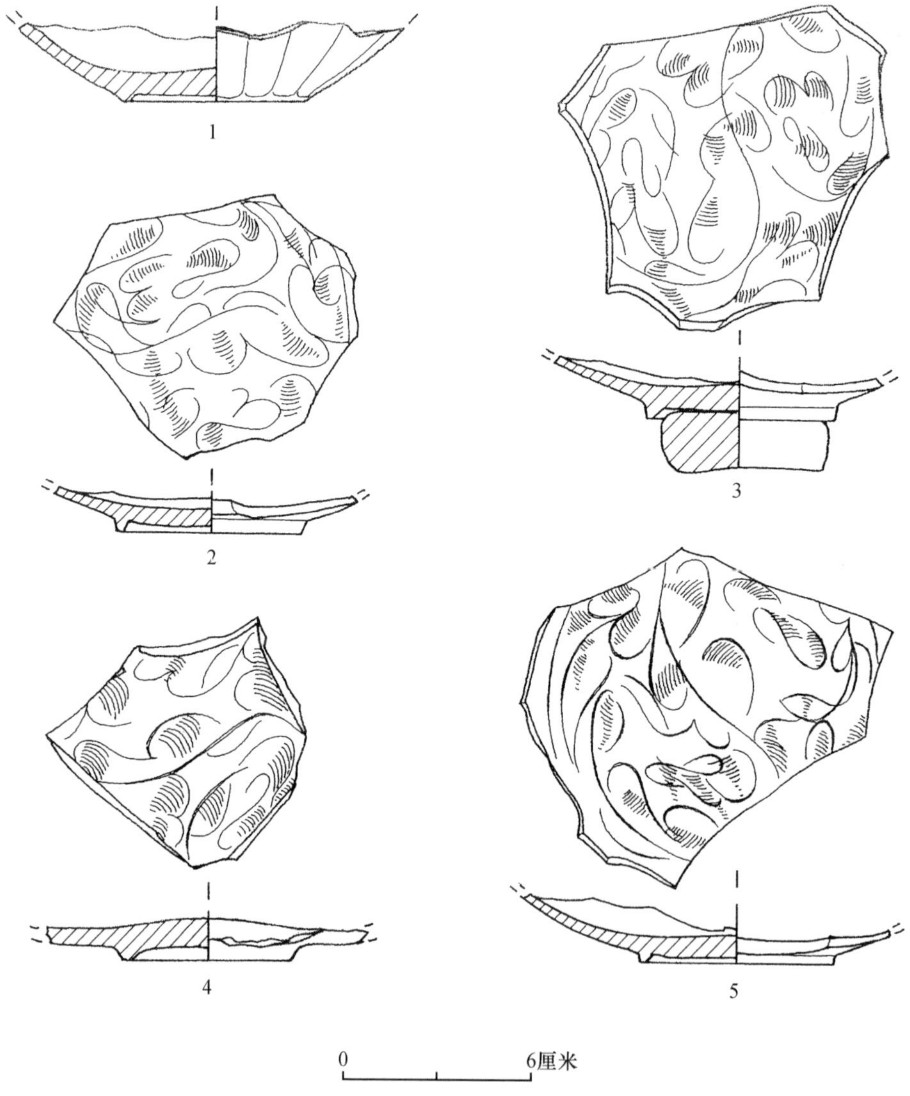


图一四七　凤凰山窑址青白釉瓷盘

1. Aa型（FT1①：7）　2～5. Bc型（FT1①：4、FT1①：5、FT2①：39、FT1①：6）

B 型　4 件。圆饼足浅挖。下腹和底足部分。根据口部分为四亚型，本窑址有 Bc 型。

Bc 型　4 件。侈口。内底篦划云状纹。内、外壁满施青白釉，外底露胎。

FT1①：4，外底留圆形黑色间隔具痕。灰白胎，釉泛黄色，釉面较涩。残高 1.6、足径 5.8 厘米（图一四七，2；图版九八，4、5）。

FT1①：5，外底留扁平圆形黑色间隔具。灰胎，釉泛黄色，釉面较涩。残高 1.8、足径 6 厘米（图一四七，3；图版九八，3）。

FT2①：39，外底留圆形黄褐色间隔具痕。白胎，釉泛青绿色，釉色莹润。残高 1.3、足径 5.4 厘米（图一四七，4）。

FT1①：6，外底留圆形黑色间隔具痕。灰胎，釉泛黄色，釉面较涩。残高 2、足径 6.1 厘米（图一四七，5；图版九八，6）。

**11. 炉**

2 件。

FY1：76，承柱和炉座部分。实心承柱，炉座起凸棱，棱面上刻划一周覆莲瓣纹。白胎，外壁施青白釉。残高 4 厘米（图一四八，1；图版九八，7）。

FT4③：69，腹部。胎体厚重。腹部镂空，镂空下部饰一周宽凹带纹。腹部粘匣钵片。灰胎含杂质，除内底外，余施青白釉，釉泛青灰色。残高 13.6 厘米（图一四八，2）。

**12. 盒**

1 件。

FT4②：238，四件匣钵上下叠置。七件盒内外两圈环状置放在平底匣钵内，外圈六件，中间一件。盒身与盖同烧，盒与匣钵之间不用间隔具。盒子口内敛，上腹壁较直，下腹壁内收，小平底。拱弧形盖，盖顶部下凹，中间置瓜蒂状纽。白胎，盒底和盖内壁、子口、底足不施釉，余施青白釉，釉色莹润。盒通高 3.25、底径 5.32、子口直径 4.06 厘米。匣钵高 6.5、直径 21.4 厘米（图一四八，3；图版九八，8）。

**13. 瓶壶盖**

72 件。依据形态分为四型，本窑址有 A、B 型。

A 型　70 件。碟状。盖面中部下凹，盖沿弧拱。盖面施青白釉，盖底无釉。根据盖纽分为六亚型。

Aa 型　4 件。茎梗状纽。盖沿一侧置圆管状系纽。

FT3①：35，已修复。盖面中部较窄。灰白胎，青白釉微泛青色。通高 2.3、盖径 7.9 厘米（图一四九，1；图版九八，9 左）。

FT4③：89，已修复。盖面中部较平。灰白胎，青白釉微泛青灰色。通高 2.5、盖径 7.6 厘米（图一四九，2；图版九八，9 中）。

FT4③：101，已修复。盖面中部较平。灰白胎，青白釉积釉处呈浅绿色，釉面开细纹片。

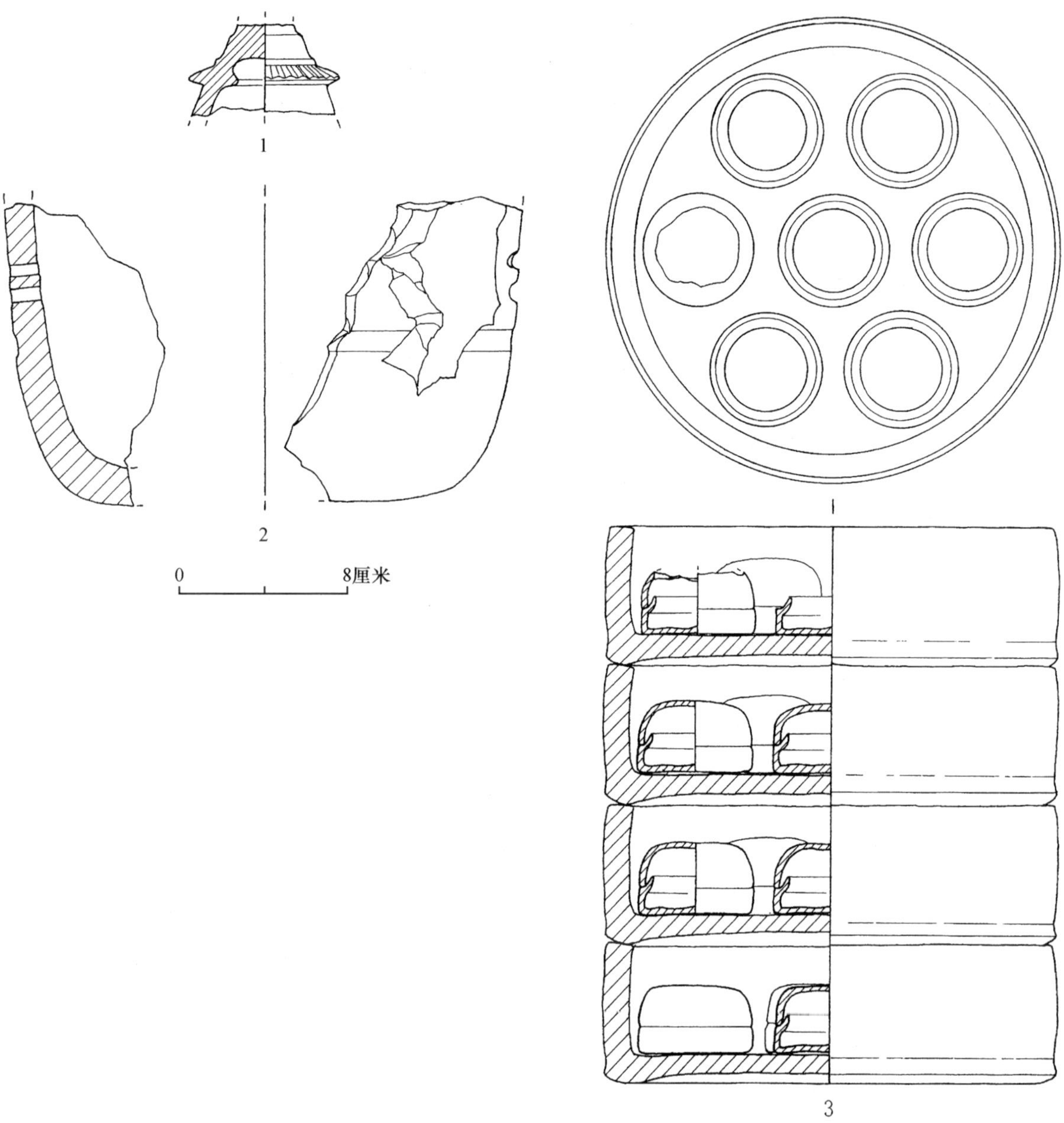


图一四八　凤凰山窑址青白釉瓷炉、盒

1、2. 炉（FY1：76、FT4③：69）　3. 盒（FT4②：238）

残高 1.8、盖径 7.8 厘米（图一四九，3；图版九八，9 右）。

Ab 型　1 件。柱状纽。

FT2①：38，已修复。盖沿平直，纽顶面凹弧。灰胎含杂质，青白釉泛黄色，釉面见黑色斑点，较生涩。通高 2.2、盖径 8 厘米（图一四九，4；图版九八，10）。

Ac 型　6 件。单个花苞状纽，纽顶部刻划两道凹槽。

FT3①：95，可复原。盖纽较高。灰白胎，青白釉。通高 2.6、盖径 7 厘米（图一四九，5；图版九八，11 左）。

FT4①：37，可复原。盖纽较矮，低于盖沿。灰白胎，青白釉釉色莹润。通高 2.6、盖径

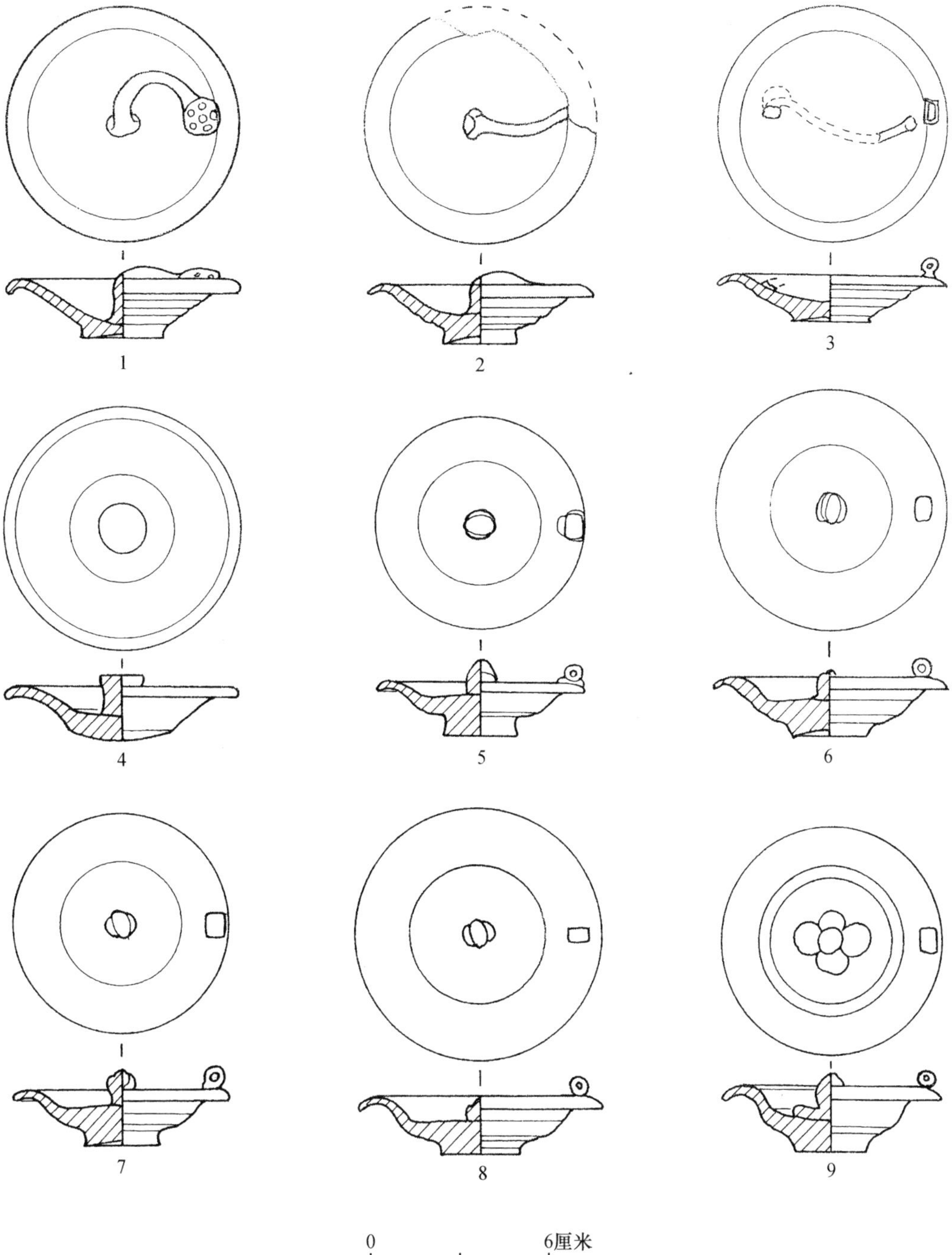


图一四九　凤凰山窑址青白釉瓷瓶壶盖

1～3. Aa型（FT3①：35、FT4③：89、FT4③：101）　4. Ab型（FT2①：38）　5～8. Ac型（FT3①：95、FT2②：22、FT4②：77、FT4①：37）　9. Ad型（FT4②：22）

8.3厘米（图一四九，8；图版九八，11右）。

FT2②：22，已修复。灰白胎，青白釉泛灰黄色。通高2.6、盖径8厘米（图一四九，6；图版九八，12左）。

FT4②：77，已修复。圆管状系纽较高。白胎，青白釉。通高2.7、盖径7.4厘米（图一四九，7；图版九八，12 右）。

Ad 型　22 件。多瓣花苞状纽，以三瓣花苞居多，有的四瓣花苞。

FT4②：22，已修复。四瓣花苞纽，纽高于盖面。细白胎，青白釉釉色莹亮，积釉处呈浅蓝色。通高 2.7、盖径 7.4 厘米（图一四九，9；图版九九，1）。

FT4②：91，可复原。三瓣花苞纽，纽高于盖面。细白胎，青白釉釉色莹润。通高 2.2、盖径 7.6 厘米（图一五〇，1；图版九九，2 左）。

FT4②：92，可复原。三瓣花苞纽，纽高于盖面。细白胎，青白釉釉色莹润，釉面开细纹片。通高 2.8、盖径 7.6 厘米（图一五〇，2；图版九九，2 右）。

FT2①：4，可复原。三瓣花苞纽，纽高于盖面。盖面留窑斑。细白胎，青白釉釉色莹润。通高 2.7、盖径 7.4 厘米（图一五〇，3；图版九九，3 左）。

FT4②：23，已修复。三瓣花苞纽，纽高于盖面。细白胎，青白釉微泛白色，釉面开细冰裂纹。通高 2.4、盖径 7.6 厘米（图一五〇，4；图版九九，3 右）。

FT4②：24，变形。三瓣花苞纽，纽高于盖面。盖面局部粘存窑渣。细白胎，青白釉釉色莹亮，釉面开细纹片。通高 2.4、盖径 7.6 厘米（图一五〇，5）。

FT3①：33，已修复。三瓣花苞纽，纽高于盖面。细白胎，青白釉釉色莹亮。通高 2.3、盖径 7.4 厘米（图一五〇，6）。

FT4②：88，可复原。三瓣花苞纽。黄白胎，青白釉泛黄色，釉面开细纹片。通高 2.4、盖径 7.6 厘米（图一五〇，7）。

FT4③：326，可复原。三瓣花苞纽。细白胎，青白釉釉色莹润，釉面开细纹片。通高 2.2、盖径 7.8 厘米（图一五〇，8）。

Ae 型　1 件。圆珠状纽。

FT4②：85，可复原。细白胎，青白釉泛灰白色，釉面开细纹片。高 1.9、盖径 7.6 厘米（图一五〇，9；图版九九，4 左）。

Af 型　36 件。锥状纽。纽与器盖采用釉接方式，有的脱落。

FT3①：39，已修复。白胎，青白釉开细纹片。通高 2.2、盖径 7 厘米（图一五一，1；图版九九，4 右）。

FT4②：114，已修复。纽低于盖面。细白胎，青白釉釉色莹润，釉面开细纹片。通高 2.4、盖径 7.6 厘米（图一五一，2；图版九九，5）。

FT4③：106，可复原。纽顶较尖。灰白胎，青白釉微泛青灰色，釉面润泽。通高 2.4、盖径 5.6 厘米（图一五一，3；图版九九，6 左）。

FT4③：97，已修复。纽顶圆钝。灰白胎，青白釉釉色莹润，釉面开细纹片。残高 1.5、盖径 7 厘米（图一五一，4；图版九九，6 右）。

FT4③：93，已修复。盖沿平直，纽顶圆钝。灰白胎，青白釉釉色莹润，釉面开细纹片。通高 3、盖径 7.8 厘米（图一五一，5；图版九九，7 左）。

FT4③：102，稍变形，已修复。盖沿平直，纽顶较圆钝。灰白胎，青白釉微泛青灰色。通高 2.6、盖径 6.2 厘米（图一五一，6；图版九九，7 右）。

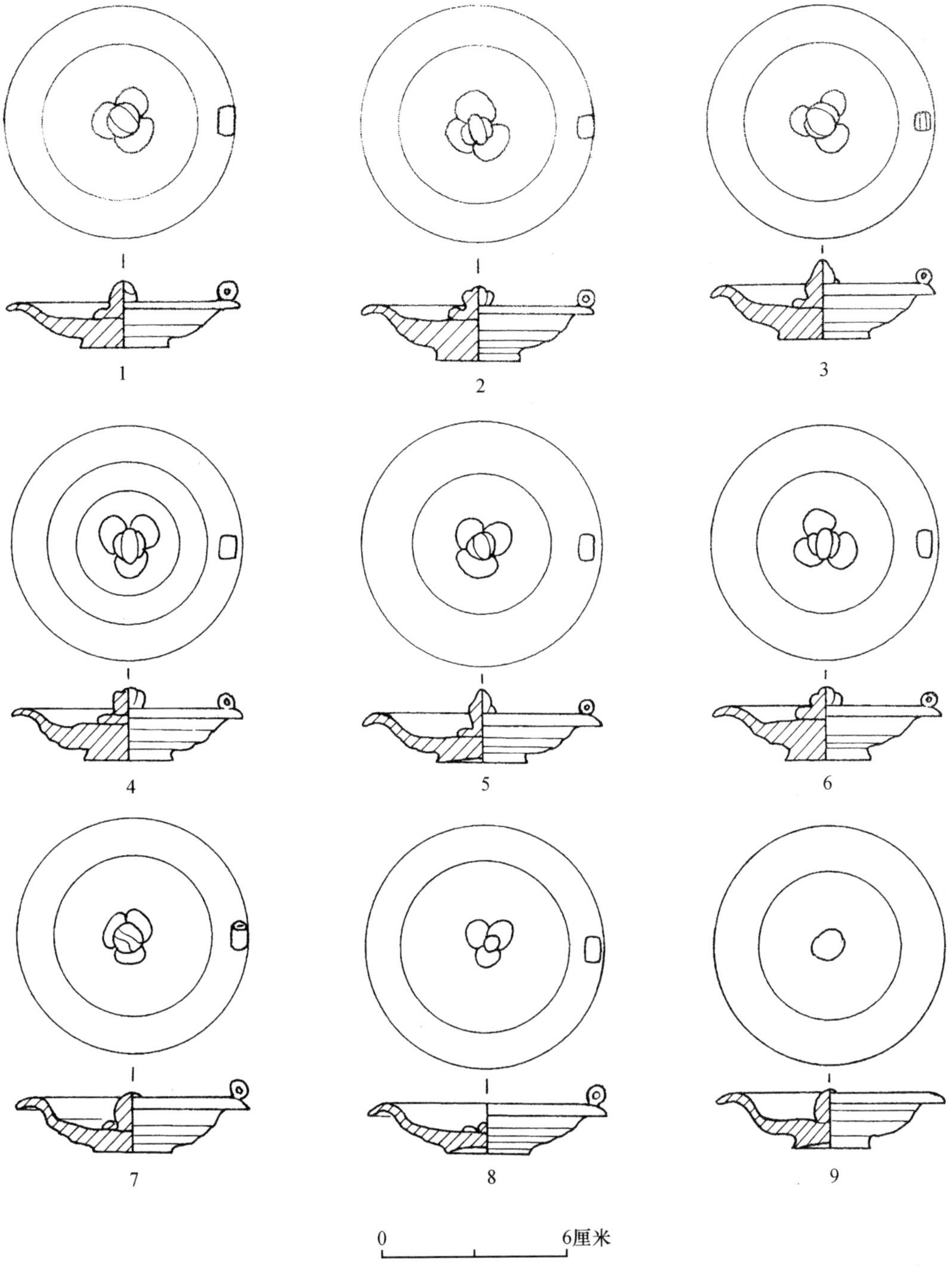


图一五〇　凤凰山窑址青白釉瓷瓶壶盖

1～8. Ad 型（FT4②：91、FT4②：92、FT2①：4、FT4②：23、FT4②：24、FT3①：33、FT4②：88、FT4③：326）　9. Ae 型（FT4②：85）

FT4①：35，已修复。纽浅矮。细白胎，青白釉微泛青绿色，釉面莹润、开细纹片。通高1.5、盖径8.1厘米（图一五一，7；图版九九，8右）。

FT4②：21，基本完整。纽圆钝。细白胎，青白釉。通高1.9、盖径6.2厘米（图一五一，

8；图版九九，8 左）。

FT4 ③：5，已修复。纽顶较尖。细白胎，青白釉泛青绿色，局部因烟熏呈灰黑色，釉面莹亮、开细纹片。通高 1.9、盖径 6.2 厘米（图一五一，9；图版九九，9 左）。

FY1：50，可复原。纽圆钝。细白胎，青白釉釉色莹润，釉面开细纹片。通高 1.9、盖径 7.2 厘米（图一五一，10；图版九九，9 右）。

FT4 ②：20，已修复。纽顶较尖。盖底粘连扁圆形垫饼。白胎，青白釉釉色莹润。通高 1.9、盖径 6.5 厘米（图一五一，11）。

FT4 ③：1，已修复。纽顶较尖。灰白胎，青白釉微泛青绿色，局部因烟熏呈灰黑色。通高 2、盖径 6.8 厘米（图一五一，12）。

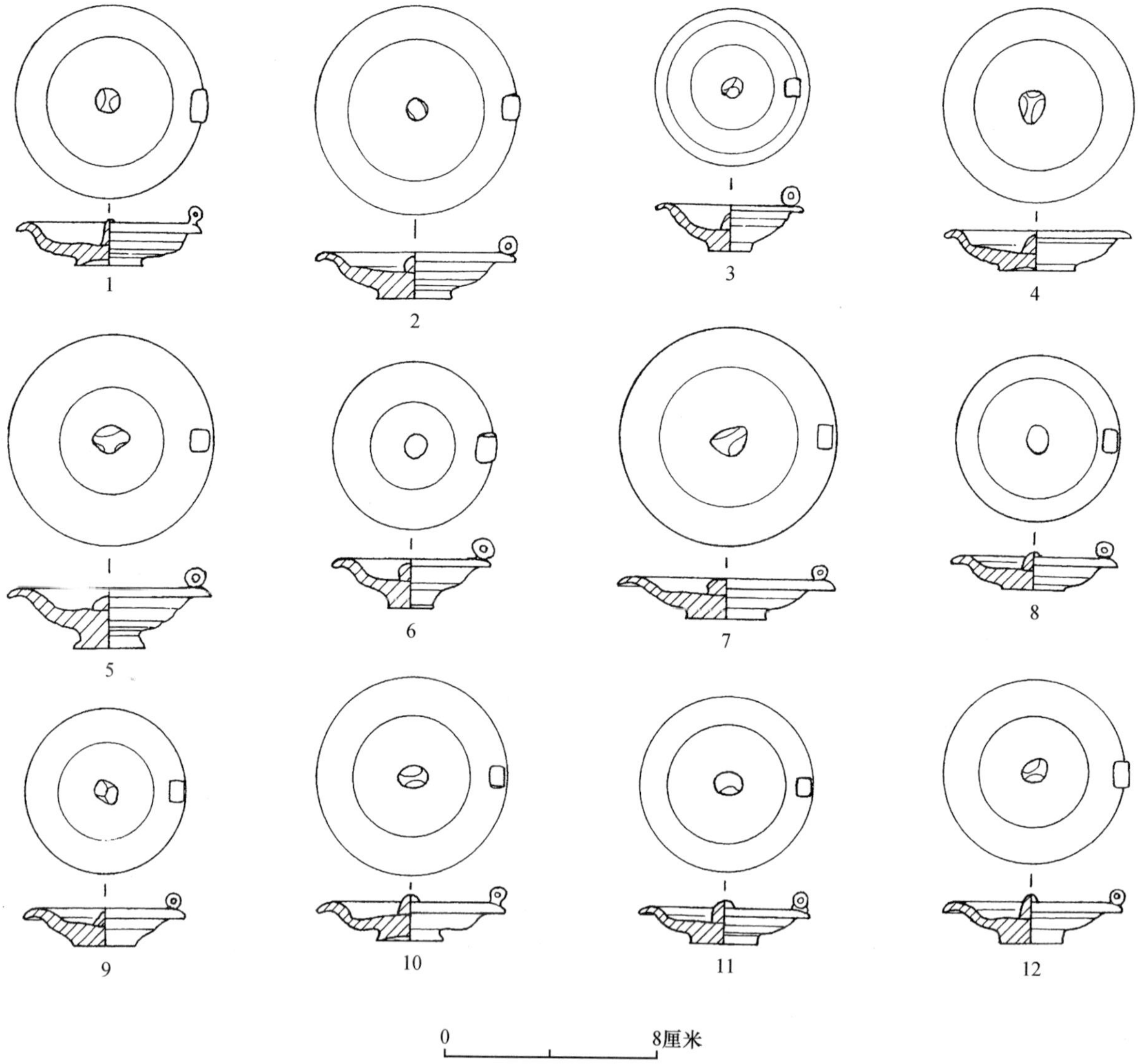


图一五一　凤凰山窑址 Af 型青白釉瓷瓶壶盖

1. FT3 ①：39　2. FT4 ②：114　3. FT4 ③：106　4. FT4 ③：97　5. FT4 ③：93　6. FT4 ③：102　7. FT4 ①：35　8. FT4 ②：21　9. FT4 ③：5　10. FY1：50　11. FT4 ②：20　12. FT4 ③：1

FT4③：94，可复原。纽圆钝。灰白胎，青白釉。通高1.9、盖径7.4厘米（图一五二,1；图版九九，10左）。

FT4②：100，已修复。纽顶较尖。细白胎，青白釉釉色莹润，釉面开细纹片。高1.9、盖径7.2厘米（图一五二，2；图版九九，10右）。

FT3①：36，纽残。盖面中间有凹痕。灰白胎，青白釉。通高2.1、盖径5.6厘米（图一五二，3；图版九九，11左）。

FT3①：4，纽残。盖面局部留窑斑。灰白胎，青白釉较亮。通高2.2、盖径6.4厘米（图一五二，6；图版九九，11右）。

FT3①：5，纽残。盖面中间有凹痕。灰白胎，青白釉较亮。通高2.5、盖径7厘米（图一五二，4；图版九九，12左）。

FT4③：92，纽残。盖面中间有凹痕。灰白胎，青白釉较亮。通高2.4、盖径6.9厘米（图一五二，5；图版九九，12右）。

FT4③：105，可复原。纽顶部较尖。灰白胎，青白釉泛青灰色。通高2.1、盖径7.4厘米（图一五二，7）。

B型　2件。盔帽形盖。

FT4②：83，变形。盖面圆弧，下设子口，中间设圆管状系纽。白胎，盖面施青白釉。通高2.3、盖径5.8厘米（图一五二，8；图版一〇〇，1）。

FY1：5，纽残。盖面较平，平顶出沿，下设子口。盖面饰两周凹弦纹。灰黄胎，釉色不显，生烧。残高1.6、盖径7.8厘米（图一五二，9；图版一〇〇，2）。

#### 14. 瓷塑狗

1件。

FT4①：4，头部残缺。卧状。底部见两块支烧痕。白胎，除底面露胎外，余满施青白釉。残高2.7、长4.79厘米（图一五二，10；图版一〇〇，4、5）。

### （四）瓷质窑具

1件。

#### 火照

1件。利用废弃原料改造。依据形态分为三型，本窑址有C型。

C型　1件。利用壶肩部残片旋削而成。

FT2②：30，不规则形。利用壶肩部残片穿一孔。灰白胎，青白釉。孔径1.5、残高4.7厘米（图一五二，11；图版一〇〇，3）。

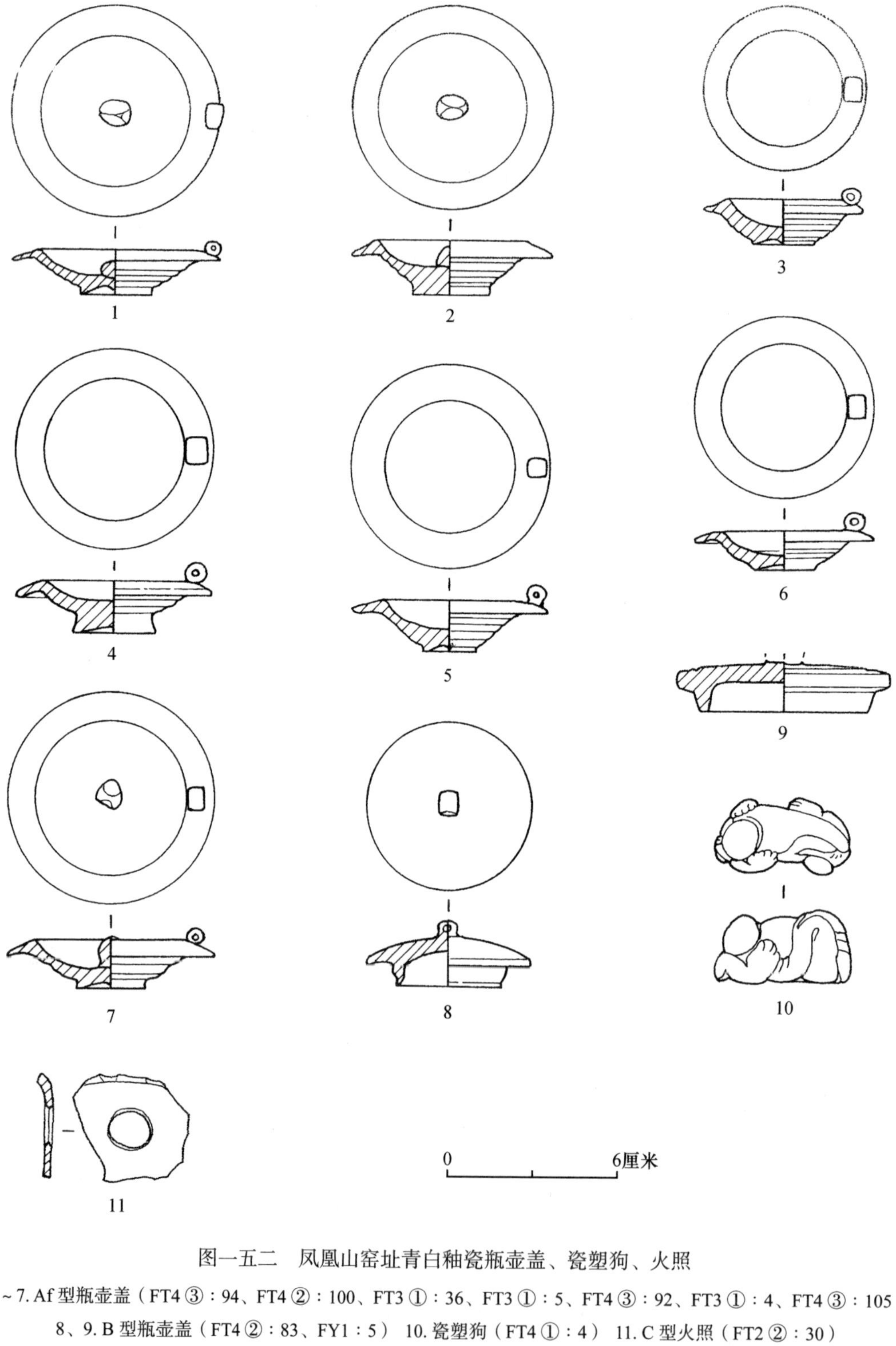


图一五二　凤凰山窑址青白釉瓷瓶壶盖、瓷塑狗、火照

1～7. Af 型瓶壶盖（FT4 ③：94、FT4 ②：100、FT3 ①：36、FT3 ①：5、FT4 ③：92、FT3 ①：4、FT4 ③：105）

8、9. B 型瓶壶盖（FT4 ②：83、FY1：5）　10. 瓷塑狗（FT4 ①：4）　11. C 型火照（FT2 ②：30）

## 二、陶　器

110 件。有匣钵、匣钵盖、间隔具、窑撑、窑砖等陶质窑具，此外还有陶原料。

**1. 匣钵**

53件。紫褐色粗砂陶胎。依形态分五型，本窑址有A、B、C型。

A型　2件。矮桶形。方唇，直壁，平底略凹。

FT4②：237，压塌变形。钵内粘青白釉瓶壶盖。盖分三圈呈环状排列匣钵内，外圈八件、中圈四件、内圈一件，内、外两圈采用扁平垫饼支烧，中圈四件采用长圆柱状垫柱支烧，充分利用匣钵空间，提高装烧量。匣钵高5.3、直径13.8厘米（图一五三，5；图版一〇〇，7、8）。

B型　37件。高桶形。方唇，直腹壁，平底或平底略内凹，有的挖足较深呈暗圈足。腹径有大小之别，与装烧坯件大小关联。

FT4②：210，两件匣钵叠置，底部匣钵塌陷。平底略凹。匣钵外壁见釉痕，内部粘青白釉瓜棱腹执壶。上层匣钵高20.9、下层匣钵高21.4、直径16.6厘米（图一五三，1；图版一〇〇，6）。

FY1：105，两件匣钵叠置，底部匣钵残损。平底略内凹。匣钵外壁见挂痕。钵内粘青白釉盘口执壶。执壶青白釉微泛灰色。匣钵通高23.5、直径16.6厘米（图一五三，2；图版一〇〇，9）。

FT2②：47，可复原。平底略内凹。钵内粘青白釉喇叭口执壶。执壶青白釉，釉色莹润。匣钵高19.9、直径16.4厘米（图一五三，3；图版一〇〇，10）。

FT4②：212，变形。平底略内凹。匣钵底部粘窑渣。钵内存青白釉喇叭口执壶。执壶青白釉，釉色莹亮。匣钵残高13.4、直径15.6厘米（图一五三，4；图版一〇〇，11）。

FT2①：89，下腹和底足部分。暗圈足。外腹壁刻划一周凹弦纹，外底刻划“十一”形符号。外壁见釉痕。内底一侧粘窑渣和残瓷片。残高11.7、足径17.2厘米（图一五三，6；图版一〇〇，12）。

FT2②：27，可复原。平底略内凹。外壁近底处饰一周凹弦纹。腹壁刻划符号。钵内存青白釉瓜棱腹执壶。执壶灰白胎粗疏，青白釉泛青灰色，釉面较涩。匣钵残高25、直径21.5厘米（图一五四，1；图版一〇一，1、2）。

FT4③：296，变形。平底略凹。钵内粘青白釉瓜棱腹执壶。执壶青白釉偏青灰色，釉面较涩，壶底部粘连三枚支钉。匣钵残高13.5、直径19.6厘米（图一五四，2；图版一〇一，3）。

FT4②：206，底部开裂。平底略凹。外壁刻划符号。钵内存青白釉瓜棱腹执壶。执壶白胎，青白釉，釉色莹润。匣钵残高24.9、直径21.6厘米（图一五四，3）。

FY1：2，口部残。平底略凹。钵内粘青白釉瓜棱腹执壶。执壶细白胎，青白釉泛青绿色，外壁局部存窑渣。匣钵残高23.8、直径22.2厘米（图一五四，4；图版一〇一，4）。

FY1：118，可复原。平底略内凹。外腹壁两侧刻划符号。器壁见釉痕。高18.2、最大直径15.6厘米（图一五五，1）。

FT4②：214，可复原。口部微敛，平底略内凹。外腹壁两侧刻划符号。器壁见釉痕。钵内粘青白釉喇叭口执壶。匣钵高19.2、直径15.6厘米（图一五五，2；图版一〇一，5、6）。

FT4③：13，可复原。平底略内凹。外腹壁两侧刻划符号。匣钵内粘存青白釉喇叭口执壶。匣钵高21.2、最大直径15厘米（图一五五，3；图版一〇一，7、8）。

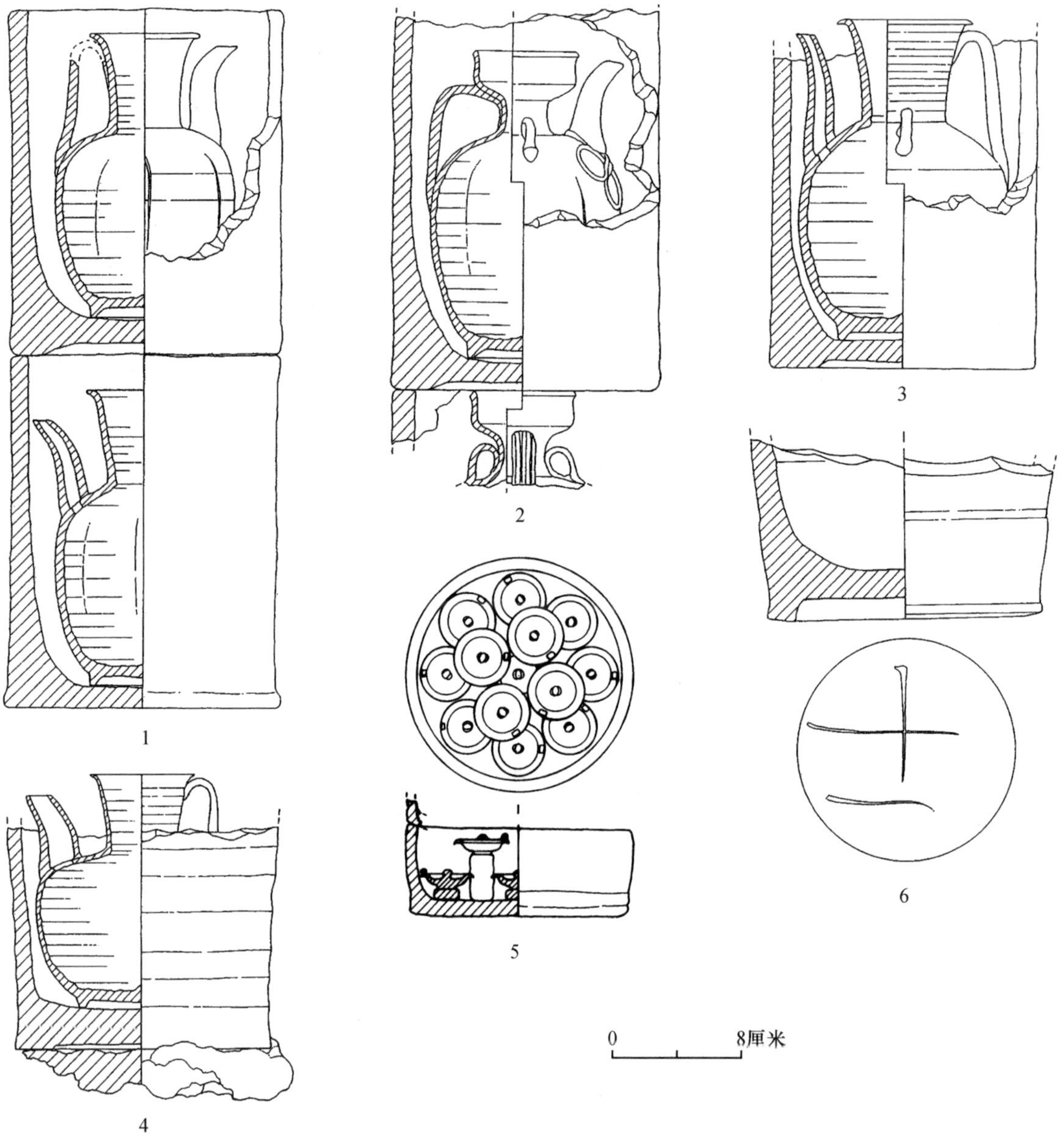


图一五三　凤凰山窑址陶匣钵

1～4、6. B型（FT4②：210、FY1：105、FT2②：47、FT4②：212、FT2①：89）5. A型（FT4②：237）

FY1：106，两件匣钵叠置，底部匣钵塌陷。平底略内凹。钵内部存青白釉喇叭口执壶。执壶青白釉，釉面开细纹片。通高33.3、匣钵高17、最大直径14.7厘米（图一五五，4；图版一〇一，9）。

FT4③：316，变形。平底略内凹。外腹壁刻符号，残缺不可辨。器壁见釉痕。钵内粘青白釉盘口执壶。执壶青白釉，釉色莹润。匣钵残高17.4、最大直径14.8厘米（图一五五，5；图版一〇一，10）。

FY1：107，基本完整。平底略内凹。外腹壁刻划五周凹弦纹，两侧刻划“十二”形符号。底部粘窑渣和瓷片。高14.9、最大直径12.6厘米（图一五五，6；图版一〇一，11）。

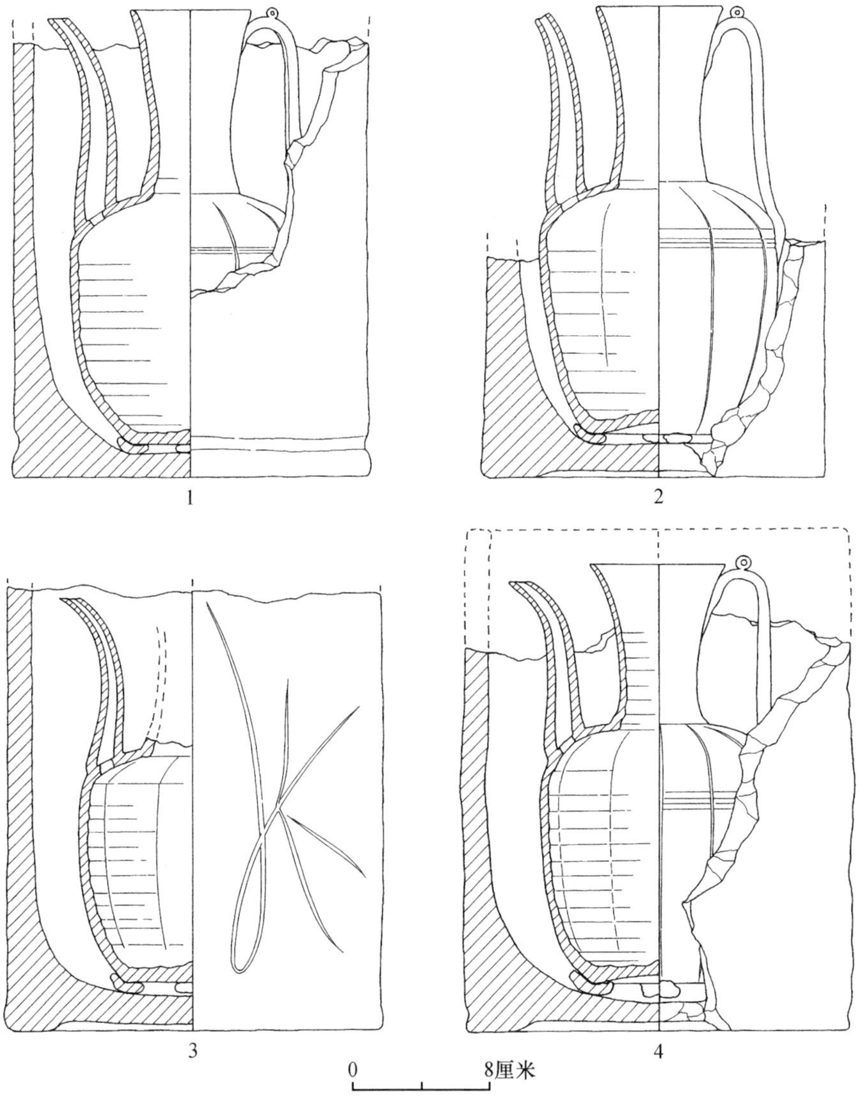


图一五四　凤凰山窑址 B 型陶匣钵

1. FT2②：27　2. FT4③：296　3. FT4②：206　4. FY1：2

FT3①：64，可复原。平底略内凹。外腹壁两侧刻划符号。匣钵内粘青白釉喇叭口执壶。匣钵高 17、直径 14.4 厘米（图一五五，7）。

FT4②：213，变形。平底略内凹。外腹壁刻划一周弦纹。匣钵内存青白釉喇叭口执壶。匣钵残高 14.6、直径 14 厘米（图一五五，8）。

FT3①：63，变形。平底略内凹。外腹壁两侧刻划符号。匣钵内存青白釉盘口执壶。匣钵高 17、直径 14 厘米（图一五六，1）。

FT4③：327，变形。平底略内凹。器壁见釉痕。外壁局部粘窑渣和匣钵残片。匣钵内存青白釉喇叭口执壶。执壶青白釉偏青灰色，釉面较涩。匣钵残高 16.2、直径 14.5 厘米（图一五六，2）。

FT4②：208，两件匣钵叠置，底部匣钵塌陷。平底略内凹。器壁见釉痕。匣钵内存青白

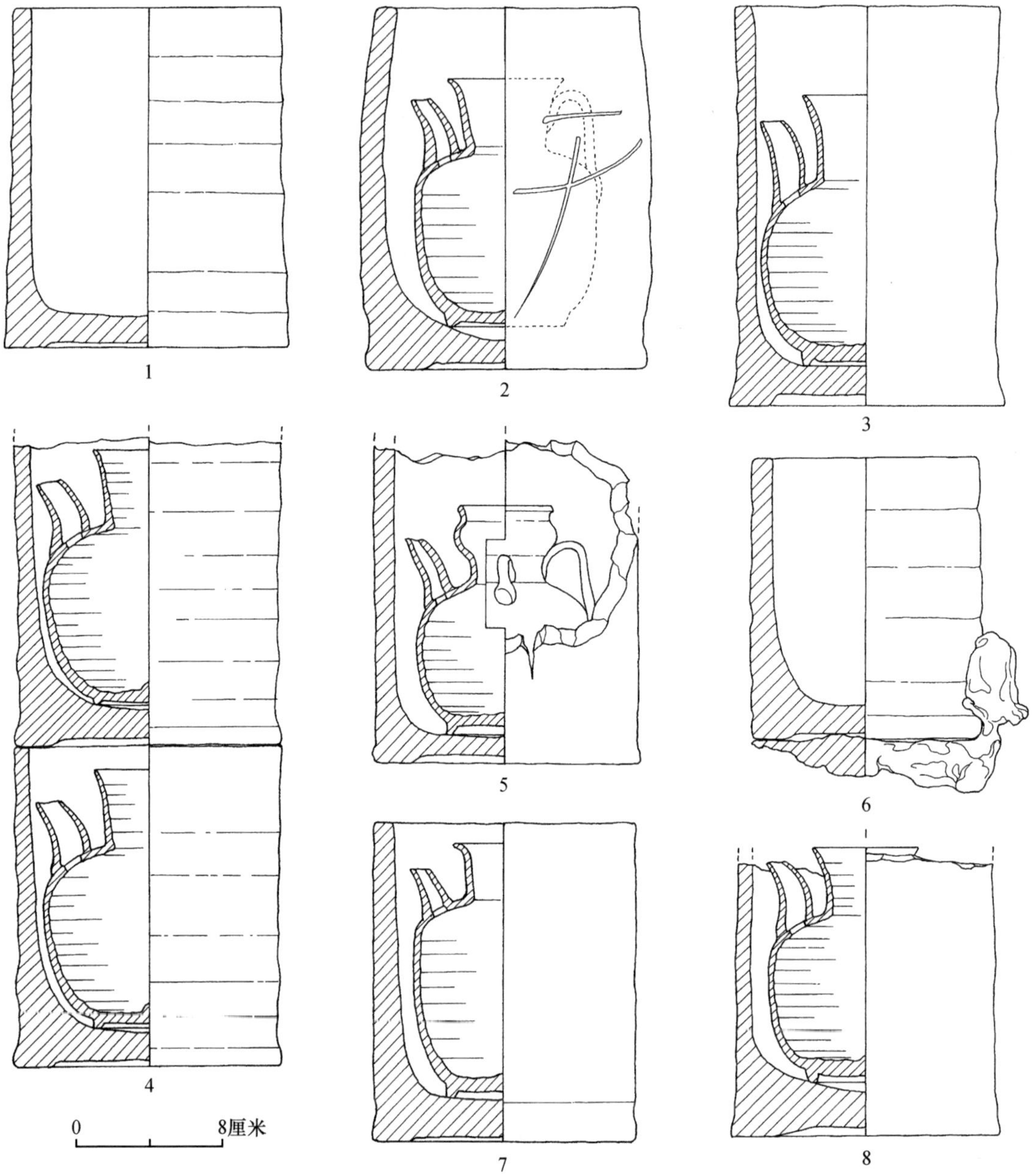


图一五五　凤凰山窑址 B 型陶匣钵

1. FY1：118　2. FT4②：214　3. FT4③：13　4. FY1：106　5. FT4③：316　6. FY1：107　7. FT3①：64　8. FT4②：213

釉盘口执壶。通高 31、匣钵高 16、直径 15 厘米（图一五六，3）。

FY1：121，两件匣钵叠置，底部匣钵塌陷。平底略内凹。器壁见釉痕。匣钵内存青白釉喇叭口执壶。执壶青白釉，釉色莹润，釉面开细纹片。通高 34、匣钵高 17、底径 15 厘米（图一五六，4）。

C 型　14 件。漏斗状。方唇，上腹壁较直，下腹斜内收，小平底。

FY1：117，较为完整。外腹壁转折处起一周凸棱。高 12.5、口径 16、底径 6.6 厘米（图一五七，1）。

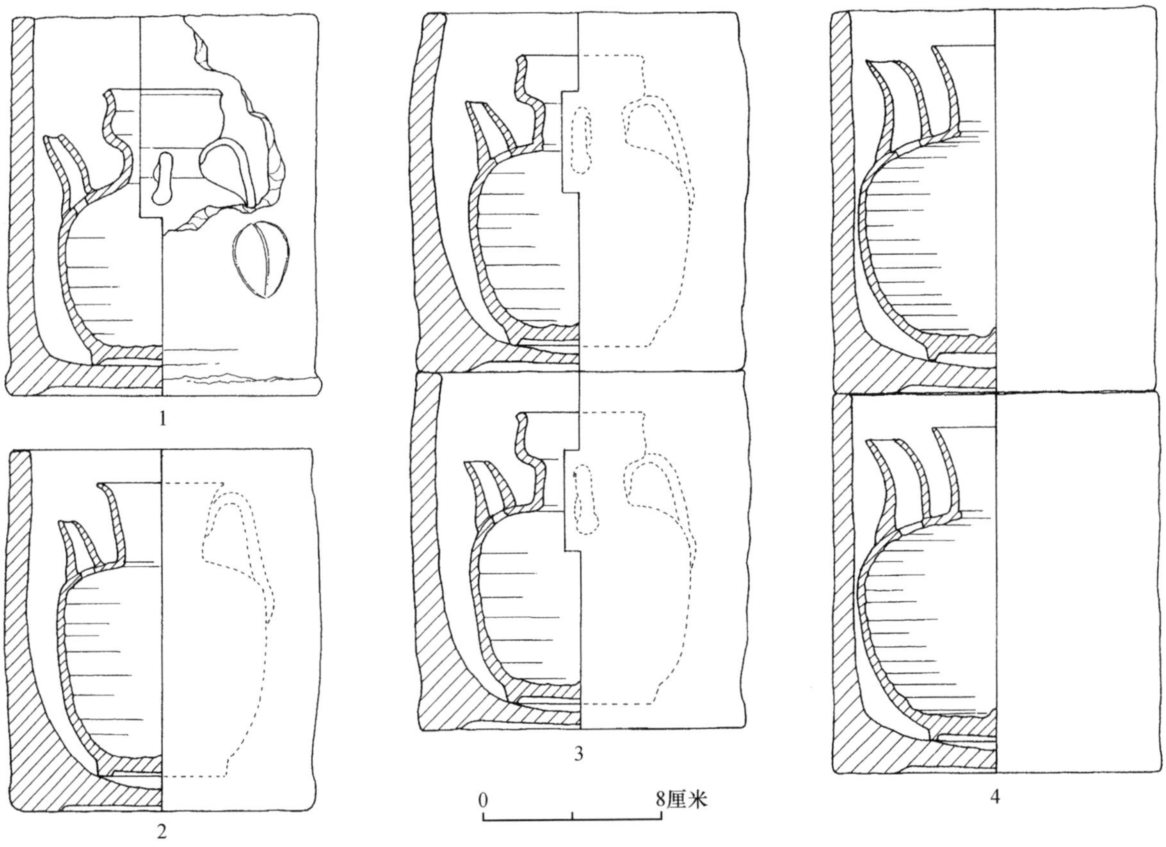


图一五六　凤凰山窑址 B 型陶匣钵

1. FT3①：63　2. FT4③：327　3. FT4②：208　4. FY1：121

FT4②：16，较为完整。腹壁一侧有窑裂。高 11.4、口径 16.1、底径 7.9 厘米（图一五七，2；图版一〇一，12）。

FY1：122，较为完整。外腹壁转折处起一周凸棱。高 11、口径 15.2、底径 6 厘米（图一五七，3；图版一〇二，1）。

FT4②：215，存底部。平底，内底粘垫圈。残高 1.8、底径 7.8 厘米（图一五七，4）。

FT4③：318，五件匣钵叠置，塌陷变形。匣钵内存青白釉墩式碗。匣钵通高 40.3 厘米（图一五七，5；图版一〇二，2）。

**2. 匣钵盖**

2 件。依据盖面分为二型，本窑址有 A 型。

A 型　2 件。盖面隆起。粗砂陶胎。根据顶部分为二亚型，本窑址有 Aa 型。

Aa 型　2 件。顶面较为平坦。

FY1：84，已修复。高 4.4、顶径 7.8、底径 13.6 厘米（图一五八，1；图版一〇二，3）。

FT2②：4，较为完整。内壁刻划“廿”形符号，存壶口残片。高 5.8、顶径 8.9、底径 19.2 厘米（图一五八，2；图版一〇二，4、5）。

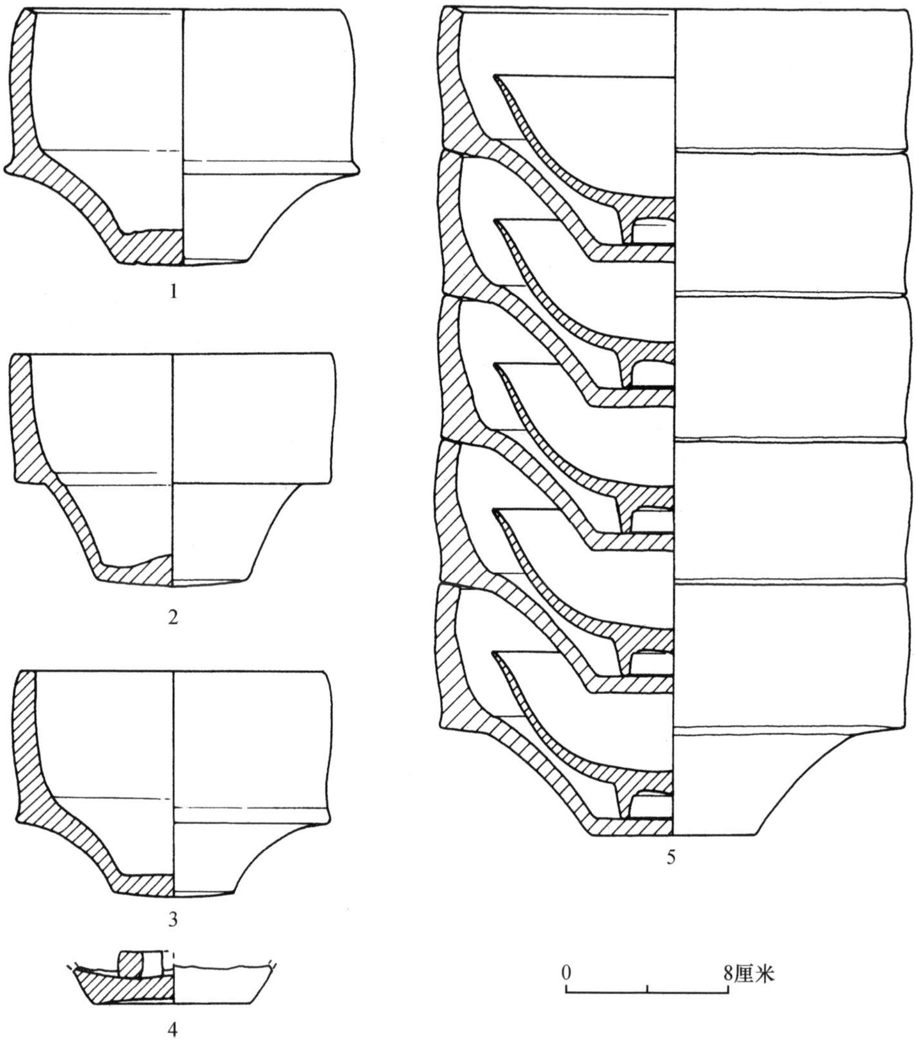


图一五七　凤凰山窑址C型陶匣钵

1. FY1：117　2. FT4②：16　3. FY1：122　4. FT4②：215　5. FT4③：318

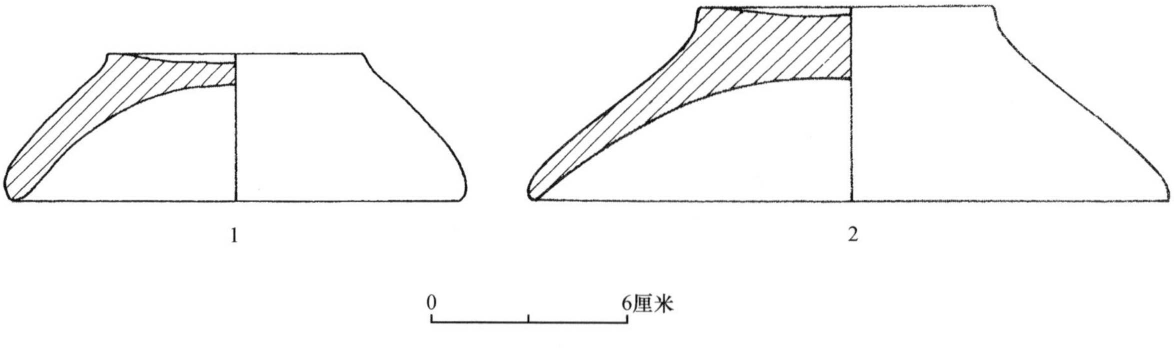


图一五八　凤凰山窑址Aa型陶匣钵盖

1. FY1：84　2. FT2②：4

### 3. 间隔具

49件。紫褐色粗砂陶胎。依据形态分为三型。

A型　21件。扁平圆饼形。

FT3①：72，完整。厚2.2、直径4.1厘米（图一五九，1；图版一〇二，6中）。

FT3①：69，较为完整。底部有一捺窝。厚2.6、直径3.5厘米（图一五九，7；图版一〇二，6左1）。

FT3①：67，较为完整。手捏痕明显。厚3、直径4.5厘米（图一五九，9；图版一〇二，6左2）。

FT4②：217，较为完整。厚2.5、直径3.5厘米（图一五九，2；图版一〇二，6右2）。

FT3①：66，较为完整。厚2.5、直径4.8厘米（图一五九，6；图版一〇二，6右1）。

FT3①：65，较为完整。厚2.4、直径6.5厘米（图一五九，3；图版一〇二，7左1）。

FT3①：70，较为完整。顶部微凹，见一圆形器物痕。厚2、直径5.3厘米（图一五九，

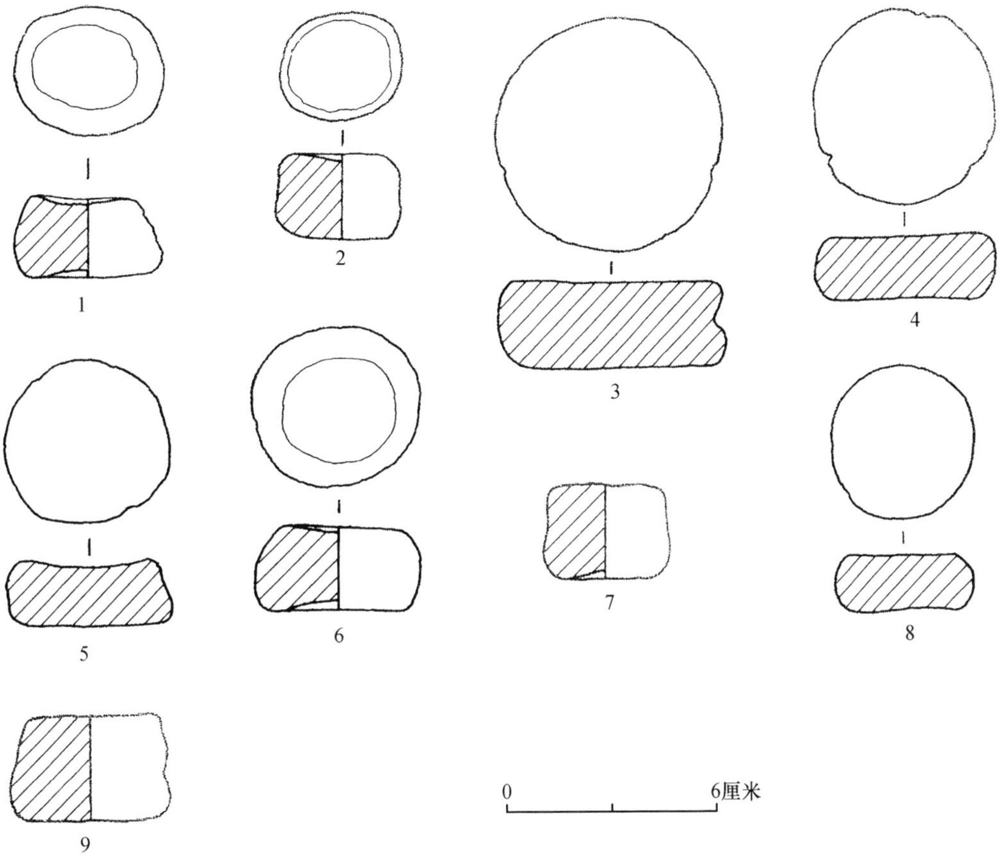


图一五九　凤凰山窑址A型陶间隔具

1. FT3①：72　2. FT4②：217　3. FT3①：65　4. FT3①：70　5. FT3①：74　6. FT3①：66　7. FT3①：69　8. FT3①：71　9. FT3①：67

4；图版一〇二，7左2）。

FT3①：71，较为完整。厚1.8、直径4.1厘米（图一五九，8；图版一〇二，7右2）。

FT3①：74，较为完整。顶面微凹。厚1.7、直径4.6厘米（图一五九，5；图版一〇二，7右1）。

B型　10件。圆圈形。

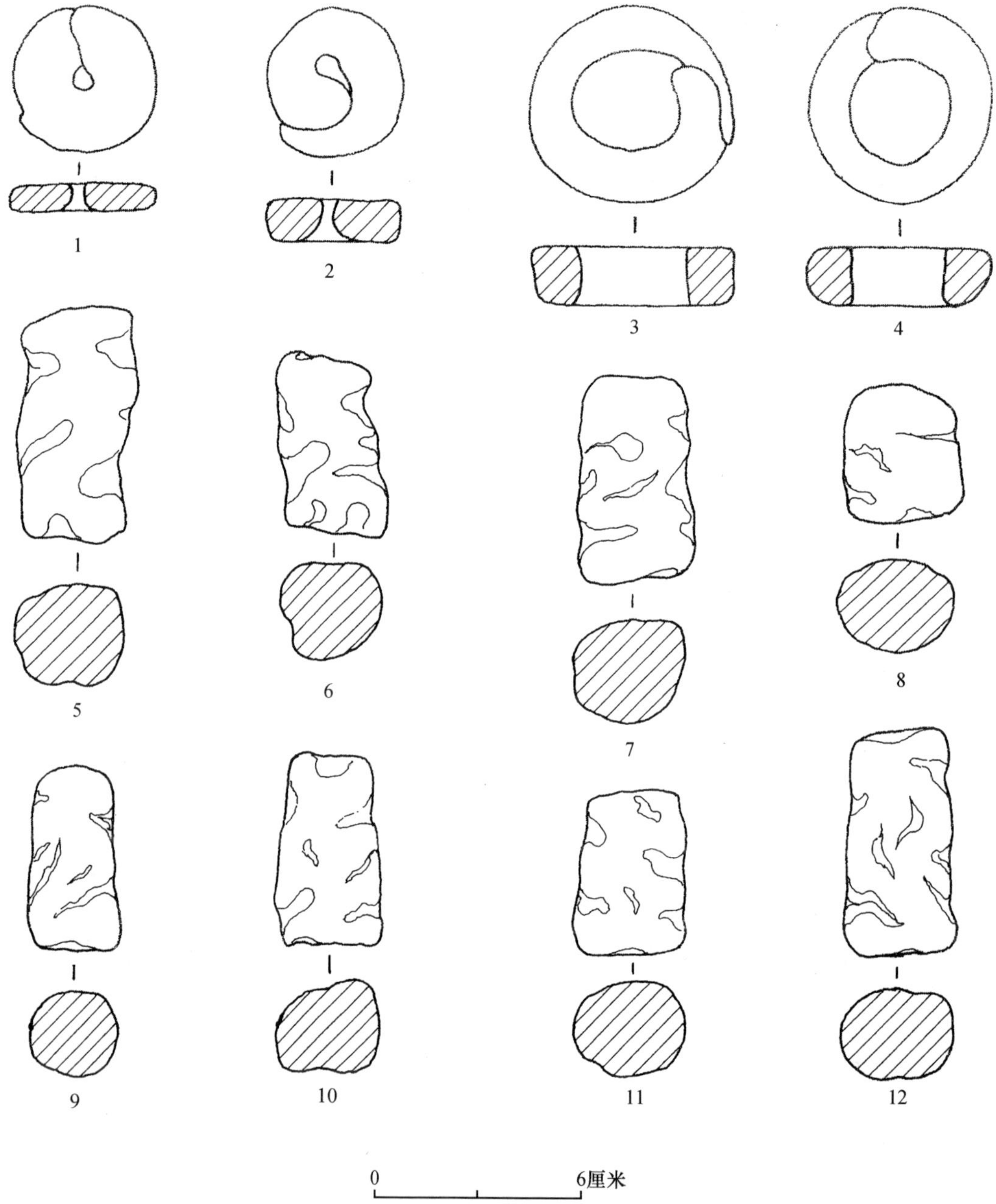


图一六〇　凤凰山窑址陶间隔具

1～4. B型（FT3①：75、FY1：6、FY1：7、FY1：8）5～12. C型（FT4②：216、FY1：85、FT3①：68、FT3①：73、FT3①：7、FT4②：17、FT3①：6、FT4②：18）

FT3①：75，较为完整。孔径较小。厚0.7、直径4.3厘米（图一六〇，1；图版一〇二，8左1）。

FY1：6，较为完整。孔径较小。厚1.2、直径4厘米（图一六〇，2；图版一〇二，8左2）。

FY1：7，较为完整。孔径较大。厚1.7、直径5.4厘米（图一六〇，3；图版一〇二，8右2）。

FY1：8，较为完整。孔径较大。厚1.6、直径5.2厘米（图一六〇，4；图版一〇二，8右1）。

C型　18件。圆柱状。

FT4②：216，较为完整。高6.7、直径3.3厘米（图一六〇，5；图版一〇二，9左1）。

FY1：85，较为完整。高5.3、直径2.9厘米（图一六〇，6；图版一〇二，9左2）。

FT3①：68，较为完整。高5.9、直径3.4厘米（图一六〇，7；图版一〇二，9右2）。

FT3①：73，较为完整。高4、直径3.4厘米（图一六〇，8；图版一〇二，9右1）。

FT3①：7，较为完整。高5.2、直径2.7厘米（图一六〇，9；图版一〇二，10左1）。

FT4②：17，较为完整。高5.4、直径3.1厘米（图一六〇，10；图版一〇二，10左2）。

FT3①：6，较为完整。高4.7、直径3.3厘米（图一六〇，11；图版一〇二，10右2）。

FT4②：18，较为完整。高6.5、直径3.3厘米（图一六〇，12；图版一〇二，10右1）。

**4. 窑撑**

3件。匣钵之间起支撑作用。窑工在装窑满窑时随手捏成的。紫褐色粗砂胎。

FT3①：8，较为完整。不规则圆柱状。表面留存釉痕。底端粘窑渣。最大高度8.4厘米（图一六一，1；图版一〇二，11右）。

FT4②：19，较为完整。不规则“工”字形。最大高度7.7厘米（图一六一，2；图版一〇二，11左）。

FT4②：239，较为完整。圆锥状。手捏痕明显。底部粘窑渣。高8.6厘米（图一六一，5；图版一〇二，12）。

**5. 窑砖**

1件。

FY1：110，较为完整。平面呈梯形。红色陶质，窄端因受高温呈焦黑色。长19、宽12～14、厚4厘米（图一六一，6；图版一〇二，13）。

**6. 原料**

2件。紫褐色粗胎。置于桶形匣钵内，呈圆柱状，可能是制作间隔具的原料。

FY1：86，底部呈圆锥状，顶面凹陷。高17、直径12厘米（图一六一，3；图版一〇二，14）。

FY1：87，底部圆钝。高13.5、直径12厘米（图一六一，4）。

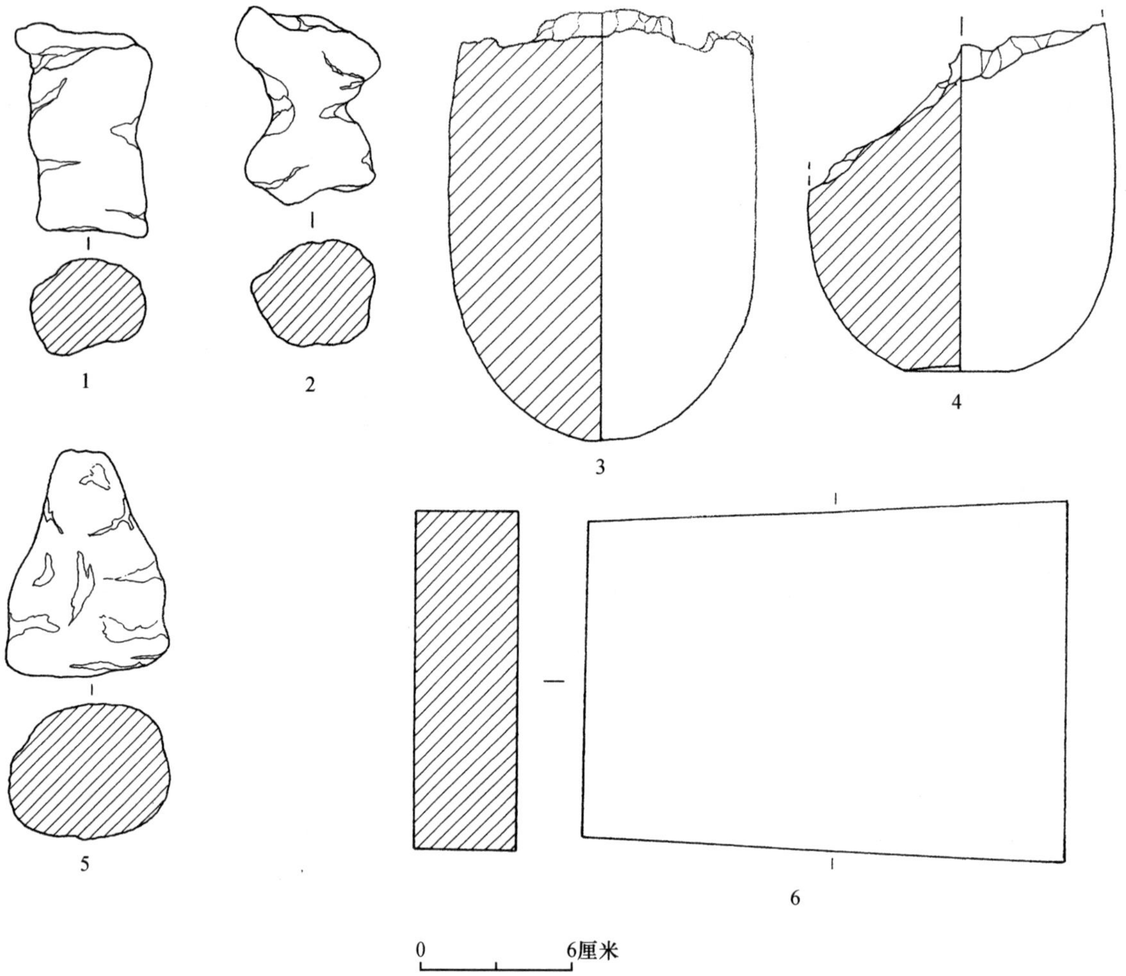


图一六一　凤凰山窑址陶窑撑、窑砖、原料

1、2、5. 窑撑（FT3 ①：8、FT4 ②：19、FT4 ②：239）3、4. 原料（FY1：86、FY1：87）6. 窑砖（FY1：110）

# 第六章　2006年窑址调查

2006年发掘铜锣山、道塘里及凤凰山窑址期间，发掘人员利用空闲和休息时间对附近的八角湾水库、凤凰山东侧、窑坞里等窑址进行了地面调查采集，现将调查情况报告如下。

## 第一节　八角湾水库窑址

### 一、窑址简况

前述铜锣山窑址调查有关文献记载表明①，20世纪80年代发现的银坑坞古瓷窑遗址在依山傍水的蓝家井等5个自然村及八角湾水库四周散布13处宋代窑业遗存，窑址遭受了不同程度的破坏，只有八角湾水库和碓家坞的2处窑址保存较为完好。八角湾水库窑址遗物主要分布在水库东、西两侧，东侧环水库30米内均是窑业堆积，因延伸至水中，面积无法测算，遗物以匣钵、圆饼形间隔具等为主；西侧堆积因地处偏僻而保存完好，遗址上灌木杂草丛生，四周动土即见匣钵等窑具，器物见青白釉瓷花口小碗残片，面积约2800平方米。本次采集遗物主要集中在水库西侧地面，其中地面暴露一处残瓷碎匣钵堆积，见有漏斗状匣钵，内存青白瓷碗（图版一〇三，1～3）。

### 二、采集遗物

采集遗物原编号如2006・J・B・采：1，现简称为JB采：1。以青白釉瓷为主，偶见青釉瓷。

#### （一）青釉瓷

1件。仅见壶类。

**壶**

1件。

JB采：1，颈肩部分。直颈，斜肩，颈肩分界明显。内壁戳印半同心圆纹，外壁肩部瓦

---

① 景德镇市文化（文物）局：《景德镇市文物志》，2007年，第39页。

棱纹。深紫灰胎，内、外壁施青釉，釉色较深呈黄褐色。残高 6 厘米（图一六二，1；图版一〇三，4）。

## （二）青白釉瓷

61 件。数量较多，胎质细腻，釉面玻璃光泽明亮，产品质量较高。器形有钵、瓯、盆、墩式碗、盏、花口盏、盘、洗、酒台、杯、罐盖等。

**1. 钵**

2 件。下腹及底足部分。内底圆弧，圆饼足。胎质坚致，胎体厚重。内壁满、外壁不及底施青白釉，釉泛绿色。

JB 采：3，饼足内凹，足端外缘斜削一圈。内底存窑渣。白胎，釉层较厚，釉面乳浊。残高 5、足径 7 厘米（图一六二，2，图版一〇三，5）

JB 采：2，足面外缘旋削一周凹槽，内壁见拉坯痕。灰白色胎，足墙外壁呈火石红，青白釉，釉面开细纹片。残高 3.6、足径 5.6 厘米（图一六二，3，图版一〇三，7、8）

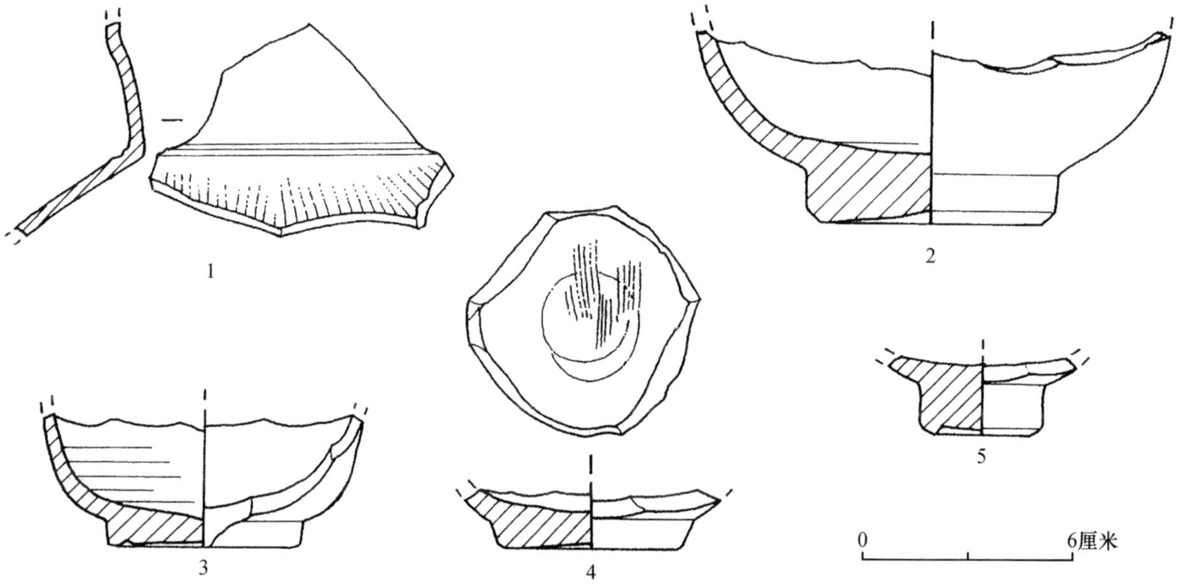


图一六二　八角湾水库窑址青釉瓷壶和青白釉瓷钵、盏

1. 青釉壶（JB 采：1）　2、3. 青白釉钵（JB 采：3、JB 采：2）　4、5. 青白釉盏底（JB 采：4、JB 采：5）

**2. 瓯**

6 件。内、外壁满施青白釉，外底足露胎。依据底足分为三型。

A 型　2 件。高圈足。尖圆唇，敛口，弧腹壁，近底渐弧收，外足墙近底有一周凸弦纹。

JB 采：8，可复原。青白釉泛白色，釉面开细冰裂纹，外底足露细白胎，留黑褐色圆形间隔痕。高 6.8、口径 12.8、足径 4.5 厘米（图一六三，1；图版一〇三，9）。

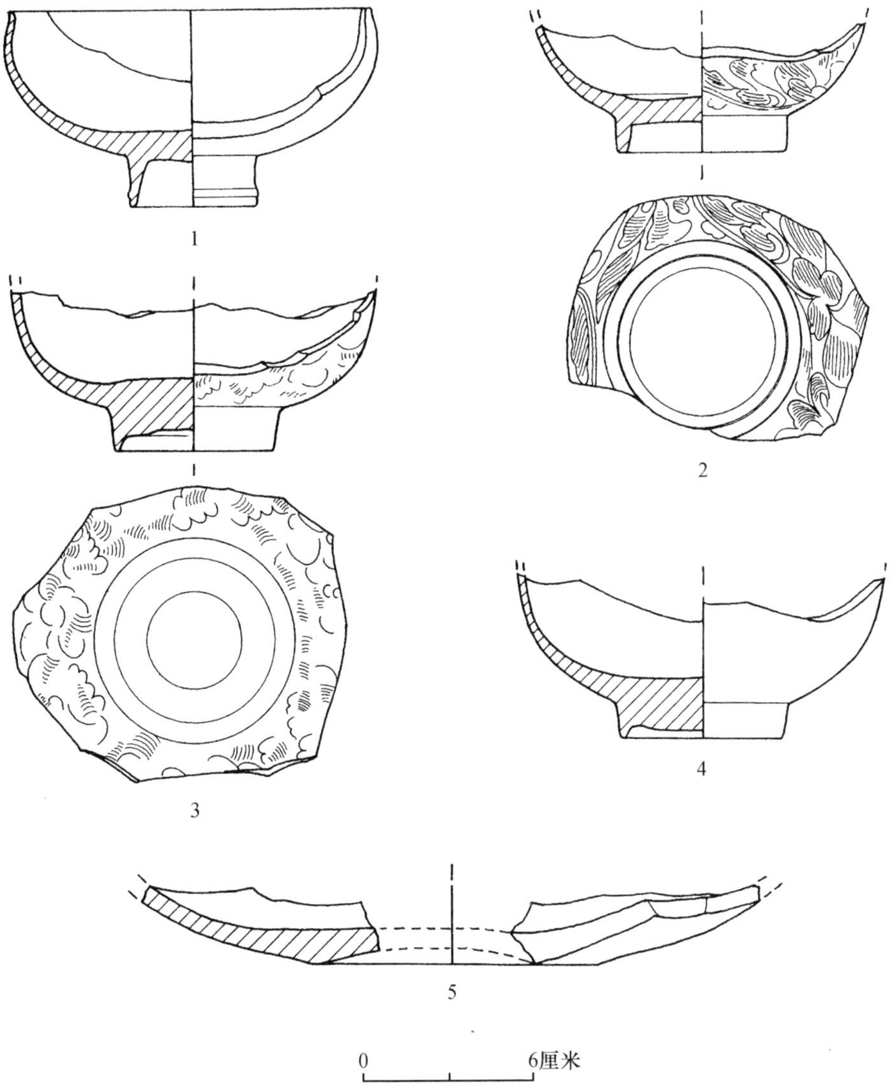

图一六三　八角湾水库窑址青白釉瓷瓯、盆

1. A型瓯（JB采：8）2. B型瓯（JB采：9）3、4. C型瓯（JB采：13、JB采：12）5. 盆（JB采：7）

B型　1件。圈足，足墙较直、较矮。

JB采：9，下腹及底足部分。内底下凹，底腹连接处一周凹弦纹，外腹壁篦划缠枝牡丹纹。白胎泛灰色，青白釉泛白色，釉面见黑斑，外底足露胎处留灰黑色垫烧痕。残高4.2、足径6厘米（图一六三，2；图版一〇三，10、11）。

C型　3件。圆饼足浅挖，下腹圆弧。

JB采：13，下腹及底足部分。内底宽平。外腹壁篦划云状纹。外底足露胎处留圆形黑色垫烧痕。细白胎，青白釉釉色莹润，釉面开细纹片。残高5.4、足径5.6厘米（图一六三，3；图版一〇三，13、14）。

JB采：12，下腹及底足部分。内、外壁粘存匣钵片。外底足露胎处见垫烧痕。细白胎，青白釉，釉面开细纹片。残高5.3、足径5.7厘米（图一六三，4；图版一〇三，12、15）。

**3. 盆**

1 件。

JB 采：7，下腹和底足部分。卧足。细白胎，青白釉泛白色，釉面莹润，积釉处见小气泡。残高 2.6、底径 10 厘米（图一六三，5）。

**4. 墩式碗**

8 件。依据口部分为三型，本窑址有 B、C 型。

B 型　2 件。撇口。根据内底分为三亚型，本窑址有 Bc 型。

Bc 型　2 件。内底圆弧。尖圆唇，斜弧腹壁，圈足。白胎泛灰色，内、外壁满施青白釉，外底足露胎。匣钵与坯件之间采用扁平圆饼间隔具间隔。

JB 采：22，可复原。外底足粘灰褐色圆饼间隔具。青白釉泛灰黄色，釉面开细纹片。高 6.1、口径 12.6、足径 4.1 厘米（图一六四，1；图版一〇四，1）。

C 型　6 件。花口。根据内底分为二亚型，本窑址有 Ca 型。

Ca 型　6 件。内底圆弧。依据腹壁分为二式。

Ⅰ式：2 件。腹部较深，斜弧腹壁，内壁出阳筋，内底宽平，底腹分界明显，边缘一周凹弦纹。内、外壁满施青白釉。

JB 采：23，外底足露胎处粘紫褐色圆饼间隔具。灰白胎，青白釉泛白色，釉面开细纹片。残高 3、足径 5.2 厘米（图一六四，5；图版一〇四，2）。

JB 采：18，外底足露胎处见黄褐色垫烧痕。白胎，青白釉泛灰色。残高 4.6、足径 4.9 厘米（图一六四，6；图版一〇四，3）。

Ⅱ式：4 件。腹部较Ⅰ式浅，足墙较Ⅰ式矮。尖圆唇，口沿外撇，内底平坦略下凹，底腹分界明显。内、外壁满施青白釉，外底足露白胎。

JB 采：14，可复原。胎体细薄，内底落少量细砂，留有一块黑斑。青白釉泛绿色，釉面开细纹片，外底足见黑色垫烧痕。高 5、口径 12.7、足径 5.1 厘米（图一六四，2；图版一〇四，4）。

JB 采：10，可复原。细白胎，青白釉泛灰色，釉面开细纹片。高 5.5、口径 13、足径 4.7 厘米（图一六四，4；图版一〇四，5）。

JB 采：16，压塌变形。内、外腹壁落窑渣，外腹壁中部有一周窑疤痕，外底足见黑色垫烧痕。白胎，青白釉泛绿色。高 5、口径 12.9、足径 4.4 厘米（图一六四，3；图版一〇四，6）。

**5. 盏**

6 件。依据口部分为四型，本窑址有 A、C 型。

A 型　1 件。唇口。根据内底分为三亚型，本窑址有 Aa 型。

Aa 型　1 件。内底圆弧。依据腹壁分二式，本窑址有Ⅱ式。

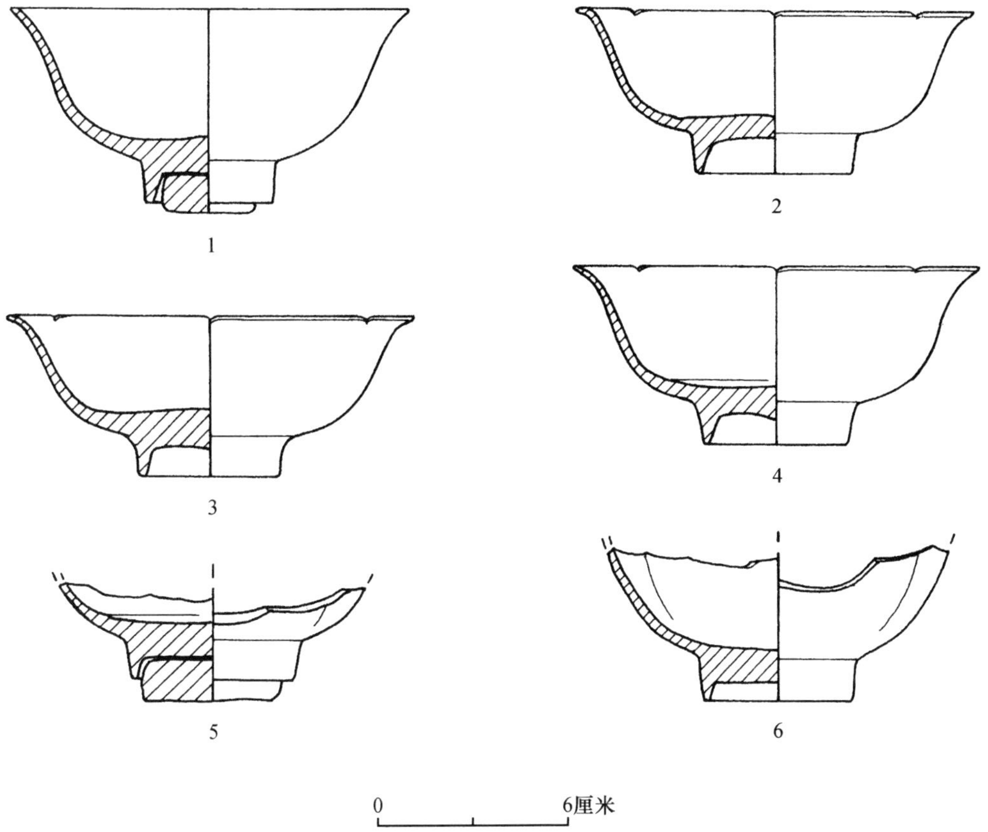


图一六四　八角湾水库窑址青白釉瓷墩式碗

1. Bc型（JB采：22）　2～4. Ca型Ⅱ式（JB采：14、JB采：16、JB采：10）　5、6. Ca型Ⅰ式（JB采：23、JB采：18）

Ⅱ式：1件。腹部较深，腹壁圆弧。

JB采：29，可复原。厚唇，斜弧腹壁，内底下凹，浅圈足。内壁局部粘灰黑色窑斑。灰白胎，内壁满、外壁不及底足施青白釉，釉泛灰色。高3.5、口径12.3、足径4.6厘米（图一六五，1；图版一〇四，7）。

C型　3件。敞口。下腹及底足部分，斜直腹壁，内底较窄，圈足。内、外壁满施青白釉。根据内底分为三亚型，本窑址有Ca型。

Ca型　3件。内底圆弧。

JB采：30，细白胎，青白釉泛青绿色，外底足留圆形黑褐色间隔痕。残高3.3、足径3.4厘米（图一六五，5；图版一〇四，8、9）。

JB采：31，内壁篦划云状纹。灰白胎，青白釉泛灰色，釉面开细纹片，外底足留圆形灰褐色间隔痕。残高3、足径4厘米（图一六五，6；图版一〇四，10）。

JB采：32，白胎，青白釉泛绿色，釉面开细纹片，外底足留圆形黑色间隔痕。残高3.4、足径3.7厘米（图一六五，7；图版一〇四，11）。

盏底足　2件。

JB采：4，圆饼足。内底下凹，篦划云状纹。灰胎，内、外壁满施青釉，外底足露胎，釉泛绿灰色。残高1.6、足径5.4厘米（图一六二，4；图版一〇四，12）。

JB采：5，圆饼足浅挖，足墙较高，外墙中间一周凸弦纹。灰胎，内、外壁施青白釉，外底足露胎，釉层较厚，釉泛绿色。残高2、足径3.5厘米（图一六二，5；图版一〇三，6）。

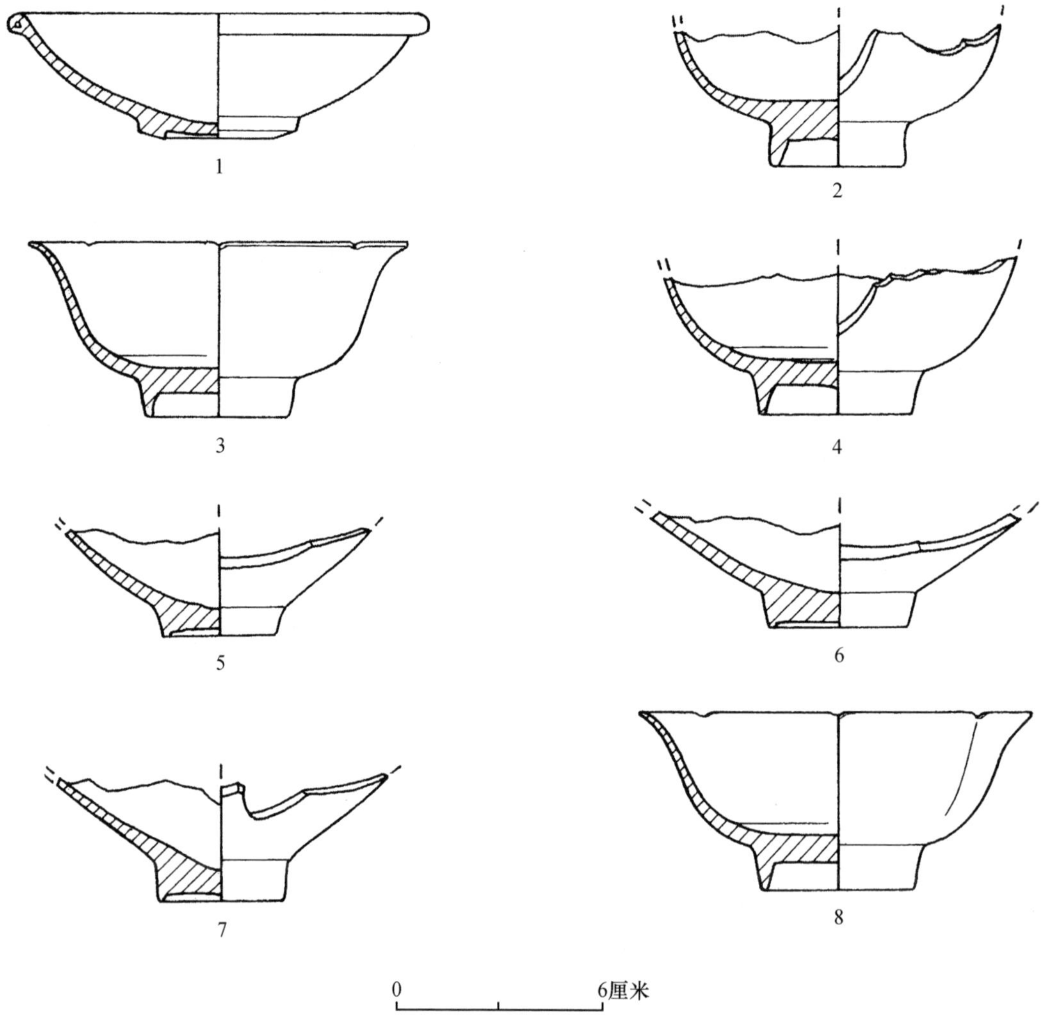


图一六五　八角湾水库窑址青白釉瓷盏、花口盏

1. Aa型Ⅱ式盏（JB采：29）　2～4. Db型Ⅱ式花口盏（JB采：28、JB采：25、JB采：20）
5～7. Ca型盏（JB采：30、JB采：31、JB采：32）　8. Db型Ⅰ式花口盏（JB采：26）

### 6. 花口盏

6件。依据口部分为四型，本窑址有D型。

D型　6件。撇口，花口斜削而成。根据内底分为二亚型，本窑址有Db型。

Db型　6件。尖圆唇，内底圆弧，弧腹壁，圈足。内底下凹平坦，底腹分界明显。内、外壁满施青白釉，外底足露胎。依据腹壁分为二式。

Ⅰ式：1件。内壁出筋。

JB采：26，可复原。口沿六葵口，外壁与之对应处压划凹痕。内、外壁存黄褐色窑斑。

白胎，青白釉泛绿色，外底足见黑色垫烧痕。高5、口径11.3、足径4.5厘米（图一六五，8；图版一〇五，1）。

Ⅱ式：5件。足墙高直，足径变小。匣钵与坯件之间用圆饼间隔具间隔，外底足见褐色垫烧痕。

JB采：25，可复原。内壁粘灰褐色窑斑。细白胎，青白釉泛绿色。高4.9、口径11.1、足径4.2厘米（图一六五，3；图版一〇五，2）。

JB采：28，下腹及底足部分。内壁存褐色窑斑。白胎泛灰色，青白釉釉色莹润，釉面开细纹片。残高3.8、足径4厘米（图一六五，2；图版一〇五，3）。

JB采：20，下腹及底足部分。灰白胎，青白釉泛灰黄色，釉面开细纹片。残高4、足径4.5厘米（图一六五，4；图版一〇五，4）。

**7. 盘**

3件。依据足部分为三型，本窑址有A、B型。

A型　1件。平底。根据口部分为二亚型，本窑址有Ab型。

Ab型　1件。花口。

JB采：42，可复原。口沿外敞，斜腹壁，内底平坦，小平底。内腹壁模印一周菊瓣纹。灰白胎，内、外壁满施青白釉，釉泛绿色，底足露胎。高1.9、口径11、足径2.4厘米（图一六六，5；图版一〇五，5）。

B型　2件。圆饼足浅挖。根据口部分为四亚型，本窑址有Bc、Bd型。

Bc型　1件。侈口。

JB采：45，可复原。圆唇，腹壁上部较直，内底宽平，底腹分界明显。内底刻划牡丹纹。灰泛黄色胎，内、外壁满施青白釉，釉泛黄色。高3.8、口径14、足径5厘米（图一六六，7；图版一〇五，6）。

Bd型　1件。芒口。

JB采：41，可复原。斜直腹，内底平坦，底腹分界明显。内、外腹壁满施青白釉，釉泛绿色，仅口沿露胎，白胎泛灰色。高2.5、口径13.4、足径8.3厘米（图一六六，9；图版一〇五，7、8）。

**8. 洗**

13件。依据底足分为三型。

A型　2件。小平底内凹。根据口部分为三亚型，本窑址有Aa型。

Aa型　2件。侈口。圆唇，腹壁斜直微弧，内底宽平，底腹分界明显。细白胎，内、外壁满施青白釉，青白釉泛灰白色，釉面开细纹片。

JB采：55，可复原。外底足留黑褐色间隔痕。高3.7、口径9.7、底径4.8厘米（图一六六，2；图版一〇五，9）。

JB采：46，可复原。外壁局部粘存褐色窑斑。高3.4、口径10.3、底径5.5厘米（图一六六，

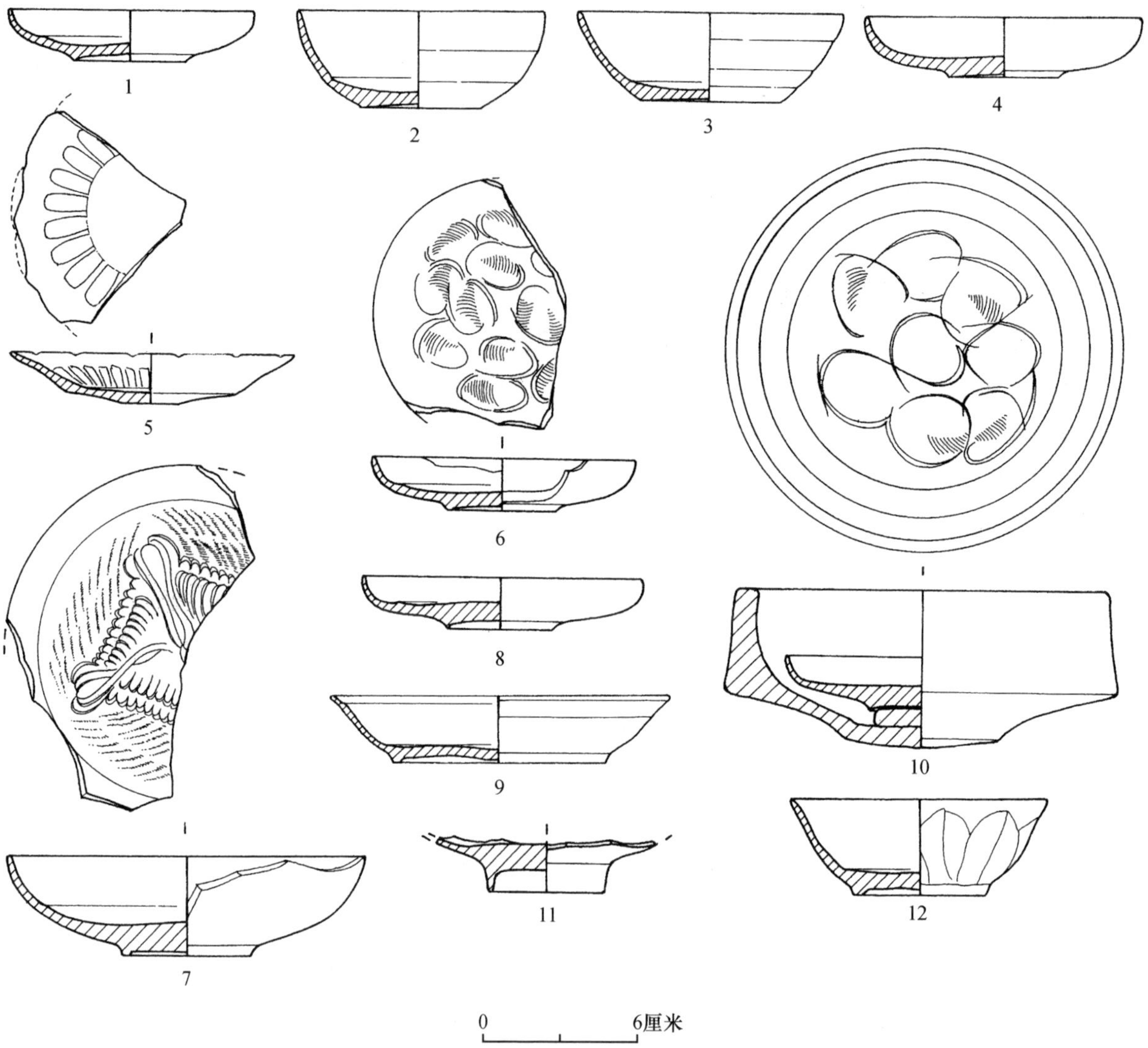


图一六六　八角湾水库窑址青白釉瓷盘、洗

1、4、6、8、10. Bb 型洗（JB 采：54、JB 采：47、JB 采：53、JB 采：44、JB 采：43）
2、3. Aa 型洗（JB 采：55、JB 采：46）　5. Ab 型盘（JB 采：42）　7. Bc 型盘（JB 采：45）
9. Bd 型盘（JB 采：41）　11. Cc 型洗（JB 采：51）　12. Ca 型Ⅱ式洗（JB 采：52）

3；图版一〇五，10）。

B 型　8 件。饼足浅挖，足壁较矮。根据口部分为二亚型，本窑址有 Bb 型。

Bb 型　8 件。直口。圆唇，内底宽平，底腹分界明显。内、外壁满施青白釉，外底足露胎。4 件内底篦划云状纹。

JB 采：54，可复原。内壁篦划云状纹。内底局部粘褐色窑斑，外壁局部存匣钵残片。外底足留黑褐色圆饼间隔痕。细白胎，青白釉泛绿色。高 2、口径 9.6、足径 4.4 厘米（图一六六，1，图版一〇五，11）。

JB 采：47，可复原。白胎，青白釉泛绿色，釉面开细纹片。外底足留黑褐色圆饼间隔痕。高 2.3、口径 10.8、足径 4.4 厘米（图一六六，4；图版一〇五，12）。

JB采：53，可复原。内底边缘一周凹弦纹，内壁篦划云状纹。外壁局部粘匣钵片。外底足存黑褐色圆饼间隔痕。白胎，青白釉泛绿色。高2、口径10.3、足径4.3厘米（图一六六，6；图版一〇六，1~3）。

JB采：44，可复原。内底边缘一周凹弦纹。外壁局部粘褐色窑斑。外底足存黑褐色圆饼间隔痕。灰白胎，青白釉泛灰色，釉面开细纹片。高2、口径10.9、足径4.2厘米（图一六六，8；图版一〇六，4、5）。

JB采：43，可复原。内底篦划云状纹。外壁粘漏斗状匣钵。匣钵方唇，直腹壁，下腹内收，紫褐色粗砂胎。洗细白胎，青白釉泛绿色。外底足与匣钵之间留黑褐色圆饼间隔具。洗高2、口径10.6、足径4.3厘米（图一六六，10；图版一〇六，6）。

C型　3件。圈足。内、外壁满施青白釉。依据口部分为三亚型，本窑址有Ca、Cc型。

Ca型　1件。撇口。根据腹部分为二式，本窑址有Ⅱ式。

Ⅱ式：1件。斜弧腹壁较坦。

JB采：52，可复原。圆唇，内底平坦，底腹分界明显，边缘一周凹弦纹。外腹壁刻划一周莲瓣纹。内底粘匣钵片。青白釉泛绿色，外底足露白胎。高3.6、口径10、足径5.2厘米（图一六六，12；图版一〇六，7）。

Cc型　2件。斜削花口。

JB采：51，下腹及底足部分。内底边缘一周凹弦纹。细白胎，青白釉泛绿色，釉面开细纹片。外底足留黑褐色间隔痕。残高2.1、足径4.5厘米（图一六六，11；图版一〇六，8）。

**9. 酒台**

1件。依据形态分为五型，本窑址有C型。

C型　1件。托盘口沿平折，盘面低于托台面，折腹。根据足壁分为二亚型，本窑址有Cb型。

Cb型　1件。圈足略高，足壁外斜。

JB采：39，托盘下腹和底足部分。内底留存托台的痕迹。托盘喇叭状圈足，下腹壁内折收。黄白胎，青白釉泛黄白色，釉面开细纹片，生烧。残高4.8、足径8.4厘米（图一六七，10；图版一〇六，9）。

**10. 杯**

7件。依据形态分为五型，本窑址有C型。

C型　7件。喇叭状圈足。根据足部分为三亚型，本窑址有Cc型。

Cc型　7件。足墙较高。尖圆唇，直口，腹壁上部较直，近底内收，内底圆弧。内、外壁满施青白釉，外底足露胎。

JB采：35，可复原。内、外腹壁见修胎痕。灰黄胎，青白釉泛黄色，内壁釉面玻璃质感较强，外壁釉面较涩。外底足见垫烧痕。高5.6、口径7、足径3.7厘米（图一六七，1；图版一〇七，1）。

JB采：36，可复原。细白胎，青白釉泛绿色，釉面开细纹片。外底足留黑褐色圆饼间隔具。高 5.6、口径 6.9、足径 3.6 厘米（图一六七，2；图版一〇七，2）。

JB 采：65，变形。内壁粘匣钵片。细白胎，青白釉泛绿色，釉面开细纹片。外底足见黑色垫烧痕。高 5.9、口径 8.2、足径 3.5 厘米（图一六七，3；图版一〇七，3）。

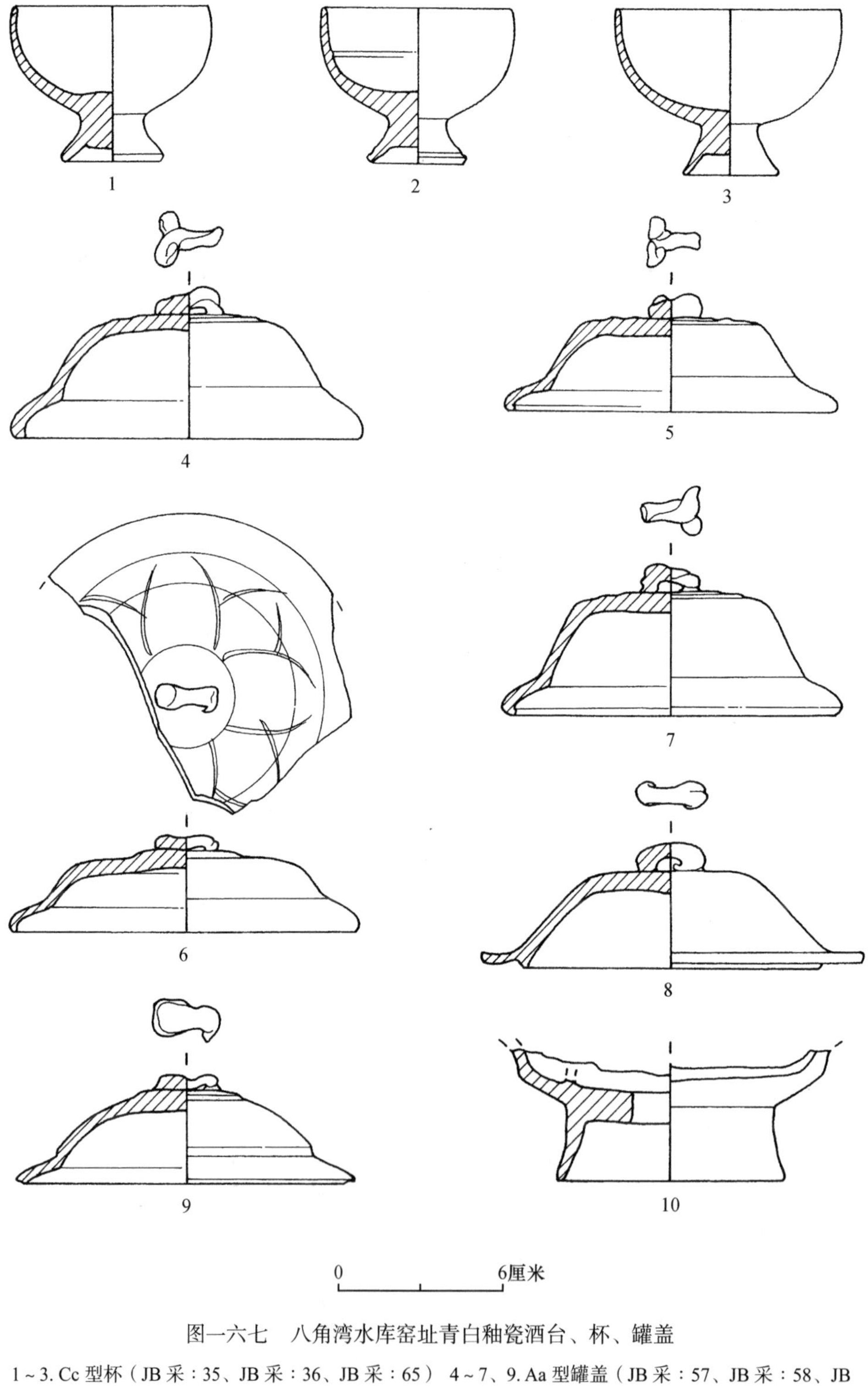


图一六七　八角湾水库窑址青白釉瓷酒台、杯、罐盖

1～3. Cc 型杯（JB 采：35、JB 采：36、JB 采：65）4～7、9. Aa 型罐盖（JB 采：57、JB 采：58、JB 采：62、JB 采：59、JB 采：61）8. Bb 型罐盖（JB 采：60）10. Cb 型酒台（JB 采：39）

**11. 罐盖**

8件。依据口部分为二型。

A型　5件。母口。根据盖面分为二亚型，本窑址有Aa型。

Aa型　5件。盖面平弧，盖沿垂直。顶面隆起，中间略平，置茎梗纽。纽外两周弦纹。盖面及口沿施青白釉，有的内壁施釉较薄。内壁中间露胎或釉薄处留黑褐色间隔痕。

JB采：57，可复原。灰白胎较粗，青白釉泛灰色，釉面开细纹片。通高5.5、盖底径13厘米（图一六七，4；图版一〇七，4）。

JB采：58，可复原。细白胎，青白釉开细纹片。通高4.2、盖底径12.4厘米（图一六七，5；图版一〇七，5、6）。

JB采：62，可复原。盖面刻划莲瓣纹。灰黄胎，青白釉泛绿色，釉面开细纹片，局部粘黄褐色窑斑。内壁露胎处见五个褐色支烧痕。通高3.6、盖底径13厘米（图一六七，6；图版一〇七，7）。

JB采：59，可复原。灰黄胎，青白釉泛灰色，釉面开细纹片，留黄褐色窑斑。通高5.5、盖底径12.6厘米（图一六七，7；图版一〇七，8）。

JB采：61，可复原。内壁中间粘扁平圆形间隔具。白胎，青白釉。通高3.9、盖底径12.7厘米（图一六七，9；图版一〇七，9）。

B型　3件。子口。根据盖面分为二亚型，本窑址有Bb型。

Bb型　3件。盖面圆隆，盖沿平折。

JB采：60，变形。顶面隆起，中间置茎梗纽。盖面刻划纹样，不清晰，局部粘匣钵片。细白胎，口沿内壁、盖面青白釉泛绿色，顶面釉层较厚，内壁较薄中间露白胎处留一圈黑褐色间隔痕。通高4.5、盖最大径14.2、子口直径11厘米（图一六七，8；图版一〇七，10）。

# 第二节　凤凰山东侧窑址

## 一、窑址简况

在凤凰山窑址东坡采集了一些标本，原编号如2006·凤·东·采：1，现简称为东采：1。

## 二、采集遗物

34件。全部是青白釉瓷，器形有瓜棱腹长流执壶、圆弧腹长流执壶、碗、斗笠碗、墩式碗、大盘、盘等。

**1. 瓜棱腹长流执壶**

7件。瓜棱腹，长流。肩腹连接处一侧置圆管状长流，与之对应的颈肩处置扁平把柄。内壁见拉坯痕，颈、肩连接处见接胎痕。依据口部分为二型。

A型　4件。喇叭口。根据底足分为三亚型。

Aa型　2件。平底内凹或微内凹。依据肩部分为二式，本窑址有Ⅱ式。

Ⅱ式：2件。肩部弧折，折痕不明显。

东采：12，下腹及底足部分。腹壁刻划八组细凹线。灰白胎，外壁至底施青白釉，釉面开细纹片。外底边缘见支钉痕。残高7、底径7.2厘米（图一六八，1；图版一〇八，1）。

东采：31，下腹及底足部分。腹部压印十道凹槽，顺凹槽刻划两道细凹线。外壁局部见黄褐色窑斑。灰白胎，外壁满施青白釉。底部见四枚褐色支钉痕。残高9.8、底径8厘米（图一六八，3；图版一〇八，2）。

Ab型　1件。圈足。依据肩部分为二式，本窑址有Ⅰ式。

Ⅰ式：1件。硬折肩，肩部折痕明显。

东采：16，下腹及底足部分。圈足挖足较浅。外腹壁见修胎痕，压印六道短凹槽。灰白胎，外壁满施青白釉，足端刮釉，釉微泛青灰色，釉面开细纹片。外底见四枚黄褐色支钉痕。残高6.7、足径8.8厘米（图一六八，2；图版一〇八，4、5）。

Ac型　1件。暗圈足，足端较尖圆。

东采：4，口颈、肩腹部分。口沿外侧一周垂棱，上腹壁压印六道浅凹槽。把柄外侧模印叶脉纹和横条纹。颈部见修坯痕。灰白胎，内壁至颈下部、外壁满施青白釉，开细纹片。残高8.4、口径6.1厘米（图一六八，11；图版一〇八，7、8）。

B型　3件。盘口。依据肩部分二式，本窑址有Ⅱ式。

Ⅱ式：3件。圆溜肩，肩部圆弧。

东采：3，口沿和底足部分残损。束颈，弧鼓腹，上腹部压印六道短凹槽。流与柄之间的颈肩处置对称竖向半环状系。流下部贴塑蝴蝶结，结部向下伸出长丝带。把柄外侧模印一道竖条纹和凸圆点纹。灰白胎，外壁满施青白釉。残高12.1厘米（图一六八，14；图版一〇八，10、11）。

**2. 圆弧腹长流执壶**

15件。圆弧腹，长流。肩腹连接处一侧置圆管状长流，与之对应的颈肩处置扁平把柄。内壁见拉坯痕，颈、肩连接处见接胎痕。分为四型，本窑址有A、B型。

A型　14件。喇叭口，矮圈足。依据颈部的不同分为七亚型，本窑址有Ab、Ac、Ae型。

Ab型　7件。口外侈，圆唇，斜直颈，圆溜肩，颈部粗犷，最小直径位于颈下部。内壁至颈下部、外壁施青白釉。

东采：18，口颈、肩腹部分。肩部无系。把柄上部略窄、下部略宽，把柄外侧模印三道竖条纹。颈部见修坯痕。灰白胎，青白釉，釉面开细纹片。残高7.3、口径6.4厘米（图一六八，

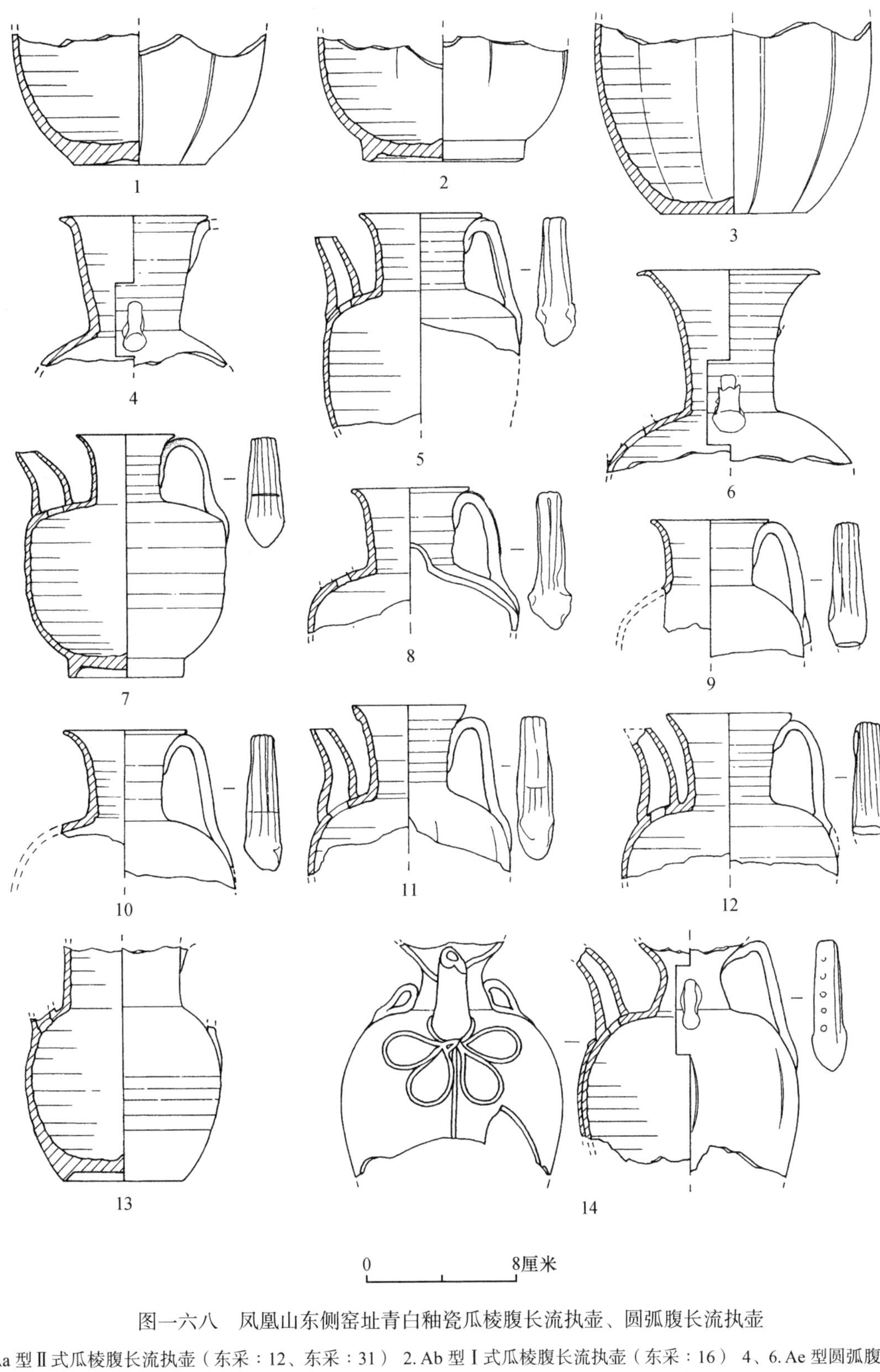


图一六八　凤凰山东侧窑址青白釉瓷瓜棱腹长流执壶、圆弧腹长流执壶

1、3. Aa型Ⅱ式瓜棱腹长流执壶（东采：12、东采：31）　2. Ab型Ⅰ式瓜棱腹长流执壶（东采：16）　4、6. Ae型圆弧腹长流执壶（东采：19、东采：6）　5、7. Ac型圆弧腹长流执壶（东采：11、东采：29）　8～10、12. Ab型圆弧腹长流执壶（东采：18、东采：33、东采：9、东采：5）　11. Ac型瓜棱腹长流执壶（东采：4）　13. B型圆弧腹长流执壶（东采：20）　14. B型Ⅱ式瓜棱腹长流执壶（东采：3）

8；图版一〇八，3）。

东采：33，口颈、肩腹部分。肩部无系。把柄上部略窄、下部略宽，把柄外侧模印四道竖条纹。灰白胎，青白釉，釉面较涩。残高7.2、口径6.5厘米（图一六八，9；图版一〇八，6）。

东采：9，口颈、肩腹部分。肩部无系。把柄上部略窄、下部略宽，把柄外侧模印五道竖条纹和一道横条纹。灰白胎，青白釉，釉面开细纹片。残高8.2、口径6.7厘米（图一六八，10；图版一〇九，1、2）。

东采：5，口颈、肩腹部分。肩部无系。把柄上部略窄、下部略宽，把柄外侧模印六道竖条纹。颈部见修坯痕。灰白胎，青白釉，釉面开细纹片。残高8.4、口径6.8厘米（图一六八，12；图版一〇八，9）。

Ac型　4件。喇叭口外卷，颈部粗犷，最小直径位于颈下部。

东采：11，下腹和底足部分残缺。尖圆唇，颈部短直。把柄上部略窄、下部略宽，把柄外侧模印三道竖条纹。颈部内部留存拉坯痕，外腹壁见修坯痕。灰白胎，青白釉微泛白色，釉面开细纹片。残高11.2、口径5.6厘米（图一六八，5；图版一〇八，12）。

东采：29，变形。尖圆唇，颈部短直。上腹壁近直，下腹壁弧收，矮圈足。把柄上部略窄、下部略宽，把柄外侧模印五道竖条纹和一道横条纹。外腹壁见修胎痕。肩部粘匣钵片。灰白胎，青白釉微泛青灰色。高12.8、口径5.4、足径6.2厘米（图一六八，7；图版一〇九，3）。

Ae型　3件。喇叭口外卷，颈部略高，最小直径位于颈下部。流与柄之间肩部置对称竖向半环状系。

东采：19，口颈、肩部分。颈部较粗，内壁拉坯痕明显。白胎，青白釉。残高7.8、口径8厘米（图一六八，4；图版一〇九，4）。

东采：6，口颈、肩部分。系旁附板状装饰。颈部内壁拉坯痕明显。白胎，青白釉，釉面较亮、开细纹片。残高10.2、口径10厘米（图一六八，6；图版一〇九，5）。

B型　1件。直口。圆唇，颈较直，溜肩，弧鼓腹，暗圈足。

东采：20，口颈、流、把柄部分残。直颈，圆溜肩，弧鼓腹，暗圈足。外腹壁见修胎痕。灰白胎含少量杂质，内壁至颈下部、外壁至下腹近底处施青白釉，釉微泛青灰色，釉面开细纹片。残高12.5、底径6.6厘米（图一六八，13；图版一〇九，6）。

**3. 碗**

7件。依据口部分为六型，本窑址有A、B型。

A型　5件。唇口。斜直腹壁微弧，足端斜切。内壁与底连接处一周凹弦纹。内壁满、外壁至底足施青白釉。

东采：32，已修复。外腹壁见修胎痕。灰白胎，青白釉，釉面较涩、开细纹片，釉微泛黄色。高6.1、口径17、足径6.7厘米（图一六九，3；图版一〇九，7）。

东采：24，已修复。外腹壁见修胎痕。灰白胎，青白釉微泛青绿色，釉面开细纹片。高6.6、口径16.4、足径6.8厘米（图一六九，4；图版一〇九，8、9）。

东采：8，已修复。外腹壁见修胎痕。灰白胎，青白釉釉色莹润。内壁粘匣钵片，外底粘圆圈形黑色间隔具。高 6.3、口径 16.2、足径 6.7 厘米（图一六九，5；图版一〇九，10）。

B 型　2 件。侈口。尖圆唇，斜弧腹壁，浅圈足，足墙较矮。根据内底差异分为三亚型，本窑址有 Ba、Bc 型。

Ba 型　1 件。内底宽平，底腹连接处一周凹弦纹。

东采：26，已修复。圈足微内倾，足端斜切。外腹壁见修胎痕。灰白胎，内壁满、外壁至底足施青白釉，釉泛白色，釉面开细纹片。外底见圆形黑色间隔具痕。高 5.8、口径 17.4、足径 6.8 厘米（图一六九，6；图版一〇九，11）。

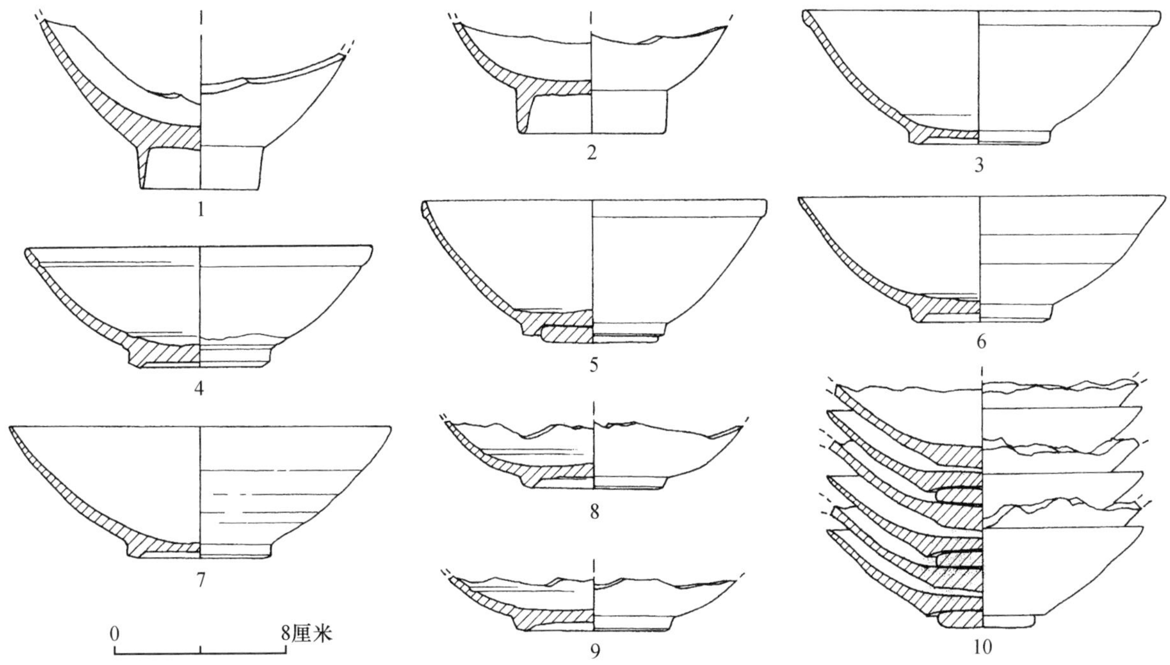


图一六九　凤凰山东侧窑址青白釉瓷碗、斗笠碗、墩式碗、大盘、盘

1. 斗笠碗（东采：17）　2. Ba 型Ⅱ式墩式碗（东采：27）　3～5. A 型碗（东采：32、东采：24、东采：8）　6. Ba 型碗（东采：26）　7. Bc 型碗（东采：28）　8、9. C 型大盘（东采：35、东采：36）　10. Aa 型盘（东采：25）

Bc 型　1 件。内底一脐突。

东采：28，已修复。圈足微外撇，足端斜切。外腹壁见修胎痕。灰白胎微泛黄色，内壁满、外壁至底足施青白釉，釉泛白色。外底见圆形间隔具痕。高 6、口径 18、足径 6.8 厘米（图一六九，7；图版一〇九，12）。

**4. 斗笠碗**

1 件。

东采：17，下腹及底足部分。斜直壁，内底较窄，足壁窄薄。灰白胎，除圈足足内露胎见圆形黑色间隔具痕，余满施青白釉，釉泛灰白色。残高 7.7、足径 5.6、足高 2 厘米（图一六九，1；图版一一〇，1）。

**5. 墩式碗**

1 件。依据口部分为三型，本窑址有 B 型。

B 型　1 件。撇口。根据内底分为三亚型，本窑址有 Ba 型。

Ba 型　1 件。内底宽平。依据腹部分为二式，本窑址有Ⅱ式。

Ⅱ式：1 件。腹壁略深且圆弧。

东采：27，下腹及底足部分。弧腹壁，内底较宽。外腹壁见修胎痕。灰白胎，内壁满、外壁不及足端施青白釉，釉泛青绿色，外底见圆形黑色间隔具痕。残高 5.3、足径 6.8、足高 2 厘米（图一六九，2；图版一一〇，2）。

**6. 大盘**

2 件。依据底足分为三型，本窑址有 C 型。

C 型　2 件。均为下腹和底足部分。矮圈足内倾，足端斜切，内底宽平，底腹连接处一周凹弦纹。内壁满、外壁至足端施青白釉。

东采：35，内壁局部粘褐色窑斑。灰白胎，青白釉微泛青绿色，釉面开细纹片。外底见圆形黑色间隔具痕。残高 3、足径 6.7 厘米（图一六九，8；图版一一〇，3）。

东采：36，灰白胎，青白釉泛青色，施釉漫过足端，釉色润泽，釉面开细纹片。外底见圆形黑色间隔具痕。残高 2.6、足径 7 厘米（图一六九，9；图版一一〇，4）。

**7. 盘**

1 件。依据底足分为三型，本窑址有 A 型。

A 型　1 件。平底。根据口部分为二亚型，本窑址有 Aa 型。

Aa 型　1 件。侈口。尖圆唇，斜直壁微弧。

东采：25，三件漏斗状匣钵叠压，匣钵内装青白釉盘。匣钵与器物之间采用圆饼间隔具间隔。盘白胎，青白釉，釉色莹润。高 4、口径 15、足径 5.8 厘米（图一六九，10；图版一一〇，5）。

## 第三节　窑坞里窑址

### 一、窑址简况

在窑坞里窑址采集了一些瓷器和窑具标本，原编号如 2006 · 浮 · 窑 · 采：1，现简称为窑采：1。

## 二、采 集 遗 物

40 件。遗物标本分为青白釉瓷和瓷质窑具。

### （一）青白釉瓷

36 件。器形有瓶、圆弧腹长流执壶、八棱长流执壶、花浇、碗、斗笠碗、盏、盘、罐盖、瓶壶盖等，以长流执壶和碗为主。

#### 1. 瓶

1 件。

窑采：59，口颈部分。直颈，口沿六缺花口，颈部内壁与之对应有六道出筋，颈部饰四道凹弦纹。灰白胎，内、外壁施青白釉，釉微泛青色，釉面开细纹片。残高 5.2、口径 7.2 厘米（图一七〇，5；图版一一一，1）。

#### 2. 圆弧腹长流执壶

12 件。圆弧腹，长流。肩腹连接处一侧置圆管状长流，与之对应的颈肩处置扁平把柄。依据口部的不同分为四型，本窑址有 A、C 型。

A 型　10 件。喇叭口，矮圈足。腹壁内侧见拉坯痕，颈、肩连接处内壁接胎痕明显。依据颈部分为七亚型，本窑址有 Aa、Ab、Ad 型。

Aa 型　3 件。喇叭口外敞，颈部粗犷，最小直径位于颈下部。斜直颈，上腹壁近直。流与把柄之间颈肩处置对称竖向半环状系。内壁至颈下部、外壁施青白釉。

窑采：37，存口颈、肩腹部分。把柄外侧模印两道竖条纹。灰白胎，青白釉，釉面开细纹片，较亮。残高 11、口径 5.2 厘米（图一七〇，3；图版一一一，2）。

窑采：34，口颈、肩腹部分。灰黄胎，青白釉釉色不显，生烧。残高 7.8、口径 5 厘米（图一七〇，9；图版一一一，3）。

Ab 型　2 件。喇叭口外侈，颈部粗犷，最小直径位于颈下部。内壁至颈下部、外壁满施青白釉。

窑采：22，口颈、肩腹部分。把柄外侧模印四道竖条纹和两道横条纹。灰白胎，青白釉泛黄色，釉面开细纹片。残高 7.3、口径 5.1 厘米（图一七〇，6；图版一一一，4）。

窑采：25，口颈、肩腹部分。把柄外侧模印四道竖条纹和一个“Z”形纹。口沿局部粘存窑渣。灰白胎，青白釉，釉面局部开细纹片。残高 7.2、口径 5.9 厘米（图一七〇，8；图版一一一，5）。

Ad 型　5 件。喇叭口外侈，颈部粗犷，最小直径位于颈上部。腹壁刻划多层莲瓣纹。

窑采：16，口颈、肩腹部分。白胎，内、外壁施青白釉，釉微泛黄色。颈部留灰褐色窑

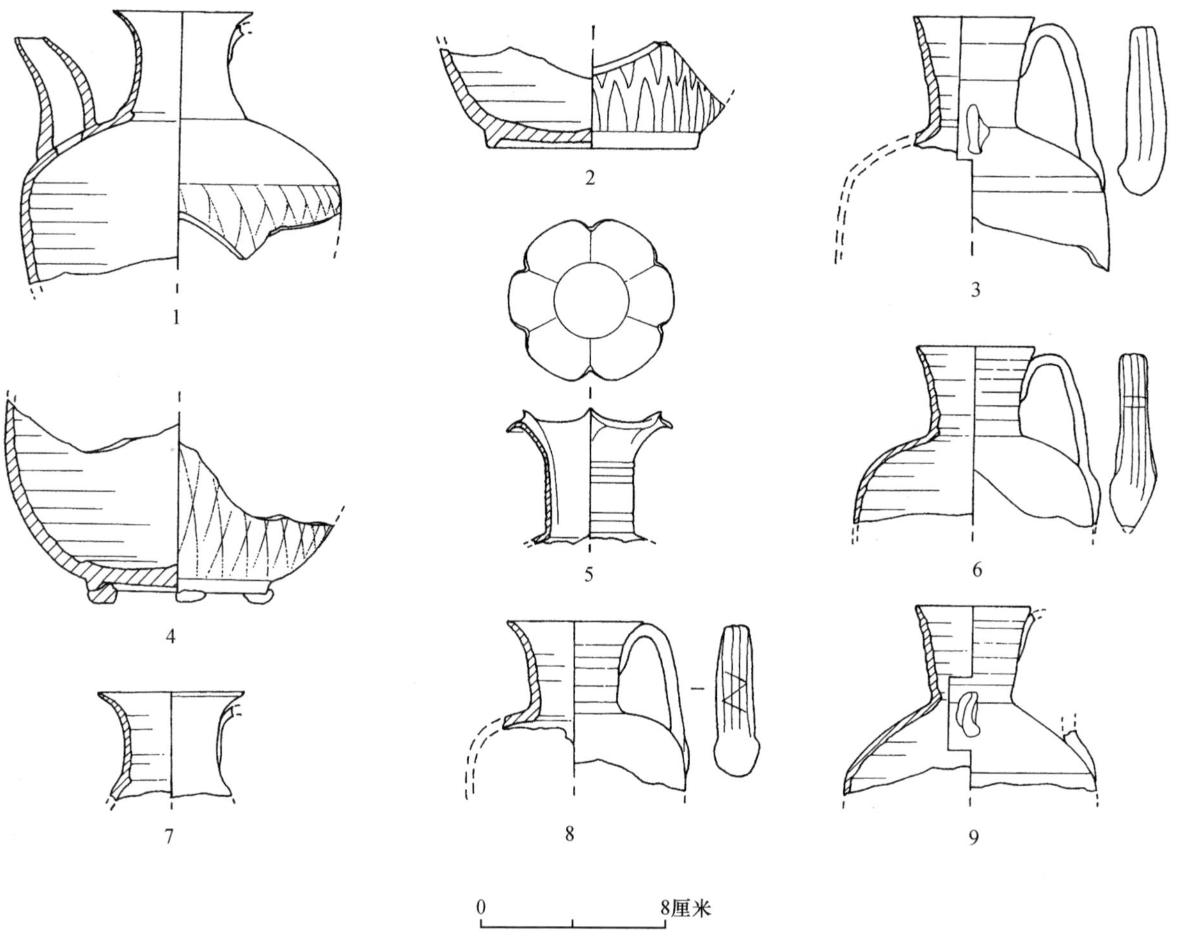


图一七〇　窑坞里窑址青白釉瓷瓶、圆弧腹长流执壶

1、2、4、7. Ad 型圆弧腹长流执壶（窑采：16、窑采：15、窑采：1、窑采：33）3、9. Aa 型圆弧腹长流执壶（窑采：37、窑采：34）5. 瓶（窑采：59）6、8. Ab 型圆弧腹长流执壶（窑采：22、窑采：25）

斑。残高 12、口径 6.2 厘米（图一七〇，1；图版一一一，6）。

窑采：1，下腹及底足部分。下腹弧收，圈足挖足较浅，足端圆滑。白胎，内、外壁满施青白釉，圈足足端粘四枚褐色支钉。残高 8.1、底径 7.8 厘米（图一七〇，4；图版一一一，7、8）。

窑采：15，下腹及底足部分。圈足挖足较浅，足端圆滑。灰白胎，内壁满、外壁至足端施青白釉，足端刮釉，釉面莹润，泛青绿色。外底部见四枚灰黑色支钉痕。残高 5.2、底径 9.3 厘米（图一七〇，2；图版一一一，9）。

窑采：33，口颈部分。灰白胎，内、外壁施青白釉，釉微泛灰白色。残高 4.7、口径 6.4 厘米（图一七〇，7）。

C 型　2 件。盘口，束颈。口、颈、肩部分。腹壁内侧见拉坯痕，颈、肩连接处内壁接胎痕明显。流与把柄之间的颈肩部置对称的竖向半环状系。内壁至颈下部、外壁满施青白釉。依据颈部分为三亚型，本窑址有 Ca、Cb 型。

Ca 型　1 件。盘口较深，腹壁较直，口沿处微束。

窑采：26，尖圆唇，盘口壁较直，短束颈，圆溜肩。把柄外侧模印五道竖条纹。白胎，青白釉微泛青灰色，釉面开细纹片。残高6.8、口径6.4厘米（图一七一，1；图版一一一，10）。

Cb型　1件。颈较长，盘口较浅，腹壁斜弧，口外敞。

窑采：23，短束颈，颈部较细。白胎，青白釉微泛白色，釉面开细纹片。残高5.5、口径6.5厘米（图一七一，2；图版一一一，11）。

**3. 八棱长流执壶**

4件。口、肩腹部呈八棱形。折肩，暗圈足。肩腹部一侧置流，与之对应的颈肩处置一扁平把柄，把柄顶部塑一圆管状系纽。颈、腹部内壁见明显拉坯痕，颈、肩连接处的内壁接胎痕明显。依据口颈部的不同分为二型。

A型　3件。直口，斜直颈。

窑采：27，口颈、肩部分。方唇。把柄外侧印三道竖凹线。细白胎，内、外壁施青白釉，釉色莹润。外壁局部粘黄褐色窑斑。残高9、口径5.6厘米（图一七一，6；图版一一一，12）。

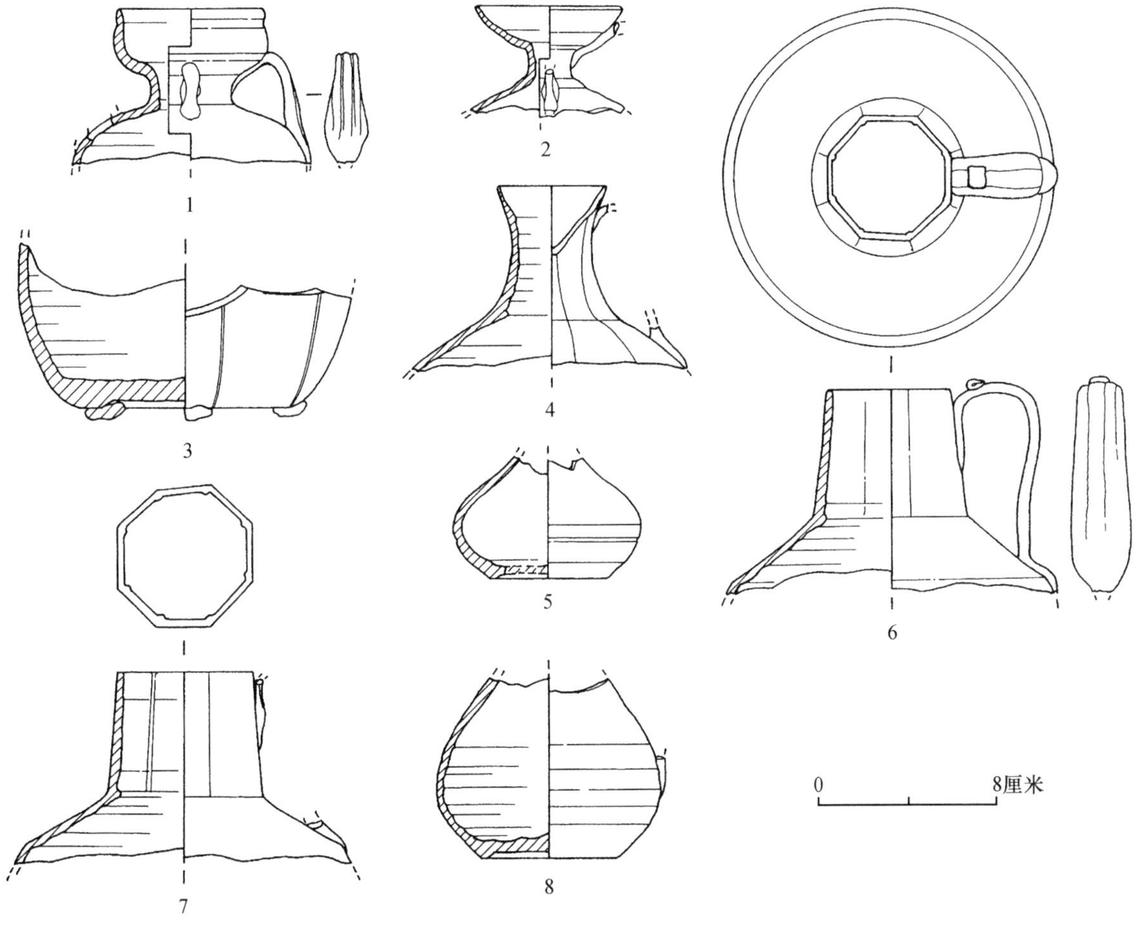


图一七一　窑坞里窑址青白釉瓷圆弧腹长流执壶、八棱长流执壶、花浇

1. Ca型圆弧腹长流执壶（窑采：26）2. Cb型圆弧腹长流执壶（窑采：23）3、6、7. A型八棱长流执壶（窑采：10、窑采：27、窑采：21）4. B型八棱长流执壶（窑采：17）5、8. 花浇（窑采：48、窑采：68）

窑采：10，下腹及底足部分。外腹壁局部粘匣钵片。外腹部剔呈八瓣状。灰白胎细腻，除足端外，内、外壁满施青白釉，釉色莹润。足端刮釉粘三枚灰黑色支钉，存一枚支钉痕。底径9.2、残高8.4厘米（图一七一，3；图版一一二，1、2）。

窑采：21，口颈、肩部分。方唇。细白胎，内、外壁施青白釉，釉色莹润。外壁局部留褐色窑斑。残高8.3、口径6厘米（图一七一，7；图版一一二，4、5）。

B型　1件。侈口，长束颈。

窑采：17，口颈、肩部分。方唇。细白胎，青白釉，釉色莹润亮泽。残高8、口径4.8厘米（图一七一，4；图版一一二，3）。

**4. 花浇**

2件。下腹和底足部分。斜溜肩，圆鼓腹，暗圈足。外腹壁可见修胎痕。

窑采：48，灰白胎，外壁至下腹施青白釉。残高5.4、足径5.3厘米（图一七一，5；图版一一二，6）。

窑采：68，细白胎，外壁至下腹施青白釉，釉较亮。残高7.8、足径6厘米（图一七一，8；图版一一二，7）。

**5. 碗**

8件。依据口部分为六型，本窑址有B、F型。

B型　7件。侈口。根据内底分为三亚型，本窑址有Ba、Bb型。

Ba型　4件。内底宽平，底腹连接处一周凹弦纹。内壁满、外壁至足端施青白釉。圈足较浅，外底足边缘旋挖较深。

窑采：19，下腹和底足部分。斜弧腹壁，足墙内倾。内壁篦划荷花纹。白胎，青白釉微泛青色。外底足见圆形浅褐色间隔具痕。残高3.3、足径5.8、足高0.8厘米（图一七二，6；图版一一二，8、9）。

窑采：29，下腹和底足部分。斜直腹，足墙内倾。内底篦划荷叶纹。灰白胎，青白釉微泛青色。残高4.8、足径5.6、足高0.8厘米（图一七二，5；图版一一二，10）。

Bb型　3件。内底圆弧。内、外壁满施青白釉，外底足露胎。

窑采：35，下腹和底足部分。斜直壁微弧。内底较窄，足墙窄薄。内壁篦划花草纹。灰白胎，青白釉微泛黄色，釉面莹润。外底见圆形褐色间隔具痕。残高5、足径5.4厘米（图一七二，2；图版一一二，11）。

窑采：45，已修复。圆唇，敞口，斜腹微弧，内底较窄，外底心凸起，足墙窄薄。内壁篦划花叶纹。细白胎，青白釉泛绿色，釉面亮泽。外底见圆形黄褐色间隔具痕。高7.3、口径16.8、足径6厘米（图一七二，3；图版一一三，1～3）。

F型　1件。斜削花口。

窑采：14，已修复。口沿六缺葵口，尖圆唇，敞口，斜弧腹壁，足墙内倾。内底刻划荷叶纹，线条简练流畅。灰白胎，内壁满、外壁至足端施青白釉，釉泛青灰色。外底见圆形褐色间

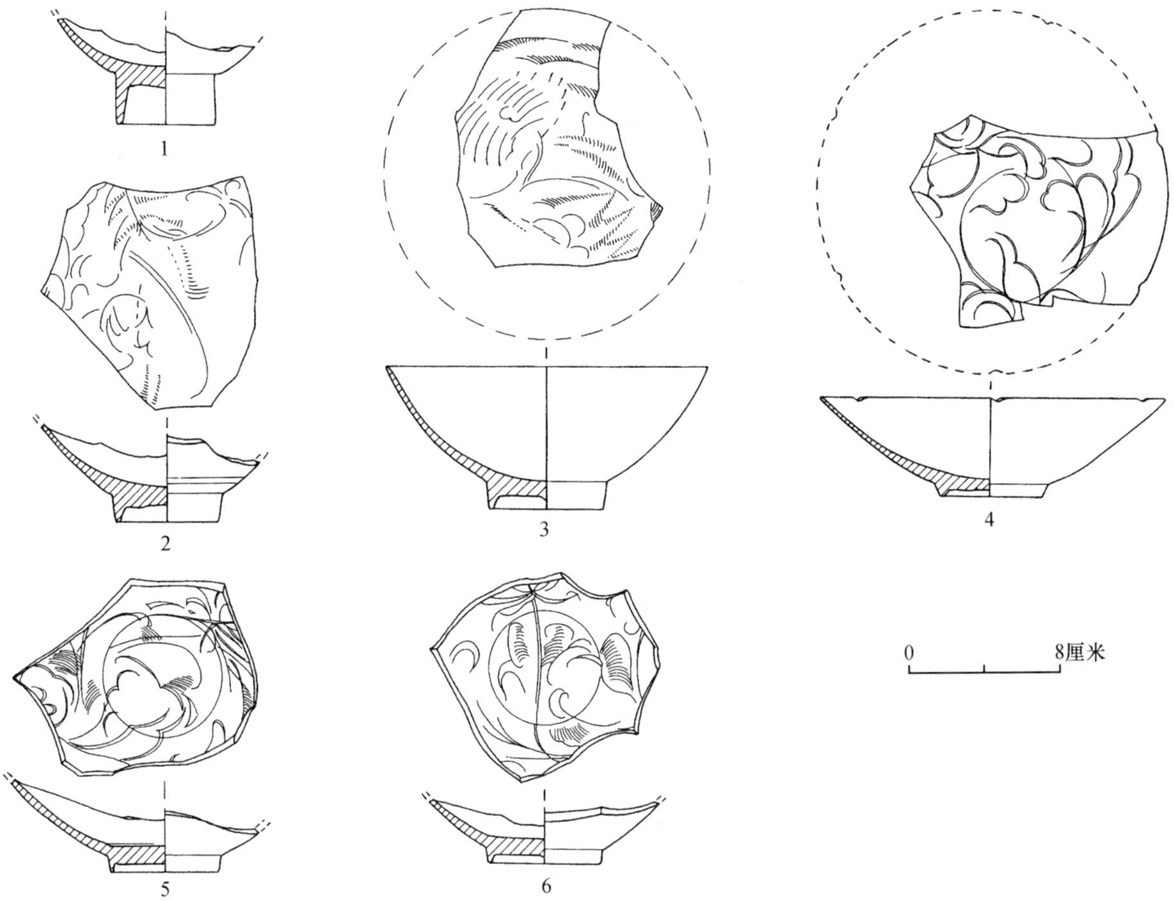


图一七二　窑坞里窑址青白釉瓷碗、斗笠碗

1. 斗笠碗（窑采：40）　2、3. Bb型碗（窑采：35、窑采：45）　4. F型碗（窑采：14）　5、6. Ba型碗（窑采：29、窑采：19）

隔具痕。高5.1、口径18.4、足径5.6 、足高0.6厘米（图一七二，4；图版一一三，4～6）。

**6. 斗笠碗**

1件。

窑采：40，下腹及底足部分。内底弧凹，圈足足墙高直，足端较平。白胎，除圈足足内露胎外，余满施青白釉，釉泛白色，釉面开细纹片。残高5、足径5.2、足高2.6厘米（图一七二，1；图版一一二，12）。

**7. 盏**

1件。依据口部分为四型，本窑址有C型。

C型　1件。敞口。根据内底分为三亚型，本窑址有Cc型。

Cc型　1件。内底圆饼状凸起。依据腹壁分为二式，本窑址有Ⅱ式。

Ⅱ式：1件。腹部较深，腹壁陡斜。

窑采：48，下腹和底足部分。饼足浅挖。灰白胎泛黄，釉色不显，生烧。残高1.7、足径

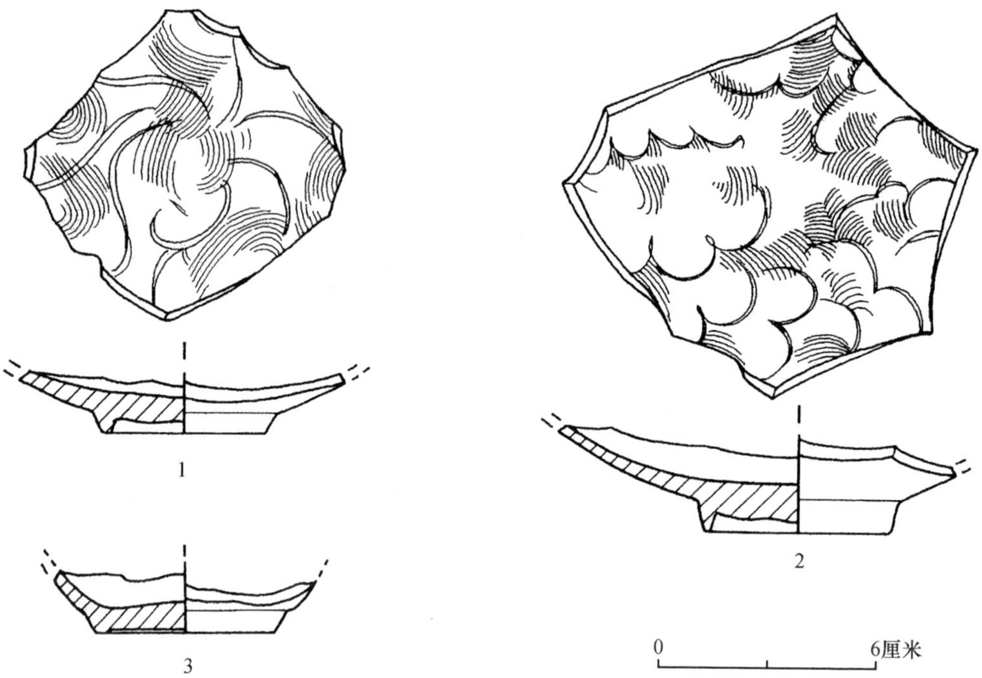


图一七三　窑坞里窑址青白釉瓷盏、盘

1、2. Bc 型盘（窑采：36、窑采：51）3. Cc 型Ⅱ式盏（窑采：48）

5.1、足高 0.6 厘米（图一七三，3；图版一一三，7）。

**8. 盘**

2 件。依据底足分为三型，本窑址有 B 型。

B 型　2 件。圆饼足浅挖。根据口部分为四亚型，本窑址有 Bc 型。

Bc 型　2 件。侈口。下腹及底足部分，斜直壁，浅圈足，足墙内倾，外底足沿旋挖较深。内壁满、外壁至足端施青白釉。

窑采：36，内壁篦划云状纹。白胎，青白釉泛青色。外底足见圆形黑色间隔具痕。残高 1.7、足径 4.5、足高 0.6 厘米（图一七三，1；图版一一三，8）。

窑采：51，内底宽平，底腹连接处一周凹弦纹。内壁篦划云状纹。灰白胎，青白釉泛青色，釉面莹润。外底见圆形黑色间隔具痕。残高 2.8、足径 5.2、足高 0.8 厘米（图一七三，2；图版一一三，10 ~ 12）。

**9. 罐盖**

1 件。依据口沿分为二型，本窑址有 B 型。

B 型　1 件。子口。根据盖面分为二亚型，本窑址有 Ba 型。

Ba 型　1 件。盖面平弧，盖缘平折。

窑采：31，可复原。盖面中部略高，盖沿饰两周凹弦纹。灰白胎，青白釉微泛青灰色，釉面较涩。高 1.3、盖径 8、子口径 4.9 厘米（图一七四，5；图版一一三，9）。

**10. 瓶壶盖**

4 件。依据形态分为四型。本窑址有 A 型。

A 型　4 件。碟形。根据盖纽差异分为六亚型，本窑址有 Af 型。

Af 型　4 件。锥状纽。盖面中部下凹，盖沿拱弧，一侧置圆管状系。盖面施青白釉，内侧无釉。

窑采：54，可复原。盖沿压八道短凹槽。细白胎，青白釉，釉面生涩。通高 2.1、盖径 6.4 厘米（图一七四，1；图版一一四，1 左 1）。

窑采：32，已修复。盖面中部宽平。灰白胎，青白釉微泛白色，釉面开细纹片。残高 1.8、盖径 7.8 厘米（图一七四，2；图版一一四，1 左 2）。

窑采：7，完整。盖面中部粘圆管状系。灰白胎，青白釉，局部因烟熏呈灰黑色。通高 2.2、盖径 6.6 厘米（图一七四，3；图版一一四，1 右 2）。

窑采：53，已修复。盖面局部粘黄色窑斑。细白胎，青白釉釉色莹润。残高 2.5、盖径 7.8 厘米（图一七四，4；图版一一四，1 右 1）。

## （二）瓷质窑具

4 件。有垫钵和间隔具。

**1. 垫钵**

3 件。覆烧芒口瓷器使用的辅助工具。依据形态分为三型，本窑址有 B、C 型。

B 型　2 件。盘状。方唇，斜直腹壁，内壁旋削一至四级垫阶，平底微内凹。

窑采：11，较为完整。内壁旋削两级垫阶，内底边缘旋削较深。灰白胎较细腻。高 2.4、口径 10.2、底径 7 厘米（图一七四，8；图版一一四，2）。

窑采：3，底部。残存一级垫阶。外底见窑裂。灰白胎较细腻。残高 1.3、底径 7.2 厘米（图一七四，9；图版一一四，3）。

C 型　1 件。钵状。

窑采：9，较为完整。侈口，斜弧腹壁，平底略凹。内壁四级垫阶，底部一个圆形穿孔。灰白色粗胎，外腹壁泛黄色。高 5.3、口径 14.6、底径 7.2 厘米（图一七四，7；图版一一四，4）。

**2. 间隔具**

1 件。依据形态分为三型，本窑址有 A 型。

A 型　1 件。薄饼状。

窑采：60，较为完整。扁圆形，顶面一周凹弦纹。灰白胎较粗。厚 0.9、直径 6.1 厘米（图一七四，6；图版一一四，5）。

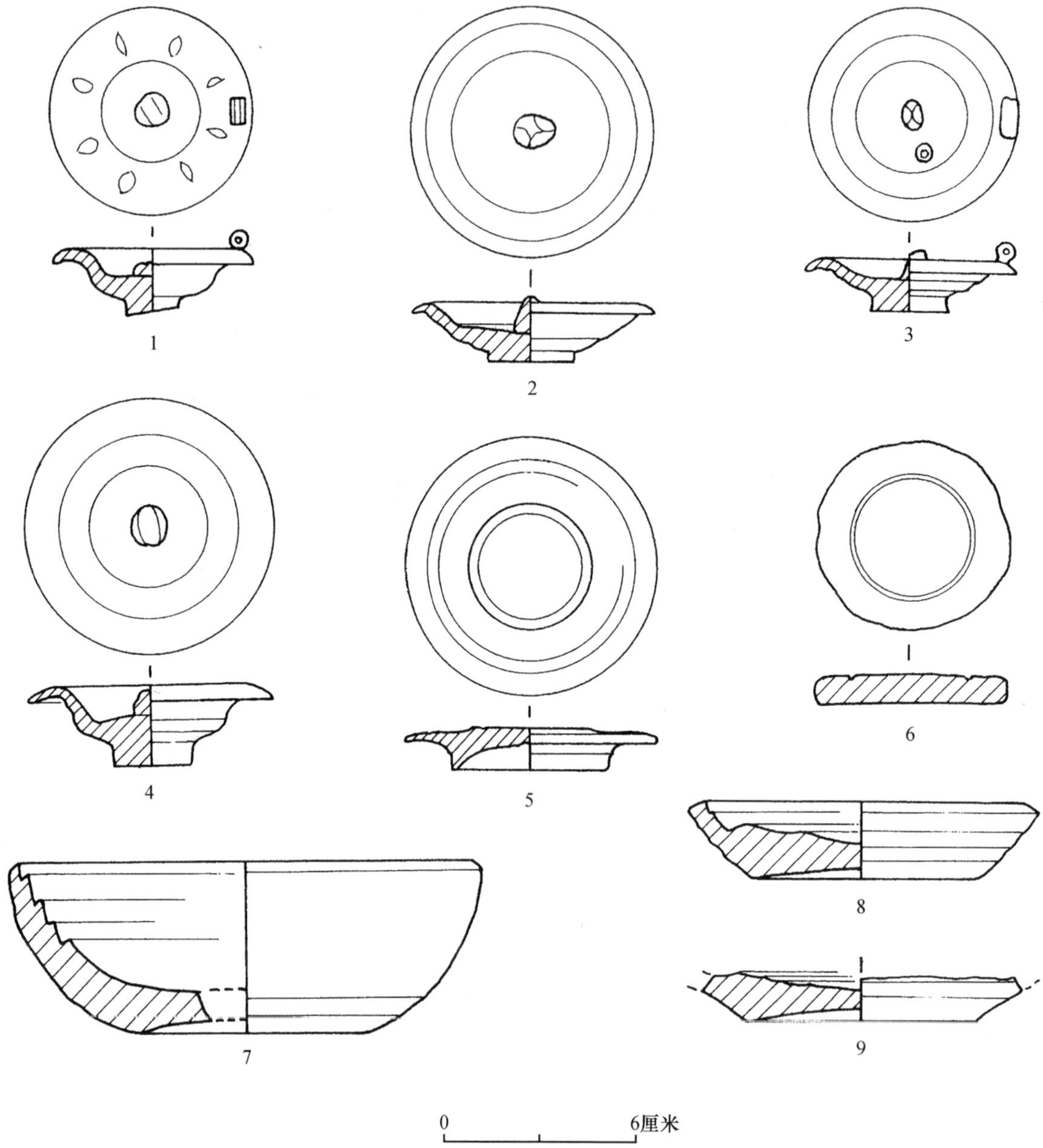


图一七四　窑坞里窑址青白釉瓷罐盖、瓶壶盖和瓷间隔具、垫钵

1～4. 青白釉 Af 型瓶壶盖（窑采：54、窑采：32、窑采：7、窑采：53）　5. 青白釉 Ba 型罐盖（窑采：31）
6. A 型间隔具（窑采：60）　7. C 型垫钵（窑采：9）　8、9. B 型垫钵（窑采：11、窑采：3）

# 第七章　结　　语

## 第一节　分组与分期

### 一、器物的类型学汇总

现将前述各窑址考古发掘和调查所得遗物的类型学分析，按照其材质的不同，如瓷器、陶器、石器、铜器及铁器，进行简要汇总。

#### （一）瓷器

瓷器分为青釉瓷、酱黑釉瓷、紫金釉瓷、青白釉瓷、素胎瓷、制瓷工具及瓷质窑具等。

**1. 青釉瓷**

有缸、罐、单把罐、横系罐、执壶、横柄壶、花浇、盆、钵、碗、碾槽、碾轮等。

（1）缸

分为口沿和下腹、底足部分。

口沿部分。

敛口。分为三型。

A 型　沿面平坦。DT5 ③：45（图一三，1）。

B 型　沿面中间下凹。束颈，丰肩，斜弧腹壁。DT5 ③：33（图一三，2）。

C 型　唇沿内凹呈母口。DT3 ③：229（图一三，4）。

下腹、底足部分。

斜直壁。依据底足分为二型。

A 型　饼足。YT1 ②：58（图九一，1）。

B 型　小平底内凹。YT4 ①：11（图九一，3）。

（2）罐

直口，方唇，短直颈，圆溜肩，腹部外鼓，小平底。DT1 ④：24（图一四，1）。

（3）单把罐

平折沿，圆唇，微束颈，溜肩，颈肩部塑扁平宽把，肩腹连接处置竖向半环状系，圆鼓腹。DT4⑤：3（图一四，5）。

（4）横系罐

直口，方唇，短直颈，圆溜肩。肩部置横向半环状系。FT4①：55（图一一九，10）。

（5）执壶

圆唇。颈肩部一侧置把柄，对应的肩部置短圆管状流。依据口沿分为二型。

A型　侈口，微束颈，平底。DY1窑前工作室：29（图一六，5），DT3③：25（图一五，1）。

B型　直口，斜直颈，暗圈足。根据颈肩部及系纽分为三亚型。

Ba型　溜肩，肩部置半环状扁平双系。弧腹壁微鼓，形体较大。FT3①：28（图一一九，1）。

Bb型　溜肩，颈肩部无系纽。弧鼓腹壁，器形较小。FT4②：68（图一一九，4）。

Bc型　丰肩，肩部无系。DT3①：115（图一六，6）。

（6）横柄壶

溜肩，肩部置短圆管状流，与流呈90°夹角处置圆管状把柄，平底。DT3③：181（图一七，4）。

（7）花浇

撇口，束颈，溜肩，圆鼓腹，暗圈足。口部一侧捏流，与流对应的颈肩部置扁平把柄。DY1窑前工作室：24（图一七，7），FT4②：78（图一二〇，2）。

（8）盆

圆唇，撇口，斜折沿，斜腹壁。DT5①：61（图一七，2）。

（9）钵

斜弧腹壁，内底圆弧，圆饼足。DT3③：210（图一七，3）。

（10）碗

内底较平，底腹连接处一周凹弦纹。矮圈足，足端宽平，足墙外壁直，内壁外斜，修足规整。YT3③：4（图九一，5）。

（11）碾槽

整体呈船形。近长方形底板上承托一“V”字形船形深槽。DT2③：32（图一八，1）。

（12）碾轮

圆饼状，中间较厚镂一圆孔，边缘较薄。一面较平，一面略微隆起。DT2④：1（图一八，2），DT3③：33（图一八，3）。

**2. 酱黑釉瓷**

有执壶、盖钵、钵、碗、小碗、盏、碟、杯等。

（1）执壶

依据口部分为三型。

A型　喇叭口外撇，短颈微束，圆唇。DT4③：5（图一九，13）。

B型　喇叭状口外卷，长颈微束，厚唇。FT3①：98（图一二一，3）。

C型　盘口。根据颈部分为二亚型。

Ca 型　长束颈。浅盘口外侈，圆唇，盘口下缘有一周凸棱。FT3 ①：96（图一二一，1）。

Cb 型　短束颈。肩部贴塑对称竖向扁平半环状双系。FT3 ①：23（图一二一，4）。

（2）盖钵

子母口，口部内敛，外壁近口沿处置两个对称的横向半环状系，弧腹壁。DT4 ②：50（图一九，9）。

（3）钵

直口，圆唇，外壁近口部置两个一组相连的横向半环状系。内底圆弧，圆饼足内凹。DY1 窑前工作室：25（图一九，6）。

（4）碗

侈口，厚唇，弧腹壁，内底圆弧，圈足。DY1 火膛：9（图一九，12）。

（5）小碗

敞口，斜弧腹壁，内底小圆饼状凸起，浅圈足。DT5 ③：39（图一九，3）。

（6）盏

圈足。依据口部分为二型。

A 型　侈口，尖圆唇，内底较平。DY1 火膛：10（图二〇，1），DT3 ③：31（图二〇，4）。

B 型　敞口，圆唇，斜弧腹壁，内底下凹，圈足外撇，挖足较浅。YT1 ②：16（图九一，7）。

（7）碟

腹壁上部较直，近底内折，内底宽平。依据口部分为三型。

A 型　直口，卧足。DT1 ①：52（图二三，1）。

B 型　十瓣葵口，圈足。DT1 ④：27（图二四，1），DT5 ③：6（图二四，8）。

C 型　六缺葵口，卧足。DT5 ③：5（图二五，5）。

（8）杯

侈口，尖圆唇，腹壁上部较直，下腹渐内收，喇叭形圈足。DT5 ③：8（图二五，6）。

**3. 紫金釉瓷**

器形见小碗、盏、碟，造型与酱黑釉同类器相同，制作精致，胎质细腻，胎色较白，釉层较厚，多数呈紫色。

（1）小碗

侈口，尖圆唇，斜弧腹壁，内底圆饼状凸起，底腹连接处一周凹弦纹，浅圈足。DY1 排烟室：1（图二六，1），DT3 ③：37（图二六，4）。

（2）盏

侈口，尖圆唇，斜弧腹壁，内底呈圆饼状凸起，底腹连接处一周凹弦纹，浅圈足。DT4 ①：20（图二六，6）。

（3）碟

十瓣葵花口，腹壁上部较直，近底内折，内底宽平，圈足。DT5 ③：44（图二六，7）。

**4. 青白釉瓷**

胎质细腻，釉面玻璃光泽明亮。器形有柳斗罐、瓶、短流执壶、瓜棱腹长流执壶、圆弧腹长流执壶、八棱长流执壶、花浇、水盂、盆、钵、瓯、温碗、大碗、碗、斗笠碗、墩式碗、盏、花口盏、大盘、盘、洗、碟、盏托、酒台、杯、炉、盒、枕、罐盖、瓶壶盖、瓷塑狗等。

（1）柳斗罐

颈肩分界明显，鼓腹，小平底。依据口颈分为三型。

A型　直口，圆唇，直颈，小平底。DT3③：160（图二七，1）。

B型　微敛口，颈部较直，略内收。DT5③：116（图二七，4）。

C型　侈口，束颈。腹壁上部较鼓，下部斜收。根据底部分为二亚型。

Ca型　底部较平。DT1①：3（图二七，5）。

Cb型　底部内凹。DT3③：11（图二七，6）。

（2）瓶

腹壁斜弧，近底内收，圈足。DT3①：100（图二八，1）。

（3）短流执壶

敛口，平肩，肩部置短直圆管状流，圆鼓腹，腹部呈十六瓣瓜棱状，小平底内凹。DT5③：20（图二九，1）。

（4）瓜棱腹长流执壶

瓜棱腹，长流。依据口部分为二型。

A型　喇叭口，长束颈。根据底足分为三亚型。

Aa型　平底微内凹。依据肩部分为二式。

Ⅰ式：硬折肩。上腹壁较直，下腹壁内弧收。腹部压印八道浅凹槽，顺凹槽刻划两道细凹线。FT4③：328（图一二二，2）。

Ⅱ式：肩部弧折，折痕不明显。腹壁较直，器身瘦长。FT4②：205（图一二四，1）。

Ab型　圈足。依据肩部分为二式。

Ⅰ式：硬折肩，肩部折痕明显。腹壁较直，器型较小。颈部上、下及肩部各有一组凹弦纹。腹部压印八道浅凹槽，顺凹槽刻划两道细凹线。FT4③：45（图一二六，1）。

Ⅱ式：圆溜肩，肩部圆弧。颈部较斜直。上腹壁微鼓，下腹壁弧内收，圈足外墙近直，内墙外斜，足端方直。FT4①：3（图一二八，2）。

Ac型　暗圈足，足端较尖圆。侈口，圆溜肩，弧鼓腹。FT3①：3（图一二九，1）。

B型　盘口。束颈，圆溜肩，上腹壁较鼓，下腹壁弧收，上腹部压印六道短凹槽，流根部贴塑五瓣蝴蝶结，矮圈足。依据肩部分为二式。

Ⅰ式：肩部弧折，折角明显。FY1：111（图一三〇，1）。

Ⅱ式：圆溜肩，肩部圆弧。FT4②：243（图一三一，2）。

（5）圆弧腹长流执壶

圆唇，撇口，束颈，圆溜肩，圆弧腹，长流。依据口部分为四型。

A 型　喇叭口，矮圈足，外足墙直，内墙倾斜。依据颈部分为七亚型。

Aa 型　喇叭口外敞，斜直颈，最小直径位于颈下部，上腹壁较直。FY1：3（图一三二，10）。

Ab 型　喇叭口外侈，最小直径位于颈下部，圆鼓腹。DY1 排烟室：7（图二九，12），FY1：27（图一三二，1）。

Ac 型　喇叭口外卷，短束颈，最小直径位于颈下部，肩部弧折。FY1：10（图一三四，2）。

Ad 型　喇叭口外侈，最小直径位于颈上部。腹壁刻划莲瓣纹。窑采：16（图一七〇，1）。

Ae 型　喇叭口外卷，斜直颈，最小直径位于颈下部，肩部弧折。FT4②：27（图一三七，5）。

Af 型　喇叭口外侈，颈部细高，最小直径位于颈中部。FT3①：13（图一三八，2）。

Ag 型　喇叭口外侈，颈部细高，最小直径位于颈上部。FY1：21（图一三八，4）。

B 型　直口。颈较直，溜肩，弧鼓腹，暗圈足。FT4③：325（图一三九，1）。

C 型　盘口，束颈，矮圈足。肩部一侧置弯曲长流，与之对应的颈、肩处塑扁平把柄，流、柄之间的颈肩部塑对称竖向半环状系。依据颈部分为三亚型。

Ca 型　短束颈，盘口较深，腹壁较直，圆鼓腹，器身矮胖。FT4②：76（图一四〇，1）。

Cb 型　短束颈，盘口较浅，腹壁斜弧，口沿外侈。FT4③：78（图一四一，1）。

Cc 型　粗长颈，盘口较浅，腹壁略直，口沿呈子口状。FT3①：11（图一四一，2）。

D 型　子口微敛，颈上部微鼓。FY1：22（图一四一，3）。

（6）八棱长流执壶

口、肩腹部呈八棱形。依据口颈部分为二型。

A 型　直口，斜直颈。窑采：21（图一七一，7）。

B 型　侈口，长束颈。窑采：17（图一七一，4）。

（7）花浇

侈口，口沿一侧捏流，与流对应的颈、肩处塑扁平把柄。短颈，溜肩，圆鼓腹，暗圈足。YT1④：3（图九二，6），FT4②：26（图一四三，2）。

（8）水盂

圈足。依据口部分为二型。

A 型　直口，圆唇，短直颈，斜溜肩，肩腹相接处弧折，上腹近直，下腹斜收，圈足。DT6①：17（图二九，6）。

B 型　敛口，广溜肩，扁鼓腹。YT2②：5（图九二，5）。

（9）盆

卧足。JB 采：7（图一六三，5）。

（10）钵

圆唇，唇沿外卷。依据肩部分为二型。

A 型　折肩。敛口，微束颈，斜直腹内收。YT1③：6（图九二，8）。

B 型　斜溜肩。敞口，斜弧腹。YT1①：6（图九二，7）。

另外见钵底。内底圆弧，圆饼足。

（11）瓯

均为残件，分为口沿和底足部分。

口沿部分。

尖圆唇，直口，直腹壁，近底内收。YT1②：55（图九二，2）。

底足部分。

依据足部分为三型。

A型　高圈足。敛口，弧腹壁，近底渐弧收。JB采：8（图一六三，1）。

B型　圈足浅挖，足墙较矮。直口，腹壁上部较直，中部微外鼓，内底宽平，中心略凸。DT1①：25（图二八，2）。

C型　圆饼足浅挖，内底宽平，下腹圆弧。JB采：12（图一六三，4）。

（12）温碗

腹壁斜弧，内底宽平，高圈足。DT1④：29（图三〇，3），DT3③：178（图三〇，1）。

（13）大碗

依据内底分为三型。

A型　内底宽平，斜弧腹壁，圈足，足墙高直。DT3③：175（图三〇，5）。

B型　内底圆弧，底腹连接处一周凹弦纹，圈足较矮。DT3③：154（图三〇，4）。

C型　内底圆弧，高圈足。FT3①：1（图一四四，14）。

（14）碗

依据口部分为六型。

A型　唇口。斜弧腹壁，浅圈足，足墙较矮。DT4⑤：36（图三一，4），DT4③：67（图三一，1）。

B型　侈口。尖圆唇，斜弧腹壁，浅圈足，足墙较矮。根据内底分为三亚型。

Ba型　内底宽平。底腹连接处一周凹弦纹。东采：26（图一六九，6）。

Bb型　内底圆弧。DT4⑤：33（图三一，6），DT4③：62（图三一，7）。

Bc型　内底一脐突。东采：28（图一六九，7）。

C型　撇口。尖圆唇，斜弧腹壁，圈足。根据内底分为三亚型。

Ca型　内底宽平，底腹连接处一周凹弦纹。圈足较矮，外腹壁剔刻一周丰满莲瓣纹。DT4③：40（图三二，1）。

Cb型　内底圆弧。圈足较矮。YT3①：19（图九三，1）。

Cc型　内底较窄微弧，内底心呈圆形乳突，矮圈足，足墙外壁较直，内壁外撇。DT5④：11（图三二，12），DT3①：85（图三二，4）。

D型　敛口。圆唇，斜弧腹壁，内底宽平，底腹连接处有一周凹弦纹。浅圈足，足墙外斜。根据内底分为二亚型。

Da型　底腹连接处一周凹弦纹，圆饼状内凹。依据腹部分为二式。

Ⅰ式：腹壁圆弧。DT2⑤：13（图三四，2），DT1①：21（图三四，3）。

Ⅱ式：腹壁斜弧。DT2①：120（图三五，2）。

Db型　内底圆弧。DT3①：87（图三五，8）。

E型　花口。斜弧腹壁，外壁与口沿花口对应处压凹槽，底腹连接处一周凹弦纹，内底宽平呈圆饼状。DT4⑤：27（图三五，9），YT3②：23（图九五，4）。

F型 斜削花口。窑采：14（图一七二，4）。

（15）斗笠碗

腹壁斜直，内底圆弧，高圈足。FY1工作面：1（图一四四，15）。

（16）墩式碗

依据口部分为三型。

A型 侈口。尖圆唇，上腹斜直，内底宽平，底腹连接处一周凹弦纹，圈足。根据腹部分为二式。

Ⅰ式：腹壁较浅，上部斜直，下部折收。DT2①：99（图三七，4）。

Ⅱ式：腹部较深，上部略斜直，近底弧收。DT4③：56（图三七，9），DT5①：55（图三七，5）。

B型 撇口。厚圆唇，微弧腹壁，底腹连接处一周凹弦纹，圈足。根据内底分为三亚型。

Ba型 内底宽平。根据腹部分为二式。

Ⅰ式：腹壁浅弧。圈足较矮。DT2④：11（图三八，5），DT4③：58（图三八，1）。

Ⅱ式：腹部较深圆弧，圈足较高。DT4②：44（图三八，6）。

Bb型 内底较窄弧。圈足较高，足墙较直。YT4③：6（图九六，17）。

Bc型 内底圆弧。厚圆唇，深弧腹，高圈足，足墙高直。YT2④：3（图九六,9),YT4②：1（图九六，7）。

C型 口沿六缺花口，尖圆唇，斜弧腹壁，外壁对应处压印六道凹槽，圈足。根据内底分为二亚型。

Ca型 内底圆弧，口沿外撇。依据腹壁分为二式。

Ⅰ式：腹部较深，内壁出阳筋，圈足高直，足墙窄薄。YT2④：1（图九六，18），DT3③：147（图三八，12）。

Ⅱ式：腹部较浅，内底平坦略下凹。JB采：14（图一六四，2）。

Cb型 内底宽平，腹壁近底折收。DT3③：146（图三八，15）。

（17）盏

依据口部分为四型。

A型 唇口。斜弧腹壁，矮圈足。根据内底分为三亚型。

Aa型 内底圆弧。根据腹壁分为二式。

Ⅰ式：斜弧腹较浅。厚唇横截面呈实心三角形，圈足浅矮，足端宽平。DY1排烟室：6（图三九，5），DT7②：44（图三九，2）。

Ⅱ式：斜弧腹较深。厚唇横截面呈圆形，内底较窄，圈足变高。DT2⑤：9（图三九，14），DT5②：11（图三九，7）。

Ab型 内底呈圆形乳突。厚唇横截面呈空心圆形，圈足高窄，足墙较直。DT2①：94（图四〇，2）。

Ac型 内底呈圆饼状凸起。DT3①：77（图四〇，4）。

B型 侈口。尖圆唇，弧腹壁，圈足较矮浅挖，足墙较直、外斜，足端较宽。根据内底分为三亚型。

Ba型 内底圆弧。DT4④：12（图四一，5），DT2②：1（图四一，1）。

Bb型 内底呈圆形乳突。DT3③：131（图四三，1）。

Bc型 内底呈圆饼状凸起。DT1④：36（图四三，4），DT1①：34（图四三，3）。

C型 敞口。尖圆唇，腹壁斜直或微弧，浅圈足。根据内底分为三亚型。

Ca型 内底圆弧。圆唇，斜直腹壁。DT5①：48（图四四，1）。

Cb型 内底呈圆形乳突。YT4②：3（图一〇〇，15）。

Cc型 内底呈圆饼状凸起。敞口，斜直腹壁。依据腹壁分为二式。

Ⅰ式：腹部较浅，腹壁斜直。DT3③：106（图四四，5）。

Ⅱ式：腹部较深，腹壁斜陡。DT5③：105（图四四，6）。

D型 撇口。尖圆唇，斜弧腹壁，浅圈足。根据内底分为三亚型。

Da型 内底圆弧。依据腹壁分为二式。

Ⅰ式：腹部较浅，腹壁斜弧。DT2①：89（图四五，1）。

Ⅱ式：腹部较深，腹壁圆弧。DT2①：90（图四五，6）。

Db型 内底呈圆形乳突。DY1窑前工作室：2（图四六，3），DT5③：107（图四六，11）。

Dc型 内底呈圆饼状凸起。根据腹壁分为二式。

Ⅰ式：腹部较浅，腹壁斜弧。DT2①：102（图四六，10）。

Ⅱ式：腹部较深，内底圆弧。FT4②：120（图一四六，4）。

（18）花口盏

圆唇，花口，外壁与之对应处压印凹槽，腹壁斜直，内底平坦下凹，底腹连接处一周凹弦纹，圈足。依据口部分为四型。

A型 花口压印而成。腹部较浅，斜直壁，圈足足墙较矮，挖足较浅，足端较宽，足墙外斜。YT3④：1（图一〇一，6），DT4①：33（图四七，1）。

B型 花口斜削而成。根据内底分为二亚型。

Ba型 内底圆弧。弧腹壁，内壁与花口对应处塑阳筋，浅圈足。DY1火膛：15（图四七,5）。

Bb型 内底呈圆饼状凸起。DT7②：39（图四七，3）。

C型 撇口，花口压印而成，腹部较深，腹壁斜弧，圈足较高，挖足较深，足墙高直。YT1②：3（图一〇一，4）。

D型 撇口，花口斜削而成。根据内底分为二亚型。

Da型 内底呈圆形乳突。内壁与花口对应处塑阳筋。DT4②：20（图四七，8）。

Db型 内底下凹平坦，底腹分界明显。依据腹壁分为二式。

Ⅰ式：内壁出筋。JB采：26（图一六五，8）。

Ⅱ式：足墙高直，足径变小。JB采：25（图一六五，3）。

（19）大盘

内底宽平。依据底足分为三型。

A 型　小平底内凹。斜直腹壁。DT1④：38（图四八，7）。

B 型　圆饼足浅挖。斜弧腹壁。DT1④：35（图四八，1）。

C 型　矮圈足，内底腹连接处一周凹弦纹。外腹壁刻划一周莲瓣纹。DT4⑤：34（图四八，3），DT5①：45（图四八，2）。

（20）盘

与大盘相比，口径较小，胎体较薄。依据底足分为三型。

A 型　平底。根据口部分为二亚型。

Aa 型　侈口。尖圆唇，浅弧腹壁，小平底内凹，内底与腹壁连接处一周凹弦纹。外壁刻划一周莲瓣纹。DT5③：79（图四九，1）。

Ab 型　花口。口沿外敞，斜腹壁，内底平坦，小平底。JB 采：42（图一六六，5）。

B 型　圆饼足浅挖。根据口部分为四亚型。

Ba 型　平折沿。口沿六缺口，瓜棱腹壁，内壁六道阳筋，外壁与之对应处压印凹槽，内底宽平，饼足较浅矮。DT1④：37（图四九，3），YT1②：6（图一〇二，4）。

Bb 型　撇口。斜弧腹壁，内底宽平，饼足较高，浅挖足。YT1②：21（图一〇二，8）。

Bc 型　侈口。内底宽平，底腹分界明显。FT1①：6（图一四七，5）。

Bd 型　芒口。斜直腹，内底平坦，底腹分界明显。JB 采：41（图一六六，9）。

C 型　圈足，足墙高直。根据口部分为四亚型。

Ca 型　侈口。DT2②：5（图四九，11）。

Cb 型　斜削花口，口沿外侈。依据腹部分为二式。

Ⅰ式：腹部较浅，斜弧腹壁。YT4②：4（图一〇三，1）。

Ⅱ式：腹部较深，圆弧腹壁。YT1②：13（图一〇三，11）。

Cc 型　花口斜削，口沿外撇。斜腹壁近底弧折，内底宽平，底腹连接处一周凹弦纹。DT2①：70（图四九，7）。

Cd 型　压出花口，口沿外撇。斜弧腹壁，外壁与之对应处压印六道较深的凹槽，内壁对应处凸起。内底宽平，底腹连接处一周凹弦纹。DT5③：74（图四九，9）。

盘底部分。

内底篦划花叶纹。DT3①：68（图四九，13）。

内底篦划牡丹纹。DT2①：67（图四九，14）。

内底篦划荷叶纹。DT2②：85（图四九，15）。

（21）洗

腹壁上部较直，近底内收，内底宽平。依据底足分为三型。

A 型　小平底或小平底微内凹。腹壁斜直，近底内折，内底宽平，底腹连接处一周凹弦纹。根据口沿分为三亚型。

Aa 型　侈口。DT2④：2（图五〇，10），DT3③：218（图五〇，1）。

Ab 型　撇口。DT3①：71（图五〇，4）。

Ac 型　口沿削出六缺花口。DT3①：40（图五〇，13）。

B型　饼足浅挖，足墙矮。根据口部分为二亚型。

Ba型　口沿斜削六缺花口。近底处弧收，内底宽平。依据腹部分为二式。

Ⅰ式：内腹壁压成瓜棱状。斜折腹，腹壁斜直，近底处弧折。Y1窑前工作室：34（图五一，1），DT6③：10（图五一，4）。

Ⅱ式：腹壁斜直，近底处弧折。尖圆唇，口沿有六缺花口。底腹连接处一周凹弦纹。DT3①：62（图五一，11）。

Bb型　直口。圆唇，内底宽平，底腹分界明显。JB采：54（图一六六，1）。

C型　圈足，足壁规整，足端平直，内底宽平，底腹连接处一周凹弦纹。根据口部分为三亚型。

Ca型　撇口。尖圆唇。依据腹部分为二式。

Ⅰ式：腹壁斜直，下腹壁弧折内收。DT1④：1（图五二，7），DT2③：58（图五二，1）。

Ⅱ式：斜弧腹壁，腹壁坦。DT3③：132（图五四，3）。

Cb型　口部压印出六瓣花口。外腹壁与花口对应处压六道凹槽。圆唇，内底宽平，腹壁上部较直，近底内折。DT4③：21（图五五，1）。

Cc型　口部斜削出十瓣花口。敞口，内底宽平，腹壁上部直，近底内折。DT5③：68（图五五，7）。

（22）碟

碟与洗的造型类似，以口径的大小为区别，口径大于12厘米归为洗，口径11厘米或者小于11厘米的归为碟。依据底足分为三型。

A型　小平底或小平底微内凹。圆唇，侈口，斜腹壁。内底较宽平，底腹连接处一周凹弦纹。DT2⑤：15（图五六，1），YT3②：3（图一〇五，4）。

B型　饼足浅挖，足墙较矮。根据口部分为三亚型。

Ba型　唇口。浅弧腹壁。内底圆弧，足墙较宽，足端斜削。DT4③：35（图五七，2）。

Bb型　撇口。尖圆唇，腹壁近底内折收。YT1③：2（图一〇五，9）。

Bc型　侈口。尖圆唇，斜弧腹，内底宽平，底腹连接处一周凹弦纹。YT1②：35（图一〇五，11）。

C型　圈足。足墙规整较高。根据口部分为二亚型。

Ca型　折沿。浅弧腹，内底较平。YT1②：33（图一〇五，7）。

Cb型　斜削花口，九瓣花口或者十瓣花口，腹壁斜直，近底部内折，内底宽平，内底与腹连接处有一周凹弦纹。DT5①：63（图五八，1）。

（23）盏托

盘中间置托杯，托杯与底相通。腹壁近底内折，内底较宽，高圈足足墙较直。YT1③：1（图一〇六，1）。

（24）酒台

由托台和圈足盘两部分组成。依据整体形态分为五型。

A型　托盘面高于托台面，托盘口沿斜折，折腹。托盘圈足足墙矮直，外底心镂一圆孔。

DT3③：9（图五九，2）。

B型　托盘面低于托台面，托盘折沿，口沿起棱呈葵花状，折腹。托盘圈足足径略高，足墙较直。DT7①：20（图五九，4）。

C型　托盘面低于托台面，托盘口沿平折，折腹。根据圈足分为二亚型。

Ca型　圈足较矮，足墙较直。DT4①：1（图五九，5）。

Cb型　圈足略高，足墙外斜，托台增高。DT3③：74（图六二，1）。

D型　托盘面低于托台面，托盘口沿平折，腹壁内折呈二级阶梯状。托台台壁外鼓。根据圈足分为二亚型。

Da型　圈足略高，足墙外撇。DT4⑤：6（图六四，6），DT3③：86（图六四，1）。

Db型　圈足较高，足墙外撇。托台增高。DT3③：84（图六四，8）。

E型　托盘面低于托台面，托盘口沿平折，腹壁斜弧。托盘圈足高。DT5③：51（图六四，10）。

（25）杯

与盏类器形相比较，容量较小，腹部较深，制作规整。依据底足分为五型。

A型　饼足较浅。侈口，内底圆弧。YT1④：2（图一〇七，1），YT2②：83（图一〇七，2）。

B型　喇叭状高足，内底圆弧。DT3③：182（图六五，2）。

C型　喇叭状圈足。圆唇，直口，腹壁上部较直，近底弧收。根据足墙分为三亚型。

Ca型　足墙矮，挖足较浅，足沿外撇。DT3①：20（图六五，3）。

Cb型　足墙高直，足沿外撇。DT5③：60（图六五，5）。

Cc型　足墙较高，足沿外撇较大。DT3①：39（图六八，2）。

D型　矮圈足。六缺葵口，外壁与口沿缺口对应处压印凹槽，斜弧腹壁，内底圆弧。DT1④：26（图七〇，2），DT2②：84（图七〇，1）。

E型　圈足，足墙高。DT3③：149（图七〇，5）。

（26）炉

喇叭状圈足，底沿外撇，外足墙有一周凸弦纹。DT1①：6（图七一，3）。

（27）盒

子口内敛，腹壁较直，小平底。拱弧形盖，盖顶部下凹。FT4②：238（图一四八，3）。

（28）枕

依据整体分为三型。

A型　实心，银锭状。DT3③：1（图七一，1）。

B型　枕面四出如意状，前低后高。DT5③：41（图七一，5）。

C型　长方形。DT3③：2（图七一，2）。

（29）罐盖

依据口部形态分为二型。

A型　母口，盖沿下折，盖面隆起呈弧拱状。依据盖沿分为二亚型。

Aa型　盖沿垂直。顶面中间平坦置茎梗纽。DT2①：59（图七二，1）。

Ab 型　盖缘平折，盖沿垂直。中间置茎梗纽。DT3 ③ : 174（图七二，5）。

B 型　子口。根据盖沿分为二亚型。

Ba 型　盖面平弧，盖沿平折。盖顶面平，中部略下凹置纽。YT1 ② : 19（图一〇八，3）。

Bb 型　盖面圆隆，盖沿平折，下设子口。顶面中间置茎梗纽。DT3 ③ : 172（图七二，9）。

（30）瓶壶盖

依据整体形态分为四型。

A 型　碟状。盖面中部下凹，盖沿弧拱。根据纽分为六亚型。

Aa 型　茎梗状纽。FT3 ① : 35（图一四九，1）。

Ab 型　柱状纽。FT2 ① : 38（图一四九，4）。

Ac 型　单瓣花苞状纽。FT3 ① : 95（图一四九，5）。

Ad 型　多瓣花苞状纽，以三瓣花苞居多，有的四瓣花苞。DT1 ④ : 39（图七三，3），FT4 ② : 22（图一四九，9）。

Ae 型　圆珠状纽。FT4 ② : 85（图一五〇，9）。

Af 型　锥状纽。FT3 ① : 39（图一五一，1）。

B 型　盔帽形盖。FT4 ② : 83（图一五二，8）。

C 型　实心，圆饼状。DT3 ③ : 3（图七三，1）。

D 型　塔形。DT2 ② : 3（图七三，2）。

（31）瓷塑狗

卧状。FT4 ① : 4（图一五二，10）。

**5. 素胎瓷**

佛像。佛像手捧经书站立在椭圆形底座上，身前堆塑两条鱼。DT1 ④ : 19（图七四，1）。

**6. 制瓷工具**

有拨手、轴顶帽、荡箍。

（1）拨手。

扁担形底板中间置小碟，碟底刻一凹槽。DT1 ④ : 33（图七六，2），DT7 ① : 1（图七六，1）。

（2）轴顶帽

平顶，斜直壁，底部内空。YT1 ② : 10（图一〇八，6）。

（3）荡箍

圆环状，箍壁横截面略呈“L”形。Y 采 : 1（图一〇八，7），YT3 ③ : 17（图一〇八，8）。

**7. 瓷质窑具**

有火照、垫钵、间隔具等。

（1）火照

利用废弃坯件改造而成，依据整体形态分为三型。

A型 利用碗或盏底部削成，浅圈足或圆饼足，中间挖一圆孔。DT2②：20（图七七，2）。

B型 利用盏或碗口部残片。DY1窑前工作室：36（图七八，6），DT3③：184（图七八，1）。

C型 利用壶肩部残片旋削而成。FT2②：30（图一五二，11）。

（2）垫钵

覆烧芒口瓷器使用的辅助工具。依据整体形态分为三型。

A型 圆饼状。尖唇，内壁无垫阶，平底。YT1②：49（图一一〇，1）。

B型 盘状。方唇，斜直腹壁，内壁一至四级垫阶，平底或平底微内凹。YT1④：1（图一一〇，13），DT1①：12（图七九，1）。

C型 钵状。敛口，曲腹壁，平底。YT1②：8（图一一〇，21）。

（3）间隔具

装烧坯件的辅助窑具，置放在坯件与匣钵之间。白瓷胎。依据整体形态分为三型。

A型 薄垫饼。DT5③：133（图七九，3）。

B型 厚垫饼。YT3②：47（图一一〇，22）。

C型 垫圈。DF2：4（图七九，7），DT2②：12（图七九，5）。

## （二）陶器

分为日常用具、陶质窑具等。

### 1. 日常用具

有盆、缸、青灰瓦、勾头等。

（1）盆

灰胎，黑皮。分为口沿和底足部分。

盆口沿部分。

圆唇，平折沿，直口，直腹壁。DT3③：206（图八〇，1）。

盆底部分。

平底。腹壁斜弧。DT3③：207（图八〇，2）。

（2）缸

凸唇，敛口，弧腹壁。DT2①：27（图八〇，3）。

（3）青灰瓦

长方形，中间弧拱。青灰色，凹面装饰布纹。DT4⑤：37（图八〇，4）。

（4）勾头

“心”字形，模印莲瓣纹。DT1①：2（图八〇，5）。

### 2. 陶质窑具

有匣钵、匣钵盖、间隔具、窑撑、窑砖、原料等。

（1）匣钵

紫褐色粗砂陶胎。依据整体形态分为五型。

A 型　矮桶形。方唇，腹壁较直，平底。DT3 ③：196（图八一，2）。

B 型　高桶形。方唇，直腹壁，平底或平底略内凹。FT2 ②：27（图一五四，1）。

C 型　漏斗形。方唇，直口，腹壁上部较直，中腹以下内收，小平底。DT4 ⑤：41（图八一，5），DT2 ②：6（图八一，8）。

D 型　深钵状。方唇，直口，上部呈桶形，近底内折收，底部外凸。YT1 ②：62（图一一一，6）。

E 型　浅钵状。上部较直，略浅，近底内折收，底部微弧。YT1 ②：63（图一一一，13）。

（2）匣钵盖

为防止窑顶落渣以及焰火污染坯件，通常在一摞匣钵最上面一件的口部置放遮盖物，即为匣钵盖。依据整体形态分为二型。

A 型　盖面隆起。根据顶部分为二亚型。

Aa 型　顶部平坦。DY1 火膛：25（图八二，9），DT2 ②：7（图八二，1）。

Ab 型　顶部隆起呈圆弧状。DT4 ⑤：40（图八二，3）。

B 型　盖面下凹。DT4 ⑤：39（图八三，4），DT3 ①：112（图八三，1）。

（3）间隔具

粗陶胎。依据整体形态分为三型。

A 型　扁平圆饼形。DT2 ②：11（图八四，1）。

B 型　圆圈形。DT5 ③：135（图八四，12）。

C 型　圆柱状。FT4 ②：216（图一六〇，5）。

（4）窑撑

匣钵之间起支撑作用。不规则“工”字形，两端较大，端面较平。窑工在装窑满窑时随手捏成的。中间有明显的手捏痕。紫褐色粗砂胎。DT4 ⑤：38（图八五，7），DT2 ③：12（图八五，1）。

（5）窑砖

平面呈梯形。DT5 ③：177（图八六，1）。

（6）原料

紫褐色粗胎。圆柱状。FY1：86（图一六一，3）。

## （三）石器

### 石砚

整体呈“风”字形。砚堂前凹。YT3 ③：3（图一一二，2）。

### （四）铜器

有铜钱和铜镜。

#### 1. 铜钱

圆形方孔铜钱。腐朽严重，多数无法辨读，只有少数依稀可辨铭文。
“开元通宝”铜钱。DT4⑤：5（图版五二，11）。
“至和元宝”铜钱。DT1②：2（图版五二，9）。
“元丰通宝”铜钱。DT1②：3（图版五二，10）。

#### 2. 铜镜

圆形，镜缘较浅，凸起，镜很薄，中间置浅纽。DT1②：53（图八六，2）。

### （五）铁器

#### 铁刀

扁平。长条形。表面腐蚀严重。DT2③：80（图八六，3）。

## 二、各组期别

### （一）地层与遗迹分组

道塘里、铜锣山、凤凰山三处窑址考古发掘的各个探方都是原生堆积，各窑址的地层划分分别以土质、土色和包含物为依据，地层叠压关系清晰。其中道塘里窑址遗迹和地层的叠压顺序依次为DT①层叠压DT②层，DT②层叠压DT③层，DT③层叠压DT④层，DT④层下开口的遗迹有DF1、DF2、DY1、DG1，这些遗迹打破DT⑤层；铜锣山窑址遗迹和地层的叠压顺序依次为YT①层叠压YT②层，YT②层叠压YT③层，YT③层叠压YT④层，YF1、YC1开口于YT③层下，打破生土；凤凰山窑址地层和遗迹的叠压顺序依次为FT①层叠压FT②层，FY1开口于FT②层下，FT②层叠压FT③层，FF1开口于FT③层下，打破生土。三处窑址相隔一定距离，窑址之间的地层按序号无法完全对应。基于类型学器物面貌相同的地层归入一组的原理，考古分期以地层为基础，以出土器物的类型学为依据，可以将三处窑址的地层和遗迹分为二组。

第一组：遗迹包括道塘里窑址DY1、DF1、DF2、DG1。地层有道塘里窑址的DT④层、DT⑤层，铜锣山窑址的YT④层。

第二组：遗迹包括凤凰山窑址 FY1、FF1 及铜锣山窑址 YF1。地层有道塘里窑址 DT ③层、DT ②层、DT ①层，铜锣山窑址 YT ③层、YT ②层、YT ①层，凤凰山窑址 FT ③层、FT ②层、FT ①层。

## （二）地层与遗迹分期

根据前述出土器物的类型学分析，可以清晰地看出窑址出土器物在品种、造型、胎釉、纹饰、装烧的演变规律，如下表。根据上述地层、遗迹及器物的分组情况，结合墓葬、遗址、窑藏等纪年材料的对比分析，可以分为两期，其中第一组对应第一期，第二组对应第二期。

**器物型式分期表（1）**[①]

| 品种 | 青釉瓷 | | | 典型地层、遗迹 |
|---|---|---|---|---|
| 器形 | 缸口沿 | | | |
| 型式 | A | B | C | |
| 一期 | | | | |
| 二期 | 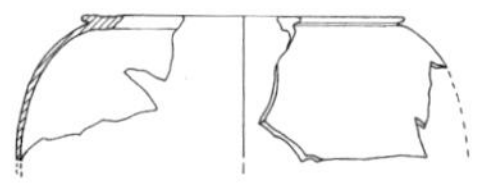 | 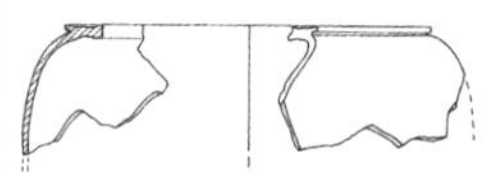 | 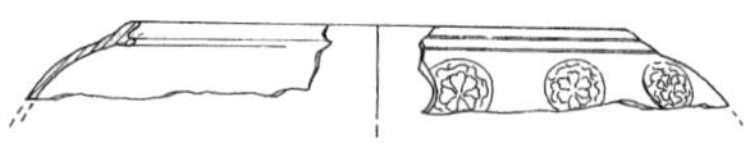 | DT ③ |
| 器号 | DT5 ③：45 | DT5 ③：33 | DT3 ③：229 | |

**器物型式分期表（2）**

| 品种 | 青釉瓷 | | | | | 典型地层、遗迹 |
|---|---|---|---|---|---|---|
| 器形 | 缸下腹和底足 | | 罐 | 单把罐 | 横系罐 | |
| 型式 | A | B | | | | |
| 一期 | | | 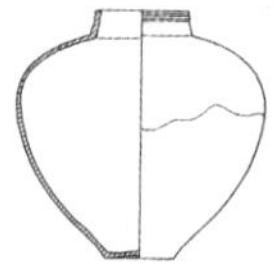 | 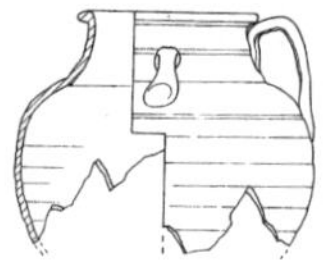 | | DT ⑤、DT ④ |
| 器号 | | | DT1 ④：24 | DT4 ⑤：3 | | |
| 二期 | 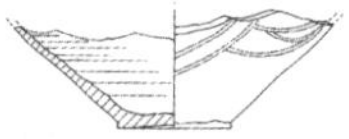 | 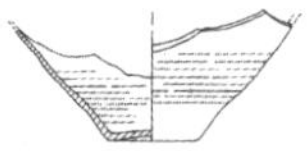 | | | 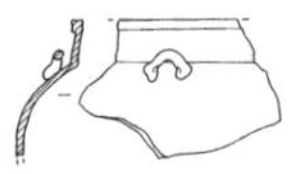 | YT ②、DT ③<br>YT ①、FT ① |
| 器号 | YT1 ②：58 | YT4 ①：11 | | | FT4 ①：55 | |

① 大写英文字母代表型，小写英文字母代表亚型，罗马字母代表式。DT、YT、FT 分别代表道塘里窑址、铜锣山窑址、凤凰山窑址的探方。

**器物型式分期表（3）**

| 品种 | 青釉瓷 | | | | 典型地层、遗迹 |
|---|---|---|---|---|---|
| 器形 | 执壶 | | | | |
| 型式 | A | B | | | |
| | | Ba | Bb | Bc | |
| 一期 | 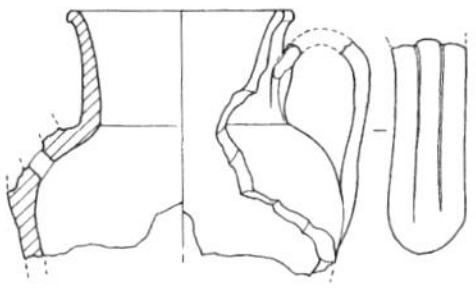 | | | | DY1、DF2 |
| 器号 | DY1 窑前工作室：29 | | | | |
| 二期 | 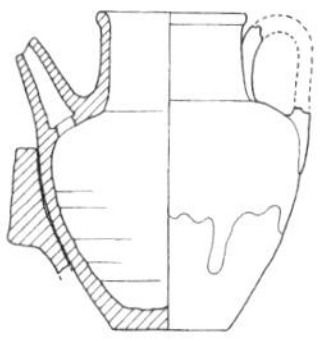 | 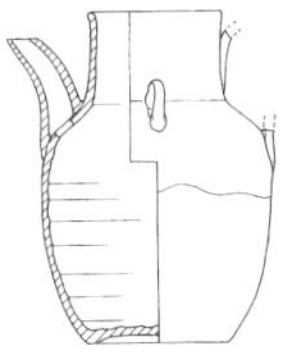 | 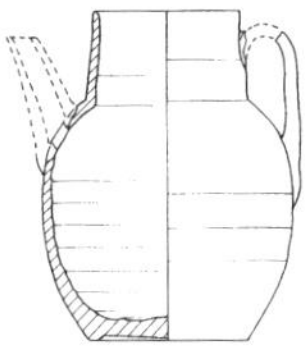 | 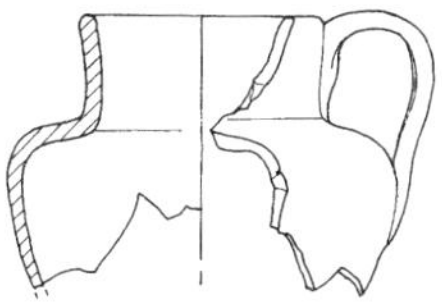 | DT ③、DT ①、FT ③、FT ②、FT ①、FY1 |
| 器号 | DT3 ③：25 | FT3 ①：28 | FT4 ②：68 | DT3 ①：115 | |

**器物型式分期表（4）**

| 品种 | 青釉瓷 | | | | | 典型地层、遗迹 |
|---|---|---|---|---|---|---|
| 器形 | 横柄壶 | 花浇 | 盆 | 钵 | 碗 | |
| 一期 | | 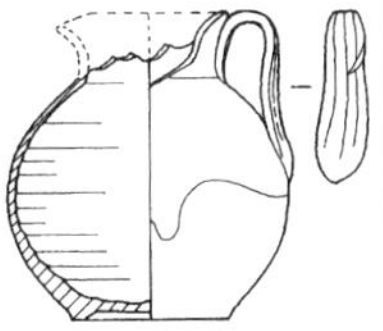 | | | | DY1 |
| 器号 | | DY1 窑前工作室：24 | | | | |
| 二期 | 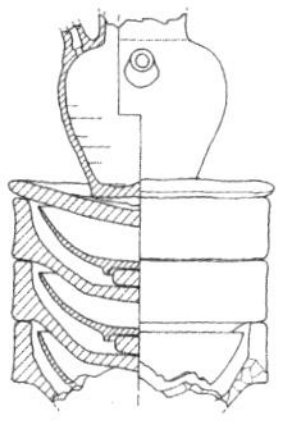 | 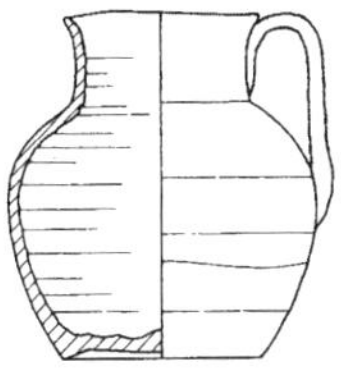 |  | 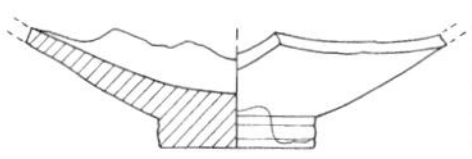 | 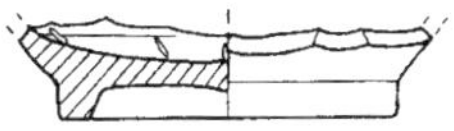 | DT ③、DT ②、DT ①、YT ③、FT ②、FT ① |
| 器号 | DT3 ③：181 | FT4 ②：78 | DT5 ①：61 | DT3 ③：210 | YT3 ③：4 | |

**器物型式分期表（5）**

| 品种 | 青釉瓷 | | 典型地层、遗迹 |
|---|---|---|---|
| 器形 | 碾槽 | 碾轮 | |
| 一期 | | 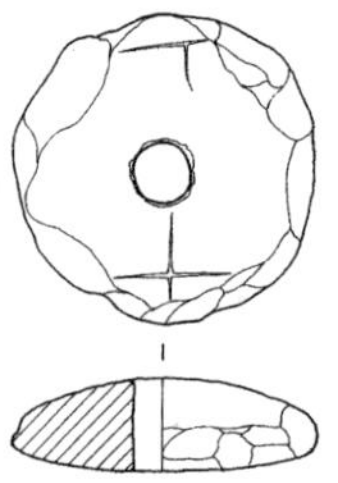 | DT④ |
| 器号 | | DT2④：1 | |
| 二期 | 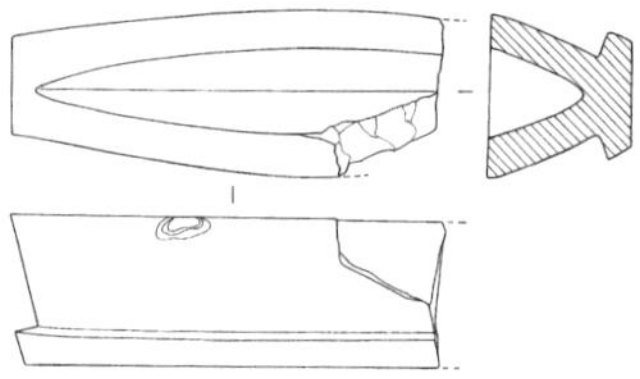 | 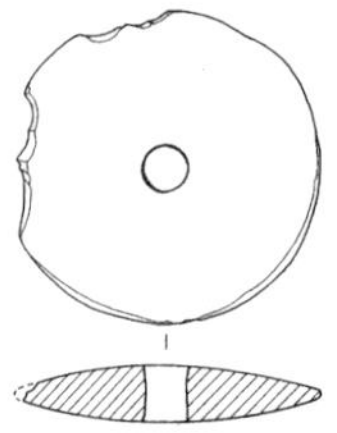 | DT③、YT② |
| 器号 | DT2③：32 | DT3③：33 | |

**器物型式分期表（6）**

| 品种 | 酱黑釉瓷 | | | | 典型地层、遗迹 |
|---|---|---|---|---|---|
| 器形 | 执壶 | | | | |
| 型式 | A | B | C | | |
| | | | Ca | Cb | |
| 一期 | | | | | |
| 二期 | 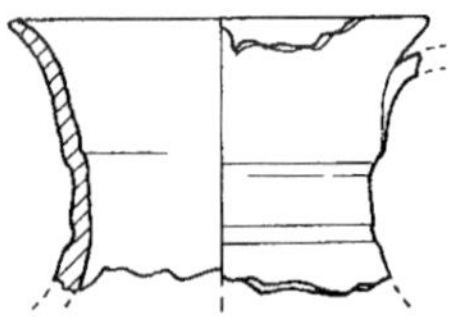 | 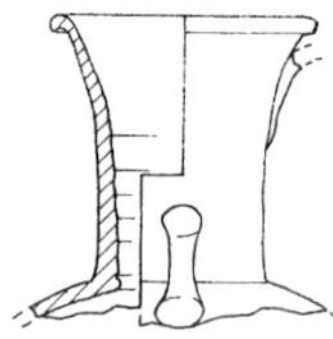 | 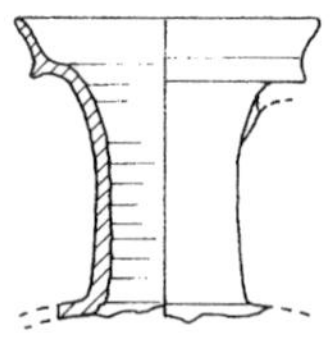 | 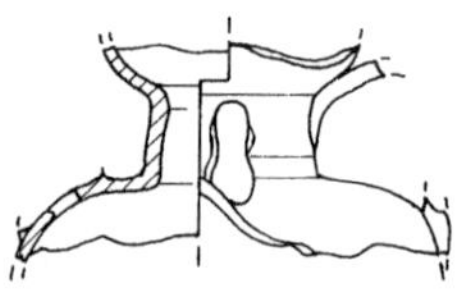 | DT③、YT②、FT① |
| 器号 | DT4③：5 | FT3①：98 | FT3①：96 | FT3①：23 | |

**器物型式分期表（7）**

| 品种 | 酱黑釉瓷 | | | | 典型地层、遗迹 |
|---|---|---|---|---|---|
| 器形 | 盖钵 | 钵 | 碗 | 小碗 | |
| 一期 | | 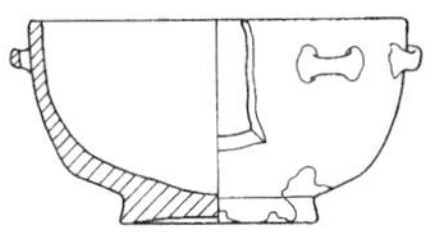 | 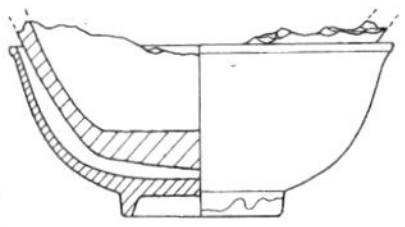 | | DY1 |
| 器号 | | DY1 窑前工作室：25 | DY1 火膛：9 | | |
| 二期 | 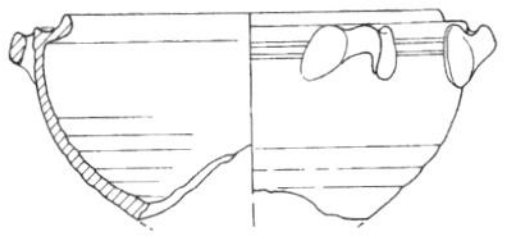 | | | 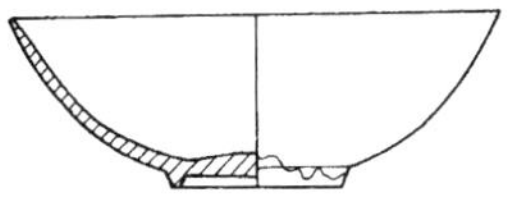 | DT③、DT②、DT① |
| 器物 | DT4②：50 | | | DT5③：39 | |

**器物型式分期表（8）**

| 品种 | 酱黑釉瓷 | | | | | | 典型地层、遗迹 |
|---|---|---|---|---|---|---|---|
| 器形 | 盏 | | 碟 | | | 杯 | |
| 型式 | A | B | A | B | C | | |
| 一期 | 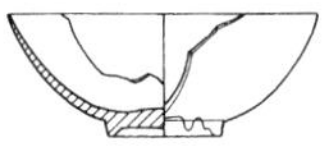 | | | 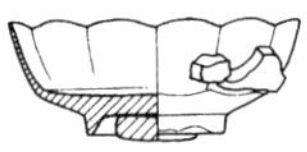 | | | DY1、DT④ |
| 器号 | DY1 火膛：10 | | | DT1④：27 | | | |
| 二期 | 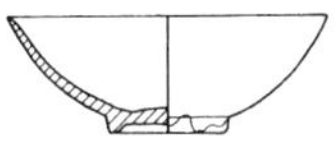 | 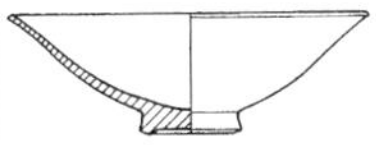 | 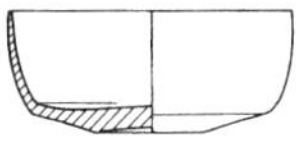 | 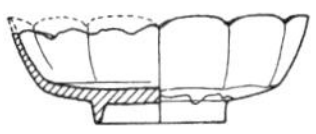 | 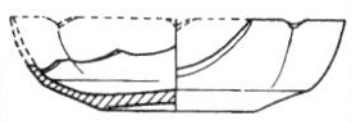 |  | DT③、DT①、YT② |
| 器号 | DT3③：31 | YT1②：16 | DT1①：52 | DT5③：6 | DT5③：5 | DT5③：8 | |

**器物型式分期表（9）**

| 品种 | 紫金釉瓷 | | | 典型地层、遗迹 |
|---|---|---|---|---|
| 器形 | 小碗 | 盏 | 碟 | |
| 一期 | 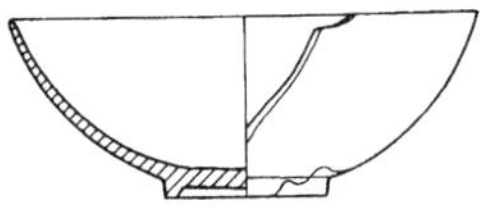 | | | DY1 |
| 器号 | DY1 排烟室：1 | | | |
| 二期 | 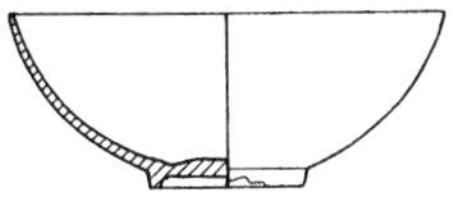 | 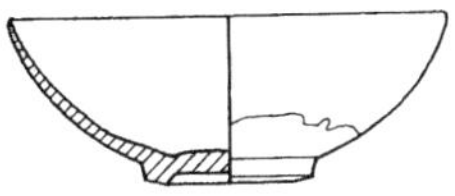 | 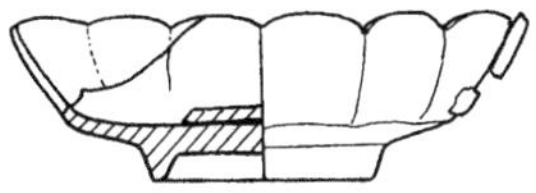 | DT③、DT① |
| 器号 | DT3③：37 | DT4①：20 | DT5③：44 | |

**器物型式分期表（10）**

| 品种 | 青白釉瓷 | | | | | 典型地层、遗迹 |
|---|---|---|---|---|---|---|
| 器类 | 柳斗罐 | | | | 瓶 | |
| 型式 | A | B | C | | | |
| | | | Ca | Cb | | |
| 一期 | | | | | | |
| 二期 | 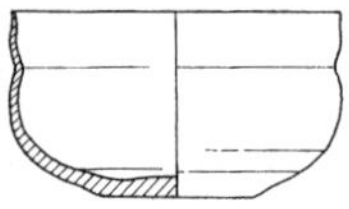 | 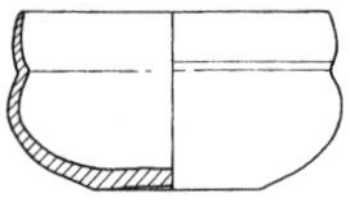 | 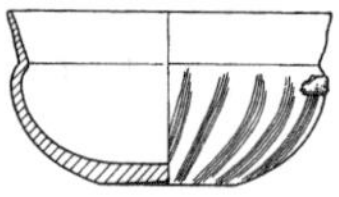 | 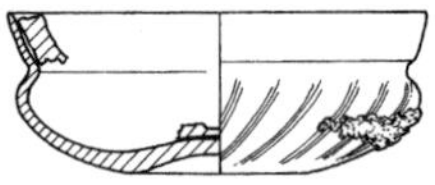 | 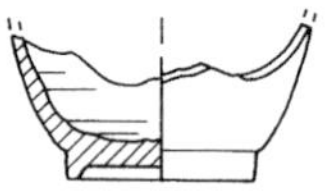 | DT③、DT①、YT② |
| 器号 | DT3③：160 | DT5③：116 | DT1①：3 | DT3③：11 | DT3①：100 | |

**器物型式分期表（11）**

| 品种 | 青白釉瓷 | | | | | | 典型地层、遗迹 |
|---|---|---|---|---|---|---|---|
| 器形 | 短流执壶 | 瓜棱腹长流执壶 | | | | | |
| 型式 | | A | | | | | |
| | | Aa | | Ab | | Ac | |
| | | Ⅰ | Ⅱ | Ⅰ | Ⅱ | | |
| 一期 | | | | | | | |
| 二期 |  | 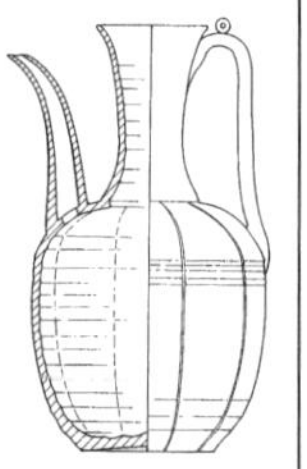 | 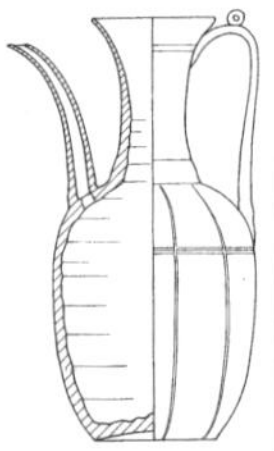 | 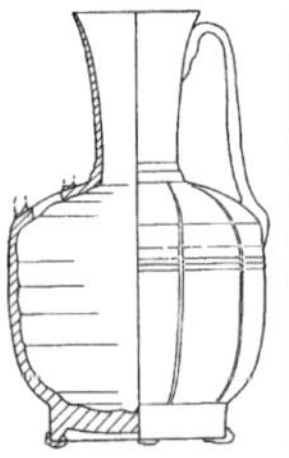 | 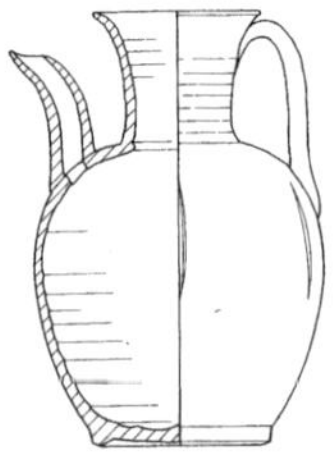 | 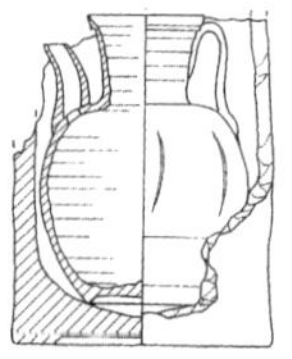 | DT③、FY1、FT③、FT②、FT① |
| 器号 | DT5③：20 | FT4③：328 | FT4②：205 | FT4③：45 | FT4①：3 | FT3①：3 | |

**器物型式分期表（12）**

| 品种 | 青白釉瓷 | | 典型地层、遗迹 |
|---|---|---|---|
| 器形 | 瓜棱腹长流执壶 | | |
| 型式 | B | | |
| | Ⅰ | Ⅱ | |
| 一期 | | | |
| 二期 | 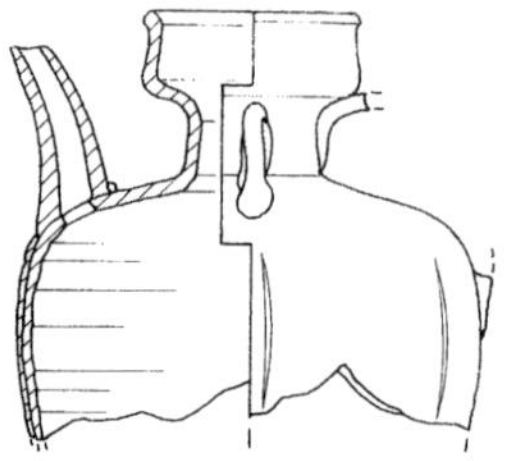 | 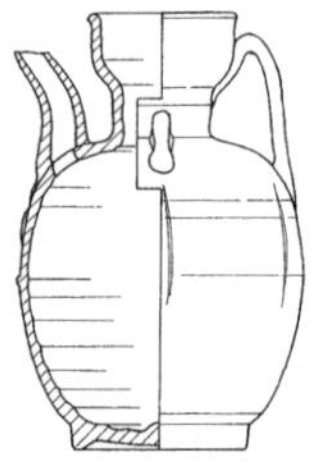 | FY1、FT②、FT① |
| 器号 | FY1：111 | FT4②：243 | |

**器物型式分期表（13）**

| 品种 | 青白釉瓷 | | | | | | | 典型地层、遗迹 |
|---|---|---|---|---|---|---|---|---|
| 器形 | 圆弧腹长流执壶 | | | | | | | |
| 型式 | A | | | | | | | |
| | Aa | Ab | Ac | Ad | Ae | Af | Ag | |
| 一期 | | 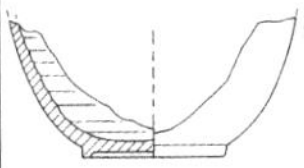 | | | | | | DY1 |
| 器号 | | DY1 排烟室：7 | | | | | | |
| 二期 | 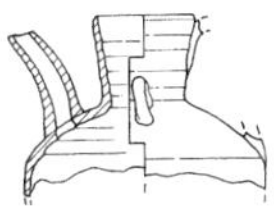 | 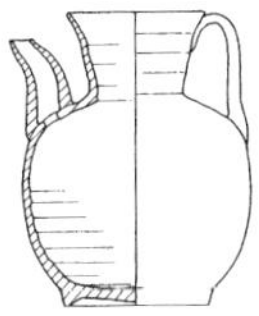 | 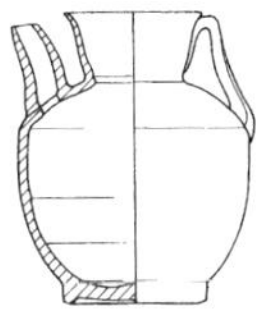 | 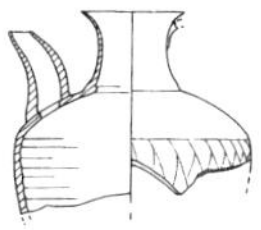 | 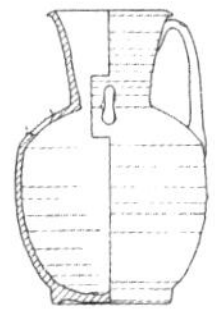 | 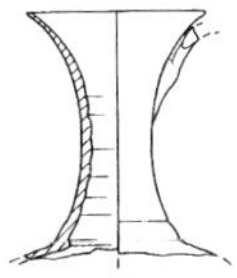 | 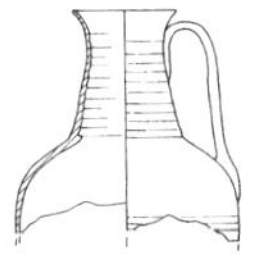 | DT③、YT②、FY1、FT③、FT②、FT①、窑采 |
| 器号 | FY1：3 | FY1：27 | FY1：10 | 窑采：16 | FT4②：27 | FT3①：13 | FY1：21 | |

**器物型式分期表（14）**

| 品种 | 青白釉瓷 | | | | | | | 典型地层、遗迹 |
|---|---|---|---|---|---|---|---|---|
| 器形 | 圆弧腹长流执壶 | | | | | 八棱长流执壶 | | |
| 型式 | B | C | | | D | A | B | |
| | | Ca | Cb | Cc | | | | |
| 一期 | | | | | | | | |
| 二期 | 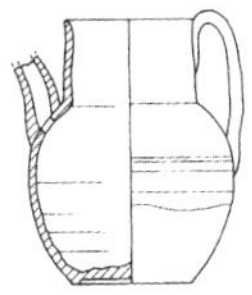 | 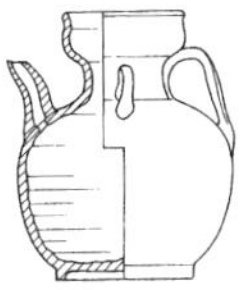 | 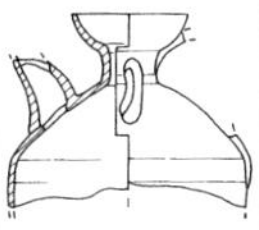 | 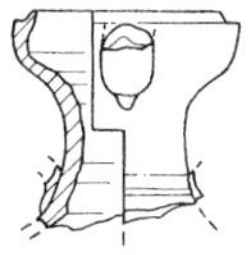 | 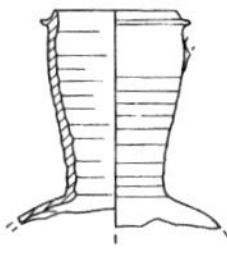 | 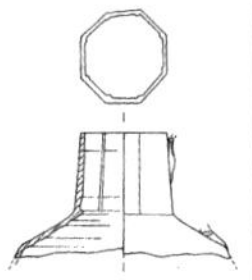 | 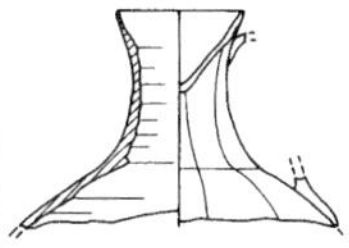 | FY1、FT③、FT②、FT①、窑采 |
| 器号 | FT4③：325 | FT4②：76 | FT4③：78 | FT3①：11 | FY1：22 | 窑采：21 | 窑采：17 | |

## 器物型式分期表（15）

| 品种 | 青白釉瓷 | | | | | | 典型地层、遗迹 |
|---|---|---|---|---|---|---|---|
| 器形 | 花浇 | 水盂 | | 盆 | 钵 | | |
| 型式 | | A | B | | A | B | |
| 一期 | 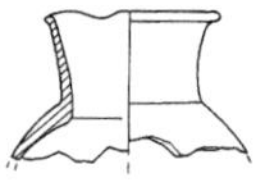 | | | | | | YT④ |
| 器号 | YT1④：3 | | | | | | |
| 二期 |  | 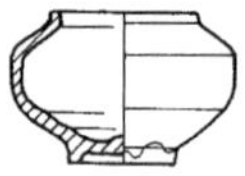 | 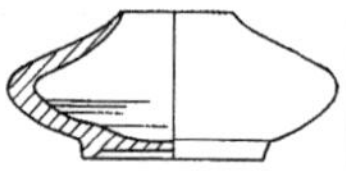 |  | 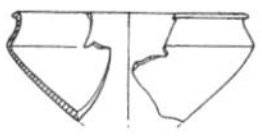 | 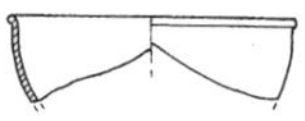 | FY1、DT①、YT③、YT②、YT①、JB采 |
| 器号 | FT4②：26 | DT6①：17 | YT2②：5 | JB采：7 | YT1③：6 | YT1①：6 | |

## 器物型式分期表（16）

| 品种 | 青白釉瓷 | | | | | | | 典型地层、遗迹 |
|---|---|---|---|---|---|---|---|---|
| 器形 | 瓯 | | | 温碗 | 大碗 | | | |
| 型式 | A | B | C | | A | B | C | |
| 一期 | | | | 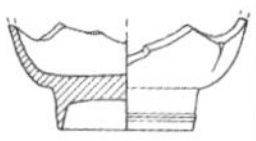 | | | | DT④ |
| 器号 | | | | DT1④：29 | | | | |
| 二期 | 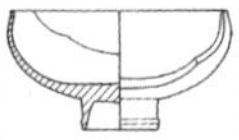 | 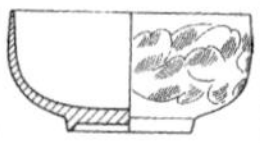 | 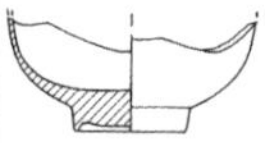 | 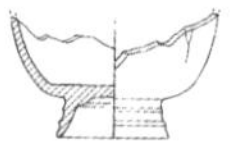 | 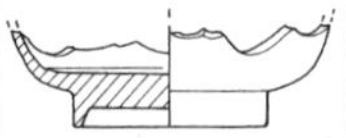 | 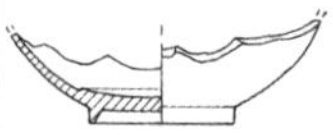 | 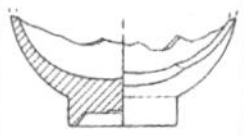 | DT③、DT①、FT①、JB采 |
| 器号 | JB采：8 | DT1①：25 | JB采：12 | DT3③：178 | DT3③：175 | DT3③：154 | FT3①：1 | |

**器物型式分期表（17）**

| 品种 | 青白釉瓷 | | | | | | | 典型地层、遗迹 |
|---|---|---|---|---|---|---|---|---|
| 器形 | 碗 | | | | | | | |
| 型式 | A | B | | | C | | | |
| | | Ba | Bb | Bc | Ca | Cb | Cc | |
| 一期 | 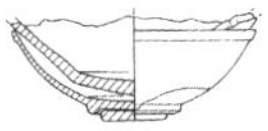 | | 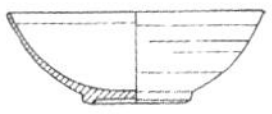 | | | | 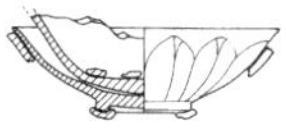 | DT⑤、YT④ |
| | DT4⑤：36 | | DT4⑤：33 | | | | DT5④：11 | |
| 二期 | 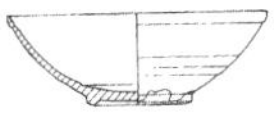 | 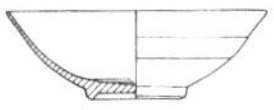 | 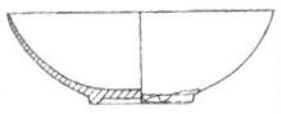 | 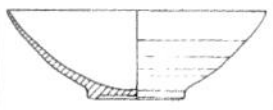 | 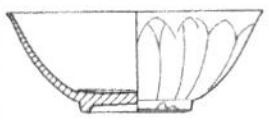 | 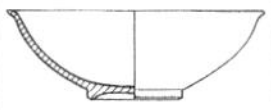 | 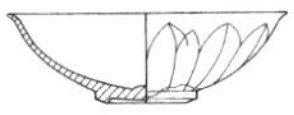 | DT③、DT②、DT①、YT③、YT②、FT①、东采 |
| 器号 | DT4③：67 | 东采：26 | DT4③：62 | 东采：28 | DT4③：40 | YT3①：19 | DT3①：85 | |

**器物型式分期表（18）**

| 品种 | 青白釉瓷 | | | | | | 典型地层、遗迹 |
|---|---|---|---|---|---|---|---|
| 器形 | 碗 | | | | | 斗笠碗 | |
| 型式 | D | | | E | F | | |
| | Da | | Db | | | | |
| | Ⅰ | Ⅱ | | | | | |
| 一期 | 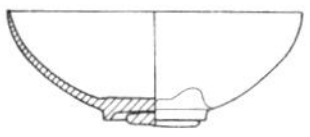 | | | 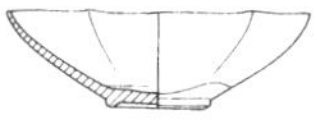 | | | DT⑤ |
| 器号 | DT2⑤：13 | | | DT4⑤：27 | | | |
| 二期 | 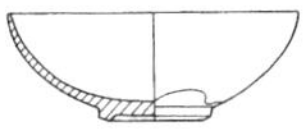 | 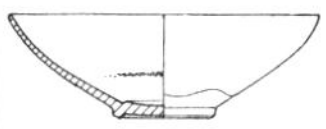 | 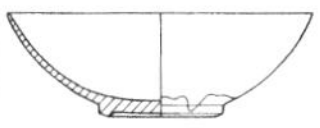 | 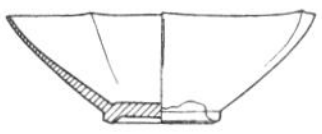 | 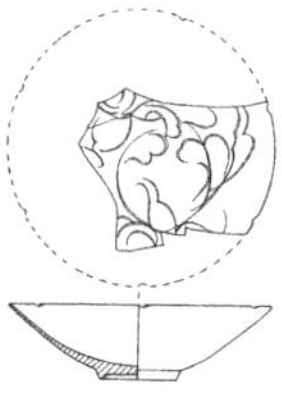 | 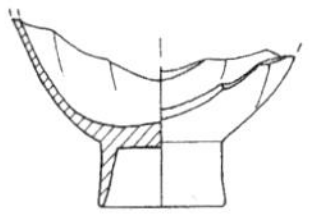 | DT③、DT②、DT①、YT③、YT②、YT①、FY1、窑采 |
| 器号 | DT1①：21 | DT2①：120 | DT3①：87 | YT3②：23 | 窑采：14 | FY1工作面：1 | |

**器物型式分期表（19）**

| 品种 | 青白釉瓷 | | | | | | 典型地层、遗迹 |
|---|---|---|---|---|---|---|---|
| 器形 | 墩式碗 | | | | | | |
| 型式 | A | | B | | | | |
| | | | Ba | | Bb | Bc | |
| | Ⅰ | Ⅱ | Ⅰ | Ⅱ | | | |
| 一期 | | | 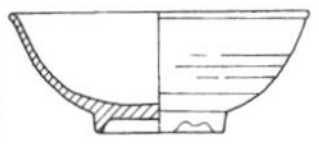 | | | 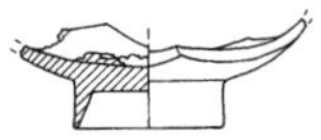 | DT④、YT④ |
| 器号 | | | DT2④：11 | | | YT2④：3 | |
| 二期 | 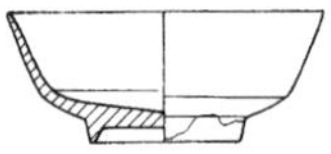 | 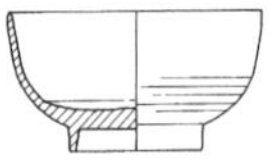 | 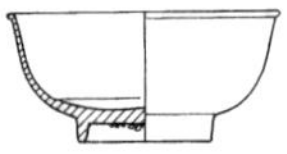 | 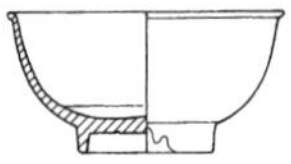 | 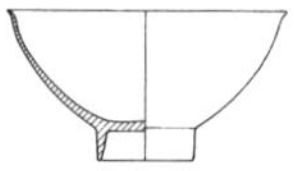 | 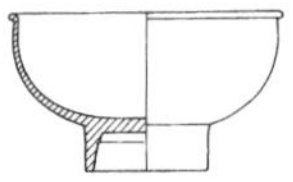 | DT③、DT②、DT①、YT③、YT②、YT①、FY1、FT③、FT②、FT① |
| 器号 | DT2①：99 | DT4③：56 | DT4③：58 | DT4②：44 | YT4③：6 | YT4②：1 | |

**器物型式分期表（20）**

| 品种 | 青白釉瓷 | | | 典型地层、遗迹 |
|---|---|---|---|---|
| 器形 | 墩式碗 | | | |
| 型式 | C | | | |
| | Ca | | Cb | |
| | Ⅰ | Ⅱ | | |
| 一期 | 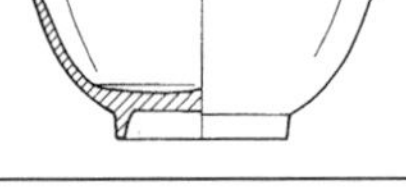 | | | YT④ |
| 器号 | YT2④：1 | | | |
| 二期 | 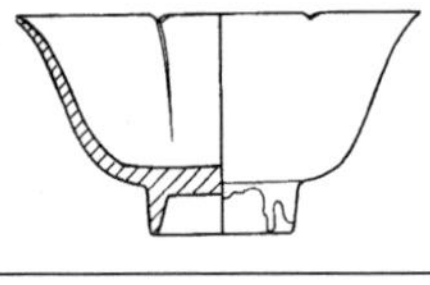 | 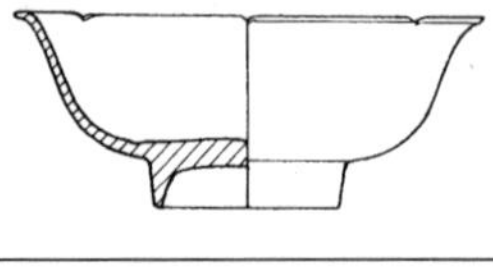 | 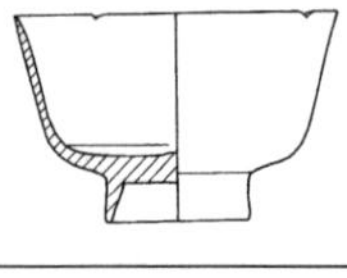 | DT③、DT①、YT③、YT②、YT①、FY1、JB采 |
| 器号 | DT3③：147 | JB采：14 | DT3③：146 | |

## 器物型式分期表（21）

| 品种 | 青白釉瓷 | | | | 典型地层、遗迹 |
|---|---|---|---|---|---|
| 器类 | 盏 | | | | |
| 型式 | A | | | | |
| | Aa | | Ab | Ac | |
| | Ⅰ | Ⅱ | | | |
| 一期 | 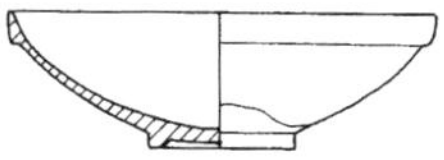 | 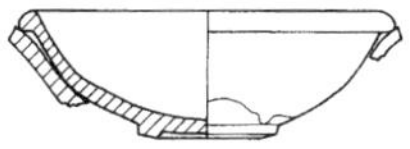 | | | DY1、DT⑤ |
| 器号 | DY1排烟室：6 | DT2⑤：9 | | | |
| 二期 | 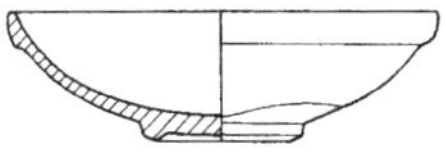 | 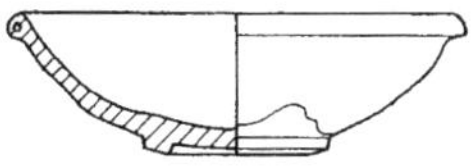 | 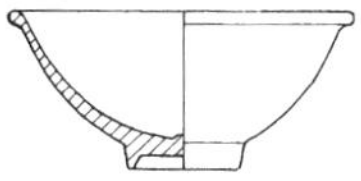 | 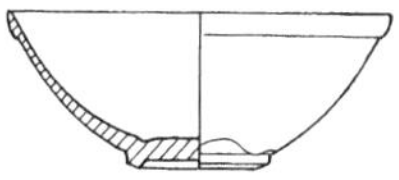 | DT③、DT②、DT①、YT③、YT②、YT① |
| 器号 | DT7②：44 | DT5②：11 | DT2①：94 | DT3①：77 | |

## 器物型式分期表（22）

| 品种 | 青白釉瓷 | | | | | | | 典型地层、遗迹 |
|---|---|---|---|---|---|---|---|---|
| 器类 | 盏 | | | | | | | |
| 型式 | B | | | C | | | | |
| | Ba | Bb | Bc | Ca | Cb | Cc | | |
| | | | | | | Ⅰ | Ⅱ | |
| 一期 | 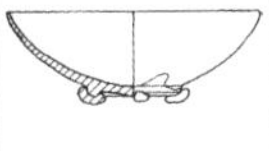 | | 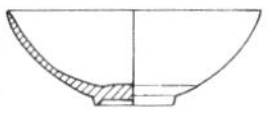 | | | | | DF1、DF2、DT⑤、DT④ |
| 器号 | DT4④：12 | | DT1④：36 | | | | | |
| 二期 | 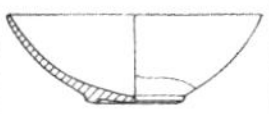 | 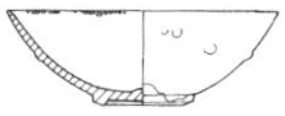 | 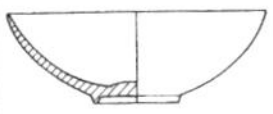 | 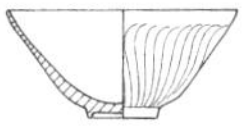 | 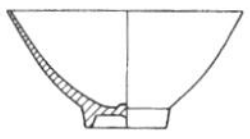 | 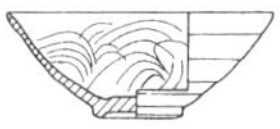 | 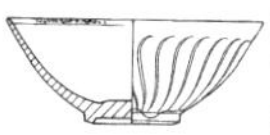 | DT③、DT②、DT①、YT③、YT②、YT①、FY1 |
| 器号 | DT2②：1 | DT3③：131 | DT1①：34 | DT5①：48 | YT4②：3 | DT3③：106 | DT5③：105 | |

**器物型式分期表（23）**

| 品种 | 青白釉瓷 | | | | | 典型地层、遗迹 |
|---|---|---|---|---|---|---|
| 器形 | 盏 | | | | | |
| 型式 | D | | | | | |
| | Da | | Db | Dc | | |
| | Ⅰ | Ⅱ | | Ⅰ | Ⅱ | |
| 一期 | | | 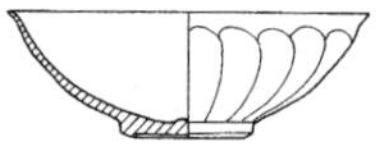 | | | DY1 |
| 器号 | | | DY1 窑前工作室：2 | | | |
| 二期 | 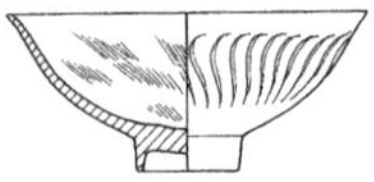 | 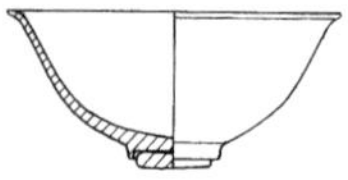 | 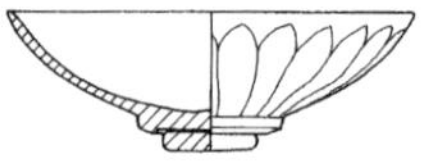 | 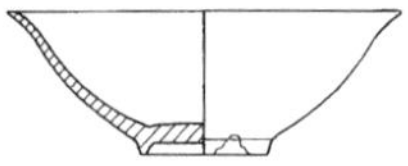 | 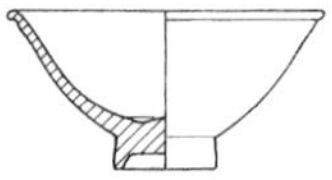 | DT③、DT②、DT① |
| 器号 | DT2①：89 | DT2①：90 | DT5③：107 | DT2①：102 | FT4②：120 | |

**器物型式分期表（24）**

| 品种 | 青白釉瓷 | | | | | | | 典型地层、遗迹 |
|---|---|---|---|---|---|---|---|---|
| 器形 | 花口盏 | | | | | | | |
| 型式 | A | B | | C | D | | | |
| | | Ba | Bb | | Da | Db | | |
| | | | | | | Ⅰ | Ⅱ | |
| 一期 | 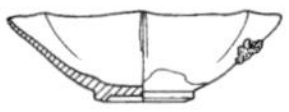 | 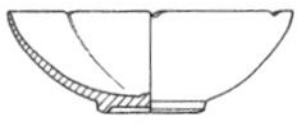 | | | | | | DY1、YT④ |
| 器号 | YT3④：1 | DY1 火膛：15 | | | | | | |
| 二期 | 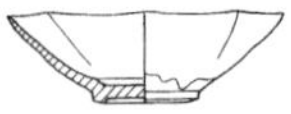 | | 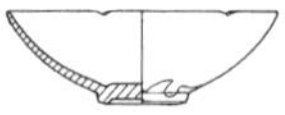 | 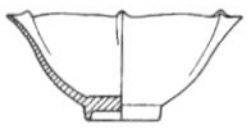 | 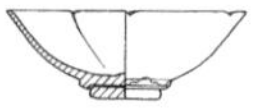 | 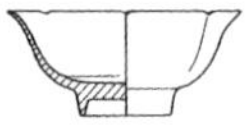 | 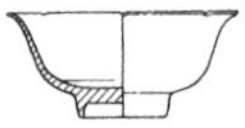 | DT③、DT②、DT①、YT③、YT②、FT②、JB采 |
| 器号 | DT4①：33 | | DT7②：39 | YT1②：3 | DT4②：20 | JB采：26 | JB采：25 | |

**器物型式分期表（25）**

| 品种 | 青白釉瓷 | | | 典型地层、遗迹 |
|---|---|---|---|---|
| 器形 | 大盘 | | | |
| 型式 | A | B | C | |
| 一期 | 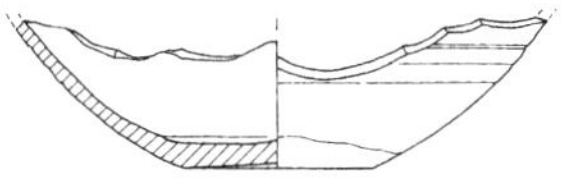 | 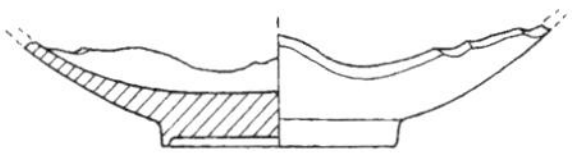 | 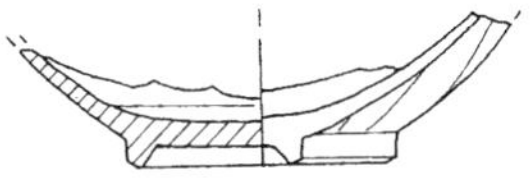 | DT⑤、DT④ |
| 器号 | DT1④：38 | DT1④：35 | DT4⑤：34 | |
| 二期 | | | 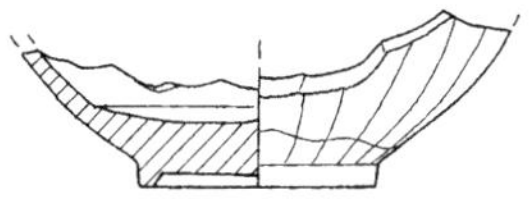 | DT③、DT②、DT① |
| 器号 | | | DT5①：45 | |

**器物型式分期表（26）**

| 品种 | 青白釉瓷 | | | | | | 典型地层、遗迹 |
|---|---|---|---|---|---|---|---|
| 器形 | 盘 | | | | | | |
| 型式 | A | | B | | | | |
| | Aa | Ab | Ba | Bb | Bc | Bd | |
| 一期 | | | 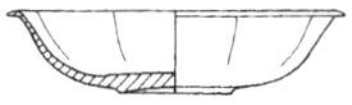 | | | | DT④ |
| 器号 | | | DT1④：37 | | | | |
| 二期 |  | 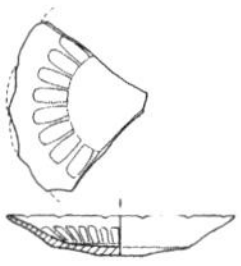 | 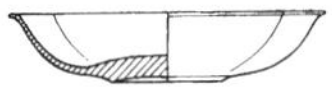 | 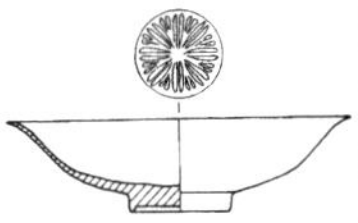 |  | 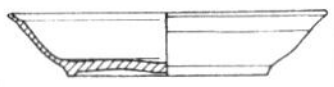 | DT③、DT②、DT①、YT③、YT②、YT①、FT①、JB采 |
| 器号 | DT5③：79 | JB采：42 | YT1②：6 | YT1②：21 | FT1①：6 | JB采：41 | |

**器物型式分期表（27）**

| 品种 | 青白釉瓷 | | | | | 典型地层、遗迹 |
|---|---|---|---|---|---|---|
| 器形 | 盘 | | | | | |
| 型式 | C | | | | | |
| | Ca | Cb | | Cc | Cd | |
| | | Ⅰ | Ⅱ | | | |
| 一期 | | | | | | |
| 二期 | 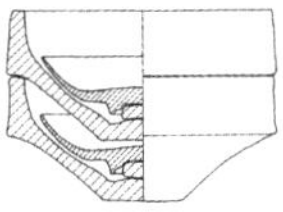 | 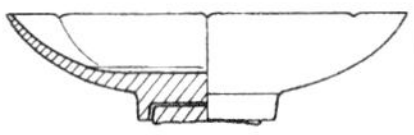 | 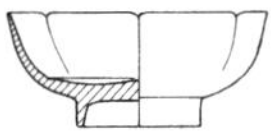 | 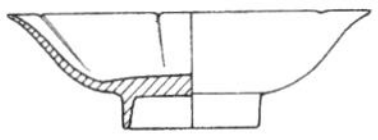 | 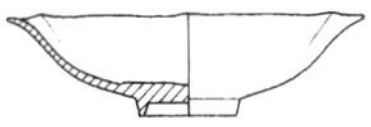 | DT③、DT②、DT①、YT③、YT②、YT① |
| 器号 | DT2②：5 | YT4②：4 | YT1②：13 | DT2①：70 | DT5③：74 | |

**器物型式分期表（28）**

| 品种 | 青白釉瓷 | | | | | | 典型地层、遗迹 |
|---|---|---|---|---|---|---|---|
| 器形 | 洗 | | | | | | |
| 型式 | A | | | B | | | |
| | Aa | Ab | Ac | Ba | | Bb | |
| | | | | Ⅰ | Ⅱ | | |
| 一期 | 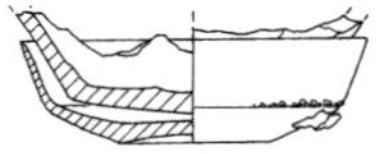 | | | 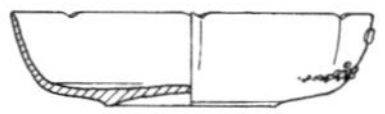 | | | DT⑤、DT④、DY1 |
| 器号 | DT2④：2 | | | Y1窑前工作室：34 | | | |
| 二期 | 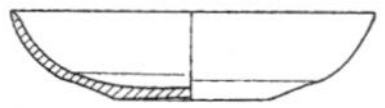 | 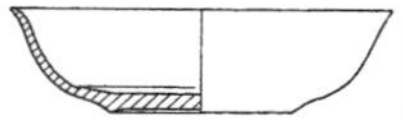 | 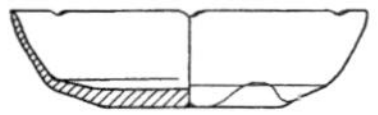 | 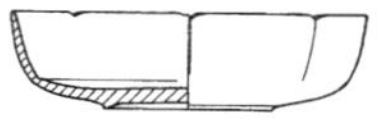 | 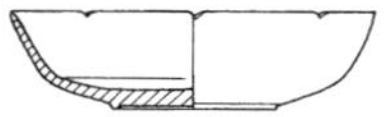 | 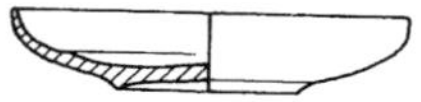 | DT③、DT②、DT①、YT②、JB采 |
| 器号 | DT3③：218 | DT3①：71 | DT3①：40 | DT6③：10 | DT3①：62 | JB采：54 | |

**器物型式分期表（29）**

| 品种 | 青白釉瓷 | | | | 典型地层、遗迹 |
|---|---|---|---|---|---|
| 器形 | 洗 | | | | |
| 型式 | C | | | | |
| | Ca | | Cb | Cc | |
| | Ⅰ | Ⅱ | | | |
| 一期 | 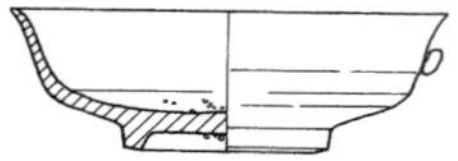 | | | | DT⑤、DT④、YT④ |
| 器号 | DT1④：1 | | | | |
| 二期 | 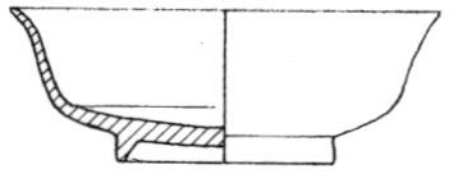 | 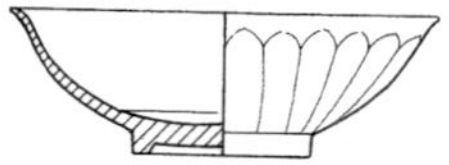 | 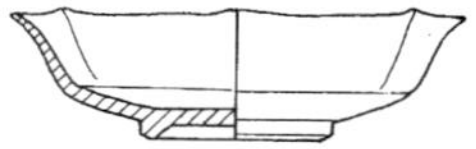 | 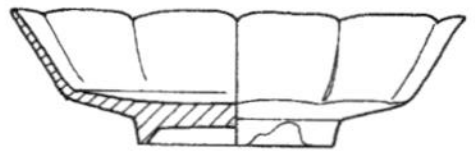 | DT③、DT②、DT①、YT③、YT②、YT① |
| 器号 | DT2③：58 | DT3③：132 | DT4③：21 | DT5③：68 | |

### 器物型式分期表（30）

| 品种 | 青白釉瓷 | | | | | | | 典型地层、遗迹 |
| --- | --- | --- | --- | --- | --- | --- | --- | --- |
| 器形 | 碟 | | | | | | 盏托 | |
| 型式 | A | B | | | C | | | |
| | | Ba | Bb | Bc | Ca | Cb | | |
| 一期 | 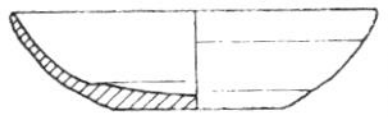 | | | | | | | DF1、DT⑤、DT④ |
| 器号 | DT2⑤：15 | | | | | | | |
| 二期 | 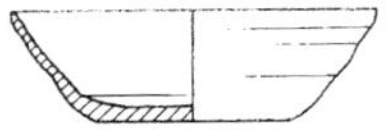 | 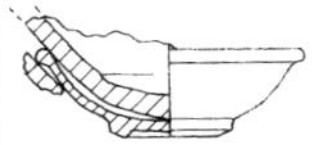 | 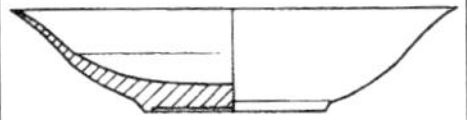 | 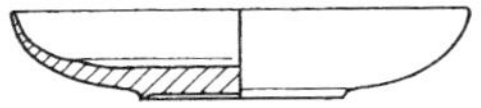 | 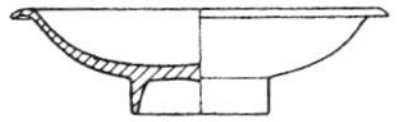 | 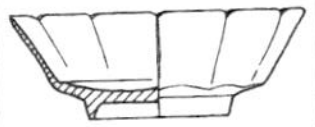 | 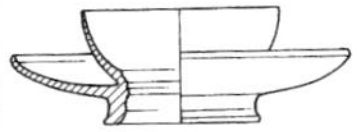 | DT③、DT②、DT①、YF1、YT③、YT② |
| 器号 | YT3②：3 | DT4③：35 | YT1③：2 | YT1②：35 | YT1②：33 | DT5①：63 | YT1③：1 | |

### 器物型式分期表（31）

| 品种 | 青白釉瓷 | | | | | | | 典型地层、遗迹 |
| --- | --- | --- | --- | --- | --- | --- | --- | --- |
| 器形 | 酒台 | | | | | | | |
| 型式 | A | B | C | | D | | E | |
| | | | Ca | Cb | Da | Db | | |
| 一期 | | | | | 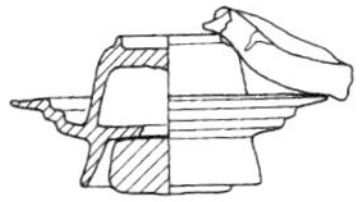 | | | DT⑤ |
| 器号 | | | | | DT4⑤：6 | | | |
| 二期 | 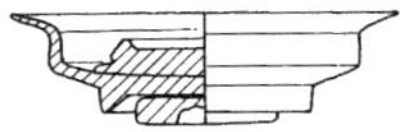 | 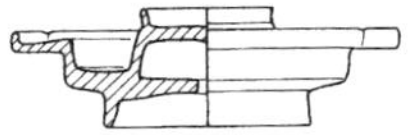 | 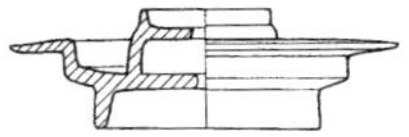 | 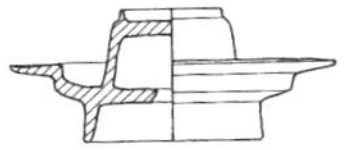 | 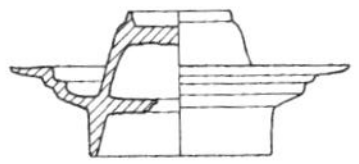 | 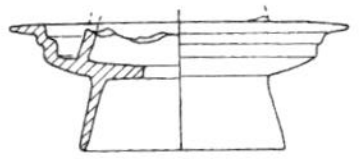 | 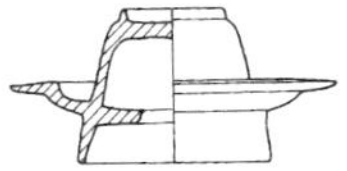 | DT③、DT②、DT①、YT③、YT② |
| 器号 | DT3③：9 | DT7①：20 | DT4①：1 | DT3③：74 | DT3③：86 | DT3③：84 | DT5③：51 | |

**器物型式分期表（32）**

| 品种 | 青白釉瓷 | | | | | | | 典型地层、遗迹 |
|---|---|---|---|---|---|---|---|---|
| 器形 | 杯 | | | | | | | |
| 型式 | A | B | C | | | D | E | |
| | | | Ca | Cb | Cc | | | |
| 一期 | 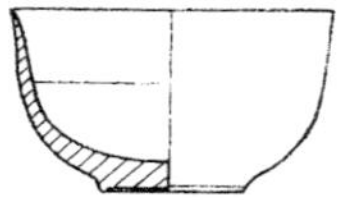 | | | | | 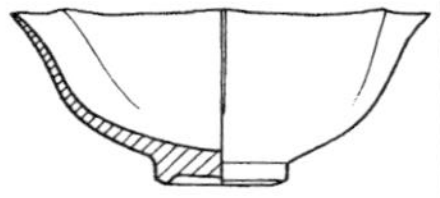 | | YT ④、DT ④ |
| 器号 | YT1 ④：2 | | | | | DT1 ④：26 | | |
| 二期 | 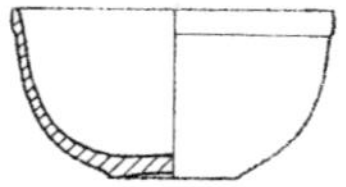 | 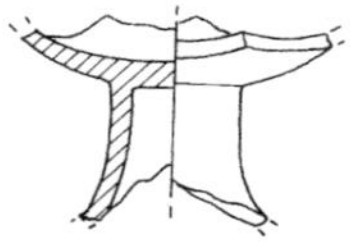 | 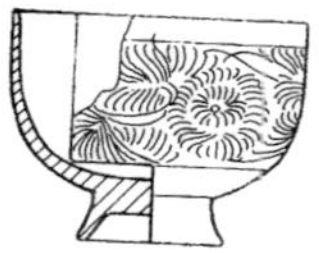 | 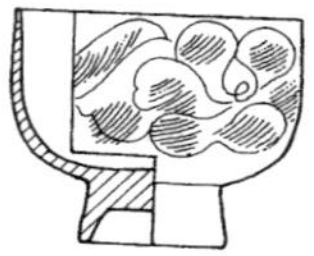 | 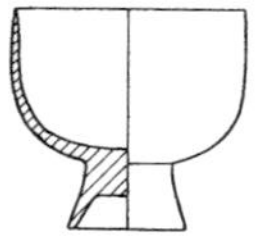 | 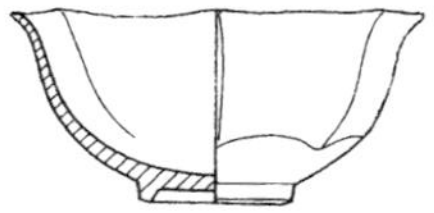 | 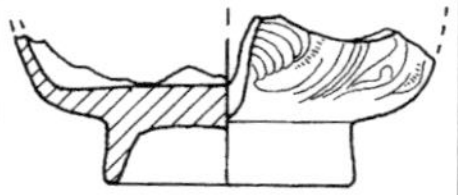 | DT ③、DT ②、DT ①、YT ③、YT ②、YT ① |
| 器号 | YT2 ②：83 | DT3 ③：182 | DT3 ①：20 | DT5 ③：60 | DT3 ①：39 | DT2 ②：84 | DT3 ③：149 | |

**器物型式分期表（33）**

| 品种 | 青白釉瓷 | | | | | 典型地层、遗迹 |
|---|---|---|---|---|---|---|
| 器形 | 炉 | 盒 | 枕 | | | |
| 型式 | | | A | B | C | |
| 一期 | | | | | | |
| 二期 | 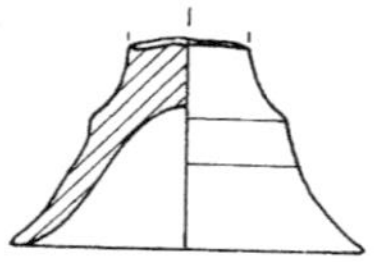 | 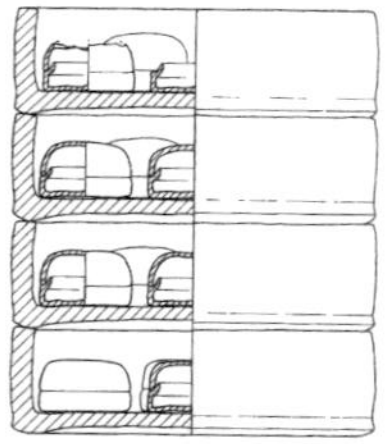 | 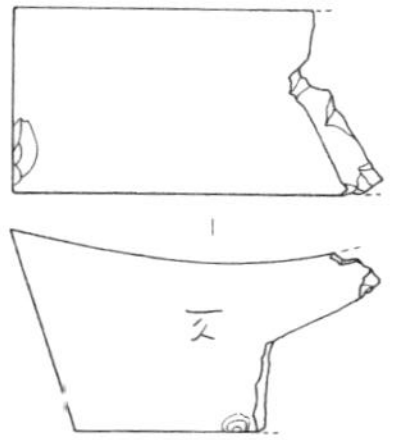 | 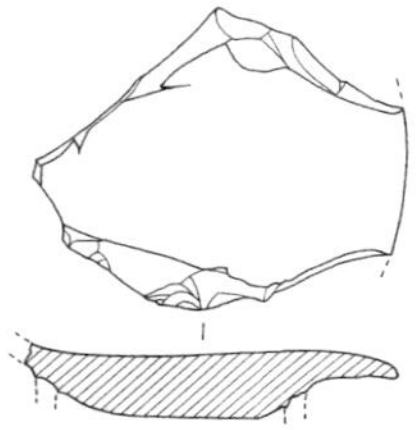 | 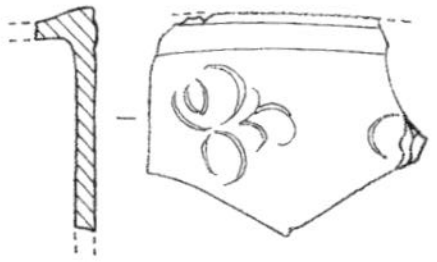 | DT ③、DT ①、YT ②、FY1、FT ③、FT ② |
| 器号 | DT1 ①：6 | FT4 ②：238 | DT3 ③：1 | DT5 ③：41 | DT3 ③：2 | |

## 器物型式分期表（34）

| 品种 | 青白釉瓷 | | | | 典型地层、遗迹 |
|---|---|---|---|---|---|
| 器形 | 罐盖 | | | | |
| 型 | A | | B | | |
| | Aa | Ab | Ba | Bb | |
| 一期 | | | | | |
| 二期 | 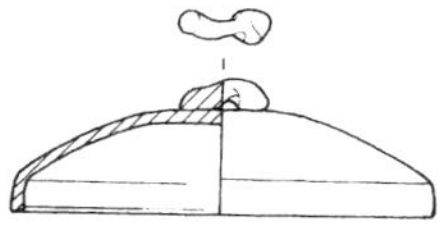 | 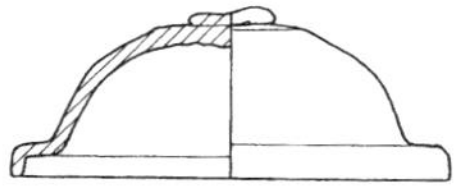 | 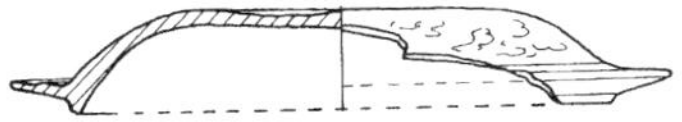 | 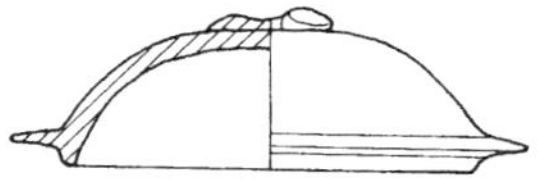 | DT③、DT①、YT②、YT① |
| 器号 | DT2①：59 | DT3③：174 | YT1②：19 | DT3③：172 | |

## 器物型式分期表（35）

| 品种 | 青白釉瓷 | | | | | | 典型地层、遗迹 |
|---|---|---|---|---|---|---|---|
| 器类 | 瓶壶盖 | | | | | | |
| 型式 | A | | | | | | |
| | Aa | Ab | Ac | Ad | Ae | Af | |
| 一期 | | | | 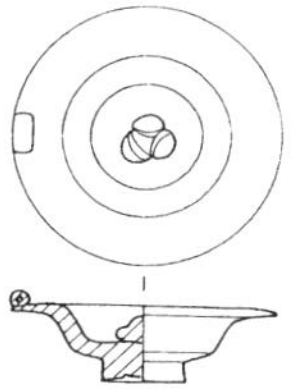 | | | DT④ |
| 器号 | | | | DT1④：39 | | | |
| 二期 | 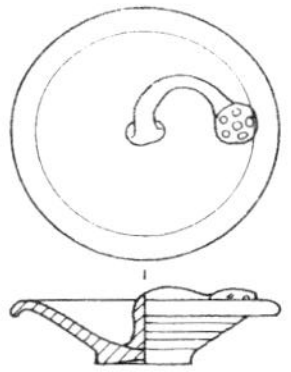 | 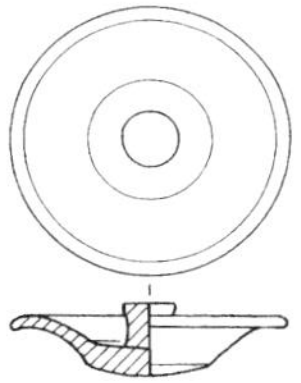 | 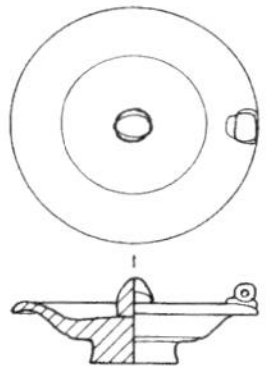 | 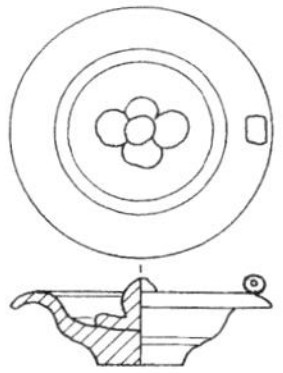 | 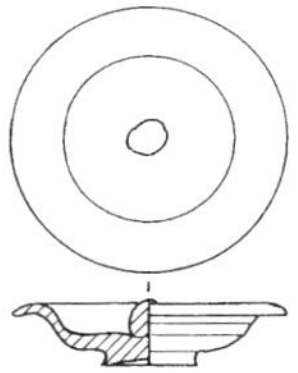 | 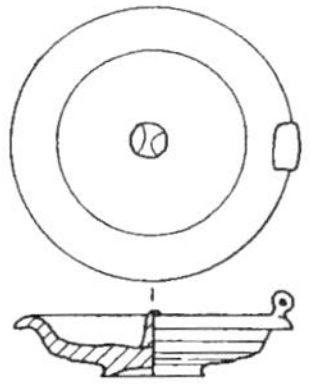 | DT③、FY1、FT③、FT②、FT① |
| 器号 | FT3①：35 | FT2①：38 | FT3①：95 | FT4②：22 | FT4②：85 | FT3①：39 | |

## 器物型式分期表（36）

| 品种 | 青白釉瓷 | | | | 素胎 | 典型地层、遗迹 |
|---|---|---|---|---|---|---|
| 器类 | 瓶壶盖 | | | 塑狗 | 佛像 | |
| 型式 | B | C | D | | | |
| 一期 | | | | |  | DT④ |
| 器号 | | | | | DT1④：19 | |
| 二期 | 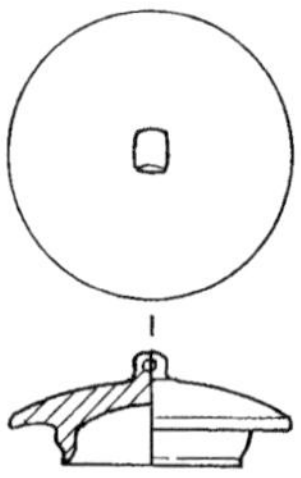 | 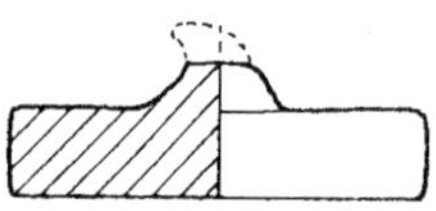 | 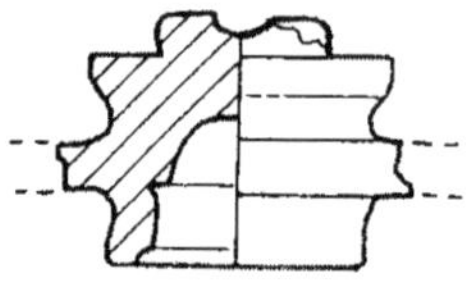 | 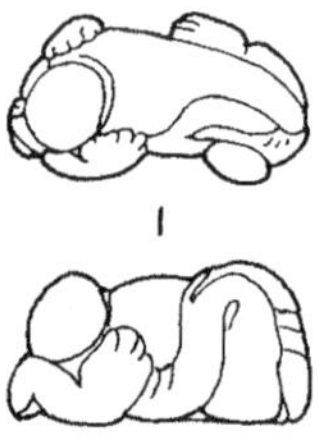 | | DT③、DT②、FY1、FT② |
| 器号 | FT4②：83 | DT3③：3 | DT2②：3 | FT4①：4 | | |

## 器物型式分期表（37）

| 品种 | 瓷质工具 | | | 瓷质窑具 | | | 典型地层、遗迹 |
|---|---|---|---|---|---|---|---|
| 器形 | 拨手 | 轴顶帽 | 荡箍 | 火照 | | | |
| 型式 | | | | A | B | C | |
| 一期 | 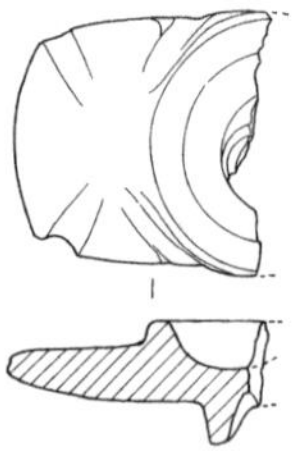 | | 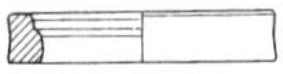 | |  | | DY1、DF2、YT④ |
| 器号 | DT1④：33 | | Y采：1 | | DY1窑前工作室：36 | | |
| 二期 | 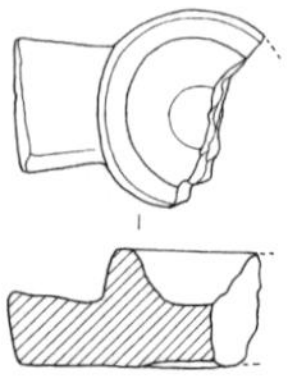 | 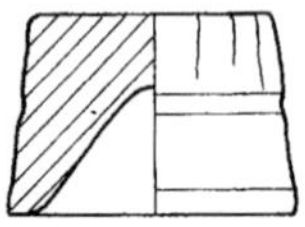 | 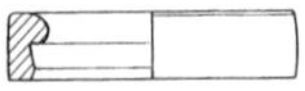 | 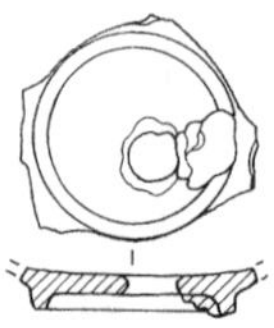 | 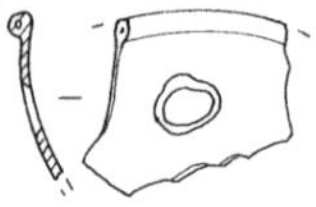 | 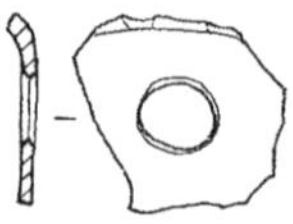 | DT③、DT②、DT①、YT③、YT①、FT② |
| 器号 | DT7①：1 | YT1②：10 | YT3③：17 | DT2②：20 | DT3③：184 | FT2②：30 | |

**器物型式分期表（38）**

| 品种 | 瓷质窑具 | | | | | | 典型地层、遗迹 |
|---|---|---|---|---|---|---|---|
| 器形 | 垫钵 | | | 间隔具 | | | |
| 型式 | A | B | C | A | B | C | |
| 一期 | | 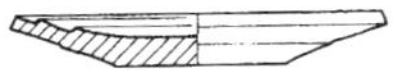 | | | | 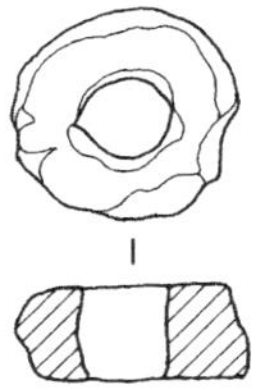 | DY1、DF2、DT④、YT④ |
| 器号 | | YT1④：1 | | | | DF2：4 | |
| 二期 |  | 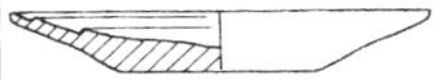 | 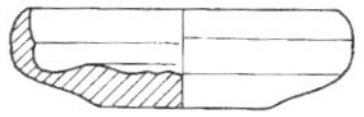 | 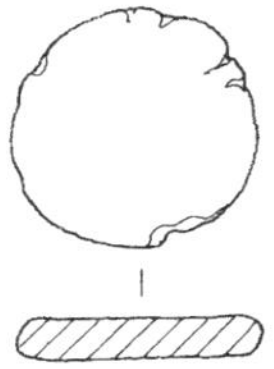 | 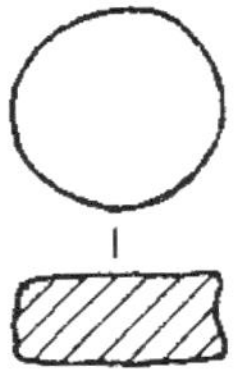 | 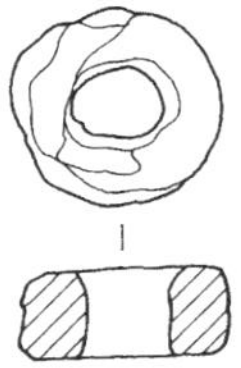 | DT③、DT②、DT①、YT③、YT②、YT① |
| 器号 | YT1②：49 | DT1①：12 | YT1②：8 | DT5③：133 | YT3②：47 | DT2②：12 | |

**器物型式分期表（39）**

| 品种 | 陶器 | | | | | 典型地层、遗迹 |
|---|---|---|---|---|---|---|
| 器形 | 盆 | | 缸 | 青灰瓦 | 勾头 | |
| | 盆口沿 | 盆底 | | | | |
| 一期 | | | | 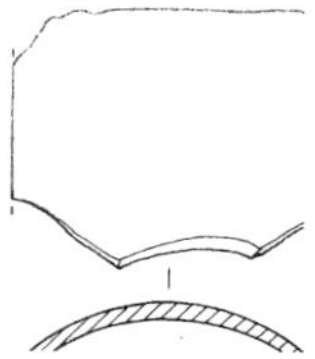 | | DT ⑤ |
| 器号 | | | | DT4 ⑤：37 | | |
| 二期 |  | 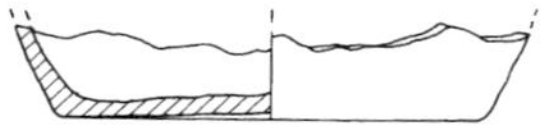 |  | | 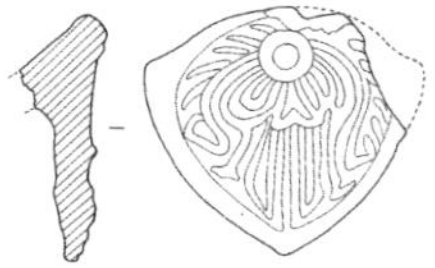 | DT ③、DT ① |
| 器号 | DT3 ③：206 | DT3 ③：207 | DT2 ①：27 | | DT1 ①：2 | |

**器物型式分期表（40）**

| 品种 | 陶器 | | | | | 典型地层、遗迹 |
|---|---|---|---|---|---|---|
| 器形 | 匣钵 | | | | | |
| 型式 | A | B | C | D | E | |
| 一期 | | | 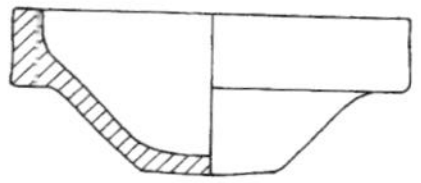 | | | DT ⑤、YT ④ |
| 器号 | | | DT4 ⑤：41 | | | |
| 二期 | 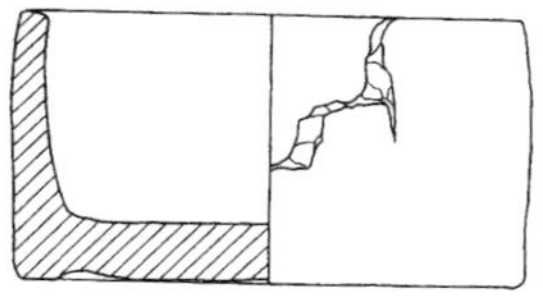 | 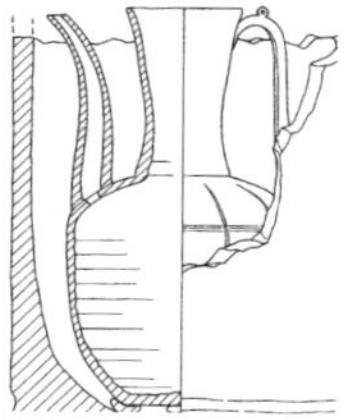 | 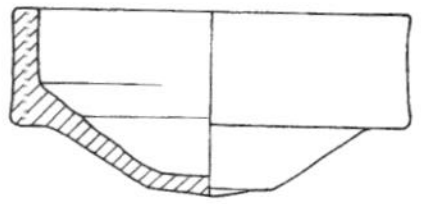 | 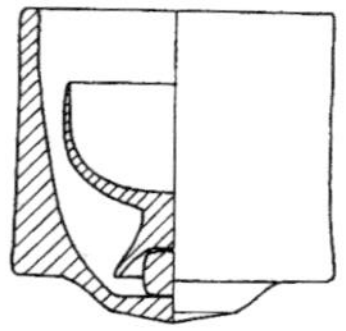 | 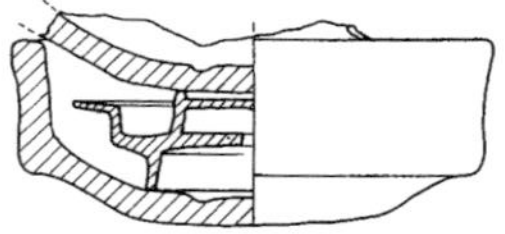 | DT ③、DT ②、DT ①、YT ③、YT ②、YT ①、FY1、FT ③、FT ②、FT ① |
| 器号 | DT3 ③：196 | FT2 ②：27 | DT2 ②：6 | YT1 ②：62 | YT1 ②：63 | |

**器物型式分期表（41）**

| 品种 | 陶器 | | | | | | | | 典型地层、遗迹 |
|---|---|---|---|---|---|---|---|---|---|
| 器形 | 匣钵盖 | | | 间隔具 | | | 窑撑 | 窑砖 | |
| 型式 | A | | B | A | B | C | | | |
| | Aa | Ab | | | | | | | |
| 一期 | 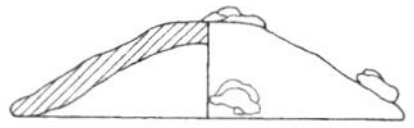 | 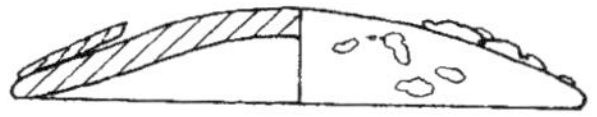 | 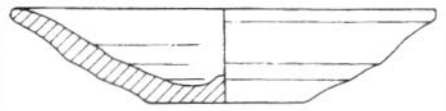 | | | |  | | DY1、DT⑤、DT④、YT④ |
| 器号 | DY1火膛：25 | DT4⑤：40 | DT4⑤：39 | | | | DT4⑤：38 | | |
| 二期 | 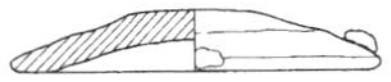 | | 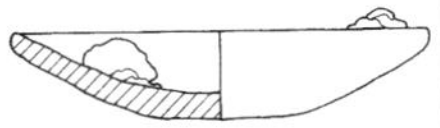 | 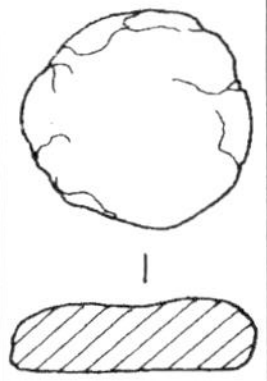 | 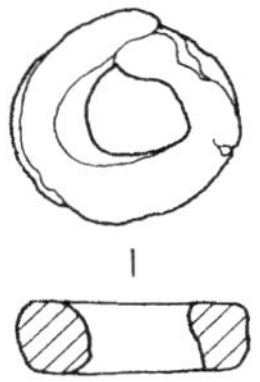 | 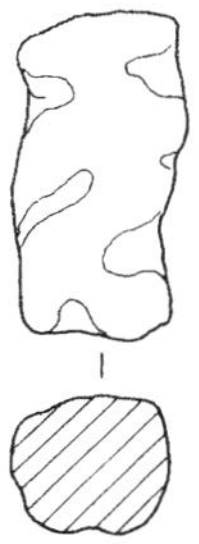 |  | 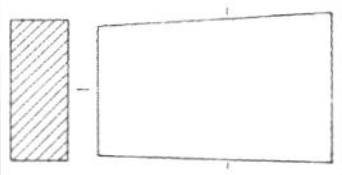 | DT③、DT②、DT①、YT③、YT②、FY1、FT②、FT① |
| 器号 | DT2②：7 | | DT3①：112 | DT2②：11 | DT5③：135 | FT4②：216 | DT2③：12 | DT5③：177 | |

**器物型式分期表（42）**

| 型式 | 陶原料 | 石砚 | 铜钱 | | 铜镜 | 铁刀 | 典型地层、遗迹 |
|---|---|---|---|---|---|---|---|
| 一期 | | |  | | | | DT⑤ |
| | | | DT4⑤：5 | | | | |
| 二期 | 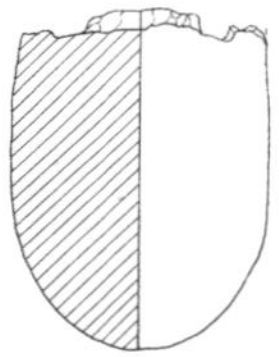 | 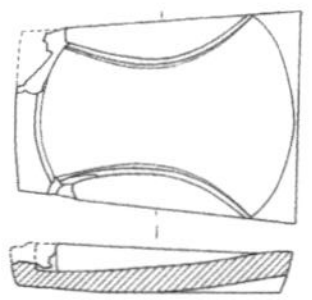 |  |  | 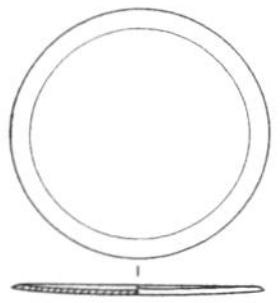 |  | DT③、DT②、YT③ |
| 器号 | FY1：86 | YT3③：3 | DT1②：2 | DT1②：3 | DT1②：53 | DT2③：80 | |

## 三、各期特征

由上可知，可以把上述发掘和调查资料分为两期。

第一期：包括道塘里窑址和铜锣山窑址，釉色品种有青釉、酱黑釉、紫金釉和青白釉，各品种数量不一，以青白釉为主。器形多样，不同釉色品种各有侧重。青釉瓷见罐、单把罐、A型执壶、花浇、碾轮，酱黑釉瓷有钵、碗、A型盏、B型碟，青白釉瓷有Ab型圆弧腹长流执壶、花浇、温碗、A型碗、Bb型碗、Cc型碗、Da型Ⅰ式碗、E型碗、Ba型Ⅰ式墩式碗、Bc型墩式碗、Ca型Ⅰ式墩式碗、Aa型Ⅰ式盏、Aa型Ⅱ式盏、Ba型盏、Bc型盏、Db型盏、A型花口盏、Ba型花口盏、A型大盘、B型大盘、C型大盘、Ba型盘、Aa型洗、Ba型Ⅰ式洗、Ca型Ⅰ式洗、A型碟、Da型酒台、A型杯、D型杯、Ad型瓶壶盖。青釉瓷、酱釉瓷、紫金釉瓷、素胎瓷不仅器形较少，数量也少，尤其是紫金釉瓷和素胎瓷仅见小碗、瓷佛像。青釉瓷以罐、执壶、花浇等琢器为主，酱黑釉和青白釉瓷主要以碗、墩式碗、盏、盘、洗、酒台等圆器为大宗。整体上本期瓶壶类琢器较少，以日常生活圆器为主。器物造型整体矮胖，以敞口、唇口、矮圈足为常见，腹较浅，内底宽平，腹壁斜直，圈足浅矮，挖足较浅，足端方正。花口、瓜棱腹等仿金银器风格颇为流行。突出的是素胎持经书瓷佛像，栩栩如生，生动传神，反映了当时社会对佛教的崇拜和信仰。

本期不同釉色品种的胎质粗细不一。最好的为青白釉，修胎规整、精致，胎体致密，胎质细腻，淘洗精细，胎中所含颗粒较小，胎色多数呈白或灰白色，这应该是使用最好的瓷土原料制作而成的。酱黑釉和紫金釉瓷胎质略差，胎体颗粒较粗，淘洗不是很精细，整体胎白细腻，有的白胎泛黄色，原料次于青白釉。青釉瓷胎质粗糙，胎中所含颗粒较大，淘洗不精，多数呈灰或灰黑色，为下脚料。这是陶工根据市场需求和瓷釉品种的不同，充分利用原料，用较好的原料制作高档产品，同时不浪费和节省原料，用下脚料烧造青釉粗瓷，以满足不同阶层和不同用途的需求。

相关考古学推断得到了科技考古研究成果的支撑。上海博物馆测定的数据表明，从瓷胎的化学组成看，宋代青白釉瓷、酱黑釉瓷器胎中所含$SiO_2$较高，含量在74%～79%，而$Al_2O_3$含量较低，在16%～20%，$Na_2O$和$K_2O$的总含量在2%～4%，体现了南方瓷器高硅低铝的特征。青白釉瓷胎呈白或灰白色，胎中呈色的$Fe_2O_3$含量均小于1%，$TiO_2$的含量也很低，小于0.01%。瓷胎的成分与景德镇地区瓷石经粉碎淘洗后制成的不（dǔn）子的化学组成接近，推测当时青白釉瓷胎的原料主要采用瓷石。酱黑釉瓷胎与同时期的青白釉瓷的化学组成接近，推测所用胎原料一致，只是所用釉料不同。

本期器物施釉无论是青白釉瓷还是酱黑釉瓷、紫金釉瓷，抑或是青釉瓷，均主要使用蘸釉和荡釉技法，采取内壁满、外壁不及底足和内壁满、外壁半施的形式，部分青釉瓷器物仅是口沿及外壁至腹中部施釉。整体上青釉釉层较薄，釉面玻璃质感不强、不光亮，质量较差，甚至有的釉面可见黑色小颗粒。酱黑釉、紫金釉和青白釉的釉面光亮，玻璃质感较强，呈色较正。青白釉微泛黄、灰或灰黄色，多数偏灰色，釉面开冰裂纹。

本期器物装饰朴素，以素面为主，青釉、酱黑釉和紫金釉瓷不见任何装饰，青白釉瓷偶见装饰，技法不多，纹饰简单，以刻划莲瓣、菊瓣纹常见。

器物烧造在龙窑内完成，本期所属的DY1龙窑遗迹保存完好，呈现了景德镇地区流行砖砌窄短龙窑的窑炉技术风格。器物装烧主要采用一匣一器仰烧形式，不同釉色略有差异，青釉瓷多数采取裸烧，置放在匣钵的最上面，坯件与匣钵之间具以C型瓷间隔具间隔。青白釉厚唇盏和执壶使用支钉间隔，支钉的数量一般三至五个。道塘里窑址青白釉Da型Ⅰ式碗（DT2⑤：20）的外底足面留有圆形灰红色间隔具痕，表明本期已经使用A型瓷间隔具。

第二期：与第一期相比，瓷业遗存全部覆盖道塘里窑址、铜锣山窑址和凤凰山窑址。从釉色品种、胎釉特征、龙窑等烧造技术看，整体上与前期变化不大，窑业技术主要聚焦于完善提高，胎釉方面尤为显著，青白釉瓷的胎质更细腻，多数呈白色，甚至细白色。

本期紫金釉、青釉、酱黑釉和青白釉瓷全面发展，无论是器形种类、数量，还是装饰，都明显增加且更为丰富多样，各窑场全面加速进入繁荣兴盛期。虽然各品种釉色数量增加，但是主流产品仍为青白釉瓷器，这体现了三处窑址以青白釉瓷为主的宋代专门性强的综合性窑场属性。

本期釉色品种造型丰富繁多。紫金釉瓷全部器形均有。酱黑釉瓷由前期的碗、钵、盏、碟四类四型，扩展为执壶、盖钵、小碗、盏、碟、杯等六类十二型式。青釉瓷器形有十类十七型式（涵盖亚型），保留了原有的执壶、花浇、碾轮，新出现缸、横系罐、横柄壶、盆、钵、碗、碾槽等，执壶增加了三型，从以琢器为主，扩大了内容，涵盖圆器。特别是青白釉瓷的型式繁复，保留原有的圆弧腹长流执壶、花浇、温碗、碗、墩式碗、盏、花口盏、大盘、盘、洗、碟、酒台、杯、瓶壶盖，新出现瓶、短流执壶、盆、斗笠碗、盏托、炉、盒、瓷塑狗、四型柳斗罐、七型式瓜棱腹长流执壶、二型八棱长流执壶、二型水盂、二型钵、三型瓯、三型大碗、三型枕、四型罐盖等不同器形，原有的碗、墩式碗、盏、花口盏、洗、杯分别从五型式、三型式、五型式、二型、三型式、二型，发展至十二型式、九型式、十六型式、六型式、十型式、七型，圆弧腹长流执壶、盘、碟、酒台、瓶壶盖则从一型增长到十二型、十一型式、六型、七型、九型，共计有三十一类一百四十六型式，不可谓不繁杂，包罗万象。碗有圈足、浅圈足之不同，有圆唇、厚唇口、花口、圆口、敞口、敛口及折腹、弧腹壁之分别；执壶更是多种多样，有喇叭口、圆口、盘形口、直口之分，有圆弧形腹、瓜棱形腹之别，有平底和圈足之不同，有圆肩和折肩的不同，流有长短的区分，既有轻巧秀丽，又有庄重挺拔等不同的风格，体现不同的时代特征，应对不同阶层的不同使用群体和爱好者。而且瓷质火照、垫钵、间隔具和陶质匣钵、匣钵盖、间隔具、窑撑等所有的窑工具型式在本期均有出土，实现了产品和窑具的全覆盖，全面展现了这时期的装烧水平。器物装烧的方式主要延续前期采取一匣一器仰烧的样式，坯件之间的间隔采取饼状、圈状间隔具。芒口瓯口沿标本的偶然出土，加上铜锣山窑址第1、2层和道塘里窑址第1层出土数量不多的瓷质垫钵，表明本期器物的装烧已经开始采取多级垫钵覆烧的形式。器物的烧造延续了前期采用的斜坡龙窑形式，本期凤凰山窑址揭露的FY1较前期道塘里窑址的窑炉DY1略长，这应当是为提高瓷器生产量而在窑炉结构上做出的调整。

本期器物造型精致规整，追求挺拔，器形由前期偏矮向高瘦发展。不仅器身变高，腹部斜弧，而且多数器物尤其圆器呈现高圈足特征，原有的圈足增高，挖足变深。执壶呈现由圆腹、短流向瓜棱腹、细长弧曲流发展，弧曲流由短小向细长弯曲发展。瓷器生产更重视产品的装饰艺术，虽然崇尚素面，流行朴素，但是追求以釉色取胜。在施釉方面，外壁施釉多数至足端，釉层更厚，釉面玻璃质感增强，釉色更加靓丽莹润。上海博物馆夏君定老师的研究表明，青白釉瓷瓷釉中的 MgO、MnO、$P_2O_5$ 含量低，可能使用了瓷石加釉灰的配方。道塘里窑址和铜锣山窑址瓷釉的 CaO 含量都在 10% 以下，显然使用釉灰量少，而凤凰山窑址样品的 CaO 含量都在 13% 以上，使用的釉灰量明显高一些。CaO 含量高，在高温过程中釉的黏度小而流动性大，容易流釉，造成凤凰山窑址的部分样品釉面有明显积釉，道塘里窑址和铜锣山窑址的样品釉层较均匀。酱黑釉瓷瓷釉中 $Fe_2O_3$ 含量为 6.72%，$TiO_2$ 含量不高，推测是在釉料中添加了当地的紫金土。相关的成果在《从模仿到创新——景德镇中晚唐、五代至宋代瓷器胎釉配方的演变》[①]中也有体现，我们利用能量色散 X 射线荧光光谱分析仪测试分析胎釉的元素组成，研究发现，景德镇从晚唐五代开始使用瓷石制胎，在南方地区率先生产出了高质量的白瓷和青白瓷。瓷釉配方方面，经历了从不同草木灰到釉灰加釉果的演变过程。

装饰纹样显著增加。一方面通过不同的造型，延续前期采取花口、瓜棱、凸筋等仿金银器风格的做法装饰器物。另一方面胎体装饰剧增，技法多样，有刻划、篦划、戳印、模印、贴花、捏塑；纹样形式采取缠枝、折枝式样；内容丰富，纹样有牡丹纹、莲瓣纹、菊瓣纹、云状纹、蝴蝶结纹、弦纹等。让人震撼的是在胎薄釉亮的杯身上、酒台沿面上精工细作篦划牡丹纹和菊花纹，艺术层次陡然上升。细长弯曲流下刻划叶形纹，弧曲流下部贴塑蝴蝶结纹，体现了不同工艺之间的交流融汇，使人过目难忘。执壶把柄外侧装饰圆点纹、树枝纹、“半”字形纹及长、短竖条纹等不同纹样，凸显不同的制瓷作坊或家族作品，当是时人的商标，代表了宋人的追求和雅好。难得的是青釉执壶的釉面上所使用的白色点釉和白色彩绘装饰，别有一番情趣。

## 四、各期年代

三处窑址均不见于文献记载，考古发掘也没有出土有关绝对纪年的资料，仅在道塘里窑址伴出唐宋铜钱和铜锣山窑址出土可能与年代有关的带文字的瓷片，但是各期器物的时代特征鲜明。

第一期：从本期器物的釉色品种、造型艺术、胎釉装饰及装烧特征看，尤其是器物整体矮胖，流行唇口、瓜棱腹、内底宽平、圈足矮宽等作风，装饰朴素，采用一匣一器装烧，使用支钉、圆形垫饼间隔等形式，表明本期器物具有五代北宋早期特征。

道塘里窑址第 5 层出土的“开元通宝”铜钱（DT4⑤：5），意味着窑场虽然已进入五代北宋，但是经济似乎仍与曾经的盛世大唐联系紧密。

青釉瓷罐（DT1④：24）与浙江临安锦城街道西墅村唐天复元年（901 年）水邱氏墓出土

① 张茂林、李其江、吴军明等：《从模仿到创新——景德镇中晚唐、五代至宋代瓷器胎釉配方的演变》，《故宫博物院院刊》2020 年第 9 期（总第 221 期），第 28～33 页。

的越窑青釉“东”字款四系坛造型基本相同[①]，圆鼓的腹部呈现唐朝气象。

Bc型青白釉瓷盏（DT1④：36）与江西九江北宋太平兴国八年（983年）陶府君墓出土的青白釉瓷盏造型和胎釉相同[②]，内底凸起的特征表明其流行在同一时期。

Ba型青白釉瓷花口盏（DY1火膛：15）与江西九江北宋雍熙三年（986年）墓出土的青白釉瓷葵口碟[③]、江西景德镇工人新村窑址出土的青白釉瓷葵口盏[④]的造型、胎釉特征相同，装烧略有不同，都是采取一匣一器装烧。工人新村窑址出土的葵口瓷盏的五枚支钉间隔特征表明其来源于五代的细密支钉，道塘里窑址既有使用支钉间隔的，也有如这件Ba型青白釉瓷花口盏（DY1火膛：15）使用垫饼间隔具的，处在从五代的裸露支钉叠烧向宋代一匣一器的转变过程，其年代上限可至五代。

圆唇、弧腹壁的Ba型青白釉瓷盏（DT4④：12）外底足露胎处存四枚支钉的做法与景德镇工人新村出土的花口瓷碟的支钉装烧类同。

A型青白釉瓷碗（DT4⑤：36）与山西平定北宋佛塔地宫出土的白瓷盏造型相同，地宫出土碑记表明地宫建于北宋至道元年（995年）[⑤]。

Ba型青白釉瓷盘（DT1④：37）与浙江台州灵石寺塔出土的影青碗[⑥]，口沿六缺口、瓜棱腹壁、内底宽平的特征基本相同，仅足部略有差异，台州碗卧足，本器为浅圈足。这类折沿、葵口、瓜棱腹壁、浅圈足的仿金银器风格的盘碟流行时间较长，晚至江苏北宋熙宁四年（1071年）章岷墓、浙江兰溪灵洞回龙桥白塔坞墓均有出土[⑦]。

Aa型Ⅰ式青白釉瓷盏（DY1排烟室：6）与江苏南京五代南唐二陵出土的白瓷同类器的造型相似[⑧]，呈现厚唇、弧腹壁、圈足等特征。

Cc型青白釉瓷碗（YT2④：9），内底釉下留存刻划“□平□”字款（图九四，4；图版五九，2），从照片分析很可能是“□咸平□”之字，如此有可能表明该碗的制作年代当在咸平年间（998～1003年），咸平是宋真宗的年号。

青白釉瓷花浇（YT1④：3）与江西彭泽北宋景德四年（1007年）墓出土的青白瓷水浇的造型相同[⑨]。

由此可知，第一期的生产上限当在晚唐五代，或可早至唐昭宗天复元年（901年）；下限

---

① 浙江省博物馆：《青色流年：全国出土浙江纪年瓷图集》，文物出版社，2017年，第197页。

② 江西省博物馆：《江西宋代纪年墓与纪年青白瓷》，文物出版社，2016年，第6～8页。

③ 江西省博物馆：《江西宋代纪年墓与纪年青白瓷》，文物出版社，2016年，第11页。

④ 彭涛、石凡：《青白瓷鉴定与鉴赏》，江西美术出版社，2004年，第10页。

⑤ 孟耀虎：《山西北宋佛塔地宫出土瓷器》，《文物天地》2006年第7期，第84～89页。

⑥ 台州地区文管会、黄岩市博物馆：《浙江黄岩灵石寺塔文物清理报告》，《东南文化》1991年第5期，第242～283页，图二十，影青碗。

⑦ a.镇江市博物馆：《镇江市南郊北宋章岷墓》，《文物》1977年第3期，第56页； b.周菊青：《兰溪出土的宋代影青瓷器》，浙江省博物馆：《东方博物（第三十五辑）》，浙江大学出版社，2010年，第三十五辑，第67、68页。

⑧ 南京博物院：《南唐二陵发掘报告》，文物出版社，1957年。

⑨ 彭适凡：《宋元纪年青白瓷》，庄万里文化基金会，1998年。

当在宋真宗赵恒乾兴元年（1022年）和宋仁宗赵祯的盛治开启之年（1023年）。此后青白釉瓷的生产进入兴盛繁荣时期。

第一期时间在晚唐五代至北宋早期，即唐昭宗天复元年（901年）至宋真宗乾兴元年（1022年），主体当在北宋的960～1022年。

第二期：本期器物追求挺拔，葵口、瓜棱腹、高圈足、长弧曲流等宋代中晚期特有的时代符号明显，这些器物不经意间呈现时间的年轮。精工细作的篦划纹样，交流融汇的叶形纹和蝴蝶结纹，以及独特的白色点釉和白色彩绘装饰，呈现了宋韵的时代美。

C型青白釉瓷花口盏（YT1②：3）与内蒙古奈曼旗辽开泰七年（1018年）陈国公主墓出土的青瓷碗造型相近①，其花口、瓜棱腹呈现仿金银器的流行作风。与前期的器物风格类同，形成无缝对接，开启仁宗盛治之世。

Cb型青白釉瓷洗（DT4③：21）与江西瑞昌北宋景祐二年（1035年）墓出土青白釉葵口碟类同②，其葵口、腹壁外凹内凸及内底宽平、边缘饰一周凹弦纹的特征一致。

Ac型青白釉瓷圆弧腹长流执壶（FY1：10）、A型青白釉瓷钵（YT1③：6）与江西德安北宋景祐四年（1037年）蔡清墓出土的青白釉执壶、折肩钵完全一样③，执壶和钵均展现折肩风格。这类圆弧腹长流执壶（FY1：10）的折肩和弧曲长流的特征，与江西德安北宋康定元年（1040年）墓出土的青白釉执壶特征相同④，共同反映了宋人的风尚，葵口、瓜棱腹的特征展现了与金银器不同工艺之间的艺术交融。B型青白釉瓷水盂（YT2②：5）与江西德安北宋景祐五年（1038年）墓出土的青白釉扁腹盂类同，敛口、扁腹、圈足特征完全相同⑤。

Ca型青白釉瓷盘（DT2②：5）、Cb型青白釉瓷酒台（DT3③：74）、Cc型青白釉瓷杯（DT3①：39）分别与江西南城北宋嘉祐二年（1057年）陈氏六娘墓出土的青白釉刻划菊瓣纹碗、青白釉托、青白釉小杯的造型、胎釉特征相同，但纹样不同。陈氏六娘墓出土的碗刻划菊瓣纹，而道塘里窑址出土的酒台和杯流行篦划云状纹⑥。酒台与杯（或盏），两件合成一套，称为台盏，是当时流行的高档酒具。Da型青白釉瓷酒台（DT3③：86）与福建北宋治平二年（1065年）墓出土的青白釉盏托造型相同⑦，尤其两者腹壁内折呈二级阶梯状和高圈足的特征几乎一致。

B型Ⅱ式青白釉瓷瓜棱腹长流执壶（FT4②：243）与江西景德镇北宋治平二年（1065年）舒氏墓出土的青白釉蝴蝶结纹执壶不仅造型一致⑧，独特的蝴蝶结装饰完全一样，胎釉特征也相符。

---

① 内蒙古自治区文物考古研究所、哲里木盟博物馆：《辽陈国公主墓》，文物出版社，1993年，第53、55页，彩版一三。

② 江西省博物馆：《江西宋代纪年墓与纪年青白瓷》，文物出版社，2016年，第26、27页。

③ 江西省博物馆：《江西宋代纪年墓与纪年青白瓷》，文物出版社，2016年，第33、34页。

④ 江西省博物馆：《江西宋代纪年墓与纪年青白瓷》，文物出版社，2016年，第43页。

⑤ 江西省博物馆：《江西宋代纪年墓与纪年青白瓷》，文物出版社，2016年，第40页。

⑥ 江西省博物馆：《江西宋代纪年墓与纪年青白瓷》，文物出版社，2016年，第64、65页，图三～图五。

⑦ 陈邵龙：《福建纪年瓷器》，海峡书局，2015年，第190页。

⑧ 彭适凡：《宋元纪年青白瓷》，庄万里文化基金会，1998年，第46页。

Ca 型青白釉瓷圆弧腹长流执壶（FT4 ②：76）与福建北宋元丰三年（1080 年）墓出土的青白釉执壶相似，盘口、弧曲流、竖向系等细部特征类同①。

E 型青白釉瓷酒台（DT5 ③：51）和安徽宿松北宋元祐二年（1087 年）吴正臣夫妇墓出土的青白釉托盏基本相同②，托盘腹壁斜弧。

C 型酱黑釉瓷碟（DT5 ③：5）与江西彭泽北宋元祐五年（1090 年）墓出土的青白釉葵口碟造型相似③，釉色不同。

Ad 型青白釉瓷瓶壶盖（FT4 ②：92）与浙江松阳北宋元祐六年（1091 年）墓出土的青白瓷执壶盖的造型和胎釉相同④，盖顶均为三瓣花苞纽。

Ae 型青白釉瓷圆弧腹长流执壶（FT4 ②：27）则与江西星子北宋建中靖国元年（1101 年）墓出土的青白瓷注壶类同，折肩和长颈风格相似⑤。

Dc 型Ⅱ式青白釉瓷盏（FT4 ②：120）和浙江兰溪灵洞回龙桥白塔坞北宋元符三年（1100 年）墓出土的青白瓷盏多有类同⑥。

Ba 型青白釉瓷碟（DT4 ③：35）与陕西蓝田吕义山夫妇合葬墓出土的青釉碟（M26：2）形制相同⑦，釉色不同，圈足和唇口时代特征明显，吕义山卒于北宋徽宗崇宁元年（1102 年）。

特征明显的青白釉墩式碗流行时间长，横跨第一期、第二期，与窑场的生产发展相始终。第一期有 Ba 型Ⅰ式、Bc 型、Ca 型Ⅰ式墩式碗，第二期由三型式的墩式碗扩大到九型式，整体器物朝挺拔方向发展，腹部更深，圈足高直。A 型Ⅱ式青白釉瓷墩式碗（DT4 ③：56）与湖田窑出土的 B 型Ⅰ式仰烧墩式碗的造型、胎釉特征类同，发掘者把该型式墩式碗归入湖田窑的二期后段，时间当在宋仁宗时期（1023 ~ 1063 年）⑧。Bb 型青白釉瓷墩式碗（YT4 ③：6）与辽清宁三年（1057 年）萧慎微祖墓群 2 号墓⑨、福建武夷山北宋元祐三年（1088 年）墓⑩出土的湖田窑青白釉碗类同，尤其是高圈足和釉厚处釉色呈现的湖绿色更为一致。还与湖田窑出土的 B 型Ⅰ式仰烧墩式碗的造型、胎釉特征相同，发掘者把湖田窑出土的 B 型Ⅰ式仰烧墩式碗归入三

---

① 陈邵龙：《福建纪年瓷器》，海峡书局，2015 年，第 196 页。

② 刘东：《安徽宿松县北宋吴正臣夫妇墓出土瓷器探析》，湖南省博物馆：《湖南省博物馆馆刊（第十七辑）》，岳麓书社，2021 年，第 434 页。

③ 彭适凡：《宋元纪年青白瓷》，庄万里文化基金会，1998 年，第 49 页。

④ 浙江省文物考古研究所：《浙江纪年墓与纪年瓷·丽水卷》，文物出版社，2019 年，第 72 页。

⑤ 江西省博物馆：《江西宋代纪年墓与纪年青白瓷》，文物出版社，2016 年，第 88 页。

⑥ 周菊青：《兰溪出土的宋代影青瓷器》，浙江省博物馆：《东方博物（第三十五辑）》，浙江大学出版社，2010 年，第 67、68 页。

⑦ 陕西省考古研究院、西安市文物保护考古研究院、陕西历史博物馆：《蓝田吕氏家族墓园（三）》，文物出版社，2018 年，第 782 页。

⑧ 江西省文物考古研究所、景德镇民窑博物馆：《景德镇湖田窑址：1988—1999 年考古发掘报告》，文物出版社，2007 年，第 449 ~ 455 页。

⑨ 刘涛：《宋辽金纪年瓷器》，文物出版社，2004 年，第 98 页。

⑩ 陈邵龙：《福建纪年瓷器》，海峡书局，2015 年，第 200 页。

期后段，其时间当处于宋徽宗至宋钦宗之间（1101～1127年）[①]。Ca型Ⅱ式青白釉瓷墩式碗（JB采：14）则见于江西新建南宋绍兴三十年（1160年）墓，口沿葵口特征一致[②]。由此可见墩式碗颇受时人的喜爱和推崇，长时间流行。

Cc型青白釉瓷盘（DT2①：70）与江西婺源北宋宣和二年（1120年）汪路墓出土的青白釉刻划折枝莲纹葵口折腹盘[③]、婺源北宋靖康二年（1127年）汪路妻墓出土的青白釉刻划折枝牡丹纹折腰盘[④]、进贤南宋乾道六年（1170年）墓出土的青白釉花口碗[⑤]的造型、胎釉特征类似，尤其葵口、折腹及圈足乃至湖绿色的青白釉颜色非常接近。

Bc型青白釉瓷碟（YT1②：35）和江西婺源北宋靖康二年（1127年）汪路妻墓出土的青白釉篦划花卉纹碟基本一致[⑥]。

本期出土的“至和元宝”铜钱（DT1②：2）为北宋仁宗赵祯至和元年（1054年）铸造，“元丰通宝”铜钱（DT1②：3）是北宋神宗赵顼元丰年间（1078～1085年）铸造的。

铜镜（DT1②：53）与江西九江周一娘墓出土的“都省铜坊”镜造型相同[⑦]，厚薄一致，只是铜镜（DT1②：53）没有铭文。都省铜坊铜镜是五代十国时期南唐官府铸造的铜镜，广泛出土于安徽、江苏、江西等南唐故地五代墓葬。从窑址地层出土情况来看，其时代与青白瓷流行时间不会相差太远。

综上，第二期年代应为北宋中期至北宋晚期，是青白瓷最为繁荣兴盛的阶段，即北宋仁宗赵祯盛治开启之年天圣元年至北宋钦宗赵桓靖康二年（1023～1127年），靖康二年发生靖康之变，北宋灭亡。

## 第二节 考古发掘所反映的景德镇宋代窑业面貌

### 一、从出土青白瓷的年代看青白瓷的起源

青白瓷是宋元时期一种具有独特风格的瓷器品种，釉色介于青、白之间，青中有白，白中显青[⑧]，具有胎质细腻、体薄透光、釉质晶莹、如冰似玉的特点。

---

① 江西省文物考古研究所、景德镇民窑博物馆：《景德镇湖田窑址：1988—1999年考古发掘报告》，文物出版社，2007年，第449～455页。

② 江西省博物馆：《江西宋代纪年墓与纪年青白瓷》，文物出版社，2016年，第184页。

③ a. 江西省博物馆：《江西宋代纪年墓与纪年青白瓷》，文物出版社，2016年，第164、165页；b. 彭适凡：《宋元纪年青白瓷》，庄万里文化基金会，1998年，第55页，图35。

④ 江西省博物馆：《江西宋代纪年墓与纪年青白瓷》，文物出版社，2016年，第166～168页。

⑤ 彭适凡：《宋元纪年青白瓷》，庄万里文化基金会，1998年，第64页，图54。

⑥ 江西省博物馆：《江西宋代纪年墓与纪年青白瓷》，文物出版社，2016年，第169页。

⑦ 刘晓祥：《九江县五代南唐周一娘墓》，《江西文物》1991年第3期。

⑧ 冯先铭：《我国宋元时期的青白瓷》，《故宫博物院院刊》1979年第3期，第30～38页。

关于青白瓷的起源，有的学者认为是有意仿烧北方白瓷未成而出现的①，有的学者认为是五代仿烧北方白瓷的偶然产物②，有的学者认为是五代北宋时期南方青瓷受到北方白瓷影响而出现的一种新瓷种③。更多的学者认为青白瓷的创烧与尚玉有关，瓷器仿玉器开始于宋代，以江西景德镇首先仿制成功，当时有“假玉器”“饶玉”之称④。正如宋蒋祈《陶记》：“埏埴之器，洁白不疵，故鬻于他所，皆有‘饶玉’之称，其视真定红磁，龙泉青秘相竞奇矣。”⑤之前江西景德镇地区未发现五代青白瓷窑址⑥。

目前见诸报道最早生产青白釉瓷的五代窑址有湖北青山窑⑦和安徽繁昌窑⑧。有学者指出青山窑的产品有青釉、白釉、青白釉和酱釉瓷，可以明确为五代的是青釉和酱釉瓷，大量烧制釉色统一的青白釉瓷要到北宋中期以后⑨。繁昌窑早期的器物造型具有五代特征，使用带五代特征的支钉装烧法，采用一匣一器装烧技术，支钉数量较少，与五代时采用细密支钉间隔、多件器物叠置裸烧不同。景德镇湖田窑五代青釉和白釉瓷器与南方地区五代墓葬、遗址出土的瓷器特征一样，也是采用细密支钉间隔多件叠置裸烧。繁昌窑的成熟烧造主要为北宋初期至北宋中期，早期处在细密支钉间隔向圆饼、圆圈间隔过渡阶段。

本次发掘的道塘里窑址和铜锣山窑址是北宋早中期以烧造青白釉日常用瓷为主，兼烧少量青釉、黑釉瓷器的综合性窑址。生产青白釉瓷的时间较早，或可早至五代，由前述可知，第一期的时间在晚唐五代至北宋早期，下限当在宋真宗赵恒乾兴元年（1022 年）和宋仁宗赵祯的盛治开启之年（1023 年），生产上限当在晚唐五代，或可早至唐昭宗天复元年（901 年）。两窑址有可能是最早成功烧造青白釉瓷的窑址，两窑址的发掘有助于青白釉瓷器起源问题的解决，为早期青白釉瓷器的研究提供了最新资料。对探索我国青白釉瓷的起源、生产、发展及其早期烧造历史具有重要意义，为景德镇、江西地区乃至中国陶瓷史的研究提供了新资料，为研究宋代手工业和景德镇的区域经济发展史提供了珍贵资料。

## 二、从作坊遗迹看宋代景德镇制瓷业的制器水平

传统制瓷手工业承载了我国优秀的传统文化，其生产过程繁复，文献多有记载，《景德镇

---

① 阚绪杭：《繁昌县骆冲窑遗址的发掘及其青白釉瓷的创烧问题》，《文物春秋》1997 年增刊，第 170～174 页。

② 黄义军：《宋代青白瓷起源的背景初探》，《考古与文物》2006 年第 2 期，第 81～88 页。

③ a. 安徽繁昌县文物管理所：《安徽繁昌柯家村窑址调查报告》，《东南文化》1991 年第 2 期；b. 陈衍麟：《繁昌窑器釉色及造型工艺》，安徽省文物考古研究所：《文物研究（第十辑）》，黄山书社，1995 年。

④ 冯先铭：《我国宋元时期的青白瓷》，《故宫博物院院刊》1979 年第 3 期，第 30～38 页。

⑤ 白焜：《宋·蒋祈〈陶记〉校注》，《景德镇陶瓷》1981 年（总第十期）《陶记》研究专刊，第 38 页。

⑥ 中国硅酸盐学会：《中国陶瓷史》，文物出版社，1982 年。

⑦ 湖北省文物考古研究所：《武昌青山瓷窑遗址发掘简报》，《江汉考古》1991 年第 4 期。

⑧ 中国科学技术大学科技史与科技考古系、安徽省文物考古研究所、繁昌县文物管理所：《安徽繁昌县柯家冲瓷窑遗址发掘简报》，《考古》2006 年第 4 期。

⑨ 黄义军：《湖北梁子湖地区宋代瓷器手工业遗存的初步研究》，北京大学，1997 年。

陶录》记有13道[①]，《陶冶图说》载有20道[②]，《天工开物》认为需“过手七十二，方克成器”[③]，可见瓷器制造之复杂。受限于遗址保存状况和考古发掘的偶然性，在窑址考古发掘的过程中，一般难以揭露出作坊遗迹，更不太可能完整揭示整套制瓷程序。

三处窑址均揭露制瓷作坊遗迹1处，平面均呈长方形，间数和布局不同，凤凰山窑址的作坊遗迹规模最小，仅存一间，铜锣山窑址揭露的为一排四间，道塘里窑址揭露两间相连对角排列的作坊遗迹。这些建筑遗迹内部有的发现砖砌的陈腐池，有的出土轴顶帽、荡箍等制坯工具，有的附近发现大型釉缸残片，可以看出这类建筑遗迹应是制瓷作坊遗迹，主要用于陈腐、拉坯、施釉等工序，甚至承载练泥工序，抑或承担窑工生活休息的功能。

作坊是陶瓷工匠制作瓷器的生产劳动空间，作坊的建造因地制宜，使用最简单最便利的方式搭建，不少可以在唐英《陶冶图说》中印证[④]。本次考古发掘以实物为实证。从建筑材料来看，凤凰山窑址采用废弃的圆桶形匣钵和窑砖砌建；道塘里窑址作坊遗迹既利用附近的山土版筑生土墙，又充分利用山体用片石垒砌，墙体、挡土两可，部分墙体采用青灰砖砌建，墙体之间加砌柱础；铜锣山窑址采用青灰砖、片石和碎匣钵片构筑墙基。有的作坊遗迹发现青灰瓦残片，推断制瓷作坊建筑使用南方地区流行的青灰瓦屋顶。

作坊遗迹均背山，面对平缓处，紧邻窑炉烧造区域，道塘里窑址作坊遗迹紧挨窑炉遗迹，甚至与窑炉窑前工作室共用墙体，凤凰山窑址作坊遗迹距离窑炉也不过10米。体现出窑业生产的区域设计和分区规划科学紧凑，展现制瓷过程中各个环节的合理安排，便利窑工的生产生活，节约了生产成本，降低了能耗。

整体上作坊遗迹布局合理，因地制宜，因材适用，繁简相间，具有独特的区域特色，呈现了宋代景德镇地区传统手工制瓷的建筑形式、建筑技术、制瓷工序和生产布局，反映了宋代景德镇的制瓷手工业、风俗民情和经济发展，尤其是传统制瓷手工业的制器水平。

## 三、从窑炉遗迹看宋代景德镇瓷业的烧造技术

瓷器是土与火的艺术。窑炉是瓷器生产的核心，松软的瓷坯在窑炉中化腐朽为神奇，浴火成器。窑炉烧造成瓷的过程充分体现窑场的制瓷水平和生产能力。本次考古发掘分别在道塘里和凤凰山窑址各揭露1处龙窑遗迹，由窑前工作室、火门、火膛、窑床、排烟室等部分组成。道塘里龙窑窑床斜长12.1、水平长11.4、宽2.6～2.8、残高0.3～1.65米，方向153°。凤凰山龙窑较前者略长，窑床斜长15.75、水平长14.6、宽2.22～2.5、残高0.15～1.35米，方向290°。

和建筑作坊遗迹一样，两座龙窑的建造也是充分利用山形地势和窑场废料，旨在节约成

① 傅振伦：《〈景德镇陶录〉详注》，书目文献出版社，1993年。
② （清）唐英：《陶冶图说》，中国书店，1993年。
③ （明）宋应星著、潘吉星译注：《天工开物译注》，上海古籍出版社，2008年，第205页。
④ （清）唐英：《陶冶图说》，中国书店，1993年。

本。两处窑址的窑前工作室形态相同，大致呈方形，面积相近，长约 5 米。地面较为平坦，留有一层带灰烬的灰黑色踩踏硬面，中部近火门处有一道因长期踩踏形成的长条形凹痕。道塘里窑址的窑前工作室北墙利用了山体，东、南两墙为用本地的紫红色沙土版筑的生土墙，墙内夹杂有瓷片和匣钵残片，西壁则是沿山体用小青石块和废弃匣钵砌筑；窑前工作室南墙外还见一条“S”形的排水暗沟，由窑前工作室通向窑炉遗迹外，横断面呈倒梯形，长约 5.4、宽 0.1 ~ 0.6 米，体现了古代窑工应对南方潮湿气候处理多余水分的能力。凤凰山窑址的窑前工作室东墙则是窑炉前面的挡土墙，东墙中间则为窑炉火门；南、北两墙利用废弃圆桶形匣钵堆砌，南墙砌筑较为整齐，底部采用圆桶形匣钵横向砌筑两排，匣钵口向外，上部用石块垒砌；北段则直接用圆桶形匣钵和石块混砌。

两窑火门呈外“八”字形，由砖坯叠砌而成，道塘里的宽 0.5、残高 0.7 米，底部留存两块砖坯；凤凰山的宽 0.5 ~ 0.7、高 0.8 米，底部留存三个覆置的圆桶形匣钵。

火膛呈半圆形，大小基本相同，最长 0.9、宽 1 ~ 2.4 米，道塘里的深仅 0.8 米，凤凰山的深达 1.5 米。火膛与窑床相交处用砖平铺垒砌一道挡土墙，挡土墙面挂有厚厚的经长期高温烧烤的烧结硬面。底部保留一层厚约 5 厘米的黑色灰烬，灰烬细腻，不见较大或较完整的木炭，推测是用槎柴燃烧后保留的。值得一提的是，凤凰山窑址的火膛两侧各用废弃的圆桶形匣钵堆砌，匣钵底朝外，表面抹一层草拌黄泥，经窑火高温烧烤呈黑黄色硬面。这种做法可以聚拢火焰，更高效地提升窑内温度，同类现象在明代永乐御窑遗址葫芦窑遗迹和湖田窑明代葫芦窑遗迹也有发现，是窑工充分掌握窑炉特性、熟练砌筑窑炉技法的体现，是窑业技术成熟的体现。

窑床均呈长方形，先在山体挖基槽后砌筑，窑墙与山体的空隙用碎砖和匣钵残片填充。道塘里窑址和凤凰山窑址在用材、长度、坡度等方面略有区别，前者是用砖竖向平铺叠砌，斜长 12.1 米，坡度 18°；后者则充分利用了废料，使用砖坯和废弃的圆桶形匣钵混砌，砖坯为丁顺平铺叠砌，匣钵则是将底部朝向窑床横向铺砌，长度较前者长，斜长 15.75 米，窑床前后坡度存有差别，前段较为平缓，仅为 2°，后端靠近窑尾处坡度提升，为 16°，后段最陡，变为 23°。窑底均保留匣钵遗物，在窑床前段靠近火膛处留有装着青白瓷碗的漏斗状匣钵，这部分匣钵既作为装烧窑具，又起着障火保温的作用。凤凰山窑址窑床中后段坡度较陡窑位则放置装烧壶类的平底圆桶形匣钵。残存在窑炉底部的匣钵，为推测窑炉的装烧量、生产情况和烧造技术提供了考古实证。

道塘里龙窑在窑床后方保留有半圆形排烟室，排烟室两侧及后部利用山体，一侧与窑床之间砌一排砖墙挡火，隔墙残高 0.7 米，墙体砌有上、下两排排烟孔，每排 14 个。凤凰山窑炉窑床后壁采用砖坯和圆桶形匣钵砌筑，窑床后壁（挡火墙）外侧保留有半圆形坑，可能也是排烟室，窑尾两侧往南、北方向顺山体用圆桶形匣钵各砌弧形挡土墙。

发掘表明，凤凰山与道塘里窑址的龙窑形制相同，所用燃料相同，砌建方法基本类同，但窑床的坡度不同，究其原因，主要是烧造不同的产品所致。道塘里窑址主要烧制酒台、杯及碗之类的圆器，圆器体量较小，烧造所需要的窑温不是太高。而凤凰山窑址主要烧造执壶等琢器，其所需要的窑温更高，不但窑床的坡度陡，而且在火膛两侧采用堆积废弃匣钵的方法使火力集中，提高窑温，这一方面是窑场的专业分工使然，另一方面也是窑工熟悉掌握龙窑性能，充分掌握窑炉建造技术的表现，是制瓷业成熟发达的具体体现，也是景德镇瓷业在宋代能够从众多的瓷窑中脱颖而出的技术基础。

## 四、从出土遗物看宋代景德镇窑业的产品面貌

三处窑址出土的遗物从用途上分为产品、窑具和工具，其中产品和窑具占绝大多数，工具少见；从质地上分为瓷器、陶器、铜器和铁器，瓷器占绝大部分，瓷器分为青釉瓷、酱黑釉瓷、紫金釉瓷和青白釉瓷，种类丰富。

青釉瓷数量较少，种类不多。从器形看，有缸、罐、单把罐、横系罐、执壶、横柄壶、花浇、盆、钵、碗、碾槽、碾轮等十二类，其中长流执壶的壶流较短且细直，这类器形从五代末延续至北宋中期。从装饰看，多以素面为主，少量采用褐斑、凹弦纹等简单方式对器物进行美化。这种风格极具唐代青釉瓷器的韵味，是南青北白唐代陶瓷风格南青的延续和传承，是生产者以莹润的釉色、饱满的形态取悦消费者的行为。青釉白色彩绘和白釉点彩的采用呈现出道塘里窑址对陶瓷装饰的独特理解。

酱黑釉瓷有执壶、盖钵、钵、碗、小碗、盏、碟、杯等八类，紫金釉瓷仅有小碗、盏、碟等三类，在器物类型上并没有青釉瓷丰富。从造型看，两类釉色品种与青白釉瓷同类器相似程度非常大，几乎是青白釉瓷不同釉色的翻版。研究表明，至晚在北宋初期就开始生产酱黑釉瓷器，并且胎、釉质量俱佳，这与湖田窑H区附属主干道考古成果相呼应①。

青白釉瓷是这三处窑址生产的主流产品，无论是器类数量，还是出土数量，占比都极高。按器类来分，共有三十多类，包括柳斗罐、瓶、短流执壶、瓜棱腹长流执壶、圆弧腹长流执壶、八棱长流执壶、花浇、水盂、盆、钵、瓯、温碗、大碗、碗、斗笠碗、墩式碗、盏、花口盏、大盘、盘、洗、碟、盏托、酒台、杯、炉、盒、枕、罐盖、瓶壶盖等日常用器，以及瓷塑狗等。此外，还有素胎瓷佛像。与青釉和酱黑釉瓷不同的是，青白釉不仅着眼于釉色取胜，还注重器物本身的装饰技法，青白釉的装饰手法多样，剔花、划花、篦划、模印、点彩具备，纹样包括珍珠地菊瓣纹、花卉纹、牡丹纹、莲瓣纹、花叶纹、荷叶纹、云气纹、月华纹、花草纹、几何纹等，器物在莹润釉色的衬托下，更具有层次美。

从出土遗物看，不同窑址所生产的产品各有侧重，铜锣山窑址以碗、盏、盘为主，几乎不见琢器；道塘里窑址以酒台、杯和盏为主，偶见雕塑，少见壶类；凤凰山窑址中执壶占90%，少见碗类器，这说明铜锣山、道塘里和凤凰山窑址分别是以烧造碗、台盏、执壶为主的专门性较强的窑场。前述的制器水平和专门性窑炉表明，宋代景德镇窑业内部分工非常细，出现了专门工序和工种的分工，正如宋蒋祈《陶记》所载“陶工、匣工、土工之有其局；利坯、车坯、釉坯之有其法；印花、画花、雕花之有其技，秩然规制，各不相紊”，而且专业化生产的程度很高，分为生产碗、执壶或者台盏之类的专门性窑场，极大地提高了生产的规模和效率，呈现出

① 江西省文物考古研究所、景德镇陶瓷历史博物馆：《景德镇湖田窑H区附属主干道发掘简报》，《文物》2001年第2期，第42~62页。

宋代景德镇瓷业明确的产业分工。甚至不同窑场的产品销售的区域还有所不同，如《陶记》“若夫浙之东、西，器尚黄黑，出于湖田之窑者也；江、湖、川、广器尚青白，出于镇之窑者也”[①]。

正是得益于景德镇优质的瓷土资源和便利的水运条件，才创造出了以景德镇青白釉瓷为核心的青白瓷窑业体系，出现了诸如道塘里窑址、铜锣山窑址和凤凰山窑址这类集群式的产业链生产，使得宋代景德镇窑业生产步入高速发展的阶段。在国内外市场的需求下，伴随产品的销售，其烧造技术迅速得到传播，不仅是在江西省境内，而且带动了福建、浙江、安徽、湖北、湖南、广东周边省份，甚至距离较远的广西窑场也相继烧造，形成了一个以景德镇窑为中心的庞大青白瓷窑系[②]，该窑系是江南地区的两大瓷窑体系之一，影响巨大，居宋代六大瓷窑体系之首[③]，为明代景德镇赢得“瓷都”的美誉，奠定了坚实的产业基础。

## 第三节　宋代青白瓷流布

近来对景德镇窑业的考古调查和发掘成果表明，宋代景德镇的青白瓷窑业发展盛况与文献记载相比，有过之而无不及，是一个非常庞大的青白瓷生产体系，正如前述截至 2012 年，查明景德镇行政区域内有 48 处青白瓷窑址[④]，这么庞大的生产体系必然在消费市场有所体现。

景德镇窑工创新的青白瓷，是宋代消费市场的宠儿。“其器尤光致茂美，当时则效著行海内，于是天下咸称‘景德镇瓷器’”[⑤]，景德镇瓷器著行海内造成昌江“陶舍重重倚岸开，舟帆日日蔽江来。工人莫惜天机巧，此器能输郡国材”[⑥]。正因为如此，景德镇青白瓷得以遍布大江南北，“若夫浙之东、西，器尚黄黑，出于湖田之窑者也；江、湖、川、广器尚青白，出于镇之窑者也”[⑦]。

梳理国内外的考古成果，可以看出青白瓷产品不仅覆盖国内众多消费市场，更是远销海外，成为重要的国际贸易产品之一。

### 一、国内遗址

国内遗址主要有城址、村镇类生活遗址、墓葬、窖藏和水下遗址。从国内遗址可以大致勾

---

① 白焜：《宋·蒋祈〈陶记〉校注》，《景德镇陶瓷》1981 年（总第十期）《陶记》研究专刊，第 39 页。

② 赖金明、张文江：《景德镇窑青白釉瓷器的鉴定》，朱裕平：《景德镇瓷器鉴定》，上海大学出版社，2006 年，第 12 页。

③ 中国硅酸盐学会：《中国陶瓷史》，文物出版社，1982 年，第 265 页。

④ 江西省文物局：《江西古代窑址》，红星电子音像出版社，2023 年。不同学者关于窑址点的统计标准和口径不同，本书采取江西省第三次全国文物普查的统计数据。

⑤ （清）蓝浦：《景德镇陶录》卷五，清光绪十七年京都书业堂刊本。

⑥ （清）蓝浦：《景德镇陶录》卷十，清光绪十七年京都书业堂刊本。

⑦ 白焜：《宋·蒋祈〈陶记〉校注》，《景德镇陶瓷》1981 年（总第十期）《陶记》研究专刊，第 39 页。

勒出宋代青白瓷国内的消费市场。

## （一）城市等生活类遗址

瓷器作为消费品，主要见于城市、村镇等生活消费市场遗存。

高等级的城市和高层次人群是使用精美瓷器的最大群体，城市遗址的考古发掘发现了不少青白瓷，其中精美的青白瓷占比不少。

江苏扬州城文化宫遗址、新华中学等遗址出土的青白釉瓷侈口碗、花口碗、斗笠碗，在道塘里、铜锣山等窑址可找到同型器物[①]。1995年，浙江宁波市舶司（务）城门段城墙遗迹出土的北宋时期青白釉瓷盏托[②]，与道塘里窑址出土的Cb型青白釉瓷酒台（DT3③：74）形制一致。浙江明州罗城遗址（望京门段）也发现有景德镇青白瓷产品[③]。浙江杭州城南宋临安府治与府学遗址发现较多的景德镇青白瓷[④]，部分釉色莹润、装饰精美，属青白瓷的精品。浙江杭州德寿宫遗址发现的景德镇青白瓷瓷塑[⑤]，反映了南宋时期即使在青瓷巨擘龙泉窑影响力最大的中心区域，景德镇青白瓷依然受到王公贵族的青睐。福建泉州作为东南地区著名港口城市，在宋代时城市发展水平高，南外宗正司遗址出土遗物不乏景德镇青白瓷[⑥]。地处华南的广东省广州南越国宫署遗址中宋代建筑基址的出土遗物见有宋代景德镇青白瓷，与道塘里窑址的产品类似[⑦]。北方地区的北京和山东古代遗址也发现有青白瓷产品，山东济南按察司街遗址出土宋元时期青白釉瓷碗4件[⑧]，北京持净院塔林25号建筑遗址（1060～1155年）出土遗物中有景德镇青白釉瓷花口碟[⑨]。东北地区也有景德镇青白瓷产品出土，辽宁朝阳（辽金两代的兴中府所在地）营州路

① 中国社会科学院考古研究所、南京博物院、扬州市文物考古研究所：《扬州城：1987～1998年考古发掘报告》，文物出版社，2010年。

② 朱勇伟、陈钢：《宁波古陶瓷拾遗》，宁波出版社，2007年，第96页。

③ a. 宁波市文化遗产管理研究院、宁波市城市基础设施建设发展中心、宁波市海曙区文物管理所：《明州罗城遗址（望京门段）考古发掘与保护展示》，中国文物报2021年12月3日，第7版；b. 王华芹：《墨书瓷器初步研究——以明州罗城城墙遗址（望京门段）出土墨书瓷器为例》，厦门大学硕士学位论文，2018年。

④ 杭州市文物考古所：《南宋临安府治与府学遗址》，文物出版社，2013年，第61～63、77～79、222、223、243、244页。

⑤ 杭州市园林文物局、杭州市文物考古研究所：《最忆是杭州：新中国成立70周年杭州出土文物选编》，浙江人民美术出版社，2021年，第171页。

⑥ a. 中国社会科学院考古研究所、福建博物院、福建省考古研究院等：《泉州城遗址考古发掘报告：泉州南外宗正司遗址2020年·泉州市舶司遗址2019～2021年》，科学出版社，2022年；b. 崔利鹏：《山东地区宋金时期瓷器贸易研究》，山东大学硕士学位论文，2023年，第31页。

⑦ 广州市文物考古研究院、中国社会科学院考古研究所、南越王博物院：《广州南越国宫署遗址宋代建筑基址2004—2009年发掘简报》，《文博学刊》2023年第2期，第22～51页。

⑧ 济南市考古研究所：《济南按察司街遗址发掘报告》，山东省文物考古研究所：《海岱考古（第九辑）》，科学出版社，2016年，第238～280页。

⑨ 宋大川：《北京考古发现与研究》，科学出版社，2009年，第261页。

出土有丰富的景德镇青白瓷碗、杯、碟等日常生活用器，部分产品属青白瓷精品[①]。中原地区的河南开封作为宋代首都，是宋代最高级别的城市遗址，获得“2022年度全国十大考古新发现”的州桥遗址发现有北宋时期景德镇窑青白瓷熏炉、花卉纹碟等遗物[②]，更是宋代景德镇青白瓷占据高级消费市场的见证。西南的四川成都和重庆地区，随着城市考古的开展，也发现了不少景德镇青白瓷[③]。

伴随江西地区城市考古的开展，宜春袁州府城（高士南路施工段古城墙遗址）和鄱阳饶州府城（鄱江门遗址）均发现了景德镇青白瓷[④]。

除了府城及中心城市，县城及村镇遗址也发现有宋代青白瓷产品。近些年开展过考古工作的上海青龙镇遗址，作为一个市镇遗址，出土了不少景德镇青白瓷[⑤]。同类型遗址还有山东垦利海北遗址，2006年试掘出土的非常丰富的遗物中有景德镇青白瓷[⑥]。山东青岛板桥遗址出土的青白釉瓷瓜棱执壶，器形修长、釉色莹润，与凤凰山窑址出土的Ab型Ⅰ式瓜棱腹长流执壶可以匹配；青白釉瓷撇口碗、花口碗、盖等器物的胎釉特征均与景德镇窑址产品相符[⑦]。此外，河南淅川兴化寺遗址[⑧]和漯河古城遗址[⑨]证实有景德镇的青白瓷。湖北巴东旧县坪遗址宋代为巴东县县治所在地，第二期至第五期的出土遗物发现景德镇青白瓷，年代自北宋中期延续至南宋晚期[⑩]。浙江凡石桥遗址为行政级别最低的村落遗址，也出土有相当精美的景德镇青白瓷[⑪]。东台辞郎村遗址是江苏东台市泰东河沿岸的一处重要的聚居遗址，据考古报告，推测它很有可能是一处重要的军事关卡，共出土宋代瓷器3000余件（片），以青釉为主，青白釉次之，

---

① 辽宁省文物考古研究所：《朝阳营州路出土瓷器》，科学出版社，2011年。

② 周润山：《河南开封北宋东京城州桥遗址》，《大众考古》2022年第9期，第12～15页。

③ a.成都文物考古研究所：《成都天府广场东北侧古遗址考古发掘报告》，文物出版社，2016年，第219～222页；b.成都文物考古研究院、四川大学历史文化学院考古学系、四川大学考古学国家级实验教学示范中心：《成都金沙遗址雍锦湾地点秦汉至明清遗存》，四川大学博物馆、四川大学考古学系、成都文物考古研究院：《南方民族考古（第十四辑）》，科学出版社，2017年，第1～96页；c.成都文物考古研究所：《成都市清安街城墙遗址发掘简报》，成都文物考古研究所：《成都考古发现（2008）》，科学出版社，2010年，第411～435页；d.重庆市文物考古研究院、钓鱼城古战场遗址博物馆：《钓鱼城遗址考古报告集》，科学出版社，2021年。

④ a.江西省文物考古研究院：《江西宜春高士南路施工段古城墙遗址考古发掘报告书》，南昌，2022年；b.江西省文物考古研究院：《江西鄱阳饶州府城（鄱江门遗址）抢救性考古发掘报告》，南昌，2023年。

⑤ 上海博物馆：《青龙镇2010—2015年发掘报告》，上海古籍出版社，2022年。

⑥ 山东大学历史文化学院、山东大学文化遗产研究院、垦利区博物馆：《丝路之光：垦利海北遗址考古与文物精粹》，上海古籍出版社，2017年。

⑦ 青岛市文物保护考古研究所：《胶州板桥镇遗址考古文物图集》，科学出版社，2014年。

⑧ 河南省文物考古研究院、河南大学、开封市文物考古研究所：《河南淅川兴化寺遗址H21发掘简报》，《华夏考古》2022年第4期，第47～54页。

⑨ 崔名芳、朱建华：《河南漯河古城遗址出土宋代青白瓷化学组成及来源研究》，《光谱学与光谱分析》，2020年第8期，第2634～2639页。

⑩ 国务院三峡工程建设委员会办公室、国家文物局：《巴东旧县坪》，科学出版社，2010年。

⑪ 浙江省博物馆、浙江省文物考古研究所、湖州市文物保护管理所：《最忆是江南：湖州凡石桥南宋遗址出土文物》，文物出版社，2020年。

其中不少为景德镇的产品[①]。甚至在更南端的澎湖列岛地区也见有景德镇青白瓷，调查发现的青白釉瓷刻划折腹碟，刻花精细、胎质细腻、釉色莹润，应该属于景德镇瓷器的中高档产品[②]。

## （二）墓葬遗存

除城址、村镇这类生活聚居区遗址外，墓葬是出土景德镇青白瓷较多的文化遗存，尤以江西地区最为集中。单单江西省博物馆编的《江西宋代纪年墓与纪年青白瓷》一书，就详细地整理了北宋太平兴国八年（983年）至南宋咸淳八年（1272年）的41座墓葬，出土的青白瓷绝大多数为景德镇窑产品，少量为白舍窑、吉州窑等窑址产品。南城县北宋嘉祐二年（1057年）墓出土的青白釉瓷刻划菊瓣纹碗、小杯、盏托及刻划牡丹纹注壶，釉色莹润、装饰细腻，堪称青白瓷上乘之作[③]。此外，青白瓷在无纪年的两宋墓中更是常见。江西新建王古山宋墓M2中出土的3件青白釉瓷碗，根据胎釉、造型、纹饰及装烧工艺等特征推断为景德镇湖田窑的产品，该墓年代为北宋晚期[④]。早年出版的《宋元纪年青白瓷》[⑤]所涉及的青白瓷绝大多数出自纪年墓葬，而且主要出自江西地区。

在江西以外的区域，墓葬中出土了大量的景德镇青白瓷，涉及安徽、浙江、湖南、四川、重庆、陕西、内蒙古、辽宁等省份。

安徽地区两宋墓出土了较多的青白釉瓷器，除了本地繁昌窑的产品外，不乏景德镇的产品。1963年宿松县吴正臣墓墓志显示墓主下葬时间为北宋元祐二年（1087年），出土了96件（套）陶瓷器，其中青白瓷质优者如注壶、温碗、敛口盂、托盏、盘、花口碟等均为景德镇产品[⑥]。获评"2018～2019年安徽十大考古新发现"的埠里宋代家族墓地出土了一批景德镇青白瓷精品，釉色白里透青，器形规整[⑦]。安庆太湖县罗湾北宋墓（北宋政和年间），"随葬品中的圈足小碗、影青瓷碗、瓷碟，是北宋墓葬中常见的器物，其胎质洁白坚细，器壁较薄，造型工整，施釉均匀，制做水平较高，是景德镇瓷窑中的上品"[⑧]。安徽繁昌老坝冲北宋墓群[⑨]、象形山北宋晚期墓[⑩]

---

① 南京博物院、无锡市文化遗产保护和考古研究所、东台市博物馆：《东台辞郎村》，文物出版社，2020年。

② 陈信雄：《澎湖宋元陶瓷》，澎湖县立文化中心，1985年，第52页。

③ 江西省博物馆：《江西宋代纪年墓与纪年青白瓷》，文物出版社，2016年，第62～67页。

④ 江西省文物考古研究所：《江西新建王古山宋元墓葬》，《南方文物》2008年第4期，第59～62页。

⑤ 彭适凡：《宋元纪年青白瓷》，庄万里文化基金会，1998年。

⑥ 刘东：《安徽宿松县北宋吴正臣夫妇墓出土瓷器探析》，湖南省博物馆：《湖南省博物馆馆刊（第十七辑）》，岳麓书社，2021年，第21～23、431～438页。

⑦ 杨腾、张义中：《素瓷雪色缥沫香·埠里宋代家族墓地出土的青白瓷》，《大众考古》2022年第6期，第52～54页。

⑧ 太湖县文物管理所：《太湖县罗湾北宋墓清理简报》，文物研究编辑部：《文物研究（第五辑）》，黄山书社，1989年，第190～194页。

⑨ 繁昌县文物管理所：《安徽繁昌县老坝冲宋墓的发掘》，《考古》1995年第10期，第915～929页。

⑩ 陈衍麟：《繁昌象形山宋墓清理简报》，安徽省考古学会、安徽省文物考古研究所：《文物研究（第七辑）》，黄山书社，1991年，第301～307页。

及宁国青龙双河宋墓[①]也都发现了北宋时期景德镇青白瓷，部分达到了“薄如纸，明如镜，声如磬”的工艺水平。

两宋时期浙江也属青白瓷生产中心之一，泰顺、江山、临安天目山等窑生产青白瓷，不过根据浙江区域墓葬出土瓷器的情况来看，景德镇青白瓷依然在消费市场中占有一定地位，“北宋中晚期，浙江地区的许多墓葬都随葬外地窑场瓷器，其中青白瓷所占比例较大。”如武义县岩坞北宋元丰六年（1083年）墓出土青白瓷11件，占所出遗物的71%，其中青白釉瓷花口碗与八角湾水库调查所得Ca型Ⅱ式青白釉瓷墩式碗（JB采：4）形制相同，折沿花口碟与道塘里窑址出土的Ba型青白釉瓷盘（DT1④：37）类同，均应属景德镇八角湾水库窑、道塘里窑址的产品。最值得提及的是海宁东山14座宋墓群出土的瓷、陶、银、石、铜、铁等各类遗物167件（另有铜钱300多枚），其中青白瓷88件，高足碗、花口碟、折肩罐、盏托、温碗、注子等多来自景德镇。松阳县云岩山下宋墓出土景德镇青白瓷12件，花口碟釉色莹润、光致茂美，是实用与艺术的完美结合。墓葬中随葬青白瓷的流行态势一直延续至南宋早期，“南宋中晚期随着龙泉窑烧造进入盛期，浙江出土瓷器中则出现了龙泉窑青瓷与景德镇窑青白瓷共存的现象，青白瓷的比重与数量均较前一时期有所下降”[②]。浙江地区墓葬出土景德镇的产品开始减少。

湖南地区的宋墓也见景德镇青白瓷，如文桥宋墓M1出土青白瓷葵口碗、斗笠盏、葵口碟；茆山宋墓M1出土青白瓷21件，有撇口碗、葵口碟、钵、执壶、器盖、三足炉等[③]；益阳梓山湖嘉祐四年（1059年）墓出土的青白釉瓷高足盏，据胎釉和器形特征判断也应为景德镇产品[④]。

除江西周围省域宋墓发现青白瓷外，更远的区域也在景德镇青白瓷的销售辐射范围内，重庆奉节宝塔坪宋墓[⑤]、陕西蓝田吕氏家族墓[⑥]、内蒙古库伦M1[⑦]、辽宁辽代耿氏家族墓[⑧]都出土了景德镇青白瓷，甚至在庆陵享殿遗址也见此类产品[⑨]，充分说明了景德镇青白瓷的市场辐射范围

---

① 宁国市文物管理所：《安徽宁国市青龙双河宋墓清理简报》，安徽省文物考古研究所、安徽省考古学会：《文物研究（第十八辑）》，科学出版社，2011年，第264～269页。

② a.浙江省博物馆：《光致茂美：试述浙江出土的宋元青白瓷》，中国书店，2018年；b.海宁县博物馆：《浙江省海宁县东山宋墓清理简报》，《文物》1983年第8期，第25～34页。

③ 湖南省文物考古研究所、岳阳市文物管理处：《岳阳唐宋墓》，上海古籍出版社，2016年。

④ 长沙博物馆：《吉光片羽：湖南考古出土陶瓷特展》，岳麓书社，2022年，第195页。

⑤ a.重庆市文物局、重庆市移民局：《奉节宝塔坪》，科学出版社，2010年；b.王晶：《奉节宝塔坪墓地唐宋墓葬研究》，吉林大学硕士学位论文，2006年。

⑥ 陕西省考古研究院、陕西历史博物馆、北京大学考古文博学院等：《异世同调：陕西蓝田吕氏家族墓地出土文物》，中华书局，2013年，第6、54～57页。

⑦ 王健群、陈相伟：《库伦辽代壁画墓》，文物出版社，1989年。

⑧ 朝阳博物馆、朝阳市城区博物馆：《辽宁朝阳市姑营子辽代耿氏家族3、4号墓发掘简报》，《考古》2011年第8期，第31～45、103、104、113页。

⑨〔日〕田村实造、小林行雄著，李彦朴等译，李俊义等校注：《庆陵：内蒙古辽代帝王陵及其壁画的考古学调查报告（第一册）》，内蒙古大学出版社，2016年。

的广度和文化影响的强度。

### （三）窖藏遗存

宋代窖藏主要集中于四川地区，时代多为南宋时期。据宋少辉统计，四川地区出土瓷器的宋元窖藏30处，其中24处出土有景德镇窑产品[①]，占比高达80%。例如广安大良村南宋中晚期窖藏，出土瓷器37件，以青白釉为主，兼有青釉、黑釉。青白瓷胎骨白细薄如纸，釉色莹润透亮，色质如玉，系景德镇上乘佳品[②]；德阳什邡南宋窖藏也出土了景德镇青白瓷马蹄盘、斗笠盏等多种器物[③]。这类遗存中著名的当属遂宁金鱼村南宋窖藏，其一号窖藏清理出瓷器1197件，景德镇瓷器783件，占比约65.4%。器形主要为瓶、炉、注子、砚滴、水盂、笔墨插、碗、钵、盘、碟、杯、小罐、盒、器盖等[④]。

### （四）水下遗存

河道、沉船等水下遗址也发现了景德镇青白瓷。河道遗址见港口、运河遗址和普通的水利遗址。河北海丰镇遗址是一处港口遗址，出土了属于景德镇的青白瓷[⑤]。

运河遗址如安徽柳孜运河、木牌坊运河、西关运河等遗址。柳孜运河遗址分别于1999年和2012～2013年进行考古发掘。1999年考古发掘的第三期（两宋时期）见有景德镇青白釉瓷斗笠碗、高圈足碗、花口碗、平底盘等[⑥]。第二次发掘出土了更为丰富的景德镇窑青白釉瓷，第四期（北宋早期，960～1067年）出土的A型Ⅰ式碗、A型Ⅱ式碗、A型Ⅰ式印花碗、A型Ⅱ式印花碗、A型Ⅰ式葵口碗、E型Ⅰ式碗、折肩钵等器形均可在景德镇道塘里、湖田等窑址找到同类器[⑦]。木牌坊运河遗址出土的青白瓷涉及北宋至明清各个时期，以景德镇窑的产品为主。其第二段早期（北宋早期，960～1000年）、第二段中期（北宋中期，1001～1067年）、第二段后期（北宋晚期，1068～1127年）、第三段前期（南宋）均见有景德镇青白瓷器，器形以碗、盏为主，兼有杯、碟、盒、盘、器盖、盏托等日常生活用器[⑧]。西关运河遗址第二期一段（北宋

---

① 宋少辉：《四川窖藏宋元瓷器的初步研究》，兰州大学研究生学位论文，2014年，第18、19页。

② 李明高：《广安县出土宋代窖藏瓷器》，《四川文物》1989年第3期，第60～62页。

③ 黄阳兴：《天府遗珍——关于四川宋代窖藏文物的初步研究》，《荣宝斋》2015年第6期，第68～70页。

④ 成都文物考古研究所、遂宁市博物馆：《遂宁金鱼村南宋窖藏（上册）》，文物出版社，2012年，第113～262页。

⑤ 吉林大学边疆考古研究中心、河北省文物研究所、黄骅市博物馆：《华瓷吉彩：黄骅市海丰镇遗址出土文物》，科学出版社，2016年。

⑥ 安徽省文物考古研究所、安徽省淮北市博物馆：《淮北柳孜：运河遗址发掘报告》，科学出版社，2002年。

⑦ 安徽省文物考古研究所、濉溪县文物事业管理局、淮北市博物馆：《柳孜运河遗址第二次考古发掘报告》，科学出版社，2017年。

⑧ 安徽省文物考古研究所、宿州市博物馆、宿州市文物管理所：《宿州木牌坊运河遗址考古发掘报告》，科学出版社，2023年。

早期）发现有景德镇的青白釉瓷碗[①]。

水利遗存如宁波鄞江水利遗存，出土了一件釉色莹润的青白釉瓷平底碟，应为景德镇湖田窑南宋时期产品[②]。

沉船遗址更多，有多个学者做过专门研究。如刘淼、胡舒扬的《沉船、瓷器与海上丝绸之路》收集的宋元沉船 19 艘，主要发现于福建沿海、南海海域及东南亚海域，其中福建海域最多，南海海域出水的遗物最为丰富[③]。沉船时代以南宋至元代为主，北宋沉船较少，几乎每船都有青白瓷特别是景德镇青白瓷出水。如鳄鱼岛沉船（北宋中晚期至南宋初期）[④]、全富岛一号沉船（南宋早期）[⑤]、惹巴拉沉船（12 世纪）[⑥]、华光礁一号沉船（南宋早期）、南海一号沉船（南宋中期）[⑦]等均发现景德镇青白瓷。华光礁一号沉船出水景德镇青白瓷碗、盏、盘、碟、钵、杯、器盖、小瓶、砚滴等日常生活用器，釉色青中泛白、白中闪青，质量上佳[⑧]。根据 1989～2004 年的考古调查结果显示，南海一号沉船出水陶瓷器 3042 件（套），其中景德镇青白瓷 233 件，器形为碗、盏、盘、器盖四类[⑨]。

运河和沉船遗址出土的青白瓷器是市场流通过程中的有力证据，这些出土瓷器将生产地景德镇与消费地的各个遗址点有机地结合起来，形成了一个完整的消费网络。

## 二、海 外 遗 址

海外遗址出土不少宋代景德镇青白瓷。前面提及的不少沉船遗址，如位于韩国新安海域的新安沉船，应该也是海外遗址，其出水数量最多的就是龙泉青瓷和景德镇青白瓷[⑩]。日本发现的青白瓷绝大部分是江西景德镇窑的产品。朝鲜半岛地区出土了数量较多、品种丰富的景德镇青白瓷产品，时间始于北宋早中期，北宋晚期至南宋达到顶峰。马来西亚布吉巴土林登遗址见有

① 安徽省文物考古研究所、宿州市博物馆、宿州市文物管理所：《宿州西关运河遗址考古发掘报告》，科学出版社，2023 年。

② 宁波市文物考古研究所、国家水下文化遗产保护宁波基地：《发现：宁波地域重要考古成果图集（2001—2015）》，宁波出版社，2016 年，第 154 页。

③ 刘淼、胡舒扬：《沉船、瓷器与海上丝绸之路》，社会科学文献出版社，2016 年，第 51 页。

④ 刘淼、胡舒扬：《沉船、瓷器与海上丝绸之路》，社会科学文献出版社，2016 年，第 51～53 页。

⑤ 国家文物局考古研究中心：《中国沉船考古发现与研究》，科学出版社，2021 年，第 183、184 页。

⑥ 项坤鹏：《浅析东南亚地区出土（水）的龙泉青瓷——遗址概况、分期及相关问题分析》，《东南文化》2012 年第 2 期，第 86 页。

⑦ 国家文物局水下文化遗产保护中心、中国国家博物馆、广东省文物考古研究所等：《南海Ⅰ号沉船考古报告之一：1989～2004 年调查（上）》，文物出版社，2017 年，第 168～243 页。

⑧ a. 山西博物院、海南省博物馆：《华光礁Ⅰ号沉船遗珍》，山西人民出版社，2013 年，第 35 页；b. 国家文物局考古研究中心、海南省文物局、海南省文物考古研究所：《华光礁一号沉船遗址发掘报告》，文物出版社，2022 年。

⑨ 国家文物局水下文化遗产保护中心、中国国家博物馆、广东省文物考古研究所等：《南海Ⅰ号沉船考古报告之一：1989～2004 年调查（上）》，文物出版社，2017 年，第 168～243 页。

⑩ 刘淼、胡舒扬：《沉船、瓷器与海上丝绸之路》，社会科学文献出版社，2016 年，第 51 页。

景德镇青白瓷印花标本[①]。非洲埃及巴卜·达尔卜·马赫尔克丘陵[②]、肯尼亚滨海省格迪古城[③]等遗址，都受到了景德镇青白瓷文化的消费影响。

两宋时期景德镇青白瓷以长江—大运河为主脉，凭借昌江—鄱阳湖的有利水运条件，消费辐射至全国绝大部分的区域，东至苏杭一带，北达内蒙古和辽宁一带，中间渗透陕西一带，西到四川、重庆一带，南面远至澎湖列岛和南海区域。凭借着发达的远洋航海技术，景德镇青白瓷扩散至东亚、西亚、南亚甚至南洋、非洲等海外区域，正如南宋赵汝适在《诸蕃志》记载的，当时与中国进行贸易往来的一百多个国家和地区的贸易商品中，“青白瓷器”“青白花碗”“青白花瓷器”“青白花器”是一类常见的消费品[④]，沉船和海外遗址出土遗物中常见景德镇的产品。

常见青白釉瓷器形有瓶、瓜棱腹长流执壶、注壶、折肩罐、小罐、敛口盂、水盂、砚滴、笔墨插、钵、温碗、高足碗、侈口碗、撇口碗、花口碗、斗笠碗、炉、熏炉、三足炉、酒台、斗笠盏、高足盏、托盏、盘、马蹄盘、折腹碟、花口碟、花卉纹碟、杯、盒、器盖等日常生活用器和瓷塑。

从消费群体来看，景德镇青白瓷是各阶层均喜爱的瓷器制品，上至王公贵族，下至贩夫走卒，已经融入社会各个层面，成为生活的一部分。景德镇青白瓷在消费市场中占有可观份额，因此呈现了景德镇青白瓷市场盛景，“都城天街……有大小铺席，皆是广大物货，如平津桥沿河布铺、扇铺、温州漆器铺、青白碗器铺之类”[⑤]，“住大树下橘园亭文籍书房，平津桥沿河布铺、黄草铺、温州漆器、青白碗器”，“酒市急需马盂、屈卮、泽斗……青白瓷器、瓯、碗、碟……”[⑥]。

## 第四节 宋代青白瓷所反映的物质文化

道塘里、铜锣山、凤凰山三处窑址所生产的青白瓷造型丰富多样，器类有三十多种，既有碗、盘、碟、盏等日常饮食器，也有执壶、杯、酒台、盏托等茶酒器，还有文房用具、陈设

① a. 宋东林：《景德镇窑五代宋元时期青白釉瓷器研究》，北京大学博士学位论文，2014年；b. 丁雨：《南宋至元代中国青白瓷外销情况管窥》，北京大学中国考古学研究中心、北京大学震旦古代文明研究中心：《古代文明（第15卷）》，上海古籍出版社，2021年，第30页；c. 中国硅酸盐学会：《中国陶瓷史》，文物出版社，1982年，第308、311页。

② 朱凡：《中国文物在非洲的发现》，《西亚非洲》1986年第4期，第55页。

③ a. 王太一：《肯尼亚斯瓦希里文化初探——以进口陶瓷贸易与建筑为视角》，《故宫博物院院刊》2022年第2期，第19页；b. 刘岩、秦大树、齐里亚马·赫曼：《肯尼亚滨海省格迪古城遗址出土中国瓷器》，《文物》2012年第11期，第38、39页。

④ （宋）赵汝适撰、钟翀整理：《诸蕃志》，上海师范大学古籍整理研究所：《全宋笔记（第七编）》，大象出版社，2015年，第171～230页。

⑤ 上海师范大学古籍整理研究所：《全宋笔记（第八编）》，大象出版社，2017年，第17、18页。

⑥ （宋）吴自牧：《梦粱录》，（清）乾隆御修：《景印文渊阁四库全书（第五九〇册）》，台湾商务印书馆，1986年，第107、110页。

器、宗教塑像等。这些多样的器类呈现了宋代青白瓷的生产发展历程，展现了宋代陶瓷工艺的高超技术水平，体现了宋代饮食文化的繁荣、茶文化的兴盛、酒文化的发达和香文化的流行，深刻地反映了宋代物质文化与生活方式的变迁。

## 一、宋代青白瓷反映了宋代饮食文化的繁荣与多样化

三处窑址产品丰富多样，有青釉、酱黑釉、紫金釉和青白釉瓷，以青白釉瓷为主。青白釉瓷无论是器类还是数量，占比均达到绝对值。其中大量的青白釉瓷碗、盏、盘、碟、罐、壶等日常生活用器，体现了宋代的饮食文化昌盛，反映了宋代饮食文化的繁荣，青白瓷已然成为宋代文化不可或缺的物质符号和精神标识。

宋代社会的稳定和经济的发展，促使饮食文化和习惯发生了一定程度的转变，具体表现为桌椅代替了早期的席几，不同阶层享受着不同的生活方式，同时也刺激了饮食的繁荣。不同阶层的饮食需求和习惯从青白釉瓷的生产与消费中、从普通大众的朴素饮食与富商巨贾的精致宴飨中得到生动体现。

普通民众饮食起居较为简朴，所用器具多为简单实用的日常用器，主要满足基本需求。北宋张择端《清明上河图》描绘汴河两岸众多的茶馆酒肆中不少普通市民吃饭饮酒的场景，所用器具不过一碗一盘。南宋刘履中《田畯醉归图》描绘了老翁聚齐喝酒的场景，所用酒坛有开裂锔过的痕迹，图中老翁所用酒具仅为一盘承托一盏。富商巨贾、达官贵胄则追求更高层次的生活享受，他们所使用的青白釉瓷往往造型典雅、装饰繁复，如温碗、执壶、盏托等，这些器物不仅体现了他们的社会地位和经济实力，也反映了他们对精致生活的追求。《清明上河图》中酒楼就餐的食客与食肆用餐的人必不是同一层次的人群。酒楼二楼的餐桌上不仅餐具数量显著增加，也更讲究用餐的品质，对美的追求从呈现花瓣口的温碗上即可窥见一斑，造型典雅，釉色莹润，极具艺术感。

相对而言，上层社会的生活需求较下层民众更具仪式感和享受性，需要更多的生活器具来装点。本次发掘出土了不少精美的青白瓷，道塘里窑址出土的青白釉瓷瓯（DT1①：25），外腹壁篦划云状纹，端庄秀丽。各种服务于上层社会的不同形制的盏托以及各式花口碗、花口盏、花口盘、花口碟等仿金银器的造型，搭配不同的美食，呈现端庄秀丽、千姿百态的造型艺术美。

青白瓷作为宋代饮食文化的重要组成部分，以其独特的釉色与雅致的造型展现了宋代对美的追求与热爱。它不仅呈现了饮食文化的丰富多彩和繁荣兴盛，满足了基本的饮食功能，还通过造型、纹饰等艺术手段，提高了生活的品质与格调，提升了饮食的仪式感和审美价值，反映了宋代社会的经济发展与商业繁荣。

## 二、宋代青白瓷反映了茶器的发展与饮茶文化的盛行

开门七件事，柴米油盐酱醋茶。饮茶在宋代尤为盛行，甚至成为日常生活中每天的必备之

物。王安石《临川先生文集·议茶法》“夫茶之为民用，等于米盐，不可一日以无”①。茶器成为重要生活用器，推动了青白瓷的生产与发展。

罐、执壶、盏、盏托等茶器成为继碗、盘类餐饮用器之后的第二类重要生活用器，折射出宋代饮茶活动的普遍性和重要性。南宋刘松年所绘的《茗园赌市图》描绘了喝茶所用器物有执壶、茶盏、茶罐等茶具。茶罐是存储茶饼和茶粉的；盏与宋代饮茶风俗流行斗茶有关；盏托是承托或者举托茶盏的，由托盘和托子两部分组成，河南登封北宋绍圣四年李守贵墓（1097 年）备茶图中妇人左手持凤首茶匙向茶盏中添茶粉，盏下置有盏托，桌面摆放果盘和叠置的盏托；执壶是茶、酒器两用，南宋画家刘宗古《瑶台步月图》画中左侧的侍女捧持的茶具便是执壶。凤凰山和道塘里窑址出土了大量的青白釉瓷执壶、盏、盏托等器类，当是宋代窑业水平和饮茶时尚的体现。为了适应市场需要，甚至产生了专业分工，道塘里窑址以生产青白釉瓷碗、盏、盏托、酒台为主，凤凰山窑址以生产执壶为主。茶器的精致化和专业化生产，不仅满足了人们对茶文化的追求，也促进了陶瓷工艺的创新和发展。

宋墓、宋画和窑址的出土器物见证了饮茶在宋代的进一步发展，成为一种风尚，“宾主设礼，非茶不交”。宋代饮茶文化在青白瓷的映衬下更显风雅，文人墨客常常聚集于茶室之中，以青白瓷茶具品茗论道。那温润如玉的茶盏、造型别致的执壶，以及与之搭配的盏托，共同构成一幅幅动人的画面。在茶香袅袅中，他们谈诗论文、挥毫泼墨，享受着青白瓷带来的那份宁静与超脱。

## 三、宋代青白瓷反映了宋代酒文化的发达

宋代是中国历史上酒文化发展的一个重要时期。随着商品经济的发展和手工业的发达，城镇市井繁华热闹，茶楼酒肆鳞次栉比，饮酒成为当时社会生活的重要组成部分。宋人饮酒，不仅追求口感上的享受，更注重格调与礼仪。酒具作为饮酒文化的载体，其制作和使用也日益讲究。青白釉瓷以其温润如玉的釉色、简洁实用的功能，成为宋代酒具中的佼佼者。青白瓷酒具种类繁多，窑址出土的酒具有青白瓷执壶、温碗、盏、杯、酒台等，这些构成了宋代酒具的基本组合。单单青白瓷执壶就分为短流执壶、瓜棱腹长流执壶、圆弧腹长流执壶、八棱长流执壶，此外尚有瓶、瓯、大碗、碗、斗笠碗、墩式碗、盏、花口盏等酒器。温碗是宋代青白瓷酒具中的一种特殊器形，用于温酒，执壶置于温碗之内，倾入热水温酒，既保持了酒的温度，增添了饮酒的仪式感，又能增添饮酒的乐趣，青白瓷温碗以其温润的釉色和实用的功能成为宴饮场合中的必备之物。台盏是酒盏与酒台子的合称，酒台子呈盘状，中间凸起一小圆台，以承酒盏。宋画《文会图》描绘宋徽宗赵佶和一众文人学者以文会友、饮酒赋诗的场景，餐桌上放有各式盘（碟）以盛放不同的水果和菜品，两侧放有执壶，宾客面前除了必备的碗、碟类外，还见有盏托，下方备酒备茶的区域可见有放在冰鉴里的酒壶、茶盏、温

① 王安石：《临川先生文集》卷七十《宋代茶法专论》“议茶法”。

碗和执壶等。宋代《春宴图卷》是一幅关于宴饮的图卷，画中餐桌放置了各式盘碟，装酒执壶放在温碗中。同类的场景还见于壁画墓，“事死如事生”的中国文化传统反映了逝者生前的生活方式。河南登封北宋绍圣四年（1097年）李守贵墓夫妇对坐图有装饰繁缛的温碗和执壶，执壶造型与江西南城北宋嘉祐二年（1057年）出土的青白釉瓷刻划牡丹纹狮纽注碗相类似，桌上配置盏。河南白沙北宋元符二年（1099年）赵大翁墓出土物也是温壶、温碗和盏的组合。这些大抵呈现了宋代酒文化的面貌，正如宋孟元老《东京梦华录》载：“大抵都人风俗奢侈，度量稍宽，凡酒店中不问何人，止两人对坐饮酒，亦须用注碗一副，盘盏两副，果菜碟各五片，水菜碗三五只，即银近百两矣。”①

这些青白瓷酒具不仅造型优美，线条流畅，而且装饰手法多样，如刻花、印花等，使得每一件酒具都成了艺术品。青白瓷酒具的盛行，反映了宋代社会经济的繁荣和制瓷业的发展。这些青白瓷酒具不仅满足了宋人饮酒的实际需求，而且成了他们追求生活品质和精神享受的象征。在宋代文人雅士的笔下，青白瓷酒具常被赋予深厚的文化内涵，成为他们抒发情感、寄托理想的重要媒介，如宋蒋祈在《陶记》中称赞景德镇青白瓷“洁白不疵，故鬻于他所，皆有‘饶玉’之称”，更有诗句如“浮梁巧烧瓷，颜色比琼玖”，表达了人们对青白瓷的喜爱和赞美。

青白瓷酒具以其精美的造型和独特的艺术魅力成为酒文化中的重要组成部分，体现了宋代文人雅士追求生活品质和精神享受的文化风尚，反映了宋代丰富多彩的社会生活图景和独特的文化现象，展示了中国古代文化的博大精深和独特魅力。

## 四、宋代青白瓷反映了宋代香文化的流行

香文化作为中国古代文化的重要组成部分，源远流长，博大精深。中国香文化萌芽于远古时期，经过数千年的发展，至宋代达到了鼎盛。宋代文人阶层对香文化的热衷，不仅推动了香料的种植、加工和贸易的繁荣，也促进了香炉等香具的制造和艺术的创新。

青白瓷香炉的出现，丰富了香具的种类和样式，也提升了香文化的艺术品位。三处窑址出土青白瓷香炉不多，不过周边大量的青白瓷窑址，尤其是湖田窑遗址出土了种类多样的青白瓷香炉，分为有座炉、圈足炉、三足炉、四足炉、饼足炉、八棱炉、兽背炉、异形炉等八类二十四型十九式②，呈现了宋代青白瓷香炉种类繁多、造型各异的特点。这些青白瓷香炉以其独特的釉色和精湛的工艺，不仅具有实用功能，更因其精美的造型和温润的釉色成为文人雅士案头龛前的文玩雅器，在中国瓷器史上占据着举足轻重的地位。宋代文人雅士追求的是一种超然物外、宁静致远的精神境界，他们通过焚香品茗、吟诗作画等方式来修身养性、陶冶情操，呈现了宋代文人雅士“烧香点茶，挂画插花，四般闲事，不宜累家”的“四闲”“四事”或“四

① （宋）孟元老：《东京梦华录》卷四“会仙酒楼”。

② 江西省文物考古研究所、景德镇民窑博物馆：《景德镇湖田窑址：1988—1999年考古发掘报告》，文物出版社，2007年，第208～224页。

艺”之一的生活场景。青白瓷因其温润如玉的釉色和简洁流畅的线条，恰好符合了宋代文人雅士的审美追求。青白瓷香炉在焚香时散发出的淡淡香气与青白釉色相映成趣，营造出一种空灵澄澈、幽远宁静的氛围，使人在其中得以放松身心、感悟人生，将日常生活提升至艺术境界。

青白瓷以其独特的艺术魅力成为香文化中不可或缺的一部分，而香文化则通过青白瓷这一载体得以传承和发展。两者相辅相成、相得益彰，共同构成了中国古代文化宝库中的一颗璀璨明珠。

## 五、宋代青白瓷反映了丰富的物质文化与社会风尚

陈寅恪先生认为：“华夏民族之文化，历数千载之演进，造极于赵宋之世。”[①] 宋代青白瓷以温润如玉的釉色和精致的造型，成为瓷器中的佼佼者，除了江西地区抚河流域的白舍窑、赣江流域的七里镇窑和吉州窑、修水流域的丫髻山窑等全境范围的窑址生产青白瓷，几乎每座江西已发掘的宋代墓葬都出土青白瓷，其中大多数是碗、盘等日常饮食器。而本次发掘的三处以烧造青白瓷为主的窑址，烧造时分别有所侧重，出现了专业分工，制瓷业的分工越细，效率和规模就越大。正因为有了这种细致的专业分工，加之景德镇的天然优质瓷土和便利的交通运输条件，景德镇才在五代少有的几个烧造青瓷和白瓷窑场的基础上，创烧出受世人喜爱的青白釉瓷，涌现出大批的专业瓷场，影响周围的瓷窑，从而形成一个青白釉瓷体系，然后扩及全国，影响世界。景德镇正是在这样的基础上走上了辉煌之路，于元代创烧出青花瓷，在明代赢得“瓷都”之称号，“中华向号瓷之国，瓷业高峰是此都”。

得益于景德镇青白瓷对消费市场的引领，青白瓷得到了广泛传播和普及，其生产技术迅速传播至浙江、福建、湖南、广西、广东等地，形成了广泛的窑业生产网络，青白瓷的生产和销售还带动了相关产业如采矿、运输、销售等的发展，形成了一个完整的产业链，促进了陶瓷技术的交流与融合，推动了宋代经济的繁荣和发展，体现了宋代文化的强大影响力和传播力。

青白瓷的生产与消费也反映了宋代社会的经济发展与商业繁荣。随着市场的扩大和技术的进步，青白瓷的生产规模不断扩大，产品种类也日益丰富。从日常生活用品到高档的陈设器皿，青白瓷以其独特的魅力赢得了大众广泛的认可与喜爱。

青白瓷的生产与消费不仅与当时的社会经济发展密切相关，更反映了宋代社会的审美追求与生活品质的提升。这不仅促进了陶瓷业的繁荣与发展，也为宋代社会经济的多元化发展提供了有力支撑。

青白瓷的生产与消费还蕴含了丰富的物质文化因素和社会风尚。从器物的造型、纹饰、用途等方面，可以窥见当时社会的审美观念、生活方式和价值取向。这些物质文化因素不仅丰富了宋代文化的内涵，也为后人研究宋代社会、文化、经济等提供了宝贵的实物资料。

总之，宋代青白瓷所反映的物质文化是多方面的、深层次的，不仅展示了宋代陶瓷工艺的

① 陈寅恪：《陈寅恪集：金明馆丛稿二编》，生活·读书·新知三联书店，2012年，第277页。

高超水平和文化传播力，而且反映了宋代社会的饮食风尚、阶层分化及物质文化的丰富内涵。

宋代，一个文化与艺术并重的时代，青白瓷如同其时代的缩影，以其独特的釉色与雅致的造型，在饮食文化中占据了举足轻重的地位，还深刻揭示了宋代社会的物质文化、经济发展、阶层分化以及生活方式的变迁。

# 后　记

《景德镇青白瓷窑址——道塘里、铜锣山、凤凰山窑址考古发掘报告》是2006年由江西省文物考古研究所（今江西省文物考古研究院）联合景德镇民窑博物馆、浮梁县博物馆等单位，为配合景德镇环城高速公路南环段的基本建设而开展的。参与发掘的工作人员不辞辛苦、任劳任怨，付出了艰辛劳动。发掘期间进行了初步整理工作，得益于《文物》杂志和北京大学考古文博学院秦大树先生的支持与指导，分别于2007年、2009年、2011年刊发了铜锣山窑址①、凤凰山窑址②、道塘里窑址③的发掘简报。

江西省文物考古研究所不仅重视田野考古发掘，而且重视考古成果的转化出版，为了尽早详细地公布发掘成果，推动陶瓷考古领域的深入研究，2012年，积极组织并整理了相关发掘资料。在此期间，国家文物局下拨了专项经费。然而囿于客观因素，特别是各相关人员忙于更为紧急的工作任务，原本即将完成的考古报告无法闭环杀青。尽管在2015年和2019年按照单个窑址各自分型分式重启了考古报告的整理撰写，然而这些努力始终未能进入出版流程，有关考古报告的整理出版工作陷入困境。幸运的是，蒙江西省社会科学基金和国家社会科学基金的垂青，资助课题经费，三处窑址考古报告的整理出版再次提上议程。这次尝试采取统一标准分型分式开展有关窑址考古报告的整理与撰写工作，虽然增加了难度和工作量，最终的成果也没有完全达到最初的设想，但终于使得报告得以定稿并付诸出版，长期以来的担忧也因此得以缓解。当然，报告的错误与不足也在所难免，恳请方家不吝赐教，批评指正！令人欣喜的是在书稿付梓之际，作为本书成果的国家社会科学基金课题的最终结项为优秀等次。

考古发掘和报告的完成辛苦而漫长，唯其如此，更需要各方长期关心、坚定支持以及大家的共同努力，从整理、修复到编辑、出版，每一步都凝聚着集体的智慧和汗水。

三处窑址的考古发掘及其报告的整理出版工作，自始至终得到国家文物局与江西省文物局深切关怀与鼎力支持。江西省文物考古研究院的历任负责人更是给予强有力领导，书记王琴红同志亲自审定了报告的封面设计。发掘期间，江西省文物局杜学萍副局长以及江西省文物考古研究所樊昌生所长、徐长青副所长、王上海副所长等多次亲临发掘现场，给予了宝贵的指导。

---

① 江西省文物考古研究所、景德镇民窑博物馆：《江西景德镇竟成铜锣山窑址发掘简报》，《文物》2007年第5期，第48～59页。

② 江西省文物考古研究所、浮梁县博物馆：《江西浮梁凤凰山宋代窑址发掘简报》，《文物》2009年第12期，第25～38页。

③ 江西省文物考古研究所、景德镇民窑博物馆：《江西景德镇道塘里宋代窑址发掘简报》，《文物》2011年第10期，第35～50页。

北京大学考古文博学院权奎山教授、陶瓷考古博士孟原召，景德镇陶瓷考古研究所刘新园所长、李一平副所长、江建新副所长、江小民主任，景德镇市文化局文物科白光华副研究员，景德镇陶瓷学院陶瓷史论系曹建文博士、黄薇女士，景德镇陶瓷文化博览区徐田华副主任，吉水县博物馆李希朗馆长，丰城市博物馆徐卫星馆长、陆雄如副馆长，山东省青岛市博物馆石建民副馆长等专家、学者到现场指导发掘，在此深表感谢！尤其是权奎山教授和刘新园研究馆员，站在学术前沿从发掘方法、发掘技术、陶瓷研究方面，给予具体而深入的建议！南开大学历史学院刘毅副院长不仅指导我们工作，还派学生陈扬、杨学晨前来支援田野考古工作，他们的加入为团队注入了新的活力与专业力量。对这些无私的帮助与支持，我们再次表示最诚挚的谢意！此外，衷心感谢科学出版社王琳玮老师团队对书稿的精细编辑与辛勤付出，他们的专业与敬业成就了本书的高品质。

三处窑址的考古发掘由张文江领队负责。参加考古发掘人员有张文江、李育远、崔涛、李新才、何俊、吴太平、罗修木、周剑、郑冰、肖冰、童林、陈扬、杨学晨、傅雪如、戴炜、陈小真、谭昕、黄秋兰、洪水英、方涛等。参加报告资料整理的有张文江、崔涛、杨卫、丁航、陈镇江、刘佳、李兆云、谢绮、陈慧、何菁、傅雪如、戴仪辉、何国良。绘图戴仪辉、何国良、傅雪如、李育远、崔涛、戴炜，修复傅雪如，照相赵可明、金国庆、张文江。

报告初稿由张文江、崔涛完成，出版稿由张文江、李兆云负责，张文江统筹审定全稿，崔涛和李兆云两位年轻才俊付出极大心血。具体分工前言由张文江，第一章由杨卫、陈慧，第二章由丁航、何菁，第三章由崔涛、李育远，第四章由谢绮、刘佳，第五章由李兆云、杨卫，第六章由陈镇江、丁航，第七章由张文江、李兆云完成。

2024 年 12 月 15 日

# 图　版

# 图版一

1. 道塘里窑址远景

2. 道塘里窑址发掘现场

道塘里窑址远景和发掘现场

## 图版二

1. 道塘里窑址遗迹整体

2. 道塘里窑址作坊遗迹DF1

道塘里窑址遗迹整体和作坊遗迹DF1

1. 道塘里窑址作坊遗迹DF2

2. 道塘里窑址DY1整体

道塘里窑址作坊遗迹DF2和DY1整体

1. 道塘里窑址排水暗沟DG1

2. 道塘里窑址DY1窑前工作室

道塘里窑址DG1和DY1窑前工作室

1. 道塘里窑址DY1火门

2. 道塘里窑址DY1火膛

道塘里窑址DY1火门和火膛

1. 道塘里窑址DY1窑床

2. 道塘里窑址DY1窑墙砖砌体泥黏接

道塘里窑址DY1窑床和窑墙砖砌体泥黏接

1. 道塘里窑址DY1东窑墙

2. 道塘里窑址DY1窑床匣钵

道塘里窑址DY1东窑墙和窑床匣钵

# 图版八

1. 道塘里窑址DY1排烟室

2. 道塘里窑址DY1排烟孔

道塘里窑址DY1排烟室和排烟孔

# 图版九

1. B型缸（DT5③：33）

2. 罐（DT1④：24）

3. 罐（DT4⑤：4）

4. 单把罐（DT4⑤：3）

5. A型执壶（DT3③：25）

6. A型执壶（DT3③：23）

7. A型执壶（DT3③：22）

8. A型执壶（DT5③：31）

道塘里窑址青釉瓷缸、罐、单把罐、执壶

## 图版一〇

1. A型执壶（DY1窑前工作室：29）

2. Bc型执壶（DT3①：115）

3. 执壶壶流（DT5③：142）

4. 执壶执柄（DT5③：141、DT7①：22）

5. 横柄壶（DT3③：181）

6. 横柄壶柄部（DT1①：114、DT4③：70）

7. 花浇（DY1窑前工作室：24）

8. 钵（DT3③：210）

道塘里窑址青釉瓷执壶、横柄壶、花浇、钵

1. 青釉瓷碾槽（DT2③：32）

2. 青釉瓷碾轮（DT3③：189）

3. 酱黑釉瓷执壶（DT1④：34）

4. 酱黑釉瓷盖钵（DT4②：50）

5. 酱黑釉瓷钵（DY1窑前工作室：25）

6. 酱黑釉瓷碗（DY1窑前工作室：1）

7. 酱黑釉瓷碗（DY1火膛：9）

8. 酱黑釉瓷小碗（DT3③：221）

道塘里窑址青釉瓷碾槽、碾轮和酱黑釉瓷执壶、盖钵、钵、碗、小碗

## 图版一二

1. DY1火膛：10

2. DY1火膛：11

3. DT3③：31

4. DT7①：3

5. DT5③：36

6. DT5③：38

7. DT3③：41

8. DT3③：42

道塘里窑址A型酱黑釉瓷盏

1. A型盏（DY1窑前工作室：38）

2. A型盏（DT3③：197）

3. A型碟（DT5①：62）

4. A型碟（DT3①：37）

5. B型碟（DT1④：27）

6. B型碟（DT1④：28）

7. B型碟正视图（DT5③：6）

8. B型碟底视图（DT5③：6）

道塘里窑址酱黑釉瓷盏、碟

## 图版一四

1. B型酱黑釉瓷碟（DT7①：4）

2. B型酱黑釉瓷碟（DT3③：190）

3. C型酱黑釉瓷碟（DT5③：5）

4. 酱黑釉瓷杯（DT5③：8）

5. 紫金釉瓷小碗（DY1排烟室：1）

6. 紫金釉瓷小碗（DY1窑前工作室：27）

7. 紫金釉瓷盏（DT4①：20）

8. 紫金釉瓷碟（DT5③：44）

酱黑釉瓷碟、杯和紫金釉瓷小碗、盏、碟

1. A型柳斗罐（DT3③：160）

2. A型柳斗罐（DT3③：156）

3. B型柳斗罐（DT5③：116）

4. Ca型柳斗罐（DT1①：3）

5. Cb型柳斗罐正视图（DT3③：11）

6. Cb型柳斗罐底视图（DT3③：11）

7. B型瓯（DT1①：25）

8. 瓯残片（DT3③：177）

道塘里窑址青白釉瓷柳斗罐、瓯

## 图版一六

1. 短流执壶正视图（DT5③：20）

2. 短流执壶侧视图（DT5③：20）

3. A型水盂（DT6①：17）

4. 温碗（DT3③：176）

5. 温碗正视图（DT3③：178）

6. 温碗俯视图（DT3③：178）

7. A型大碗（DT4③：164）

8. B型大碗（DT3③：154）

道塘里窑址青白釉瓷短流执壶、水盂、温碗、大碗

# 图版一七

1. A型碗（DT5③：7）

2. A型碗（DT4⑤：36）

3. Bb型碗（DT4⑤：33）

4. Bb型碗（DT4③：77）

5. Ca型碗（DT4③：40）

6. Cc型碗（DF2：10）

7. Cc型碗正视图（DT6②：2）

8. Cc型碗底视图（DT6②：2）

道塘里窑址青白釉瓷碗

# 图版一八

1. DT8①：15

2. DT6②：9

3. DT2②：99

4. DT5③：113

5. DT4②：57

6. DF2：9

7. 碗正视图（DT2①：121）

8. 碗底视图（DT2①：121）

道塘里窑址Cc型青白釉瓷碗

1. Ⅰ式碗正视图（DT2⑤：12）

2. Ⅰ式碗底视图（DT2⑤：12）

3. Ⅰ式碗（DT2⑤：13）

4. Ⅰ式碗（DT2①：108）

5. Ⅰ式碗（DT1①：27）

6. Ⅱ式碗（DT2③：11）

7. Ⅱ式碗正视图（DT2①：105）

8. Ⅱ式碗底视图（DT2①：105）

道塘里窑址Da型青白釉瓷碗

## 图版二〇

1. Db型碗（DT3①：87）

2. E型碗（DT4⑤：27）

3. 斗笠碗正视图（DT5③：115）

4. 斗笠碗底视图（DT5③：115）

5. A型Ⅰ式墩式碗（DT1①：22）

6. A型Ⅰ式墩式碗（DT4③：53）

7. A型Ⅰ式墩式碗正视图（DT6①：23）

8. A型Ⅰ式墩式碗底视图（DT6①：23）

道塘里窑址青白釉瓷碗、斗笠碗、墩式碗

1. A型Ⅰ式墩式碗（DT3①：54）

2. A型Ⅱ式墩式碗（DT5①：55）

3. A型Ⅱ式墩式碗正视图（DT3①：88）

4. A型Ⅱ式墩式碗底视图（DT3①：88）

5. A型Ⅱ式墩式碗（DT4③：60）

6. Ba型Ⅰ式墩式碗（DT4③：58）

7. Ba型Ⅰ式墩式碗（DT4③：59）

8. Ba型Ⅰ式墩式碗（DT2④：11）

道塘里窑址青白釉瓷墩式碗

## 图版二二

1. Ba型Ⅱ式墩式碗正视图（DT4③：57）

2. Ba型Ⅱ式墩式碗底视图（DT4③：57）

3. Ba型Ⅱ式墩式碗正视图（DT5①：60）

4. Ba型Ⅱ式墩式碗底视图（DT5①：60）

5. Ba型Ⅱ式墩式碗（DT4②：46）

6. Ca型Ⅰ式墩式碗（DT3③：147）

7. Cb型墩式碗（DT3③：200）

8. Aa型Ⅰ式盏（DT5③：108）

道塘里窑址青白釉瓷墩式碗、盏

## 图版二三

1. Ⅰ式盏正视图（DT5③：110）

2. Ⅰ式盏底视图（DT5③：110）

3. Ⅰ式盏（DT7②：33）

4. Ⅱ式盏（DT5②：11）

5. Ⅱ式盏正视图（DT5①：53）

6. Ⅱ式盏底视图（DT5①：53）

7. Ⅱ式盏正视图（DT5①：52）

8. Ⅱ式盏底视图（DT5①：52）

道塘里窑址Aa型青白釉瓷盏

## 图版二四

1. Aa型Ⅱ式盏（DT3③：116）

2. Ab型盏（DT2①：94）

3. Ba型盏正视图（DF2：8）

4. Ba型盏底视图（DF2：8）

5. Ba型盏（DF2：12）

6. Ba型盏（DF2：13）

7. Ba型盏正视图（DT4④：12）

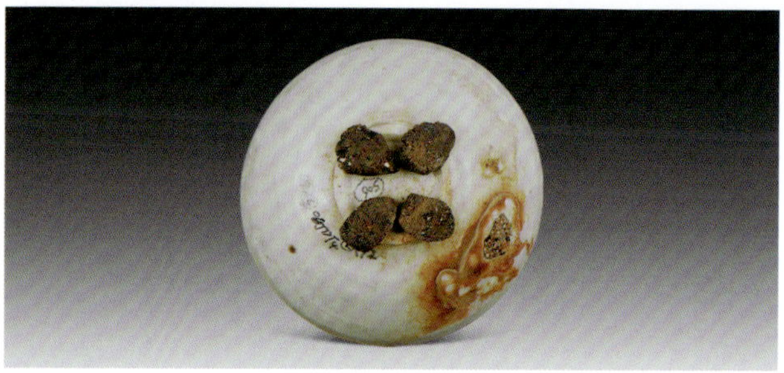

8. Ba型盏底视图（DT4④：12）

道塘里窑址青白釉瓷盏

# 图版二五

1. Ba型盏（DT5②：10）

2. Ba型盏（DT2③：28）

3. Bc型盏正视图（DT5③：93）

4. Bc型盏底视图（DT5③：93）

5. Bc型盏俯视图（DT3③：4）

6. Bc型盏正视图（DT3③：4）

7. Bc型盏俯视图（DT2①：20）

8. Bc型盏正视图（DT2①：20）

道塘里窑址青白釉瓷盏

## 图版二六

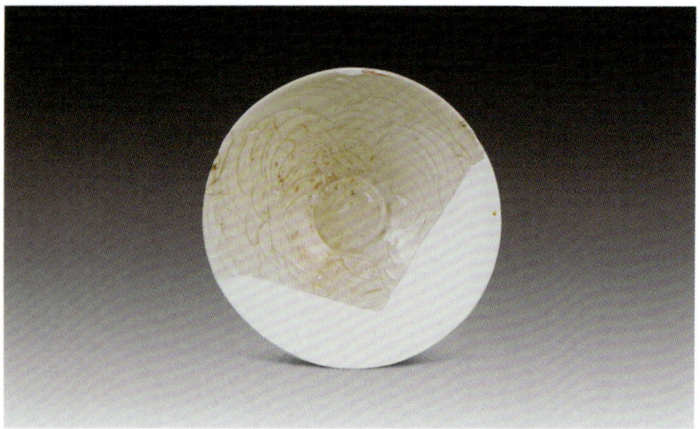

1. Bc型盏俯视图（DT3③：105）

2. Bc型盏正视图（DT3③：105）

3. Bc型盏（DT5③：95）

4. Bc型盏（DT2②：95）

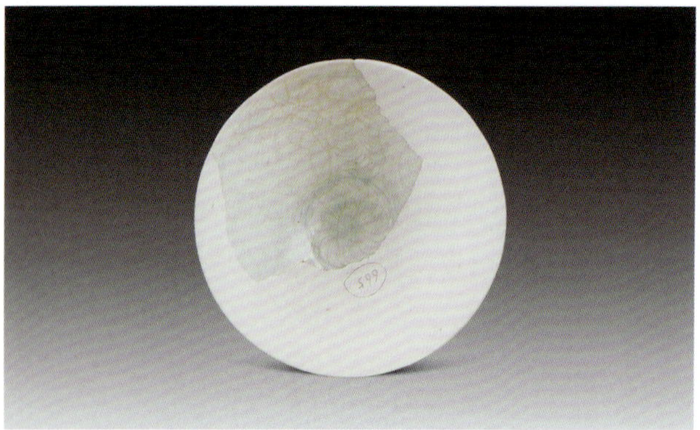

5. Ca型盏俯视图（DT5①：48）

6. Ca型盏正视图（DT5①：48）

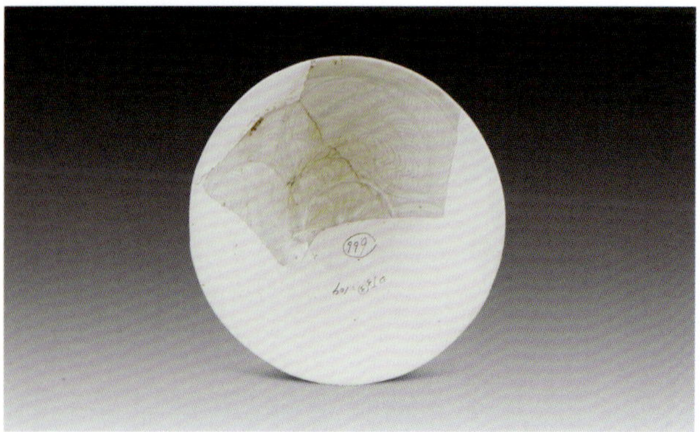

7. Ca型盏俯视图（DT3③：109）

8. Ca型盏正视图（DT3③：109）

道塘里窑址青白釉瓷盏

1. Cc型Ⅰ式盏（DT3③：45）

2. Cc型Ⅰ式盏（DT3③：106）

3. Cc型Ⅱ式盏（DT5③：105）

4. Da型Ⅰ式盏（DT2①：89）

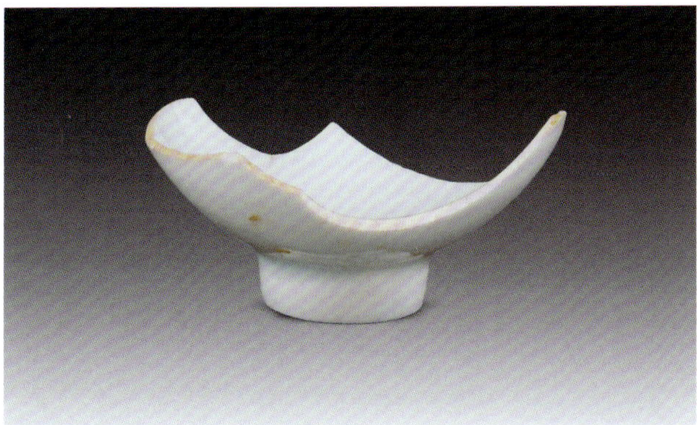

5. Da型Ⅰ式盏正视图（DT2①：28）

6. Da型Ⅰ式盏底视图（DT2①：28）

7. Db型盏正视图（DY1火膛：12）

8. Db型盏底视图（DY1火膛：12）

道塘里窑址青白釉瓷盏

# 图版二八

1. Db型盏正视图（DY1窑前工作室：2）

2. Db型盏底视图（DY1窑前工作室：2）

3. Db型盏（DY1窑前工作室：30）

4. Db型盏（DT5③：104）

5. Db型盏正视图（DT5③：107）

6. Db型盏底视图（DT5③：107）

7. Dc型Ⅰ式盏（DT2①：102）

8. A型花口盏（DT4①：33）

道塘里窑址青白釉瓷盏、花口盏

1. Ba型花口盏正视图（DY1火膛：15）

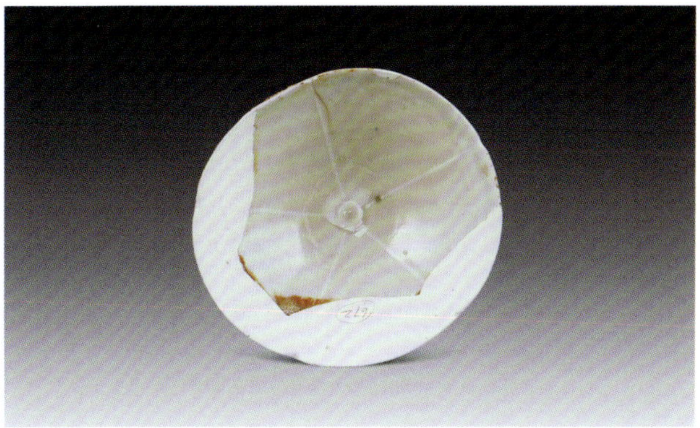

2. Ba型花口盏俯视图（DY1火膛：15）

3. Bb型花口盏（DT7②：39）

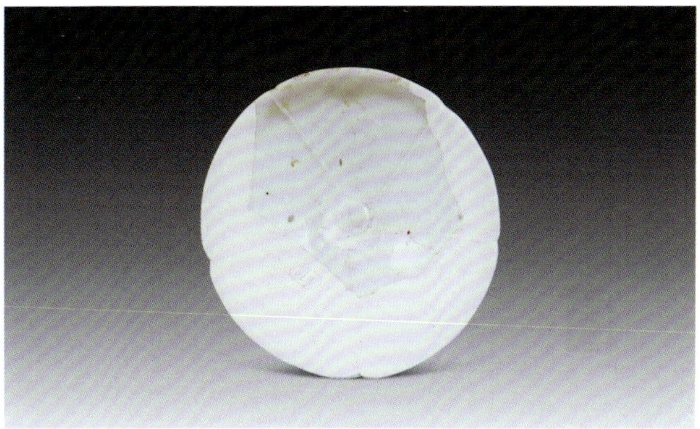

4. Da型花口盏俯视图（DT4②：20）

5. Da型花口盏正视图（DT4②：20）

6. Da型花口盏底视图（DT4②：20）

7. Aa型盘正视图（DT5③：79）

8. Aa型盘底视图（DT5③：79）

道塘里窑址青白釉瓷花口盏、盘

## 图版三〇

1. Ba型盘（DT1④：37）

2. Bb型盘（DT2②：36）

3. Ca型盘（DT2②：5）

4. Cc型盘（DT2②：40）

5. Aa型洗正视图（DT3③：218）

6. Aa型洗底视图（DT3③：218）

7. Aa型洗（DT3③：89）

8. Aa型洗（DT2②：52）

道塘里窑址青白釉瓷盘、洗

# 图版三一

1. Ab型洗（DT3①：71）

2. Ba型Ⅰ式洗（DT2①：73）

3. Ac型洗正视图（DT3①：40）

4. Ac型洗底视图（DT3①：40）

5. Ba型Ⅰ式洗（DT4③：76）

6. Ba型Ⅱ式洗（DT5③：80）

7. Ba型Ⅱ式洗正视图（DT3③：87）

8. Ba型Ⅱ式洗底视图（DT3③：87）

道塘里窑址青白釉瓷洗

## 图版三二

1. Ba型Ⅱ式洗（DT3③：48）

2. Ca型Ⅰ式洗（DT6③：7）

3. Ca型Ⅰ式洗正视图（DT2③：58）

4. Ca型Ⅰ式洗底视图（DT2③：58）

5. Ca型Ⅰ式洗正视图（DT4②：10）

6. Ca型Ⅰ式洗底视图（DT4②：10）

7. Ca型Ⅰ式洗（DT4②：18）

8. Ca型Ⅰ式洗（DT2②：58）

道塘里窑址青白釉瓷洗

1. Ca型Ⅰ式洗（DT4②：54）

2. Ca型Ⅰ式洗（DT2①：14）

3. Ca型Ⅱ式洗（DT3③：132）

4. Cb型洗（DT4③：21）

5. Cb型洗正视图（DT2②：38）

6. Cb型洗底视图（DT2②：38）

7. Cb型洗（DT2③：61）

8. Cb型洗（DT2①：22）

道塘里窑址青白釉瓷洗

## 图版三四

1. Cc型洗（DT4②：15）

2. Cc型洗正视图（DT5③：68）

3. Cc型洗俯视图（DT5③：68）

4. Cc型洗底视图（DT5③：68）

5. A型碟（DT2③：128）

6. A型碟（DT2⑤：6）

7. A型碟（DT2③：129）

8. A型碟（DT5②：12）

道塘里窑址青白釉瓷洗、碟

# 图版三五

1. Ba型碟（DT4③：35）

2. Ba型碟（DT2②：28）

3. Cb型碟正视图（DT7①：2）

4. Cb型碟底视图（DT7①：2）

5. Cb型碟正视图（DT8①：14）

6. Cb型碟底视图（DT8①：14）

7. Cb型碟（DT8①：13）

8. Cb型碟（DT8①：12）

道塘里窑址青白釉瓷碟

## 图版三六

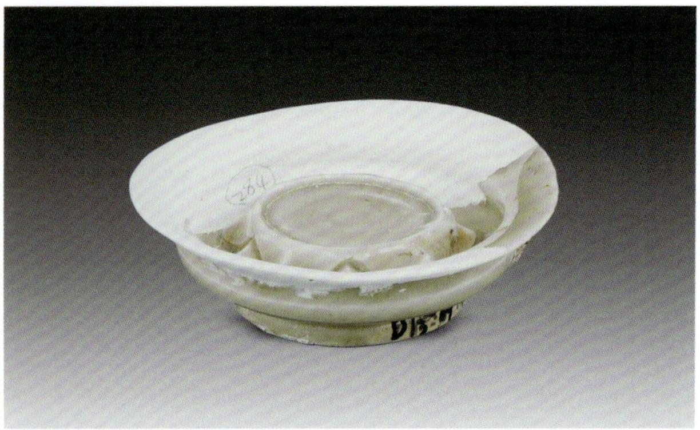

1. A型酒台正视图（DT3③：9）

2. A型酒台俯视图（DT3③：9）

3. B型酒台正视图（DT7①：20）

4. B型酒台俯视图（DT7①：20）

5. Ca型酒台（DT4①：1）

6. Ca型酒台（DT3③：70）

7. Ca型酒台正视图（DT5①：36）

8. Ca型酒台底视图（DT5①：36）

道塘里窑址青白釉瓷酒台

1. DT3③：71

2. DT2③：9

3. 酒台俯视图（DT3①：48）

4. 酒台正视图（DT3①：48）

5. 酒台俯视图（DT5③：43）

6. 酒台正视图（DT5③：43）

7. 酒台俯视图（DT3①：51）

8. 酒台正视图（DT3①：51）

道塘里窑址Ca型青白釉瓷酒台

## 图版三八

1. Ca型酒台俯视图（DT3①：50）

2. Ca型酒台正视图（DT3①：50）

3. Cb型酒台正视图（DT3③：68）

4. Cb型酒台底视图（DT3③：68）

5. Cb型酒台正视图（DT3③：43）

6. Cb型酒台底视图（DT3③：43）

7. Cb型酒台正视图（DT2②：104）

8. Cb型酒台底视图（DT2②：104）

道塘里窑址青白釉瓷酒台

1. Cb型酒台俯视图（DT3③：77）

2. Cb型酒台正视图（DT3③：77）

3. Cb型酒台底视图（DT3③：77）

4. Cb型酒台正视图（DT5③：52）

5. Cb型酒台俯视图（DT5③：52）

6. Cb型酒台底视图（DT5③：52）

7. Da型酒台（DT3③：86）

8. Da型酒台（DT3③：81）

道塘里窑址青白釉瓷酒台

## 图版四〇

1. Da型酒台正视图（DT5①：31）

2. Da型酒台底视图（DT5①：31）

3. Da型酒台正视图（DT4⑤：6）

4. Da型酒台底视图（DT4⑤：6）

5. Db型酒台（DT3③：83）

6. Db型酒台（DT3③：84）

7. E型酒台正视图（DT5③：51）

8. E型酒台底视图（DT5③：51）

道塘里窑址青白釉瓷酒台

1. E型酒台（DT3③：78）

2. E型酒台（DT5③：147）

3. B型杯（DT3③：182）

4. Ca型杯（DT6②：13）

5. Ca型杯（DT4①：54）

6. Cb型杯（DT3①：44）

7. Cb型杯正视图（DT3③：55）

8. Cb型杯底视图（DT3③：55）

道塘里窑址青白釉瓷酒台、杯

## 图版四二

1. Cb型杯（DT3③：6）

2. Cb型杯（DT3③：219）

3. Cb型杯（DT5①：26）

4. Cb型杯（DT5①：24）

5. Cb型杯（DT3③：46）

6. Cb型杯（DT3①：43）

7. Cc型杯正视图（DT3③：14）

8. Cc型杯底视图（DT3③：14）

道塘里窑址青白釉瓷杯

1. Cc型杯（DT3①：39）

2. Cc型杯（DT5②：1）

3. Cc型杯（DT3③：191）

4. Cc型杯（DT3③：194）

5. Cc型杯（DT2③：75）

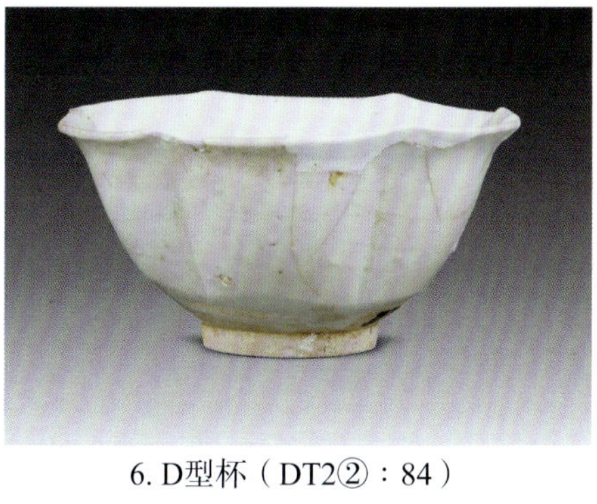

6. D型杯（DT2②：84）

7. D型杯正视图（DT2②：86）

8. D型杯底视图（DT2②：86）

道塘里窑址青白釉瓷杯

## 图版四四

1. A型枕（DT3③：1）

2. B型枕（DT5③：41）

3. C型枕（DT3③：2）

4. C型枕（DT3①：101）

5. Aa型罐盖（DT2①：59）

6. Ab型罐盖（DT3③：174）

7. Bb型罐盖（DT3③：44）

8. Bb型罐盖（DT3③：172）

道塘里窑址青白釉瓷枕、罐盖

1. Ad型（DT1④：39）

2. Ad型（DT2③：77）

3. C型（DT3③：3）

4. D型（DT2②：3）

道塘里窑址青白釉瓷瓶壶盖

1. DT1④：22

2. DT1④：23

道塘里窑址素胎瓷佛像

1. 拨手正视图（DT7①：1）

2. 拨手底视图（DT7①：1）

3. 拨手正视图（DT1④：33）

4. 拨手底视图（DT1④：33）

5. A型火照（DT2②：20、DT2②：21、DT2②：22）

6. A型火照（DT2②：23、DT3③：198）

7. B型火照（DT3③：184、DT5③：123）

8. B型火照（DT2②：15、DT5③：127）

道塘里窑址青白釉瓷拨手和瓷火照

# 图版四八

1. B型火照（DT2②：19、DT5②：24、DT5③：128）

2. B型火照（DT2①：60、DT2②：17）

3. B型垫钵（DT1①：12）

4. B型垫钵（DT1①：13）

5. A型间隔具（DT5③：133）

6. C型间隔具（DT5③：132）

7. C型间隔具（DT2②：12、DT3④：8、DF2：4）

8. C型间隔具（DY1排烟室：4、DY1排烟室：3、DY1火膛：23）

道塘里窑址瓷火照、垫钵、间隔具

1. 青灰瓦（DT4⑤：37）

2. 勾头（DT1①：2）

3. A型匣钵（DT3③：196）

4. A型匣钵（DT4③：75）

5. C型匣钵（DT4⑤：41）

6. C型匣钵（DT4⑤：42）

7. C型匣钵（DT4③：74）

8. C型匣钵（DT2②：6）

道塘里窑址陶青灰瓦、勾头、匣钵

# 图版五〇

1. C型匣钵（DT6②：1）

2. C型匣钵（DT5①：30）

3. D型匣钵（DT1①：5）

4. D型匣钵（DT1①：1）

5. Aa型匣钵盖（DT2②：7）

6. Aa型匣钵盖（DT2③：7）

7. Aa型匣钵盖（DT1①：4）

8. Aa型匣钵盖（DY1火膛：25）

道塘里窑址陶匣钵、匣钵盖

1. Ab型匣钵盖（DT4⑤：40）

2. Ab型匣钵盖（DY1火膛：6）

3. B型匣钵盖（DT3①：112）

4. B型匣钵盖（DT2⑤：7）

5. B型匣钵盖正视图（DT4⑤：39）

6. B型匣钵盖俯视图（DT4⑤：39）

7. A型间隔具（DT2②：11、DT2①：62、DT2①：61）

8. A型间隔具（DT5③：134、DT6②：14）

道塘里窑址陶匣钵盖、间隔具

## 图版五二

1. B型陶间隔具（DT5③：135、DT3①：106）

2. B型陶间隔具（DT2①：69、DT3①：105）

3. 陶窑撑（DT2③：12）

4. 陶窑撑（DT4③：73）

5. 陶窑撑（DT4③：72）

6. 陶窑砖（DT5③：177）

7. 铜镜（DT1②：53）

8. 铁刀（DT2③：80）

9. “至和元宝”铜钱（DT1②：2）

10. “元丰通宝”铜钱（DT1②：3）

11. “开元通宝”铜钱（DT4⑤：5）

道塘里窑址陶间隔具、陶窑撑、陶窑砖、铜镜、铁刀、铜钱

1. 铜锣山窑址雪景

2. 铜锣山窑址发掘现场

铜锣山窑址雪景和发掘现场

# 图版五四

1. YF1平面分布图

2. YF1与YC1位置图

铜锣山窑址YF1、YC1平面分布图

1. 铜锣山窑址YF1局部

2. 铜锣山窑址YF1东墙基与小青瓦

3. 铜锣山窑址YC1

铜锣山窑址YF1和YC1

## 图版五六

1. A型青釉瓷执壶（YT3②：6）

2. A型青釉瓷执壶（YT3②：21）

3. 青釉瓷碗正视图（YT3③：4）

4. 青釉瓷碗底视图（YT3③：4）

5. B型青釉瓷碾轮（YT3②：48）

6. 青白釉瓷瓯（YT1②：55）

7. B型酱黑釉瓷盏正视图（YT1②：16）

8. B型酱黑釉瓷盏底视图（YT1②：16）

铜锣山窑址青釉瓷执壶、碗、碾轮和青白釉瓷瓯、酱黑釉瓷盏

# 图版五七

1. Ab型圆弧腹长流执壶正视图（YT1②：14）

2. Ab型圆弧腹长流执壶底视图（YT1②：14）

3. B型水盂正视图（YT2②：5）

4. B型水盂底视图（YT2②：5）

5. A型钵（YT1③：6）

6. Cc型碗俯视图（YT4②：8）

7. Cc型碗正视图（YT4②：8）

8. Cc型碗底视图（YT4②：8）

铜锣山窑址青白釉瓷长流执壶、水盂、钵、碗

1. YT3②：29

2. YT3③：1

3. YT3④：4

4. YT4③：3

5. 碗正视图（YT3③：13）

6. 碗底视图（YT3③：13）

7. 碗正视图（YT2②：2）

8. 碗底视图（YT2②：2）

铜锣山窑址Cc型青白釉瓷碗

1. Cc型碗（YT3①：6）

2. Cc型碗（YT2④：9）

3. Da型Ⅱ式碗正视图（YT3②：27）

4. Da型Ⅱ式碗底视图（YT3②：27）

5. Da型Ⅱ式碗（YT2③：4）

6. Da型Ⅱ式碗（YT3①：3）

7. Da型Ⅱ式碗（YT4③：1）

8. Da型Ⅱ式碗（YT3②：28）

铜锣山窑址青白釉瓷碗

# 图版六〇

1. E型碗（YT2②：8）

2. E型碗（YT3②：24）

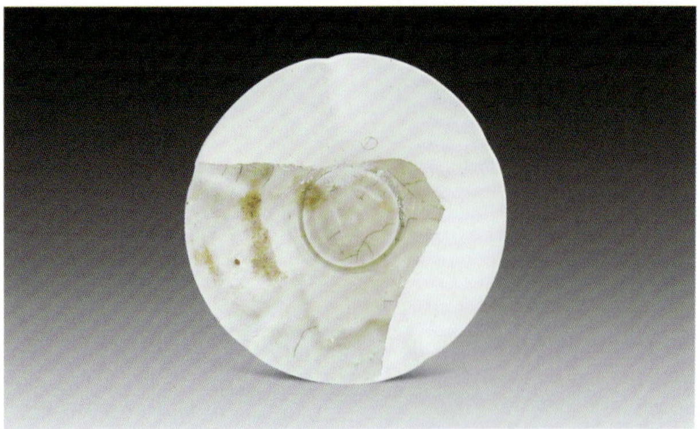

3. E型碗俯视图（YT3②：23）

4. E型碗底视图（YT3②：23）

5. A型Ⅰ式墩式碗（YT1②：29）

6. A型Ⅰ式墩式碗（YT3②：34）

7. A型Ⅱ式墩式碗正视图（YT4②：9）

8. A型Ⅱ式墩式碗底视图（YT4②：9）

铜锣山窑址青白釉瓷碗、墩式碗

1. A型Ⅱ式墩式碗俯视图（YT1②：30）

2. A型Ⅱ式墩式碗正视图（YT1②：30）

3. A型Ⅱ式墩式碗正视图（YT1③：4）

4. A型Ⅱ式墩式碗底视图（YT1③：4）

5. Bb型墩式碗正视图（YT4③：6）

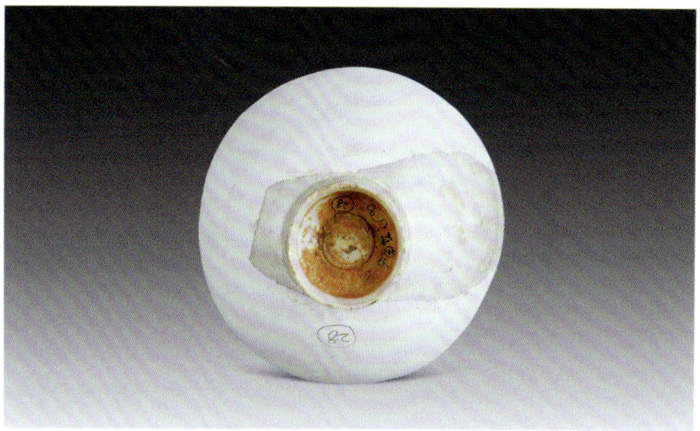

6. Bb型墩式碗底视图（YT4③：6）

7. Bc型墩式碗正视图（YT4②：1）

8. Bc型墩式碗底视图（YT4②：1）

铜锣山窑址青白釉瓷墩式碗

## 图版六二

1. Bc型墩式碗（YT1②：23）

2. Ca型Ⅰ式墩式碗（YT1②：24）

3. Ca型Ⅰ式墩式碗（YT1②：25）

4. Ca型Ⅰ式墩式碗俯视图（YT4②：2）

5. Ca型Ⅰ式墩式碗正视图（YT4②：2）

6. Ca型Ⅰ式墩式碗底视图（YT4②：2）

7. Ca型Ⅱ式墩式碗正视图（YT2④：1）

8. Ca型Ⅱ式墩式碗底视图（YT2④：1）

铜锣山窑址青白釉瓷墩式碗

1. Cb型墩式碗正视图（YT3①：2）

2. Cb型墩式碗底视图（YT3①：2）

3. Aa型Ⅰ式盏正视图（YT3②：40）

4. Aa型Ⅰ式盏底视图（YT3②：40）

5. Aa型Ⅰ式盏（YT3②：7）

6. Aa型Ⅰ式盏（YT3②：4）

7. Aa型Ⅰ式盏正视图（YT2②：22）

8. Aa型Ⅰ式盏底视图（YT2②：22）

铜锣山窑址青白釉瓷墩式碗、盏

## 图版六四

1. Ab型盏俯视图（YT4③：17）

2. Ab型盏正视图（YT4③：17）

3. Ab型盏（YT4①：1）

4. Ab型盏（YT4③：15）

5. Ba型盏（YT3③：10）

6. Ba型盏（YT3②：45）

7. Ba型盏（YT3②：49）

8. Ba型盏（YT3②：44）

铜锣山窑址青白釉瓷盏

# 图版六五

1. Ba型盏正视图（YT3②：1）

2. Ba型盏底视图（YT3②：1）

3. Bb型盏俯视图（YT4②：13）

4. Bb型盏正视图（YT4②：13）

5. Bc型盏（YT3③：15）

6. Ca型盏正视图（YT4③：19）

7. Ca型盏俯视图（YT4③：19）

8. Ca型盏底视图（YT4③：19）

铜锣山窑址青白釉瓷盏

图版六六

1. Ca型盏正视图（YT4②：11）

2. Ca型盏底视图（YT4②：11）

3. Cb型盏正视图（YT4②：3）

4. Cb型盏底视图（YT4②：3）

5. Cc型Ⅰ式盏俯视图（YT4③：9）

6. Cc型Ⅰ式盏正视图（YT4③：9）

7. A型花口盏正视图（YT3②：51）

8. A型花口盏底视图（YT3②：51）

铜锣山窑址青白釉瓷盏、花口盏

1. A型花口盏（YT3④：1）

2. C型花口盏（YT1③：7）

3. C型花口盏正视图（YT1②：3）

4. C型花口盏底视图（YT1②：3）

5. Ba型盘（YT4③：12）

6. Ba型盘（YT1②：31）

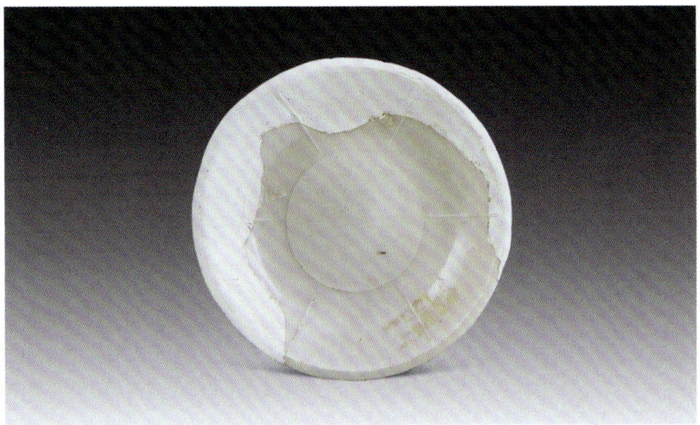

7. Ba型盘俯视图（YT1②：6）

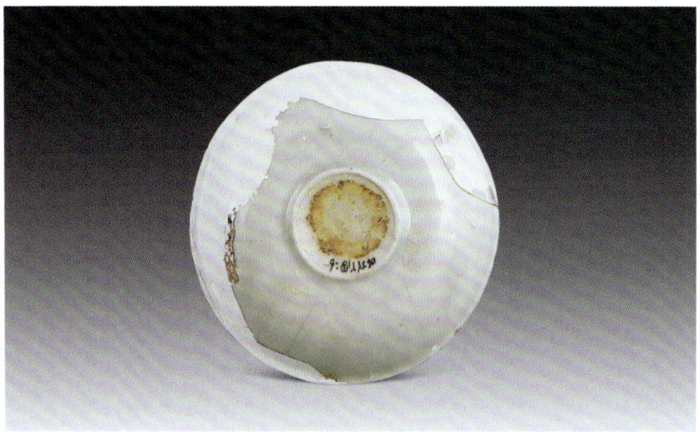

8. Ba型盘底视图（YT1②：6）

铜锣山窑址青白釉瓷花口盏、盘

## 图版六八

1. Bb型盘俯视图（YT1②：21）

2. Bb型盘底视图（YT1②：21）

3. Bb型盘（YT1②：7）

4. Cb型Ⅱ式盘（YT1②：13）

5. Cc型盘（YT1②：57）

6. Cd型盘（YT4③：5）

7. Cd型盘正视图（YT4①：12）

8. Cd型盘底视图（YT4①：12）

铜锣山窑址青白釉瓷盘

1. Aa型洗正视图（YT2②：3）

2. Aa型洗底视图（YT2②：3）

3. Ba型Ⅱ式洗正视图（YT1②：36）

4. Ba型Ⅱ式洗底视图（YT1②：36）

5. Ca型Ⅰ式洗正视图（YT1②：28）

6. Ca型Ⅰ式洗底视图（YT1②：28）

7. Ca型Ⅰ式洗（YT3②：32）

8. Ca型Ⅰ式洗（YT2④：11）

铜锣山窑址青白釉瓷洗

## 图版七〇

1. Ca型Ⅰ式洗正视图（YT3①：5）

2. Ca型Ⅰ式洗底视图（YT3①：5）

3. Ca型Ⅰ式洗（YT3②：54）

4. A型碟（YT3②：35）

5. Cb型洗俯视图（YT2③：2）

6. Cb型洗正视图（YT2③：2）

7. A型碟（YT3②：36）

8. A型碟（YT3②：37）

铜锣山窑址青白釉瓷洗、碟

# 图版七一

1. A型碟（YT3②：3）

2. A型碟（YF1-3：21）

3. Bb型碟俯视图（YT1③：2）

4. Bb型碟底视图（YT1③：2）

5. Bc型碟（YT1②：35）

6. Ca型碟（YT1②：33）

7. Ca型碟正视图（YT1③：3）

8. Ca型碟底视图（YT1③：3）

铜锣山窑址青白釉瓷碟

# 图版七二

1. 盏托正视图（YT1③：1）

2. 盏托底视图（YT1③：1）

3. Ca型酒台（YT1②：1）

4. Ca型酒台（YT4③：20）

5. Ca型酒台正视图（YT1②：122）

6. Ca型酒台底视图（YT1②：122）

7. Ca型酒台正视图（YT1②：61）

8. Ca型酒台底视图（YT1②：61）

铜锣山窑址青白釉瓷盏托、酒台

1. Cb型酒台（YT4③：21）

2. Db型酒台（YT1②：5）

3. A型杯（YT1④：2）

4. Ca型杯（YT1②：9）

5. Cb型杯（YT1③：89）

6. Cb型杯（YT1③：9）

7. Cc型杯正视图（YT4③：24）

8. Cc型杯底视图（YT4③：24）

铜锣山窑址青白釉瓷酒台、杯

# 图版七四

1. C型枕（YT1②：56）

2. Ab型罐盖（YT4①：9）

3. Ba型罐盖（YT1②：19）

4. 器底（YT1②：45）

5. 轴顶帽正视图（YT1②：10）

6. 轴顶帽侧视图（YT1②：10）

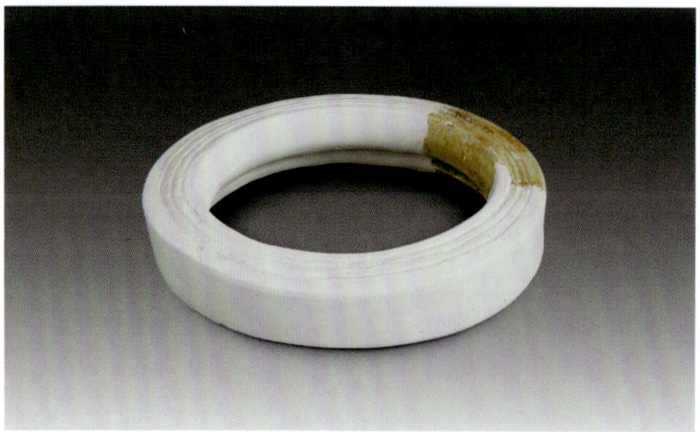

7. 荡箍（Y采：1）

8. A型火照（YT3③：23）

铜锣山窑址青白釉瓷枕、罐盖、器底、轴顶帽、荡箍、火照

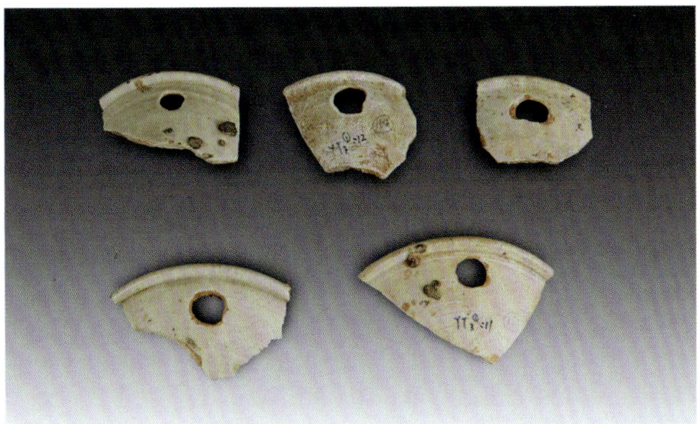

1. B型火照（YT3③：22、YT3①：12、YT3①：14、YT3④：2、YT3①：11）

2. B型火照（YT3①：15、YT3③：21、YT3①：21、YT3④：3）

3. B型火照（YT3③：24、YT3③：20、YT3①：1）

4. A型垫钵（YT1②：49、YT1②：48、YT1②：50）

5. B型垫钵（YT1③：11、YT1②：11）

6. B型垫钵（YT1②：41）

7. B型垫钵（YT1①：1）

8. B型垫钵（YT4③：26）

铜锣山窑址青白釉瓷火照和瓷垫钵

1. B型瓷垫钵（YT1②：44）

2. B型瓷垫钵（YT1③：12、YT1④：1）

3. B型瓷垫钵（YT1②：83）

4. C型瓷垫钵（YT1②：8）

5. B型瓷间隔具（YT3②：47）

6. C型陶匣钵（YT1③：14）

7. C型陶匣钵（YT1②：40）

8. C型陶匣钵（YT4①：10）

铜锣山窑址瓷垫钵、瓷间隔具、陶匣钵

# 图版七七

1. C型匣钵（YT1②：39）

2. C型匣钵（YT2③：3）

3. C型匣钵（YT2④：4）

4. C型匣钵（YT2④：6）

5. D型匣钵正视图（YT1②：62）

7. D型匣钵（YT3③：18）

6. D型匣钵俯视图（YT1②：62）

8. Aa型匣钵盖（YT1②：52）

铜锣山窑址陶匣钵、匣钵盖

# 图版七八

1. Aa型陶匣钵盖（YT2④：8）

2. Ab型陶匣钵盖（YT4③：10）

3. B型陶匣钵盖（YT2④：7）

4. B型陶间隔具（YT3③：6）

5. 石砚（YT3③：3）

铜锣山窑址陶匣钵盖、陶间隔具、石砚

图版七九

1. 凤凰山窑址远景

2. 凤凰山窑址发掘现场

凤凰山窑址远景和发掘现场

1. 凤凰山窑址FF1（由西向东）

2. 凤凰山窑址FF1（由北向南）

凤凰山窑址FF1

1. 凤凰山窑址FY1整体（由西向东）

2. 凤凰山窑址FY1整体（由东向西）

凤凰山窑址FY1整体

1. 凤凰山窑址FY1与晚期墓葬（由西向东）

2. 凤凰山窑址FY1窑前工作室（由西向东）

凤凰山窑址FY1与窑前工作室

1. 凤凰山窑址FY1火门

2. 凤凰山窑址FY1火膛

凤凰山窑址FY1火门与火膛

1. 凤凰山窑址FY1窑床

2. 凤凰山窑址FY1左窑墙

凤凰山窑址FY1窑床与窑墙

1. 凤凰山窑址FY1窑床前段匣钵

2. 凤凰山窑址FY1窑床后段匣钵

凤凰山窑址FY1窑床匣钵

1. 凤凰山窑址FY1窑床后部

2. 凤凰山窑址FY1窑尾

凤凰山窑址FY1窑床后部和窑尾

1. 横系罐（FT4①：55）

2. Ba型执壶（FT4③：66）

3. Ba型执壶（FT4③：31）

4. Bb型执壶（FT4②：68）

5. Bb型执壶（FT4②：69）

6. Bb型执壶（FT4②：82）

7. Bb型执壶（FT4②：70）

8. Bb型执壶（FT4③：6）

9. Bb型执壶（FY1：74）

10. 花浇（FT4②：81）

11. 花浇（FT4②：78）

12. 花浇（FT2①：37）

凤凰山窑址青釉瓷横系罐、执壶、花浇

## 图版八八

1. B型酱黑釉瓷执壶（FT3①：98）

2. Ca型酱黑釉瓷执壶（FT3①：96）

3. Ca型酱黑釉瓷执壶（FT3①：97）

4. Cb型酱黑釉瓷执壶（FT3①：23）

5. 酱黑釉瓷执壶底部（FT3①：19）

6. 酱黑釉瓷执壶底部（FT3①：2）

7. Aa型Ⅰ式青白釉瓷瓜棱腹长流执壶（FT2②：11）

8. Aa型Ⅰ式青白釉瓷瓜棱腹长流执壶正视图（FT4③：328）

9. Aa型Ⅰ式青白釉瓷瓜棱腹长流执壶侧视图（FT4③：328）

10. Aa型Ⅰ式青白釉瓷瓜棱腹长流执壶正视图（FT4③：8）

11. Aa型Ⅰ式青白釉瓷瓜棱腹长流执壶侧视图（FT4③：8）

12. Aa型Ⅰ式青白釉瓷瓜棱腹长流执壶（FT4③：9）

凤凰山窑址酱黑釉瓷执壶、壶底和青白釉瓷瓜棱腹长流执壶

1. Aa型Ⅰ式瓜棱腹长流执壶正视图（FT4②：51）

2. Aa型Ⅰ式瓜棱腹长流执壶俯视图（FT4②：51）

3. Aa型Ⅰ式瓜棱腹长流执壶底视图（FT4②：51）

4. Aa型Ⅰ式瓜棱腹长流执壶（FT4③：37）

5. Aa型Ⅱ式瓜棱腹长流执壶（FT4②：205）

6. Aa型Ⅱ式瓜棱腹长流执壶（FY1火膛：3）

7. Aa型Ⅱ式瓜棱腹长流执壶正视图（FY1火膛：2）

8. Aa型Ⅱ式瓜棱腹长流执壶底视图（FY1火膛：2）

9. Aa型Ⅱ式瓜棱腹长流执壶（FT4②：56）

10. Ab型Ⅰ式瓜棱腹长流执壶正视图（FT4③：45）

11. Ab型Ⅰ式瓜棱腹长流执壶底视图（FT4③：45）

12. Ab型Ⅰ式瓜棱腹长流执壶（FT4②：28）

凤凰山窑址青白釉瓷瓜棱腹长流执壶

## 图版九〇

1. Ab型Ⅰ式瓜棱腹长流执壶正视图
（FT4③：32）

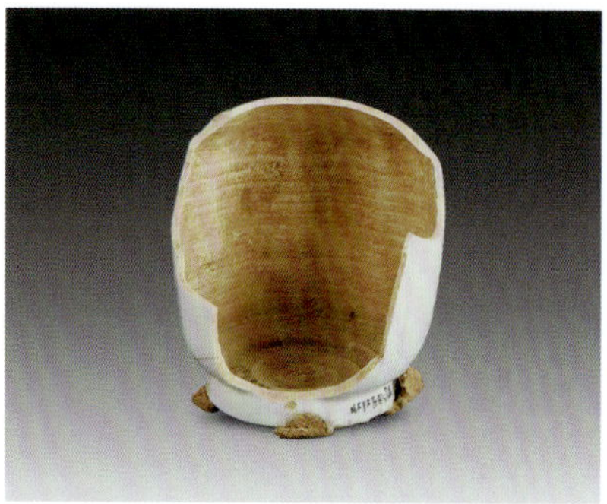

2. Ab型Ⅰ式瓜棱腹长流执壶俯视图
（FT4③：32）

3. Ab型Ⅰ式瓜棱腹长流执壶底视图
（FT4③：32）

4. Ab型Ⅰ式瓜棱腹长流执壶
（FT4①：71）

5. Ab型Ⅰ式瓜棱腹长流执壶正视图
（FT4③：120）

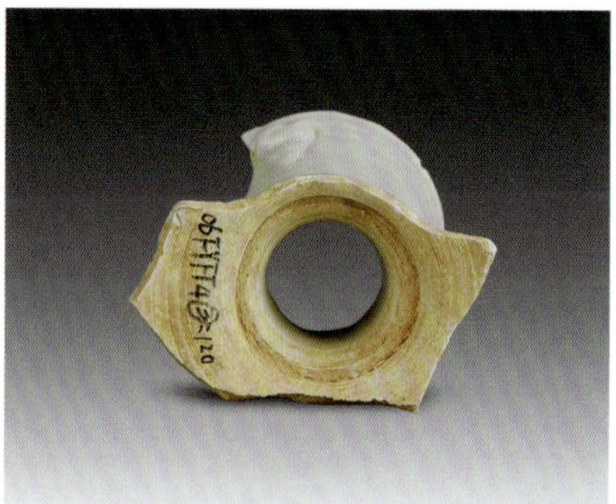

6. Ab型Ⅰ式瓜棱腹长流执壶底视图
（FT4③：120）

7. Ab型Ⅱ式瓜棱腹长流执壶
（FT4①：25）

8. Ab型Ⅱ式瓜棱腹长流执壶
（FY1：112）

9. Ab型Ⅱ式瓜棱腹长流执壶
（FT4②：241）

10. Ab型Ⅱ式瓜棱腹长流执壶正视图
（FY1：1）

11. Ab型Ⅱ式瓜棱腹长流执壶侧视图
（FY1：1）

12. Ab型Ⅱ式瓜棱腹长流执壶底视图
（FY1：1）

凤凰山窑址青白釉瓷瓜棱腹长流执壶

1. Ab型Ⅱ式瓜棱腹长流执壶正视图

（FT4②：1）

2. Ab型Ⅱ式瓜棱腹长流执壶底视图

（FT4②：1）

3. Ab型Ⅱ式瓜棱腹长流执壶

（FY1：72）

4. Ac型瓜棱腹长流执壶

（FT3①：3）

5. Ac型瓜棱腹长流执壶

（FT3①：52）

6. B型Ⅰ式瓜棱腹长流执壶

（FY1：111）

7. B型Ⅰ式瓜棱腹长流执壶

（FY1：4）

8. B型Ⅱ式瓜棱腹长流执壶侧视图

（FT4②：243）

9. B型Ⅱ式瓜棱腹长流执壶底视图

（FT4②：243）

10. B型Ⅱ式瓜棱腹长流执壶正视图

（FT2①：5）

11. B型Ⅱ式瓜棱腹长流执壶侧视图1

（FT2①：5）

12. B型Ⅱ式瓜棱腹长流执壶侧视图2

（FT2①：5）

凤凰山窑址青白釉瓷瓜棱腹长流执壶

## 图版九二

1. B型Ⅱ式瓜棱腹长流执壶

（FY1：36）

2. Aa型圆弧腹长流执壶（FY1：3）

3. Ab型圆弧腹长流执壶

（FY1：27）

4. Ab型圆弧腹长流执壶正视图

（FT4①：2）

5. Ab型圆弧腹长流执壶侧视图

（FT4①：2）

6. Ab型圆弧腹长流执壶

（FT4②：14）

7. Ab型圆弧腹长流执壶正视图

（FT4②：29）

8. Ab型圆弧腹长流执壶侧视图

（FT4②：29）

9. Ab型圆腹长流执壶（FY1：28）

10. Ab型圆弧腹长流执壶正视图

（FY1：9）

11. Ab型圆弧腹长流执壶侧视图

（FY1：9）

12. Ab型圆弧腹长流执壶底视图

（FY1：9）

凤凰山窑址青白釉瓷瓜棱腹长流执壶、圆弧腹长流执壶

## 图版九三

1. 圆弧腹长流执壶正视图

（FT4②：8）

2. 圆弧腹长流执壶侧视图

（FT4②：8）

3. 圆弧腹长流执壶

（FT4③：320）

4. 圆弧腹长流执壶正视图

（FY1：10）

5. 圆弧腹长流执壶侧视图

（FY1：10）

6. 圆弧腹长流执壶

（FT4①：5）

7. 圆弧腹长流执壶正视图

（FT4③：52）

8. 圆弧腹长流执壶侧视图

（FT4③：52）

9. 圆弧腹长流执壶

（FT4③：321）

10. 圆弧腹长流执壶正视图

（FT4③：12）

11. 圆弧腹长流执壶侧视图

（FT4③：12）

12. 圆弧腹长流执壶

（FT4③：53）

凤凰山窑址Ac型青白釉瓷圆弧腹长流执壶

1. Ae型圆弧腹长流执壶正视图
（FT4②：42）

2. Ae型圆弧腹长流执壶侧视图
（FT4②：42）

3. Ae型圆弧腹长流执壶
（FY1：23）

4. Ae型圆弧腹长流执壶
（FT4③：4）

5. Ae型圆弧腹长流执壶
（FT4②：11）

6. Ae型圆弧腹长流执壶
（FT4③：48）

7. Af型圆弧腹长流执壶
（FT4③：43）

8. Af型圆弧腹长流执壶
（FT3①：13）

9. Ag型圆弧腹长流执壶
（FT3①：9）

10. Ag型圆弧腹长流执壶
（FT3①：17）

11. B型圆弧腹长流执壶正视图
（FT4③：325）

12. B型圆弧腹长流执壶侧视图
（FT4③：325）

凤凰山窑址青白釉瓷圆弧腹长流执壶

1. B型圆弧腹长流执壶
（FY1：119）

2. B型圆弧腹长流执壶
（FT4③：72）

3. Ca型圆弧腹长流执壶
（FT4②：76）

4. Ca型圆弧腹长流执壶
（FT4③：7）

5. Ca型圆弧腹长流执壶
（FY1：39）

6. Ca型圆弧腹长流执壶
（FT4②：30）

7. Cc型圆腹长流执壶（FT3①：11）

8. D型圆弧腹长流执壶
（FY1：22）

9. D型圆弧腹长流执壶
（FT4③：42）

10. 壶把柄（FY1：78、FY1：80、
FY1：81）

11. 花浇正视图（FY1：12）

12. 花浇底视图（FY1：12）

凤凰山窑址青白釉瓷圆弧腹长流执壶、壶把柄、花浇

## 图版九六

1. 花浇（FT4②：26）

2. 花浇侧视图（FT4②：9）

3. 花浇底视图（FT4②：9）

4. 花浇（FT2②：21）

5. 花浇正视图（FY1：43）

6. 花浇底视图（FY1：43）

7. C型大碗正视图（FT3①：1）

8. C型大碗底视图（FT3①：1）

9. 碗底俯视图（FT4①：51）

10. 碗底底视图（FT4①：51）

11. 碗底俯视图（FY1：63）

12. 碗底底视图（FY1：63）

凤凰山窑址青白釉瓷花浇、大碗、碗底

1. Ba型Ⅰ式墩式碗（FY1：57）

2. Ba型Ⅰ式墩式碗正视图（FT2①：1）

3. Ba型Ⅰ式墩式碗底视图（FT2①：1）

4. Ba型Ⅱ式墩式碗（FT4②：122）

5. Ba型Ⅱ式墩式碗（FT4①：1）

6. Ba型Ⅱ式墩式碗（FT4①：50）

7. Ca型Ⅰ式墩式碗（FY1：51）

8. Dc型Ⅱ式盏正视图（FT4②：120）

9. Dc型Ⅱ式盏底视图（FT4②：120）

10. Cc型Ⅰ式盏俯视图（FY1：52）

11. Cc型Ⅰ式盏正视图（FY1：52）

12. Cc型Ⅰ式盏底视图（FY1：52）

凤凰山窑址青白釉瓷墩式碗、盏

# 图版九八

1. Aa型盘正视图（FT1①：7）

2. Aa型盘底视图（FT1①：7）

3. Bc型盘（FT1①：5）

4. Bc型盘俯视图（FT1①：4）

5. Bc型盘底视图（FT1①：4）

6. Bc型盘（FT1①：6）

7. 炉（FY1：76）

8. 盒（FT4②：238）

9. Aa型瓶壶盖（FT3①：35、FT4③：89、FT4③：101）

10. Ab型瓶壶盖（FT2①：38）

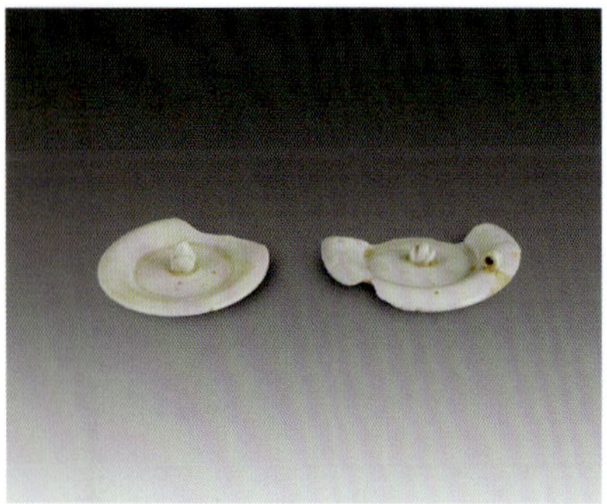
11. Ac型瓶壶盖（FT3①：95、FT4①：37）

12. Ac型瓶壶盖（FT2②：22、FT4②：77）

凤凰山窑址青白釉瓷盘、炉、盒、瓶壶盖

1. Ad型（FT4②：22）

2. Ad型（FT4②：91、FT4②：92）

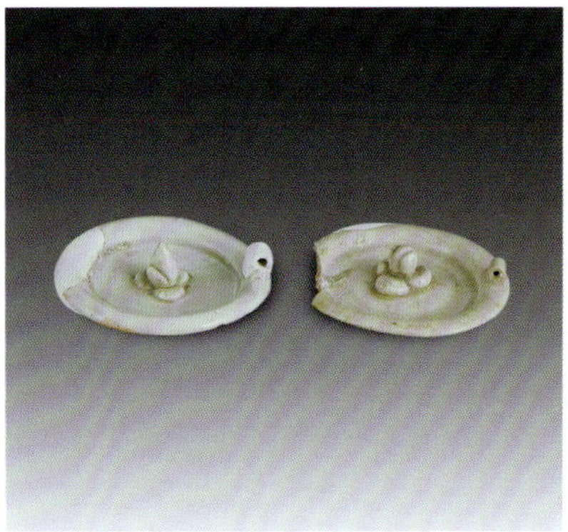
3. Ad型（FT2①：4、FT4②：23）

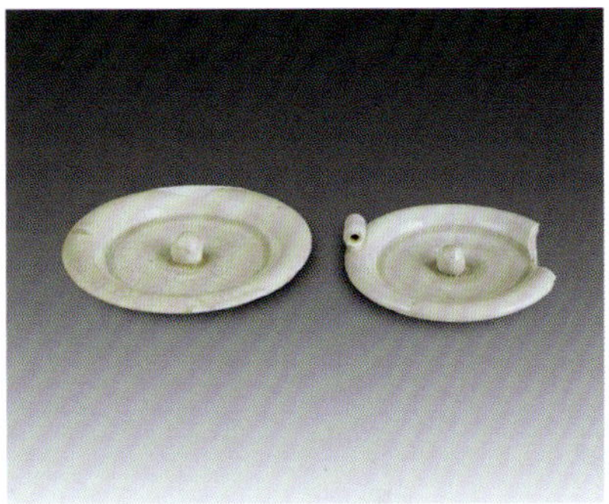
4. Ae、Af型（FT4②：85、FT3①：39）

5. Af型（FT4②：114）

6. Af型（FT4③：106、FT4③：97）

7. Af型（FT4③：93、FT4③：102）

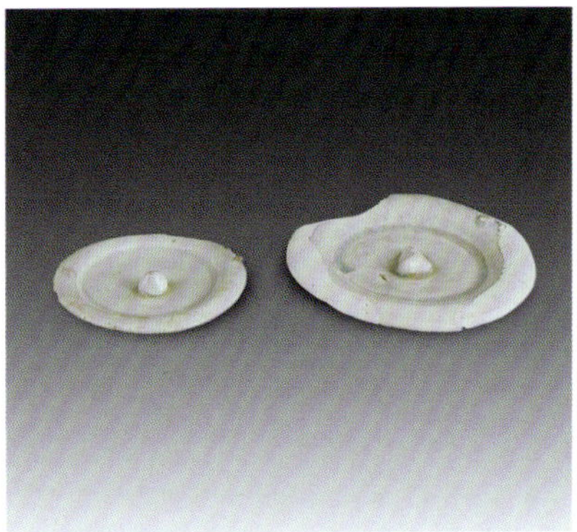
8. Af型（FT4②：21、FT4①：35）

9. Af型（FT4③：5、FY1：50）

10. Af型（FT4③：94、FT4②：100）

11. Af型（FT3①：36、FT3①：4）

12. Af型（FT3①：5、FT4③：92）

凤凰山窑址青白釉瓷瓶壶盖

# 图版一〇〇

1. B型青白釉瓷瓶壶盖（FT4②：83）

2. B型青白釉瓷瓶壶盖（FY1：5）

3. C型瓷火照（FT2②：30）

4. 青白釉瓷塑狗正视图（FT4①：4）

5. 青白釉瓷塑狗底视图（FT4①：4）

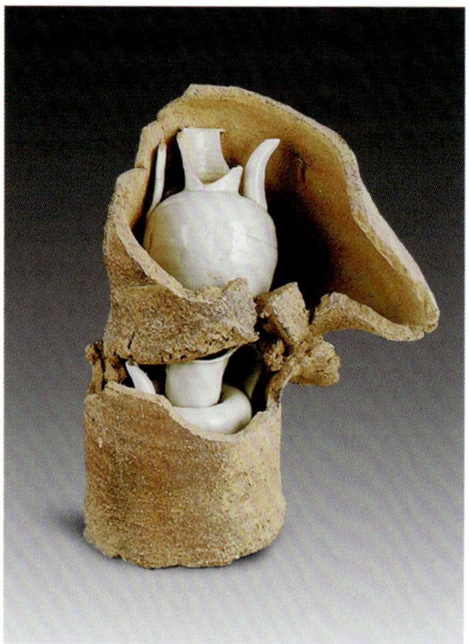

6. B型陶匣钵（FT4②：210）

7. A型陶匣钵正视图（FT4②：237）

8. A型陶匣钵底视图（FT4②：237）

9. B型陶匣钵（FY1：105）

10. B型陶匣钵（FT2②：47）

11. B型陶匣钵（FT4②：212）

12. B型陶匣钵（FT2①：89）

凤凰山窑址青白釉瓷瓶壶盖、瓷塑狗、瓷火照、陶匣钵

1. B型匣钵正视图（FT2②：27）

2. B型匣钵俯视图（FT2②：27）

3. B型匣钵（FT4③：296）

4. B型匣钵（FY1：2）

5. B型匣钵正视图（FT4②：214）

6. B型匣钵俯视图（FT4②：214）

7. B型匣钵侧视图（FT4③：13）

8. B型匣钵正视图（FT4③：13）

9. B型匣钵（FY1：106）

10. B型匣钵（FT4③：316）

11. B型匣钵（FY1：107）

12. C型匣钵（FT4②：16）

凤凰山窑址陶匣钵

# 图版一〇二

1. C型匣钵（FY1：122）

2. C型匣钵（FT4③：318）

3. Aa型匣钵盖（FY1：84）

4. Aa型匣钵盖正视图（FT2②：4）

5. Aa型匣钵盖底视图（FT2②：4）

6. A 型间隔具（FT3 ①：69、FT3 ①：67、FT3 ①：72、FT4 ②：217、FT3 ①：66）

7. A型间隔具（FT3①：65、FT3①：70、FT3①：71、FT3①：74）

8. B型间隔具（FT3①：75、FY1：6、FY1：7、FY1：8）

9. C型间隔具（FT4②：216、FY1：85、FT3①：68、FT3①：73）

10. C型间隔具（FT3①：7、FT4②：17、FT3①：6、FT4②：18）

11. 窑撑（FT4②：19、FT3①：8）

12. 窑撑（FT4②：239）

13. 窑砖（FY1：110）

14. 原料（FY1：86）

凤凰山窑址陶匣钵、匣钵盖、间隔具、窑撑、窑砖、原料

## 图版一〇三

1. 2006年八角湾水库窑址调查现场1

2. 2006年八角湾水库窑址调查现场2

3. 2006年八角湾水库窑址调查现场3

4. 青釉瓷壶（JB采：1）

5. 青白釉瓷钵（JB采：3）

6. 青白釉瓷盏底足（JB采：5）

7. 青白釉瓷钵正视图（JB采：2）

8. 青白釉瓷钵底视图（JB采：2）

9. A型青白釉瓷瓯（JB采：8）

10. B型青白釉瓷瓯正视图（JB采：9）

11. B型青白釉瓷瓯底视图（JB采：9）

12. C型青白釉瓷瓯正视图（JB采：12）

13. C型青白釉瓷瓯正视图（JB采：13）

14. C型青白釉瓷瓯底视图（JB采：13）

15. C型青白釉瓷瓯底视图（JB采：12）

八角湾水库窑址现场和青釉瓷壶及青白釉瓷钵、盏、瓯

## 图版一〇四

1. Bc型墩式碗（JB采：22）

2. Ca型Ⅰ式墩式碗（JB采：23）

3. Ca型Ⅰ式墩式碗（JB采：18）

4. Ca型Ⅱ式墩式碗（JB采：14）

5. Ca型Ⅱ式墩式碗（JB采：10）

6. Ca型Ⅱ式墩式碗（JB采：16）

7. Aa型Ⅱ式盏（JB采：29）

8. Ca型盏正视图（JB采：30）

9. Ca型盏底视图（JB采：30）

10. Ca型盏（JB采：31）

11. Ca型盏（JB采：32）

12. 盏底足（JB采：4）

八角湾水库窑址青白釉瓷墩式碗、盏

1. Db型Ⅰ式花口盏
（JB采：26）

2. Db型Ⅱ式花口盏
（JB采：25）

3. Db型Ⅱ式花口盏
（JB采：28）

4. Db型Ⅱ式花口盏
（JB采：20）

5. Ab型盘（JB采：42）

6. Bc型盘（JB采：45）

7. Bd型盘正视图（JB采：41）

8. Bd型盘底视图（JB采：41）

9. Aa型洗（JB采：55）

10. Aa型洗（JB采：46）

11. Bb型洗（JB采：54）

12. Bb型洗（JB采：47）

八角湾水库窑址青白釉瓷花口盏、盘、洗

1. Bb型洗俯视图
（JB采：53）

2. Bb型洗正视图
（JB采：53）

3. Bb型洗底视图
（JB采：53）

4. Bb型洗正视图（JB采：44）

5. Bb型洗底视图（JB采：44）

6. Bb型洗（JB采：43）

7. Ca型Ⅱ式洗（JB采：52）

8. Cc型洗（JB采：51）

9. Cb型酒台（JB采：39）

八角湾水库窑址青白釉瓷洗、酒台

1. Cc型杯（JB采：35）

2. Cc型杯（JB采：36）

3. Cc型杯（JB采：65）

4. Aa型罐盖（JB采：57）

5. Aa型罐盖正视图（JB采：58）

6. Aa型罐盖底视图（JB采：58）

7. Aa型罐盖（JB采：62）

8. Aa型罐盖（JB采：59）

9. Aa型罐盖（JB采：61）

10. Bb型罐盖（JB采：60）

八角湾水库窑址青白釉瓷杯、罐盖

图版一〇八

1. Aa型Ⅱ式瓜棱腹长流执壶
（东采：12）

2. Aa型Ⅱ式瓜棱腹长流执壶
（东采：31）

3. Ab型圆弧腹长流执壶
（东采：18）

4. Ab型Ⅰ式瓜棱腹长流执壶正视图
（东采：16）

5. Ab型Ⅰ式瓜棱腹长流执壶底视图
（东采：16）

6. Ab型圆弧腹长流执壶
（东采：33）

7. Ac型瓜棱腹长流执壶正视图
（东采：4）

8. Ac型瓜棱腹长流执壶侧视图
（东采：4）

9. Ab型圆弧腹长流执壶
（东采：5）

10. B型Ⅱ式瓜棱腹长流执壶侧视图
（东采：3）

11. B型Ⅱ式瓜棱腹长流执壶正视图
（东采：3）

12. Ac型圆弧腹长流执壶
（东采：11）

凤凰山东侧窑址青白釉瓷瓜棱腹长流执壶、圆弧腹长流执壶

1. Ab型圆弧腹长流执壶正视图（东采：9）

2. Ab型圆弧腹长流执壶侧视图（东采：9）

3. Ac型圆弧腹长流执壶（东采：29）

4. Ae型圆弧腹长流执壶（东采：19）

5. Ae型圆弧腹长流执壶（东采：6）

6. B型圆弧腹长流执壶（东采：20）

7. A型碗（东采：32）

8. A型碗正视图（东采：24）

9. A型碗底视图（东采：24）

10. A型碗（东采：8）

11. Ba型碗（东采：26）

12. Bc型碗（东采：28）

凤凰山东侧窑址青白釉瓷圆弧腹长流执壶、碗

1. 斗笠碗（东采：17）

2. Ba型Ⅱ式墩式碗（东采：27）

3. C型大盘（东采：35）

4. C型大盘（东采：36）

5. Aa型盘（东采：25）

凤凰山东侧窑址青白釉瓷斗笠碗、墩式碗、大盘、盘

1. 瓶（窑采：59）

2. Aa型圆弧腹长流执壶（窑采：37）

3. Aa型圆弧腹长流执壶（窑采：34）

4. Ab型圆弧腹长流执壶（窑采：22）

5. Ab型圆弧腹长流执壶（窑采：25）

6. Ad型圆弧腹长流执壶（窑采：16）

7. Ad型圆弧腹长流执壶正视图（窑采：1）

8. Ad型圆弧腹长流执壶底视图（窑采：1）

9. Ad型圆弧腹长流执壶（窑采：15）

10. Ca型圆弧腹长流执壶（窑采：26）

11. Cb型圆弧腹长流执壶（窑采：23）

12. A型八棱长流执壶（窑采：27）

窑坞里窑址青白釉瓷瓶、圆弧腹长流执壶、八棱长流执壶

## 图版一一二

1. A型八棱长流执壶正视图
（窑采：10）

2. A型八棱长流执壶底视图
（窑采：10）

3. B型八棱长流执壶
（窑采：17）

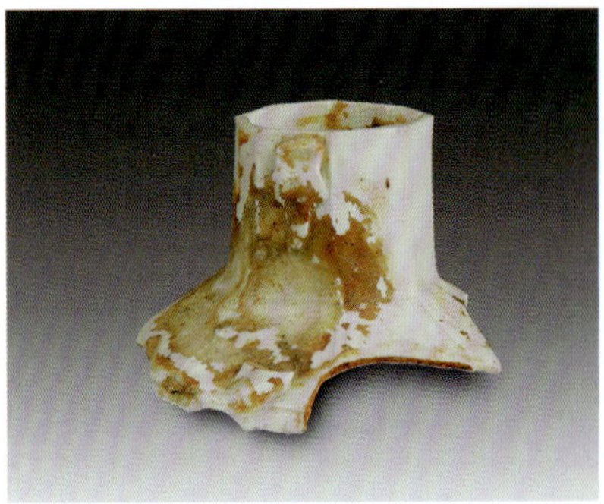

4. A型八棱长流执壶正视图
（窑采：21）

5. A型八棱长流执壶底视图
（窑采：21）

6. 花浇（窑采：48）

7. 花浇（窑采：68）

8. Ba型碗俯视图（窑采：19）

9. Ba型碗底视图（窑采：19）

10. Ba型碗（窑采：29）

11. Bb型碗（窑采：35）

12. 斗笠碗（窑采：40）

窑坞里窑址青白釉瓷八棱长流执壶、花浇、碗、斗笠碗

## 图版一一三

1. Bb型碗俯视图（窑采：45）

2. Bb型碗正视图（窑采：45）

3. Bb型碗底视图（窑采：45）

4. F型碗俯视图（窑采：14）

5. F型碗正视图（窑采：14）

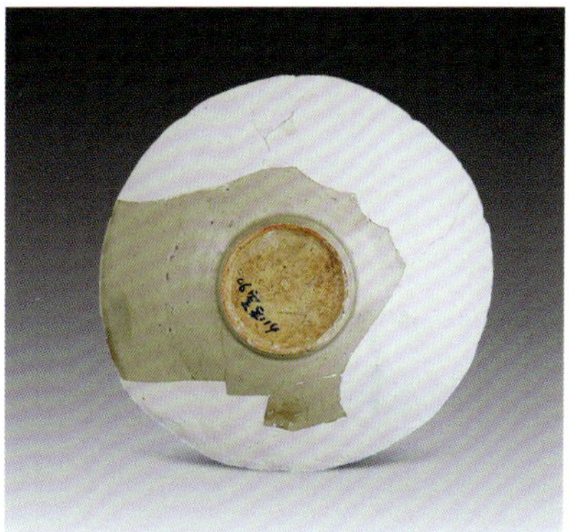
6. F型碗底视图（窑采：14）

7. Cc型Ⅱ式盏（窑采：48）

8. Bc型盘（窑采：36）

9. Ba型罐盖（窑采：31）

10. Bc型盘俯视图（窑采：51）

11. Bc型盘正视图（窑采：51）

12. Bc型盘底视图（窑采：51）

窑坞里窑址青白釉瓷碗、盏、盘、罐盖

# 图版一一四

1. Af型青白釉瓷瓶壶盖（窑采：54、窑采：32、窑采：7、窑采：53）

2. B型垫钵（窑采：11）

3. B型垫钵（窑采：3）

4. C型垫钵（窑采：9）

5. A型间隔具（窑采：60）

窑坞里窑址青白釉瓷瓶壶盖和瓷垫钵、间隔具